일본군 '위안부' 관계 연합군 자료

I

서울시 여성가족정책실 기획

서울대학교 사회발전연구소 정진성 연구팀 편

발간사

안녕하세요. 서울특별시장 박원순입니다.

8월 14일은 故 김학순 여사가 처음으로 일본군 '위안부' 피해 사실을 증언한 날입니다. 1991년 피해 사실을 증언하신지 약 30년이 되어가고 있는 지금, 전국에는 총 20명의 피해자만이 생존해 계십니다. 그러나 일본군 '위안부' 피해자 문제는 아직 해결되지 않았고, 우리는 '위안부' 역사를 계속해서 올바르게 알릴 책임이 있습니다.

서울시는 약 4년에 걸쳐 서울대학교 사회발전연구소 정진성 연구팀과 함께 일본군 '위안부' 기록물 관리사업을 추진하였습니다. 미국의 국립문서기록관리청에서 70년 넘게 잠자고 있던 영상이 세상에 공개되었고, 중부 태평양 축섬에도 '위안부'가 있었다는 사실이 입증되었습니다. 또한, 2019년 2월 '위안부'의 모습을 담은 3장의 실물 사진이 전시 《기록 기억: 일본군 '위안부' 이야기, 다 듣지 못한 말들》에서 공개되기도 했습니다.

2019년 8월 14일 '기림의 날'에는 샌프란시스코 교민들의 모금으로 제작된 기림비를 기증받아, 서울시 교육청 · 정의기억연대와 함께 남산에 건립하는 의미 있는 행사도 개최하였습니다.

이러한 기록물, 조형물 등은 피해자들의 증언과 함께 명백한 역사적 기록으로 남아 일본의 진정한 사죄를 이끌어내는 데 밑거름이 될 것입니다. 나아가 전 세계 여성에 대한 전시 폭력이 중단되는 계기가 되기를 바랍니다.

그간 서울시와 서울대 연구팀이 제작에 힘써온 『일본군 '위안부' 관계 연합군 자료 Ⅰ, Ⅱ』가 시민들과 함께 널리 공유될 수 있기를 희망합니다.

역사를 잊은 민족에게 미래는 없습니다. 앞으로도 서울시는 '위안부' 피해에 대한 기록과 기억의 역사를 만들어 가는데 최선의 노력을 다할 것입니다.

2019년 12월

서울특별시장 박원순

책을 펴내며

2019년이 다 가기 전에 우리는 또다시 일본군 '위안부' 자료집 두 권을 출판하게 되었습니다. 작년에 자료집 세 권을 출판한 지 1년 반 만입니다. 1990년 한국정신대문제대책협의회가 설립된 후 출판된 다양한 자료집, 증언집, 논문집 등과 비교한다면, 우리 연구팀의 이 자료집은 일본군 '위안부' 피해가 일어난 당시의 상황을 보여주는 1차 자료를 한 자리에 모았다는 특징이 있습니다. 책에는 아시아 · 태평양 전쟁 말기에 아시아의 일본군 주둔지를 점령한 연합군의 기록, 그리고 그 기록들에 대한 연구팀의 해제가 실려 있습니다. 이는 일본군 '위안부'와 일본군 성노예제라는 역사적 사실을 보여주는 증거물이고, 연구를 위한 기초 자료이며, 피해자 인권회복을 위한 운동의 디딤돌입니다. 일본군 '위안부' 문제가 사회적으로 공론화된지 30년이 지난 지금에야 이러한 자료집이 출판된 것은 뒤늦은 일이지만, 그간 찾아보기 힘들었던 연구 성과라는 점에서 의미를 가집니다.

1990년대 초 역사학과 여성학, 사회과학 연구자들은 사회적 의제로 떠오른 일본군 '위안부' 문제를 어떻게 연구해야 하는지 허둥댔습니다. 왜 그 같은 문제가 발생했는지, 왜 이렇게 오랫동안 묻혀 있었는지, 위안소의 운영과 피해자의 경험을 비롯한 구체적인 역사적 사실은 어떻게 밝혀야 하는지 등 답할 문제가 너무도 많았기 때문입니다. 그 답을 찾는 과정에서 점차 우리는 이 문제가 아시아의 정치외교사, 그리고 뿌리 깊은 가부장제와 관련이 있으며, 연구가 다각적으로 이루어져야 한다는 점을 알게 되었습니다. 연구실의 개인으로서는 도저히 감당하기 힘든 작업이었습니다. 운동이 빠르게 앞길을 개척해갔던 반면 연구가 더뎠던 것은 어찌 보면 연구팀을 이루지 못했기 때문이기도 합니다.

연구팀이 절실히 필요했던 이유는 역사 자료 발굴의 필요성 때문이었습니다. 우리 연구팀이 만들어진 2015년은 특히 역사 자료가 어느 때보다도 긴급히 요청되던 때였습니다. 그간의 많은 피해자 증언이 역사적 사실을 상당히 구축해 놓은 상태였지만, 해결이 지연되는 과정에서 일본 정부의 역사왜곡이 점차 심각해지고 있었습니다. 문서와 같이 피해자들의 목소리에 힘을 실어줄 수 있는 자료가 요청되었습니다. 산발적으로 이루어져 왔던 자료 발굴을 체계화하고 새로운 발굴로 그 부피를 더할 수 있는 것은 공동 작업으로만 가능한 것이었습니다. 그러한 때에 우리 팀이 기적과 같이 만들어졌습니다.

사회학, 외교학, 역사학, 여성학을 전공한 '젊은' 학자들 7-8명이 모였습니다. 이와 함께 미국의 국립문서기록관리청(NARA)에서 연합군이 작성한 일본군 '위안부' 관련 문서를 찾는 작업이 본격적으로 시작되었습니다. 요동치는 한일관계 속에서 얼마나 갈까 했던 연구팀은 서울시의 믿음과 지원 속에 5년째 작업을 계속하고 있습니다. 처음 서울대학교 인권센터에서 시작했던 연구팀은 올해 초부터 서울대학교 사회발전연구소로 연구실을 옮겼고, 팀원도 다소 바뀌었습니다. 초창기 이 작업을 주도했던 이정은, 강성현, 김득중, 박정애, 김한상, 전갑생 연구원은 각기 학교와 연구 기관에 자리를 잡고 '위안부' 연구를 계속하고 있습니다. 석사논문을 쓰며 연구원으로 일한 백재예와 이민정 또한 대학과 연구 기관에서 '위안부' 연구를 확산하고 있습니다. 현재는 그 동안 선배들의 연구를 도우며 공부해 온 공준환과 곽귀병 연구원이 연구팀을 주도하게 되었고, 여기에 김소라 박사가 합류하여 연구팀의 대표 역할을 지난 2년간 잘 수행하고 있습니다. 사회학과 석사과정을 졸업한 박혜조, 채민진 연구원과 여성학협동과정 석사과정에 재학 중인 이재임 연구원도 연구팀에서 함께하고 있습니다. 올해 초 연구팀이 개최했던 전시 《기록 기억: 일본군 '위안부' 이야기, 다 듣지 못한 말들》을 기획하면서 문호경 전문 큐레이터가 합류해 연구의 대중화에 기여하고 있습니다.

팀원의 소개가 장황했습니다. 외로웠던 연구 작업이 점점 더 젊어지는 연구팀으로 확장되고 있는 것은 다른 어떤 것보다도 가장 자랑스럽고 희망찬 일이기 때문입니다. 그동안 우리 연구팀이 수행해온 새로운 문서, 사진, 영상의 발굴, 이 발굴 자료들과 증언을 교차시켜 구성한 책 『끌려가다, 버려지다, 우리 앞에 서다 1, 2』의 발간, 올해 2월 그간 발굴한 자료를 중심으로 개최한 전시 《기록 기억: 일본군 '위안부' 이야기, 다 듣지 못한 말들》, 전시와 함께 출판한 도록은 모두 일본군 '위안부' 연구의 잠재력을 유감없이 드러냈다는 평가를 받았습니다. 이 모두 젊은 연구자들의 상상력과 창의력이 만들어낸 결과입니다.

새로운 시도들이 펼쳐지는 가운데 연구의 기본을 이루는 자료 발굴은 계속되고 있습니다. 그 결과가 이 두 권의 자료집입니다. 우리 연구팀은 지난 세 권에 비해 더 쉽게 연구자들, 그리고 이 문제에 관심을 가진 시민들이 자료에 접근할 수 있도록 해제를 작성하는데 정성을 기울였습니다. 또한 일본군 '위안부' 관계 연합군 자료의 원문과 해제를 온라인으로도 찾아볼 수 있도록 서울기록원과 함께 디지털 아카이브를 만들고 있습니다.

일본군 ‘위안부’ 문제 해결 운동 속에서 연구가 방향을 잡아간 것과 마찬가지로, 연구팀의 연구 성과가 운동에 큰 힘이 되고 있다는 사실은 참으로 벅찬 일이 아닐 수 없습니다. 올해 정의기억연대에서 김학순상을 우리 연구팀에 수여한 것은 연구팀원 모두에게 감동적인 일이었습니다. 연구팀원 15명의 이름이 새겨진 상패는 다시금 책임감을 느끼게 해주었습니다.

우리 연구팀이 겪은 가장 큰 시련은 일관성 없는 정부의 정책이었습니다. 제자들과의 행복한 연구는 2015년 12월 28일 이루어진 한일외교장관합의로 무산 직전까지 갔습니다. 그때 손을 내밀어 준 곳이 서울시입니다. 그 후 4년이 넘도록 서울시는 무한한 신뢰를 보이며 연구팀을 지원해 주고 있습니다. 그러나 한일관계에 따라 요동치는 정책에 상관 없이 일본군 ‘위안부’ 자료 발굴이 계속되고, 흩어져 있는 자료들을 체계화하여 아카이브를 만드는 일이 꾸준히 진행될 수 있는 여건이 절실합니다. 이 자리를 빌려 정세 변화에 흔들림 없이 안정된 연구 여건을 만들 기관이 설립되면 좋겠다는 소망을 피력해봅니다.

정진성
서울대학교 명예교수

일러두기

1. 이 자료집에 수록된 자료는 미국 국립문서기록관리청 2관(NARA II)에서 수집한 것들이다. 자료의 순서는 원 소장처의 자료 분류방식을 바탕으로 연구팀이 재구성하였다.

2. 이 자료집에 수록된 자료는 2015년 서울대학교 인권센터의 "강제동원과 인권 : 일본군 '위안부' 관계 미국자료 조사 및 해제"와 2016-2018년 서울시의 "일본군 '위안부' 기록물 관리사업"으로 조사·수집한 자료이다.

3. 이 자료집은 '위안부'와 위안소로 간주될 수 있는 영어 단어들을 번역할 때, 맥락에 따라 '위안부'와 위안소로 번역하고 모두 영어 원문을 병기하였다. 번역문에서는 원문에 따라 작은따옴표('') 없이 위안부 등으로 표기하였다.

4. 이 자료집에서는 번역에 있어 다음과 같은 원칙을 우선하였다. 인명과 지명은 현지 발음에 가깝게 표기하고 원문을 괄호로 병기하였다. Korea, Korean은 당시 명칭을 고려하여 조선, 조선인으로 각각 번역하였다.

5. 이 자료집에 수록된 모든 자료는 '위안부' 혹은 위안소 관련 내용들을 중심으로 선별 번역하였고, 일부 문서의 경우 전문을 번역하였다. 번역된 내용 중 '위안부' 혹은 위안소 관련 내용은 굵은 글씨로 강조 표시하였다.

6. 이 자료집에서는 원문 자료의 문서 형식을 따라 번역문을 편집하였다.

약어표

약어	원어	번역어
ATIS	Allied Translator and Interpreter Section	연합군번역통역부
CBI	China-Burma-India	중국·버마·인도
CIC	Combat Intelligence Center	전투첩보센터
CINCPAC	Commander in Chief Pacific Fleet	태평양함대사령관
CINCPOA	Commander in Chief Pacific Ocean Area	태평양지역사령관
CSDIC	Combined Services Detailed Interrogation Centre	합동심문센터
JICA	Joint Intelligence Collection Agency	합동첩보수집기관
JICPOA	Joint Intelligence Center Pacific Ocean Area	태평양지역 합동첩보센터
MID	Military Intelligence Division	군사정보부
MIS	Military Intelligence Service	군사정보국
NEFIS	Netherlands East Indies Forces Intelligence Service	네덜란드령 동인도군 정보국
NEI	Netherlands East Indies	네덜란드령 동인도
ONI	Office of Naval Intelligence	해군첩보국
OSS	Office of Strategic Services	전략첩보국
OWI	Office of War Information	전시정보국
PWB	Psychological Warfare Branch	심리전부
RNN	Royal Netherlands Naval	왕립 네덜란드 해군
SACO	Sino-American Cooperative Organization	중미협력기구
SEATIC	South East Asia Translation and Interrogation Center	동남아시아번역심문센터
SINTIC	Sino Translation and Interrogation Center	중국번역심문센터
SOPAC	South Pacific Command	남태평양군
SWPA	South West Pacific Area	남서태평양지역
USAFFE	United States Army Forces in the Far East	미극동육군

목차

일본군 '위안부' 관계 연합군 자료 이해를 위한 길라잡이

곽귀병

1. 들어가며:『일본군 '위안부' 관계 연합군 자료 Ⅰ, Ⅱ』의 배경

교과서나 언론 매체 등을 통해 우리 사회는 대부분 일본군 '위안부' 제도가 전쟁 과정에서 식민지 여성의 존엄을 파괴한 잔학행위라는 사실을 인지하고 있다. 또한, 우리 사회는 일본군 '위안부' 피해자들이 수용할 수 있는 수준으로 일본 정부가 '위안부' 문제에 대한 책임을 인정하지 않고 있다는 점도 알고 있다. 그러나 우리 사회가 이러한 인식을 광범위하게 공유하기까지는 많은 사람의 노력이 필요했다. 1991년 故 김학순의 공개 증언 전까지 우리 사회는 일본군 '위안부'의 존재 자체를 오랜 기간 망각하고 있었다고 해도 과언은 아니다. 세계 각국 피해자들의 증언이 이어지고, 일본군 '위안부'와 관련된 각종 정부 문서들이 발굴됨에 따라 일본 정부는 법적 책임을 여전히 부인하면서도 일본군 '위안부'의 존재를 인정할 수밖에 없었다. 그 이후에도 관련 증언과 자료들은 축적되어왔고, 이를 바탕으로 다양한 학술적 연구와 소설, 영화, 전시 등도 이어져 왔다.

그러나 최근 들어 일본군 '위안부' 문제의 진실을 왜곡하는 움직임들이 가시화되고 있다. 일부 학자들은 '위안부' 피해자들의 증언이나 자료들을 해석자의 편의에 맞춰 단편적으로 해석하며 일본군 '위안부' 제도가 성노예제였다는 역사적 사실을 전면적으로 부정하기도 한다. 이러한 움직임은 학술적 영역 안에서 한정되어 있지 않다. 최근 들어 유튜브(Youtube) 등의 SNS를 통해 이러한 역사부정론을 확산하려는 시도가 활발히 이루어지고 있기 때문이다. 이러한 문제 상황에 맞서 자료 축적 및 활발한 연구를 통해 일본군 '위안부'와 관련된 총체적 사실을 규명하고 활발한 논의와 토론을 통해 그 성과를 확산해나가는 작업의 중요성이 대두되고 있다.

『일본군 '위안부' 관계 연합군 자료 Ⅰ, Ⅱ』(이하 "자료집")은 피해자들의 증언뿐만 아니라 다양한 '위안부' 관계 자료들의 공공적 이용을 확대하는 것이 필요하다는 문제의식 아래에 출판되었다. 서울대학교 사회발전연구소 정진성 연구팀(이하 "연구팀")

은 전문가들뿐만 아니라 일본군 '위안부' 문제에 관심을 가진 시민들이 일본군 '위안부' 관계 자료들에 접근하여 이 문제에 대한 이해를 높일 때 일본군 '위안부' 문제를 왜곡하는 목소리들에 맞설 수 있는 사회적 토대를 굳건히 구축할 수 있다고 생각한다.

2. 서울대 사회발전연구소 정진성 연구팀의 활동과 자료집 출간의 과정

연구팀이 이번 자료집을 통해 제공하고 있는 일본군 '위안부' 관계 자료들은 연합군이 생산한 자료들이다. 흔히 일본군 '위안부'의 진실을 드러내는 증거로 피해자들의 증언이나 제도를 운영했던 일본군 혹은 일본 정부가 생산한 기록만을 떠올리기 쉽다. 그러나 2차세계대전 당시 일본군에 맞서 싸웠던 연합군도 일본군 '위안부'에 대한 자료를 다수 생산했다. 전쟁 상황에서 적에 대한 정보를 다양한 경로를 통해 끌어모으는 과정에서 '위안부'들의 존재를 확인하고 '위안부' 제도의 운영 실태 및 효과 등을 분석하여 기록으로 남기게 된 것이다.

연구팀은 2015년 서울대학교 인권센터, 2016~2018년 서울시의 지원으로 미국 국립문서기록관리청(NARA), 영국 국립공문서관(TNA) 등 해외의 자료보관소들을 방문해 연합군이 생산한 일본군 '위안부' 관련 자료들을 발굴·수집해왔다. 이는 일본 정부가 추가적인 공개를 막고 있는 것으로 보이는 일본 자료와 비교하면 연합군 자료에 대한 추가 발굴 가능성이 클 뿐만 아니라 당시까지 수집된 연합군 자료에 대한 체계적인 수집 · 발굴 및 축적 · 정리가 부족했다고 판단했기 때문이다.

연구팀이 2015년 자료 조사를 시작했을 때에는 한국에서 '위안부' 관계 연합군 자료를 체계적으로 정리한 자료집은 출판되어 있지 않았다. 요시미 요시아키, 하야시 히로후미, 방선주, 정진성 등의 노력으로 '위안부' 관계 연합군 자료가 이미 언론과 대중에 소개되었지만, 이 자료들의 원문 전체를 쉽게 찾기는 어려웠다. 일본군 '위안부' 관련 일본의 시민운동단체인 액티브 뮤지엄〈여성들의 전쟁과 평화 자료관〉(WAM)에서 그간 일본의 연구자들이 찾은 '위안부' 자료를 정리했지만, 자료 활용의 관점에서는 한계를 가지고 있었다. '위안부' 및 위안소가 언급된 부분만을 수록하고 있다는 점과 제공되는 파일의 해상도도 높지 않다는 점 등 때문에 연구 및 콘텐츠 제작에 '위안부' 관계 자료를 활용하는 것에는 많은 어려움이 따랐다.[1]

연구팀은 자료발굴을 통해 기존에 알려진 자료를 포함하여 연합군이 생산한 문

1) http://wam-peace.org/ianfu-koubunsho/에서 확인할 수 있다.

서, 사진, 영상 등 총 400건이 넘는 자료를 수집했다. 이 중 몇몇 자료는 언론의 관심을 받기도 했다. 중국 윈난성 송산에서 연합군의 포로가 된 조선인 '위안부' 영상 발굴, 트럭섬(현재의 지명은 축섬)에 있던 조선인 '위안부'의 신원을 연구팀이 발굴한 자료와 피해자 증언의 교차를 통해 확인하는 과정 등은 언론에 대대적으로 보도되며 일본군 '위안부' 문제에 대한 대중적 관심을 환기하기도 했다.

이러한 새로운 자료 한두 건의 발굴이 곧바로 일본 정부의 법적 책임 인정, 공식적 사과와 배상으로 이어질 수 있는 것은 물론 아니다. 소위 '위안부'의 동원, 위안소 운영, 동원 과정 및 위안소에서 발생한 인권침해, 패전 과정에서 일본군이 벌인 '위안부'에 대한 학대, 유기, 살해 등은 연구팀의 자료발굴 작업 이전에 이미 실체적 진실이 상당 부분 드러나 있었다. 사실상 일본 정부의 태도 변화는 한국 등 피해국 정부들의 외교적 노력, '위안부' 피해자들을 중심으로 한 평화운동 및 시민운동의 연대 및 역량 강화 등으로 끌어낼 수 있는 것이며, 새로운 자료의 발견을 통해 즉각적으로 달성될 수 있는 것이 아니다.

따라서 자료발굴 및 축적은 일본군 '위안부' 문제와 관련된 역사적 사실들을 더 촘촘히 규명해나가는 차원에서 접근할 필요가 있다. '위안부' 문제의 실체적 진실이 상당 부분 드러나기는 했지만, '위안부' 제도와 그 피해와 관련된 모든 것이 드러난 것은 아니다. 예를 들어 일본군 '위안부' 제도는 광범위한 지역에서 운영되었기 때문에 몇몇 지역에서는 '위안부' 제도가 실질적으로 어떻게 운영되었는지, 피해자의 규모가 어느 정도인지 등을 정확히 파악할 수는 없다. 따라서 새로운 자료의 발굴 노력이 계속되어야 하며, 이렇게 발굴된 자료를 체계적으로 축적해나가야 한다. 이러한 작업은 일본군 '위안부' 문제를 잘 몰랐던 사람들, 특히 새로운 세대의 사람들이 '위안부' 문제의 다층적 차원을 인식하며 기억을 계승해가는 중요한 기반이 될 것이다.

연구팀은 이를 위해 다양한 자료와 피해자 증언의 교차를 통해 일본군 '위안부' 문제에 대한 이해를 돕는 콘텐츠를 제작해왔다. 문서와 사진, 영상 등 연구팀이 수집한 자료와 당시의 사회상 등을 일본군 '위안부' 피해자들의 증언과 연결하고 교차하여 일본군 '위안부' 문제의 진실을 드러내고, 정의로운 문제 해결을 촉구하며, 피해자의 명예회복 및 인권 향상을 도모하고자 했다. 그 같은 시도의 결과물이 각각 2016년과 2018년에 발간된 『문서와 사진, 증언으로 보는 일본군 '위안부' 이야기』(서울시), 『끌려가다, 버려지다, 우리 앞에 서다 1, 2』(푸른역사), 그리고 2019년 2-3월에 개최된 전시 《기록 기억: 일본군 '위안부' 이야기, 다 듣지 못한 말들》이다.

이러한 노력과 더불어 연구팀이 발굴하고 수집한 자료들을 체계적으로 정리하여 공공적 접근이 가능하도록 만드는 작업을 지속해왔다. 연구팀은 자료와 증언을 교차한

2차 생산물뿐만 아니라 자료 그 자체에 대한 접근이 연구자 집단에게만 한정되어서는 안 된다고 생각했다. 연구팀이 수집한 문서, 사진, 영상들이 향후 연구를 위한 기초 자료 및 다양한 문화콘텐츠에 활용되기를 기대하며 세 권의 자료집(『일본군 '위안부' 관계 미국 자료 Ⅰ, Ⅱ, Ⅲ』, 선인, 2018)을 발간했다. 또한 서울기록원 디지털 아카이브를 통해 수집된 자료와 이에 대한 해제를 공공적으로 제공하고 있다. 이 자료집 또한 이러한 노력의 연장선에 있다.

3. 일본군 '위안부' 관계 연합군 자료의 특성과 자료집의 구성

이번에 출간하는 두 권의 자료집에는 연구팀이 미국 국립문서기록관리청 2관(NARA Ⅱ)에서 수집한 '위안부' 관계 자료 중 RG 319(Ⅰ권)와 RG 127, 226, 313, 457, 496(Ⅱ권)의 자료들이 수록되어 있다. 이 문장을 이해하기 위해서는 미국 국립문서기록관리청에서의 자료 발굴 및 수집 방식을 먼저 이해할 필요가 있다. 미국 국립문서기록관리청(The U.S. National Archives and Records Administration, NARA)은 생산된 지 30년이 지나 기밀이 해제된 문서들을 방문자가 국적에 상관없이 직접 열람하고, 스캔 및 복사가 가능한 서비스를 제공하고 있다. 도서관에서 도서분류체계에 따라 도서를 찾는 것처럼 미국 국립문서기록관리청에서는 문서 분류 체계인 RG, Entry, Box 정보를 통해 방문자가 찾는 문서 위치를 특정하며, Box 단위로 문서 열람을 신청할 수 있다. RG(Record Group)는 가장 포괄적인 문서 분류 체계로 보통 정부의 국 또는 독립 기관에 따라 번호가 매겨져 있다. Entry는 보통 Series에 따라 번호를 부여하는데, Series는 동일 활동, 특정한 업무의 부서, 특정 주제 및 기능을 중심으로 묶여 있다. Box는 이 Series 내에 문서를 분류한 상자들을 지칭하며 일관된 방식으로 분류되어 있지는 않다.

연합군 자료의 가장 큰 특징 중 하나는 '위안부' 및 위안소를 주제로 문서가 모여 있지 않다는 점이다. 예를 들어 자료집 Ⅰ권의 문서들이 속한 RG 319 Entry UD 82-A를 보면, RG 319는 육군참모부(Army Staff)의 문서들을 모은 것이고, 이 중 Entry UD 82-A는 첩보와 관련하여 여러 연합군 기관들의 보고서를 모아서 정리한 Series에 부여한 명칭이다. 이 Entry는 총 3,819개의 Box로 구성되어 있다. 자료집은 이 중 네덜란드령 동인도군 정보국(Netherlands East Indies Intelligence Service, NEFIS)에서 생산한 문서 중 '위안부' 관계 내용을 포함한 문서들만을 수집한 것으로 Entry에 포함된 방대한 문서 중 극히 일부에 지나지 않으며, 일본군 '위안부' 주제로 문서들을 정리한 것이 아님을 확인할 수 있다.

이는 '위안부' 문제와 관련된 연합군의 인식과 밀접히 관련되어 있기도 하다. 몇몇 '위안부'들의 증언에서 연합군은 고통스러운 위안소 생활에서 자신을 해방하거나 자신의 고향으로 돌아가는 것을 도운 구원자로 나타나기도 한다. 연합군 또한 '위안부' 문제를 일본의 도덕적 타락을 보여주는 소재로 생각하기도 했고, 자신들이 이 여성들을 구원한 주체임을 의식적으로 드러내기도 했다. 개별 군인들이 남긴 수기나 기록에서도 군인들이 '위안부'들을 동정하고, 이들에게 호의를 베푸는 모습 등을 볼 수 있다.

그러나 연합군을 '위안부'에 대하여 조건 없이 은혜를 베푸는 시혜자로 보기는 어렵다. 연합군은 '위안부'에 대해 다면적인 태도를 취했다. 적군 정보 파악이나 전쟁범죄의 관점 모두에서 연합군에게 일본군 '위안부' 문제는 연합군 포로에 대한 학대, 불법적 화학무기 사용 등의 주제와 비교했을 때는 우선순위가 낮은 문제였다. 전반적으로 봤을 때 전시 연합군에서 '위안부' 문제는 일본군이 운영했던 낯설고 이해하기 어려운 제도였고, 일본군 사기 진작의 기반이나 군내 성병 통제 및 점령지 주민에 대한 성폭력 방지를 위해 도입된 제도로 보는 시선이 압도적이었다. 일부 기관들은 '위안부' 문제가 일본군의 잔학함을 드러내고, 일본과 점령지 주민, 일본과 식민지 주민 간의 관계를 악화시키는 잠재적 요소가 될 수 있다고 생각하기도 했지만 이를 연합군의 일반적 인식이라고 평가하기는 어렵다. 소수의 사례를 제외하면 심각한 인권침해 문제로 받아들이거나, 반드시 다루어야 할 전쟁범죄의 문제로 생각한 경우는 찾아보기 어렵다.

전투가 끝난 이후에 연합군은 '위안부'들을 대부분 포로 혹은 민간인 억류자로 대우하여 수용소에 가뒀다. 일본군에 포로로 잡혔던 연합군 국민이나 군인들은 즉각적으로 해방됨과 동시에 일본군의 전쟁범죄를 증언할 주요한 증인으로 대우받았던 것에 비교하면, 일본 식민지 출신의 '위안부'들은 바로 해방되지도 못했고, 전쟁범죄를 입증할 주요한 증인으로 인정받지도 못했다. 특히 연합군에게 오키나와나 중부 태평양 섬에 있던 조선인 '위안부'들은 서둘러 조선으로 돌려보내야 하는 대상으로 고려되었다. 이러한 고려의 주된 이유 중 하나는 '위안부'들이 안전상의 위협요소이자 미군에게 성병을 옮길 수 있는 위험인자로 인식되었기 때문이다. 그나마 동남아시아 등지에서는 정책적으로는 우선적인 귀환 대상을 조선인으로 정했음에도 불구하고 선박 및 물자 부족과 현지의 불안정한 정치 상황 때문에 귀환이 늦어지는 경우도 많았다. 따라서 전후 생산된 연합군 자료에서 '위안부'들의 존재는 주로 전쟁범죄와 관련된 보고서가 아니라 의료상황이나 인구 이동을 다루는 보고서에 나타난다.

연합군의 이러한 태도는 일본군이 생산한 자료에서는 찾아보기 어려운 태도라는 점에서 우리의 흥미를 끈다. 특히 이번 자료집에도 수록된 연합군이 심문한 보고서들은 당시 일본군 점령지의 현지인들, 일본군에 붙잡혔다 해방된 연합국 시민들, 일본군 포로들이 '위안부'를 어떻게 인식하고 접했는지를 생생하게 드러내면서 일본군 '위안부'를 둘러싼 지금의 국제적 풍경을 돌아볼 수 있게 해준다. 또한, 이러한 다양한 목격과 이야기들 속에서도 왜 '위안부' 문제가 중요한 문제로 부상할 수 없었는지, 피해자들의 목소리는 반세기를 지난 이후에야 비로소 우리에게 들리게 되었는지를 성찰하게 한다.

연구팀은 연합군 자료에 담긴 이러한 다양한 시각과 의미를 일본군 '위안부' 문제에 관심을 가진 일반 시민들도 충분히 이해하고 생각해볼 수 있도록 여러 가지 노력을 기울였다. 자료집 권별로 자료 전체를 전반적으로 설명하는 해제를 수록하였고, 자료 건별로 자료의 내용을 설명하고 이해를 도울 수 있는 해제를 작성하여 첨부하였다. 책을 살펴보면 알겠지만 연합군 관계 '위안부' 문서들은 문서 전체가 '위안부' 및 위안소와 관련된 내용을 다루는 것이 아니라 짧으면 한 문장이나 한두 문단 정도로 '위안부' 및 위안소 관계 내용을 다루고 있다. 이러한 특성을 고려하여 원문 전체를 수록하면서도 '위안부' 및 위안소 관계 내용을 중심으로 일부만 선별하여 번역하였고, 당시의 역사적 정황을 이해하는데 도움을 주는 몇몇 문서들의 경우에는 전문을 번역했다.

4. 연구팀 자료 수집의 향후 과제

이번 자료집을 통해 연구팀은 총 5권의 자료집을 출간하게 되었다. 그렇다면 지금까지 연구팀은 전체 '위안부' 자료 중 얼마만큼 '위안부' 자료를 찾은 것일까? 얼마나 더 새로운 '위안부' 자료가 발굴될 수 있을까? '위안부' 자료에 대해 가장 쉽게 제기되는 질문들이기도 하지만, 동시에 이는 답변하기 가장 어려운 질문이기도 하다. '위안부' 자료의 총량은 누구도 확정적으로 말할 수 없다. 가장 큰 원인 중 하나는 앞에서 언급했듯이 연합군이 생산한 대부분의 '위안부' 자료가 '위안부' 자료로 생산되지 않았기 때문이다. 따라서 기존에는 미처 생각하지 못했던 자료 범위에서 '위안부' 자료가 발굴될 가능성은 여전히 있다.

우선 현재까지 수집된 연합군 자료의 주요한 특성을 고려하면 향후 자료 수집의 구체적인 방향을 생각해볼 수 있다. 국내에서 '위안부' 관계 연합군 자료를 체계적으로 수집하여 전문을 확보하고 있는 기관은 우리 연구팀과 국사편찬위원회이다. 국사편찬위원회는 『일본군 '위안부' · 전쟁범죄 자료집』 시리즈로 1-5권을 출간했다. 1-3권은 남서태평양 연합군번역통역부(ATIS) 문서, 4권은 동남아시아사령부(SEAC) 문서, 5권은 동남아시아번역심문센터(SEATIC) 문서를 수록하고 있다.[2] 한편, 동북아역사재단이 펴

2) 국사편찬위원회 한국사데이터베이스에서도 해당 자료집 전체를 제공하고 있다. 원문 및 원문 전체에 대한 번역을 확인할 수 있다(http://db.history.go.kr/introduction/intro_wj.html).

낸 『일본군'위안부' 자료 목록집 Ⅰ, Ⅱ, Ⅲ, Ⅳ』는 원문을 수록한 자료집은 아니지만 주요 일본군 '위안부' 관계 자료들의 소장처 및 주요 내용들이 요약정리되어 현재까지의 '위안부' 관계 자료 동향을 파악하기 용이하다. 연구팀의 성과와 이 두 기관의 성과를 바탕으로 연합군 중 미군이 생산한 자료를 중심으로 살펴보면 상대적으로 미 육군이 생산한 자료에 비해 미 해군이나 해병대가 생산한 자료가 드물다는 것을 확인할 수 있다. 따라서 상대적으로는 관심도가 낮았던, 해군이 담당한 태평양 도서 지역의 '위안부' 관련 자료들을 발굴하려는 노력에 집중할 필요가 있다. 이 지역은 '위안부' 피해자나 전직 군인들의 증언이 일부 존재할 뿐, 일본군 및 연합군 자료 기록이 지금까지는 잘 수집되지 않았던 곳이다.

이와 더불어 연합군이 입수하여 해독한 일본군의 암호문에 대한 탐색작업을 추가로 더 진행할 필요성도 있어 보인다. 암호문은 여타 다른 보고서와 비교하여 맥락을 파악하기 훨씬 더 어렵고 구체적인 탐색 범위를 특정하기 어려워서 상대적으로 많은 발굴이 이루어지지 않았다. 그러나 자료집 Ⅱ권에 실린 조선총독부와 칼간(현재의 중국 장자커우)에 주둔하고 있던 일본군이 주고받은 암호가 패전 직전까지도 조선총독부가 '위안부' 동원에 적극적으로 가담하고 있음을 보여주듯이, 암호문은 우리가 증언이나 기존 연구로 파악하기 어려웠던 내용을 드러내기도 한다.[3] 실제로 일본군은 종전이 다가오자 주요 자료들을 의도적으로 폐기했기 때문에 이러한 암호 자료들은 일본이 생산한 자료이지만 연합군 자료에서만 발굴될 가능성이 높다.

마지막으로 새로운 자료의 발굴만큼이나 중요한 것은 이미 수집한 자료를 체계적으로 정리하고 쉽게 접근할 수 있는 형태로 제공하는 것이다. 이미 밝힌대로 연구팀은 서울기록원 디지털 아카이브를 통해 일본군 '위안부' 관계 영상, 사진, 문서 원문을 해제와 함께 제공하고 있으며, 누구나 다운로드하여 사용할 수 있도록 하고 있다. 연구팀의 작업이 국사편찬위원회 한국사데이터베이스[4], 국사편찬위원회 전자사료관[5], 동북아역사재단 위안소 지도[6] 등과 함께 일본군 '위안부' 관계 자료의 활용 가능성을 높여 일본군 '위안부' 문제에 관심을 가진 시민들의 인권감수성을 증진하고, 일본군 '위안부'를 주제로 한 다양한 문화콘텐츠 제작을 활성화하며, 일본군 '위안부' 문제와 관련된 심층적 연구들을 촉진시킬 수 있기를 기대한다.

---

3) 자세한 내용은 이 자료집 Ⅱ권을 참조하길 바란다.
4) http://db.history.go.kr/introduction/intro_wj.html
5) http://archive.history.go.kr/
6) http://contents.nahf.or.kr/item/item.do?itemId=iswm

네덜란드령 동인도군 정보국(NEFIS) 자료로 살펴본 일본군 '위안부' 문제

김소라

1. 네덜란드령 동인도군 정보국(NEFIS)과 인도네시아

일본과 아시아 · 태평양전쟁을 치렀던 연합군은 일본군의 군사력, 전투 능력, 전술 등에 관한 정보를 수집하는 다양한 첩보조직을 운영하고, 이들 조직에서 수집한 일본군 관련 정보를 서로 간에 공유하였다. 각 첩보조직들은 전쟁이 벌어졌던 아시아 · 태평양 지역의 부분들을 나눠서 담당했는데, 그 중 네덜란드령 동인도군 정보국(Netherlands East Indies Forces Intelligence Service, 이하 NEFIS)은 현재의 인도네시아, 당시의 네덜란드령 동인도 지역에서 일본군 관계 정보의 수집을 담당하였다. NEFIS는 현지의 민간인을 심문하고 이를 많은 심문보고서로 남겼는데, 이들 심문보고서 가운데 현지에 설치된 일본군 위안소 혹은 그곳에 있었던 일본군 '위안부'에 관한 진술을 포함하는 보고서가 상당수 존재한다. 연합군 관계 조직이 생산한 일본군 '위안부' 관계 문서의 많은 수가 그 같은 심문보고서인데, 이 가운데 NEFIS, 그리고 ATIS(Allied Translator and Interpreter Section, 연합군번역통역부)가 생산한 문서가 가장 많다.

NEFIS가 담당했던 인도네시아 지역은 네덜란드 동인도 회사가 설립된 1602년부터 일본군이 이 지역을 점령하는 1942년 사이에 주로 네덜란드의 지배를 받았다. 중간에 짧게 인도네시아 일부 지역이 영국과 프랑스의 지배를 받은 적이 있으나, 인도네시아 지역에 대한 지배권은 주로 네덜란드가 갖고 있었다. 1602년 네덜란드 동인도 회사의 설립으로 시작된 인도네시아 지역에 대한 네덜란드의 식민 경영은, 1824년 영국과 네덜란드 간에 이루어진 합의에 따라 인도네시아 전역에 대한 네덜란드의 직할 식민 통치로 이어졌다. 이 합의는 네덜란드가 아시아의 영토를 포기하고 이에 대한 영국의 지배권을 인정하는 대신, 영국으로부터 인도네시아 지역의 지배권을 인정받는 것으로 두 제국주의 국가의 세력권을 인정하는 것이었다. 하지만 제국주의적 영토 확장, 그리고 인도네시아 지역에 풍부한 석유와 고무 등의 자원을 노린 일본은 1942년 2월 이 지역을 침략하고, 1942년 3월 일본군이 인도네시아 전역을 지배, 통치함에 따라 이 지역에 대한 네덜란드의 통치는 더 이상 이어지지 못한다. 인도네시아를 점령한 일본군은 육군이 서쪽의 수마트라섬과 자바섬을, 해군이 보르네오섬, 셀레베스섬을 비롯한 그 외 섬들을 통치했다.[1]

네덜란드가 식민 지배했던 인도네시아 지역을 일본군이 점령하면서 네덜란드령 동인도군 사령관이었던 콘래드 헬프리히 제독이 설치한 첩보조직이 NEFIS, 즉 네덜란드령 동인도군 정보국이다. 본부는 호주 멜버른에 있었으며, 일본군이 점령한 인도네시아 지역에서 발생하는 일에 관한 정보를 연합군에게 제공했다.[2] 『일본군 '위안부' 관계 연합군 자료 Ⅰ』는 이처럼 NEFIS가 생산한 문서 가운데 일본군 위안소 혹은 일본군 '위안부'에 관한 언급을 포함하는 심문보고서 33건으로 구성하였다. 이는 서울대 인권센터와 서울시의 지원을 받은 연구팀이 2015~2018년 미국 국립문서기록관리청(NARA)을 방문해 수집한 자료들 가운데 선별한 것으로, 각각의 문서 전체와 선별/전체 번역, 그리고 해제를 함께 제공한다. 문서 전체에 대한 번역을 제공하는 것은 5번, 14번, 15번, 33번 문서이며, 다른 문서들은 위안소 및 '위안부' 관련 부분에 한해 선별 번역을 제공한다. 번역문 가운데 일본군 위안소 및 '위안부'와 관련된 부분은 굵게 표시하였다. 심문보고서 번호와 생산날짜에 따라 문서를 수록하였으며, 보다 쉽게 문서를 확인할 수 있도록 문서 제목과 별개로 1번에서 33번까지 문서 번호를 함께 표기하였다. 이는 이 책에 수록된 NEFIS 심문보고서들이 위안소의 위치, 위안소로 사용했던 건물, 주변 지리를 표시한 지도 등과 같이 상세한 지리 정보를 제공함에 따라, 이를 연구팀이 제작한 지도에서 각 심문보고서가 언급하는 지역들을 보다 쉽게 확인할 수 있게 하기 위함이다. 위안소의 위치를 표기한 지도에 관한 설명은 이후 보다 자세하게 소개한다.

2. 자료집에 수록된 NEFIS 심문보고서의 특성

이 책에서 제공하는 NEFIS 심문보고서들은 육군참모부의 문서(Records of the Army Staff) 중 Entry UD 82-A Box 2007(문서 1~5, 7~9, 11번), Box 2008(문서 6, 10, 12~19번), Box 2009(20~23, 25~27, 29번), Box 2010(24, 28, 30~33번)에서 수

1) 인도네시아의 역사는 다음의 책들을 참고하라. (양승윤, 2010, 『인도네시아사』(제4판), 한국외국어대학교출판부 지식출판원; 배동선, 2018, 『수카르노와 인도네시아 현대사』, 아모르문디)

2) 백재예, 2016, 「아시아 태평양 전쟁기 연합국의 일본군 '위안부' 인식에 관한 연구: ATIS, NEFIS 심문보고서를 중심으로」, 서울대학교 사회학과 대학원 석사학위논문. pp.34-36; NEFIS와 이들이 생산한 일본군 '위안부' 관련 문서에 관한 연구는 거의 존재하지 않으며, 서울대학교 정진성 연구팀의 前 연구원이었던 백재예의 연구가 거의 유일하다. 이 글 역시 상당 부분 이 연구에 의존하고 있다. NEFIS의 기능 및 역사, 이들이 생산한 문서에 관해 보다 상세하게 알고 싶다면 백재예의 글을 참고하라.

집한 것들로, 박스별 심문보고서 숫자는 아래와 같다. 일본의 액티브 뮤지엄〈여성들의 전쟁과 평화 자료관〉(WAM)에서도 NEFIS 심문보고서 중 일본군 위안소 및 일본군 '위안부'에 관해 언급한 부분을 제공하는데[3], 이 자료집 8번 문서 〈네덜란드령 동인도군 정보국 심문보고서 482호, 507호, 511호, 531호, 544호, 551호 합본〉(Compilation of NEFIS Interrogation Reports Nos. 482, 507, 511, 531, 544, 551)을 제외하고는 〈여성들의 전쟁과 평화 자료관〉에서도 확인할 수 있다. 한편 NEFIS 심문보고서에는 개별 심문보고서와 개별 심문보고서 여러 개를 묶은 합본 심문보고서가 있는데, 여기에 수록된 심문보고서 가운데 12개(문서번호 3, 5, 14, 16, 22, 24, 25, 27, 28, 30, 31, 33)가 개별 심문보고서이며, 나머지 21개가 합본 심문보고이다. NEFIS가 어떤 기준에 따라 개별 혹은 합본 심문보고서를 만들었는지는 알려지지 않았다.

RG	Entry	Series	Box	Item
319	UD 82-A	Publications ("P") Files, 1946-1951	2007	9
			2008	10
			2009	8
			2010	6

이 자료집에 수록된 심문보고서는 1944년 10월 14일부터 1945년 6월 21일 사이에 생산되었다. 대부분 일본군 포로수용소에 억류되어 있다가 연합군에 의해 해방된 현지의 민간인과 군인 포로를 대상으로 이루어진 심문을 정리한 것이며, 간혹 일본군에게 억류되지 않았으나 현지에서 연합군에게 구조된 민간인과 군인을 대상으로 한 심문보고서도 존재한다. 연합군에 의해 포로로 포획된 일본군 병사를 심문하여 정리한 ATIS의 심문보고서가 일본군 병사의 진술을 통해 아시아·태평양 전쟁이 치러진 전역에 위안소가 존재했음을 보여준다면, NEFIS 심문보고서는 1942년 인도네시아를 점령한 일본군이 얼마나 단시간에 이 지역에 수많은 위안소를 설치하고 '위안부'를 동원했는지 현지인의 시선을 통해서 보여준다.

NEFIS 심문보고서 중 일본군 위안소 및 일본군 '위안부' 관련 사항이 기술되는 부분은 'XIII. 일반정보(General)'의 '위안부 및 위안소(Prostitution)' 항목이다. 초기의 심문보고서들에서는 다른 제목 하에 관련 내용이 서술되기도 하는데, 10월 23일 생

3) 다음 링크에서 목록을 확인할 수 있다. (http://wam-peace.org/ianfu-koubunsho/list/m-all-list.html)

산된 〈네덜란드령 동인도군 정보국 심문보고서 442호〉(NEFIS Interrogation Report No. 442) 이후에 생산된 심문보고서에서부터 '위안부 및 위안소(Prostitution)'로 그 항목이 통일된다. 그 같은 항목을 사용하지 않는 문서는 총 3개다. 1944년 10월 14일 생산된 1번 문서 〈네덜란드령 동인도군 정보국 심문보고서 295호, 330호, 334호 합본〉(Compilation of NEFIS Interrogation Reports Nos. 295, 330, 334)은 'XIII. 일반정보(General)'의 '위안소(Brothels)' 항목에서, 1944년 10월 23일 생산된 3번 문서 〈네덜란드령 동인도군 정보국 심문보고서 409호〉(NEFIS Interrogation Report No. 409)와 4번 문서 〈네덜란드령 동인도군 정보국 심문보고서 418-425호 합본〉(Compilation of NEFIS Interrogation Reports Nos. 418-425)은 각각 'XIII. 일반정보(General)'의 '위안부 강요(Enforced Prostitution)'와 'XIII. 일반정보(General)'의 '어린 여성들 강제 납치(Forced Abduction of young girls)'에서 관련 내용을 기술하고 있다.

한편 이 책에서는 'Brothels'을 '위안소'로, 'Prostitution'을 '위안부 및 위안소'로 번역했다. 연구팀이 2018년 발간한 『일본군 '위안부' 관계 미국 자료 Ⅰ』(선인)에 실은 군사정보국 언어학교(Military Intelligence Service Language School)의 〈군사적 가치가 있는 일본 단어들(Japanese Words of Military Value)〉은 당시 일본군이 사용한 단어들을 미군이 어떤 영어 단어로 번역하여 사용하였는지 보여준다. 이 사전은 위안소를 Army brothel로, 위안부를 Licensed prostitute (of the Jap. army)로 번역하고 있는데, 이는 사전이 작성되었던 1943년 8월 이미 연합군이 위안소와 일본군 '위안부'의 존재를 인지하고 있었음을 짐작케 한다. 또한 연합군 공문서에서 발견되는 brothel이나 prostitution이 성매매를 지칭하는 것이 아니라 위안소나 '위안부'를 의미하였다고 볼 수 있는 근거가 된다.

NEFIS의 심문보고서에서도 'Prostitution' 항목 아래에서 기술되는 많은 내용이 현지 여성의 위안소로의 동원, 동원된 여성들의 국적, 군인들만이 이용할 수 있었던 위안소의 위치, 장교 전용 위안소의 운영, 정기적인 의료 검진(성병 검진)과 같은 내용이기에 항목 제목인 'Prostitution'은 '위안소 및 위안부'로 번역했다. 또한 항목의 제목이 아닌 경우 brothel은 위안소로, prostitution은 위안부로 번역하고, 원문에 따라 작은따옴표('')는 사용하지 않았다. 위안소 혹은 '위안부'와 관련된 영어 단어들은 번역어와 함께 병기하여 바로 확인할 수 있도록 하였다.

3. NEFIS 심문보고서에 언급된 위안소 위치

자료집에 수록된 NEFIS 심문보고서들의 대다수는 위도와 경도 정보와 함께 위안소가 있었던 위치에 관한 상세한 정보를 제공한다. 또한 위안소로 사용했던 건물, 주변 지리를 표시한 지도 등 추가적인 정보를 함께 제시하는 경우도 있다. 문서에 기술된 위안소의 위치를 보다 쉽게 확인할 수 있도록 하기 위해 각각의 문서에 1번부터 33번까지 번호를 매기고, 이들 문서에서 제공하는 위안소의 위치를 인도네시아 지도 위에 표시하였다. 위안소 위치가 표시된 지도는 책의 앞표지를 펼쳐서 확인할 수 있다. 위안소 위치가 언급된 섬들은 수마트라섬, 자바섬, 발리섬, 보르네오섬, 셀레베스섬, 할마헤라섬으로, 인도네시아를 이루는 주요한 섬들이기도 하다.

여기에서는 위안소가 위치한 섬에 따라 심문보고서를 분류하고 각 심문보고서에서 확인되는 정보들을 살펴본다. NEFIS 자료로 파악한 위안소의 위치는 아래의 표와 같다. NEFIS 심문보고서에서 가장 많이 위안소의 위치가 언급된 지역은 자바섬으로 총 13개의 문서가 자바섬의 위안소 및 '위안부'에 관한 내용을 담고 있다. 그 다음으로 보르네오섬과 할마헤라섬 6개, 셀레베스섬 5개, 발리섬 2개, 수마트라섬 1개의 순이다. 가장 적게 언급된 곳은 수마트라섬이지만, 이는 NEFIS 자료만을 토대로 한 것으로 실제 위안소의 배치를 그대로 보여주는 것은 아니다. 일본군 자료와 피해자들의 증언, 이에 관한 연구 등에 따르면 수마트라섬에도 수많은 일본군 위안소가 있었던 것으로 확인된다.[4]

일본군 위안소 혹은 일본군 '위안부' 관련 언급이 있는 NEFIS 심문보고서가 1944~1945년 사이 꾸준히, 그리고 가장 많이 생산된 지역은 자바섬이다. 1944년 10월 14일에 생산된 1번 문서부터 1945년 6월 8일에 생산된 31번 문서에 이르기까지 13개의 문서에서 자바섬에 있는 위안소가 언급된다. 그 외의 다른 섬들에서는 일본군 '위안부'와 관련한 NEFIS 심문보고서가 특정 시기에 집중되는 경향을 보인다. 수마트라섬의 위안소에 관해 언급하는 NEFIS 심문보고서는 1944년 10월에 1건 생산되었으며, 보르네오섬의 위안소에 관해 언급하는 NEFIS 심문보고서는 1944년 12월~1945년 1월 사이에 4건, 1945년 3월과 6월에 각각 1건씩 생산되었다. 또한 발리섬의 위안소에 관해 언급하는 NEFIS 심문보고서는 1945년 3월과 6월에 각각 1건씩 생산되었고, 셀레베스섬의 경우 1945년 4~5월 사이에 5건, 할마헤라섬은 1945년 1~3월 사이에 3건, 1945년 5~6월 사이에 3건 생산되었다. 지역별 위안소 분포는 아래와 같으며, 문서의 대략적인 생산 순

4) 인도네시아 지역의 위안소 설치와 '위안부' 동원에 관해서는 다음의 글을 참고하라. (강정숙, 1997, "일본군 위안소의 지역적 분포와 그 특징", 한국정신대문제대책협의회 진상조사연구위원회 엮음, 『일본군 '위안부' 문제의 진상』, 역사비평사; 강정숙. 2010. "제 4장 제 2절 인도네시아", 「일본군 '위안부'제의 식민성 연구: 조선인 '위안부'를 중심으로」, 성균관대학교 박사학위논문, pp.149-182; 강정숙, 2011, "인도네시아 팔렘방의 조선인 명부를 통해 본 군'위안부' 동원", 《지역과 역사》, 28, pp.277-317)

서에 맞추어 자바섬, 수마트라섬, 보르네오섬, 발리섬, 할마헤라섬, 셀레베스섬의 순서로 살펴본다.

NEFIS 심문보고서에 언급된 자바섬의 일본군 위안소와 일본군 '위안부'

문서 번호	문서 제목	생산 날짜	위안소 위치	'위안부' 국적	관련 내용
1	Compilation of NEFIS Interrogation Reports Nos. 295, 330, 334	1944. 10.14	**자바섬** 말랑 (Malang)	-	① 위안소로 사용된 건물에 관한 구체적 정보 제시됨.
2	Compilation of NEFIS Interrogation Reports Nos. 366-378, 404-407, 410-417	1944. 10.28	**자바섬** 마겔랑 (Magelang), 솔로 (Solo), 암보로 (Amboeloe)	현지인	① 위안소로 사용된 건물에 관한 구체적 정보 제시됨. ② 일본군/헌병으로부터 허가증을 발급받은 중개업자가 촌장 등을 활용해 여성을 모집. ③ 모집과정에서 건강검진(성병검진) 이루어짐.
3	NEFIS Interrogation Report No. 409	1944. 10.23	**자바섬** 파수루안 (Pasoeroean)	현지인	① 동원 과정에서 여성들을 속임. ② 일주일마다 위안소의 여성들을 교체함.
4	Compilation of NEFIS Interrogation Reports Nos. 418-425	1944. 10.23	**자바섬** 솔로 (Solo)	현지인	① 촌장의 명령에 따라 여성 모집 및 선발.
6	Compilation of NEFIS Interrogation Reports Nos. 450, 538, 553, 555, 580, 583, 585, 589, 593	1944. 12.27	**자바섬** 바타비아 (Batavia)	일본인, 유럽인, 자바인	① 위안소가 있었던 지역에 관한 구체적 정보 제시됨. ② 매주 건강검진(성병검진) 이루어짐.
7	Compilation of NEFIS Interrogation Reports Nos. 455-469	1944. 11.06	**자바섬** 말랑 (Malang)	유라시아인, 메나도인, 자바인	① 위안소로 사용된 건물에 관한 구체적 정보 제시됨. ② 모집과정에서 건강검진(성병검진)을 한 후 위안소로 배치.
8	Compilation of NEFIS Interrogation Reports Nos. 482, 507, 511, 531, 544, 551	1944. 11.08	**자바섬** 반둥 (Bandoeng)	유라시아인, 현지인, 네덜란드인	① WAM에서 제공하는 자료 목록에 없음. ② 위안소로 사용된 건물에 관한 구체적 정보 제시됨. ③ 일본군 장교 전용 위안소가 운영되었을 가능성이 있음.

9	Compilation of NEFIS Interrogation Reports Nos. 506, 508-510, 519, 528, 529, 532, 536, 541, 548	1944. 11.30	**자바섬** 푸르워조 (Poerworedjo), 마겔랑(Magelang)	자바인	① 위안소로 사용된 건물에 관한 구체적 정보 제시됨. ② 일본 헌병이 위안소 감시함.
10	Compilation of NEFIS Interrogation Reports Nos: 534, 552, 567, 568, 579, 586, 587, 588 and 592	1944. 12.06	**자바섬** 마겔랑 (Magelang)	인도 네시아인	① 현지 경찰이 '위안부' 모집에 관여. ② '위안부' 모집 과정에서 취업 사기. ③ 성병에 걸린 여성들을 퇴출시켜 '위안부'가 자주 교체됨.
11	Compilation of NEFIS Interrogation Reports Nos. 561, 562, 571, 573, 578, 590	1944. 11.27	**자바섬** 푸르워조 (Poerworedjo)	인도 네시아인, 현지인	① 위안소로 사용된 건물에 관한 구체적 정보 제시됨. ② 일본군 장교 전용 위안소가 운영됨.
17	Compilation of NEFIS Interrogation Reports Nos. 818, 820-824	1945. 01.10	**자바섬** 수라바야 (Soerabaja)	자바인, 일본인	① 위안소가 있었던 지역에 관한 구체적 정보 제시됨. ② 수라바야에서 위안소가 빠르게 증가. ③ 호텔과 민가가 위안소로 개조됨.
18	Compilation of NEFIS Interrogation Reports Nos. 886, 887 and 888	1945. 01.27	**자바섬** 시투본도 (Sitoebondo)	유럽인, 일본인, 현지인	① 위안소가 있었던 지역에 관한 구체적 정보 제시됨. ② 일본군 장교 전용 '위안부'가 존재했던 것으로 보임.
31	NEFIS Interrogation Report No. 1763 (part Ⅱ)	1945. 06.08	**자바섬** 반둥(Bandoeng)	-	① 위안소가 있었던 지역에 관한 구체적 정보 제시됨.

NEFIS 심문보고서에 언급된 수마트라섬의 일본군 위안소와 일본군 '위안부'

문서 번호	문서 제목	생산 날짜	위안소 위치	'위안부' 국적	관련 내용
5	NEFIS Interrogation Report No. 442	1944. 10.23	**수마트라섬** 메단(Medan)	일본인, 자바인	① 일본인 여성들이 장교를 위한 '위안부'로, 자바인 여성들이 기타 계급을 위한 '위안부'로 배치됨.

NEFIS 심문보고서에 언급된 보르네오섬의 일본군 위안소와 일본군 '위안부'

문서 번호	문서 제목	생산 날짜	위안소 위치	'위안부' 국적	관련 내용
12	Compilation of NEFIS Interrogation Reports Nos. 661-669	1944. 12.12	**보르네오섬** 폰티아낙 (Pontianak)	말라야인 (약 40명)	-
14	NEFIS Interrogation Report No. 751	1944. 12.31	**보르네오섬** 반자르마신 (Bandjermasin)	일본인 (약 50명)	① 위안소로 사용된 건물에 관한 구체적 정보 제시됨. ② 해군 경비가 민간인이 출입하거나 여성들이 도망치지 못하도록 감시.
15	Compilation of NEFIS Interrogation Reports Nos. 756, 819	1945. 01.04	**보르네오섬** 반자르마신 (Banjermasin)	자바인 (약 60명)	① 위안소가 있었던 지역에 관한 구체적 정보 제시됨. ② 위안소가 철책으로 둘러싸여 있었음.
16	NEFIS Interrogation Report No. 817	1945. 01.08	**보르네오섬** 코타바루 (Kotabaroe)	자바인 (약 20명)	① 위안소 위치가 표시된 지도 첨부.
21	Compilation of NEFIS Interrogation Reports Nos. 1235-1238	1945. 03.08	**보르네오섬** 타라칸 (Tarakan)	일본인 (약 50여명), 자바인 (약 100명)	① 위안소가 있었던 지역에 관한 구체적 정보 제시됨. ② 장교 전용 위안소와 하위급 전용 위안소가 따로 운영됨.
33	NEFIS Interrogation Report No. 1931/T	1945. 06.04	**보르네오섬** 타라칸 (Tarakan), 보롱간 (Boeloengan)	네덜란드인, 현지인, 유럽인, 유라시아인, 인도네시아인, 일본인	① 적십자사 간호사들이 '위안부'로 동원되고 전시성폭력이 자행되는 등의 잔학행위가 발생.

NEFIS 심문보고서에 언급된 발리섬의 일본군 위안소와 일본군 '위안부'

문서 번호	문서 제목	생산 날짜	위안소 위치	'위안부' 국적	관련 내용
20	Compilation of NEFIS Interrogation Reports Nos. 1073, 1251	1945. 03.30	**발리섬** 덴파사르 (Den Pasar)	-	① 위안소 위치가 표시된 지도 첨부. ② 위안소가 철조망으로 둘러싸여 있었음.
30	NEFIS Interrogation Report No. 1763(part Ⅰ)	1945. 06.08	**발리섬** 덴파사르 (Den Pasar)	-	① 위안소가 철조망으로 둘러싸여 있었음.

NEFIS 심문보고서에 언급된 할마헤라섬의 일본군 위안소와 일본군 '위안부'

문서 번호	문서 제목	생산 날짜	위안소 위치	'위안부' 국적	관련 내용
13	Compilation of NEFIS Interrogation Reports Nos. 723, 724, 727, 730, 734, 735, 736, 803	1945. 01.16	**할마헤라섬** 롤로바타 (Lolobata)	자바인, 중국인, 메나도인	① 위안소 위치가 표시된 지도 첨부. ② 연합군 공습 이후 '위안부'들이 할마헤라섬에서 셀레베스섬으로 이동 중 폭격으로 배가 침몰해 많은 이가 사망함.
19	Compilation of NEFIS Interrogation Reports Nos. 997-1005	1945. 02.06	**할마헤라섬** 폴리(Foelie)	자바인 (약 100명), 중국인 (약 90명), 메나도인 (약 30명), 일본인 (약 30명)	-
22	NEFIS Interrogation Report No. 1244	1945. 03.09	**할마헤라섬** 폴리(Foelie)	인도네시아인	① 위안소 위치가 표시된 지도 첨부. ② 위안소 운영에 중국인 업자가 개입.
26	Compilation of NEFIS Interrogation Reports Nos.1590-1630	1945. 05.05	**할마헤라섬** 테르나테 (Ternate), 암본섬 (Ambon)	메나도인, 자바인, 수마트라인, 중국인, 유라시아인	① 여성들을 '위안부'로 모집, 배치하기 위한 센터를 현지에 설치. ② 현지의 젊은 미혼 여성들이 강제 동원됨에 따라 혼인율이 급격히 높아짐.
28	NEFIS Interrogation Report No. 1695	1945. 05.18	**할마헤라섬** 폴리 (Foelie)	일본인, 중국인, 말레이인, 유라시아인 (모두 합쳐 약 150여명)	① 폴리강 근처에 있었던 150여명 정도의 '위안부'들이 44년 8월에 셀레베스섬 메나도로 이동함.
32	Compilation of NEFIS Interrogation Reports Nos. 1924, 1938 and 1949	1945. 06.21	**할마헤라섬** 롤로바타 (Lolobata), 카오(Kaoe), 가렐라(Galela), 타라왓(Tarawat), 갬송지 (Gamsoengi)	인도네시아인, 현지인, 중국인	-

NEFIS 심문보고서에 언급된 셀레베스섬의의 일본군 위안소와 일본군 '위안부'

문서 번호	문서 제목	생산 날짜	위안소 위치	'위안부' 국적	관련 내용
23	Compilation of NEFIS Interrogation Reports Nos. 1247, 1248	1945. 05.02	**셀레베스섬** 마카사르 (Makassar)	일본인 (약 20명)	① 위안소가 있었던 지역에 관한 구체적 정보 제시됨.
24	NEFIS Interrogation Report No. 1252	1945. 05.14	**셀레베스섬** 토모혼 (Tomohon)	현지인 (약 80명)	① 위안소가 있었던 지역에 관한 구체적 정보 제시됨. ② 장교 전용 위안소와 하위급 전용 위안소가 따로 운영됨. ③ '위안부'들은 월급과 팁을 받았으며, 군이 옷가지와 세면도구를 제공. ④ 정기적인 의료검진(성병검진)이 이루어짐.
25	NEFIS Interrogation Report No. 1358	1945. 04.09	**셀레베스섬** 메나도 (Menado)	일본인 (약 10명), 인도네시아인 (약 50명)	① 양쪽 끝이 막혀 있고 일본군이 보초를 서는 터널에 '위안부'들을 수용.
27	NEFIS Interrogation Report No. 1631	1945. 04.26	**셀레베스섬** 마카사르 (Makassar)	자바인 (약 100명)	① 18-20세 사이 자바인 여성 100여 명이 동원됨. ② 정기적인 검진(성병검진)이 이루어짐.
29	Compilation of NEFIS Interrogation Reports Nos. 1709-1762	1945. 05.02	**셀레베스섬** 미나하사 (Minahasa)		① 결혼하지 않은 어린 여성들이 일본군과 함께 살도록 강요됨.

NEFIS의 심문보고서는 실제 위안소를 이용한 일본 병사가 아닌 현지의 민간인과 군인들을 대상으로 한 심문의 결과이기에 위안소 내부 사정보다 '위안부'로의 동원 방식과 과정, '위안부'들의 이송, 위안소의 위치 등에 관한 언급이 많다. 중개업자와 마을 촌장을 통해 일본군 '위안부'를 모집했음을 알려주는 몇몇 문서가 존재하며, 이 과정에서 폭력적인 강제 동원과 취업을 시켜주겠다는 속임수가 함께 사용된 것으로 보인다. 또한 위안소 위치에 관한 상세한 정보가 제공되는데, 위도와 경도, 마을 이름, 위안소로 사용된 건물의 이름이나 위안소 주변의 지리, 위안소 위치가 표시된 지도 등 다양한 정보가 제시되고 있다. 실제 현지의 호텔이나 유럽인 거주 가옥 등이 종종 위안소로 활용된 것으로 보인다. 심문보고서 본문에서 위안소의 위치가 뒤쪽에 첨부된 지도에 표시되었다

고 설명하고 있음에도 연구팀이 미국 국립문서기록관리청(NARA)에서 수집한 문서에는 지도가 포함되어 있지 않은 경우도 많았고, 실제 지도가 있을 경우에는 표에 따로 표시해두었다.

한편 NEFIS 심문보고서에서 언급되는 '위안부'의 국적은 주로 일본인, 중국인, 유라시아인, 인도네시아인과 현지인이며, 현지의 민간인과 군인들을 대상으로 이루어진 심문이기에 현지 여성들의 출신이 자바인, 수마트라인, 메나도인과 같이 지역별로 상세하게 언급된다. 조선인 '위안부'를 언급한 심문보고서는 없는데, 이것이 곧 인도네시아로 동원된 조선인 여성이 없었음을 의미하는 것은 아니다. 일례로 일본군 '위안부' 피해생존자였던 김복동은 중국 광둥과 싱가포르, 인도네시아 수마트라섬으로 동원되었다고 증언한 바 있으며[5], 인도네시아 수마트라섬 팔렘방 지역에서 당시 일본군과 조선인에 의해 작성된 여러 명부를 통해 수마트라섬에 다수의 조선인 여성들이 '위안부'로 동원되었음이 밝혀지기도 하였다.[6]

또한 일본군 '위안부' 피해생존자였던 강도아가 인도네시아 보르네오섬 발릭파판으로 동원되었다고 증언하였고, 1982년에서 1987년까지 일본 총리를 지낸 나카소네 야스히로(中曾根康弘)는 인도네시아 발릭파판에서 해군으로 근무할 당시 위안소를 설치했던 일을《끝나지 않은 해군終わらない海軍》(松浦敬紀 編, 1978, 文化放)에 실린 직접 쓴 회고록에서 자랑스레 밝히기도 했다.[7] 이들 외에도 정부에 일본군 '위안부' 피해자로 등록한 이들 가운데 인도네시아 지역으로 동원된 사례들이 존재하며, 일본군 '위안부' 문제를 국제사회에 알리려는 노력을 지속적으로 하다 2019년 8월 20일 96세의 나이로 세상을 떠난 네덜란드 여성 얀 루프-오헤른 또한 자바섬의 스마랑에 '위안부'로 동원되었다.[8]

4. NEFIS 심문보고서의 의미

NEFIS 심문보고서에 따르면 인도네시아 전역에 일본군 위안소가 설치, 운영되었으며, 이곳에 다양한 국적의 여성들이 일본군 '위안부'로 동원되었다. 일본군이 인도네

---

5) 이에 관해서는 연구팀이 발간한 다음의 책을 참고하라. (서울대학교 인권센터 정진성 연구팀, 2018, "세상의 중심에서 평화와 인권을 외치다: 김복동", 『끌려가다, 버려지다, 우리 앞에 서다 1』, 푸른역사, pp.177-198)

6) 이에 관해서는 다음의 논문을 참고하라. (강정숙, 2011, "인도네시아 팔렘방의 조선인 명부를 통해 본 군'위안부' 동원", 《지역과 역사》, 28, pp.277-317)

7) 이에 관해서는 연구팀이 발간한 다음의 책을 참고하라. (서울대학교 인권센터 정진성 연구팀, 2018, "인도네시아 보르네오섬 발릭파판의 위안소를 둘러싼 두 개의 기억: 강도아", 『끌려가다, 버려지다, 우리 앞에 서다 2』, 푸른역사, pp.47-70)

8) 얀 루프-오헤른의 생애에 관해서는 그녀가 직접 집필한 다음의 책을 참고하라. (얀 루프-오헤른, 2018, 『나는 일본군 성노예였다』, 삼천리.)

시아를 점령한 것은 1942년 3월부터 1945년 8월까지 3년 6개월 남짓이었지만, 이 짧은 기간 동안 인도네시아의 섬 곳곳에서는 위안소가 운영되었다. 또한 이곳으로 일본인, 중국인 여성뿐만 아니라 현지의 인도네시아 여성들과 네덜란드 여성들 또한 '위안부'로 동원되었다. 조선과 같은 식민지의 여성들 뿐 아니라 점령지의 여성들 역시 '위안부'로 광범위하게 동원된 것이다. 인도네시아 여성들은 자신이 살고 있던 마을 근처의 위안소로 동원되기도 했고, 때때로 배를 타고 다른 섬의 위안소로 이송되기도 했다. 이는 당시 인도네시아를 지배, 점령했던 일본군의 지원과 협조 없이는 어려운 일로, 일본군 '위안부'로의 동원과 위안소 운영에 일본군의 조직적, 체계적인 개입이 있었음을 짐작케 한다. '위안부'의 동원과 위안소 운영은 일본군의 활동 가운데 하나였으며, 위안소의 이용은 일본군의 생활에 깊숙이 자리 잡고 있었다. 일본군이 있는 곳이라면 위안소는 일상적인 풍경이었던 것이다. 이렇듯 일본군 '위안부' 관련 NEFIS 심문보고서들은 바로 이러한 사실을, 그리고 연합군 역시 일본군의 위안소 운영과 '위안부' 동원에 대해 인지하고 있었다는 점을 보여준다.

1

Compilation of NEFIS Interrogation Reports Nos. 295, 330, 334

RG 319 UD 82-A Box 2007

이 문서는 1944년 10월 14일자 295호, 330호, 334호 합본 심문보고서이다. 일본군이 자신들에게 필요한 노동력을 공급하기 위해 현지인들로 구성했던 헤이호 부대(Heiho, 兵補, 일종의 노무부대) 소속 병사들을 심문하여 얻은 정보를 바탕으로 하고 있다. 자바섬 동부의 도시인 말랑(Malang)에 위치했던 여러 호텔이 위안소로 사용되었다는 정보를 담고 있다. 구체적으로는 엠마(Emma) 호텔과 줄리아나(Juliana) 호텔, (구) 벤두칸투어(Vendukantoor) 경매소 건물이 위안소로 사용되었다고 한다.

EMR. SECRET. NETHERLANDS FORCES INTELLIGENCE SERVICE

(NEFIS)

NEW ZEALAND INSURANCE BUILDING
334-338 QUEEN STREET, BRISBANE

85670

17 OCT 1944

No.: AI2/7521/G.

ENCLOSURES: 4

TEL. U 7076
U 7077
U 7078

SECRET

SUBJECT: Interrogation Report.

DATE: 14th October, 1944.

Compilation of NEFIS Interrogation Reports
Nos. 295, 330 and 334 (Not Issued Separately).

---

1. Attached is Compilation of Nefis Interrogation Reports Nos. 295, 330 and 334 (Not Issued Separately).

2. Information contained in this report is based solely on interrogation of evacuees and should be evaluated accordingly.

3. It is requested that care be taken in the distribution of the information contained therein. If the whole or any part of this report is reproduced, no indication may be given of names and localities concerned, to avoid compromising relatives of evacuees and exposing them to enemy reprisals, and to prevent closure of important sources of information.

Copy No. 43.

Lt. Col. S. H. Spoor.
Director NEFIS.

Distribution:

See attached list.

MIS# 85670

SECRET

DISTRIBUTION:	No. of Copies.	Copy No.
B.S.O. through O.B.S.O.	2	1 - 2
O.B.S.O.	1	3
Economic Int. Section GHQ. New Delhi via B.S.O. - Colombo	1	4
C.L.G.	1	5
M.C.A.	1	6
Voorz. N.I. Comm.	5	7 - 11
Min. v. Kol., Att. Col. de Blieck.	1	12
Ministry of Economic Warfare Foreign Office London, via Col. de Blieck, London	1	13
C.G.S., K.N.I.L.	1	14
Contr. A.I.B.	1	15
G.2., G.H.Q.	5	16 - 20
A.C. of S., G.2. USAFFE	1	21
Director of Intelligence, Allied Air Forces S.W.P.A., A.P.O. 923.	5	22 - 26
Assistant Director of Intelligence, Advanced Echelon, Allied Air Forces, S.W.P.A., A.P.O. 925.	4	27 - 30
D.M.I.	1	31
A.D.M.I.	1	32
D.N.I.	1	33
COISEF through D.N.I.	1	34
Seventh Fleet Intelligence Center	1	35
Chief of Air Staff RAAF Hq.	1	36
Director A.G.S.	1	37
O. in C., A.G.S., N.E.I. Section	1	38
Co-Ordinator ATIS	1	39
FELO, HQ.	1	40
FELO, Melbourne	1	41
N.R.C.C.S.	4	42 - 45
N.F.L.O. Darwin	1	46
N.F.L.O. Perth	1	47
S.R.D.	1	48
S.R.D. Brisbane, (Maj. Wigan)	1	49
S.I.A.	1	50
Dir. Gen. of Security	1	51
CSONICA Kandy	1	52
HQ. ALAMO Force through NEIIOSIX	2	53 - 54
Mr. W. H. de Roos	1	55
NEFIS Officer A.I.B.	1	56
NEFIS	13	57 - 69
Rear Echelon NEFIS	1	70
Netherlands Staff Officer, G3., APO 500.	1	71
Dutch Liaison Officer, A.3. HQ., 13th Air Force., A.P.O. 719.	2	72 - 73
A.C. of S., G.1. G.H.Q.	1	74
D.L.O. Allied A.F., Old Courier Bldg.	1	75
FELO, Hollandia, (Att. Maj. Kremer)	1	76

JAPAN L-7100
L-JAPAN-7100
25

EMR. SECRET. Ag.No.AI2/7521/G.

NETHERLANDS FORCES INTELLIGENCE SERVICE,
NEW ZEALAND INSURANCE BUILDING,
334-338 QUEEN STREET,
BRISBANE.

17 OCT 1944

SECRET

Copy No. 43

mo

COMPILATION OF NEFIS INTERROGATION REPORTS
Nos. 295, 330 and 334 (Not Issued Separately).

mds#85670

P

NOTE.

The above reports refer to one Ambonese and two Javanese informants, all ex-soldiers, released by U.S.Forces on Biak Island, during Jun - Jul '44.

Both Javanese escaped internment, but were forced to join Hei-Ho units in 1943. The Ambonese informant is an ex-PW who had been compelled to join Hei-Ho.

III. TACTICAL DATA ON ENEMY MILITARY FORCES.

Dispositions and Strength of Organizations and Units:

Grissee (East Java): At the end of 1943, Japanese Naval personnel was quartered in a barracks on the left hand side of the main road from Soerabaja to Grissee, halfway between the big crossroads near Grissee town and the Lamong River; informant could not give any further particulars. F-O

Malang, (East Java): Up to Jan '44, the Japanese were operating transit and leave depots in the former 10th Depot Bn. and 13th Bn. barracks in Malang, which at times were crowded, while at other periods there were only a few troops. Batoe, a holiday resort in the hills about 18 km. from Malang, was used as a leave and convalescent centre for Japanese forces. F-O

Tjilatjap (Mid-Java); see attached Sketch NEFIS No. FY5338: In Apr '43, approximately 75 Japanese soldiers were living in former N.E.I. military barracks.

Approximately 250 Japanese troops occupied the European school east of the railway station.

Approximately 30 Japanese soldiers and N.C.O's were quartered in former Dutch N.C.O's houses north of the Aloon-Aloon.

Informant states that there were about 600 Japanese troops in Tjilatjap, but does not know where the balance was quartered. F-O

Unit Code Names and Numbers; Names of Unit Commanders: The 2nd Coy. of Butai 10443 (Hei-Ho), which was landed at Manokwari about 25 Feb '44, was commanded by 2nd Lieut. Oedaera, the 3rd Coy. by 2nd Lieut. Asakura.

Location of PW Camps: After the capitulation in Mar '42, all PW at Tjilatjap (Mid-Java) were interned in the former N.E.I. Military barracks (see attached Map of Tjilatjap). After a few days English, Australian, Menadonese and Ambonese PW were transferred to Hotel Bellevue, and Javanese, Soendanese and Timorese PW to former Dutch artillery barracks; the latter barracks were under construction and almost completed. Dutch PW remained in former N.E.I. military barracks.

All Javanese, Soendanese and Timorese PW were released in Apr '42. In the same month PW interned in Hotel Bellevue were returned to former N.E.I. military barracks.

In Jul '42, Dutch PW were transferred to Tjimahi, and British, Menadonese and Ambonese PW to Bandoeng.

Java Another informant who was in Tjilatjap in Feb '43, states that at that time approximately 600 Australian, Dutch and British Indian PW were quartered in the southern part of former N.E.I. Military barracks at Tjilatjap, and in a new barracks which the Japanese had constructed a little further along the same road to the east. These PW had left again for an unknown destination by Mar '43. At this time the former Dutch artillery barracks at Tjilatjap were also empty. There is a possibility that these F-O

SECRET 85670 3

barracks were being used for storage, as they were guarded by five Japanese soldiers.

IV. SUMMARY OF NAVAL INFORMATION.

Ships Sunk or Damaged; Ship Building and Repair Facilities: An informant who left Tjilatjap (Mid-Java) in Apr '43, observed that the Japanese had constructed along the guay, workshops for repairing ships, on the site of the former godowns destroyed by the Dutch (see attached map of Tjilatjap). Ships sunk by the Dutch in Tjilatjap harbour were being salvaged; repairs were carried out in these workshops.

The workshops numbered from 1 to 8 were constructed of corrugated iron. Approximately 20 Dutch were employed as overseers; they returned home unguarded after work; at times night work was done. The workshops were guarded by one Japanese sentry.

The ships were being salvaged by means of a floating crane and with the aid of divers. The K.P.M. steamship "Van der Hagen", 3033 gr. tons, had been salvaged and repaired; this ship sailed early in '43 for Tandjoeng Priok (Batavia). Three other K.P.M. ships had been salvaged; salvage work on several more ships was continuing.

A new dry-dock was being built; approximate dimensions - 330 ft x 165 ft.

VII. GEOGRAPHICAL INFORMATION.

Roads, Tracks and Trails: The Japanese were constructing a motor road from Karang Ploso to Batoe (East Java) over what was previously a bridle path. In Jan '44, the new road had not yet been completed (see also next Section).

Lakes and Swamps; Mountains and Ridges: On 15 Nov. '42, there were very serious floods in the area around Bening Marsh (north of Popoh village, south coast East Java, see attached NEFIS Map No. FY 5339). Many lives were lost and much damage was done. As a result, the Japanese projected a canal from Bening Marsh to the Indian Ocean and, in Dec '42, started excavation work in the mountainous part halfway between the abovementioned marsh and the Indian Ocean. Informant was an overseer on this work from Jan to Apr '43.

During the early stages, the excavation in this mountainous part (Toempakojot Mountain, rising about 600 feet above sea level), was planned for a surface width of the canal of 300 ft., but during the excavation it was found that with this width the slopes of the banks became too steep; therefore, the surface width was changed to 500 ft. The ridge to be cut through is of limestone formation and very hard. About 1,000 Indonesian coolies were employed on this work. All loose stone was placed in baskets which coolies carried away on their heads. Informant estimates that it will take more than three years to complete the work. The projected discharge of the canal in the Indian Ocean is at a very exposed point of the coast where there is nearly always a heavy surf. Local inhabitants told informant that the Dutch had made plans for a canal for the same purpose, but had abandoned the scheme because it was stated that the difference in height between the level of the marsh and the sea was too small, so that construction of a canal might result in marginal sawahs at Bening Marsh being flooded with salt water.

The footpath from the road to Popoh to the site of the excavation, has been converted into an M/T road; this road is about one mile long. At the terminus the Japanese built one house for two or three Japanese overseers, and three huts for storage of digging equipment.

The inhabitants of Kendal village were forced by the Japanese to evacuate. The latter built twelve barracks in the vicinity of the village for housing of coolies.

VIII. POLITICAL AND SOCIAL INFORMATION.

Relation between Japanese and Local Population: The Javanese population in the villages round Blitar and Malang (East Java) made no secret of their hostility to the Japanese. In Singosari district the Japanese collected girls for the brothels at Malang conducted for Japanese troops. Informant knows of two girls from Karandjoet and one from Djaraan who were selected by the Japanese from a number of girls of 14 - 15 years, who had been ordered by the village heads to assemble for a medical inspection.

In Blitar district much hostility has been caused by the enforced planting of djarak (castor), which has seriously interfered with areas available for food crops.

Medical Treatment and Supplies: An informant who was an N.C.O. in R.N.E.I. Army Medical Corps gave the following information. At the capitulation, informant was in Madjenang (Tasikmalaja - West Java) in the field hospital of the 2nd Division. On 10 Mar '42, Colonel Yamamoto and his staff took over the field hospital with all its instruments and medicines. A machine gun was placed in front of the entrance. On that date all N.E.I. personnel were ordered to pile arms, which they had been allowed to retain at the capitulation because of cases of looting in the neighbourhood by the native population. On 15 Mar '42, all Dutch personnel of the field hospital was transferred to the hospital at Tjilatjap, where informant carried out normal nursing duties in the operating room under Captain van Ramshort (Med. Corps). Patients were Dutch, Australian, Indonesian and occasionally Japanese. The hospital was under supervision of a Japanese 2nd Lieutenant.

In Jul '42, informant was sent to former 15 Bn barracks at Bandoeng, where he was employed in the dispensary under Captain Lambooi (Med. Corps). In Dec '42, informant was transferred to Soerabaja and worked under Captain Wulff (Med. Corps) at Jaarmarkt PW Camp, and under Captain Neumann (Med. Corps) in C.B.Z. Hospital, which at that time was only in use for PW. In Mar '43, informant was sent to Tjimahi (West Java) and worked there in the dispensary at former 4th and 9th Bn barracks, under Major Helfrich. On 30 May '43, informant was transferred to Hei-Ho and employed in the sick-bay in Hei-Ho quarters in Marial School, Bandoeng. He was sent with Hei-Ho to Grissee (East Java) in Aug '43, and to Biak Island in Jan '44.

According to informant, all Dutch military doctors and nurses had to carry out their normal duties in hospital and dispensaries. At the beginning of the occupation, medical supplies in PW camps were sufficient, but after a few weeks the Japanese started confiscating medicines and instruments. Dutch officers and men started a fund of their own money and bought medicines through the intermediary of the Red Cross; this practice still continued in '43.

Japanese patients in hospitals were wearing white kimonos. Generally speaking, Japanese patients were better treated than others.

Sick-parade in Hei-Ho at Grissee was at 0900 hrs; present were one Japanese doctor, four male nurses and one guard. On Biak Island, sick parade was held only every other day.

Every member of informant's Hei-Ho unit received prophylactic treatment against malaria, one quinine tablet per day. This practice ceased after the Allied air bombardment of Biak Island, but every section commander of Hei-Ho was issued with one bottle containing 350 quinine tablets.

The following medicines were used for treatment of wounds: iodine, mercurochrome, boric acid, boracic water, zinc ointment, rivanol solution. For small sores as a rule no bandage was used; only iodine or mercurochrome and a plaster - sometimes no plaster either. Aspirin was available in powder form; there also were cough-powders.

There was no microscopic research in the sick-bay of Hei-Ho camps. Fever almost invariable was treated as malaria. There was only a very cursory examination of the faeces of an abdominal sufferer; then the patient was given norit or a purgative.

Non-Japanese patients suffering from venereal disease were punished before treatment. Indonesian members of Hei-Ho were made to stand naked in the middle of the street or received a beating from the doctor or from one of the male nurses. Penial sores were treated with mercurochrome or iodine, no injections were given. Gonorrhoea was treated with tablets called "dragamin"; informant thinks this is a sulfa compound. For bubo a wet bandage was applied with boracic water; Japanese suffering from this disease were treated in the same manner.

Injections were administered to Japanese patients only; injections consisted of: salversan, trypaflavin, Vitamin B, glucose, chloretum calcium and quinine.

Treatment of Prisoners of War and Internees: In Feb '43, Lt. Cdr. Vigeleijn Nikijuluw (R.N.N.) was severely beaten by the Japanese in Jaarmarkt PW camp at Soerabaja because his bow to the guard was not respectful enough. This officer was later taken to the guard room and made to kneel there from approximately 0800 to 1700 hrs.

At the same camp, in Mar '43, the British PW received shoes from the Japanese; as the shoes were not taken quickly enough the whole group was beaten with bamboo sticks.

IX. ECONOMIC INFORMATION.

Agricultural Commodities:

Production: Villagers in Singosari area (East Java) were ordered to plant one third of their arable land with djarak (castor), but this order was not strictly enforced; in most cases the worst areas were made available for this purpose. Growers were threatened with heavy penalties, however, if they removed any djarak plant before its seed had been harvested.

At Poenten, near Batoe (East Java) the Japanese have continued cultivation of vegetables, formerly carried on by the Dutch. An order was issued that all vegetables and fruit must first be offered to Japanese agents; only in case the Japanese did not want the produce it could be sold elsewhere.

While travelling by train from Bandoeng to Soerabaja, via Tjikampek, Cheribon and Semarang in Sept '43, an informant observed that the former rice and sugar fields between Cheribon and Tegal had not been planted, and were grown over with grass.

Price: In Singosari area (East Java) the price fixed by the Japanese for the compulsory sale of part of the paddy crop was /2.25 per picul (136 lbs.) delivered at the godown of the agent of Japanese rice control at Malang, situated at Kotta Lama Weg. If the rice grower was unable to find transport for his paddy to the rice godown at Malang, the Field Police forced a bullock cart owner to cart it; cost of transport was deducted from the price of /2.25 per picul. Paddy was dried in the above godown; most of the milling in Malang was done at the former Tobacco Factory.

Commerce:

Real Estate: According to one informant, there was a total ban on real estate transactions at Malang during '43.

Labour: An informant who worked as a foreman on the Popoh project (see Section VII) during Jan - Apr '43, received 40 cents per day, less 2 cents tax. The coolies under his control received 20 cents per day, less 1 cent tax, and less 5 cents for food, leaving them 14 cents net per day.

Clothing: One informant saw rubber clothing (kabaja's - blouses and trousers) for sale in Pasar Toeri at Soerabaja in '43; informant does not remember prices but thinks these were between /1.50 and /3.50 per garment.

X. PROPAGANDA AND PSYCHOLOGICAL WARFARE INFORMATION.

Enemy:

Non-Radio Propaganda:

Movies: In Java, the Japanese showed pictures of Hei-Ho units, depicting how well members were treated, receiving good food and high salaries - in striking contrast with reality.

XII. PERSONALITIES.

Army Personnel: A Japanese named Kitimoto, who before the war had a shop near Karangploso in Malang (East Java) reappeared with the Japanese Army of occupation, and at the end of '43 was a sergeant clerk in the office of the Japanese Resident at Malang.

C.O. of PW Camp at Tjimahi in May '43, was 1st Lieut. Yamakootji.

In May '43, Lt. Col. Kawabe at Soerabaja was Inspector of all internment camps.

XIII. GENERAL.

Brothels: One informant confirmed that at the end of '43, Hotel Emma and Hotel Juliana at Malang (East Java) were used as brothels for Japanese troops, and mentioned that former Vendukantoor Noach (Noach Auctioneering Office) in Regent Straat was used for a similar purpose.

Looting: At the capitulation, all Chinese shops and houses in Bandjermasin (South Borneo) were looted by the Indonesian population.

Punishment: An informant saw a poster in the railway station at Karanganjar (Mid-Java) setting out the punishments for various crimes committed by the Indonesian population. Informant remembers one item, viz: the punishment for stealing, which was amputation of both hands.

Lt. Col. S. H. Spoor.
Director NEFIS.

Camp Columbia, 14th October, 1944.

Enclosures:

Sketch NEFIS No. FY 5338 - Town Plan Tjilatjap.
Sketch NEFIS No. FY 5339 - Drainage Bening Marsh.

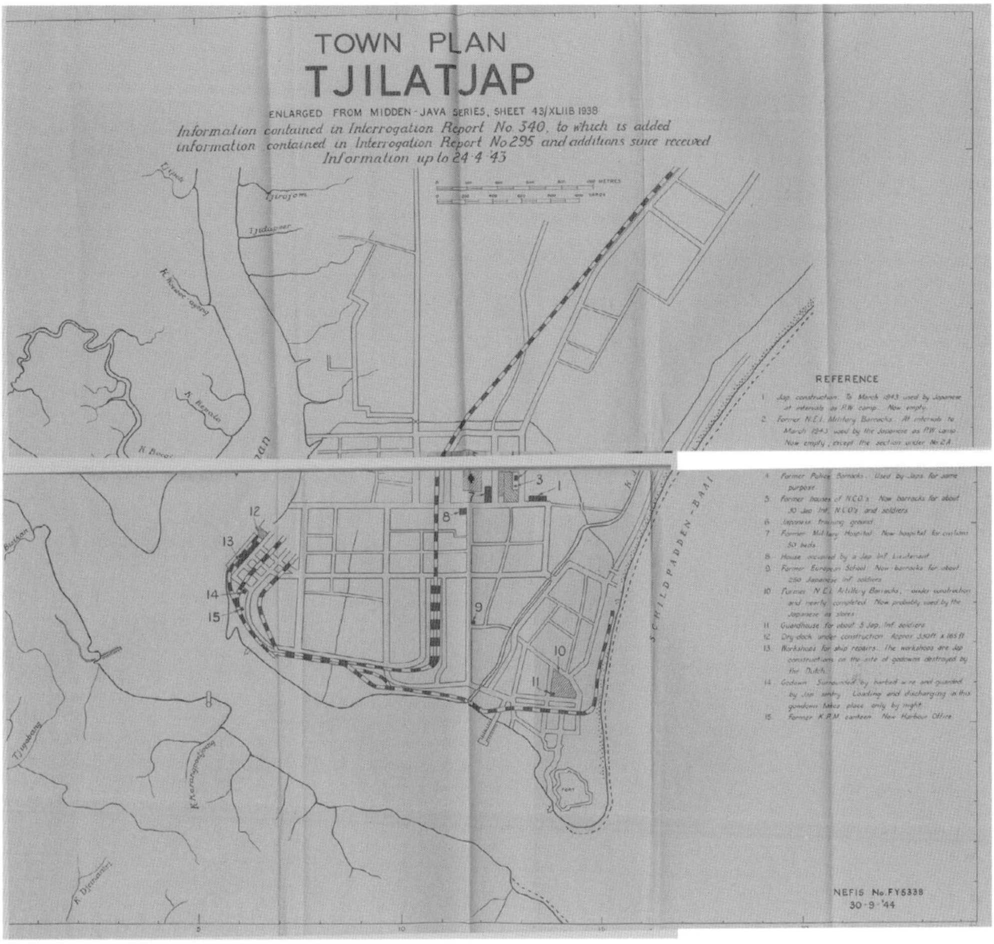

TOWN PLAN
TJILATJAP
ENLARGED FROM MIDDEN-JAVA SERIES, SHEET 43/XLIIB 1938
Information contained in Interrogation Report No. 340, to which is added
information contained in Interrogation Report No 295 and additions since received
Information up to 24-4-43
Tjirojom
SCHILDPADDEN-BAAI
REFERENCE
1. Jap construction. To March 1943 used by Japanese at intervals as P.W. camp. Now empty.
2. Former N.E.I. Military Barracks. At intervals to March 1943 used by the Japanese as P.W. camp. Now empty, except the section under No. 2A.
4. Former Police Barracks. Used by Japs for same purpose.
5. Former houses of N.C.O.'s. Now barracks for about 30 Jap Inf. N.C.O's and soldiers.
6. Japanese training ground.
7. Former Military Hospital. Now hospital for civilians 50 beds.
8. House occupied by a Jap Inf. Lieutenant.
9. Former European School. Now barracks for about 250 Japanese Inf. soldiers.
10. Former N.E.I. Artillery Barracks, under construction and nearly completed. Now probably used by the Japanese as stores.
11. Guardhouse for about 5 Jap. Inf. soldiers.
12. Dry-dock under construction. Approx. 330ft x 165 ft.
13. Workshops for ship repairs. The workshops are Jap constructions on the site of godowns destroyed by the Dutch.
14. Godown. Surrounded by barbed wire and guarded by Jap sentry. Loading and discharging in this godown takes place only by night.
15. Former K.P.M. canteen. Now Harbour Office.
NEFIS No. FY5338
30-9-'44

2급 비밀.

네덜란드령 동인도군 정보국

뉴질랜드 보험사 빌딩

334-338 퀸 스트리트, 브리즈번

N0. AI2/7521.G.
첨부:
4

전화번호. U7076
U7077
U7078

주제: 심문보고서

날짜:
1944년 10월 14일

네덜란드령 동인도군 정보국 심문보고서

295호, 330호, 334호 합본 (개별호 미발행).

----

1. 첨부된 문서는 네덜란드령 동인도군 정보국 심문보고서 295호, 330호, 334호 합본이다 (개별호 미발행).

2. 이 보고서에 포함된 정보는 피난민을 대상으로 한 심문에만 근거하고 있으며, 이를 고려하여 평가해야 한다.

3. 이 안에 담긴 정보를 배포하는데 주의를 기울이도록 한다. 이 보고서의 전체 또는 일부분을 활용할 경우, 피난민의 친지가 위험에 빠지거나, 적군의 보복에 노출되는 것을 막고, 중요한 정보의 출처가 막히지 않도록 관련된 이름, 지역 등이 특정되지 않아야 한다.

복사본 43호.

중령. S. H. 스푸어(S.H.Spoor)

네덜란드령 동인도군 정보국 국장.

배포:

첨부된 목록 참조

(중략)

2급 비밀. Ag.No.AI2/7521/G.

네덜란드령 동인도군 정보국
뉴질랜드 보험사 빌딩
334-338 퀸 스트리트, 브리즈번 복사본 43호

네덜란드령 동인도군 정보국 심문보고서
295호, 330호, 334호 합본 (개별호 미발행).

주.

이 보고서는 비아크섬(Biak Island)의 미군에 의해 44년 6월-7월 중 풀려난, 모두 전직 군인이었던 한 명의 암본인(Ambonese)과 두 명의 자바인(Javanese) 정보원을 심문한 내용을 담고 있다.

두 자바인은 수용소에서 도망쳤으나 1943년에 헤이호 부대에 강제 징병되었다. 암본인 정보원은 헤이호 부대에 강제징병 되었던 전쟁포로였다.

(중략)

XIII. 일반정보.

위안소(Brothels): 한 정보원은 43년 말에 말랑(Malang)(자바 동부)에 있는 엠마(Emma) 호텔과 줄리아나(Juliana) 호텔이 일본군을 위한 위안소(brothels)로 쓰였다고 확인해주었으며 리젠트(Regent)가에 있던 (구)벤두칸투어(Vendukantoor) 노치(Noach 경매소)가 비슷한 목적으로 사용되었다고 언급하였다.

약탈: 항복 당시, 반자르마신(Bandjermasin)(보르네오(Borneo) 남부)에 있는 모든 중국인 가게와 집들은 인도네시아 사람들에 의해 약탈당했다.

처벌: 정보원은 카란간잘(Karanganjar)(자바 중부)에 있는 철도역 포스터에서 인도네시아인들에 의해 자행된 다양한 범죄에 대한 처벌이 시작된다는 것을 보

았다. 정보원은 다음 항목을 기억했다. 양손을 절단하는 절도에 대한 형벌.

중령. S. H. 스푸어.(S.H.Spoor)

네덜란드령 동인도군 정보국 국장.

캠프 컬럼비아, 1944년 10월 14일.

첨부:

개요도 NEFIS. FY 5338호 – 틸라탑(Tjilatjap) 도시계획

개요도 NEFIS. FY 5339호 – 베닝습지(Bening Marsh) 배수시설

2

Compilation of NEFIS Interrogation Reports Nos. 366-378, 404-407, 410-417

RG 319 Entry UD 82-A Box 2007

이 문서는 1944년 10월 28일자 366-378호, 404-407호, 410-417호 합본 심문보고서로 다양한 지역 출신의 현지인들로부터 얻은 '위안부' 및 위안소에 대한 다음의 정보가 기록되어 있다. (1) 1943년에는 자바섬 중부의 마겔랑(Magelang)에서 아맛(Amat)이라는 현지인이 여성들을 모집하여 일본군의 '위안부'로 일하도록 하고 본인은 이들을 감시했다. (2) 1943년, 자바섬 중부의 솔로(Solo)에서는 중국인이 촌장들을 통해 '위안부'를 선발하고, 일본군 장교를 위한 위안소가 호텔 건물을 이용하여 운영됐다. 이 중국인은 헌병의 허가증을 발급받아 선발 권한을 갖고 있었고, 일당을 받을 수 있다고 현지인 여성을 유혹하였고, '위안부'로 일하게 된 여성들은 다시는 돌아올 수 없었다. (3) 자바섬 동부 젬버(Djember)의 암보로(Amboeloe) 마을에서는 현지 여성들이 '위안부'로 모집되었고, 이들은 건강검진을 받고 식당과 호텔로 보내졌다. 이 여성들도 마을로 돌아오지 못했고, 이 건강검진은 '위안부'가 되기 적합한지 판단하기 위한 성병검진이었던 것으로 보인다.

EMR. SECRET.

NETHERLANDS FORCES INTELLIGENCE SERVICE
(NEFIS)

NEW ZEALAND INSURANCE BUILDING
334-338 QUEEN STREET, BRISBANE

85664

31 OCT 1944

No. AI2/7915/G. 3 BID: T-JAVA-3311 (293) — (p. 7)
(293) 301 — (p. 10)
(293) 4401 — (p. 10 + 11)

TEL. U 7076
U 7077
U 7078

ENCLOSURES: 3

SUBJECT. Interrogation Reports. SECRET

DATE: 28th October, 1944.

NOV 14 1944.

Compilation of NEFIS Interrogation Reports
Nos. 366 - 378, 404 - 407 and 410 - 417 (Not Issued
Separately).

1. Attached is Compilation of NEFIS Interrogation Reports Nos. 366-378, 404-407 and 410 - 417 (Not Issued Separately).

2. Information contained in this report is based solely on interrogation of evacuees and should be evaluated accordingly.

3. It is requested that care be taken in the distribution of the information contained therein. If the whole or any part of this report is reproduced, no indication may be given of names and localities concerned, to avoid compromising relatives of evacuees and exposing them to enemy reprisals, and to prevent closure of important sources of information. Copy No. 41

Smit

Lt. Cdr. J. C. Smit.
Deputy Director NEFIS.

Distribution:

See attached list.

FILE RATING COPY
Must Be Forwarded in 72 Hours
Rating B Initials
Rating Branch

RECORDED 293

85564 1

JAN 8 RECD

DISTRIBUTION:	No. of Copies.	Copy No.
Ex. H. van Mook. Lt. Gov. Gen.	1	1
B.S.O. through O.B.S.O.	2	2 - 3
O.B.S.O.	1	4
Economic Int. Section GHQ. New Delhi via B.S.O. - Colombo	1	5
C.L.G.	1	6
M.C.A.	1	7
Voorz. N.I. Comm.	5	8 - 12
Min. v. Kol., Att. Col. de Blieck.	1	13
Ministry of Economic Warfare Foreign Office London, via Col. de Blieck, London	1	14
C.G.S., K.N.I.L.	1	15
Contr. A.I.B.	1	16
G.2., G.H.Q.	2	17 - 18
A.C. of S., G.2. USAFFE	1	19
Director of Intelligence, Allied Air Forces S.W.P.A., A.P.O. 923.	5	20 - 24
Assistant Director of Intelligence, Advanced Echelon, Allied Air Forces S.W.P.A., A.P.O. 925.	4	25 - 28
D.M.I.	1	29
A.D.M.I.	1	30
D.N.I.	1	31
COISEF through D.N.I.	1	32
Seventh Fleet Intelligence Center	1	33
Chief of Air Staff RAAF Hq.	1	34
Director A.G.S.	1	35
O. in C., A.G.S., N.E.I. Section	1	36
Co-Ordinator ATIS	1	37
FELO, Hq.	1	38
FELO, Melbourne	1	39
N.R.C.C.S.	4	40 - 43
N.F.L.O. Darwin	1	44
N.F.L.O. Perth	1	45
S.R.D.	1	46
S.R.D. Brisbane, (Maj. Wigan)	1	47
S.I.A.	1	48
Dir. Gen. of Security	1	49
CSONICA Kandy	1	50
HQ. 6th Army, through NEIIOSIX	2	51 - 52
Mr. W.H. de Roos	1	53
NEFIS Officer A.I.B.	1	54
NEFIS	13	55 - 67
Rear Echelon NEFIS	1	68
Netherlands Staff Officer, G3., APO 500	1	69
Dutch Liaison Officer, A.3. Hq., 13th Air Force., A.P.O. 719.	2	70 - 71
A.C. of S., G5., G.H.Q.	1	72
D.L.O. Allied A.F., Old Courier Bldg.	1	73
FELO, Hollandia, (Att. Maj. Kremer)	1	74
Mil. Att. Canadian Emb. Canberra	1	75
RAAF Hq. N.W. Area, Darwin	1	76
Group Intell. Officer, Tent H. Ops. Gr. RAAF APO 704	1	77

EMR. SECRET.

NETHERLANDS FORCES INTELLIGENCE SERVICE,
NEW ZEALAND INSURANCE BUILDING,
334-338 QUEEN STREET,
BRISBANE.

Copy No. 41

COMPILATION OF NEFIS INTERROGATION REPORTS Nos.
366-378, 404-407 and 410-417 (Not Issued Separately).

NOTE.

The above reports refer to one Ternatese, two Menadonese, two Timorese and twenty Javanese informants, released by U.S. Forces on Biak Island, Noemfoer Island and on Dutch New Guinea, during May - Aug '44. All had been forced to join Hei-Ho units, with the exception of the Ternatese informant, who lived on Dutch New Guinea.

The two Menadonese informants are ex PW, while the two Timorese, both former soldiers, were originally interned by the Japanese but released in May '42.

Of the twenty Javanese informants, 5 former soldiers had been released after internment, while 2 had managed to remain at large. One former soldier escaped from an internment camp at Bandoeng, while two former members of the Legion of the Mangkoe Negoro had not been interned. Ten were civilians.

To facilitate reference the places covered in this report are listed hereunder, by sections:-

III. TACTICAL DATA ON ENEMY MILITARY FORCES.

East Java:	Mid-Java:	West Java:	D.N.G:
Madioen	Magelang	Cheribon	Manokwari
Probolinggo	Solo		Waren
Soerabaja			Babo
Malang			Sorong
Djember			Sjeri
Amboeloe			Karoeani Bay
Wates.			

IV. SUMMARY OF NAVAL INFORMATION.

East Java:	Mid-Java:	West Java:	D.N.G:
Probolinggo		Cheribon	Manokwari

V. BASIC AIR INFORMATION.

East Java:	Mid-Java:	West Java:	D.N.G:
Maospati (Madioen)	Tidar (Magelang)	-	Manokwari
Kentjong (Djember)			
Boegis (Malang)			

VI. INFORMATION REGARDING GUERRILLA FORCES.

East Java:	Mid-Java:	West Java:	D.N.G:
-	-	-	Sjeri
			Manokwari

VII. GEOGRAPHICAL INFORMATION.

East Java:	Mid-Java:	West Java:	D.N.G:
Amboeloe	Ponorogo	-	-

85564 3

VIII. POLITICAL AND SOCIAL INFORMATION.

East Java:	Mid-Java:	West Java:	D.N.G:
Malang	Temanggoeng	Cheribon	Manokwari
Singosari	Magelang	Soekaboemi	Biak
Probolinggo	Moentilan		
Soerabaja	Solo		
Djember	Karang Anjar		
Amboeloe	Djebres		
	Kadipolo		
	Djoemapolo		

IX. ECONOMIC INFORMATION.

East Java:	Mid-Java:	West Java:	D.N.G:
Amboeloe	Magelang	Cheribon	Ransiki
Malang	Temanggoeng		Manokwari
Probolinggo	Parakan		
Oemboel	Pekalongan		
Kediri	Solo		
Ngandjoek	Wonogiri		
Kertosono	Semarang		
Toeban	Djokja		
Soerabaja.			

X. PROPAGANDA AND PSYCHOLOGICAL WARFARE INFORMATION.

East Java:	Mid-Java:	West Java:	D.N.G:
Malang	Parakan	Cheribon	Noemfoer.

XI. ATROCITIES.

East Java:	Mid-Java:	West Java:	D.N.G:
Malang	Solo	Djatinanggoer	Noemfoer
			Manokwari
			Windhesi
			Roon Island.

XII. PERSONALITIES.

East Java:	Mid-Java:	West Java:	D.N.G:
Probolinggo	Temanggoeng	Cheribon	Manokwari
Malang	Magelang		Moemi
Amboeloe	Solo		Ransiki

XIII. GENERAL.

East Java:	Mid-Java:	West Java:	D.N.G:
Soerabaja	Magelang	Serang	Noemfoer Is.
Amboeloe	Poerworedjo	Pandeglang	Kg. Baroe (Vogelkop)
Banjoewangi	Ambarawa	Batavia	
Pasoeroean	Semarang		
Madioen	Solo		
Ngandjoek.			

III. TACTICAL DATA ON ENEMY MILITARY FORCES.

Dispositions and Strength of Organisations and Units:

a. Magelang (Mid-Java): In Jun '43, there were about 500 Japanese Infantry quartered in the former Kader School (N.C.O's School). They were armed with long type rifles, both Japanese and Dutch, and in addition had machine guns Model 96, and 6.6 mm. L.M.G.

F.2 Another informant from this district states that in Sept '43, the above N.C.O's School had been converted into stables. This informant estimated that there were about 600 Japanese troops, armed with 50 machine guns, Dutch rifles Model 95, and possessing three medium tanks, quartered in the former 1st Bn barracks. About 40 N.C.O's were quartered in the former N.E.I. N.C.O's houses at Toegoeran village.

85564 4

In Sept '43, the former Field Police barracks at Ganten village were occupied by about 60 members of the Soerkarela.

F-3 b. Madioen (East Java): In Feb '43, there were only about 50 Japanese troops, armed with carbines and bayonets, quartered in Hotel Bandoeng and in a former Japanese shop.

There were estimated to be in Jun '43, about 2,000 Japanese Air Force personnel at Maospati airfield (Madioen); they were quartered in the former Dutch Air Force barracks.

F-3 c. Solo (Mid-Java), '43: About 200 Japanese Infantry were quartered in the former Left Half 21st Bn barracks, and about 30 Kempei personnel in Pasarpon Straat.

d. Probolinggo. (East Java), '43: Japanese troops up to 200 men occasionally arrived for a fortnight's training.

At the end of '43, about 30 Kempei personnel had their office in the former house of the Assistent Resident, in Groote Postweg. They were quartered in the best houses in Heeren Straat.

e. Soerabaja (East Java), May '43: An informant gives the following information:-

1. About 400 Japanese Infantry, with 11 anti-tank guns Model 97, and about 8 heavy M.G. Model 92, were quartered in former 3rd Bn barracks.
2. Four hundred armoured Corps personnel, with 12 light tanks and 8 medium tanks occupied the former N.E.I. Anti-Aircraft barracks. The troops were armed with carbines and pistols.
3. About 500 Infantry, armed with rifle and bayonet, and having about 10 L.M.G. Model 99, were accommodated in the former N.E.I. Coast Artillery barracks.

F-3 f. Cheribon (West Java), Oct '43: About 400 Japanese Army personnel were quartered in the former N.E.I. Barracks behind the Field Police barracks at Kosambi (Cheribon). Every six hours, a guard of twenty men would march to Tandjoeng Mas for sentry duty along the coast. (See attached Town Plan Cheribon).

In Oct '43, the Headquarters of the Kempei were located in two houses in Tjankoel Weg. Total personnel were estimated at 40 officers and men.

In Oct '43, the open grass-covered area between Djalan Koeningan and the sea was used as a parade and training ground.

B-1 g. Malang (East Java), Jul '43 - Jan '44: About 300 Japanese Infantry were quartered in the former 6th Regt. anti-tank corps barracks, adjacent to the former 8th Bn barracks. They were armed with Japanese long rifles.

Another informant who was in the Malang area at the end of '43, estimates the total number of troops in Malang at about 8,000. From time to time there were extensive movements of troops. One Japanese General lived in a house at Blimbing, due north of the town of Malang, on the main road to Soerabaja. This house was formerly occupied by a Notary Public from Malang. The house can be easily identified by the numerous tall tjemara trees around it.

Another informant estimates the total strength of the Japanese garrison at Malang at the end of '43 at only 2,000.

F-3 h. Djember (East Java), '43: Approximately 200 Japanese Infantry, armed with Dutch carbines and bayonets, were quartered in the former Chinese Tjong Hoa School at Amboeloe (south of Djember).

About 200 Japanese Infantry, armed with Dutch carbines and bayonets and having six medium tanks, was stationed at Poeger (south of Djember). An informant states that part of the village on the seashore had been destroyed. This area was strictly guarded, and no-one was allowed near.

F-3 At Wates (about 3½ kilometres south of Djember) there were in '43 many Japanese soldiers. These troops were quartered in one of three warehouses about 250 feet in length, which had previously been used for storing corrugated iron.

Indications of Enemy Intentions and Movements: An informant from Manokwari area, states that from Apr '44 onwards there was

85564 5

a steady reduction in the Japanese forces, and when the Hei-Ho were to leave in Jul '44 they were accompanied by a company of Japanese Infantry, overland to Sorong.

An informant who was at Waren and Roemberpon Island (Vogelkop, D.N.G), from Apr to Aug '44, states that after Waren had been strafed and practically destroyed by Allied aircraft, the natives and the Japanese fled to the forest area around Badiri, where they constructed small huts.

Another informant gives the following estimates of the remainder of the Hei-Ho units who were to leave Manokwari about 7 Jul '44, by land route to Sorong:-

Soerabaja Butai 10446	400
Malang Butai	600
Bandoeng Butai	400

They were to take a month's food with them, and were promised by the Japanese shipment from Sorong to Celebes and Java if they survived the journey. Only those unable to travel by foot from Manokwari were evacuated by launch by way of Babo. All others took the overland route to Sorong.

Supply Arrangements and Installations:

F-3 a. Cheribon (West Java), Oct '43: Japanese Army food supplies were stored in, and distributed from warehouses at Cheribon, situated between the former British-American tobacco factory and Kali Tjikroetoeg. Supplies were sent by rail to different parts of Java. (See attached Town Plan Cheribon).

F-3 b. Probolinggo (East Java), 1943: The road leading to the harbour area had been wired off and Japanese sentries posted day and night. There were at least ten warehouses in the harbour area, and several smaller ones. Motor trucks arrived daily, laden with bags, probably containing rice,maize and beans, etc, which were stored in the warehouses. On infrequent occasions, informant saw trucks going inland laden with supplies.

F-3 c. Solo (Mid-Java), Jul '43: A petrol store was located in a large building formerly used as a bakery, opposite the former Dutch Engineers' barracks.

d. Manokwari (Vogelkop), May '44: The Japanese had begun mixing maize with their rice, to conserve supplies of the latter. The Japanese General was seen by members of the Hei-Ho to have this mixture served in his mess. The maize is reported to have arrived in a convoy from Taiwan, carrying Formosan labourers. This informant estimates that the reduced garrison at Manokwari has sufficient food for six months.

F-2 e. Malang (East Java), Jan '44: A large building at the town railway station, on the east side of Kotta Lamaweg, was used as a food store for the Japanese garrison. Ammunition was stored in the Dutch-Chinese school at Kidoel Pasarstraat.

Hall

Lines of Communication and Transport: An informant from the Sjeri-Waren-Momi area (Dutch New Guinea) observed a regular traffic by Japanese along a foot track which emerged on the coastline at Sjeri, crossed the footbridge and passed through Sjeri village. It then continued along a sandy spit for about 1 km., to a coastal checking post, manned by four Japanese. It then continued along the foot of the ranges which abutt on the coast, northeast of Mawi Bay. Informant states that at high tide, when it is impossible to pass along the sandy spit, an alternate inland track is used which follows the edge of a mangrove swamp. The following section of the track, southwest around Mawi Bay, along the foot of the cliffs, however, can also only be used at low tide.

About the middle of '44 the same informant observed that when aircraft were overhead all small prahoes entered a small stream in Karoeani Bay. The stream closely follows the base of a high hill in rear of the village, and is navigable by these small craft for about 2 kilometres.

Location of PW Camps: In Oct '43, only about 25 Australian and Dutch PW still remained in the former Maria School in

85564 6

Pekoetoekemweg at Cheribon (West Java). It was said that all others had been moved to Bandoeng.

Radar and Radio Stations: The following have been reported by informants:-

a. Magelang (Mid-Java), Jul '43: There was a listening post on Goenoeng Tidar manned by members of the Soekarela.

b. Malang (East Java), Jan '44:

1. Two radio masts about 40 metres high were seen in the former 13th Bn barracks.
2. A radio station with about five masts was seen near the main road to Soerabaja.
3. A new radio station had been erected with one tall mast at the former Girls' Boarding School in Betokweg, Oro Oro Dowo district.

c. Madioen (East Java), Jun '43: A radio station was located in a small shed in the centre of the Maospati airfield. The former W/T station near the administration buildings on the airfield was still in use.

d. Solo (Mid-Java), '43: A radio station was situated to the southwest of the racecourse, with two masts about 50 metres high. The former broadcasting station situated about 100 metres south of the railway station was being used by the Japanese for broadcasting local and overseas news. The wavelength was 96 metres. It was guarded by Town Police.

In '43 Java time was altered to conform with Tokio time, which resulted in clocks being advanced 90 minutes.

IV. SUMMARY OF NAVAL INFORMATION.

Ship Movements and Ships in Port: An informant who made fortnightly visits to Cheribon (Mid-Java) during May - Jun '42, and Sept '42 - Oct '43, states that no seagoing vessels were seen in the Cheribon anchorage. All coastal traffic was effected by native sailing prahoe.

It was observed in '43 that a large Japanese vessel arrived once monthly at Probolinggo (East Java), to load and discharge cargo. There was a constant traffic by motor boats, some of which carried as much as 300 bags of rice. They often towed large lighters. The destination of these small craft was not known, but they sailed in the direction of Soerabaja.

Harbour Defences:

a. Cheribon (Mid-Java), Oct '43: It was observed that the former Dutch coastal artillery gun mounted at Kedjaksan had been remounted by the Japanese at Kosambi, about 100 metres distant from the former N.E.I. Barracks. In order to provide a field of fire for this piece, the entire village of Pekalippan had been levelled to the ground, and the villagers moved to Cheribon town. (See attached Town Plan Cheribon).

b. Probolinggo (East Java), end '43: No harbour defences were seen in the former forts in this area.

c. Manokwari (Vogelkop): A piece of coastal artillery with concrete foundations was mounted on the point opposite Manokwari town, and was still in use when informant left in Jul '44. Four pieces of dual purpose artillery were mounted on a grassy patch east of the hospital area (see mosaic of Manokwari Town, NEFIS No. FY 5296, attached to extract of Interrogation Report NEFIS No. 206, issued on 24th August '44.

Navigational Aids: In Probolinggo (East Java) at the end of '43, the lighthouse functioned as in former times.

V. BASIC AIR INFORMATION.

Location of Air Installations:

a. Maospati, Madioen (East Java), Jun '43: In order to

enlarge the original airfield, all houses in Kletjo village west of the airfield had been demolished, and the site levelled.

b. Tidar, Magelang (Mid-Java), Jul '43: Two informants report that the airfield is no longer in use, but has been converted into a stadium capable of accommodating over 1,000 spectators. On the top of Tidar Hill, a post has been established manned by Soekarela and provided with telephones. No A/A or searchlights were seen.

c. Kentjong, 45 kilometres southwest of Djember (East Java): An informant had heard that about the end of '43 an airfield was in course of construction near this town.

Airfield Activity:

a. Manokwari (Vogelkop), Jul '44: An informant states that the airfield about 2 km from the town was being kept serviceable in spite of raids. This work was done by Formosans, who bought material from near the coast to fill in the bomb craters.

b. Boegis airfield, Malang (East Java), Aug '43: An informant who visited this airfield saw ten aircraft on the east side of the field, dispersed among the teak trees, about 500 metres from the edge of the airfield. As many as fifteen twin-engined bombers and 35 fighters have been seen at one time; also two transport planes.

Four heavy A/A were located on the east side of the airfield.

c. Maospati, Madioen (East Java), Jun '43: Four dummy aircraft were seen on the field, constructed of bamboo and painted to resemble new machines. As many as seven twin-engined bombers and 23 fighters have been seen at one time on this airfield.

Three heavy A/A and two machine guns were located to the east of the airfield.

VI. INFORMATION REGARDING GUERRILLA FORCES.

In May '44, at Sjeri (Vogelkop, D.N.G.), an informant met a Papuan named Samuel, who was formerly a member of the police force at Anjei Lakes, (Vogelkop, D.N.G.). This Papuan told informant and another man named Josef (Ambonese), that he had just returned from a patrol with the Japanese, and had assisted in the capture at Kebar (Vogelkop, D.N.G.) of the Dutch Captain of the guerrilla force which had been operating in that area.

At Manokwari, (Vogelkop) in Mar '44, an informant saw fifteen Ambonese and Menadonese being transported in a truck under strong guard. They wore torn green uniforms of the type previously worn by the N.E.I. Army, and had shaven heads. Informant is unable to give any further information.

VII. GEOGRAPHICAL INFORMATION.

Roads, Tracks and Trails: An informant states that in '43 at Amboeloe (south of Djember, East Java), Japanese were making a new deviation to the original road from Sabrang to Batoeoelo, ten km south of Amboeloe. There were about 400 coolies working on this road, and strong timber bridges had been constructed. The deviation was completed by Sept '43.

Another informant states that in '43 a large new road was being constructed about one chain in width, from Toegoe to Ponorogo (Mid-Java). When informant left the district in Sept. '43, about 2 km. had been completed. About 200 coolies were working on this road under Japanese supervision.

VIII. POLITICAL AND SOCIAL INFORMATION.

Security Regulations and Censorship: During '43 an informant was able to proceed from Tjilimoes to Cheribon (West Java) without a permit. He could also visit Semarang or Batavia if he so desired. Discrimination was shown, however, towards Chinese, Arabs and Eurasians, who had to obtain a permit for each journey. If, for some legitimate reason, frequent journeys were necessary,

85564 8

an annual permit was obtainable through the Wedana (native District Officer) at Batavia, which cost /5.-- per annum.

Relation between Japanese and Local Population: At Tjilimoes, Cheribon (West Java), resentment was felt towards the Japanese on account of deprivations suffered under their rule, and the impressment of their menfolk for forced labour.

Civil Government of Occupied Areas: Up to Jul '43, the Regent and Wedana had remained in office at Temanggoeng, (Mid-Java). The Assistent Wedana commanded the field police, under the supervision of the civil head of Temanggoeng, a Japanese named Yamahawa, who was the only Japanese at Temanggoeng. According to another informant, Yamahawa was actually in command of the field police, who abused their power, kicking and beating the people at the slightest provocation.

At Malang (East Java) in Jan '44, the Regent Boepati Ario Sam, was still in office, also the Wedana of Singosari, named Poerbo. The Assistent Wedana of Karang Ploso named Soedario had been dismissed.

In Sept '43, the field police had been removed from Ganten village, Magelang (Mid-Java), to Moentilan. The population was very hostile towards this force, on account of their brutal behaviour, which was in marked contrast to that prevailing before the war.

In Jan '44, the field police at Malang (East Java), numbered approximately 200. They wore their pre-war uniforms, and were quartered in the former Dutch-Malay school and Kartini school, Keloet Straat. Pay on enlistment was 22 guilders a month, rising to 35 guilders on promotion to first class policeman. These police were very overbearing, and were disliked by the population.

An informant from Amboeloe (south of Djember, East Java), states that in Sept '43, field police had been established there. Before the war there was none.

At the end of '43 at Probolinggo (East Java) both the town police and the field police numbered about 200 men; their barracks were in the same locality as before the war.

There was a school of instruction for field police recruits at Soekaboemi (West Java). It was rumoured in '42 that the Japanese had demanded 400 recruits from Bandoeng, Djokja, Madioen, Soerabaja and Semarang.

Taxes: The rice land tax (padjek sawah) at Tjilimoes, Cheribon (West Java) was increased after the Japanese occupation from /8.50 per bouw (1.75 acres) to /15.--.

Civil Service, Courts, etc:

a. Malang (East Java), '42 - '43: The Javanese President of the "Landraad" (District Court) always sat with a Japanese official in civilian clothes. The court sat daily during the week, and as far as is known sentences were much the same as before.

An informant states that if a thief was caught in the act by a Kempei official, one of his fingers was amputated. Informant witnessed one such case at Pasar Kidoel, (Malang). The victim's hand was afterwards bandaged, and he was then taken to the Kempei office in Smeroe Straat. Informant added that if the delinquent was caught by the field police, he was dealt with by the law courts.

b. Solo (Mid-Java), Sept '43: An insight into the working of the law courts is given in the following narrative:-

An informant from Keprahon village, Solo, bought a coat from a Javanese for the price of /3.50. Informant was later approached by a man who claimed that the coat belonged to him and had been stolen. The matter was reported to the Indonesian town police, who arrested informant. After being detained for three days, he was taken before the "Landgerecht" (Police Bench) for trial. The bench was composed of two Javanese, one being the President, and the other clerk of the Court. A Japanese in a black gown and bib, who spoke both Javanese and Malay, also sat

85564 9

on the bench. Informant was sentenced to two months imprisonment, and the seller of the coat received 1½ years.

Organisations: (Formed, sponsored or encouraged by Japanese).

a. Malang, (East Java): In Aug '43, informant saw about 50 Javanese girls, aged about 18 to 20 years, marching through Kajoetangan Street in white uniforms, and caps similar to those worn by American naval ratings. They were preceded by male drummers and a trumpeter, and were singing in Japanese. These processions were a daily event, and also included over 100 Javanese youths in uniform, and wearing military caps similar to those worn by N.E.I. Army N.C.O's, except that the band was either white or red. They marched in columns of four.

An informant who was in Malang in Jan '44, states that approximately 3,000 Soekarela were quartered in barracks at the former 10th Depot Bn. They wore green uniforms and green forage caps with a red stripe, and were armed with carbines and bayonets. They were officered by Javanese, who carried Japanese swords. Duties of Soekarela were to co-operate with the Japanese Army. Pay on enlistment was ƒ20.00 per month.

Another informant gives the number of the Soekarela as about 1,000 with fifteen Javanese officers. The senior officer was Iskander bin Soeleiman, living at Pendem, Karangploso, west of Singosari. He was formerly principal teacher of a Mohammedan sect known as "Nahdotoel Oelamah".

There were also about 100 Kaibodan, who wore green uniforms with Japanese caps, but were not armed. They carried out A.R.P. duties. Pay on enlistment was ƒ15.00 per month.

In addition there were about 300 Seinendan, consisting of youths of about 15 to 20 years. They wore yellow shirts and shorts, and Japanese caps, and were armed with carbines. This organisation acted as a home guard, and received no pay.

b. Soerabaja (East Java), Dec '43: About 200 - 300 schoolgirls, estimated between the ages of 12 and 17 were seen on one occasion marching behind a drum and fife band, played by men and youths. They wore dark blouses with white skirts, and caps similar to N.E.I. Army N.C.O's, with black bands. The older girls carried either wooden rifles or bamboo poles.

c. Probolinggo (East Java) at the end of '43, only the Kaibodan and Seinendan organisations were operative. Combined, they numbered about 100 youths and boys. In addition to this, there was a body called "Mihari", who acted as watchers around the pier and warehouse areas. Their uniform consisted of a green tunic, shorts and boots; caps were modelled on Japanese lines, with a badge in the form of a star. They carried long sticks, and drilled daily opposite the former MULO School. Their leader was Saleh, director of the Municipal Offices. They received wages, but the amount is not known.

d. Solo (Mid-Java): At the end of '43, there was a society formed by Chinese born in Java, called "C.B.O.". They numbered about 100, and were armed only with klewangs (native swords). They wore either long or short trousers, with shirts and Japanese type caps. Their duties were to guard warehouses where petrol, etc. was stored.

Education: An informant from Magelang (Mid-Java) states that in Sept '43 all inhabitants of Ganten village (Magelang) including women, had to attend gymnastic classes (Teiso) every day at 1600 hrs.

In Jan '44, the Japanese instituted classes for teaching the Japanese language at the former R.C. school in Tjeleket Straat, Malang (East Java). There were five classes, with a total of about 500 students, aged from 20 to 30 years. The classes were held from 1700 to 1900 hrs, under Japanese teachers; there was no charge. Informant states that only those who professed to be pro-Japanese were eligible. The students were all Javanese with the exception of three Eurasians. Native schools around Malang were still functioning, fees being from 60 cents to ƒ1.50 per month, according to the parents' means.

Another Japanese language school was functioning in '43 at Baloeng (Djember); both Katakana and Hiragana were taught and if students showed sufficient progress they were also taught Kanji. School teachers and village heads were amongst those attending.

An informant's brother, who was a village school teacher, had to attend classes in Temanggoeng (Mid-Java), two afternoons weekly for instruction in Japanese. The village school hours were from 0830 hrs to 1300 hrs, and 1400 to 1600 hrs.

Religious Services: An informant from Malang (East Java) states that up to Jan '44 services in the Mosque continued as usual. The Protestant church was also open every Sunday, and many people were seen attending. The Roman Catholic church was not open, owing to there being no priest available.

An informant from Amboeloe (Djember, East Java) states that Moslems employed by the Japanese were not permitted to attend the Mosque on Fridays.

Health and Sanitation: In Sept '43, at Magelang (Mid-Java) malaria and dysentery were very prevalent.

In Jul '43 at Karang Anjar (Mid-Java), there was much beri-beri, and some mortality from this disease.

Medical Treatment and Supplies: An informant from Probolinggo (East Java) states that in Jan '44 the hospital in Heeren Straat had been converted into a commercial school. The polyclinic in Bromo Straat had been converted into a hospital under a Javanese doctor Sardadi. (NOTE NEFIS: Doctor Sardadi practised in Probolinggo before the war). There were about 14 Indonesian nurses. The charge for out-patients was 10 cents per visit, and in-patients 75 cents per week. Medical supplies were short, and substitute bandages were made from the pith of banana stems. All chemist shops had been closed.

In Jan '44, the military hospital at Malang was being used by the Japanese. The Mission hospital at Soekoen (Malang) was still functioning, fees ranging from 10 cents to /1.50 according to the patient's financial means. A private hospital in Java Straat, previously owned by a German who was a specialist in T.B., was occupied by Japanese patients. Owing to the shortage of medical supplies, the inhabitants collected herbs as substitute medicines.

An informant from Magelang (Mid-Java) states that in Sept '43, medical supplies were very scarce, and kapok was being used instead of cotton wool. The mental asylum at Kramat was still in use. The military hospital had been taken over by the Japanese. In Sept '43, the polyclinic at Amboeloe (Djember, East Java), was still open, with a dresser in charge. It was visited once a week by a Javanese doctor, who travelled from Djember by car. Fees were in accordance with financial means, up to 10 cents per week; injections cost /2.00.

An informant from the Solo district states that in Jul '43 the hospitals at Djebres (Mid-Java) and Kadipolo (Mid-Java) and the polyclinic at Djoemapolo (Mid-Java) were still open, but medical supplies were short.

Treatment of Prisoners of War and Internees: An informant from Malang (East Java) states that at the end of '43 European PW were treated very harshly. They were made to collect firewood from the railway station daily, and haul it themselves in carts to various destinations. If they did not move smartly, they were prodded with rifle butts.

A Javanese member of Hei-Ho, former PW, who was transported from Manokwari to Noemfoer Island in Jan '44, accompanied by 23 other Javanese, states that all but three perished, mostly from starvation, between Jan and Jun '44.

Another Javanese member of Hei-Ho, former PW, was so badly beaten in Jun '44 at Biak by a Japanese acting-Corporal named Susuki, that the sight of his right eye has been badly affected. He was also beaten by a Japanese Sergeant named Hijasi until the wooden stick used was shattered.

8556411

IX. ECONOMIC INFORMATION.

Agricultural Commodities: An informant from Ambóeloe (Djember, East Java) states that in '43 paddy was being planted once a year as formerly. Paddy was planted in straight rows in order to use the ricefields to the full. As between crops, djarak (castor), a three months crop, and cotton, also a three months crop were planted. The clean castor beans were bought by the Japanese at /5.00 per hundred kilos. Uncleaned cotton was bought at /3.00 per hundred kilos. Two thirds of the paddy crop was taken by the Japanese, against payment of /3.00 per hundred kilos, delivered by the grower at Amboeloe. The crop was smaller than formerly owing to water shortage and bad conditions of the irrigation channels.

There was a considerable amount of tobacco under cultivation, the crops being purchased by the Japanese at one third of the pre-war price. The tobacco was taken to Amboeloe for further treatment.

An informant from the Malang district (East Java) states that Djarak and cotton covered a greater area around Malang than the area under rice. Cotton was extensively planted, the rice-fields being utilised for this purpose. Djarak was also planted around the rice fields, along the roadsides, and in gardens around the houses. Rami (China grass) was also planted in the ricefields.

An informant from Magelang (Mid-Java) states that one third of the paddy crop from his father's ricefield was taken by the Japanese, for which payment was promised but not received. One third was stored in the Wedana's warehouse under orders from that official; this was supposed to be available to local inhabitants in the event of a subsequent crop failure. One third was retained by the growers. Coconuts were also being grown on informant's family land, the retail prices to the inhabitants being 1¼ cents per small nut and 2 cents for a large one.

Another informant from Cheribon district states that in '43 the one crop of paddy harvested by his family was 5½ piculs (1 picul is 136 lbs). Of this, they were allowed to retain 2 piculs for their own consumption, 1½ piculs was delivered to the village warehouse without payment, and 2 piculs were handed to the Japanese without payment, who collected this quantity in a military truck when the harvest was finished.

An informant from Temanggoeng (Mid-Java) states that in Jul '43 the vanilla estate "Badarredjo" was being operated by Javanese under Japanese control.

An informant who left the Probolinggo district (East Java) in Jan '44, states that the local farmers had been instructed to plant their ricefields with djarak and cotton.

An informant from Ransiki (near Manokwari, Vogelkop), believed that in May '44, the rubber plantation in this area had not been destroyed by the Japanese, and that the trees were ready for tapping.

T-JAVA. 4301 [272]

Food: In Oct '42 at Tjilimoes (Cheribon, West Java), although there was no actual starvation, there was much hardship owing to the confiscation of a large part of the paddy crops, which had to be replaced by sweet potatoes, tapioca and yams.

Industries and Manufacturing: The following industries were observed in the Malang area:-

a. Sept '43: A cloth weaving factory at Oemboel.
b. Jun '44: The Japanese had set up a wire and nail industry in a small warehouse near the radio station in Betekweg, employing about 20 workmen. Wages were about 27 cents a day, without food.
c. Jun '44: A tanning factory for buffalo and cow hides was seen in the village of Mergosonos, about 1 mile south of Malang. Up to 60 hides were seen being fleshed. (NOTE NEFIS: Probably only a hide and skin drying establishment).
d. 1943: A gunny bag factory had been started next to the Faroka cigarette factory.

T-JAVA 4401 [273]

The following industries were observed in '43, in the Amboeloe district (Djember, East Java):

a. The three existing ricemills were operating as before under Chinese supervision, with Japanese inspectors.
b. A small loom was making cloth, but only the poorest of the inhabitants were permitted to buy this cloth, the price of which was 3 to 4 guilders for a length sufficient to make one coat. The material was coarse but serviceable. About 30 women were employed on this loom.
c. The former sisal factory at Kotta Blater was still operating, but the output had decreased considerably. Only about 20 workers were employed, as against 50 in pre-war times. This factory was still managed by a Dutch Eurasian named Landegard.
d. The tapioca factory at Kotta Blater had been closed.

An informant from the Kediri (East Java) district states that in '43 the sugar mills Bogokidoel, Minggiran, Poerwosari and Mritjan had been closed down.

The Chinese owned coconut oil factory and rice mill at Papar (Kertosono, East Java) was still functioning, but the portion of the factory which formerly milled rice had been closed.

An informant from the Salaman (Magelang, Mid-Java) district states that the tapioca factory at Kg. Plempoengan, which was formerly Chinese managed, has been taken over by the Japanese for the manufacture of starch and soap.

An informant from the Cheribon (West Java) district states that the sugar mills Sindanglaoet and Nieuw Tersana had not been operating since the Japanese occupation.

An informant had a carpenter friend who had accepted work building wooden ships at Pekalongan (Mid-Java) and Toeban (East Java) - no dates given.

An informant from the Solo district (Mid-Java) confirms the existence of a glass factory at Poerwosari on the site of the former football field. The main building is about 150 metres long and is built in the shape of a crescent. Glassware was put on sale in Nov '43. Tumblers cost from 15 to 20 cents each, but were of poor quality; nevertheless, the products were in great demand.

An informant from Soerabaja (East Java) states that the Ambonese and Menadonese women interned at Tambaksari were forcibly employed in spinning rami for ricebags. For one kg. of twine ten cents was paid. Only a very hard worker could make this quantity per day.

The paper factory at Kg. Letjes (Probolinggo, East Java) was still functioning and employing many hands at the end of '43. Wages had been reduced from 20 cents per day to 15 cents, without food. The same informant states that a new rope factory has been built on the site of the former Pasar (Market) at Spoor Straat, Probolinggo. The output is unknown. A ricebag factory was seen in Zeestraat behind the railway station, where in early '43 about 200 employees of both sexes were working. The output was about 100 bags daily. Two other ricebag factories were situated in Groote Postweg and Djati village, where there were also two rice mills.

74678
2632

Minerals and Metals:

Mining Activities: In '43 at Tirtomojo, Wonogiri, Solo (Mid-Java) it was observed that the gold mining areas had been extended, and the output greatly increased since the Japanese occupation. About 5,000 - 6,000 impressed coolies were employed there. The ore was transported in small sacks to Semarang. Considerable quantities of gold were reported to be extracted.

Transportation:

Freund

Inland Rail: It is stated that formerly the tracks between Solo and Semarang (Mid-Java), were laid to take both the N.I.S. (Netherlands Indies Railway Company) and S.S. (State Railway) rolling stock. There were three rails to take the two different gauges of rolling stock. An outer rail (N.I.S.) had been removed throughout its whole length by Dec '42. Thus, only

Freund

the narrower gauge rolling stock of the S.S. can now be used. The broad gauge locomotives (N.I.S.) are said to have been transferred to Burma, and apprentices of the Solo locomotive workshops with them, each apprentice receiving /360.00 before departure. This information was given to an informant by his brother who was previously employed by the N.I.S. and is now employed as a fitter with the S.S.

An informant from Malang (East Java) states that in '43 the steam-tramline from Kediri to Paroe had been taken up, and the whole of the former permanent way planted with castor plants.

An informant from Temanggoeng (Mid-Java) had heard from several sources that the railway from Djokja to Parakan was to be pulled up. Work on this, however, had not been commenced when informant left Temanggoeng in Jun '43.

An informant from Sajoeng (10 km east of Semarang, Mid-Java) confirms that the S.C.S. (Semarang-Cheribon Railway Company) and S.J.S. (Semarang-Joana Railway Company) are linked up at Semarang, as he was able to alight at Pontjol station (S.C.S.), when travelling from Sajoeng (S.J.S.).

In Oct '43, the S.C.S. line between Paboearang-Djatipiring-Sindang Laoet (east of Cheribon) had been taken up by the Japanese.

Motor: During Jul '43, it was observed that motor buses which formerly operated between Temanggoeng and Magelang (Mid-Java) had been taken off by the Japanese. Travel between these points was by rail, on which, however, there had been no increase in fares.

An informant who left Cheribon (West Java) in Oct '43, states that the auto-bus lines operating from Cheribon had been seized by the Japanese. Tickets could be bought at a new bus station or terminal erected alongside the Kedjaksaan rail station (S.S.), where passengers mounted or dismounted in an enclosure; tickets were taken on entering or leaving the station. Each bus had a Japanese soldier guard, and a Japanese chauffeur. No dismounting was permitted en route. The fare from Tjilimoes to Cheribon, which formerly was ten cents, had been increased to 48 cents.

Utilities:

Power: Up to Oct '43, at Cheribon (West Java) electric power was only supplied from 1830 hrs to 2400 hrs (local time), when all power was shut off. No power was supplied in the daytime. The power station in Oct '43 was still operating on the accumulated coal stocks left by the Dutch management, but at this date there was very little remaining.

Communications:

Freund

Telephone: In Oct '43, at Cheribon (West Java) use of telephones was confined to works such as utilities and to Government offices; the service could not be used domestically by any of the Indonesian population.

Telegraph: When an informant living at Tjilimoes tried to telegraph to a relation at Cheribon in Oct '43, he found that the service had been discontinued.

Shortages in Equipment and Material: An informant from Malang (East Java) states that in '43 - '44 the Japanese were buying up all the available iron and lead; villagers dug up the spent bullets from the butts at the rifle range, melted them down and sold them to the Japanese.

Finance:

Currency: In Oct '43 at Cheribon (West Java) it was observed that all Dutch silver coinage other than 10 cent and 5 cent pieces had disappeared from currency, but /5.00, /2.50 and /1.00 notes of Dutch issue still circulated. Civilians in Java hesitated to hold Japanese issue paper money, as it was made of such poor paper that if wet or folded to any extent it became sodden and frayed and was refused everywhere.

An informant who lived at Talogoredjo, Temanggoeng (Mid-Java) during May '42 - Jul '43, states that many village folk had hidden or buried all the silver coins in their possession. Immediately Japanese paper currency came into their hands the village folk spent it if possible, as the notes were so poor that all colour ran off them when wet, while the fact that there were no signatures, or note numbers, was regarded by them with misgiving.

Labour: In Jul '44, at Manokwari (Vogelkop) there were estimated to be three or four battalions of Fukien labourers from Formosa.

An informant states that in Amboeloe (south of Djember, East Java), in '43, much labour was impressed in the district.

Clothing: At the end of '43 at Probolinggo (East Java) any coolie who worked for the Japanese could purchase cloth at former prices on production of a permit, which was not difficult to obtain. A coolie not working for the Japanese found it extremely difficult to obtain such a permit.

In the markets at Malang (East Java) and Magelang (Mid-Java) in '43, informant saw several articles of clothing on sale, made of rubber, such as sarongs, kebajas (blouses) and trousers. The price of the sarongs was /4.25 each.

X. PROPAGANDA AND PSYCHOLOGICAL WARFARE INFORMATION.

Enemy:

Radio Propaganda: The Japanese installed loudspeakers in Cheribon (West Java) for a short period after the occupation, but removed them again in Oct '43.

Non-Radio Propaganda:

Posters: Up to Aug '43, the only poster seen in Parakan (Mid-Java) was one showing the correct manner of bowing to Japanese when passing or arriving at a sentry post, both for men and women.

Speeches: In Aug '43, an informant heard Ir. Soekarno (President of the Java Central Council) address a large audience at the Malang stadium (East Java). The main purport of his speech was that Java should be maintained for the Javanese. His words were received with enthusiastic applause. There were also four Japanese officers on the platform.

Morale of Enemy Forces: During Jan - Jun '44, at Noemfoer Island, D.N.G., it was observed that during air raids the Japanese invariably ran for the slit trenches at the first sound of an approaching plane, and stayed there until the aircraft were well away.

XI. ATROCITIES.

A. Factual:

1. Fus. Rasid bin Djopawiro Samidjan, No. 43751, Javanese, states that at Djatinanggoer, Preanger (West Java) in May '42, while he was a PW on the tea estate, he and the other PW were assembled to witness the execution of one Netherlander, one Ambonese and one Javanese, who were dressed in civilian clothes. They were shot dead by three Japanese soldiers and buried at the place where they were executed, in graves about one metre deep. Informant does not know the names of the victims nor their murderers.

2. Fus. K.V. Soeganda bin Sastromadja, No. 2605, Javanese, states that one morning in Feb - Mar '44 in front of the Christian church at Jenmanoe, Noemfoer Island, together with many of his comrades he witnessed the beheading of a Javanese coolie by a

8556415

Japanese officer, using his ceremonial sword. The victim was alleged to have stolen a tin of fish.

3. The same informant states that during Feb-Mar '44, at Jenmanoe, Noemfoer Island, about two days after the above decapitation, another Javanese named Hadi was made to kneel before the assembled Javanese coolies, and was then bayonetted to death by a Japanese Private, named Moertar. Hadi's offence had been to light a cooking fire during an air raid alarm.

4. The same informant states that sometime after the two executions at Jenmanoe, Noemfoer Island, he saw the torture and death of a sick Javanese, at the hands of two Japanese; Mioto, a Private 1st class, and Moertar, Private. The Javanese victim was held by one Japanese while the other forced him to swallow salt water for about two hours, during which time the contents of three 4-gallon kerosene tins were forced into the sick man. At last his intestines were ruptured and water exuded as he died in agony. (Mioto was later killed in a foxhole; Moertar is thought to be a PW in Allied hands).

5. Soebowo bin Sagoeng, civilian, Javanese, states that about Jun '42, he saw tied to a tree in the market square at Malang, the body of a Madoerese who had been bayonetted to death. A few field police were still in attendance, and a notice in Malay displayed above the victim stated that the man was a thief, and had been caught in the act of entering a warehouse.

6. Soeper bin Karsonadi, civilian, Javanese, states that in Jan '43, he saw the Japanese making a round of the Dutch houses at Pasar Kliwon in Solo (Mid-Java). They were arresting Dutchmen, who were pushed into pig baskets and loaded on trucks, one on top of the other, in the same manner as pigs are carted. In one of the trucks near informant, he saw fifteen Dutch so treated. When a truck was filled the Japanese trampled on the crated men. At one of the houses the wife of one of the Dutch victims, weeping, attempted to prevent the Japanese from taking her husband away, and was immediately bayonetted to death; her child was left unharmed.

7. The same informant states that at Manokwari (Vogelkop) in Jan '44, he witnessed the beheading of two Javanese who had attempted to escape. Informant and his friends were roused at night and compelled to witness the execution. The graves were first dug by coolies, and the two victims made to squat at the edge. A Japanese soldier beheaded the first victim with a sword; another Japanese soldier then came forward and struck the other victim with a sword. The bodies fell into the graves, but the second man was not dead. He rose up in the grave and cried out, whereupon the Japanese soldier completed the execution.

8. The same informant states that on Noemfoer Island, about May '44, he saw two Javanese beheaded. Many coolies were assembled and forced to witness the execution. A Japanese Captain drew his sword to carry out the execution, when a Soendanese called Darma, who was chief foreman at Noemfoer, came forward and asked the permission of the Japanese officer to execute the victims himself, which request was granted. The victims had already been severely beaten by Darma with sticks. (See also Compilation of NEFIS Interrogation Reports Nos. 200, 202, 204-214, 229 - 245).

9. On Noemfoer Island, about Jun '44, the same informant saw a Batak foreman named Dalim beat a sick Javanese very badly with his fists, then throw him into a well, after which Dalim threw in large clods of earth and stones. Later, informant saw the well half filled with earth.

B. Hearsay:

Achmad bin Abas, civilian, Ternatese, who was in the

8556416

Vogelkop area of New Guinea from '42 to Aug '44, states that he was told by a Bosnik Papuan named Sahbandar that, after the Japanese occupation, the latter had accompanied two Japanese named Hori and Iwatoe from the cotton plantation at Waren, and had hunted down an Ambonese named Manuputty, who was district officer at Moemi under Dutch rule, but who left Moemi about three days before the Japanese arrived. Sahbandar stated that Manuputty was captured at Windhesi, S.E. Vogelkop, D.N.G., and executed on Roon Island in Geelvink Bay, D.N.G. Informant was told that Manuputty's son, aged about 16, was also executed at the same time as his father.

XII. PERSONALITIES.

Army Personnel: The officers of Hei-Ho, Butai OKA No. 10446, at Manokwari, (Vogelkop, D.N.G.), during Nov '43 - Jul '44, were: NEI

Commandant	Arije (Tjoei)
Commander 1st Coy	Komadjawa (Sjoi)
Commander 3rd Coy	Koebota (Sjoi)

The above named officers were killed early in Jul '44. Komadjawa killed Arije with his sword and Koebota with his pistol. Komadjawa was afterwards executed by Kempei for these murders.

An informant states that during Nov '43 - Jul '44, Hei-Ho at Manokwari (Vogelkop, D.N.G.), were frequently inspected by what the Japanese described as "the two Generals". One known as General No. 1, was a tall man who wore spectacles and had a moustache. The General No. 2 was a short man. These two Generals always made inspections together. They were still at Manokwari early in Jul '44.

Military Police (Kempei): In Jul '43 the head of Kempei at Tamanggoeng (Mid-Java) and the only Japanese in the place was named Yamagawa.

During Jul '42 - Oct '43, at Magelang (Mid-Java) a Japanese Shotjo named Obata, was stationed at Kempei Headquarters at Magelang; Obata also made occasional visits of inspection to Parakan (Mid-Java).

In Oct '43, at Cheribon (West Java) it was observed that a Chinese (a tall, thin, clean-shaven man) was acting as interpreter for Kempei. He wore a Japanese officer's uniform and a ceremonial sword.

Informant, Cpl. Soewarto bin Martosoewito, No. 5572, states that Corporal Soeratman and Fusilier Wijadi, former members of the Legion of the Mangkoe Negoro, are spies in the pay of the Kempei at Solo (Mid-Java).

Soedarto bin Soemokaria, (Javanese) states that a Javanese named Bodjong is reported to be a spy for the Japanese at Amboeloe (south of Djember, East Java). Age 35, married and has one child. Bodjong informed the Japanese about hiding places of Dutch citizens before internment was completed, and also disclosed to the Japanese where the Dutch had hidden radios, petrol, etc. Bodjong lives in Kaoeman village.

See also Section III, Dispositions and Strength of Organisations and Units.

Civil Officials: An informant from Probolinggo (East Java) states that the former Regent had been interned. A Javanese Mayor (a native of Probolinggo) was appointed by the Japanese and lived in the former residence of the Controleur in Groote Postweg. His office was in the Regency building.

In Jul '43, the Loerah (village head) of Talogoredjo, Temanggoeng (Mid-Java) was named Pawirodihardjo.

The following were members of the Town Police, Probolinggo, at the end of '43:-

Inspector	- Mardjoeki (harsh)
Sub-Inspector	- Soebandi (harsh)
Head Detective	- Nolo (very brutal)

8556417

In May '44 at Moemi (Vogelkop, D.N.G.), the district officer was an Ambonese named Nandesa. This man as far as informant is aware did not worsen the lot of local people.

During '43 at Solo (Mid-Java) the former Assistent Wedana (Police division), named Raden Soekatmo, had been promoted by the Japanese to be Wedana (Police division).

At Probolinggo (East Java) a Japanese named Suginomi was in charge of youth organisations in '43.

An informant who left Malang (East Java) in Jan '44, states that the name of the Japanese Resident at Malang was Tanaka, who lived in a house on the corner of Idjen Boulevard and Smeroe Straat.

A Japanese named Tjukimoto, who was in charge of trade and industries in Malang district, lived at No. 2 Slamet Park. Tjukimoto lived at Malang before the war; he is married to a Javanese woman named Soepinah and has 3 children who were sent to Japan in '37. Before the war, Tjukimoto was a small dealer in produce, and had two shops, one in Botjek village and one near Karangploso. At the outbreak of war, Tjukimoto was interned by the Dutch; he is a violent hater of the white race.

Civilians: An informant states that in Jun '43, he saw the wife and children of Dr. Soesman at their house in Bromo Straat, Malang (East Java), but did not see the doctor. According to informant, Dr. Soesman had a very good reputation in Malang.

According to an informant who left Magelang (Mid-Java) in Sept '43, Pa van der Steur (of the boys orphanage) had been interned by the Japanese.

Up to Jul '43, a German believed to be a railway official employed by the Japanese was frequently to be seen on inspection tours at Temanggoeng station (Mid-Java). He wore a brassard with a red ball; his name is unknown.

An informant who was in the Vogelkop area of New Guinea from '42 to Aug '44, states that he heard that the manager of the Government rubber plantation at Ransiki, named van der Krap, was taken from internment at Moemi to Manokwari.

According to a Bosnik Papuan named Sahbandar, a collaborator named Laurens Telossah (Ambonese) helped the Japanese to hunt Manuputty (an Ambonese District Officer) in Moemi. This resulted in the capture and execution of Manuputty, on Roon Island, Geelvink Bay, D.N.G. in '42. (See Section Atrocities).

It is stated that a doctor Meyer, an elderly man who lived in Probolinggo (East Java) for many years, and whose house and clinic were in Zeestraat, where he had a private practice, was at liberty until the end of '42, when he left Probolinggo for an unknown destination. His house was occupied in '43 by about seven elderly Dutch women, who appeared to be at liberty.

XIII. GENERAL.

Civilian Internment Camps: All the Dutch women and children from Magelang (Mid-Java) were interned in the Banjoebiroe prison at Ambarawa (Mid-Java) in '42, and were still there in Jul '43. The guards were Field Police from Ambarawa.

Another informant states that the former internment camp for Dutch women and children at Groote Weg in Magelang (Mid-Java) was vacated some time in '43.

At Randoe Tiga village, Blondo, Magelang (Mid-Java) up to Jul '43, there was an internment camp for Ambonese and Menadonese women. The former villagers had been removed to make room for these internees. Rations were supplied by the Japanese.

Up to Dec '43, at Tambaksari, Soerabaja (East Java) there was an internment camp where many Ambonese and Menadonese women were interned. Seen during a visit in Dec '43, the internees looked shabby and thin, and were in distress. Many children had died. All were made to dig their own air raid shelters. Once a week a party was allowed to visit the city, another party the following week, and so on.

An informant heard that in '43 there were many Dutch male internees at Tegalsanggar in Banjoewangi district (East Java).

Prostitution: It is stated that in '43, a Javanese named Amat, who lived in Gelangan village, Magelang (Mid-Java)

8556418

selected young girls from the villages of Gelangan, Bogeman and Toekangan for use of the Japanese. These girls were taken to former 7th Bn barracks in Magelang, where Amat lived and acted as guard over them.

During '43 at Solo (Mid-Java), it was observed that many impressed village girls were at the Russche Hotel, for the use of Japanese officers. It is stated that a Chinese in Solo (Mid-Java) was issued with a permit from Kempei, authorising him to select girls from the villages through the Assistent Wedanas. The girls were enticed by offering them work at ƒ1.00 per day in Solo; once there they did not return.

An informant from Amboeloe (Djember, East Java) states that in '43, village girls were selected and taken to restaurants and hotels for the purpose of prostitution, after first being medically examined. These girls did not return to their villages.

Looting: In Mar '42, many people from Bantam, Serang and Pandeglang followed the Japanese troops into Batavia to loot the shops. Informant saw many Chinese shops which sold cloth and sarongs with their doors and walls smashed in. The Japanese made no attempt to stop the looting, which lasted from 0300 to 1000 hrs; many Japanese soldiers took part in the looting.

Similar stories of looting by villagers and Japanese soldiers were reported on the arrival of the Japanese at Pasoeroean, Madioen and Ngandjoek (East Java).

N.E.I.Personnel at Large: An informant was told early in '43 that a Timorese Sergeant named Tisdoen had escaped from the Japanese in '42, near Poerworedjo (Mid-Java) and had taken to the hills. He was later arrested, together with an Ambonese Lieut. (name unknown), a Sgt. Welkies (Timorese), Sgt. Meka (Timorese) and Sgt. Mohamad Noer (Atjehnese). While being taken by motor truck, however, three of them, Sgt. Tisdoen, the Ambonese Lieut. and Sgt. Mohamad Noer, escaped. Early in '43 informant heard that Sgt. Tisdoen had been arrested by Kempei near Tjandi, Semarang (Mid-Java) and executed. At that time, the Ambonese Lieut. and Mohamad Noer were supposed to be still at large in the hills of Goenoeng Mendjangan, near Magelang (Mid-Java).

Misuse of Red Cross: In '42 the Japanese transport "Chuki Maru" was alongside at Tandjoeng Perak, Soerabaja (East Java). An informant states that with about 300 other PW he worked day and night loading this vessel with rails, scrap-iron, 7.5 cm. guns, ammunition, tanks, trucks, A/A guns, large quantities of cement in paper bags, diverse material from demolished houses, such as window and door frames, planks, etc. Pigs were also loaded.

Before loading, a large Red Cross painted on cloth was stretched across the superstructure, about the level of the Captain's bridge.

Initiative in Disposing of Japanese Captors: Pte. 1st class Silas Siwa Woenoe, No. 34802, Timorese, apparently used considerable initiative when he killed his two Japanese guards with a "parang" (machette) in Aug '44 at Kg. Baroe (Vogelkop, D.N.G.), and captured their arms and equipment.

Smit

Lt. Cdr. J.C. Smit.
Deputy Director NEFIS.

Camp Columbia, 29th October, 1944.

Enclosure:

Sketch NEFIS No. FY 5334 Town Plan Cheribon.

8556419

2급 비밀.

네덜란드령 동인도군 정보국

뉴질랜드 보험사 빌딩

334-338 퀸 스트리트, 브리즈번

NO. AI2/7915.G.
첨부: 3

전화번호. U7076
U7077
U7078

주제: 심문보고서

날짜: 1944년 10월 28일

네덜란드령 동인도군 정보국 심문보고서

366–378호, 404–407호, 410–417호 합본 (개별호 미발행).

----

1. 첨부된 문서는 네덜란드령 동인도군 정보국 심문보고서 366–378호, 404–407호, 410–417호 합본이다 (개별호 미발행).

2. 이 보고서에 포함된 정보는 피난민을 대상으로 한 심문에만 근거하고 있으며, 이를 고려하여 평가해야 한다.

3. 이 안에 담긴 정보를 배포하는데 주의를 기울이도록 한다. 이 보고서의 전체 또는 일부분을 활용할 경우, 피난민의 친지가 위험에 빠지거나, 적군의 보복에 노출되는 것을 막고, 중요한 정보의 출처가 막히지 않도록 관련된 이름, 지역 등이 특정되지 않아야 한다. 복사본 41호.

소령. J. C. 스미트.(J. C. Smit)
네덜란드령 동인도군 정보국 부국장.

배포:

첨부된 목록 참조

(중략)

2급 비밀.

네덜란드령 동인도군 정보국,
뉴질랜드 보험사 빌딩,
334-338 퀸 스트리트,
브리즈번.

복사본 41호.

네덜란드령 동인도군 정보국 심문보고서.

366–378호, 404–407호, 410–417호 합본(개별호 미발행).

주.

이 보고서는 44년 5월에서 8월 중 비아크섬(Biak Island), 눔포르섬(Noemfoer Island)과 네덜란드령 뉴기니에 있는 미군에 의해 풀려난 한 명의 테르나테인(Ternatese), 두 명의 메나도인(Menadonese), 두 명의 티모르인(Timorese)과 20명의 자바인(Javanese) 정보원을 심문한 내용을 담고 있다. 이들은 네덜란드령 뉴기니에 살았던 테르나테인 정보원을 제외하면 모두 헤이호 부대에 강제 징병되었다.

두 메나도인 정보원은 이전에 포로였던 반면 전직 군인이었던 두 명의 티모르인은 일본인에 의해 억류되었다가 42년 5월에 풀려났다.

20명의 자바인 정보원들 중, 5명의 전직 병사는 억류 이후 풀려났고 두 명은 잡히지 않았다. 한 명의 전직 군인은 반둥(Bandoeng)에 있는 수용소에서 탈출하였고 망코 네고로(Mangkoe Negoro) 부대의 두 명의 전직 부대원들은 억류되지 않았다. 열 명은 민간인이었다.

이 보고서에서 다루는 장소들은 참조의 용이성을 위해 아래에 섹션별로 열거되어 있다.

(중략)

XIII. 일반정보.

민간인 수용소: 마겔랑(Magelang)(자바 중부)에서 온 모든 네덜란드 여성과 아이들은 암바라와(Ambarawa)(자바 중부)에 있는 반요비로(Banjoebiroe) 감옥에 42년 억류되었고 43년 7월에도 그곳에 있었다. 교도관들은 암바라와에서 온 경찰(Field Police)이다.

또 다른 정보원은 마겔랑(자바 중부)의 그루트웨그(Groote Weg)에 있던 네덜란드 여성과 아이를 위한 (구) 수용소는 43년 언젠가 비워졌다고 말했다.

마겔랑(자바 중부)의 블론도(Blondo)에 있는 란도티가(Randoe Tiga) 마을에서는 43년 7월까지 암본인과 메나도인 여성을 위한 수용소가 있었다. 이전에 마을에 살던 사람들은 이 수감자에게 공간을 내주기 위해 다른 곳으로 옮겨졌다. 배급품은 일본인들에 의해 공급되었다.

43년 12월까지 수라바야(Soerabaja)(자바 동부)의 탐파크사리(Tambaksari)에서는 암본인과 메나도인 여성이 억류된 수용소가 있었다. 43년 12월의 방문에서 보이기로는 수감자들은 추레하고 말랐으며 괴로움을 겪고 있었다. 많은 아이가 사망했다. 모든 사람이 자신의 방공호를 파서 만들었다. 매주 한 번 한 무리가 도시를 방문하도록 허가받았고, 그 다음주에 다른 무리가 가는 식이었다.

한 정보원은 43년에 반요왕이(Banjoewangi) 구역(자바 동부)의 티갈상가(Tegalsanggar)에 많은 네덜란드인 남성이 억류되어 있다는 이야기를 들었다.

위안부 및 위안소(Prostitution): 마겔랑(자바 동부)의 겔랑간(Gelangan) 마을에 살던 아맛(Amat)이라는 이름의 자바인이 말하길 그가 43년에 겔랑간, 보게만(Bogeman)과 토칸간(Toekangan) 마을에서 일본인이 이용하기 위한 여성들을 선발하였다고 한다. 이 여성들은 마겔랑의 (구) 7대대 병영에 보내졌는데, 아맛은 그곳에 거주하면서 보초로서 이들을 감시했다.

43년에 솔로(Solo)(자바 중부)에서, 징발된 많은 마을 여성들이 일본인 장교를 위해 호텔 루쉐(Russche)에 있던 것이 목격되었다. 정보원에 따르면 솔로(자바 중부)에 있던 한 중국인은 헌병으로부터 허가증을 발급받아 촌장들(Assistant Wedanas)을 통해 마을에서 여성들을 선발할 수 있었다. 일당 1.00길더를 받고 솔로에서 일하게 해준다는 제안으로 여성들을 꾀어냈다; 일단 여성들이 그곳에 가게 되면 돌아오지 않았다.

암보로(Amboeloe)(젬버(Djember), 자바 동부)에서 온 한 정보원은 43년에 마을 여성들이 위안(prostitution)에 이용될 목적으로 선발되고 일차적으로 건강검진을 받은 뒤 식당과 호텔로 보내졌다고 진술한다. 이 여성들은 마을로 돌아오지 않았다.

약탈: 42년 3월 반탐(Bantam), 세랑(Serang), 그리고 판데겔랑(Pandeglang)의 많은 사람들은 상점 약탈을 위해 바타비아(Batavia)로 가는 일본인 부대를 따라갔다. 정보원은 옷과 사롱(sarong)을 판매하던 많은 중국인 상점들의 문과 벽이 박살난 채로 있었던 것을 보았다. 일본인들은 03:00부터 10:00까지 지속되었던 약탈을 전혀 막지 않았고 많은 일본군이 약탈에 참여했다.

마을주민과 일본인 군인에 의한 약탈에 대한 비슷한 이야기들이 일본군이 파수루안(Pasoeroean), 마디운(Madioen), 간독(Ngandjoek)(자바 동부)에 도착했을 때도 보고되었다.

(중략)

소령. J. C. 스미트.(J. C. Smit)
네덜란드령 동인도군 정보국 부국장.

캠프 컬럼비아, 1944년 10월 29일.

첨부:

개요도 NEFIS FY 5334호 - 치레본(Chirebon) 도시계획.

3

NEFIS Interrogation Report No. 409

RG 319 Entry UD 82-A Box 2007

이 문서는 1944년 10월 23일자 409호 심문보고서이다. 미군이 일본군으로부터 석방해준 자바인 남성으로부터 얻은 정보를 바탕으로 작성되었다. 정보원은 출신지인 파수루안(Pasoeroean)과 관련된 정보를 제공했고, 미군은 이 정보가 신뢰할 만하다고 평가했다. 그에 따르면 자바섬의 파수루안에서 마을의 여성들이 속임수로 '위안부'로 동원되었고, 일본군이 일주일 간격으로 이들을 교체했다고 한다. 보고서 본문에는 파수루안 마을의 지도가 첨부되어 있다고 기록되어 있지만, 연구팀이 미국 국립문서기록관리청에서 발굴한 문서에는 그 지도가 첨부되어 있지 않았다.

SECRET

DISTRIBUTION:	No. of Copies.	Copy No.
B.S.O. through O.B.S.O.	2	1 - 2
O.B.S.O.	1	3
Economic Int. Section GHQ.New Delhi via B.S.O. - Colombo	1	4
C.L.G.	1	5
N.C.A.	1	6
Voorz. N.I. Comm.	5	7 - 11
Min. v. Kol., Att. Col. de Blieck.	1	12
Ministry of Economic Warfare Foreign Office London, via Col. de Blieck, London	1	13
C.G.S., K.N.I.L.	1	14
Contr. A.I.B.	1	15
G.2., G.H.Q.	2	16 - 17
A.C. of S., G.2. USAFFE	1	18
Director of Intelligence, Allied Air Forces S.W.P.A., A.P.O. 923.	5	19 - 23
Assistant Director of Intelligence, Advanced Echelon, Allied Air Forces, S.W.P.A., A.P.O. 925.	4	24 - 27
D.M.I.	1	28
A.D.M.I.	1	29
D.N.I.	1	30
COISEF through D.N.I.	1	31
Seventh Fleet Intelligence Center	1	32
Chief of Air Staff RAAF Hq.	1	33
Director A.G.S.	1	34
O. in C., A.G.S., N.E.I. Section	1	35
Co-Ordinator ATIS	1	36
FELO, HQ.	1	37
FELO, Melbourne	1	38
N.R.C.C.S.	4	39 - 42
N.F.L.O. Darwin	1	43
N.F.L.O. Perth	1	44
S.R.D.	1	45
S.R.D. Brisbane, (Maj. Wigan)	1	46
S.I.A.	1	47
Dir. Gen. of Security	1	48
CSONICA Kandy	1	49
HQ. 6th Army, through NEIIOSIX	2	50 - 51
Mr. W.H. de Roos	1	52
NEFIS Officer A.I.B.	1	53
NEFIS	13	54 - 66
Rear Echelon NEFIS	1	67
Netherlands Staff Officer, G3., APO 500.	1	68
Dutch Liaison Officer, A.3. Hq., 13th Air Force., A.P.O. 719.	2	69 - 70
A.C. of S., G5., G.H.Q.	1	71
D.L.O. Allied A.F., Old Courier Bldg.	1	72
FELO, Hollandia, (Att. Maj. Kromer)	1	73
Mil. Att. Canadian Emb. Canberra	1	74
RAAF Hq. N.W. Area, Darwin.	1	75

KC SECRET Ag. No. AI2/7767/G. 13

NETHERLANDS FORCES INTELLIGENCE SERVICE,
NEW ZEALAND INSURANCE BUILDING,
334-338 QUEEN STREET,
BRISBANE.

SECRET 25 OCT 1944

Copy No: 41

INTERROGATION REPORT NO 409.

I. PERSONAL DATA:

Name	: Achmad bin Wiroadmodjo
Age	: 19 years
Sex	: Male
Race	: Javanese
Citizenship	: Netherlands subject
Birthdate & Place	: 20 Feb '25 at Pasoeroean (East Java)
Education	: Native State School (5 years) Technical School (1 year)
Religion	: Mohammedan
Status	: Evacuee; Released by U.S. Forces on Biak Is.
Occupation	: None
State of Health	: Good

ESTIMATE OF INTELLIGENCE AND RELIABILITY.

Informant gives the impression of being intelligent and information is considered reliable.

II. CHRONOLOGY.

Date:	Place
1941 - Sep '43	Pasoeroean (East Java)
Sep '43 - Jan '44	Malang - Hei-Ho
Jan - Feb '44	At sea between Soerabaja & Biak Is.
Feb - May '44	Biak Island - Hei-Ho

NOTE: For illustration of information contained in this report and for additional information, see attached map NEFIS No FY 5343 - Township Pasoeroean.

III. TACTICAL DATA ON ENEMY MILITARY FORCES.

Dispositions and strength of Organizations & Units: According to informant there were no Japanese troops at Pasoeroean in Sep' 43, except a small detachment of Mihari (see Section "Native troops").

Native Troops: Observation posts at Pasoeroean were manned by members of Mihari (Scouts). According to informant Mihari headquarters was situated in former 8th Btn barracks at Malang. The detachment at Pasoeroean comprised about 10 Indonesians under a Jap. L/cpl; detachment was relieved every month. Wages of Indonesian members of Mihari were f15.-- per month.

Enemy Material and Equipment: Occasionally A/A machine guns mounted on trucks arrived at Pasoeroean for firing practice at a target sock towed by an aircraft. MGs usually numbered about 10.

IV. SUMMARY OF NAVAL INFORMATION.

Navigational Aids:

Light Houses: In Sep '43, the lighthouse at Pasoeroean was used only as an observation post, manned day and night by 1 Jap and 3 Indonesian members of Mihari.

Harbour Conditions: In Sep '43, the Japanese were building a new pier about 1 km. east of the old one. Thousands of coolies were engaged in this work. The base of the pier consists of rock which is brought by trucks from three rivers in the vicinity.

About 1 km. from the shore, opposite the light house, a vessel was moored, equipped with an observation post. The vessel was

82583 3 SECRET

about 20 metres long and carried a small hut on deck, which served as quarters for 4 members of Mihari.
Admittance to the harbour area and all fishing was forbidden. Trespassers were fired on.

V. BASIC AIR INFORMATION.

Locations of Air Installations: Informant heard that the Japanese intended constructing an airfield at Pasoeroean, near Majangan Straat, but cannot give any further details.

VIII. POLITICAL AND SOCIAL INFORMATION.

Organizations: (Formed, sponsored or encouraged by Japanese).

Kaibodan: According to informant, all males between 25 and 45 years of age, at Pasoeroean and in the surrounding villages, were compelled to join Kaibodan. Members did not wear any uniform or carry any weapons. They drilled twice weekly; duties were similar to A.R.P.

Seinendan: In Sep '43, Seinendan at Pasoeroean comprised about 200 members recruited from the town and from surrounding villages. They did not wear any uniform; their only weapon was a bamboo stick. Ages varied from 15 - 20 years. They drilled twice weekly; according to informant they appear to be a reserve corps for Hei-Ho. Leader of this movement was a native from Sumatra named Nasaroedin, who is said to hail from Padang; Nasaroedin was also President of the Landraad (District Court of Justice) at Pasoeroean.

Religious Services: Every Sunday religious services were held in both the Protestant and Roman Catholic Churches at Pasoeroean. Mosque services were held as customary.

Medical Treatment and Supplies: The hospital at Pasoeroean at Kebon Agoeng was still open in Sep '43, in charge of an Indonesian doctor named Soedarsano; personnel consisted of Indonesian male orderlies and Indonesian nurses. Out-patients were charged 25 cents per week.
No medical supplies could be bought; chemist shops had closed. People had to resort to native medicines prepared from herbs.

IX. ECONOMIC INFORMATION.

Agricultural Commodities:

Production: Around Pasoeroean, cotton, rice, rami and djarak (castor) was grown; cotton occupied the greatest area. Rice was planted twice yearly but the area available was considerably less than pre-war, owing to compulsory planting of cotton etc.

Labour: About 1,000 women were employed in hand picking cotton in the building of former Dutch-Chinese School in Semarangan Straat, near the residence of the Assistent Wedana (native Asst. District Officer). About 300 women were similarly employed in a large former Dutch residence behind the Municipal offices (No. 39 on attached map).
In another former Dutch residence in Kalverstraat (No. 32 on attached map) about 100 women were operating hand cleaning machines. All cotton was baled.

Industries and Manufacturing:

Pasoeroean (Sep '43): In a godown owned by a Chinese in Gadingstraat (No. 21 on attached map), about 500 men and women were employed manufacturing rice bags; they used hand and foot machines.
The former sugar factory (No. 37 on attached map), was used for a similar purpose; this factory also employed about 500 men and women. Rice bags were also manufactured in former Girls School "Mardiwanito" at Kebonsari, where about 100 women were employed.
Marine engines were manufactured in the workshops of former Machine Fabriek "de Bromo" in Majangan Straat and Machine Fabriek "Stinis" in Hoofdstraat. The former, managed by a Japanese, employed about 5 Japanese engineers and 1,500 Indonesian skilled labour and

coolies. "Stinis" was managed by a Chinese but was controlled by "de Bromo" and employed about 70 Indonesian skilled labour and coolies; the workshop was being extended.

In the former sugar factory "Pleret" machinery had been installed for weaving cloth. The installation was almost ready in Sep '43. According to informant this installation was started by the Dutch and was being completed by the Japanese.

X. PROPAGANDA AND PSYCHOLOGICAL WARFARE INFORMATION.

SECRET

Enemy:

Radio Propaganda: (Sep '43), all private radio sets in Pasoeroean had been sealed in such a way that only Japanese controlled news could be heard. News from Batavia was broadcast at 20.00 hours local time containing the usual reports of splendid Japanese victories, the smashing defeat of the white races and adjurations to all Indonesians to rise and sweep the Europeans from the face of the earth. If any spies were around people listened in silence but when among friends they laughed at hearing such nonsense.

Non-Radio Propganda:

Speeches: On many occasions informant heard Nasaroedin (See Section - Political and Social Information: Seinenden) address Kaibodan and Seinenden at Pasoeroean, urging them to obey the Japanese and trying to destroy their faith in the European race. Nasaroedin himself ordered informant to join Hei-Ho after unsuccessfully trying to induce informant to take a six months' course at the Military School for NCO's at Magelang (Mid Java).

Movies: During '43, informant visited the cinema at Pasoeroean on three occasions. He saw pictures of the bombing of Pearl Harbour, the landing of the Japanese on Singapore Island and its surrender, depicting the white flag and the British flag being handed over to the Japanese. In the latter film great numbers of British dead were shown but not a single Japanese casualty.

Language Schools: There was a special school at Pasoeroean where the Japanese language was taught. Teacher was either a Japanese or a visiting Javanese from Batavia. Informant has heard that there is a large Japanese school at Batavia where military and political subjects are taught.

No fees were charged in the language school at Pasoeroean; about 30 adults attended in the evenings. Informant added that many Javanese in Pasoeroean can speak Katakana.

XIII. GENERAL.

Enforced Prostitution: According to informant, village girls were induced under false pretences to go to Pasoeroean. Usually these girls were used for immoral purposes for about one week after which the Japanese ordered replacements.

Storage: Informant states that in Sep '43, there were about 10 large godowns at Pasoeroean filled with rice, bales of cotton, cases of material and much other produce. (See attached map).

Smit

Lt. Cdr. J.C. Smit.
Deputy Director NEFIS.

Enclosure: NEFIS Map No. FY 5343 -
Township Pasoeroean.

Camp Columbia, 23rd October, 1944.

SECRET 82583 5

2급 비밀.

Ag. No. AI2/7767/G.

네덜란드령 동인도군 정보국,
뉴질랜드 보험사 빌딩,
334-338 퀸 스트리트,
브리즈번.

복사본 41호

심문보고서 409호.

Ⅰ. 인적사항:

이름	: 아마드 빈 위로모도(Achmad bin Wiroadmodjo)
나이	: 19세
성별	: 남성
인종	: 자바인
시민권	: 네덜란드 국민
출생일자/출생지	: 파수루안(Pasoeroean)(자바 동부)에서 1925년 2월 20일
교육	: 현지공립학교(5년)
	기술학교(1년)
종교	: 이슬람교
신분	: 피난민; 비아크섬(Biak Is)에서 미군에 의해 풀려남
직업	: 무직
건강상태	: 좋음

지적수준 및 신뢰도에 대한 평가.

정보원은 지적이라는 인상을 주며 정보는 신뢰할 수 있다.

Ⅱ. 시기순 기록.

날짜:	장소:
1941년 – 1943년 9월	파수루안(자바 동부)
43년 9월 – 44년 1월	말랑(Malang) – 헤이호 부대
44년 1월 – 2월	수라바야(Soerabaja)와 비아크섬 사이의 바다
44년 2월 – 5월	비아크섬 – 헤이호 부대

주: 이 보고서에 포함된 정보의 삽화와 추가정보를 위해서는 첨부된 지도 NEFIS FY5343호 – 파수루안 마을을 참조.

(중략)

XIII. 일반정보.

위안부 강요(Enforced Prostitution): **정보원에 의하면, 마을 여성들은 파수루안에 간다는 거짓말에 속았다. 보통 일본군은 일주일 간격으로 여성들의 교체를 명령했다. 이 여성들은 비도덕적인 목적으로 활용됐다.**

저장고: 정보원은 43년 9월에 파수루안에 쌀, 목화 뭉치, 직물 케이스나 다른 여러 상품들로 가득 차있는 약 10개의 큰 창고가 있었다고 말한다. (첨부된 지도를 볼 것)

소령. J. C. 스미트.(J. C. Smit)
네덜란드령 동인도군 정보국 부국장.

첨부: NEFIS 지도 No. FY 5343호 –
파수루안 마을

캠프 컬럼비아, 1944년 10월 23일.

4

Compilation of NEFIS Interrogation Reports Nos. 418-425

RG 319 UD 82-A Box 2007

이 문서는 1944년 10월 23일자 418-425호 합본 심문보고서이다. 일본군에 억류되었던 현지인 포로들의 심문을 통해 얻은 정보를 바탕으로 작성되었다. 1943년 중반에 촌장(Assistant Wedana)의 명령으로 현지인 여성들이 다수 모집되었고, 이 중 5명이 선발되어 자바섬 중부의 도시 솔로(Solo)로 강제로 보내졌다는 내용을 담고 있다. 이 문서의 정보원에 따르면 자신이 알고 있던 14세의 여성이 강제로 동원당한 뒤 마을로 성병에 걸린 채 돌아왔다.

EMR. SECRET.

NOV 10 1944

No BID II

NETHERLANDS FORCES INTELLIGENCE SERVICE 82594

(NEFIS)

NEW ZEALAND INSURANCE BUILDING
334-338 QUEEN STREET, BRISBANE

B2ID # on 4th p. of encl.

26 OCT 1944

No. AI2/7768/G.

ENCLOSURES: 2

TEL. U 7076
U 7077
U 7078

SUBJECT: Interrogation Report.

SECRET

DATE: 23rd October, 1944.

Compilation of NEFIS Interrogation Reports
Nos. 418-425 inclusive (Not issued separately).

1. Attached is Compilation of NEFIS Interrogation Reports Nos. 418-425 inclusive (Not issued separately).

2. Information contained in this report is based solely on interrogation of evacuees and should be evaluated accordingly.

3. It is requested that care be taken in the distribution of the information contained therein. If the whole or any part of this report is reproduced, no indication may be given of names and localities concerned, to avoid compromising relatives of evacuees and exposing them to enemy reprisals, and to prevent closure of important sources of information. Copy No. 41.

RECORDED

Lt. Cdr. J. C. Smit.
Deputy Director NEFIS.

Distribution:

See attached list.

MIS 82594

\# MIL-1
Route
TOPO
POL
ECON
LIB

QMG-1

HQAAF-2

RECORDED
293

FILE RATING COPY
Must Be Forwarded in 72 Hours
Rating ____ Initials ____
Rating Branch ____

SECRET

82594 1

No B10 II

SECRET

DISTRIBUTION:	No. of Copies.	Copy No.
B.S.O. through O.B.S.O.	2	1 - 2
O.B.S.O.	1	3
Economic Int. Section GHQ.New Delhi via B.S.O. - Colombo	1	4
C.L.G.	1	5
M.C.A.	1	6
Voorz. N.I. Comm.	5	7 - 11
Min. v. Kol., Att. Col. de Blieck.	1	12
Ministry of Economic Warfare Foreign Office London, via Col. de Blieck, London	1	13
C.G.S., K.N.I.L.	1	14
Contr. A.I.B.	1	15
G.2., G.H.Q.	2	16 - 17
A.C. of S., G.2. USAFFE	1	18
Director of Intelligence, Allied Air Forces S.W.P.A., A.P.O. 923.	5	19 - 23
Assistant Director of Intelligence, Advanced Echelon, Allied Air Forces S.W.P.A., A.P.O. 925.	4	24 - 27
D.M.I.	1	28
A.D.M.I.	1	29
D.N.I.	1	30
COISEF through D.N.I.	1	31
Seventh Fleet Intelligence Center	1	32
Chief of Air Staff RAAF Hq.	1	33
Director A.G.S.	1	34
O. in C., A.G.S., N.E.I. Section	1	35
Co-Ordinator ATIS	1	36
FELO, HQ.	1	37
FELO, Melbourne	1	38
N.R.C.C.S.	4	39 - 42
N.F.L.O. Darwin	1	43
N.F.L.O. Perth	1	44
S.R.D.	1	45
S.R.D. Brisbane, (Maj. Wigan)	1	46
S.I.A.	1	47
Dir. Gen. of Security	1	48
CSONICA Kandy	1	49
HQ. 6th Army, through NEIIOSIX	2	50 - 51
Mr. W.H. de Roos	1	52
NEFIS Officer A.I.B.	1	53
NEFIS	13	54 - 66
Rear Echelon NEFIS	1	67
Netherlands Staff Officer, G3., APO 500.	1	68
Dutch Liaison Officer, A.3. Hq., 13th Air Force., A.P.O. 719.	2	69 - 70
A.C. of S., G5., G.H.Q.	1	71
D.L.O. Allied A.F., Old Courier Bldg.	1	72
FELO, Hollandia, (Att. Maj. Kremer)	1	73
Mil. Att. Canadian Emb. Canberra	1	74
RAAF Hq. N.W. Area, Darwin.	1	75

82594 2

EMR. SECRET. Ag.No.AI2/7768/G.

SECRET

NETHERLANDS FORCES INTELLIGENCE SERVICE,
NEW ZEALAND INSURANCE BUILDING,
334-338 QUEEN STREET,
BRISBANE.

Copy No. 41.

COMPILATION OF NEFIS INTERROGATION REPORTS.
Nos. 418-425 INCLUSIVE (NOT ISSUED SEPARATELY).

NOTE:

The above reports refer to eight Javanese informants, released by U.S. Forces on Biak Island and on Dutch New Guinea during May - Aug '44.

Three former members of the Legion of the Mangkoe Negoro were not interned; one former soldier was released after internment, and another was not interned but used by the Japanese as a driver. The other three are civilians. All had been forced to join Hei-Ho units.

As their information for the greater part is identical with that in interrogation reports issued previously, this compilation deals only with additional information.

III. TACTICAL DATA ON ENEMY MILITARY FORCES.

Dispositions and Strength of Organisations and Units: At Solo (Mid-Java) in Jul '43, about 500 Japanese Infantry were quartered in former Left Half 21st Bn barracks. Another informant estimates the total in Nov '43 at only 200 personnel.

During an informant's residence in Djember (East Java), up to Aug '43, he estimated the total strength there to be about 200 Army personnel. Informant thought that the majority were Kempei, and a number of others were military personnel engaged on supervisory work in the State Railway offices.

At the end of Dec '43, about 60 Japanese troops were quartered in the residences of the former Assistent Resident and the Controleur at Tooloengagoeng (East Java).

About Sept '43, barracks for Japanese troops were seen to be under construction at Popoh (East Java). Informant judged them to be of some importance, as the construction was supervised by Japanese personnel and by personnel from Toeloengagoeng (East Java) workshops. Smaller barracks were being built in Prigi Bay (south coast of East Java).

An informant, member of Hei-Ho, who was quartered at former 8th Bn barracks at Malang (East Java) in Sept '43 - Jan '44, noted that in the barracks immediately to the rear there were about 300 Japanese Army personnel quartered.

At Poerworedjo (Mid-Java) in Jul '43, about 200 Japanese troops were quartered at the former 2nd Depot Bn barracks.

Names of Unit Commanders: The Commander of Hei-Ho Coy. 10446 at Manokwari (Dutch New Guinea) about Jun '44, was 1st Lieut. Arai.

Native Troops: An informant who left Toeloengagoeng (East Java) in Sept '43, said that he knew of two Javanese who joined the Soekarella and went to an Officers' School in Batavia. On completion of the course, which lasted three months, they were sent to Kediri (East Java) to train Soekarella troops. Their names were Djono, formerly a clerk in the Toeloengagoeng pawn shop, and Soekijat, formerly a foreman in the sugar factory at Modjopanggoeng (East Java).

Lines of Communication and Transport: According to one informant, the Japanese, towards the end of '42, began constructing a direct road from Tanggoel (East Java) to Kentjong (East Java), through Semboro (East Java). However, by Jan '44, the work was still not completed. To reach Kentjong by the existing route it is necessary to proceed from Tanggoel to Pondokdalam (East Java) before turning south to Kentjong.

Supply Arrangements and Installations: In Aug '43, Japanese

82594 3

SECRET

rice supplies were drawn on a large scale from Tanggoel (East Java), where the mills were working 24 hrs a day throughout the year. Two Japanese soldiers were stationed there as inspectors. The rice was loaded at a special railway siding.

Location of PW Camps: Before he left Kediri (East Java) in Sept '43, an informant heard of the construction of a new camp on one of the estates in this district. Informant cannot remember the name of the estate, but heard that it was not far from the town of Kediri. The camp was wired as well as having bamboo fences.

It was reported about the middle of '43 that a new PW camp had been opened at Kesilir (near Banjoewangi, East Java) and that a number of Dutch PW had been transferred there, and put to work clearing jungle for some agricultural enterprise.

Up to Jan '44, Dutch PW were still being held at former Dutch Naval barracks at Sawahan, Malang (East Java).

Radar and Radio Stations: There was a Japanese military radio station at Manahan, Solo town (Mid-Java) in Jul '43. It was situated approximately 300 metres southwest of the racecourse, and had six steel masts, each approximately 20 metres high.

About the middle of '42, an informant noticed that the former Dutch radio installation at Maospati, near Madioen (East Java) was being operated by the Japanese.

V. BASIC AIR INFORMATION.

Locations of Air Installations: At Tanggoel (East Java) in Sept '43, there was an observation post not far from the Assistent Wedana's (native Asst. District Officer) office. This post was constantly manned by Kaibodan personnel, who advised the Assistent Wedana when aircraft were sighted; the news was then communicated to the Japanese by telephone.

Airfield Activity: In Jul '43, Panasan airfield near Solo (Mid-Java) was being enlarged and asphalted. There were many dumps of building material there.

The following two reports are hearsay:-

Work was proceeding on a new strip near Manggohardjo village in Dec '43. This strip lies midway between Madioen (East Java) and Maospati (East Java). The second report deals with works of some description which were said to be connected with airfields, or defences, in the teak forest at Saradan, some ten kilometres east of Madioen (East Java).

VII. GEOGRAPHICAL INFORMATION.

Lakes and Swamps: After the floods of Nov '43 at Temanggoeng (East Java), which reached the warehouse and town area, the Japanese assembled some 2,000 coolies (recruited and forced labour) at Popoh (south coast East Java), and began the excavation of a channel to connect Bening Marsh with the sea. In the dry monsoon this swamp sometimes dried out and could be crossed on foot. In the wet season it formed a considerable expanse of water; informant knows of an emergency landing by a Dutch seaplane or flying boat, during one such period, prior to the occupation. He heard that in the hilly section through which the channel had to be cut there was surface soil to some depth, then soft limestone rock, and underlying that a very hard black rock formation. Informant was told that the channel, when complete, would be five km long.

NEI Java 6203.

There was a great controversy among the Temanggoeng Indonesians as to the reason for this work. Some held that it was part of a secret Japanese plan to form a harbour basin in the present swamp, which some believed was below sea level. Others believed that the channel was intended to prevent floods and to drain a lot of valuable land in the swamp area. Informant heard that the seaward end of the proposed channel entered deep water (see also Compilation of NEFIS Interrogation Reports Nos. 295, 330 and 334).

82594 4 SECRET

VIII. POLITICAL AND SOCIAL INFORMATION.

General Living Conditions: During '43, in the Karangpandan section of Solo district (Mid-Java), there had been no great change in living conditions, apart from the rationing of rice, which was instituted during the second half of that year. Consumption of rice was then limited to two cents' worth per head per day. This amounts to about half a litre in volume. Clothing was unobtainable, but in other respects informant considered that the country folk here had not been affected by the Japanese occupation.

Security Regulations and Censorship: Up till Sept '43, Indonesians were unimpeded in their movements in the Toeloengagoeng (East Java) area. In Tjampoerdarat-Popoh area (East Java) entry was forbidden except to labour engaged in excavating the channel to connect with the sea. (See Section VII).

An informant who was in the Toeloengagoeng-Kediri (East Java) area states that soon after the Japanese occupation an order was made, and enforced, that wave lengths outside the limits of 40 to 120 metres were forbidden. Informant states he was forced to work for three days sealing up wireless sets in the Toeloengagoeng district. Subsequently frequent surprise visits were paid by a Japanese soldier from Kediri (East Java) who would examine seals and indicator needles of sets. Informant claims that he was capable of defeating the design of the Japanese without breaking the seals, or bending the indicator needles. However, he never did so, being afraid of spies and informers. Sometime in '43, the authorised wavelengths were changed and limited to 39 to 40 metres only; this was still the position when informant left Java in Jan '44.

Relation between Japanese and local Population: No Japanese had been stationed in the Karangpandan area of Solo district (Mid-Java) up to the end of '43. Therefore, the people of that district showed no reaction to the Japanese occupation other than to grumble about the rice and clothing position.

An informant who left the Toeloengagoeng area (East Java) in Sept '43, states that until the Japanese began impressing the Javanese country people for labour, there was no real hostility shown. There was some discontent, however, with the position of rice supply and the shortage of clothing. Informant's impression at the time of leaving Toeloengagoeng area was that the villagers would welcome a return of former conditions and give assistance to an Allied invading army.

An informant who was in Solo (Mid-Java) from Mar '42 to Jul '43, and in Malang (East Java) up to Jan '44, states that he noticed several Chinese collaborating with the Japanese, and functioning as interpreters.

Civil Government of Occupied Areas: According to an informant, who left the Toeloengagoeng-Kediri area (East Java) in Sept '43, the nature of appointments and duties of Indonesian Government officials had not been varied by the Japanese. The Japanese used the following titles:-

Regent is now called Kentjo;
Wedana (Native District Officer) is now called Goentjo;
Assistent Wedana (Native Assistant District Officer) is now called Sontjo;
Loerah (village head) is now called Gutjo.

The Japanese term for the civil police force is Djunsa.

Taxes: In the Solo (Mid-Java) area there was general resentment against the Japanese measure of advancing by six months the due date for payment of land tax; the tax itself remained unchanged.

Organisations (Formed, sponsored or encouraged by Japanese):

Military: It is said that whilst there were no organisations in the more remote areas around Solo (Mid-Java) in Aug '43, there

82594 5

was a Kaibodan troop at Karangpandan (Solo, Mid-Java), numbering about 70 youths between 17 and 18 years old, who drilled with bamboo sticks, assisted in A.R.P. work, and acted as spies for the Indonesian Field Police. It was understood that these youths would enter the Soekarella when their training was complete.

Health and Sanitation: Conditions of the labour force at Popoh (East Java) in Sept '43, were said to be very bad (see Section VII). To cope with malaria, which was the main cause of sickness, the Japanese established a clinic, but the sick were allowed to lie and die in their beds. Deaths averaged two to three daily.

Medical Treatment and Supplies: The clinic at the sugar factory at Modjopanggoeng (East Java) continued to operate with the same Javanese medical orderly in attendance.

IX. ECONOMIC INFORMATION.

Agricultural Commodities:

Production: The enforced planting of djarak (castor) in the Solo (Mid-Java) district was a complete failure owing to the apparent unsuitability of local conditions. In many cases the plants died off when small, and in no case was any crop obtained.

An informant knows of European owned areas of rubber in the Tanggoel (East Java) district which had not been tapped since the Japanese occupation.

After the Japanese occupation, the Dutch management of sugar mills in Modjopanggoeng, Kalangbret and Toeloengagoeng areas (East Java) was permitted to complete the season's crushing for '42. No crushing or planting was done in '43.

Price: Prices paid for the impressed portion of the paddy crop, delivered at the warehouse of the Japanese authorities in Djoemantono (Mid-Java) were as follows:-

1st grade:	/2.50 per picul (136 lbs).
2nd grade:	/2.00 per picul (136 lbs).

Fibre: In Sept '43, the former sugar land in the Modjopanggoeng, Kalangbret and Toeloengagoeng areas (East Java) was planted with rami (fibre), but not to the full extent of the areas. It is understood that under this new agreement a larger rent was paid to the owners. The exact figure, however, is unknown.

General Products: In the Karangpandan, Solo (Mid-Java) area during the period Mar '42 - Aug '43, both the former Dutch coffee plantation "Kamoening" and the Mangkoe Negoro's plantation "Gadoengan" were still in operation. Beans were cleaned and stored in the estate warehouses. The elderly Dutch manager of "Kamoening" had not been interned. One informant was paid at the rate of ten cents per half day's work as a coffee picker on "Gadoengan" estate.

Industries and Manufacturing: A Rosella (fibre) factory was opened at Wonosari (Mid-Java) during '43. This was a reconditioned sugar factory. There were large Rosella plantations in the Solo (Mid-Java) area.

Of the coconut oil mills in the Toeloengagoeng (East Java) area, the former Dutch Olvado mill had not been re-opened by the Japanese, but the Japanese owned concern in Trenggalekweg was operated to a large extent by the original Japanese staff. The purchase of coconuts, except from an inhabitant of the same village, is only permitted to special buyers who hold sole rights from the Japanese for allotted areas.

Minerals and Metals:

Mining Activities: In '43 an informant noticed an increased activity at the Gold and Copper Mine of Tirtomojo,

82594 6

Solo (Mid-Java). Another informant had heard that the labour force employed there, which was about 50 men pre-war, had been increased to about 600. Coolie wages were 25 cents per day.

Transportation:

Inland Rail: Sugar mill Toeloengagoeng (East Java): After the cane cutting season of '42, the Japanese took away two of the mills five locomotives and about 100 trucks. They also pulled up and removed portion of the decauville tracks.

Motor: In Sept '43, the former motor bus service between Toeloengagoeng and Kediri (East Java) had been discontinued.
In Malang (East Java) in Jan '44, the situation as regards bus services was as follows:-

Malang - Soerabaja	: discontinued.
Malang - Blitar	: discontinued.
Malang - Kediri	: discontinued.
Malang - Kepandjeng	: still operating.
Malang - Pasoeroean	: still operating.

In Sept '43, the motor bus service Djember - Djatiroto (East Java) had been discontinued.

Utilities:

Power: Electricity in Malang (East Java) in Jan '44 was only available between 1800 and 0600 hrs.
In Toeloengagoeng (East Java) up to Sept '43 the charges and service for electricity were the same as pre-war.

Communications:

Telephone: For an unknown reason an original telephone at the sugar factory "Modjopanggoeng" (East Java) was observed to have been replaced in Sept '43 by a Japanese instrument.

Raw Materials: Shortage of coal may be indicated by the fact that in Jan '44 the locomotive which hauled the express from Malang to Soerabaja was fuelled by teak blocks.

Finance:

Currency: In the Djoemantono (Mid-Java) area, during '42, an order was made for the surrender of all silver coinage, under pain of death. The silver was paid in at the offices of the Assistent Wedanas in the various districts. The owners were questioned as to their normal annual expenditure; they were then handed Japanese paper currency to this amount. The balance of the money received in exchange for the silver was sealed in packets and held in trust for the owners by the Japanese.

Japanese control of Banking and Credit Investments: An informant saw, at the Tanggoel post office (East Java) in Sept '43, persons withdrawing and depositing at the Savings Bank. Savings Bank books bore a Japanese flag on the cover.
In Sept '43, the former Volks Crediet Bank (People's Credit Bank) in Toeloengagoeng (East Java) was known as "Siminginko".

Clothing: In the Malang area (East Java) during '43, clothing coupons were issued on the basis of two sets of clothing, or material for same, per household per year. One informant used a half year's ration for his family to obtain three and a half ell of thin green striped cloth. The cost of this was /2.75, about twice the pre-war price.

General Economic Situation in Occupied Areas:

Black Marketing: The father of one informant, who, up to Jan '44, was living at Soemadjang (East Java), was a tobacco trader, but had been refused a licence by the Japanese. He then dealt on the black market with goods smuggled from other districts. Apparently profits were small, as a bolt of approximately 3 kilos of tobacco yielded only 50 cents profit, the original cost being /2.50. It was thought that the lack of cloves for mixing with the tobacco was the cause of the falling off of trade.

X. PROPAGANDA AND PSYCHOLOGICAL WARFARE INFORMATION.

Enemy:

Non-Radio Propaganda:

Posters, Pamphlets and Leaflets: The latest poster seen by one informant depicted the Allied flags being over-run by a tank.

Newspapers: In Malang (East Java) a periodical named "Penjoeloeh" was on sale for four cents. It was said to consist of a single sheet, but informant had no knowledge of its contents.

A periodical named "Asia Raja" was on sale in Tanggoel (East Java) during '43 for seven cents. It was said there were very few buyers.

XI. ATROCITIES.

A. Factual: Bawoek bin Setosetiko, Fus. L.M.N. No. 40354, Javanese, states that about fifteen days after the American landing on Biak Island, he saw a Javanese Hei-Ho from Malang (East Java) named Kardi, killed in the Sordio area, by a Japanese Gotjo, namod Koboebo. Kardi, who was starving, had stolen a biscuit, a small portion of which was found in his pocket. Kardi was beaten almost to unconsciousness and then made to squat on the edge of a small stream. He was thrust through the back with a sword and pushed into the stream. When the victim was pulled out by his comrades he was dead. Kokoebo was still at large when informant escaped on 22 Jul '44. Signed and sworn statement is in possession of NEFIS.

B. Hearsay: Fus. Soepadi L.M.N. No. 6003, Javanese, states that when at Biak in Jul '44, he heard from one Widji, since killed during an American attack, that a Javanese named Soekarti was bayonetted to death by Japanese Cpl. Kokubu, when the latter caught Soekarti in the act of stealing bread.

XII. PERSONALITIES.

Japanese Army Personnel: Manokwari (Dutch New Guinea) Jul '44:

Sgt.	Machusuma;
Pte. 1st class	Isada;
Private	Manaka;
Private	Samada;
Private	Nahamura;
Private	Odjawa.

Military Police (Kempei): One hundred Kempei were said to be quartered in part of Fort Fastenburg on the south side of Gladakweg, Solo (Mid-Java), in Nov '43.

Civil Officials: In Solo (Mid-Java in Jul '43, most of the former civil servants were still in office. Informant however, only remembered one name, Regent Kartonegoro.

According to an informant who left Toeren, Malang (East Java) in Jan '44, the Regent, Wedana and the Assistent Wedana of Toeren district were pro-Japanese. They were instrumental in forcing the people to join various Japanese sponsored organisations and were very strict in the enforcement of the regulations of planting of castor seed plants instead of rice. They continued to use cars. Informant does not know their names.

The Wedana of Tanggoel (East Java), at the time of the Japanese occupation, was arrested and accused by the Japanese of having a secret radio, and of having received and secreted enemy (Allied) property.

Civilians: Up to Aug '43, the Dutch manager of "Kamoening" coffee estate, Karangpandan, Solo, named Blommenstein, was permitted to continue as manager. He was provided with a Japanese brassard.

The leading Chinese in Tanggoel area (East Java), named Tjim Hoea, was still in possession of his properties when an informant left the area in Sept '43.

Two Dutch people were allowed to retain their positions in the sugar factory at Modjopanggoeng (East Java) after Japanese occupation. They were Mrs. Spruit, (whose husband was serving in the Militia and is believed to be a PW), and a Dutchman named van Eerzel, who was plantation assistant at the above factory. The latter's services were retained by the Japanese for some time until he was ultimately sent to Malang. Informant later heard that van Eerzel was free and was working for the Japanese. Mrs. Spruit worked in the office of the sugar factory until '43, and was then transferred to Malang (East Java), where informant saw her at large; she told informant that she was employed as a cashier at another sugar factory.

XIII. GENERAL.

Forced Abduction of young girls: On the order of the Assistant Wedana of Ngargojoso, Solo (Mid-Java) a number of young girls were assembled, of whom five were selected and forcibly taken to Solo by the Japanese. Informant did not actually witness this, but knows for certain of the incident, which took place in the first half of '43. He knows of one girl, aged 14, named Waginem from Kampoeng Plawan (Mid-Java) who was taken. This girl was sent back to the village shortly after, infected with venereal disease.

Collaborators: According to an informant, the undermentioned individuals worked for the Kempei in Toeren near Malang (East Java). Their reports were made to the Japanese in Malang, there being no Kempei office in Toeren.

Doerachman, approximately 25 years old;
Dosoep, approximately 33 years old;
Biran, approximately 40 years old.

Women's Internment Camp: The existence in Jun '44 of the camp at Malang as shown in NEFIS Map 5218, is confirmed. Informant further states that female Javanese provision vendors were daily allowed into the camp, where a market had been established for the internees.

Lt. Cdr. J. C. Smit.
Deputy Director NEFIS.

Camp Columbia, 23rd October, 1944.

2급 비밀.

네덜란드령 동인도군 정보국

뉴질랜드 보험사 빌딩

334-338 퀸 스트리트, 브리즈번

N0. AI2/7768/G.
첨부: 2

전화번호. U7076
U7077
U7078

주제: 심문보고서

날짜: 1944년 10월 23일

네덜란드령 동인도군 정보국 심문보고서

418-425호 합본(개별호 미발행).

----

1. 첨부된 문서는 네덜란드령 동인도군 정보국 심문보고서 418-425호 합본이다 (개별호 미발행).

2. 이 보고서에 포함된 정보는 피난민을 대상으로 한 심문에만 근거하고 있으며, 이를 고려하여 평가해야 한다.

3. 이 안에 담긴 정보를 배포하는데 주의를 기울이도록 한다. 이 보고서의 전체 또는 일부분을 활용할 경우, 피난민의 친지가 위험에 빠지거나, 적군의 보복에 노출되는 것을 막고, 중요한 정보의 출처가 막히지 않도록 관련된 이름, 지역 등이 특정되지 않아야 한다. 복사본 41호.

소령. J. C. 스미트.(J. C. Smit)

네덜란드령 동인도군 정보국 부국장.

배포:

첨부된 목록 참조

(중략)

2급 비밀. Ag.No.AI2/7768/G.

네덜란드령 동인도군 정보국,
뉴질랜드 보험사 빌딩,
334-338 퀸 스트리트,
브리즈번.

복사본 41호.

네덜란드령 동인도군 정보국 심문보고서
418-425호 합본(개별호 미발행)

주:

이 보고서는 네덜란드령 뉴기니와 비아크섬(Biak Island)에 있는 미군에 의해 44년 5월-8월 중 풀려난 여덟 명의 자바인(Javanese) 정보원을 심문한 내용을 담고 있다.

망코 네고로(Mangkoe Negoro) 부대의 3명의 기존 구성원은 억류되지 않았다; 한 명의 전직 군인은 억류 후 풀려났고 다른 하나는 억류되지는 않았으나 일본인의 운전수로 이용되었다. 나머지 세 명은 민간인이다. 모두 헤이호 부대에 강제 징병되었다.

그들의 정보가 이전에 발행된 심문보고서의 내용과 상당 부분 일치하므로, 이 합본은 추가적인 정보에 대해서만 다룬다.

(중략)

XIII. 일반정보.

어린 여성들 강제납치(Forced Abduction of young girls): 솔로(Solo)(자바 중부)에 있는 자와퉁와(Ngargojoso)의 촌장(Assistant Wedana)의 명령에 따라 많은 여성들이 모였고, 그 중 다섯이 선택되어 일본군에 의해 강제로 솔로로 끌려갔다. 정보원은 이를 실제로 목격하지는 못했으나 그것이 43년 상반기에 벌어졌다는 것은 확실히 알고 있었다. 그는 캄퐁 플라완(Kampoeng Plawan)(자바 중부)에서 납치된 와기넴(Waginem)이란 이름의 14살 여성을 알고 있었다. 이 여성은 성병에 감염된 직후 살던 마을로 돌려보내졌다.

협력자들: 정보원에 의하면, 아래에 언급된 사람들은 말랑(자바 동부) 근처 토렌(Toeren)에 있는 헌병에게 협력했다. 그들의 보고서는 말랑(Malang)에 있는 일본인을 위해 만들어졌으며 토렌에는 헌병 파견소가 없었다.

도라만(Doerachman), 약 25세

도숩(Dosoep), 약 33세

비란(Biran), 약 40세

여성 수용소: NEFIS 지도 5218이 보여주듯 44년 6월 말랑(Malang) 수용소의 존재가 확인되었다. 정보원은 수감자를 위한 시장이 만들어진 이 수용소에 자바인 식료품 여성 상인들의 일상적인 출입이 허용되었다고 이야기했다.

소령. J. C. 스미트.(J. C. Smit)

네덜란드령 동인도군 정보국 부국장.

캠프 컬럼비아, 1944년 10월 23일.

5

NEFIS Interrogation Report No. 442

RG 319 Entry UD 82-A Box 2007

이 문서는 1944년 10월 23일자 442호 심문보고서이다. 연합군이 말라카 해협에서 구출한 수마트라섬 벨라완(Belawan) 출신 22세 현지인 남성으로부터 얻은 정보를 바탕으로 작성되었다. 이 남성은 선박의 조향사로 1942년부터 1944년까지 메단(Medan) 인근 항구인 벨라완과 말레이반도(Malaya)의 여러 항구를 드나들었다. 그는 자신이 드나들었던 많은 지역에 대한 군사적 정보를 제공하면서 수마트라섬 메단 지역의 '위안부' 관련 정보도 제공하고 있다. 그에 따르면 수마트라섬 메단 지역에서는 일본에서 온 일본인 '위안부'들이 장교 전용으로 배치되었고, 현지인 여성들은 기타 계급의 군인들을 위해 위안소로 배치되었다고 한다.

EMR. SECR NOV 10 1944

NETHERLANDS FORCES INTELLIGENCE SERVICE
(NEFIS)

NEW ZEALAND INSURANCE BUILDING
334-338 QUEEN STREET, BRISBANE

TEL. U 7076
U 7077
U 7078

T. NEI. 82597

No. AI2/7739/G.
ENCLOSURES: 4

SECRET

SUBJECT: Interrogation Report.

DATE: 23rd October, 1944.

Interrogation Report No. 442.

1. Attached is Interrogation Report No. 442.

2. Information contained in this report is based solely on interrogation of evacuee. and should be evaluated accordingly.

3. It is requested that care be taken in the distribution of the information contained therein. If the whole or any part of this report is reproduced, no indication may be given of names and localities concerned, to avoid compromising relatives of evacuee and exposing them to enemy reprisals, and to prevent closure of important sources of information. Copy No. 41

Smit

Lt. Cdr. J. C. Smit.
Deputy Director NEFIS.

MIS 82597

19 JAN REC'D

Distribution:
See attached list.

SECRET

82597 1

NOV 29 RECD

DISTRIBUTION:	No. of Copies.	Copy No.
B.S.O. through O.B.S.O.	2	1 - 2
O.B.S.O.	1	3
Economic Int. Section GHQ.New Delhi via B.S.O. - Colombo	1	4
C.L.G.	1	5
M.C.A.	1	6
Voorz. N.I. Comm.	5	7 - 11
Min. v. Kol., Att. Col. de Blieck.	1	12
Ministry of Economic Warfare Foreign Office London, via Col. de Blieck, London	1	13
C.G.S., K.N.I.L.	1	14
Contr. A.I.B.	1	15
G.2., G.H.Q.	2	16 - 17
A.C. of S., G.2. USAFFE	1	18
Director of Intelligence, Allied Air Forces S.W.P.A., A.P.O. 923.	5	19 - 23
Assistant Director of Intelligence, Advanced Echelon, Allied Air Forces, S.W.P.A., A.P.O. 925.	4	24 - 27
D.M.I.	1	28
A.D.M.I.	1	29
D.N.I.	1	30
COISEF through D.N.I.	1	31
Seventh Fleet Intelligence Center	1	32
Chief of Air Staff RAAF Hq.	1	33
Director A.G.S.	1	34
O. in C., A.G.S., N.E.I. Section	1	35
Co-Ordinator ATIS	1	36
FELO, HQ.	1	37
FELO, Melbourne	1	38
N.R.C.C.S.	4	39 - 42
N.F.L.O. Darwin	1	43
N.F.L.O. Perth	1	44
S.R.D.	1	45
S.R.D. Brisbane, (Maj. Wigan)	1	46
S.I.A.	1	47
Dir. Gen. of Security	1	48
CSONICA Kandy	1	49
HQ. 6th Army, through NEIIOSIX	2	50 - 51
Mr. W.H. de Roos	1	52
NEFIS Officer A.I.B.	1	53
NEFIS	13	54 - 66
Rear Echelon NEFIS	1	67
Netherlands Staff Officer, G3., APO 500.	1	68
Dutch Liaison Officer, A.3. Hq., 13th Air Force., A.P.O. 719.	2	69 - 70
A.C. of S., G5., G.H.Q.	1	71
D.L.O. Allied A.F., Old Courier Bldg.	1	72
FELO, Hollandia, (Att. Maj. Kremer)	1	73
Mil. Att. Canadian Emb. Canberra	1	74
RAAF Hq. N.W. Area, Darwin.	1	75

EMR. SECRET. Ag.No.AI2/7739/G.

NETHERLANDS FORCES INTELLIGENCE SERVICE,
NEW ZEALAND INSURANCE BUILDING,
334 - 338 QUEEN STREET,
BRISBANE.

SECRET

25 OCT 1944

Copy No.41

INTERROGATION REPORT No. 442.

I. PERSONAL DATA.

Name	: Daglan.
Age	: 22 years.
Sex	: Male.
Race	: Mandaling. (East Coast Sumatra).
Citizenship	: Netherlands subject.
Birthdate & Place	: 1922, Belawan. (East Coast Sumatra).
Education	: None.
Religion	: Mohammedan.
Status	: Evacuee; picked up by Allied submarine in Straits of Malacca.
Occupation	: Coxwain of tongkang (large sailing prahoe).
State of Health	: Good.
Means of Ident.	: None.

Interrogated 30 Sept '44, at Camp Columbia. CCK/kdp.

ESTIMATE OF INTELLIGENCE AND RELIABILITY.

Average intelligence, but not very observant. Information considered reliable.

II. CHRONOLOGY.

Date:	Place:
1939 - 1941	Belawan (East Coast Sumatra).
Jan '42 - Nov '42	Voyage Belawan-Pangkalansoesoe-Sigli-Belawan.
Nov '42 - Dec '42	Voyage Belawan - Penang - Belawan.
Dec '42 - Jan '43	Voyage Belawan - Kedah - Belawan.
Jan '43 - Feb '43	Voyage Belawan - Penang - Belawan.
Feb '43 - Mar '43	Voyage Belawan - Telok Anson - Belawan.
Apr '43 -	Voyage Belawan - Penang - Belawan.
May '43 - Jun '43	Voyage Belawan - Malacca - Belawan.
July '43	Voyage Belawan - Penang - Belawan.
Aug '43 - Sept '43	Voyage Belawan - Kantang (Siam) - Belawan.
Oct '43 -	Voyage Belawan - Penang - Belawan.
Nov '43 - Dec '43	Voyage Belawan - Klang - Belawan.
Jan '44 - Aug '44	About eight voyages Belawan - Penang - Belawan.

During '44 informant made several journeys by train as far north as Lhokseumawe (Atjeh).

About 22 Aug '44, on the return voyage from Penang, informant's tongkang was intercepted by an Allied submarine, and after some discussion as to who was the captain of the craft, the Chinese owner and informant were taken on board the submarine. The remaining three members of the crew were put aboard a small sloop, and told to make for the Sumatra shore (in the region of Langsa) where they were to invent a story of their shipwreck. The tongkang was then sunk by gun fire.

According to informant, name of the owner of the prahoe was Soe Seng Ka, who had lived in Medan only about 5 years and who originally came from Perak. Soe Seng Ka was known to Daglan for two years. He traded in tobacco with the Japanese in Medan and owned a tonkang, which he bought after the capitulation. This tonkang was constantly employed by the Japanese in transportation of goods to and from Malaya. Soe Seng Ka received payment for freight only and had no share in the goods carried.

He was making a comfortable living out of the Japanese and therefore was quite contented with the ruling state of affairs, but did not go out of his way to mix with the Japanese, apart from business. He was married but had no children.

SECRET

III. TACTICAL DATA ON ENEMY MILITARY FORCES. SECRET

Dispositions and Strength of Organisations and Units: Informant estimates that in Aug '44, there were about 400 Naval and Military personnel at Belawan, and about 2,000 Army personnel at Medan. When passing Goenoeng Setang (about 20 km south of Medan, on the road to Brastagi) in Jan '44, informant observed a large barracks with possibly 5,000 Artillery, Tank Corps and Infantry. According to informant, this is the most important Army post in the Medan district, and was constructed by the Dutch before the war.

Informant estimates that in Apr '44, there were 300 Naval personnel at Pangkalan Brandan, and 200 at Pangkalan Soesoe. The coast in this area is very strictly guarded and patrolled by small motor boats. Informant estimates that there were 200 of these patrol boats, of which about 50 were constantly in use. They carried a crew of three to five men.

When informant visited Bindjai in Mar - Apr '44 he observed no Army personnel, but only Kempei officials.

In Mar '44, there were about 200 Army personnel at Langsa, and about 200 Naval and 200 Army personnel at Lhokseumawe (Atjeh).

In Oct '42, there were not more than 200 Army personnel at Sigli (Atjeh).

When discharging cargo at Kantang (Siam) in Aug '43, informant only saw five Japanese Army personnel.

Native Troops: About Jan '44, a troopship left Belawan with about 3,000 Soekarella troops, all of the Batak race. They were armed with rifles and bayonets and their uniforms consisted of green cotton shirts and shorts, long stockings (off-white) and Japanese type caps. They wore white armbands, with the usual red ball and Japanese characters. They were reported to be proceeding to Singapore, but it is not known whether that was their ultimate destination.

Kaibodan units, including all races, were seen in Medan and Belawan, and estimated at 200 and 50 respectively. Their salary was /30.00 per month, and they served as auxiliary police as well as air raid wardens.

Indications of Enemy Intentions and Movements: Informant observed a very large increase in the number of troops in Medan in Jul '44. They were mostly young and well-disciplined.

Supply Arrangements and Installations: Six months after the capitulation, the Japanese had repaired the wharves and warehouses at Belawan. Informant estimates that six to seven ships could be berthed at the wharf.

Enemy Material and Equipment: Informant estimates that in Aug '44, there were about 200 tankettes, type M 2592, in the Medan area, their Headquarters and repair shops being at Goenoeng Setang.

Only two searchlights were seen exercising at night at Belawan.

Sumatra, NEI

There were reported to be A/A defences at Pangkalan Brandan and Pangkalan Soesoe, but they were not actually seen by informant.

August 1944

Location of PW Camps: The only camp in the Medan district was situated at Kampoeng Kling - one mile southwest of the Medan railway station, on the east bank of Kali Baboera. Informant estimates that in Aug '44, there were between 1,000 and 2,000 Dutch, Ambonese and Menadonese PW in this camp. The streets forming the camp area were enclosed with barbed wire fences, with three main entrances.

Radar and Radio Stations: The former Dutch W/T station at Belawan is being used by the Japanese.

IV. SUMMARY OF NAVAL INFORMATION.

Ships Movements and Ships in Port: While informant was on his last voyage between Belawan and Penang, in Aug '44, and while at Penang, he observed a Japanese minesweeper anchored in the

82597 4 SECRET

harbour, together with a possible submarine chaser. There was also a Japanese submarine possibly of the "Kawasaki I 4" type, and two German submarines possibly of the U 33 type. They were lying side by side, and informant observed that the German submarines were only about two thirds the length of the Japanese submarine. He was in no doubt as to the nationality of the two smaller submarines, as he observed white men on board and vessels were flying the German Naval ensign (with several iron crosses between the swastika and the edge of the flag nearest the flagstaff.

Informant reported what he had seen to the Captain of the Dutch submarine carrying him to Australia.

A guardship of the "Hailung" type (see Jane's Fighting Ships) is permanently stationed off Tandjoeng Belawan, which stops all shipping to inspect papers.

Ships Sunk or Damaged: Six damaged cargo ships of the "Taga Maru" type (see J.M.S.T. Chart) were seen in May '44, lying in the first bend of the Belawan river. They were all reported to have been damaged by torpedoes, under attack in the Straits of Malacca.

Shipping Routes: Tongkangs sailing from Penang to Belawan had to hug the Malayan shore to Poeloe Pangkor, and then steer a course for Poeloe Pandang (off Indrapoera, E.C. Sumatra), and then along the Sumatra coast to Belawan. Japanese shipping between Belawan and Penang is reported to sail all the way to Singapore before crossing the Straits of Malacca, in order to avoid Allied submarines. Many motor boats were seen to be patrolling//in the vicinity of Poeloe Berhala, where there is also a lookout post. August 44 - Sumatra, NEI

Harbour Defences: In Aug '44, informant observed eight coastal defence guns (possibly 7.5 cm.) at Oedjoeng Baroe (one km. north of the harbour Belawan). Sumatra, NEI

Navigational Aids: No lighthouses are in use in the Straits of Malacca.

All buoys at the entrance of the Belawan river have been removed.

Harbour Conditions: Belawan harbour is badly silted up, and ships have to be partly unloaded into lighters near Tandjoeng Belawan. No dredging takes place.

V. BASIC AIR INFORMATION.

Locations of Air Installations: Polonia airfield (Medan) was unchanged, with no sealed runways or new hangars. When seen in Mar '44, there was very little activity.

Enemy Air Activity: In Mar '44, five twin-engined type "Lily" aircraft were seen on Polonia airfield. They were used daily for patrols to seaward.

In Aug'44, informant sighted four single-engined floatplanes type "Rufe" making practice landings in Penang harbour. At the same time, nine twin-engined type "Lily" aircraft were seen making practice landings at Butterworth airfield (Penang).

VIII. POLITICAL AND SOCIAL INFORMATION.

General Living Conditions: The people living in the towns of North Sumatra are short of rice, and live on a mixture of maize and rice in the proportion of three to one. There is no clothing for sale in the shops, and the people are wearing old and patched clothing.

A general blackout was enforced, and a curfew between 2200 hrs and 0400 hrs, local time.

Conditions as regards food and clothing appeared to informant to be much better in Malaya and Siam, and the people more contented. Blackout and curfew conditions were, however, similar.

82597 5

Security Regulations and Censorship: There were no formalities when travelling within Sumatra, and passengers' luggage was not examined at the railway station, but all arrivals by sea at Belawan were thoroughly searched. Informant was frequently able to avoid customs formalities at Penang by sailing his tongkang to a jetty in the Chinese part of the town, where there were no customs officials. If he was held up by Malay police it was only a matter of handing out a couple of guilders, sometimes accompanied by a little face-slapping, to be permitted to go on his way.

In other parts of Malaya and Siam it was not possible to proceed inland without exchanging passes which covered the sea voyage, for other passes. This was done by the Malayan or Siamese customs officials.

Relation between Japanese and Local Population: Informant states that the Batakers had at first readily swallowed Japanese propaganda, but their attitude had now changed, as they were all able to see the impoverishment of their country, with makeshift foods and no new clothing.

5500. 293

Atjehnese, strict Moslems, have never willingly accepted the Japanese rule, and the Radja of Atjeh sometimes refused to carry out Japanese orders.

Informant voluntarily stated that during all his voyages to Malaya and elsewhere he did not meet a single person who was contented with the present state of affairs.

Civil Government of Occupied Areas: The Dutch system of government has been maintained in Sumatra, but all former Dutch officials (with one exception - see Section XII) have been replaced by Japanese. Even the Indonesian government assistants have been replaced.

The Sultan of Deli now only receives a salary, and the large income he formerly obtained from his landed possessions now has to be handed over to the Japanese. Informant believes that this system also applied in Malaya.

Taxes: Informant paid the same taxes as before the war, viz. /6.50 per year. His salary, however, which was /15.00 a month before the war was raised to /150.00 a month by his Chinese employer. His employer, who formerly paid /20.00 per year in taxes, now had to pay about /100.00.

Ground taxes were unchanged.

Civil Service, Courts, etc.: Minor civil offences are still dealt with by the former courts of justice, with Indonesian judges. Cases of murder, rioting, theft, adultery, etc. are all dealt with by the Kempei.

The Indonesian Field Police at Bindjai still use the same barracks to the S.W. of the town.

5300. 293

Religious Services: The Japanese do not interfere with the Mohammedan ritual, but all Christian churches in Medan and Penang have been closed.

Health and Sanitation: The population was suffering from undernourishment and lack of medical supplies. Refuse in the streets of Medan was removed every three days, but the streets were not hosed. The pasars (markets) were left in a filthy condition.

All former hospitals in Medan and Belawan were in use, with Indonesian doctors only.

Medical Supplies: Quinine and aspirin tablets were only made available to intern patients at the hospitals and to outpatients with medical certificates.

Treatment of PW and Internees: At Kampoeng Kling camp only two meals were served daily, consisting of rice and maize, with vegetables and sometimes a little fish. Tea was served without sugar. This camp also contained male civilian internees, but they were kept apart from the PW. Army personnel and civilians

82597 6 SECRET

were employed in loading and discharging ships at Belawan. They looked thin, and the military personnel were wearing their old uniforms, with Japanese military caps. The civilians were issued with khaki shirts and trousers. Informant was told that there had been no deaths in the camp.

Civilian women were interned in a camp at Poeloe Brayan, immediately east of the Belawan - Medan railway. Special houses of wood and corrugated iron had been built, and women from all over North Sumatra were collected there. Informant estimates the number to be between 1,500 and 2,000 comprising Dutch, Ambonese and Menadonese women and children. It was reported that their food was similar to that served in the male camp, and all looked thin, but neatly clothed.

IX. ECONOMIC INFORMATION.

Agricultural Commodities: Owners of ricefields in the Medan district had to hand over two thirds of their production to the Japanese. The price paid was ƒ2.50 per eighteen litres of unhulled rice, (equivalent to about 7½ kg. clean rice). Coupons were issued on the basis of one kilo per person per week, and the price in the shops for clean rice was thirteen cents per kilo.

(Note NEFIS: This is the first report of a loss being made by the Japanese in their transactions, but informant insists that the above figures are correct).

The people living in the interior, away from the supply routes, were not rationed, and could dispose of their own crops. This resulted in the people of the interior being better fed than the town dwellers.

Maize growers usually had to hand over five sixths of their crops to the Japanese. The price paid was ƒ2.00 per eighteen litres of clean grain (equivalent to 17 kg.). It was rationed on the basis of two kg per person per week, and the price in the shops was twelve cents per kg.

The cultivation of tapioca was not controlled nor the product rationed.

Tea and coffee were also unrationed, and in sufficient supply.

Tea is still being delivered in Medan in triplex wood cases, but with no indication of the Estate's name.

Sugar was unobtainable in North Sumatra and Malaya (with the exception of Kedah). It was, however, obtainable in Katang, (Siam).

Labourers from tobacco estates in the Medan district told informant that only small quantities of tobacco were being grown.

Coffee estates were still producing on a limited scale. The managers of all estates in production were said to be Japanese.

No rubber is being tapped, either on estates or native gardens. The remilling factories in Medan were thoroughly demolished before the capitulation, and are not being used. According to natives spoken to in Malaya and Siam, conditions were similar there. Native rubber growers in Sumatra in some cases have converted their holdings into ricefields, but only to the extent necessary to provide themselves with food.

Informant heard that many oil palm estates had been converted to rice growing, but he had no information about sisal estates.

Labour: Contract coolies formerly employed on estates in Sumatra now make their own ladangs (gardens) and grow foodstuffs. Permission has first to be obtained from the Japanese, and it is not permissible to use estate plantations for this purpose. If the applicants have no holdings of their own, they are allowed to clear jungle and waste land.

Food: No meat was obtainable in the Medan district, but fish was in fair supply. Salt was not for sale in the shops, but all owners of tongkangs bring back supplies for their own requirements from Siam and Kedah. No salt was obtainable south of Kedah.

The people eke out their rice ration with maize in the proportion of two parts of maize to one of rice.

Industries and Manufacturing: During the past year there was much activity in building tongkangs at Penang, but no motor propelled boats were being built.

4203.0800

Minerals and Metals:

Oil: Informant had a brother living at Langkat working on the oilfields, who stated that both Rantau and Paloe Taboehan oilfields were again in production. The tank installation at Pangkalan Soesoe and the refinery at Pangkalan Brandan have both been rebuilt more or less on the same lines as they were before demolition. Former Dutch employees were used for this reconstruction work, and when it was finished, about Jan '44, they were removed to internment camps. When informant was last there in Apr '44, he did not see any Europeans.

A strict blackout was enforced, and no loading or unloading of ships took place at night.

The tin container plants at Pangkalan Brandan and Pangkalan Soesoe were not rebuilt, and tins were not being used for any oil products.

The Japanese had laid an oil pipeline from Pangkalan Soesoe, through Pangkalan Brandan to Medan, where it is connected with a tank farm immediately E. of the railway station. The new pipeline from Pangkalan Brandan and Pangkalan Soesoe follows the railway into Bindjai and then follows the railway into Medan.

Oil was being transported by rail in tank cars to destinations north of Pangkalan Soesoe.

Oil is loaded into tankers at both Pangkalan Soesoe and Pangkalan Brandan, and in addition oil-carrying barges are towed from Pangkalan Soesoe (two barges towed by one tugboat). All the oil shipped was believed to be destined for Singapore.

Kerosene is not being manufactured, and coconut oil is generally used for lighting purposes.

Petrol is obtainable in any quantity, provided coupons can be produced. There are still a few taxis running in the Medan district, driven by Indonesians and Japanese, but petrol cannot be obtained from the former kerbside pumps, it being necessary to take in supplies at certain fixed depots where the coupons are also issued.

The quality of the petrol produced is much the same as before the war.

Japanese employees at the refinery receive a maximum salary of /100.00 a month, and Indonesians /50.00. The number of Indonesians employed at the oilfields and refinery is about the same as before the war.

Tin: Informant knows nothing about the tin industry in Malaya.

Shipping: Only military supplies and foodstuffs are carried by ships discharging at Belawan. According to informant, all ships left in ballast, and were believed to be routed to Singapore. During '44, a maximum of three ships per month arrived at Belawan, and usually remained about fifteen days.

In Aug '44, no cargo ships were seen at Penang, but at least 100 tongkangs were in the harbour.

One tanker was seen loading oil at Pangkalan Soesoe in Apr '44, but informant does not know how many tankers enter and leave each month.

Transportation:

Inland Rail: Trains run thrice daily between Medan and Belawan, and vice versa. There is a daily service between Tandjoeng Balei and Medan, and twice daily to Langsa. No new railways have been built in North Sumatra.

Motor: All motor bus services in the Medan district have been stopped.

Utilities:

Light: All electric light bulbs have been removed from the

82597 8

street lamps in Medan and Belawan.

Water: The Medan town water supply is still in working order.

Power: The tram service in Penang is still running.

Communications:

Telephone: Sumatra service as in pre-war days.

Telegraph: Telegrams can be sent anywhere in Sumatra, and between Sumatra, Penang and Singapore.

Mail: There was no postal service outside Singapore.

Finance:

Currency: In Sumatra both Dutch and Japanese currencies are in circulation, but recently Dutch silver coins have gone out of circulation, partly due to hoarding by the inhabitants.

Regulations: About Mar '44, notice was given by the Japanese that all Dutch silver coinage could be exchanged at the rate of /150.00 Japanese paper money for /100.00 Dutch silver coinage. Practically no transactions took place. Sumatran money was accepted in Malaya, and vice versa. Dutch paper money, however, commanded a premium in Malay, of 40%. On the other hand, pre-war Malayan dollar currency could only be exchanged with difficulty in Sumatra at parity.

Tongkang traders could not take more than /500.00 out of Sumatra for trading in Malaya.

The former Java Bank is the only bank operating in Medan.

Commerce:

Trade: Informant's tongkang (cargo capacity thirty tons) traded regularly between Belawan and Penang. A typical cargo would be:-

Sixty bags of coffee (Arabica) - weight about 7,500 kilos. (each bag being two sacks joined together).
Thirty bags of tea (coarse Pecco) - weight about 1,500 kilos.
Twenty bags of peanuts - weight about 500 kilos.

The value of this cargo can best be judged by the following Medan shop prices:-

Coffee	per kilo	/8.00
Tea	per kilo	/6.50
Peanuts	per kilo	/0.80.

The Chinese owner of the tongkang traded on behalf of the Japanese and received payment for freight only.

Typical return cargoes from Penang would be:-

Fifty marble gravestones (for use of Indonesians).
Twenty cases of 100 cartons of mosquito repellent (incense ? type)
or
Eighteen tons of powdered salt.
Chinese medicines.
Bicycle tyres.

Occasionally, the tongkang returned empty, as the Minseibu officials refused to release any return cargo.

This highly profitable trade had greatly enhanced the value of tongkangs, which before the war cost about /500.00, whereas now the Japanese were paying /25.000.

Informant was told in Penang that a tongkang was held up by a U.S. submarine between Katang (Siam) and Penang about Mar '44, and half their cargo of sugar, rice and salted fish requisitioned. The crew were told to say nothing. The Japanese consignees at Penang were very angry when they saw that only half the expected cargo was on board the tongkang, and after interrogation by the Kempei the crew confessed that they have been intercepted by an

82597 9

American submarine. They were immediately regarded as Allied spies and imprisoned.

Clothing: The inhabitants of the Medan district were wearing old and patched clothing. It is the custom to cut off the lower part of a pair of trousers, and use the spare material for patching the upper part. The Japanese have discouraged the use of bark and other substitute clothing, as it makes them feel ashamed. Clothing prices were as follows:-

Sarong	/50 - 250.
Woman's Jacket	/30.
Khaki shirt	/35.
White trousers	/60.
Shorts	/15 - /20.
Cap (koepiah)	/18.
Slippers	/ 8.
Singlet (second hand)	/10.

Such things as mosquito nets, mattresses, blankets and sheets are unobtainable.

It was forbidden to import clothing from Malaya, and there would indeed be no advantage in doing so as prices were much the same there.

X. PROPAGANDA AND PSYCHOLOGICAL WARFARE INFORMATION.

Allied:

Effect of Air Raids: Informant had heard from native sources of Allied attacks on Sabang.

A rumour was circulating in Apr '44, that Pangkalan Soesoe had been attacked by shell-fire from an Allied submarine, killing seventy Indonesians and Japanose.

(293) 5503.

Enemy:

Radio Propaganda: No loudspeakers were erected in Medan, but they were seen in Penang. All radio receiving sets in North Sumatra had been confiscated by the Japanese.

Non-Radio Propaganda: No newspapers were published in North Sumatra.

Cinemas do not show war films, but only Malay dramas and comedies.

No festivals or parades were organised.

XI. ATROCITIES.

A. Factual:

Informant:- Daglan, civilian, East Coast Sumatra:

About Jun '44, informant witnessed the murder of a Malay woman at Kempei Headquarters, Belawan. The people working in the vicinity were called to witness the punishment of an adulterous woman. She was first stripped and beaten by two Japanese Kempei officials, until she was unconscious. She was then removed to a cell and revived and then brought out for a second beating. One of the Kempei officials was named Moshi San, who finally despatched his victim by thrusting the stick with which he was beating her into her genital parts, causing immediate death.

The husband of the woman concerned had complained to the Kempei of his wife's acts of adultery.

The following also witnessed the atrocity, being members of informant's crew:-

Amat: Sinajan: Johan.

Signed and sworn statement is in possession of NEFIS.

XII. PERSONALITIES.

Military Police (Kempei): Head of the Kempei at Belawan was

82597 10

Moshi San, aged about 30 years, short and well-built. He arrived about Jun '44, and was still there when informant left in Aug '44. Moshi San once beat informant for having Malayan currency in his possession on his return from Penang.

At Bindjai, Kempei officials had their office near the Indonesian Field Police barracks.

Civilians: The Sultan of Langkat - Toenkoe Mahmoed - was reported to be very dissatisfied with present conditions, as he was no longer permitted to collect taxes from his people. He received a salary from the Japanese. The people of his domain are strict Mohammedans, and have very little contact with the Japanese.

The former Assistant Resident of Tandjoeng Balei (name unknown) is still in office. It is reported that the Sultan of Tandjoeng Balei (Toengoe Seiboen) used his influence to prevent the A.R's internment. He has been given a house overlooking the harbour, and lives with his family, comprising wife and two children. He receives a salary from the Japanese of /60.00 per month, plus free rations. He works in his old office and is largely concerned with Police affairs.

The Imams of Belawan and Tandjoeng Balei are both believed to be passively anti-Japanese.

XIII. GENERAL.

Prostitution: Japanese officers at Medan have access to Japanese women imported from Japan.

Other ranks have access to Javanese women kept in organized brothels.

Smit

Lt. Cdr. J. C. Smit.
Deputy Director NEFIS.

Enclosures:

Camp Columbia 23rd October, 1944.

NEFIS Map No. FY 5342 - 1 - Belawan Harbour Area.
NEFIS Map No. FY 5342 - 2 - Medan.

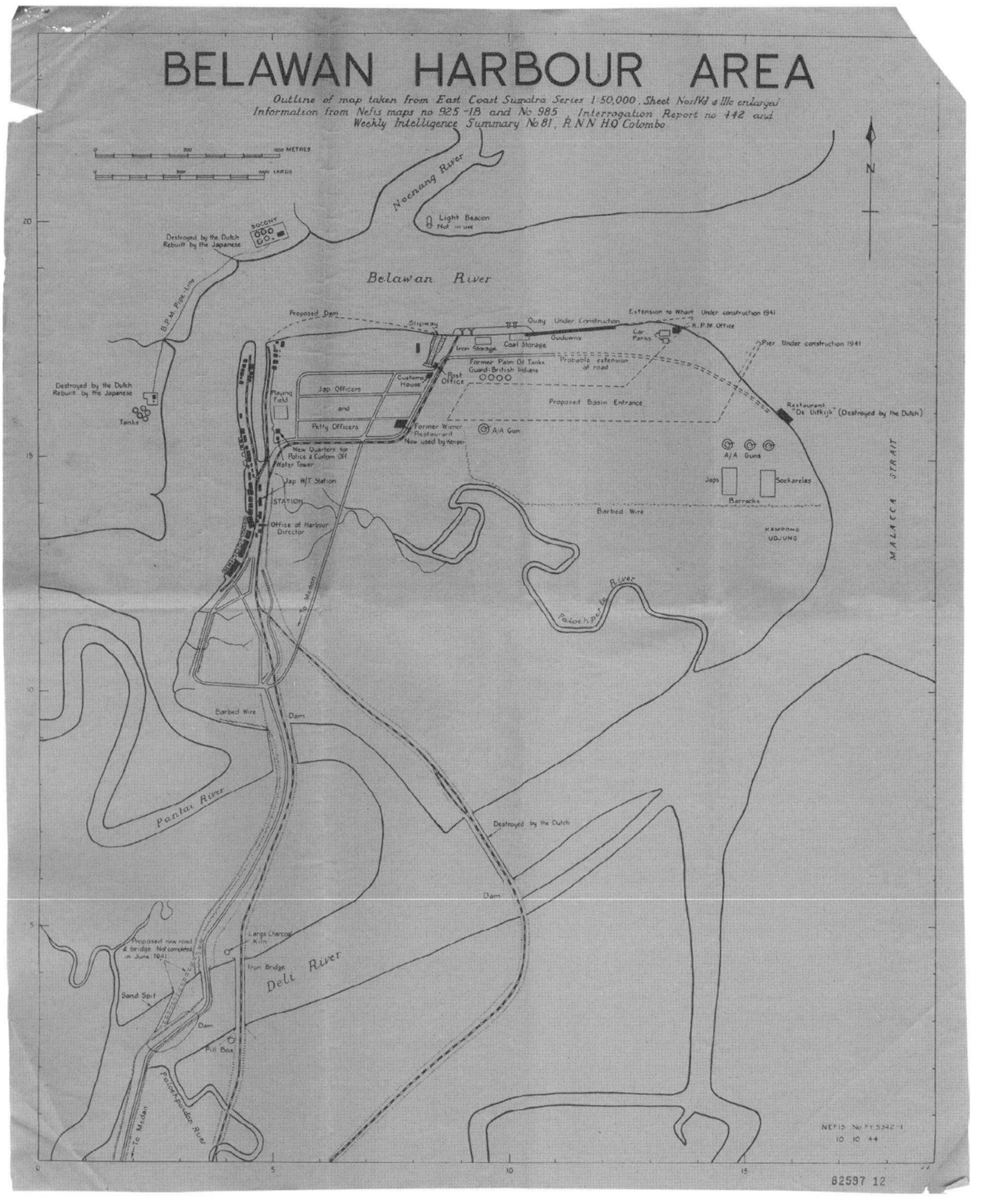

BELAWAN HARBOUR AREA
Outline of map taken from East Coast Sumatra Series 1:50,000, Sheet Nos IVd & IIIc enlarged
Information from Nefis maps no 925-IB and No 985 Interrogation Report no 442 and
Weekly Intelligence Summary No 81, R N N HQ Colombo
METRES
YARDS
N
Noenang River
Light Beacon
Not in use
Destroyed by the Dutch
Rebuilt by the Japanese
B.P.M. Pipe-Line
Belawan River
Proposed Dam
Slipway
Quay Under Construction
Extension to Wharf Under construction 1941
K.P.M. Office
Iron Storage
Coal Storage
Godowns
Car Parks
Pier Under construction 1941
Former Palm Oil Tanks
Guard-British Indians
Probable extension of road
Customs House
Post Office
Jap Officers
and
Petty Officers
Playing Field
Proposed Basin Entrance
Restaurant "De Uitkijk" (Destroyed by the Dutch)
Tanks
Former Wiener Restaurant
Now used by Kenpei
A/A Gun
A/A Guns
New Quarters for Police & Custom Off
Water Tower
Jap W/T Station
STATION
Japs
Soekarelas
Barracks
Barbed Wire
Office of Harbour Director
KAMPONG UDJUNG
MALACCA STRAIT
River
To Medan
Barbed Wire
Dam
Pantai River
Destroyed by the Dutch
Dam
Proposed new road & bridge Not completed in June 1941
Large Charcoal Kiln
Iron Bridge
Deli River
Sand Spit
Dam
Pill Box
To Medan
NEFIS No FY 5342-1
10 10 44
82597 12

2급 비밀.

네덜란드령 동인도군 정보국

뉴질랜드 보험사 빌딩

334-338 퀸 스트리트, 브리즈번

NO. AI2/7739/G.
첨부: 4

전화번호. U7076
U7077
U7078

주제: 심문보고서.

날짜: 1944년 10월 23일.

심문보고서 442호.

1. 첨부된 문서는 네덜란드령 동인도군 정보국 심문보고서 442호이다.

2. 이 보고서에 포함된 정보는 피난민을 대상으로 한 심문에만 근거하고 있으며, 이를 고려하여 평가해야 한다.

3. 이 안에 담긴 정보를 배포하는데 주의를 기울이도록 한다. 이 보고서의 전체 또는 일부분을 활용할 경우, 피난민의 친지가 위험에 빠지거나, 적군의 보복에 노출되는 것을 막고, 중요한 정보의 출처가 막히지 않도록 관련된 이름, 지역 등이 특정되지 않아야 한다. 복사본 31호.

소령. J. C. 스미트.(J. C. Smit.)
네덜란드령 동인도군 정보국 부국장.

배포:
첨부된 목록 참조.

(중략)

2급 비밀.

Ag.No.AI2/7739/G.

네덜란드령 동인도군 정보국,
뉴질랜드 보험사 빌딩,
334-338 퀸 스트리트,
브리즈번.

복사본 41호.

심문보고서 442호.

Ⅰ. 인적사항.

이름	: 다글란(Daglan).
나이	: 22세.
성별	: 남성.
인종	: 만달링(Mandaling). (수마트라 동부 해안).
시민권	: 네덜란드 국민.
출생년도/출생지	: 1922년, 벨라완(Belawan). (수마트라 동부 해안).
교육	: 없음.
종교	: 이슬람교.
신분	: 피난민; 말라카 해협에서 연합군 잠수함이 구조함.
직업	: 통캉(tongkang) (대형선박)의 조향사
건강상태	: 좋음.
신원확인방법	: 없음.

캠프 컬럼비아에서 44년 9월 30일 심문받음. CCK/kdp.

지적수준 및 신뢰도에 대한 평가.

평균적인 지적수준이지만, 관찰력이 뛰어나지는 않음. 정보는 신뢰할 수 있음

Ⅱ. 시기순 기록.

날짜:	장소:
1939년 – 1941년	벨라완(수마트라 동부 해안)

42년 1월 – 42년 11월	벨라완 – 팡카란 소소(Pangkalan soesoe) – 시그리(Sigli) - 벨라완 항해
42년 11월 – 42년 12월	벨라완 – 페낭(Penang) – 벨라완 항해
42년 12월 – 43년 1월	벨라완 – 케다(Kedah) – 벨라완 항해
43년 1월 – 43년 2월	벨라완 – 페낭 – 벨라완 항해
43년 2월 – 42년 3월	벨라완 – 텔로크 안손(Telok Anson)–벨라완 항해
43년 4월 –	벨라완 – 페낭 – 벨라완 항해
43년 5월 – 42년 6월	벨라완 – 말라카(Malacca) – 벨라완 항해
43년 7월	벨라완 – 페낭 – 벨라완 항해
43년 8월 – 42년 9월	벨라완 – 칸탕(Kantang(시암(Siam)) – 벨라완 항해
43년 10월	벨라완 – 페낭 – 벨라완 항해
43년 11월 – 42년 12월	벨라완 – 클랑(Klang) – 벨라완 항해
44년 1월 – 44년 8월	벨라완 – 페낭 – 벨라완 사이의 약 8번의 항해

44년 동안에 정보원은 록세우마웨(Lhokeseumawe)(Atjeh[아체])만큼 북쪽까지 기차로 몇 번의 여행을 하였다.

44년 8월 22일 즈음 페낭에서 돌아오는 항해에서 정보원의 통캉은 연합군 잠수함에 나포되었고 누가 배의 선장이었는지에 대한 토론이 오간 후 중국인 선주와 정보원이 잠수함으로 수송되었다. 남은 세 명의 선원은 작은 범선에 태워져 조난 사고에 대한 이야기를 날조하여 수마트라 해변(랑사(Langsa) 지역)까지 가도록 지시받았다. 통캉은 포격을 맞고 가라앉았다.

정보원에 의하면, 선박 선주의 이름은 소승카(Soe Seng Ka)였다. 그는 페락(Perak)에서 와서 메단(Medan)에는 고작 5년 정도 살았다. 소승카는 다글란과 2년 정도 알고 지냈다. 그는 메단에 있는 일본인들과 담배거래를 했고 항복 이후에 가져온 통캉을 소유하고 있었다. 이 통캉은 말라야를 오가는 물품 수송수단으로 일본인이 늘 이용하고 있었다. 소승카는 화물운송 대금만 지급받았고 운송되는 물품에 대한 지분은 없었다.

그는 일본인들 덕에 안락한 생활를 유지할 수 있었고 따라서 현 정세에 꽤 만족하고 있었지만 사업활동을 제외하고는 일본인과 어울려 놀지는 않았다. 그는 결혼은 했지만 아이는 없었다.

Ⅲ. 적군에 대한 전술 데이터

조직과 부대의 배치와 강점

44년 8월에 벨라완에는 약 400명의 해군과 육군 인력이 있으며 메단에는 약 2,000명의 육군 인력이 있었다고 정보원이 추정했다. 44년 1월 고능 세탕(Goenoeng Setang)(메단의 약 20km 남쪽, 브라타기로 가는 길목)을 지날 때 정보원은 대략 5,000명의 포병대, 전차군단, 보병대로 이루어진 대규모의 병영을 보았다. 정보원에 따르면 이 병영은 메단 구역에서 가장 중요한 주둔지였으며 전쟁 이전에 네덜란드에 의해 지어졌다고 했다.

정보원은 44년 4월에 팡카란 브라단(Pangkalan Brandan)에는 300명, 팡카란 소소(Pangkalan Soesoe)에는 200명의 해군 인력이 있었다고 추정했다. 이 지역의 해안은 작은 모터보트에 의해 매우 엄격하게 감시, 경비되었다. 정보원은 이 경비정이 200척 정도 있었으며 약 50척이 항시 운행 중이었다고 추산했다. 경비정들은 3명에서 5명의 선원을 태우고 있었다.

정보원이 44년 3-4월에 빈다이(Bindjai)를 방문했을 때, 육군 인력은 없었고 헌병간부만 보았다.

44년 3월 랑사에는 200명의 육군 인력이, 록세우마웨(아체)에는 200명의 해군 인력과 200명의 육군 인력이 있었다.

42년 10월에는 시그리(아체)에 많아야 200명의 육군 인력이 있었다.

43년 8월 칸탕(시암)에서 뱃짐을 내렸을 때 정보원은 다섯 명의 일본인 육군 인력만을 보았다.

현지인 부대: 44년 1월 즈음 군인수송선이 바타크(Batak)족으로만 이루어진 3,000명의 소카렐라(Soekarella) 부대를 이끌고 벨라완을 떠났다. 그들은 소총과 총검으로 무장하고 있었고 그들의 군복은 초록색 면 셔츠와 반바지, 긴 스타킹(황백색)과 일본식 모자로 이루어져 있었다. 그들은 싱가포르로 이동한다고 보고되었지만 그곳이 그들의 최종 목적지였는지는 확실하지 않다.

모든 인종을 포함하고 있던 카이보단(Kaibodan) 부대는 메단과 벨라완에서 목격되었고 각각 200명과 50명으로 추정되었다. 그들의 임금은 월 30.00길더였고 경찰보조원이나 공습경계원으로 일하였다.

적군의 목적과 움직임의 징후: 정보원은 44년 7월 메단에 있던 부대의 숫자가 매우 크게 증가한 것을 목격했다. 그들은 대체로 젊고 잘 훈련되어 있었다.

보급품 마련과 시설: 항복 6개월 후 일본군은 벨라완에 있는 부두와 창고를 수리하였다. 정보원은 부두에 여섯 척에서 일곱 척의 배가 정박할 수 있으리라 추정했다.

적군의 물량과 장비: 정보원은 44년 8월에 M 2592유형의 소형전차 200대가 메단 지역에 있었다고 추정했다. 이들의 본부와 정비소는 고능 세탕에 있었다.

벨라완의 밤 시간대에는 오직 두 개의 탐조등만 운영되었다.

팡카란 브라단과 팡카란 소소에서 대공포가 보고되었으나 정보원이 이를 실제로 보지는 못했다.

포로수용소의 위치: 메단 구역의 유일한 수용소는 카리 바보라(Kali Baboera)의 동쪽 강기슭, 메단 철도역에서 남서쪽으로 1마일 떨어진 캄퐁 크링(Kampoeng Kling)에 있었다. 정보원은 44년 8월에 이 수용소에는 1,000명에서 2,000명 사이의 네덜란드인, 암본인(Ambonese), 메나도인(Menadonese) 포로가 있었다고 추정했다. 수용소 구역 주변의 길들은 가시철조망으로 둘러싸여 있었으며 세 개의 주 출입구를 가지고 있었다.

레이더와 라디오 통신소: 벨라완에 있던 (구) 네덜란드 무선전신 통화국을 일본군이 사용했다.

Ⅳ. 해군정보의 개요

선박이동과 항구의 선박: 정보원이 벨라완과 페낭 사이의 마지막 항해를 하고 있던 44년 8월, 그가 페낭에 있을 때 그는 일본의 소해정이 구잠정으로 보이는 배와 함께 항구에 정박한 것을 보았다. 또한 "카와사키 I 4" 종류로 보이는 일본 잠수함과 U 33 종류로 보이는 독일 잠수함도 있었다. 그들은 나란히 정박해있었고 정보원은 독일 잠수함이 일본 잠수함 길이의 대략 2/3 정도밖에 안 된다고 보았다. 그는 작은 잠수함 두 척의 국적을 의심하지 않았는데, 백인이 배에 타고 있는 것을 보았고 선박에 독일 해군 깃발(만(卍)자와 깃발 가장자리 사이에 몇 개의 철십자 훈장이 있는)이 깃대 가장 가까이에서 나부끼고 있었기 때문이다.

정보원은 그를 오스트레일리아로 실어가는 네덜란드 잠수함의 선장에게 그가 목격한 것을 보고했다.

"하이룽(Hailung)"유형의 경비함(항공기 및 군용선박에 관한 연감(Jane's Fighting Ships)를 참고할 것)은 서류검열을 위해 모든 해운을 멈추게 하는 탄종(Tandjoeng) 벨라완에 영구적으로 주둔하고 있었다.

침몰하거나 손상된 선박: "타가 마루" 유형(J.M.S.T차트를 참고할 것)의 손상된 화물선이 44년 3월 벨라완강의 첫 번째 강굽이에서 발견되었다. 그들은 모두 말라카해협에서 공격받을 때 어뢰에 맞아 파괴된 것으로 보고되었다.

항해경로: 페낭에서 벨라완으로 항해하는 통캉들은 포로 팡코(Poeloe Pangkor)까지 말라야 해안을 따라갔고, 그 후에 포로 판당(Poeloe Pandang)(인드라포라 근교, 수마트라 동부 해안)로 가는 코스로 방향을 선회한 후 벨라완으로 향하는 수마트라 해안을 따라 조종해야 했다. 벨라완과 페낭 사이를 항해하는 일본군들은 연합군 잠수함을 피하기 위해서 말라카 해협을 건너기 전 싱가포르로 가는 길목으로 전부 항해했던 것으로 보고하였다. 많은 모터보트들이 포로 벨하라(Poeloe Berhala) 부근을 순찰하는 것이 목격되었고 그곳에는 감시탑도 있었다,

항구 방어: 44년 8월 정보원은 8대의 해안포(아마도 7.5cm)을 오종 바로(Oedjoeng Baroe)(벨라완 항구에서 북쪽으로 1 km)에서 목격하였다.

항로표지: 말라카해협에는 사용 중인 등대가 없다. 벨라완강 입구의 모든 부표는 제거되었다.

항구상태: 벨라완 항구는 심각하게 토사가 쌓여 있어 선박들은 탄종 벨라완 근처의 바지선에 부분적으로 짐을 풀어야 한다. 준설작업은 이루어지지 않고 있다.

Ⅴ. 기본적인 항공 정보

항공시설의 위치: 폴로니아(Polonia) 비행장(메단)은 바뀌지 않았다. 봉쇄된 활주로나 새로운 격납고는 없다. 44년 3월에 보기에는 아주 미미한 활동만 있었다.

적군 항공의 움직임: 44년 3월에 쌍발식 엔진 유형의 "릴리(Lily)" 항공기 다섯 대가 폴로니아 비행장에서 보였다. 바다를 감시하기 위해 매일 이용되었다.

44년 8월에 정보원은 단발식 엔진 유형의 수상비행기 "루프(Rufe)" 네 대가 페낭 항구에 착륙연습하는 것을 보았다. 동시에 쌍발식 엔진 유형의 "Lily" 항공기 9대가 버터워스(Butterworth) 비행장(페낭)에서 착륙연습 하는 것이 목격되었다.

Ⅷ. 정치사회적 정보

일반적인 생활조건: 수마트라(Sumatra) 북부 시내에 거주하는 사람들은 쌀이 부족하며 옥수수와 쌀을 3:1의 비율로 섞어 연명하고 있다. 가게에는 옷을 판매하지 않고 있으며 사람들은 낡고 기운 옷을 입고 있다.

일상적인 정전이 시행되고 현지시각 22:00부터 04:00까지 통금이 있다.

정보원이 보기에 식량과 의복과 관련된 생활조건은 말라야와 시암에서 훨씬 나아보였고 사람들이 더 만족하는 것 같았다. 하지만 정전과 통금조건은 동일했다.

보안규정과 검열: 수마트라 내에서 다닐 때에는 특별한 절차가 없으며 여행객의 짐은 철도역에서 검문받지 않지만 벨라완에 바다를 통해 들어온 경우에는 철저하게 검사받는다. 정보원은 그의 통캉을 통관수속이 없는, 도시의 중국인 지역 내 부두로 항해하여 종종 페낭에서의 통관수속을 피할 수 있었다. 만약 말레이시아 경찰에게 붙잡혔을 경우, 때때로 따귀를 맞기도 하지만 약간의 길더를 건네주면 계속 길을 가도록 허락받을 수 있었다.

말라야와 시암의 다른 지역에서는 항해를 포함하고 있는 통행권을 다른 통행권과 교환하지 않으면 내륙으로 진입할 수 없었다. 이는 말레이인 또는 시암인 항구세관원에 의해 이루어졌다.

일본인과 현지주민의 관계: 정보원은 바타크인(Bataker)들이 처음에는 쉽게 일본인의 선전을 받아들였지만, 임시변통의 식량과 더 이상 새 옷이 없는 문제를 통해 나라의 빈곤화를 모두 목격할 수 있게 된 이후로는 태도가 변하였다고 말한다. 엄격한 이슬교도인 아체인(Atjehnese)은 일본인의 규율을 기꺼이 받아들인 적이 없었고 아체의 촌장(Radja)은 때때로 일본의 명령에 복종하기를 거부했다.

정보원은 말라야와 어디든 다른 지역으로 향하는 모든 항해 도중, 현 상황에 만족하는 사람은 단 한 명도 만나지 못했다고 자발적으로 말했다.

점령지의 민간정부: 정부의 네덜란드식 시스템은 수마트라에서 유지되어 왔지만, 모든 네덜란드인 전직 관리는(한 명의 예외 있음 – XII 부분 참조) 모두 일본인으로 대체되었다. 심지어 인도네시아 정부 보조원들조차 교체되었다.

델리(Deli)의 술탄은 이제 봉급만을 받으며, 종래에는 물려받은 재산에서 얻을 수 있었던 엄청난 수입이 이제 일본인에게 넘어갔다. 정보원은 이 시스템이 말라야에도 적용될 것으로 생각하고 있다.

세금: 정보원은 전쟁 이전에 냈던 연 6.50길더의 세금을 냈다. 하지만 전쟁 전 월 15.00길더였던 그의 봉급은 중국인 고용주에 의해 월 150.00길더로 인상되었다. 원래는 세금으로 연 20.00길더를 내던 그의 고용주는 이제 약 100.00길더를 내야 한다.

토지세는 변하지 않았다.

민간서비스, 법원, 기타 : 사소한 민간 범죄는 여전히 (구) 사법재판소에서 인도네시아 판사들이 다루고 있다. 살인, 폭동, 절도, 간통, 기타 등등의 경우 헌병이 처리한다.

빈자이(Bindjai)에 있는 인도네시아 경찰은 여전히 시내 남서쪽에 있는 같은 막사를 이용한다.

종교 서비스: 일본인은 이슬람 의례에 대해서 간섭하지 않지만 메단과 페낭에 있는 모든 기독교 교회들은 폐쇄되었다.

건강과 위생: 주민들은 영양결핍과 의료품의 부족으로 고통받고 있다. 메단 거리에서 3일마다 한 번씩 쓰레기를 치우지만 물로 청소하지는 않는다. 시장(parsars)은 아주 더러운 상태로 남아있다.

메단과 벨라완의 모든 예전 병원들은 인도네시아인 의사만을 위해 쓰이고 있다.

의료품: 퀴닌(quinine)과 아스피린 알약은 내원환자나 진단서가 있는 외래환자를 위해서만 사용할 수 있다.

포로와 수감자에 대한 대우: 캄퐁 클링 수용소에는 쌀, 옥수수, 채소와 때때로 작은 생선이 포함된 두 번의 식사만 매일 제공된다. 차는 설탕 없이 제공된다. 이 수용소에는 남성 민간인 수감자도 있지만 그들은 포로와는 격리되어 있다. 육군 인력과 민간인은 벨라완에 있는 선박에 짐을 싣거나 내리는데 이용된다. 그들은 말라보였고 군인력은 그들의 낡은 군복과 일본식 군모를 착용하고 있다. 민간인에게는 카키색 셔츠와 바지가 제공된다. 정보원은 수용소에서 사망자는 없었다고 말했다.

민간인 여성은 벨란-메단 철로의 바로 동쪽에 위치한 포로 브라얀(Poeloe Brayan)에 있는 수용소에 억류되어 있다. 나무와 골합석으로 만들어진 특수가옥이 세워졌으며 수마트라 북부에서 온 모든 여성이 여기에 모여 있다. 정보원은 그들이 네덜란드인, 암본인, 메나도인 여성과 아이로 구성되어 있고 그들의 수는 1,500명에서 2,000명 사이라고 추정했다. 그들의 식사는 남성 수용소에 제공된 것과 동일했으며 모두가 야위었지만 깔끔하게 입고 있었다고 보고되었다.

IX. 경제적 정보.

농산물: 메단 구역 논의 소유주들은 일본인에게 그들 생산물의 2/3를 넘겨주어야 했다. 탈곡하지 않은 쌀 18리터(정미쌀 약 7과1/2kg과 동일) 당 2.50길더가 지불되었다. 일주일에 한 사람당 1킬로를 기준으로 군표가 발행되었으며 상점에서 판

매하는 정미쌀의 가격은 킬로 당 13센트였다.

(NEFIS 주: 이는 그들의 거래에서 일본군이 초래한 손해에 대한 첫 번째 보고였으나 정보원은 상기의 수치가 정확하다고 주장하였다.)

보급로에서 멀리 떨어져서 내륙에 살고 있는 사람들은 배급을 받지 않았고 그들의 작물을 마음대로 처리할 수 있었다. 이는 도시 거주자들보다 내륙에 거주하는 사람들이 더 끼니를 잘 챙길 수 있는 결과를 낳았다.

옥수수 재배자들은 일본인에게 보통 5/6의 작물을 넘겨야 했다. 알곡된 곡식 18리터(17kg과 동일) 당 2.00길더를 받았다. 이는 일주일에 한 사람 당 2킬로를 기준으로 배급되었고 상점에서의 가격은 킬로 당 12센트였다.

타피오카의 재배는 통제받지도 않았고 배급되지도 않았다.

커피 또한 배급되지 않았고 충분히 공급되고 있었다.

차는 메단에 여전히 3중의 나무상자로 배달되었으나 사유지의 이름이 표시되어 있지는 않았다.

설탕은 수마트라 북부와 말라야(케다 제외)에서는 구할 수 없었다. 하지만 카탕(시암)에서는 가능했다.

메단 구역 담배 재배지의 노동자들은 아주 적은 양의 담배만이 재배되고 있다고 정보원에게 말했다.

커피 재배지는 여전히 제한된 규모로만 생산하고 있었다. 모든 소유지의 생산관리자들은 일본인이라고 전해진다.

소유지나 토착민의 정원 어디에서도 고무는 채취되지 않는다. 메단에 있는 제분들은 항복 전에 완전히 철거되었고 사용되지 않는다. 말라야와 시암에서 말해진 원주민에 따르면 거기도 상황은 비슷하다고 했다. 수마트라에 있는 토착 고무재배자들의 일부는 그들의 소유지를 논으로 바꾸기도 하였는데, 식량공급의 필요성을 충족하는 수준에서만 그렇게 하였다.

정보원은 많은 기름야자나무 재배지는 논 재배를 위한 곳으로 바뀌었지만 사이잘(sisal) 재배지에 대해서는 정보가 없다고 하였다.

노동: 과거에는 수마트라의 사유지에 고용되었던 계약직 막노동꾼들이 이제 그들 소유의 라당(ladang)(정원)을 만들고 식품을 재배한다. 허가는 먼저 일본인에 의해 주어져야 하고, 이 목적을 위한 대규모 사유지 경작은 허가되지 않는다. 만약 자신만의 소유지가 없다면 지원자가 정글과 황무지를 개간하는 것이 허가되었다.

식량: 메단 구역에서는 어떤 고기도 얻을 수 없지만 생선은 꽤 잘 공급되었다. 소금은 가게에서 판매되지 않지만 모든 통캉 소유주들은 시암과 케다에서 그들 자신에게 필요한 물품들을 가지고 들어왔다. 케다 남부에서는 소금을 구할 수 없었다.

사람들은 옥수수와 쌀을 2:1 비율로 먹으며 배급된 쌀을 아껴 먹었다.

산업과 생산: 지난 몇 년간 페낭에서 통캉을 만드는 일은 상당히 활발했지만 모터동력의 보트는 만들어지지 않았다.

광물과 금속:

석유: 정보원은 랑캇(Langkat)에 살면서 유전에서 일하는 남자 형제가 있는데, 그는 란타우(Rantau)와 파로 타본(Paloe Taboehnn) 유전이 다시 생산을 시작했다고 말했다. 팡카란 소소에 있는 탱크설비와 팡카란 브라단에 있는 정제공장은 모두, 폭파되었던 이전과 거의 같은 식으로 다시 지어졌다. 이전 네덜란드 노동자들은 이 재건작업에 고용되었고 이 작업이 대략 44년 1월쯤 끝나자 수용소로 가게 되었다. 정보원이 44년 4월 마지막으로 그곳에 갔을 때 그는 어떤 유럽인도 보지 못했다.

엄격한 정전이 시행되었고 짐을 싣거나 내리는 일은 밤에는 이루어지지 않았다.

팡카란 브라단과 팡카란 소소에 있는 주석 컨테이너 발전소는 재건되지 않았고 주석은 어떤 석유생산에도 이용되지 않았다.

일본인은 팡카란 소소에서 팡카란 브라단을 거쳐 철도역 바로 동쪽 인근의 석유탱크 집합지역과 연결되어 있는 메단까지 송유관을 놓았다. 팡카란 브라단에서 팡카란 소소까지의 새로운 송유관은 빈자이로 가는 철로를 따라가며 그 다음에는 메단까지의 철로를 따라간다.

석유는 유조차에 실려 철길로 팡카란 소소의 북쪽 목적지까지 운송된다.

석유는 팡카란 소소와 팡카란 브라단 모두에서 탱커(tanker)에 실리고 석유 수송 바지선은 팡카란 소소에서(두 바지선이 하나의 예인선에 의해 예인됨) 예인된다. 모든 석유는 싱가포르로 운송된다고 생각된다.

등유는 생산되지 않으며 코코넛 오일이 보통 조명의 목적으로 사용된다.

군표만 발행된다면 휘발유는 얼마든지 구할 수 있다. 메단 구역에 여전히 운영 중인 택시가 몇 대 있으며 인도네시아인과 일본인에 의해 운전된다. 하지만 휘발유는 이전에 있던 차도 가장자리의 펌프에서는 구할 수 없고 군표가 발행되는 몇몇 정해진 창고에서 공급받을 수 있다.

생산되는 휘발유의 질은 전쟁 이전과 거의 동일하다.

정제공장의 일본인 노동자들은 월급을 최대 100.00길더를 받으며 인도네시아인들은 50.00길더이다. 유전과 정제공장에 고용된 인도네시아인의 수는 전쟁 이전과 거의 동일하다.

주석: 정보원은 말라야의 주석 산업에 대해서는 전혀 아는 바가 없다.

선박운송: 오직 군수품과 식량만이 벨라완에 짐을 내려놓는 선박들에 의해 운반될 수 있다. 정보원에 따르면 모든 선박은 밸러스트(ballast)를 그대로 놔두며 싱가포르로 간다고 믿어진다. 44년에는 한 달에 최대 3척의 선박이 벨라완에 도착했고, 주로 약 15일을 머물렀다.

44년 8월에는 어떤 화물선도 페낭에 보이지 않았지만 최소 100척의 통캉은 항구에 있었다.

44년 4월 팡카란 소소에서 한 탱커에 석유를 싣는 것을 보았지만 정보원은 매달 얼마나 많은 탱커가 들어오고 나갔는지에 대해서는 모르고 있다.

교통:

내륙 철도: 기차는 메단과 벨라완 사이를 매일 세 번 운행하고 그 반대도 마찬가지이다. 매일 탄종 바렛(Tandjoeng Balet)과 메단 사이에는 한 번의 운행이, 랑

사까지는 두 번의 운행이 있다. 수마트라 북부에는 새로운 철로가 건설되지 않았다.

모터버스: 메단 구역의 모든 버스차량 서비스는 중단되었다.

공공사업:

조명: 모든 전구가 메단과 벨라완의 모든 가로등에서 제거되었다.

수도: 메단 도시의 상수도는 여전히 작동되고 있다.

동력: 페낭의 트램 서비스는 여전히 운영되고 있다.

통신:

전화: 전쟁 이전과 같은 수마트라 서비스

전보: 수마트라 내, 그리고 수마트라와 페낭, 싱가포르 사이에 어디든지 전보가 보내질 수 있다.

우편: 싱가포르 밖에는 어떤 우편서비스도 없다.

재정:

통화: 수마트라에는 네덜란드와 일본 화폐가 유통되고 있으나 최근에 네덜란드 은화는 상당 부분 주민들이 비축하고 있어서 유통되지 않고 있다.

규제: 44년 3월 즈음 모든 네덜란드 은화가 일본화폐로 150.00길더 당 네덜란드 은화로 100.00길더의 비율로 교환되어야 한다는 공지가 내려왔다. 현실에서는 어떤 거래도 이루어지지 않았다. 수마트라 돈은 말라야에서 받아들여졌고 그 반대도 마찬가지였다. 하지만 네덜란드 지폐는 말레이(Malay)에서 40%의 프리미엄이 붙었다. 반면에 전쟁 이전 말라야 달러 화폐는 수마트라에서 동일한 가격으로 겨우 교환될 뿐이다.

통캉 상인들은 말라야에서의 거래를 목적으로 수마트라에서 500.00길더 이상을 가져갈 수 없다.

(구) 자바은행(Java Bank)이 메단에서 운영하는 유일한 은행이다.

상업:

무역: 정보원의 통캉(화물적재량 30톤)은 벨라완과 페낭 사이에서 정기적으로 거래를 하였다. 통상적인 화물은 아래와 같다-

커피(아라비카) 60봉지 – 약 7,500 킬로의 무게

(각 봉지는 두 자루가 합쳐져 있음)

차(corse Pecco) 30봉지 – 약 1,500킬로의 무게

땅콩 20봉지 – 약 500킬로의 무게

이 화물의 가격은 아래의 메단 상점의 가격에 의해 가장 정당하게 평가될 수 있음:-

커피	킬로 당	8.00길더
차	킬로 당	6.50길더
땅콩	킬로 당	0.80길더

통캉의 중국인 선주는 일본인 대신 거래했고 화물운송에 대한 값만 지불받았다.

페낭에서 돌아오는 통상적이 화물은 다음과 같다 :-

50개의 대리석 묘석(인도네시아인을 위한 용도로)

20통의 모기퇴치제 100갑(?향 유형)

또는

18톤의 가루소금

중국 약재

자전거 바퀴

때때로, 민생부 공무원이 어떤 귀환화물도 허락하지 않으면 통캉은 아무것도 싣지 않고 돌아왔다.

이 수익성이 매우 높은 거래는 통캉의 가치를 매우 높여주었고 전쟁 이전의 가격이 약 500.00길더였던 반면 이제는 일본인들이 25,000길더를 지불한다.

정보원은 페낭에서 듣기로 통캉 한 척이 44년 3월 즈음 페낭과 카탕(시암) 사이에서 미국 잠수함에 붙잡혔는데 설탕, 쌀, 절인 생선으로 이루어진 화물의 절반이 징발되었다고 한다. 선원들은 아무것도 말하지 말라고 지시받았다. 페낭에 있던 일본인 수탁인은 예상했던 화물의 절반만이 통캉에 있는 것을 보자 매우 화를 냈고 헌병의 심문 후에야 선원은 그들이 미국 잠수함에 붙잡혔었다고 털어놓았다. 그들은 즉각적으로 연합군의 스파이로 간주되어 감금되었다.

의복: 메단 구역의 거주자들은 낡고 기워진 옷을 입고 있었다. 바지의 밑단을 잘라버리고, 남은 직물로 윗부분을 기우는 것이 이들의 관습이었다. 일본인들은 나무껍질이나 다른 대체복을 입는 것이 부끄럽다는 이유로 막으려고 했다. 의복 가격은 아래와 같다:-

사롱(Sarong)	50-250길더
여성용 재킷	30길더
카키색 셔츠	35길더
흰색 바지	60길더
반바지	15길더-20길더
모자(koepiah)	18길더
실내화	8길더
러닝셔츠(중고)	10길더

모기장, 매트리스, 담요나 시트 등의 물건들은 구할 수 없다.

말라야에서 의복을 수입하는 것은 금지되어 있으며 가격이 거기와 거의 동일하므로 실제로 그렇게 하는 것의 이점도 없다.

X. 선전과 심리전 정보

연합군:

공습의 효과: 정보원은 연합군의 현지인 정보원으로부터 사방(Sabang)에 대한 공격에 대해 들었다.

팡카란 소소가 연합군 잠수함의 포격에 공격받아 70명의 인도네시아인과 일본인이 죽었다는 소문이 44년 4월에 돌았다.

적군:

라디오 선전: 메단에는 확성기가 설치되지 않았지만 페낭에서는 목격되었다. 수마트라 북부에 있는 모든 라디오 수신기는 일본인에게 몰수당했다.

비-라디오 선전: 수마트라 북부에는 어떤 신문도 발행되지 않는다.

극장은 전쟁영화는 상영하지 않고 오직 말레이 드라마와 코메디만을 상영한다.

축제나 퍼레이드는 기획되지 않는다.

XL . 잔혹행위

A. 사실 근거:

정보원: - 다글란, 민간인, 수마트라 동부 해안:

44년 1월 즈음 정보원은 벨라완의 헌병 사령부에서 말레이 여성이 살해되는 것을 목격했다. 인근에서 일하던 사람들은 간통한 여성에 대한 처벌을 보기 위해 불려갔다. 두 명의 일본인 헌병장교가 여성의 옷을 먼저 벗기고 의식을 잃을 때까지 구타했다. 그녀는 이후 감방으로 보내졌고 정신을 차린 다음 다시 두 번째 구타를 위해 불려 나왔다. 모시 상(Moshi San)이라는 이름을 가진 헌병 장교 중 한 명은 그녀의 생식기 부분에 그녀를 때리던 막대기를 밀어 넣어서 결국 그녀를 즉사시켰다.

그 여성의 남편은 헌병에 그의 아내의 간통행위에 대해 항의하였다.

아래의 사람들 또한 정보원과 같은 배의 선원들로 이 잔혹행위를 목격하였다.

아맛(Amat) 시나장(Sinajan): 요한(Johan).

서명 및 선서를 받은 진술은 네덜란드령 동인도군 정보국이 보유하고 있다.

XII . 인사들

헌병: 벨라완 헌병의 대장은 작고 체격이 좋은 약 30세의 모시 상이다. 그는 44년 6월 이곳에 왔고 정보원이 44년 8월 벨라완을 떠날 때에도 여전히 있었다. 모시 상은 정보원이 페낭에서 돌아오는 길에 말라야 화폐를 소지하고 있었다는 이유로 한 번 때린 적이 있다.

빈자이에서 헌병 장교들은 인도네시아 경찰 막사 근처에 사무실이 있었다.

민간인: 랑캇의 술탄 통코 마모에드(Toenkoe Mahmoed)는 더 이상 사람들에게 세금을 걷을 수 없었기 때문에 현 상태에 매우 불만족하고 있는 것으로 보고되었다. 그의 지역 주민들은 엄격한 이슬람교도들이고 일본인과는 아주 적은 교류만을 한다.

텐종 바레이(Tendjoeng Balei)의 (구) 부주재원(Assistant Resident)은(성명 미상) 여전히 사무실에 있다. 텐종 바레이의 술탄 통고 세이본(Toengoe Seiboen)은 부주재원의 구금을 막기 위해 그의 영향력을 이용했다고 보고되었다. 그는 항구가 내려다보이는 집을 받았고 아내와 두 아이로 구성된 가족과 함께 살고 있다. 그는 일본인으로부터 매월 60.00길더의 봉급을 무제한 배급품과 함께 받는다. 그는 그가 예전에 일했던 사무실에서 일하며 경찰업무에 매우 신경을 많이 쓰고 있다.

벨라완과 탄종 아레이(Tandjoeng Alei)의 이맘들은 모두 소극적인 반-일본세력으로 보인다.

XIII. 일반정보.

위안부 및 위안소(Prostitution): 메단의 일본인 장교들은 일본에서 온 일본인 여성들에게 접근할 수 있다.

이외의 계급은 정해진 위안소(brothels)에 있는 자바인 여성에게 접근할 수 있다.

소령. J. C. 스미트.(J. C. Smit.)

네덜란드령 동인도군 정보국 부국장.

캠프 컬럼비아 1944년 10월 23일

첨부:

NEFIS 지도 FY 5342호 - 1 - 벨라완 항구 지역.

NEFIS 지도 FY 5342호 - 2 - 메단.

6

Compilation of NEFIS Interrogation Reports Nos. 450, 538, 553, 555, 580, 583, 585, 589, 593

RG 319 Entry UD 82-A Box 2008

이 문서는 1944년 12월 27일자 450호, 538호, 553호, 555호, 580호, 583호, 585호, 589호, 593호 합본 심문보고서이다. 헤이호 부대에 강제로 입대시켰던 현지인들을 심문한 내용을 바탕으로 작성되었다. 1943년 6월 바타비아에 여러 위안소(brothels)가 있었고, 이들 위안소에 일본인, 유럽인, 현지인 여성들이 있었다는 정보를 담고 있다. 구체적으로는 강 차우란(Gang Chaulan)에는 일본인 여성들만 있었고, 타나 아방 오스트(Tanah Abang Oost)에는 유럽인 여성과 자바인 여성들이 있었다고 한다. 정보원은 이들이 강제로 동원되었는지 확실하지 않다고 했으며, 이들 모두가 일주일에 한 번씩 오랑제 대로(Oranje Boulevard)에 있는 C.B.Z. 병원에서 건강검진을 받았다고 진술했다. 여성들이 받았던 건강검진은 '위안부'를 대상으로 행해졌던 성병검진으로 보인다.

EMR/SECRET

T-NEI-JAVA 5600.-

NETHERLANDS FORCES INTELLIGENCE SERVICE 0107823
(NEFIS)
NEW ZEALAND INSURANCE BUILDING,
334-338 QUEEN STREET, BRISBANE.

29 DEC 1

No. AI2/9693/G. SECRET 27th December, 1944.
Enclosures: 2
Subject: Interrogation Report.

Compilation of NEFIS Interrogation Reports Nos.
450, 538, 553, 555, 580, 583, 585, 589 and 593
(Not Issued Separately).

1. Attached is Compilation of NEFIS Interrogation Reports Nos. 450, 538, 553, 555, 580, 583, 585, 589 and 593 (not issued separately).

2. Information contained in this report is based solely on interrogation of evacuees and should be evaluated accordingly.

3. It is requested that care be taken in the distribution of the information contained therein. If the whole or any part of this report is reproduced, no indication may be given of names and localities concerned, to avoid compromising relatives of evacuees and exposing them to enemy reprisals, and to prevent closure of important sources of information.

Lt. Col. S. H. Spoor.
Director NEFIS.

Distribution:

See attached list.

Copy No:

KC

DISTRIBUTION:	No. of Copies.	Copy No.
Ex. H. van Mook. Lt. Gov. Gen.	1	1
B.S.O. through O.B.S.O.	2	2-3
O.B.S.O.	1	4
Economic Int. Section GHQ. New Delhi via B.S.O. - Colombo	1	5
C.L.G.	1	6
M.C.A.	1	7
D.B.B.	1	8
Departmental Heads	5	9-13
Min.v.Kol., Att. Col. de Blieck.	1	14
Min. of Economic Warfare Foreign Office, London, via Col. de Blieck London.	1	15
Contr.A.I.B.	1	16
G.2, G.H.Q.	2	17-18
A.C. of S., G.2. USAFFE	1	19
Dir. of Intell, Allied Air Forces, S.W.P.A., A.P.O. 923	5	20-24
RAAF Hq. N.W. Area, Darwin	1	25
Assist. Dir. of Intell., Advanced Echelon, Allied Air Forces, S.W.P.A. A.P.O. 925	4	26-29
D.M.I.	1	30
A.D.M.I.	1	31
D.N.I.	1	32
COISEF through D.N.I.	1	33
Seventh Fleet Intell. Center	1	34
Chief of Air Staff RAAF Hq.	1	35
Director A.G.S.	1	36
O. in C., A.G.S., NEI Section	1	37
Co-Ordinator ATIS	1	38
FELO, Hq.	1	39
FELO, Melbourne	1	40
N.R.C.C.S.	4	41-44
N.F.L.O. Darwin	1	45
N.F.L.O. Perth	1	46
S.R.D.	1	47
S.R.D. Brisbane, (Maj Wigan)	1	48
S.I.A.	1	49
Dir. Gen. of Security	1	50
CSONICA Kandy	1	51
Capt. v. Eechoud of SONICA,APO 565	2	52-53
Mr. W. H. de Roos	1	54
NEFIS Officer A.I.B.	1	55
NEFIS	13	56-68
Netherlands Staff Officer, G.3., APO 500.	1	69
Dutch Liaison Officer, A2.Hq. 13th Air Force, APO 719	2	70-71
A.C. of S., G. 5., G.H.Q.	1	72
D.L.O. Allied A.F. Old Courier Bldg.	1	73
FELO, Hollandia, (Att. Maj. Kremer).	1	74
Mil. Att. Canadian Emb. Canberra	1	75
Senior Intell. Officer, First Tactical Air Force, RAAF APO 704	1	76
Combined Advisory Committee on Tropical Medicine, Hygiene & Sanitation, Rear Echelon, GHQ SWPA, APO 500	1	77
Ltz. I. C. den Hollander GHQ., G.4. APO 500	1	78
C.O., N.I.O., Hq. Merauke	1	79
MIX-X Section A.A.F.	1	80

Do Not Reproduce

EMR/SECRET.

NETHERLANDS FORCES INTELLIGENCE SERVICE,
NEW ZEALAND INSURANCE BUILDING,
334-338 QUEEN STREET,
BRISBANE.

SECRET

Copy No. 41

COMPILATION OF NEFIS INTERROGATION REPORTS NOS. 450, 538, 553, 555, 580, 583, 585, 589 and 593. (Not issued separately)

NOTE:

These reports refer to three Soendanese and six Javanese infs, released by Allied Forces on Biak Island, Roemberpon Island, Noemfoer Island and at Hollandia during Apr - Sep 44.

Seven infs are former soldiers, two of whom managed to escape internment. The others were originally interned but released after about two months. About mid 43 all were forced to join Hei-Ho units.

Two infs are civilians, one of whom had been impressed as a coolie, while the other was employed as a store-keeper with the Japanese Air Force.

As their information for the greater part is identical with that in interrogation reports issued previously, this compilation deals only with additional information.

To facilitate reference, the places covered in this report are listed hereunder, by sections:-

III. TACTICAL DATA ON ENEMY MILITARY FORCES.

East Java	Mid-Java	West Java	D.N.G.
Grissee	-	Batavia Bandoeng	Manokwari Babo Waren

IV. SUMMARY OF NAVAL INFORMATION.

East Java	Mid-Java	West Java	D.N.G.
-	-	Batavia	-

V. BASIC AIR INFORMATION.

East Java	Mid-Java	West Java	D.N.G.
-	-	-	Manokwari

VII. GEOGRAPHICAL INFORMATION.

East Java	Mid-Java	West Java	D.N.G.
-	-	Batavia Rangkasbitoeng	-

VIII. POLITICAL AND SOCIAL INFORMATION.

East Java	Mid-Java	West Java	D.N.G.
Soerabaja Grissee	Solo -	Bandoeng Batavia	-

IX. ECONOMIC INFORMATION.

East Java	Mid-Java	West Java	D.N.G.
Soerabaja	Maos	Batavia Tjibadak Krawang Bajah Rangbasbitoeng Malingping Soemedang	-

X. PROPAGANDA AND PSYCHOLOGICAL WARFARE INFORMATION.

East Java	Mid-Java	West Java	D.N.G.
-	-	Batavia Bandoeng	-

Also: Medan, East Coast Sumatra, Pladjoe near Palembang, S. Sumatra.

XI. ATROCITIES.

East Java	Mid-Java	West Java	D.N.G.
-	-	Lembang	Noemfoer Is.

XII. PERSONALITIES.

East Java	Mid-Java	West Java	D.N.G.
-	-	Batavia	Noemfoer Is. Manokwari.

XIII. GENERAL.

East Java	Mid-Java	West Java	D.N.G.
-	-	Batavia Bandoeng Lembang.	-

III. TACTICAL DATA ON ENEMY MILITARY FORCES.

Dispositions and Strength of Organizations and Units:

a. Batavia (W. Java) Jun 43: One inf observed a large number of Japanese Naval, Air Force and Infantry personnel. The main bcks, where about 1,000 mechanised troops (tanks and trucks) were quartered, were located at Tanah Tinggi (south of Passar Senen Station).

Japanese artillery personnel were quartered in the former Dutch Artillery bcks at Laan Trivelli and also at the former N.E.I. 1st Cavalry Squadron bcks at Djokja Weg.

Japanese Infantry were stationed in the former 12th Bn bcks at Meester Cornelis.

The Java Hotel was occupied by Japanese officers. They were also quartered in the houses at Waterloo Plein, occupied formerly by Dutch officers, and in the Roman Catholic Presbytery and Convent at Waterloo Plein.

A Japanese Army Headquarters had been established in the former K.P.M. (Royal Packet Navigation Company) office, Koningsplein East.

A Japanese Naval Headquarters had been located at the Volks Crediet Bank (People's Credit Bank) Koningsplein North - Citadelweg.

b. Manokwari (D.N.G.) Aug 44: An inf retreated with a mixed force of Army personnel and Hei-Ho from Manokwari (D.N.G.) to Babo (McCluer Gulf, D.N.G.). This force consisted of 500 Japanese, 300 Formosans and 400 members of Hei-Ho Butai 10446. No automatic arms of any description were carried. During the retreat, inf and most of the Hei-Ho escaped. The Japanese force which remained at Manokwari was estimated at 400 to 500 men, mostly A/A personnel. All technicians (Engineers) had been evacuated at an earlier date.

Enemy Material and Equipment:

a. Bandoeng (W. Java) Sep '43: An inf saw about 100 medium two-gun tanks in Houtman Straat.

b. Grissee (E. Java) Dec 43: Two A/A guns were seen on the beach, about 500 yards south of the harbour; there were also two H.M.G's on Grissee Town Square.

-3-

Enemy Tactics and Methods: An inf stated that during the retreat from Manokwari to Babo (D.N.G.) in Jul 44, the Japanese buried two bombs on each side of every bridge between Manokwari and Waren. The bombs were disclosed when rain washed away the light covering of earth. Inf did not see any wires connected to the bombs.

Location of PW Camps:

a. Bandoeng (W. Java) Oct 43: Between 400 and 500 Europeans were interned in Soekamiskin Prison, a former civil gaol. (For further particulars see Section VIII, Treatment of PsW and Internees).

b. Batavia (W. Java) Jun 43: There was a PW camp for N.E.I. military personnel, surrounded by a barbed wire fence, and guarded by Japanese soldiers, in Gang Petekoan, east of Angke, Batavia.

In Jul 43, the former 10th Bn bcks at Senen, Batavia Centrum, was in use as a PW camp for N.E.I. troops.

Radar and Radio Stations: Batavia (West Java) Jun 43: A new radio station was observed in the vicinity of Nederlandsche Koloniale Petroleum Maatschappij Building, Koningsplein Zuid, Batavia (W.Java) situated behind a high stone wall along Laan Holle at the back of the building. Japanese soldiers were on guard.

Another radio station was situated about ½ km from Kemajoran Railway Station. It was located in a private house built of brick, which had been completed just before the war.

IV. SUMMARY OF NAVAL INFORMATION.

Ship Building and Repair Facilities: Batavia (West Java) Jun 43: At Molenvliet East, near Djambatan Boesoek, there were facilities for repairing ships' engines. Inf was unable to give further details.

(NOTE NEFIS: Probably "Scheepswerf Batavia", Molenvliet East No. 108).

V. BASIC AIR INFORMATION.

Allied Air Attacks: Manokwari (Vogelkop, D.N.G.), Jun 44: In one of the Allied air attacks in Jun, a Japanese general was killed. Inf saw Japanese officers wearing field service uniform on their way to the general's quarters. Inf was given this information by a cook who had been employed by the general in question. Inf stated that the body had been cremated.

VII. GEOGRAPHICAL INFORMATION.

Roads, Tracks and Trails:

a. Batavia (West Java) Jun 43: A new road, 10 metres wide, asphalted and specially made to carry heavy traffic, had been constructed from the airfield at Kemajoran direct to Passar Baroe. All the houses on both sides of the road had been demolished.

b. Rangkasbitoeng (West Java) Jun 43: A new road had been constructed from Rangkasbitoeng to Malingping and Bajah (West Java).

(NOTE NEFIS: A second class road existed as far as Panjanwoengan before the war).

Organizations:

a. Bandoeng (W. Java) Sep 43: There was an organization known as "Java Reingo Seinendan", No uniforms were worn, no arms issued and members were unpaid. Parades and drill were held every afternoon. Every two weeks the members turned out to clean the streets of Bandoeng.

b. Batavia (West Java) Jun 43: Inf noticed that the former German Club, Koningsplein West, was occupied by a political organization named "Tiga A" (3A's). The title "Tiga A" is derived from the following phrases:

Pemimpin Asia Nippon	Leader of Asia is Nippon;
Pelindoeng Asia Nippon	Protector of Asia is Nippon;
Kemardekaän Asia Nippon	Liberator of Asia is Nippon;

The leader was Mr. Samsoedin.

An organization named Perkoempoelan Blanda-Indo Miskin, was established by Eurasians at Batavia (West Java) in Aug 42, for the purpose of giving aid to Eurasians who had become destitute through unemployment etc. The office was at Tjikini, next to the swimming pool.

In Jun 43, the Japanese established the "Seinen Korenzo" for Indonesian boys, who were required to sign some form of contract. They were issued with khaki uniforms and a round black cap (koepiah). Each member carried a long stick. Inf was unable to give details concerning pay etc.

Education: Bandoeng (West Java) Dec 43: Inf heard that the Japanese had built several secondary schools for Indonesians in the district of Bandoeng. On completion of their studies, and provided they passed the examinations, pupils became eligible to enter a Japanese University at Tokyo.

Religious Services:

a. Bandoeng, Jun - Sep 43 and Grissee Sep - Dec 43: There was no actual interference with freedom of worship. It was, however, incumbent on priest or pastor to offer prayers for a final Japanese victory before the service commenced. This was insisted upon by the Japanese.

b. Batavia (West Java) Jun 43: It was noted that services were still held in the Roman Catholic Cathedral. At one service on Sunday morning, inf saw only European women and children.

Medical Treatment and Supplies: Batavia (West Java) Jun 43: It was observed that a number of European doctors were still practising in the former Tjikini Hospital, and the former K.P.M. (Royal Packet Navigation Company) Hospital at Petamboeran.

An inf heard that Javanese medical students refused to attend lectures as a protest against the Japanese order to shave their heads. No further details of the incident were known to inf.

VIII. POLITICAL AND SOCIAL INFORMATION.

General Living Conditions: Kg. Karangpandan, Solo (Mid-Java) Jul 43: There was a general shortage of rice, clothing, matches and kerosene. The inhabitants had been given orders to plant as much foodstuff as possible, but two thirds of the rice crop had to be handed into the Japanese on the basis of 8 cents per kilo prepared rice. The deliveries were made through the district head (Wedana). The people could purchase rice from the Japanese authorities through the district heads at 9½ cents per kilo. Uncultivated ground had to be worked by the villagers. Half of the crops had to be delivered to the Japanese.

The people were using old flour bags to make clothing. No batik work was being done owing to the lack of cotton material. Dyes and wax were, however, available in sufficient quantities. People were using scraps of sarongs to make their headcloths.

Owing to the complete lack of matches, the people had to revert to the primitive method of flint and tinder. Coconut and peanut oil was being used as lamp oil. Kerosene was practically unobtainable.

Soap was being manufactured from rice straw ash mixed with chalk, salt and coconut oil.

Relation between Japanese and local Population: Kg. Karangpandan, Solo (Mid-Java) Jul 43: Very few Japanese visited inf's kampoeng (village). They confined themselves principally to the larger towns from whence instructions from the Japanese authorities were passed on to the village heads.

During inf's journey from Solo to Tandjoeng Perak, Soerabaja and voyage to New Guinea he saw no Europeans and only one Eurasian woman who kept a restaurant at Tandjoeng Perak. Chinese were allowed to continue their trade provided they paid /100.00 tax and /50.00 for their womenfolk. They were unable, however, to replenish stocks in their shops. After liquidating of stocks they frequently took up the cultivation of land already owned, or obtained from the Japanese authorities for that purpose. If neither of these alternatives was possible they helped the Indonesians in their agricultural activities.

Civil Government of Occupied Areas: Kg. Karangpandan, Solo (Mid-Java) Jul 43: An inf knew of no changes having been made, except that public servants had to learn the Japanese language. Positions formerly held by Europeans were taken over by Japanese. The following Japanese titles had been substituted:-

Koetjo	Kepala kampoeng or Loerah (village head)
Soontjo	Assistent Wedana
Goentjo	Wedana (District Officer)
Fuku Kentjo	Patih (Assistant Regent)
Kentjo	Regent
Sjutjo	Resident

Civil Service, Courts, etc: Kg. Karangpandan, Solo (Mid-Java) Jul 43: All Indonesian civil servants who had been retained had their salaries cut by 50%.

Minor offences were investigated by the Wedana (native District Officer) or other officials appointed by him.

Trials were held before a Japanese official from Solo who usually arrived by car accompanied by members of the Kempei. As far as inf knows minor crimes and offences were punished by imprisonment or fine. Serious offences such as murder, manslaughter, arson or theft with force had not occurred in inf's village.

Organisations: Karangpandan, Solo (Mid-Java) Jul 43:

Hei-Ho: Ex-Army personnel had either to join this labour organisation or the Soekarela (Volunteer Militia), which latter was for the purpose of defending the N.E.I. against all enemies. Those who refused were mishandled and incarcerated; if the call-up was evaded families were taken as hostages. Hei-Ho members who escaped from bcks were beaten up after arrest and wounded with bayonets or heavily nailed boots. A member of inf's Hei-Ho unit underwent such treatment in Malang (East Java) and in spite of his wounds he was made to continue working.

Social: Several infirmaries for the poor and needy had been established. Beggars were not allowed to wander about at will. They had to enter an infirmary where they were cared for.

Education: Karangpandan, Solo (Mid-Java) Jul 43: Schools which previously were conducted in the Dutch language were closed unless the pupils had been able to learn the Japanese language and could change over to lessons in Malay or Japanese, the only two languages permitted. For this reason senior teachers had to attend a six months' course in the Japanese language at Batavia. Junior teachers received instruction from the seniors.

In all other respects the schools remained unchanged. In addition to the above, adults received lessons in the Japanese language at the house of the village chief.

Medical Treatment and Supplies: Karangpandan, Solo (Mid-Java) Jun 43: The former polyclinic was still functioning twice a week under the former Indonesian doctor. In addition there were Japanese and other Indonesian doctors. Members of the Hei-Ho and Soekarela obtained medical assistance at the military hospital.

Treatment of PsW and Internees: Bandoeng (West Java) Oct 43: Prisoners in Soekamiskin Prison included about 300 Dutch and approximately 100 Australians, English and Americans, all males, and not confined to military personnel. They ranged in age from youths to men of 60. This group was housed in the central cruciform block of cells in Soekamiskin Prison. They did light fatigues and inf had not noted any employment in particular industries or hard labour. There appeared to be no discrimination in the treatment of military and civilians.

Another group of between 50 to 100, mostly Dutch, were treated as convicts and were not permitted to mingle with the other PsW. They were housed in buildings close to the wall encircling the prison and were employed in the prison office or as overseers in the printing, bookbinding, tailoring and other industrial workshops within the prison area.

The prison buildings were enclosed within a concrete wall about 5 metres high, with a main gate and one side door. Four high watch-towers were manned at all times by warders armed with repeating rifles. Seven warders were constantly on patrol within the grounds of the prison. Every second Sunday ordinary PsW were permitted to receive parcels of food, cigarettes and clothing from friends but visitors were not permitted to see them. Parcels were delivered to the prisoners by warders. Inf did not know of any arrangements for the dispatch or receipt of mail.

The health of both classes of inmates was considered by inf to be normal. The ration scale for ordinary PsW was larger than for those treated as convicts. The former wore civilian or military apparel and the latter a blue uniform.

On many occasions the ordinary PsW were observed throwing out quantities of food. Inf was unable to state whether they did so because they had more than was sufficient or because the quality was poor. The food consisted of brown rice, potatoes and vegetables and once a week a little fresh or dried fish and meat. Inf regarded the normal treatment as not being unduly harsh in comparison with the general Japanese practice.

IX. ECONOMIC INFORMATION.

Agricultural Commodities:

Fibres: Soemedang (West Java) May 43: Half the total area of the tea estate "Tjidjeroek" was replanted with rami in Aug 42; the other half remained under tea. Labour employed was estimated at from 200 to 300 and was paid a daily wage of 10 cents. The rami crop had not been harvested when inf left the district in May 43.

Industries and Manufacturing: Batavia (West Java) Jun 43: Inf noted that the "Bata" shoe shops were still open in Batavia and that European women were employed. He did not know under whose management the shops operated. Inf could give no information concerning the former "Bata" shoe factory.

The Javanese and Japanese fishing fleets had been consolidated. The catch was first stored in warehouses at Passar Ikan and from there sold at prices unknown to inf.

The fish ponds north of the city of Batavia were still in use.

XI Minerals and Metals: South Bantam (West Java) Jun 43: Inf heard that a new coal mine had been opened at Bajah.

The gold min Tjikotok, South Bantam was still working under Japanese control.

Transportation:

XI Inland Rail: Inf heard in Jun 43, that a new railway line had been opened from Rangkasbitoeng to Malingping, South Bantam (West Java). ✓

It was observed that the following railway bridges had been repaired:-

Kali Tjibadak (30 km south of Buitenzorg, W.Java)
Maos, 20 km. northeast of Tjilatjap (Mid-Java) across the Serajoe River.

A new railway bridge had been built at Krawang (West Java) next to the remains of the old one which had been demolished by the Dutch.

Shortage in Equipment and Material: Batavia (West Java) Jun 43: Inf stated that the only way to obtain bicycle tyres was to pay /20.00 each for them on the black market. Tyres were being manufactured at the Goodyear factory, Buitenzorg (West Java).

Finance:

Currency: Batavia (W. Java) Jun 43: It was ordered that all Dutch coins and paper money should be exchanged for Japanese paper money. Inf stated that the Japanese paper money was printed at the Kolff printing works at Petjenonganweg, Batavia Centrum.

Japanese control of Banking and Credit Investments: Batavia (West Java) Jun 43: The following banks were operating:-

The Netherlands Trading Society taken over by Yokohama Specie Bank.
Javasche Bank taken over by Taiwan Bank.
Netherlands Indies Commercial Bank taken over by Mitsui Bank.

The Post Office Savings Bank, Molenvlietweg No. 1, was still managed by the European Director in charge before the occupation. The interest rate had dropped to 1%.

Eurasians were permitted to withdraw /30.00 a month from their accounts with the Post Office Savings Bank. Indonesians were permitted to withdraw up to the full extent of their deposits.

Commerce:

Trade: Batavia (West Java) Jun 43: The following Dutch firms were still trading:-

Gerson	Modiste
Goldberg	Optician & Radio shop
Savelkoul	Tailor
Stocker	Watchmaker
Bonefaas	Modiste
Knies	Music and musical instruments.

Inf did not know whether the firms remained under their former ownership.

There was an organisation of Indonesian shopkeepers, called "Perwabi", which controlled large quantities of sugar, tea, coffee and rice. Only shops which belonged to the organisation could obtain stocks of these commodities.

Food: Batavia (W. Java) Jun 43: St. Vincentius Orphanage Matraman Weg, was in use as a food store. It was administered by the Municipality of Batavia, under agreement with the Japanese. Unemployed Eurasians and Indonesians could obtain 2 litres of rice and 23 cents per week. Chinese shopkeepers were compelled to make a weekly contribution of rice gratis. The distribution of food took place each week by the various Wijkmeesters (Administrators of Municipal Wards).

Labour: Soerabaja (E. Java) Nov 43: One inf was one of a party of 3,000 coolies housed in godowns at Tg. Perak from 25 Oct 43 to 10 Nov 43, when they sailed for Manokwari (D.N.G.). This party consisted of convicts serving sentences who had been drafted from various gaols in Java. When they were handed over to their new guards the men were given civilian clothing and formal prison discharges. They were promised 50 cents per day and adequate diet and clothing. An interpreter informed them that they were to have the opportunity of striking against the Allies and that provision would be made for their wives and families. The sincerity of this promise may be judged by the fact that no list of the addresses of these dependants was taken.

Clothing: Batavia (West Java) Jun 43: All kinds of clothes were still offered for sale in the shops. In May 43, the municipality of Batavia established a clothing factory, under Japanese supervision, at Tanah Abang Oost No. 77. It was a large brick building which had been built after the occupation. Indonesians only were employed under a Japanese manager. Inf was unable to give further details.

X. PROPAGANDA AND PSYCHOLOGICAL WARFARE INFORMATION.

Enemy:

Non-Radio Propaganda:

Posters, Pamphlets and Leaflets: Bandoeng (W. Java) Jun - Sep 43 and Grissee (E. Java) Sep - Dec 43: A steady output of posters was maintained by the Japanese. One series depicted Japanese infantrymen killing Allied servicemen, with the caption: "These are our enemies and yours too".

Pamphlets were also distributed in the above districts, containing exhortations to the people to produce more food to feed the Japanese Army. This, it was stated, would help to defeat the Allies and bring the war to a successful conclusion.

Speeches: Batavia, Jun 43: On Japanese holidays in Batavia inf noticed that all Government employees were assembled at the Koningsplein and were compelled to remain while speeches were made by Japanese officers and prayers offered for the Japanese Emperor. A Mr. Samsoedin always acted as Malay interpreter.

Newspapers: Batavia (West Java) Jun 43: Inf states that the following newspapers were under Japanese control:

Asia Raja	- established in Unie Building, Molenvliet Oost, Batavia Centrum.
Pemandangan	- established at Passar Senen, Batavia Centrum.

Movies: Batavia (West Java) Jun 43: Inf visited the Rex Theatre, Kramat, which was under Japanese management. He saw pictures of the fall of Singapore, fighting in China and paratroops landing at Medan and Pladjoe (Sumatra). A picture was screened showing the colony for German women and children established at the former Berg Hotel, Sarangan, Madioen (East Java), and the special schools for children.

XI. ATROCITIES.

B. Hearsay:

1. Noemfoer Island (D.N.G.) Jun 44: Inf stated that two Javanese coolies named Kasbian and Bedjo were absent on different days at muster. Inf was told later by a Soendanese mandoer named Darma, that these two coolies had been shot dead by a Japanese Itohei (Pte 2nd class) named Kukiji.

2. Lembang (W. Java) Mar 43: Inf had heard that a number of Indonesians had been executed by the Japanese at the Lembang Observatory, but he was unable to give any further particulars.

XII. PERSONALITIES.

Army Personnel: In Jun 43 inf read in a newspaper that an Indonesian Mr. Soedjono had been made an officer of high rank in the Japanese Army. At that time Mr. Soedjono was living in Batavia at Oranje Boulevard, next to the C.B.Z. hospital.

Inf stated that the G.O.C. troops in Java in 43 was Lieut. Gen. Harada, stationed at Batavia (W. Java). He was described as being tall, broad-shouldered, and affecting a Hitler moustache. He was about 50 years old.

The G.O.C. troops West Java in 43 was Maj. Gen. Kunikata Keijo. He was described as being tall, slender and wearing glasses. He was about 50 years old. He was quartered in the former Dutch G.O.C's residence in Bandoeng (West Java).

In Jan 44, Japanese officers in charge of forced labour gangs on Noemfoer Island (D.N.G.) were Captains Tanaka and Miusumi. Inf had not seen either of these officers but heard their names from Japanese soldiers. Both of these Captains were still at Noemfoer in Apr 44.

Military Police:

a. Bandoeng (W. Java) Mar 43: Yanagawa, head of the Kempei, lived at 22 Dagoweg: Djenakoem, a Javanese, in charge of detectives, was a former Assistent Wedana (native Asst. District Officer) in Bandoeng.

b. Manokwari (D.N.G.) Jul 44: The following were working with Japanese Kempei:-

Soeparman (former Sergeant R.N.E.I. Army).
Raden Soediono (former corporal R.N.E.I. Army).

They were quartered in the same hut as Japanese Kempei, were well treated, and were not employed as ordinary members of Hei-Ho. Occasionally they were seen wearing civilian clothes.

Another inf confirmed this information and stated that each held the rank of a Japanese L/Corporal.

Raden Sastro, former detective from Pepe village, near Moentilan (Mid Java) was working as a detective for the Japanese.

Civil Officials: Inf read in the newspapers that the Japanese had appointed 72 Regents throughout Java at salaries of /500.00 per month. The former Regents at Djember and Sitoebondo (East Java), amongst many others, had been discharged (Jun 43).

The Mayor of Batavia (West Java) was named Tjoekamoto and the deputy mayor was named Dahlan Abdullah (Jun 43).

Lieut. Gen. Okagaki: Chief officer of civil administration.

The Chief of Police was Soetandoko, whose headquarters were at the old S.S. Hotel, Koningsplein Zuid (Jun 43).

XIII. GENERAL.

Kempei: Bandoeng (West Java), Mar 43: Kempei Headquarters was located in the Roman Catholic M.U.L.O. School, Heetjansweg. All suspects were taken to these headquarters for interrogation and subjected to brutal treatment in order to induce them to make disclosures. The source of infs knowledge was a Javanese co-prisoner at Soekamiskin gaol. This man had all the teeth of his left lower jaw knocked out during interrogation. Indonesians, and a few Chinese civilians seen entering and leaving this building were considered by inf to be "rechercheurs" (plain clothes detectives). The building bore a sign "Military Police."

Civilian Internment Camps:

a. Bandoeng (West Java) Mar '43: The former Lands-Opvoedingsgesticht (Government Reformatory) Tjibeunjing, consisting of several single storey brick-walled, tile-roofed buildings, was in use as an internment camp for male Europeans. It was surrounded by a fence of woven bamboo two to three metres high, but inf saw no barbed wire. Inf was unable to give any information concerning communication with the internees or with regard to their physical condition. He knew of one entrance only, which was guarded by Town Police armed with rifles. Internees were never seen outside the camp.

b. Batavia (West Java) Jul 43: Inf noticed that there were still many European old men in the Infirmary behind the "Haantjes" church, Pintoe Besi.

European civilian males were interned in former "Adek" building, Sluisweg, Meester Cornelis, Batavia.

European women and children were interned in the houses between St. Vincentius Orphanage, Matraman Weg, and Laan Wiechert. The houses were surrounded by a barbed wire fence and guarded by armed Town Police.

All personnel formerly employed in the Department of Asiatic Affairs (Japanese section) had been interned at Glodok Gaol. This gaol was surrounded by a high stone wall and was guarded at all four corners by armed Japanese soldiers. Inf knew a Soendanese named Soetipto who had been employed in this Department.

German Consulate at Batavia (West Java): Inf noted in Jun 43, that the German Consulate in Koningsplein South had been re-opened.

Prostitution: Location of brothels at Batavia (West Java) in Jun 43:

Gang Chaulan housed only Japanese women.
Behind former Nirom building in houses on Tanah Abang Oost - European and Javanese women were seen.

Inf is unable to say whether or not the women were forced into prostitution. They were all medically examined once a week at the C.B.Z. Hospital, Oranje Boulevard.

Sterrewacht (Observatory), Lembang, Bandoeng (West Java) Mar 43: The Observatory was, presumably, being operated by the Japanese. A Japanese sentry was posted on the road approaching the building.

European Personnel employed by Railways: It was noticed in Jun 43, that European and Indonesian personnel were still employed by the former State Railways at the stations between Bondowoso (East Java) and Batavia (West Java), also between Bondowoso and Malang (East Java). They still wore the railway uniform with the addition of a brassard on the left sleeve showing Japanese insignia. Insignia in the form of the flower (Boenga Sakura) was worn on the left hand breast pocket.

Insignia: Inf noted that in Jun 43, all Japanese civilians in Batavia wore insignia in the form of a white flower (Boenga Sakura) on the lefthand breast pocket.

Spoor

Lt. Col. S. H. Spoor.
Director NEFIS.

AI2/9693/G.

2급 비밀.

네덜란드령 동인도군 정보국

뉴질랜드 보험사 빌딩

334-338 퀸 스트리트, 브리즈번

No. AI2/9693/G. 1944년 12월 27일.
첨부: 2
주제: 심문보고서

네덜란드령 동인도군 정보국 심문보고서

450호, 538호, 553호, 555호, 580호, 583호, 585호, 589호, 593호 합본

(개별호 미발행).

----

1. 첨부된 문서는 네덜란드령 동인도군 정보국 심문보고서 450호, 538호, 553호, 555호, 580호, 583호, 585호, 589호, 593호 합본이다. (개별호 미발행)

2. 이 보고서에 포함된 정보는 피난민을 대상으로 한 심문에만 근거하고 있으며, 이를 고려하여 평가해야 한다.

3. 이 안에 담긴 정보를 배포하는데 주의를 기울이도록 한다. 이 보고서의 전체 또는 일부분을 활용할 경우, 피난민의 친지가 위험에 빠지거나, 적군의 보복에 노출되는 것을 막고, 중요한 정보의 출처가 막히지 않도록 관련된 이름, 지역 등이 특정되지 않아야 한다.

중령. S. H. 스푸어.(S. H. Spoor.)
네덜란드령 동인도군 정보국 국장.

배포:

첨부된 목록 참조.

복사본 41호.

(중략)

2급 비밀.

네덜란드령 동인도군 정보국,
뉴질랜드 보험사 빌딩,
334-338 퀸 스트리트,
브리즈번.

복사본 41호.

네덜란드령 동인도군 정보국 심문보고서

450호, 538호, 553호, 555호, 580호, 583호, 585호, 589호, 593호 합본

(개별호 미발행)

주:

이 보고서는 44년 4월에서 9월 사이 비아크섬(Biak Island), 룸버폰섬(Roemberpon Island), 눔포르섬(Noemfoer Island) 그리고 홀랜디아(Hollandia)에서 연합군에 의해 풀려난 세 명의 순다인(Soendanese)과 여섯 명의 자바인(Javanese) 정보원을 심문한 것이다.

일곱 명의 정보원은 전직 군인이었고, 그 중 두 명은 수용소에서 가까스로 탈출하였다. 나머지는 원래는 억류되어 있었으나 약 두 달 후에 풀려났다. 43년 중반 즈음 모든 정보원들은 헤이호 부대에 강제로 징집되었다.

정보원 두 명은 민간인이었는데, 그 중 한 명은 노동자로 징병되었으며 다른 한 명은 일본 공군의 창고관리인으로 고용되었다.

그들의 정보가 이전에 발행되었던 심문보고서의 내용과 상당 부분 일치하므로, 이 합본호는 추가 정보에 대해서만 다룬다.

(중략)

XIII. 일반정보.

헌병: 반둥(Bandoeng) (자바 서부), 43년 3월: 헌병 사령부는 히탄스웨그(Heetjansweg)의 로마 가톨릭 중등학교에 위치해 있었다. 모든 용의자는 심문을 받기 위해 이 사령부로 끌려갔고 자백을 위해 잔인하게 다뤄졌다. 정보원이 가진 지

식의 출처는 수카미스킨(Soekamiskin) 감옥에 함께 있던 자바인 재소자 동료였다. 이 남성은 심문을 받는 동안 왼쪽 아래턱의 모든 치아가 떨어져 나갔다. 정보원은 건물을 드나드는 인도네시아인들과 중국인 민간인들 몇몇을 사복경찰(rechercheurs)로 인식하였다. 그 건물에는 "헌병"이라는 표지판이 붙어 있었다.

민간인 수용소:

a. 반둥(Bandoeng) (자바 서부) 43년 3월: (구) 정부 소년원 티분징(Tjibeunjing)은 한 층으로 되어 있으며 벽돌 벽과 타일로 된 천장을 가진 건물들 여러 채로 이루어져 있었는데, 유럽인 남성을 위한 수용소로 사용되었다. 수용소는 2-3미터 높이의 대나무로 엮은 울타리에 둘러싸여 있었지만, 정보원은 가시철조망은 보지 못했다. 정보원은 수감자들과의 의사소통과 관련된 정보나 그들의 신체적 상태에 대한 정보는 줄 수 없었다. 그는 소총으로 무장한 도시경찰이 지키는 출입구 하나만을 알고 있었다. 수감자들은 수용소 밖에서 전혀 보이지 않았다.

b. 바타비아(Batavia) (자바 서부) 43년 7월: 정보원은 핀토 베시(Pintoe Besi)의 "한체스(Haantjes)" 교회 뒤편의 의무실에 유럽인 노인남성이 많이 남아있는 것을 알게 되었다.

유럽인 민간인 남성들은 바타비아의 미스터 코넬리스(Meester Cornelis)의 슬루스웨그(Sluisweg)에 있는 (구) "아덱(Adek)" 건물에 억류되었다.

유럽 여성들과 아이들은 생 빈센티우스(St. Vincentius) 고아원, 마트라만 웨그(Matraman Weg)와 란 위셔(Laan Wiechert) 사이에 있는 주택들에 억류되어 있었다. 그 집들은 가시철조망으로 둘러싸여 있었으며 무장한 도시경찰에 의해 감시받았다.

아시아 사무국(Department of Asiatic Affairs) (일본인 구역)에 과거 고용되었던 모든 인력은 글로독(Glodok) 감옥에 억류되었다. 이 감옥은 높은 돌벽으로 둘러싸여 있었고 모퉁이 네 곳 모두에서 무장한 일본군이 경비를 섰다. 정보원은 수텝토(Sootipto)라는 이름의 순다인을 알았는데 그는 이 부서에서 근무한 적이 있었다.

바타비아의 독일 영사관 (자바 서부): 정보원은 43년 6월에 코닝스플레인(Koningsplein) 남부에 있는 독일 영사관이 다시 문을 열었다고 언급했다.

위안부 및 위안소(Prostitution): 43년 6월 바타비아 (자바 서부)에 있는 위안소들 (brothels)의 위치

강 차우란(Gang Chaulan)에는 일본인 여성들만 거주했다.
타나 아방 오스트(Tanah Abang Oost)에 있는 집들 중 이전 니롬(Nirom) 건물 뒤편 - 유럽인과 자바인 여성들이 목격되었다.

정보원은 이 여성들이 위안소로 강제로 왔는지(the women were forced into prostitution) 아닌지를 알지 못한다. 그들 모두 일주일에 한 번 오랑제 대로(Oranje Boulevard)에 있는 C.B.Z. 병원에서 의료검진을 받았다.

(중략)

중령 S. H. 스푸어.(S. H. Spoor.)
네덜란드령 동인도군 정보국 국장.

AI2/9693/G.

7

Compilation of NEFIS Interrogation Reports Nos. 455-469

RG 319 Entry UD 82-A Box 2007

이 문서는 1944년 11월 6일자 455-469호 합본 심문 보고서이다. 일본군이 억류했다가 미군에 의해 풀려난 현지인 포로들을 심문하여 얻은 정보를 바탕으로 하고 있다. 자바섬 동부의 말랑(Malang)에서 17-30세 사이의 유라시아인, 메나도인, 자바인 여성들이 성병검진을 받은 후, 그 일부가 위안소나 요리점으로 보내졌다고 보고하고 있다. 위안소는 스플렌디드(Splendid) 호텔, 플레이스(Place) 호텔과 일본군이 압류한 유럽인의 주택에 설치되었다. 말랑의 한 요리점에서는 유럽인 여성 1명과 자바인 여성 5명이 여급으로 일하면서 주기적으로 성병검진을 받고 있다는 내용도 포함되어 있다.

KC-SECRET

No BID # Assigned

NETHERLANDS FORCES INTELLIGENCE SERVICE
(NEFIS)

NEW ZEALAND INSURANCE BUILDING
334-338 QUEEN STREET, BRISBANE

85666

8 NOV 1944

No. A12/8047/G.
ENCLOSURES:

TEL. U 7076
U 7077
U 7078

SECRET

SUBJECT: Interrogation Report.

DATE: 6th November, 1944.

NOV 18 1944

9478
1PIC

Compilation of NEFIS Interrogation Reports
Nos. 455 to 469 (Not issued separately)

P49

1. Attached is Compilation of NEFIS Interrogation Reports Nos. 455 to 469 (Not issued separately).

2. Information contained in this report is based solely on interrogation of evacuees and should be evaluated accordingly.

3. It is requested that care be taken in the distribution of the information contained therein. If the whole or any part of this report is reproduced, no indication may be given of names and localities concerned, to avoid compromising relatives of evacuees and exposing them to enemy reprisals, and to prevent closure of important sources of information.

Copy No.42

Lt. Col. S. H. Spoor
Director NEFIS.

Distribution:

See attached list.

FILE RATING COPY
Must Be Forwarded in 72 Hours
Rating 13 Initials
Rating Branch

RECORDED
293

JAN 2 RECD

KC

BID Java-T-3134, 85666
T-JAVA-4401 (page 8)

DISTRIBUTION:	No. of Copies.	Copy No.
Ex. H. van Mook. Lt. Gov. Gen.	1	1
B.S.O. through O.B.S.O.	2	2-3
O.B.S.O.	1	4
Economic Int. Section GHQ. New Delhi via B.S.O. - Colombo	1	5
C.L.G.	1	6
M.C.A	1	7
Voorz. N.I. Comm.	6	8-13
Min. v. Kol., Att. Col. de Blieck.	1	14
Ministry of Economic Warfare Foreign Office London, via Col. de Blieck, London.	1	15
Contr. A.I.B	1	16
G.2., G.H.Q.	2	17-18
A.C. of S., G.2. USAFFE	1	19
Director of Intelligence, Allied Air Forces S.W.P.A., A.P.O. 923	5	20-24
RAAF Hq. N.W. Area, Darwin	1	25
Assistant Director of Intelligence, Advanced Echelon, Allied Air Forces S.W.P.A., A.P.O. 925.	4	26-29
D.M.I	1	30
A.D.M.I	1	31
D.N.I	1	32
COISEF through D.N.I.	1	33
Seventh Fleet Intelligence Center	1	34
Chief of Air Staff RAAF Hq.	1	35
Director A.G.S.	1	36
C. in C., A.G.S., N.E.I. Section	1	37
Co-Ordinator ATIS	1	38
FELO, Hq.	1	39
FELO, Melbourne	1	40
N.R.C.C.S.	4	41-44
N.F.L.O. Darwin	1	45
N.F.L.O. Perth	1	46
S.R.D.	1	47
S.R.D. Brisbane, (Maj. Wigan)	1	48
S.I.A.	1	49
Dir. Gen. of Security	1	50
CSONICA Kandy	1	51
HQ. 6th Army, through NEIIOSIX	2	52-53
Mr. W. H. de Roos	1	54
NEFIS Officer A.I.B.	1	55
NEFIS	13	56-68
Netherlands Staff Officer, G3., APO 500	1	69
Dutch Liaison Officer, A. 3. Hq., 13th Air Force., A.P.O. 719.	2	70-71
A.C. of S., G5., G.H.Q.	1	72
D.L.O. Allied A.F., Old Courier Bldg.	1	73
FELO, Hollandia, (Att. Maj. Kremer)	1	74
Mil. Att. Canadian. Emb. Canberra	1	75
R.A.A.F. Hq., N.W. Area, Darwin	1	76
Group Intell. Officer, Tent H. Ops. Gr. R.A.A.F. APO 704	1	77
Combined Advisory Committee on Tropical Medicine, Hygiene & Sanitation. Rear Echelon, GHQ. SWPA. APO	1	78

MIS 85666

MIL-1
ROUTE
POL
ECON
SOCIO
WW

KC SECRET

8 NOV 1944

NETHERLANDS FORCES INTELLIGENCE SERVICE,
NEW ZEALAND INSURANCE BUILDING,
334-338 QUEEN STREET,
BRISBANE.

SECRET Copy No. 42

COMPILATION OF NEFIS INTERROGATION REPORTS
Nos. 455 to 469 (Not issued separately)

NOTE.

The above reports refer to one Menadonese, two Soendanese and twelve Javanese informants, released by U.S.Forces on Biak Island, Noemfoer Island, Roemberpon Island and on Dutch New Guinea during May - Sep '44. All had been forced to join Hei-Ho units, with the exception of one Javanese informant who had been called up and employed as a fitter with the Japanese Air Force.

The Menadonese informant is an ex PW; of three Javanese former soldiers one was originally released from internment, while the two others managed to remain at large. The rest were civilians.

As their information for the greater part is identical with that in interrogation reports issued previously, this compilation deals only with additional information.

To facilitate reference the places covered in this report are listed hereunder, by sections:-

III. TACTICAL DATA ON ENEMY MILITARY FORCES.

East Java:	Mid-Java:	West Java:	D.N.G.
Batoe Malang	Solo	Krawang Tjikampek Tjilamaja Pamanoekan Kalidjati Garoet	

IV. SUMMARY OF NAVAL INFORMATION.

East Java:	Mid-Java:	West Java:	D.N.G.
Soerabaja		Pamanoekan	

V. BASIC AIR INFORMATION.

East Java:	Mid-Java:	West Java:	D.N.G.
Malang		Tasikmalaja	

VIII. POLITICAL AND SOCIAL INFORMATION.

East Java:	Mid-Java:	West Java:	D.N.G.
Soerabaja Malang Blimbing	Magelang Solo	Bandoeng Tjimahi	

IX. ECONOMIC INFORMATION.

East Java:	Mid-Java:	West Java:	D.N.G.
Batoe Malang Soerabaja		Pamanoekan Poerwakarta Soekamandi Tjilamaja Krawang Garoet Padelarang	

XI. ATROCITIES.

East Java:	Mid-Java:	West Java:	D.N.G.
Malang			

XII. PERSONALITIES.

East Java:	Mid-Java:	West Java:	D.N.G.
Malang Batoe	Magelang	Kalidjati Bandoeng Tjimahi Leles Garoet	Noemfoer Is Biak Is.

XIII. GENERAL.

East Java:	Mid-Java:	West Java:	D.N.G.
Malang	Magelang Solo Ambarawa		

III .TACTICAL DATA ON ENEMY MILITARY FORCES.

Dispositions and Strength of Organisations and Units:

a. Batoe (East Java): In Jan '44, the Grand Hotel at Batoe was being used as a holiday resort for about 150 Japanese officers. The Hotel Belvoort at Batoe was being used for a similar purpose for about 300 Japanese NCO's.

b. Malang (East Java): An informant estimates the strength at Malang in Jan '44 at about 6,000 armed military personnel. Ten light tanks and six A/A guns were seen in the grounds of the right wing of the 8th Bn barracks. The left wing was occupied by Hei-Ho, partitioned off with barbed wire and bamboo fencing.

Another informant from the Malang area states that in Jan '44, about 200 Japanese were quartered in the former armoured anti-tank gun barracks of the 6th Regiment. Only about 25% were armed.

In Jan '44, about 200 Japanese were quartered in the former military motor service barracks at Malang.

c. Solo (Mid-Java): In Aug'43, about 200 Japanese were quartered in the former left half 21st Bn Barracks at Solo. They were armed with Dutch type 95 rifles. About 100 men of a mechanised unit, with repair shops and about 50 trucks, were located in the High School east of the race-course. (See NEFIS Map No. FY 5333 - Town Plan Soerakarta). Many of the troops seen in Solo were engineers.

A white flag bearing an insignia identical to the Lorraine Cross (in red) was seen flying before the Government rest house at Singosaren, east of Poerwosari station (Solo). The building contained about 50 post and telegraph personnel.

d. Krawang (West Java): In Sep '43, about 100 military personnel were quartered in the former field police barracks at Krawang. Japanese troops had been posted throughout this important rice milling district.

e. Tjikampek (West Java): In Sep '43, a post of about thirty Army personnel was quartered in the former railway employees houses at Tjikampek.

f. Tjilamaja (West Java): In Sep '43, a post of about fifteen Army personnel was maintained in the vicinity of the rice mill at Tjilamaja. They were quartered in specially built huts.

g. Pamanoekan (West Java): In Sep '43, several hundred troops were seen in the vicinity of Pamanoekan, but it is not known where they were quartered.

h. Kalidjati (West Java): An informant employed at Kalidjati from Jan - Jul '43, estimated the garrison at about 1,000 Japanese troops, of whom about 100 were pilots.

i. Garoet (West Java): In Jan '43, an informant estimates there were about 200 Japanese quartered in the hotel Papandajan, Garoet.

Supply Arrangements and Installations:

During Oct '42 - Oct '43, an informant detained in Soekamiskin Gaol, Bandoeng, saw the petrol dumps near the gaol added to, but no drums were ever removed.

Up to Sep '43, the warehouses of the former pottery works near Pamanoekan (West Java) were utilised for the storing of large quantities of imported cloth from Japan. It was assumed that the cloth was intended for uniforms, as it was always handled by Japanese troops.

An informant from Malang (East Java) states that up to Nov '43, the former ammunition and bomb stores in front of the 8th Bn barracks were being used by the Japanese for the same purpose.

An informant employed at Kalidjati up to Jul '43 states that the Japanese had a dump of oil in drums about 100 metres north of the railway station at Pasirboengoer, (Kalidjati - West Java).

Enemy Material and Equipment: In Aug '42, an informant was engaged in repairing Japanese uniforms in the Pontjol work - shops, at Tjimahi (West Java), also in making Japanese Army caps from waterproof material captured from the Dutch. While there, informant saw large stocks of Dutch Army green material. The same informant was employed at Soekamiskin Gaol, Bandoeng (West Java) from Oct '42 - Oct '43 making Japanese national flags, officers' uniforms and leather despatch cases.

Location of PW Camps: In Oct '43, an informant saw two truck loads of Dutch PsW brought in to Bantjeuj Gaol, Bandoeng (West Java). They were in a filthy and miserable state, with long hair and beards, and wearing tattered, nondescript clothes. Informant estimates that they numbered about 50.

Radar and Radio Stations: In Nov '43, an informant observed a radio station on Groote Postweg, Malang (East Java), on the west side of the road to Soerabaja. It was situated in the former Fiat motor car repair shop, surrounded by barbed wire, and guarded by five men. There were two steel masts about 25 metres high.

IV. SUMMARY OF NAVAL INFORMATION.

Ship Movements and Ships in Port: An informant left Tandjoeng Perak, Soerabaja (East Java) about Oct '43, on board the "Nangkai Maru" for Ambon, Halmahera and Manokwari. This ship was one of a convoy of three, with one escorting warship.

Another informant left Tandjoeng Perak on 22 Jul '43 on board the "Kanchay Maru" for Ambon, Palau and Wewak, where they arrived some time during Aug '43. They were in a convoy of two vessels, escorted by two small warships as far as Palau, from whence they left in a convoy of five ships, escorted by two destroyers.

An informant who lived in Pamanoekan district (West Java) up to Sep '43, had on a number of occasions seen a Japanese ship lying off Cape Pamanoekan. The vessels only discharged cargo, which always consisted of cotton cloth in bales. Ships never loaded any return cargo.

Ship Building and Repair Facilities: In Sep '43, an informant met a Menadonese fitter from workshops at Ngagel, Soerabaja (East Java). This fitter stated that the Japanese had made a very large collection of machinery and parts from sugar mills all over Java, and that much of this was intended for use in local ship-building activities. Informant could not indicate the workshops in question.

V. BASIC AIR INFORMATION.

Locations of Air Installations: An informant had heard before he was imprisoned in Oct '42, that the work on an airfield near Tasikmalaja (West Java), which had been commenced by the Dutch before the capitulation, had been completed by the Japanese.

An informant who was employed on Boegis airfield, Malang (East Java) up to Nov '43, estimates that about 6,000 personnel consisting of crews, ground staff and native craftsmen were employed on this airfield. When informant left the district, he estimates there were about 150 twin-engined bombers, type "Lily" and 50 single-engined fighters, type "Tojo".

VIII. POLITICAL AND SOCIAL INFORMATION.

Relations between Japanese and Local Population: An informant who was in Soerabaja up to Nov '43, states that offences by Japanese against local women were frequent. He knew of one case when the good-looking young wife of a Javanese merchant seaman was forcibly abducted by a Japanese officer, taken to a hotel for the night and sent back to her husband the next day.

These offences became so common that in Sep '43, in response to the protests of the village heads in Soerabaja, the Japanese local authorities forbade the entry of Japanese troops into any native area after 10 p.m. The village head of informant's own village would close the gate at the entrance at 2200 hours; it would be opened again at 0430 hours. There was much ill-feeling against the Japanese by the residents of informant's district of Soerabaja.

Taxes: An informant from Malang was informed in Nov '43, by a Mrs. Melger, the non-interned wife of a Eurasian sergeant, that registration tax for European men had been raised to /300.- and to /150.-- for women.

An informant from Soerabaja, whose employer was a Chinese states that the latter had to pay /120.-- per year as poll tax. If he failed to pay, he would be sent back to China.

Civil Service, Courts, etc: An informant was arrested in Oct '43 at Soerabaja for the unlawful possession of a bicycle, which he says he had bought. Informant was sentenced to one month in prison by a Menadonese magistrate at the Kali Sosok police station. The magistrate was dressed in black, and in pronouncing sentence did so in the name of the President of the Court, adding "menoeroet atoeran Nippon" (in accordance with the laws of Japan). After serving nine days in Boeboetan Gaol, informant was released, with about 100 others, to the town police; all were marched to Tandjoeng Perak, and shipped to Manokwari as Hei-Ho.

An informant from Bandoeng (West Java) throws some light on the manner of dispensing justice in the Preanger Regency, under Japanese control. In Mar '43, informant apparently failed to repay some money to the brother of his village head; this brother was a Soendanese named Ahi, who was suspected of being the village informer. Informant was seized and taken to the field police barracks at Tjigareling, Bandoeng, where he was kept in a cell for fourteen days. Each night at about 11 p.m. informant was beaten and interrogated by a plain-clothes detective, named Mansoer, who had arrested him. Finally informant was forced to put his thumb prints to a document which was not read out to him. He was then taken to Bantjeuj Gaol and held for a month before being taken before the court, where he was questioned by a Malay from Padang (wearing a black costume), who sentenced him in the name of the President of the Court to eight months imprisonment; informant was removed to Bantjeuj Gaol and served his sentence until about Nov '43, when he was discharged and impressed into Hei-Ho.

In Oct '42, an informant who had a tailoring business in

Tjimahi (West Java) bought a quantity of second-hand clothing from a Menadonese woman in the Tjiroejon internment camp. On the way home he was apprehended by three Soendanese Kempei personnel, and taken to the police station. Informant was interrogated by the three Soendanese every day for nine days, and was often beaten and kicked. On the ninth day informant was taken to the police station at Bandoeng, where he came before Mr. Oerip, a Malay from Padang. The "Proces Verbaal" (official report) which had been signed by defendant under duress, was read by a court official. Informant was then asked if he pleaded guilty, and when attempting to speak in mitigation, using the word "soesah", he was stormed at by Mr. Oerip and asked how he dared to use the word "soesah" under the rule of Dai Nippon. Mr. Oerip then passed sentence of 13 months imprisonment, saying that informant had set out to defy the rule of Dai Nippon, and by coming into court with his head unbowed, had clearly demonstrated his refractory nature. The whole hearing took less than five minutes. No Japanese was present at the hearing.

An informant who left Magelang (Mid-Java) in Nov '43, states that all the Indonesian Field and Town Police were pro-Japanese; they were ex N.E.I. Army personnel, and received /21.-- a month salary. The inhabitants were instructed to salute the police by making a bow.

Organizations:

Military: An informant from Magelang (Mid-Java) states that the Japanese opened a school for Soekarela NCO's in the former machine gun barracks. In Nov '43, there were about 30 NCO's attending the course. The instructors were Japanese, and the trainees were drilled with light machine guns.

An informant estimates the strength of the Soekarela at Malang in Jan '44 at about 500. They were quartered in the former 10th Depot Bn and armed with M 95 rifles and long-handled knives. Informant knew one Javanese officer named Soekandar, who lived at Kg. Karpooti, Karang Ploso, Malang. The Soekarela appeared to enjoy the confidence of the Japanese.

The strength of the Kaibodan was about 400 men, many of whom were engaged in local espionage.

Another informant states that the Seinendan at Glintoeng (Blimbing, East Java), was formed of members aged from 15 to 30. Their uniform consisted of white shorts, white shirt, white cap with black peak, and they carried bamboo sticks.

Religious Services: An informant from Solo (Mid-Java) states that in Aug '43, all Roman Catholic and Protestant churches were closed, and had been so for a considerable time.

An informant from Malang (East Java) confirms that the Roman Catholic Church at Klebengan village was open in May '43. Informant had seen services being held on two consecutive Sundays and noticed that some German men, women and children were among the congregation. Another informant states that this church was still open in the middle of Jan '44. On two occasions when passing the church at 0600 hours on a Sunday, informant saw a European priest walking to the church from the Presbytery. He was an elderly man, about 60 years old, almost completely bald, with a fringe of snow white hair. There was a big Indonesian congregation, comprising mostly elderly men, and women and children. There were no Europeans.

Medical Treatment and Supplies: An informant who was at Magelang (Mid-Java) up to June '43 states that sometimes train-loads of wounded soldiers arrived there. Only severely wounded troops were treated in Magelang; those who died were cremated behind the hospital.

An informant from Solo (Mid-Java) states that although formerly his village was almost entirely free of malaria, this sickness was very rampant in Aug '43. No quinine was obtainable and no more visits were paid by doctors, with the result that there were a number of deaths.

An informant from Malang (East Java) states that the incidence of bubonic plague, cholera and particularly dysentery, has reached proportions formerly never known. At the end of 1943, the "Soekoen" Hospital was so badly overcrowded that patients were being turned away.

<u>Treatment of Prisoners of War and Internees:</u> An informant who was employed as a auxiliary guard at the male civilian internment camp at Lawoe Straat, Oro Oro Dowo, Malang (East Java) until this camp was evacuated, states that in Aug '43 there were about 400 Hollanders, aged from 35 to 55. The impression was formed that they all belonged to the better classes.

The camp was surrounded by a barbed wire fence (cyclone type), and bamboo screens. There were no corner lookout posts, machine guns or floodlights. There was no outside guard, except for informant and another Javanese who were on duty every day from 0700 to 1700 hours. One of them had to escort visitors to the Japanese administrative officer, and then hurry back to his post.

Each morning and afternoon between 0900 and 1100, and 1400 and 1600 hours, six women were allowed to visit the camp. Individual visits varied from 20 to 30 minutes, and a woman was allowed two visits a week if these could be fitted in. For every visit a new letter from the Kempei, written in Japanese, had to be shown. There was a simple system of numbers to enable the guard to see that the letter covered the correct date. Visitors were taken inside, where any parcels were opened for inspection. They were then escorted by a Japanese soldier to the particular house where their husbands were living. Husbands and wives were permitted to shake hands on arrival and departure, but no embracing or kissing was permitted. The husband remained in the door of his house, and the wife about four feet away from him. A Japanese guard stood to one side. According to informant, the Japanese were very correct in their attitude towards the women visitors. No children were permitted to visit the camp, but only married women.

The Japanese administration office was a newly constructed building of wood and corrugated iron, with a lookout on the roof. The office was manned by one Sgt. Maj. and seven superior Privates, who were armed with rifle and bayonet. The office was connected by telephone directly with the Kempei. Every hour patrols of two men made a round of the camp, one walking clockwise, the other anti-clockwise. The lookout was manned at all times by one Japanese, carrying binoculars.

There was a total of eight European buildings, each housing forty to fifty men. All had modern facilities, including water and electricity, which were in good working order. Informant saw no beds, but mosquito nets and blankets were seen being aired. Internees had to do their own chores and washing, but the gardens were not attended and were overgrown with weeds. The internees did no other form of work. Internees had their own clothing, and informant remembers seeing pyjamas, kimonos, shoes and slippers, all in good condition.

Three times a day a truck arrived and deposited an iron container with food at each house. The container was about 50 centimetres high, with a diameter of 40 centimetres at the top and 30 centimetres at the bottom. The contents were unknown, but from remains seen in the ditches, informant assumed that they received plenty of rice. Once a week, generally on Sunday, meat was issued.

Every two or three days a Japanese officer arrived in a closed car, who made a thorough inspection of all houses; this was always the same officer. Informant, during the whole time of his employment from Dec '42 to Aug '43, had never seen or heard any signs of illness. There had never been a funeral or a call for an ambulance. Informant, however, knew nothing about what happened at night. Informant knew of no single instance of maltreatment; the

Japanese, however, seemed to enjoy shouting at prisoners. But for this, a deep silence prevailed throughout the camp, and the sound of singing was never heard.

Throughout the whole period of informant's employment at the camp, the women visitors were well-dressed, with their clothes neatly pressed and clean. Even their shoes were well polished. They were remarkably cheerful, and although there were no striking signs of their being underfed, most faces were thin and drawn. They always arrived in dog-carts or "Betjas" (a three-wheeled bicycle carriage). Correspondence was not permitted.

The Javanese guards wore former police uniforms, with puttees and boots and old style bamboo hats, but painted white. They carried no weapon.

On 11 Aug '43, informant reported for duty at the usual time in the morning, and found the camp deserted. He entered a few of the houses, and all that was left were the tables and chairs. Informant then went to the police station at Kajoe Tangan and reported what he had found. He was referred to the Kempei Headquarters, where he was told there was no more work for him, and he should return home and await further orders. Within a fortnight, informant was called up for Hei-Ho.

An informant who saw the PW camp located in the former MULO School, Wilhelmina Straat, Malang (East Java) in May '43, states that there were 60 Dutch officers up to Captain's rank, who were wearing their old green uniforms and caps, which were very much the worse for wear. Some of them were wearing Japanese sandals. Informant had seen them during their physical training exercises, but had never seen any visitors. The bearing of the officers appeared to be most correct.

Another informant states that up to Oct '42, Dutch, Amb-nese, Menadonese and Soendanese PsW were taken to the former Tijhoff Hotel, Tjimahi (West Java), for preliminary interrogation. About 100 Kempei personnel were employed there. Prisoners who proved obdurate were taken to Soekamiskin prison Bandoeng, for further interrogation. Between Oct '42 and Oct '43, whilst informant was serving sentence in this prison, he frequently saw three Javanese detectives in civilian clothes visit the gaol to interrogate PsW. Their arrival was usually marked by the bringing out of three of four PsW, who would be questioned under torture for about an hour. Informant saw the device for forcing soapy water from a large drum down the throats of PsW, and also the rubber batons which were freely used. He also knew of occasions when PsW were suspended by their feet while their heads were immersed in a drum of water. Informant had the method explained to him by a member of the gaol staff. On many occasions he heard the cries of the victims, and later saw them being brought out, generally supported by others as they were unable to walk. In most cases it was necessary to hospitalize them. Informant does not know the names of these Javanese detectives.

IX. ECONOMIC INFORMATION.

Agricultural Commodities: An informant states that in Jul '43 the Pamanoekan and Tjiasem estates were still being operated by the Japanese, but they were not being so well cared for. The general manager was a Japanese named Sato, who lived in Java before the war.

Another informant from the Poerwakarta (West Java) district, states that the sisal factory at Soekamandi (Pamanoekan and Tjiasem estates) was still operating in Sep '43. The fibre was being sent to Bandoeng and Soerabaja for the manufacture of bags and rope. All transport on this estate was effected by bullock cart.

Up to Sep '43, rice mills at Tjilamaja near Krawang, (West Java) and at Krawang were paying /2.00 a "daching" of 70 kg. for paddy delivered at the mill. (Note NEFIS: A "daching" as a rule is equal to a picul which is 61.76 kg).

Labour: An informant states that in Sep '43 coolies at Soekamandi estate (Soebang, West Java) received 30 cents per day for twelve hour shifts, against 40 cents in 1941 for a daily shift of ten hours. The field workers engaged in cutting the sisal fibre by hand received 25 cents per "daching" of 70 kg., as against 40 cents in 1941.

Up to Jan '44, the majority of the staff of the post office, Malang (East Java) were Javanese girls of from 16 to 20 years of age.

Foods: A duck-breeder from Pamanoekan (West Java) was able to buy rice bran from the mills at Krawang at the rate of 15 cents per four-gallon tin, as against 5 cents paid before the war. Duck eggs were selling at 2 cents each in Sep '43, as against 1½ cents before the war. Chinese pig-breeders still carry on in the Krawang (West Java) district, market price being 50 cents per kattie (1.36 lbs), as against 25 cents in 1941.

Industries and Manufacturing: In Jan '44, the textile mill of Swan Djie at Kg. Pasenggrahan, Batoe, Malang (East Java) was employing about 300 women and children in the manufacture of Japanese military clothing. Piece-workers could earn from 75 cents to /3.00 a week. The factory was situated in Sophia Straat; the Chinese owner is married to a Dutch woman.

The pottery works of Pamanoekan (West Java) were not operated after the Japanese occupation.

An informant from the Garoet (West Java) district states that in Jan '43, the Japanese had opened a new sulphur factory employing about 1,000 men, at Wanaradja (Garoet).

An informant states that in Oct '43, the paper factory at Padalarang (Bandoeng, West Java) was still operating. The product had greatly deteriorated, which informant was able to judge by comparing stocks of old paper held at the Soekamiskin Gaol, with the new product, which was much thicker, very rough and smudged badly when written on.

An informant from Soerabaja states that the Java beer (Key Brand) Brewery re-opened about July '42. When last seen at the end of 1943, four Japanese civilians conducted the management, but the brewing was supervised by the Javanese foreman named Tarkim. Only day shifts were worked. The price was 65 cents a bottle against 45 cents pre-war.

Shortage of Equipment and Material: An informant who carried on his trade as a cycle-repairer up to Oct '43, in Soerabaja, states that no supplies of bicycles or spare parts were made available for the trade after the occupation. Tyres were practically unobtainable, and as much as /40.00 was offered for two outer covers in Sep '43. Informant had witnessed many cases of bicycles being taken from Javanese civilians by Japanese soldiers in the streets. Up to /150.00 was offered for second hand European bicycles in fair condition. Supplies of solution and rubber patches were rapidly becoming exhausted, and no more supplies were forthcoming.

T-JAVA-4401 (273)

XI. ATROCITIES.

A. Factual:

1. Fus. Koesnin bin Kasni, No. 8338, Javanese, states that on 16 May '42, when passing the PW camp at the MULO School, Wilhemina Straat, Malang (East Java) he saw a Dutch woman throw a parcel to a Dutch Captain, presumably her husband. This was seen by the Japanese guard, who called her up for investigation. Later, the woman was brought outside the camp and beaten with a heavy stick all over her body, except her face. She was then tied up to a tree in full view of the PsW and remained there for two days and two nights. When informant returned on 18 May, she was still tied up, but the next day she was seen lying on the ground unconscious. Two elderly Dutch women who lived across the road, and their native servant, were standing by. The Japanese called a dog-cart and took the woman off to the Mission Hospital "Soekeon accompanied by one of the old ladies. Five days later, informant read of her death in hospital in the local newspaper.

2. Imam bin Pairoen, civilian, Javanese, states that in Jun '42, he saw an unknown Javanese, who had been killed by a

bayonet thrust, tied up to a tree in front of Passar Kidoel, in Malang (East Java), with a sign above his head "PENTJOERI" (thief).

XII. PERSONALITIES.

Army Personnel: An informant saw a German in Japanese uniform, with the rank of Djotohe, on board the "Nangkai Maru" in Oct or Nov '43. The German was believed to have disembarked at Halmahera.

At Kalidjati (West Java) in Jul '43, Major Ohasy was Chief of the repair shop. Colonel Yosida travelled frequently between Kalidjati and Bandoeng for inspection of repair shops, and was stationed at Andir. The following personnel were also employed in the repair shops at Kalidjati:-

Sgt Maj.	Takanuchi
Sgt	Komura
Sgt	Myake
Sol. 1st class	Josuchi

In Jan '44, the former Menadonese 1st class Private, Muntiri had been made a Shotjo (Sgt. Maj.) in the searchlight defences at Soerabaja. The Menadonese 1st class Sergeant, Winirungan, was instrumental in Jan '43 at Bandoeng in obtaining a petition signed by other Menadonese requesting the Japanese to embody them in the Japanese forces.

Two Japanese instructors in the Seinendan at Malang (East Java) in Jan '44 were named Yamasita and Minanmi. A Javanese named Raden Soemarto, who lived at Lowo Waroe, Gang 4, Malang was the leader of the Seinendan. A Javanese instructor named Roedito was said to have attended the Japanese NCO school at Magelang (Mid-Java).

Informant, Saari bin Simoen, was shot in the arm by a Menadonese Sergeant known as Johnny while attempting to escape from the Japanese on Noemfoer Island, in Jun '44.

Informant, Moestakim bin Pinggoen, states that the Javanese 2nd class Gunner Samsoerij of the 3rd Bn A/A, Bandoeng, remained with the Japanese at Biak. This soldier had also worked as a clerk with the Kempei at Soerabaja, and had announced his intention of serving in that capacity again on his return to Soerabaja.

Military Police (Kempei): Informant, Dachlan bin Soekarna, states that three Soendanese, Basari, Kanta and Agoes, were serving as plain clothes detectives with the Kempei at Tjimahi (West Java) in Oct '42. The last named was formerly a barber, working in Andir Passar (Bandoeng) They formed a particularly brutal trio.

The following were members of the Kempei at Magelang (Mid-Java) in Nov '43:-

1. Sgt. Matsuda - Notorious for his misdeeds, always wore civilian clothing, without any badges, and rode a motor-cycle.
2. " Kasino -
3. Cpl. Obata - Always in uniform, did his rounds on motor-cycle.
4. Anilo - A Javanese civilian, working as "detective" for Kempei.
5. Kartosri - ditto
6. Raden Soegeng - This man was of the former Osvia school, and was employed as "detective".
7. Soebaktie - Also notorious for his misdeeds, particularly when handling ex-NEI Army personnel.

Civil Officials: The former Assistent Wedana of Trogong, Garoet (West Java) was promoted by the Japanese to the rank of Wedana (Native District Office) and in Jan '43 was serving at Leles (West Java). He was reputed to be pro-Japanese, and formed the organization known as "Pemoeda Raja", with the object of protecting the country against any attack.

In Oct '43, the head of Bantjeuj Gaol, Bandoeng, was a Soendanese named Soebihij.

The former civil servant, Raden Gatot Mangkoeprodjo, worked for the Kempei at Malang (East Java), and instigated the Hei-Ho movement there. In Sep '43, he was transferred to Batavia Centrum, which fact informant had seen in the newspapers.

The Assistent Wedana, Soenarto, of Kg. Kedoengkandang, Malang (East Java) addressed a gathering of Hei-Ho members on 7 Jul '43 promising them many advantages, and insulting the Allies.

In Sep '43, in the Kaliasin area of Soerabaja (East Java), a "Mantri" of police, named Soedarsono, was particularly brutal and a willing collaborator with the Japanese. There were two other policemen, named Djaijos of the Ketabang area, and Kenel, of the Boeboetan area, who were also noted for their harshness and cruelty.

In Nov '43, Mayor Tongka of Magelang (Mid-Java) had been replaced by the Javanese Soegondo. Tongka had been transferred to the municipal offices.

Civilians: In Oct '43, the director of Soekamiskin Gaol, Bandoeng (West Java) was a Japanese named Yamauchi. Assistant Directors were Nakamura and a Soendanese named Raden Wiramihardja. The latter, in marked contrast to Nakamura, was uniformly just to prisoners.

The following Japanese civilians were employed at the repair shops Kalidjati (West Java) in Jul '43:-

1. Kodama
2. Homa
3. Yamada

An informant's former employer, Mrs. Broomt, was still residing at her old address, Klein Zwitserlaan, Batoe (East Java) in May '42. Neither she nor her children were seen after that date.

In Jan '44, about 20 German men, women and children were at liberty at Batoe (East Java); they wore swastika armbands.

XIII. GENERAL.

Underground Activities: An informant gives details of a secret organization known as "V" for Victory, which was formed by ex-Army personnel in Dec '42 at Magelang, Poerworedjo, Moentilan and Djokja (Mid-Java). All the heads of the organization were arrested in Mar '43, and were reported to have been executed.

NOTE: Further details and a list of the members can be supplied by NEFIS if required.

Civilian Internment Camps: An informant states that the women's internment camp at Kg. Mangkoeboemen, Solo (Mid-Java) was evacuated in Oct '43; according to local rumours the women were transferred to Ambarawa (Mid-Java).

An informant observed that up to Oct '42, the Seventh Day Adventists' Mission training school, near Gadobangkong (Tjimahi, West Java) was being used for the internment of a large number of Dutch, Ambonese and Menadonese women and children from Batavia and Bandoeng.

Another informant states that in Dec '43 there were about 200 Menadonese women interned in these buildings. They were allowed some latitude in going out during prescribed hours, but all had to be in at night. There were no women of other races there at that time.

Another informant states that the former Christian Sisters school at the junction of Kebondjatiweg and Tjirojom Djalan at

Bandoeng (West Java) was occupied in Oct '42 by a large number of Dutch, Ambonese and Menadonese women and children internees.

During Mar - Oct '43, whilst an informant was imprisoned in Bantjeuj Gaol, Bandoeng (West Java) he saw about ten Dutch women, who were still there when he left.

Looting: An informant states that when the Japanese occupied the town of Solo (Mid-Java) the lower classes of the population looted and plundered the town, unhampered by the Japanese. All railway freight cars at Balapan Station, Solo, were broken open and their contents stolen.

Prostitution: An informant who was in Malang (East Java) in Nov '43, states that many Eurasian, Menadonese and Javanese women from 17 to 30 years of age were taken from their homes and, after being medically examined, installed in brothels located in the Hotel Splendid, Place Hotel and in European houses in Samaanweg. Others were forced to work in restaurants. Those unfit or unable to carry on were either returned to their original internment camps or allowed to go home.

Another informant who visited an Arab restaurant at Malang, states that a European girl, with 5 Javanese girls, served there as barmaids. Such employees were regularly examined by a Japanese doctor.

Lt. Col. S. H. Spoor
Director NEFIS

Camp Columbia, 6th November, 1944.

AI2/8047/G.

CONFIDENTIAL

COLONEL JOHN P. ECKERT - SOURCE

2 February 1945

PFI re. Form #1.

MEMORANDUM FOR THE OFFICER IN CHARGE:

On 1 February 1945 this Agent interviewed Colonel John P. ECKERT, Hqs, 153rd F.A. Group, Fort Bragg, N. C., who said that he was Communications Officer of the 24th F.A. Philippine Scouts from 1931-35, and that the following men were in his command and retired: Carlos Morales, M/Sgt., Philippine Scouts, Retired; -- Delgado, M/Sgt., Philippine Scouts, Retired; -- Castillo, Sgt., Philippine Scouts. Col. ECKERT said that in his opinion the above named men are thoroughly loyal to the United States Government and that they, when last heard of, were in the Manila area.

Col. ECKERT said that a German National, Karl MICKSCH, who represented Johnson & Johnson, Inc., Wholesale Drugs Supply Company, was very active in and around Manila during 1934-35; that he became suspicious of MICKSCH in 1935 and reported him to G-2. He said that he had been informed by other Officers who also knew MICKSCH that he escaped from the Philippine Islands as a result of investigations, but returned with the Japanese in 1942 in a position of importance in connection with the Japanese occupation. He said that MICKSCH had cultivated the friendship of military personnel around Manila and Fort Stotsenburg; he was sportsman, excelling in horsemanship; that he was very friendly, polished, and a socialite. He said that MICKSCH was divorced while in Manila from a blond woman, also German, whom he also suspected and whose name he cannot recall. He said that this woman was an excellent horsewoman and had been, and was up to 1935, very active in the social groups in and around Manila.

Col. ECKERT stated that he also knew a German National, and his wife, by the name of HASSELMAN, who were both medical doctors. He said that G-2 suspected HASSELMAN and his wife of being German agents but that he recalled that soon after Hitler's rise to power in Germany, HASSELMAN and his wife were expelled from the German Club in Manila because they objected to the expulsion of certain Jewish-German Nationals from the Club.

AGENT'S NOTE:

Col. ECKERT has been in the military service for twenty-seven years and is at present Commanding Officer of the 153rd F.A. Group, Fort Bragg, N. C., and in this Agent's opinion is unquestionably reliable.

EVALUATION:
A - 3

Robt. B. Underwood,
Special Agent, SIC, 4th SvC.

CONFIDENTIAL

2급 비밀.

네덜란드령 동인도군 정보국

뉴질랜드 보험사 빌딩

334-338 퀸 스트리트, 브리즈번

NO. AI2/8047/G.　　　　　　　　　　　　　　전화번호. U7076
첨부:　　　　　　　　　　　　　　　　　　　　　　U7077
　　　　　　　　　　　　　　　　　　　　　　　　　U7078

주제: 심문보고서　　　　　　　　　　　　　날짜: 1944년 11월 6일

네덜란드령 동인도군 정보국 심문보고서

455-469호 합본(개별호 미발행).

1. 첨부된 문서는 네덜란드령 동인도군 정보국 심문보고서 455-469호 합본이다.(개별호 미발행)

2. 이 보고서에 포함된 정보는 피난민을 대상으로 한 심문에만 근거하고 있으며, 이를 고려하여 평가해야 한다.

3. 이 안에 담긴 정보를 배포하는데 주의를 기울이도록 한다. 이 보고서의 전체 또는 일부분을 활용할 경우, 피난민의 친지가 위험에 빠지거나, 적군의 보복에 노출되는 것을 막고, 중요한 정보의 출처가 막히지 않도록 관련된 이름, 지역 등이 특정되지 않아야 한다. 복사본 42호.

중령. S. H. 스푸어(S.H.Spoor)

네덜란드령 동인도군 정보국 국장.

배포:

첨부된 목록 참조

(중략)

2급 비밀.

네덜란드령 동인도군 정보국,
뉴질랜드 보험사 빌딩,
334-338 퀸 스트리트,
브리즈번.

복사본 42호.

네덜란드령 동인도군 정보국 심문보고서
455-469호 합본 (개별호 미발행)

주:

이 보고서는 44년 5월에서 9월 중 비아크섬(Biak Island), 눔포르섬(Noemfoer Island)과 룸버폰섬(Roemberpon Island), 네덜란드령 뉴기니에 있는 미군에 의해 풀려난 한 명의 메나도인(Menadonese), 두 명의 순다인(Soendanese), 열두 명의 자바인(Javanese) 정보원을 심문한 내용을 담고 있다. 일본 공군에 징집되고 기술자(fitter)로 고용되었던 한 자바인 정보원을 제외하면 이들은 모두 헤이호 부대에 강제 징병되었다.

메나도인 정보원은 이전에 포로였고 세 명의 자바인 전직 군인 중 한 명은 억류로부터 풀려났지만 다른 두 명은 간신히 남아있었다. 나머지는 민간인이었다.

그들의 정보가 이전에 발행되었던 심문보고서의 내용과 상당 부분 일치하므로, 이 합본은 추가적인 정보에 대해서만 다룬다.

(중략)

XIII. 일반정보.

지하공작: 한 정보원은 승리를 의미하는 'V'라고 알려진 비밀조직에 대한 세부정보를 말해주었다. 이 조직은 42년 12월에 마겔랑(Magelang), 푸르워조(Poerworedjo), 문틸란(Moentilan)과 족자(Djokja)(자바 중부)에 있던 전직 육군 인력에 의해 만들어졌다. 조직의 모든 수뇌부는 43년 3월에 체포되었으며 처형된 것으로 보고되었다.

주: 필요하다면, NEFIS가 상세정보와 조직구성원 명단을 제공할 수 있다.

민간인 수용소: 한 정보원에 따르면 솔로(Solo)(자바 중부)의 Kg.망코보멘(Kg. Mangkoeboemen)에 있는 여성 수용소는 43년 10월에 소개되었다고 한다. 지역 소문에 따르면 여성들은 암바라와(Ambarawa)(자바 중부)로 이송되었다.

한 정보원은 42년 10월까지 가도방콘(Gadobangkon(치마히(Tjimahi), 자바 서부) 근처에 있던 제7일 안식일 재림파 선도 학교가 바타비아(Batavia)와 반둥(Bandoeng)에서 온 대규모의 네덜란드인, 암본인(Ambonese), 메나도인 여성과 아이의 수용을 위해 이용되었음을 목격하였다.

또 다른 정보원은 43년 12월에 약 200명의 메나도인 여성이 이 건물에 수용되어 있었다고 했다. 그들은 공식적으로 정해진 시간 중에 바깥 출입할 자유를 허락받았지만, 밤에는 모두 건물 내부에 있어야 했다. 그 당시에는 다른 인종의 여성은 없었다.

또 다른 정보원은 42년 10월 반동(자바 서부)의 게본다티웨그(Kebondjatiweg)와 티로좀잘란(Tjirojom Djalan)의 교차로에 있던 (구) 기독교 여자 학교에 아주 많은 수의 네덜란드인, 암본인, 메나도인 여성과 아이들이 수감되어 생활하고 있었다고 말했다.

정보원은 반동(자바 서부)의 반티우(Bantjeuj) 감옥에 구금되었던 43년 3월부터 10월에 10명 가량의 네덜란드 여성을 보았고, 떠날 당시에도 이들이 남아있는 걸 목격했다.

약탈: 한 정보원은 일본군이 솔로(자바 중부)의 도시를 점령했을 때, 가장 낮은 계급의 사람들이 일본군의 방해 없이 도시를 약탈하고 강탈했다고 말한다. 솔로의 발라판(Balapan)역에 있던 모든 철도운임 차량이 부서져 문이 열렸고 그 안의 내용물들은 도난당했다.

위안부 및 위안소(Prostitution): 43년 11월 말랑(Malang)(자바 동부)에 있던 한 정보원에 따르면, 17세에서 30세 사이의 많은 유라시아인, 메나도인, 자바인 여성이 집에서 끌려와 건강검진을 받은 후 스플렌디드(Splendid) 호텔, 플레이스(Place) 호텔, 사만웨그(Samaanweg)의 유럽인 집에 세워진 위안소(brothels)에 배치되었다. 나머지는 레스토랑에서 일하도록 강제되었다. 이 일에 맞지 않거나 일을 수행할 수 없는 경

우 본래의 수용소로 보내지거나 집에 돌려 보내졌다.

말랑에 있는 아랍 레스토랑에 방문했던 또 다른 정보원은 한 명의 유럽인 여성이 5명의 자바인 여성과 함께 여종업원(Barmaid)으로 일했다고 말한다. 이 피고용인들은 일본인 의사에 의해 정기적으로 검진받았다.

중령. S. H. 스푸어(S.H.Spoor)

네덜란드령 동인도군 정보국 국장

캠프 컬럼비아, 1944년 11월 6일.

AI2/8047/G.

8

Compilation of NEFIS Interrogation Reports Nos. 482, 507, 511, 531, 544, 551

RG 319 Entry UD 82-A Box 2007

이 문서는 1944년 11월 18일자 482호, 507호, 511호, 531호, 544호, 551호 합본 심문보고서이다. 헤이호 부대 소속 병사들을 심문하여 얻은 정보를 바탕으로 하고 있다. 1943년 7월, 자바섬 서부의 반둥(Bandoeng)에서 15-25세 가량의 유라시아 여성 및 현지인 여성들이 여러 곳의 요리점에서 일하는 것을 목격했다는 내용이다. 언급된 세 곳 중 두 곳의 요리점은 일본인 장교들이 전용으로 사용하던 공간이었고, 외부에서 쉽게 보이지 않도록 울타리를 친 점으로 미루어 보아 위안소로 활용되었을 가능성이 높다.

80564

✓ Mil T-NEI (218) 4401

SECRET

NETHERLANDS FORCES INTELLIGENCE SERVICE
(NEFIS)

NEW ZEALAND INSURANCE BUILDING
334-338 QUEEN STREET, BRISBANE

FEB 17 RECD

21 NOV 1944 91768

TEL. U 7076
U 7077
U 7078

No.
ENCLOSURES:
AI2/8582/G. (3

DATE:

SUBJECT: 4

SECRET

Interrogation Report. 18th November, 1944.

Compilation of NEFIS Interrogation Reports Nos: 482, 507, 511, 531, 544 and 551 (Not issued separately.

1. Attached is Compilation of NEFIS Interrogation Reports Nos: 482, 507, 511, 531, 544 and 551 (Not issued separately).

2. Information contained in this report is based solely on interrogation of evacuees and should be evaluated accordingly.

3. It is requested that care be taken in the distribution of the information contained therein. If the whole or any part of this report is reproduced, no indication may be given of names and localities concerned, to avoid compromising relatives of evacuees and exposing them to enemy reprisals, and to prevent closure of important sources of information. Copy No.

MIS 91768
*Mil 1
Route
~~Pol~~
~~Econ~~
Socio
Prop
~~Lib~~

Lt. Col. S. H. Sppor.
Director NEFIS.

HQAAF 1
QMG 1

Distribution.
See attached list.

Incl: Mil 1
Route
Pol
Econ
Socio
Prop
Lib
HQAAF 1
QMG 1

43

W-Java-2204.0200 (2181)

SECRET

RGE.

DISTRIBUTION:	No. of Copies.	Copy No.
Ex. H. van Mook. Lt. Gov. Gen.	1	1
B.S.O. through O.B.S.O.	2	2-3
O.B.S.O	1	4
Economic Int. Section GHQ. New Delhi via B.S.O. - Colombo	1	5
C.L.G.	1	6
M.C.A.	1	7
Voorz. N.I. Comm.	6	8-13
Min. v. Kol., Att. Col. de Blieck.	1	14
Ministry of Economic Warfare Foreign office London, via Col. de Blieck, London.	1	15
Contr. A.I.B.	1	16
G.2., G.H.Q.	2	17-18
A.C. of S., G.2. USAFFE	1	19
Director of Intelligence, Allied Air Forces S.W.P.A. A.P.O. 923	5	20-24
RAAF Hq. N.W. Area. Darwin	1	25
Assistant Director of Intelligence Advanced Echelon, Allied Air Forces S.W.P.A. A.P.O. 925.	4	26-29
D.M.I.	1	30
A.D.M.I.	1	31
D.N.I.	1	32
COISEF through D.N.I.	1	33
Seventh Fleet Intelligence Centre	1	34
Chief of Air Staff RAAF Hq.	1	35
Director A.G.S.	1	36
O. in C., A.G.S., N.E.I. Section	1	37
Co-Ordinator ATIS	1	38
FELO, Hq.	1	39
FELO, Melbourne	1	40
N.R.C.C.S.	4	41-44
N.F.L.O. Darwin	1	45
N.F.L.O. Perth	1	46
S.R.D.	1	47
S.R.D. Brisbane, (Maj. Wigan)	1	48
S.I.A.	1	49
Dir. Gen. of Security	1	50
CSONICA Kandy	1	51
Hq. 6th Army, through NEIIOSIX	2	52-53
Mr. W.H. de Roos	1	54
NEFIS Officer A.I.B.	1	55
NEFIS	13	56-68
Netherlands Staff Officer, G3., APO 500	1	69
Dutch Liaison Officer, A.3.Hq., 13th Air Force, A.P.O. 719	2	70-71
A.C. of S., G5., G.H.Q.	1	72
D.L.O. Allied A.F., Old Courier Bldg.	1	73
FELO, Hollandia, (Att. Maj. Kremer)	1	74
Mil. Att. Canadian. Emb. Canberra	1	75
Group Intell. Officer, Tent H. Ops. Gr. R.A.A.F. APO 704	1	76
Combined Advisory Committee on Tropical Medicine, Hygiene & Sanitation Rear Echelon, GHQ SWPA. APO 500	1	77
Ltz. I.C. den Hollander G.H.Q., G.4., APO 500.	1	78

KC SECRET

NETHERLANDS FORCES INTELLIGENCE SERVICE,
NEW ZEALAND INSURANCE BUILDING,
334-338 QUEEN STREET,
BRISBANE.

43

SECRET

Copy No.

21 NOV 1944

Compilation of NEFIS Interrogation Reports
Nos: 482, 507, 511, 531, 544 and 551
(Not issued separately).

NOTE: The above reports refer to one Menadonese, one Madoerese, one Soendanese and three Javanese informants released by Allied Forces on Roemberpon Island, on New Britain and on Noemfoer Island during May - Sep'44. All had been forced to join Hei-Ho units, with the exception of one Javanese civilian informant who had been called up and employed as a mechanic with the Japanese Air Force.

The Menadonese informant is an ex-PW. The Madoerese, Soendanese and two Javanese informants are former soldiers who were originally interned by the Japanese; the Soendanese informant managed to escape, while the other three were released about May '42.

To facilitate reference, the places covered in this report are listed hereunder, by sections:-

III. TACTICAL DATA ON ENEMY MILITARY FORCES.

East Java:	Mid-Java:	West Java:	D.N.G.
	Tjilatjap Magelang Klirong	Bandoeng Batavia	

IV. SUMMARY OF NAVAL INFORMATION.

East Java:	Mid-Java:	West Java:	
Soerabaja	Tjilatjap		Palau

V. BASIC AIR INFORMATION.

East Java:	Mid-Java:	West Java:	D.N.G.
	Magelang	Bandoeng Kalidjati	But

VIII. POLITICAL AND SOCIAL INFORMATION.

East Java:	Mid-Java:	West Java:	D.N.G.
Malang	Keboemen Gombong Tjilatjap	Batavia Tjimahi Padalarang Bandoeng	Manokawari

IX. ECONOMIC INFORMATION.

East Java:	Mid-Java:	West Java:	D.N.G.
	Keboemen Karang Anjar Grabak	Tjimahi Padalarang	

X. PROPAGANDA AND PSYCHOLOGICAL WARFARE INFORMATION.

East Java:	Mid-Java:	West Java:	D.N.G.
Soerabaja			

XI. ATROCITIES.

East Java:	Mid-Java:	West Java:	D.N.G.
Madioen			Noemfoer

SECRET 91768 3

XII. PERSONALITIES.

East Java:	Mid-Java:	West Java:	D.N.G.
		Bandoeng Kalidjati Tjimahi	

XIII. GENERAL.

East Java:	Mid-Java:	West Java:	D.N.G.
	Magelang	Padalarang Bandoeng	

III. TACTICAL DATA ON ENEMY MILITARY FORCES.

Dispositions and Strength of Organisations and Units:

a. Tjilatjap (Mid-Java): The former Dutch military barracks in Tjilatjap were empty in Aug '43. The Japanese garrison consisted mostly of Engineers, but informant does not know where they were quartered. F-O

b. Magelang (Mid-Java): In Jul '43, there were about 500 Japanese Infantry soldiers in Magelang and informant saw on one occasion about 300 exercising at Kg. Kramat near the lunatic asylum. Informant saw heavy calibre A/A guns mounted on fixed sites and also a dummy gun made of wood. The former grandstand at Tidar was occupied by Japanese troops (see attached sketch).

c. Bandoeng (West Java): In Jul '43, approximately 500 Japanese Infantry were quartered in the MULO School (Junior High School) in Helmersweg, and approximately 250 Japanese Infantry with about 20 trucks and some machine guns at the former Salvation Army Headquarters in Java Straat. F-O

Names of Unit Commanders: The Commanding Officer of the Hei-Ho unit in Wonokromo, near Soerabaja (East Java) between Jun - Jul '43, was 1st Lt. Yamamoto.

Lines of Communication and Transport: An informant states that in Sep '43, he was told that a road running south from Pedjagoan to Klirong (Mid Java) was closed for public traffic. His informant added that he had to use the road from Pedjagoan east of the Loekoela River (Mid Java). Villagers from this district also stated that the Japanese had cut a new road from Klirong (Mid-Java) to the beach to connect with a new airfield. In informant.s opinion this information is trustworthy.

Location of PW Camps: In May '43, the former civil prison in Glodok, Batavia (West Java) was used as a PW camp for Indonesian soldiers, while the former 10th Bn Barracks, Batavia (West Java) was a mixed camp.

IV. SUMMARY OF NAVAL INFORMATION.

Ship Movements and Ships in Port: One informant, when leaving Tandjoeng Perak harbour (Soerabaja) in Aug '43, saw an Italian warship of approximately 1,000-1,200 tons (type not stated), and a small Japanese aircraft carrier (flight deck approximately 150 metres.)

Ships sunk or damaged: An informant heard from PW who sailed with a convoy which joined his at Palau harbour in Aug '43, that eight out of the ten ships of their convoy had been sunk.
Another informant states that between Jun - Aug '43, he saw two ships salvaged and beached at Tjilatjap (Mid-Java), names and tonnage unknown.

Navigation Aids:

Harbour Conditions: In Aug '43, there was considerable activity repairing oil tanks in Tjilatjap harbour. No one was allowed to enter the harbour from the shore side and many coolies and Hei-Ho were seen working there.

V. BASIC AIR INFORMATION.

Airfield Activity: During an informant's visit to Magelang (Mid-Java) in Jul '43, he saw no aircraft in flight or on the airfield at Tidar, which had been partly planted with djarak (castor plant) and vegetables, and was partly used as a sports ground.

An informant worked for a week at Andir airfield, Bandoeng (West Java) as a coolie in Nov '43, repairing a hangar damaged in a hurricane. The airfield had been extended across the Tjibeureum River, which could only be crossed by a single concrete bridge. This bridge, about 12 metres long, was wide enough for one aircraft to taxi across. To the west of the stream additional airfield space had been created by clearing and levelling village gardens. As a result of these extensions a second runway extended as far west as Tjimindi railway station (see attached sketch).

During the same period informant saw 11 twin-engined planes which he identified as type HELEN. There might have been others in two hangars to which he had no admittance. Informant estimates the strength of Japanese ground personnel working in the original fenced Dutch airfield area at 50. The additional area constructed by the Japanese was unfenced. The main entrance to this field was guarded by five Air Force sentries.

Another informant estimates that at Kalidjati airfield near Soebang (West Java) up to the middle of Jul '43, approximately 70 craftsmen (Javanese, Soendanese and Timorese) were employed and 300 coolies. The Japanese strength was approximately 2,500. Of six big hangars one was used for storage and as an office. Informant's section worked on bombers only - types HELEN, LILY, and BETTY. He personally worked on HELEN engines only, of which an average of one a week passed through his work-shop. A minimum of 20, and a maximum of 50 bombers were seen daily on this field. Most of them were type HELEN.

At But, Wewak, New Guinea, up to Jan '44, informant was again employed in servicing engines, mostly type HELEN, with only now and then a LILY or BETTY type. On account of the regular Allied reconnaissances and raids they worked only from 1400 to 1730 hours.

VIII. POLITICAL AND SOCIAL INFORMATION.

General Living Conditions: A Menadonese informant states that on the way to the station in Batavia (West Java) about Apr '43, his party of PW were cheered by Dutch and Eurasian girls riding on bicycles, giving them the V and thumb-up signs.

Taxes: One informant states that in Kg. Gadobangkong, Padelarang, Tjimahi (West Java) in Nov '43, he had to pay a tax of /3.00 per half year in order to pursue his trade as a horse dealer. This tax was the same under Dutch administration.

Civil Service, Courts, Etc: Informant states that in Feb - Mar '43, there were 50 field police at Keboemen, near Gombong, (Mid-Java) quartered in their old barracks. All who passed the posts were compelled to bow or raise their hand. This applied to all races, and included Dutch women. Anyone failing to comply with this regulation was beaten, but if defaulters had come from the hills and were ignorant of this custom they were warned in the first instance. The general behaviour of the Field Police force was very overbearing.

Religious Services: An informant and his fellow male villagers of Kg. Gadobangkong, Padalarang (West Java) were coerced by intimidation into attending on Fridays at the Bonisari Mosque. This entailed for informant a walk of four hours. The order for this compulsory worship was given by the Assistent Wedana at Padalarang in Nov '43.

Education: An informant states that the Assistent Wedana at Pedjogoean, Gombong (Mid-Java) conducted a Japanese language school in his house in mid '43. The teachers were Javanese. All loerahs (village heads) were compelled to attend; there were about 30 to 40 at one time attending these classes.

Medical Treatment and Supplies: At Keboemen, near Gombong (Mid Java) up to Jul '43, the Juliana Hospital (? Mission Hospital) was still functioning under Javanese doctors, one of whom acted as director. There was also a German doctor on the staff and 20 Indonesian nurses.

An informant who acted as a hospital orderly at Hei-Ho Camps at Tjimahi and Bandoeng (West Java) from Jul - Nov '43, states that on the whole medical treatment was satisfactory and there was no reason to complain. Serious cases of dysentery, TB, surgery cases and VD of a virulent nature were taken to the Juliana Hospital at Bandoeng, which had been converted into a Japanese military hospital. Informant does not know anything about the treatment given there, but never saw a patient return to the Hei-Ho after discharge.

Informant states that at Manokwari, Vogelkop, DNG, from Dec '43 to Jul '44, conditions were much worse. There was a hospital there for both Hei-Ho and coolies. Patients seriously ill were admitted and reasonably cared for, but if they returned a second time there were often refused admission and sometimes beaten. The most that could be expected was admission to an outside ward of the crudest description where patients were left practically unattended. Mortality in this outside ward was heavy, sometimes two or three men dying daily.

Treatment of Prisoners of War and Internees: One informant states that in Apr '42, the quarters at PW camp, Kartini School buildings, [illegible]et Street, Malang (East Java), were much better than at former 8th Battalion barracks. PW could choose to sleep in beds or on boards. Only Officers' beds had mattresses. Roll call was held every morning, afternoon and at 2200 hours. All calls were held in the presence of a Dutch officer. Every morning there was a flag parade, the attendance of which was compulsory. Officers, followed by other ranks, had to march to the Japanese flag, halt face the flag, salute it and march off. The food, consisting of porridge for breakfast, and rice and soup for lunch and dinner, was satisfactory. Informant saw officers being punished for reasons unknown to him. They had to march at the double for an hour. Those who could not double hard enough were kicked around.

Informant states also that in Mar '43, the PW camp at Poleen, Malang (East Java) was the best camp he had been in. There was a picture show, a shop where they could buy extra food, and a recreation hut with a piano.

In this camp about Feb - Mar '43, informant saw from a distance a Dutch soldier tied to a bench with his face towards the sun, so that he had the full glare of the sun in his eyes. He was made to drink eight bottles of water. Informant does not know the reason for this punishment, nor the name of the soldier.

An informant states that he saw a considerable number of Australian PW in Aug '43, working in the town of Tjilatjap (Mid-Java), dragging bullock carts. The location of their camp was unknown to informant.

IX. ECONOMIC INFORMATION.

Industries and Manufacturing: The coconut oil factory, formerly under Dutch management, at Keboemen near Gombong (Mid-

Java) was closed after the Japanese occupation in Mar '42. At Karanganjar (Mid Java) the former rice mill was still operating in Jul '43, under Japanese civilian mangement. At Pontjol, Tjimahi (West Java) the former military prison in Sep '43, manufactured towels, etc. for the Japanese Forces. About 200 natives of both sexes were employed in this factory.

In Nov '43, the Japanese were operating the former Dutch paper factory at Padalarang, near Tjimahi (West Java), but the mill was not working at full capacity, as coolies employed there told informant that they were on short shifts, from 0700 hours to 1300 hours daily at 10 cents per diem, as against pre-war from 0700 hours to 1300 hours and 1600 hours to 2200 hours at 30 cents per diem.

The citronella oil mill in Padalarang (West Java) was still out of commission in Nov '43.

Transportation:

Motor: An informant states that in Aug '42, all bus services passing through Padalarang, Tjimahi (West Java) were discontinued in both directions as the buses had been confiscated by the Japanese.

Finance:

Japanese Control of Banking and Credit Investments: An informant states that up to May '43 the village bank in Kg. Grabak (Mid-Java) was still open. Inhabitants could still borrow money from the bank, which was under the control of the Wedana (Native District Officer). Rate of interest was 20%. Loans could be repaid in weekly instalments.

Commerce:

Trade: One informant was a horse dealer at Gadobangkong, Padelarang, near Tjimahi (West Java) up to Nov '43 and found a good market for country bred ponies among the "sado" (pony carriage) owners, whose business had expanded greatly in consequence of the cessation of motor traffic. The price of a good type of "sado" pony in good condition, had risen by Nov '43, to /90.00 (pre-war under /40.00). Informant would buy poor and misused animals at as low a price as /20.00 each, and by care and proper feeding would realise full market price after about three months.

X. PROPAGANDA AND PSYCHOLOGICAL WARFARE INFORMATION.

Enemy:

Non-Radio Propaganda:

Newspapers: An informant states that in Soerabaja (E. Java) in Nov '43, a newspaper known as "Sinar Matahari" came out twice a week; the price was 5 cents per c... This newspaper urged young men to join the Soekarela and to work together with the Japanese in protecting and guarding Java from invasion, as the war was not yet finished. Furthermore it stated there was still time for the young men to train to fight against Allied Soldiers. Informant states that advertisements appeared calling young men with junior High School (MULO) or similar education to join this organisation and be trained as officers. The closing phrase of this appeal was:- "Report at once to the District or Under-District Chief, as a good future lies at your door".

XI. ATROCITIES.

a. Factual:

1. Corporal Doel Bin Amat, No 654, Javanese, states that on 27 or 28 May '42, at Madioen (East Java), he saw eight Javanese executed by shooting, and four Javanese either

SECRET 91768 7

beheaded or otherwise killed by swords. One of the twelve was a women three months pregnant. Twelve graves had been previously dug. Each victim was tied to a stake, some with their arms outstretched and others with their arms tied above their heads; all were blindfolded. The e cution was carried out in the Mohammedan graveyard at Madioen. All loerahs (village heads) from the surrounding districts had been ordered to attend with at least 10 of their villagers. Posters had been placed on trees . . Madioen some days beforehand, informing the inhabitants of the execution. About fifteen soldiers and officers were present. The alleged offence was that these twelve persons had stolen petrol.

2. Pte. Engko Bin Ahim, No. KV 2842, Soendanese, witnessed the torture of a coolie named Saari at Jamanoe, Noemfoer Island, DNG about Apr or May '44. Saari had been recaptured after excaping and was brought to the quarters of a Japanese Djotohei named Moerta by a Soendanese mandoer (foreman) Djoni. The latter had been armed by the Japanese with a Dutch rifle, model 95 and cartridges, and was frequently a very willing agent of the Japanese in hunting down escapees. Later the same day informant saw Saari undergoing torture by being strung up in a bent position with his arms tightly tied and constricted behind him, forcing him forward, and to counter any relief he might get by bending further forward, his neck was tied by a rope to a tree branch overhead. Saari was kept in this position from 1300 hours until 1800 hours to informant's certain knowledge, and during this time was badly beaten about the face, for his face was very cut and swollen. Djoni assisted Moerta in inflicting this torture. Javanese guards were posted over Saari to ensure that he obtained no relief. However, by some unknown means Saari was released and made his escape in the night. Sentence of death by decapitation had been announced by the Japanese Moerta to be carried out next morning. For a week after Saari's escape he was hunted down by Djoni, and on one occasion was shot at and wounded (wound seen by informant) but Saari managed to remain at large until the Americans landed in Aug '44. Infornant does not know the fate of Moerta, but states that Djoni is at present in Hollandia.

XII. .. .SONALITIES.

Army Personnel: Dr. Bepo (Japanese Army Medical Officer) in charge of Hei-Ho hospital in Bandoeng (West Java) and Manokwari, Vogelkop, DNG, respectively Jul - Nov '43, and Dec '43 - Jul '44.

Japanese at Noemfoer Island, DNG up to Jun '44.

Moerta - djotohei, age 35, medium height and build, and clean shaven. A brutal man who made a daily practice of beating men under his charge. (See Section Atrocities).

Magutji - djotohei, age about 38, tall, thin with Chaplin moustache. This was the man who initiated the execution of two Javanese at Jamano, Noemfoer Island about Mar '44 which was effected by a Soendanese foreman named Darma (this atrocity has already been reported).

Air Force personnel: 2nd Lt. Nangkamura, aged about 30-35, clean shaven, wears spectacles, was in charge of hangar repairs at Andir airfield (Bandoeng, West Java) in Nov '43.

An informant who was employed at Kalidjati airfield near Soebang (West Java) up to Jul '43, remembered the following names:

1st Lt. Ohasi
Sgt Maj. Okumura
Sgt. Yamasaki

Civilians: A Soendanese named Omo, watchman at the paper factory at Padalarang, near Tjimahi (West Java) was a notorious informer and responsible for the fining of many employees for minor breaches of regulations.

RGE.

SECRET

SECRET

NETHERLANDS FORCES INTELLIGENCE SERVICE,
NEW ZEALAND INSURANCE BUILDING,
334-338 QUEEN STREET,
BRISBANE.

C O R R I G E N D U M:

COMPILATION OF NEFIS INTERROGATION REPORTS NOS.
379-393 AND 426-437

Page 3 - Location of PW Camps: sub. b.	:	"Galoen, Kediri" should read "Galoehan village, south of Kediri (East Java)."

Camp Columbia, 16 Nov. 1944.

SECRET

9176810

XIII. GENERAL.

Visit of Japanese High Official to Java: An informant states that in Jan '43, a Japanese high official arrived at Magelang (Mid-Java). Informant saw him at the former Dutch Resident's office. The official was surrounded by Japanese officers of the Army and Kempei. All surrounding villages were compelled to fly or show the Japanese flag given them by the village heads. Even up to the top of Tidar Hill, near Magelang (Mid-Java) there were Japanese fla[illegible] to be seen. Later on, when in the Hei-Ho, informant was told that this official was Tojo, the Prime Minister of Japan.

Civilian Internment Camp: An informant states that there was an internment camp for wives and families of Indonesian military personnel in Gadobangkong (West Java) in Nov '43, located in buildings of former 7th Day Adventist missionary training school, which is situated near the railway between Tjimahi and Padalarang (Ref. 1/50,000 sheet 39/XXXIX-C grid. 75.5x24.4).
The inmates were estimated as follows:-

Menadonese 250 Ambonese 20 Timorese 10

All internees were women and children; older boys were located in a separate building. They were never seen doing any work apart from domestic duties. The buildings were of brick with tiled roofs. The camp was surrounded by a [illegible]boo hedge. There was a constant picket of one Field Policeman patrolling the bounds of the camp. Women were all[illegible]d out daily for necessary errands such as buying food in Tjimahi and selling their clothing to raise money for food, but all had to be back in camp by 1900 hours. No visitors were seen and informant cannot say whether any were allowed or not. The women he saw were thin, haggard, clothed in rags and in a most miserable state and the children were the same. On one occasion informant saw a truck with 12 bags of rice each of 100 kilo. being taken into a camp by Japanese military personnel. A bag burst and the rice which fell out was of a very poor quality, consisting of broken and shrivelled grain.

Restaurants: An informant who left Bandoeng (West Java) in Jul '43, saw several Eurasian and native girls, from 15 to 25 years of age, working in various restaurants. The "Shanghai Restaurant" was reserved for Japanese officers only, and the premises closed from view by a bamboo screen. On two occasions, when passing on his bicycle, informant saw 3 young Dutch girls entering or leaving these premises. He has no doubts as to their nationality. The "Indisch Restaurant", Groote Postweg, was open to both Japanese officers and other ranks. The "Concordia Club" was reserved for Japanese officers only and also screened from view. On one occasion informant saw 2 young Dutch girls enter this Club.

Lt. Col. S. H. Spoor.
Director NEFIS

Camp Columbia 18th November, 1944.

AI2/8582/G.

Enclosures:

NEFIS Map No. FY 5332 - Andir Airfield extensions.
" " " " 5312a- Town Plan Magelang.

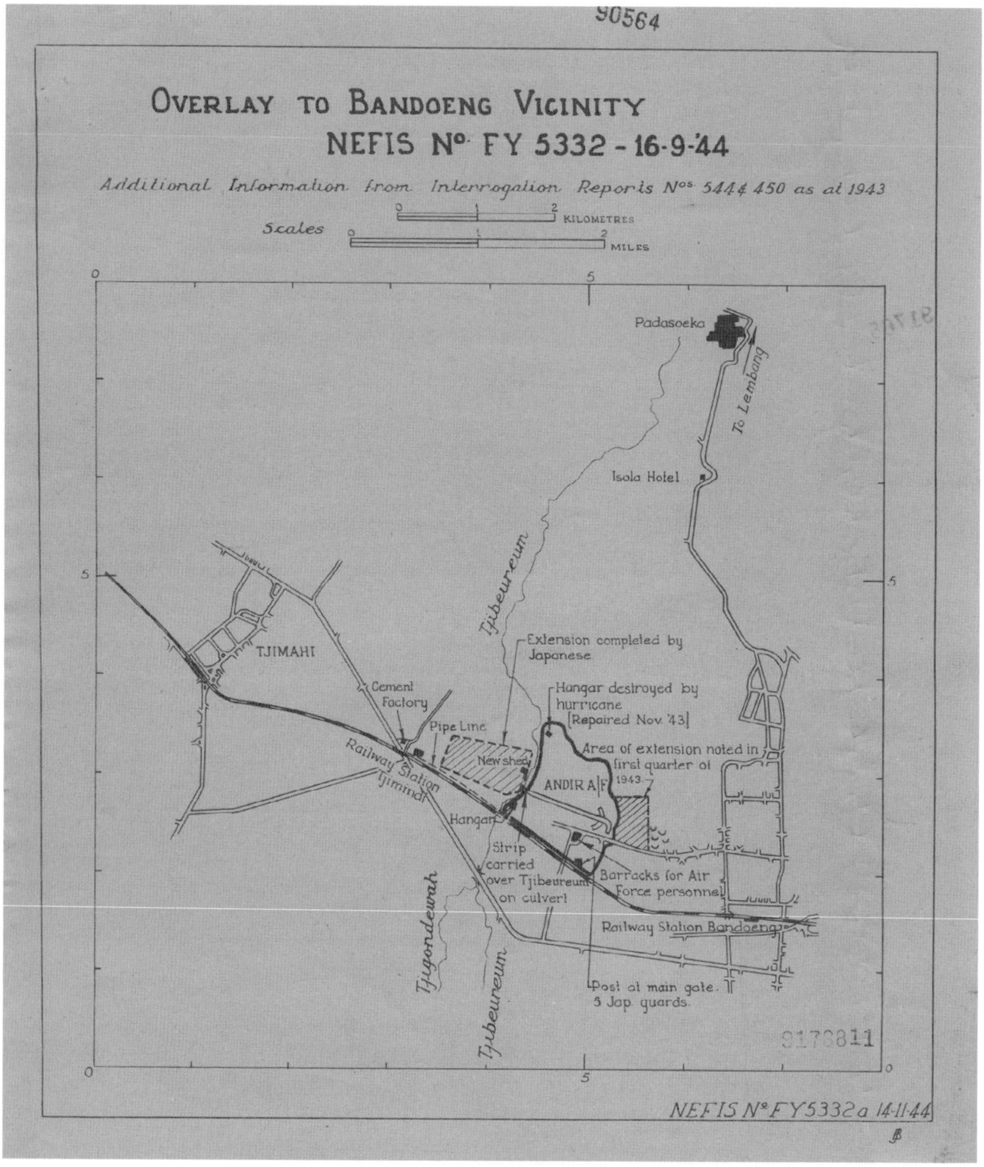

90564
OVERLAY TO BANDOENG VICINITY
NEFIS No. FY 5332 - 16-9-'44
Additional Information from Interrogation Reports Nos 5444 450 as at 1943
Scales
KILOMETRES
MILES
Padasoeka
To Lembang
Isola Hotel
Tjibeureum
TJIMAHI
Cement Factory
Pipe Line
Extension completed by Japanese
Hangar destroyed by hurricane [Repaired Nov. '43]
Area of extension noted in first quarter of 1943
New shed
ANDIR A/F
Railway Station Tjimindi
Hangar
Strip carried over Tjibeureum on culvert
Barracks for Air Force personnel
Railway Station Bandoeng
Tjigondewah
Tjibeureum
Post at main gate. 5 Jap. guards.
9178811
NEFIS No. FY5332a 14-11-44

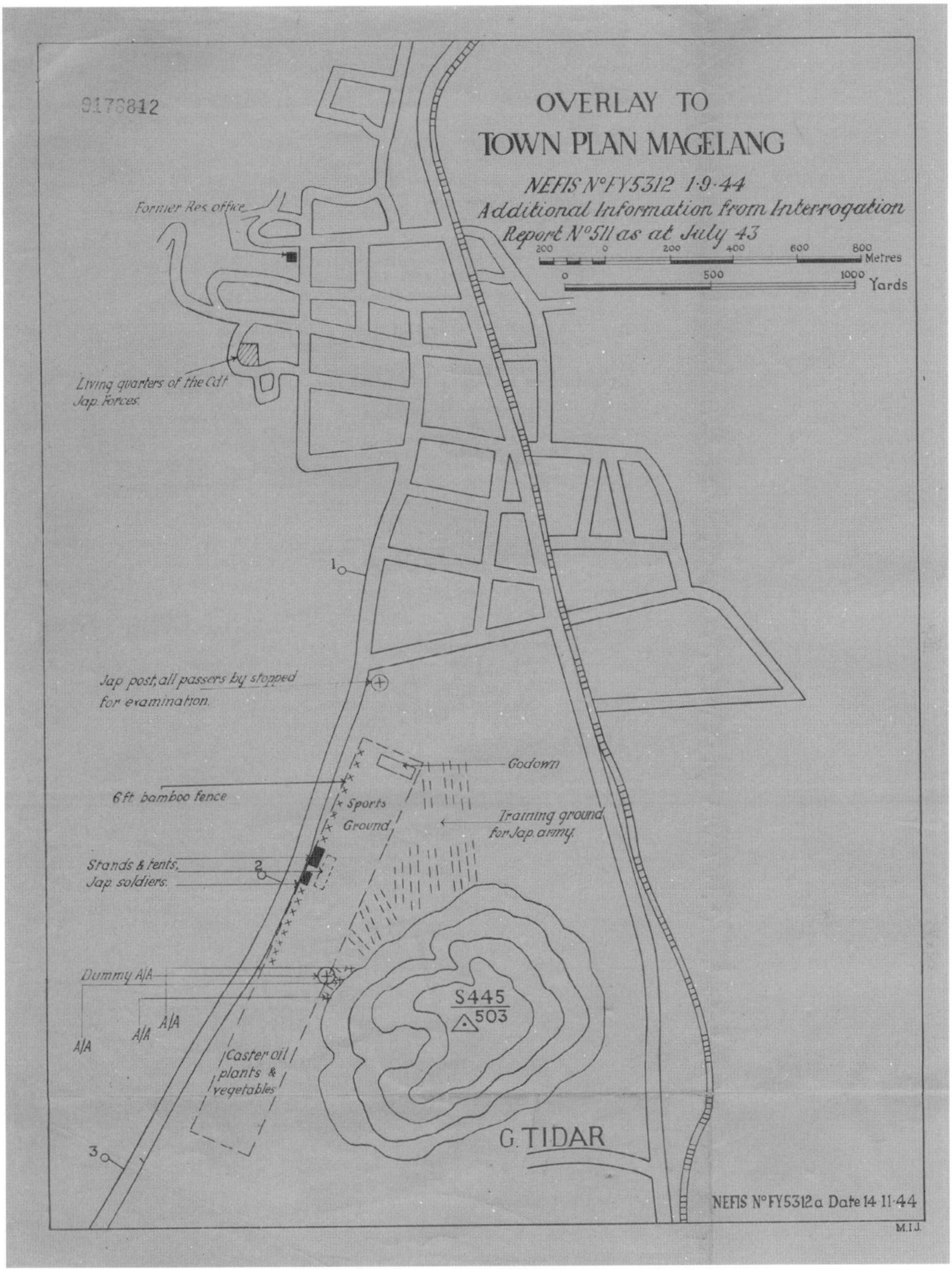

9178812
OVERLAY TO
TOWN PLAN MAGELANG
NEFIS N°FY5312 1·9·44
Additional Information from Interrogation
Report N°511 as at July 43
Metres
Yards
Former Res. office
Living quarters of the Cdt Jap. Forces.
Jap. post, all passers by stopped for examination.
Godown
6 ft. bamboo fence
Sports Ground
Training ground for Jap. army.
Stands & tents, Jap. soldiers.
Dummy A/A
A/A
S445
503
Caster oil plants & vegetables
G. TIDAR
NEFIS N°FY5312a Date 14·11·44
M.I.J.

2급 비밀.

네덜란드령 동인도군 정보국

뉴질랜드 보험사 빌딩

334-338 퀸 스트리트, 브리즈번

NO. AI2/8582/G.
첨부: 4

전화번호. U7076
U7077
U7078

날짜:1944년 11월 18일

주제: 심문보고서.

네덜란드령 동인도군 정보국 심문보고서

482호, 507호, 511호, 531호, 544호, 551호 합본 (개별호 미발행).

1. 첨부된 문서는 네덜란드령 동인도군 정보국 심문보고서 482호, 507호, 511호, 531호, 544호, 551호 합본이다(개별호 미발행).

2. 이 보고서에 포함된 정보는 피난민을 대상으로 한 심문에만 근거하고 있으며, 이를 고려하여 평가해야 한다.

3. 이 안에 담긴 정보를 배포하는데 주의를 기울이도록 한다. 이 보고서의 전체 또는 일부분을 활용할 경우, 피난민의 친지가 위험에 빠지거나, 적군의 보복에 노출되는 것을 막고, 중요한 정보의 출처가 막히지 않도록 관련된 이름, 지역 등이 특정되지 않아야 한다. 복사본.

중령. S. H. 스푸어.(S.H.Spoor)
네덜란드령 동인도군 정보국 국장.

배포:
첨부된 목록 참조.

(중략)

2급 비밀.

네덜란드령 동인도군 정보국,
뉴질랜드 보험사 빌딩,
334-338 퀸 스트리트,
브리즈번.

복사본 43호.

네덜란드령 동인도군 정보국 심문보고서

482호, 507호, 511호, 531호, 544호, 551호 합본 (개별호 미발행).

주: 이 보고서는 44년 5월-9월 중 룸버폰섬(Roemberpon Island), 뉴브리튼섬과 눔포르섬(Noemfoer Island)의 연합군에 의해 풀려난 한 명의 메나도인(Menadonese), 한 명의 마도라인(Madoerese), 한 명의 순다인(Soendanese)과 세 명의 자바인(Javanese) 정보원을 심문한 내용을 담고 있다. 일본 공군에 징집되고 정비공으로 고용되었던 한 자바인 민간인 정보원을 제외하면, 이들은 모두 헤이호 부대에 강제 징병되었다.

메나도인 정보원은 이전에 포로였다. 마도라인, 순다인과 두 자바인 정보원은 일본인에게 억류되었던 전직 군인이었다. 순다인 정보원은 가까스로 탈출하였고 나머지 세 명은 42년 5월경에 풀려났다.

(중략)

XIII. 일반정보.

일본인 고위장교의 자바 방문: 정보원은 43년 1월 한 일본인 고위 장교가 마겔랑(Magelang)(자바 중부)에 도착했다고 말한다. 정보원은 그를 (구) 네덜란드 주재원 공관에서 보았다. 그 장교는 일본인 육군 장교들과 헌병들에게 둘러싸여 있었다. 모든 주변 마을은 마을의 수장들에게 주어진 일장기를 걸거나 보여주도록 강요받았다. 마겔랑(자바 중부)의 티다 언덕(Tidar Hill)의 꼭대기에서도 일장기가 보여야 했다. 후에 헤이호 부대에 있을 때, 정보원은 그 고위장교가 일본의 수상인 도조라고 전해들었다.

민간인 수용소 : 한 정보원은 43년 11월에 가도방콘(Gadobangkon)(자바 서부)에 인도네시아 군 인력의 아내와 가족을 위한 수용소가 있었다고 말한다. 이 수용소는 치마히(Tjimahi)와 파달라랑(Padalarang) 사이의 철길 근처에 위치한 (구) 제7일 안식일 재림파 선도 학교 건물에 위치해 있었다(1/50,000 sheet 39/XXXIX-C grid. 75.5x24.4 참조).

수감자는 아래와 같이 추정된다.

메나도인 250명　　암본인(Ambonese) 20명　　티모르인(Timorese) 10명

모든 수감자들은 여성과 아이였고 나이가 있는 소년들은 별도의 건물에 있었다. 그들은 가사를 제외하면 어떤 것도 하지 않는 것처럼 보였다. 건물은 타일로 된 지붕과 벽돌로 이루어져 있었다. 수용소는 대나무 울타리로 둘러싸여 있었다. 수용소의 경계를 순찰하는 경찰(Field Policeman) 한 명이 상시로 보초를 섰다. 여성들 모두 치마히(Tjimahi)에서 식량을 사거나, 그들의 옷가지를 팔아 식량을 사기 위한 돈을 버는 등 일상적으로 밖에 나가 볼일을 보는 것이 허용되었지만, 모두가 19:00까지는 수용소로 돌아와야 했다. 어떤 방문자도 보이지 않았고 정보원은 방문이 허가되는지 아닌지 알 수 없었다. 그가 보았던 여성은 마르고, 초췌하고, 누더기를 걸쳤으며 아주 비참한 상태였다. 아이들도 마찬가지였다. 정보원은 일본군 인력이 트럭에 100킬로그램짜리 쌀 열두 가마니를 싣고 수용소로 향하던 것을 본 적 있다. 자루가 터졌을 때 나온 낟알들은 부서지고 쪼그라들어 있어서, 매우 질이 낮아 보였다.

레스토랑: 43년 7월에 반둥(Bandoeng)(자바 서부)을 떠난 한 정보원은 15세에서 25세 사이의 몇몇 유라시아 및 현지 여성이 여러 레스토랑에서 일하는 것을 보았다. "상하이(Shanghai) 레스토랑"은 일본인 장교들 전용이었고 부지는 대나무 울타리로 가려져 있었다. 자전거를 타고 지나가면서 정보원은 3명의 어린 네덜란드인 여성들이 이 부지를 들어가거나 나가는 것을 두 번 보았다. 그는 여성들의 국적에 대해 확신했다. 그루트 포스트웨그(Groote Postweg)의 "인디쉬(Indisch) 레스토랑"은 일본인 장교와 다른 계급 모두에게 열려있었다. "콘코디아(Concordia) 클럽"은 일

본 장교들 전용이었고 역시 보이지 않게 가려져 있었다. 정보원은 2명의 어린 네덜란드인 여성들이 이 클럽에 들어가는 것을 한 번 보았다.

중령. S. H. 스푸어.(S.H.Spoor)

네덜란드령 동인도군 정보국 국장

캠프 컬럼비아, 1944년 11월 18일.

AI2/8582/G.

첨부:

NEFIS 지도 FY 5332호 – 안디르(Andir) 항공장 확장.

〃 〃 〃 5312a호 - 마겔랑 도시 계획.

9

Compilation of NEFIS Interrogation Reports Nos. 506, 508-510, 519, 528, 529, 532, 536, 541, 548

RG 319 Entry UD 82-A Box 2007

이 문서는 1944년 11월 30일자 506호, 508-510호, 519호, 528호, 529호, 532호, 536호, 541호, 548호 합본 심문보고서이다. 미군이 일본군으로부터 해방한 11명의 자바인을 심문하여 얻은 정보를 바탕으로 작성되었다. 이들은 모두 전직 군인으로 헤이호 부대에 강제편입되었다가 풀려난 상태였다. 자바섬의 푸르워조(Poerworedjo)의 군사병원이 폐쇄되고, 일본인들을 위한 위안소로 활용되었다는 내용이 포함되어 있다. 위안소는 철조망으로 둘러싸여 있었고 입구는 일본 헌병이 감시했다고 한다. 1943년 5월 자바섬 중부의 마겔랑(Magelang)에도 병영 근처에 일본군 전용 위안소가 세워졌고, 현지인 여성들이 '위안부'로 동원되었다고 한다. 이 보고서에서는 앞에서 언급한 위안소 이외에도 마겔랑에서 기존의 호텔 건물을 이용한 일본군 장교 전용 위안소(brothels)가 설치되었다는 내용 또한 확인할 수 있다.

*KC SECRET

93953

NETHERLANDS FORCES INTELLIGENCE SERVICE

(NEFIS)

NEW ZEALAND INSURANCE BUILDING,

334-338 QUEEN STREET, BRISBANE.

No: AI2/8947/G.

SECRET

30th November, 1944.

4 - DEC 1944

Enclosures: 2

Subject: Interrogation Report.

Compilation of NEFIS Interrogation Reports Nos: 506, 508-510, 519, 528, 529, 532, 536, 541 and 548 (Not issued separately).

1. Attached is Compilation of NEFIS Interrogation Reports Nos. 506, 508-510, 519, 528, 529, 532, 536, 541 and 548 (Not issued separately).

2. Information contained in this report is based solely on interrogation of evacuees and should be evaluated accordingly.

3. It is requested that care be taken in the distribution of the information contained therein. If the whole or any part of this report is reproduced, no indication may be given of names and localities concerned, to avoid compromising relatives of evacuees and exposing them to enemy reprisals, and to prevent closure of important sources of information.

Lt. Col. S. H. Spoor.
Director NEFIS.

Distribution:

See attached list.

Copy No: 41

MIS 93953

*Mil-1
Route
Pol
Econ
Socio
Prop
Topo
WW
Lib
HQAAF-1

SECRET

DISTRIBUTION:	No. of Copies.	Copy No.
Ex. H. van Mook. Lt. Gov. Gen.	1	1
B.S.O. through O.B.S.O.	2	2-3
O.B.S.O.	1	4
Economic Int. Section GHQ. New Delhi via B.S.O. - Colombo	1	5
C.L.G.	1	6
M.C.A.	1	7
D.B.B.	1	8
Departmental Heads	5	9-13
Min. v. Kol., Att. Col. de Blieck.	1	14
Ministry of Economic Warfare Foreign Office, London, via Col. de Blieck, London	1	15
Contr. A.I.B.	1	16
G.2., G.H.Q.	2	17-18
A.C. of S., G.2. USAFFE	1	19
Director of Intelligence, Allied Air Forces, S.W.P.A., A.P.O. 923	5	20-24
RAAF Hq. N.W. Area, Darwin	1	25
Assistant Director of Intelligence Advanced Echelon, Allied Air Forces, S.W.P.A., A.P.O. 925	4	26-29
D.M.I.	1	30
A.D.M.I.	1	31
D.N.I.	1	32
COISEF through D.N.I.	1	33
Seventh Fleet Intelligence Center	1	34
Chief of Air Staff RAAF Hq.	1	35
Director A.G.S.	1	36
O.in C., A.G.S., N.E.I.Section	1	37
Co-Ordinator ATIS	1	38
FELO, Hq.	1	39
FELO, Melbourne	1	40
N.R.C.C.S.	4	41-44
N.F.L.O. Darwin	1	45
N.F.L.O. Perth	1	46
S.R.D.	1	47
S.R.D. Brisbane, (Maj. Wigan)	1	48
S.I.A.	1	49
Dir. Gen. of Security	1	50
CSONICA Kandy	1	51
Capt. v. Eechoud of SONICA, A.P.O.565	2	52-53
Mr. W. H. de Roos	1	54
NEFIS Officer A.I.B.	1	55
NEFIS	13	56-68
Netherlands Staff Officer, G.3., APO 500.	1	69
Dutch Liaison Officer, A.2.Hq. 13th Air Force, A.P.O. 719	2	70-71
A.C. of S., G.5., G.H.Q.	1	72
D.L.O. Allied A.F. Old Courier Bldg.	1	73
FELO, Hollandia, (Att.Maj.Kremer).	1	74
Mil.Att.Canadian Emb.Canberra	1	75
Senior Intell.Officer,First Tactical Air Force, RAAF, A.P.O. 704	1	76
Combined Advisory Committee on Tropical Medicine, Hygiene & Sanitation, Rear Echelon, GHQ, SWPA, A.P.O. 500	1	77
Ltz.I. C. den Hollander G.H.Q., G.4. G.4., A.P.O. 500	1	78
C.O., N.I.O., Hq. Merauke	1	79
MIS-X Section. A. A.F.	1	80

SECRET

93953 2

SECRET

EMR. SECRET.

NETHERLANDS FORCES INTELLIGENCE SERVICE,
NEW ZEALAND INSURANCE BUILDING,
334-338 QUEEN STREET,
BRISBANE.

Copy No. 41

COMPILATION OF NEFIS INTERROGATION REPORTS Nos. 506, 508-510, 519, 528, 529, 532, 536, 541 and 548 (Not issued separately).

NOTE:

The above reports refer to 11 Javanese infs released by U.S. Forces on Noemfoer Island, Roemberpon Island and on Dutch New Guinea during Jul - Sep 44.

All infs are former soldiers and had been forced to join Hei-Ho units. After the capitulation, six infs were interned by the Japanese and subsequently released. Three infs managed to escape internment, one escaped from a PW Camp, while the last one was not interned as he was a pensioner.

To facilitate reference, the places covered in this report are listed hereunder, by sections:-

III. TACTICAL DATA ON ENEMY MILITARY FORCES.

East Java:	Mid-Java:	West Java:	D.N.G.:
	Poerworedjo Gombong Magelang	Bandoeng	Andai Ransiki Waren Sjeri Manokwari Babo Moemi Noemfoer Is.

V. BASIC AIR INFORMATION.

Mid-Java:	West Java:
Djenar	Bandoeng

VII. GEOGRAPHICAL INFORMATION.

Mid-Java:
Poerworedjo

VIII. POLITICAL AND SOCIAL INFORMATION.

Mid-Java:	West Java:
Poerworedjo Magelang Gombong	Bandoeng

SECRET

IX. ECONOMIC INFORMATION.

Mid-Java:
Magelang Gombong Poerworedjo Koetoardjo Pajaman

X. PROPAGANDA AND PSYCHOLOGICAL WARFARE INFORMATION.

East Java:	Mid-Java:	West Java:
Soerabaja	Magelang	Bandoeng

XI. ATROCITIES.

Mid-Java:	West Java:	D.N.G.:
Magelang	Lembang Bandoeng	Noemfoer Is.

93853 3

XII. PERSONALITIES.

East Java:	Mid-Java:	D.N.G.:
Soerabaja	Semarang Gombong Magelang Poerworedjo	Noemfoer Is. Manokwari

XIII. GENERAL.

Mid-Java:

Poerworedjo
Magelang

SECRET

III. TACTICAL DATA ON ENEMY MILITARY FORCES.

Dispositions and Strength of Organizations and Units:

F-O a. Poerworedjo (Mid-Java: In Aug 43, there were approximately 100 Japanese troops quartered in the former 2nd Depot Bn Bcks. These troops were seen drilling from time to time, and it was observed that they had 3 machine guns (Model 92, 1932, 7 mm, heavy type). The new bcks near the railway station were empty. Another inf reports that there were no Japanese troops in Poerworedjo up to Jul 43, but only occasional patrols.

b. Gombong (Mid-Java): An inf who stayed at Gombong from Mar 42 until Sep 43, states that there were no Japanese troops there during this period.

F-O c. Magelang (Mid-Java): An inf states that up to May 43, at Magelang the only bcks he was aware of which quartered any number of Japanese troops was the former Kader School (School for NCOs).

Another inf estimates that about Jun 43, there were 200 Japanese quartered in Magelang, armed with captured Dutch rifles. They were seen training with Japanese light machine guns, (Model 11,1922, 6.5 mm). Personnel were mostly 1st and 2nd class privates.

In Jun 43, the former residence of the N.E.I.General at Magelang, was occupied by a Japanese general, name unknown. Inf saw this general driving in a motor car bearing a yellow pennant, and escorted by a police motor cycle. The general used to swim every Monday at Kali Bening, Pajaman, Magelang, when the route would be lined with village chiefs who had to salute him.

d. Dutch New Guinea: An inf saw about 50 Japanese, apparently Army Engineers, at Andai in Jul 44, who were constructing atap sheds near a bridge over the river at this point.

He also observed in Aug 44 at Ransiki about 100 Japanese Naval personnel. These men were planting vegetables; they held up passing Hei-Ho personnel, forcing them to work on the gardens.

F-O Inf is certain that on 2 Sep 44, at least 1,000 Japanese Infantry were stationed at Waren, with large quantities of stores dispersed in foxholes and in tents.

Inf also saw on 2 Sep 44, when leaving Sjeri (near Mawi Bay), a Japanese post at a point where the track came out at the foot of high rock cliffs on the seashore. South and west of this point on the Babo track, up to the track leading to Aer Kerbau, inf did not meet any Japanese.

Auxiliary Troops: In Aug 44, in the Waren-Moemi district, DNG, an inf met a Javanese relative who had just escaped from Babo. The latter told inf that only 45 of the 431 original strength of Hei-Ho Butai No. 48 (2 Japanese officers, 9 lower ranks and 420 Indonesians) evacuated from Manokwari in Jul 44, had reached Babo, (namely 2 Japanese officers, 6 lower ranks and 37 Indonesians).

Inf estimates that about 100 Indonesians of this Butai died en route from Andai, DNG, and that possibly 100 have been released. The others probably are hiding with the Papuans.

Inf states that the third company of Butai No. 48 was transferred from Manokwari to Noemfoer Island, DNG, in Apr 44 and he knows that 17 of the original strength of 200 Indonesians have been released.

SECRET ..53 4

According to the same inf, remnants of one company of Formosa Labour Corps remained at Manokwari, after the general exodus in Jun - Jul 44. They probably number 200.

Supply Arrangements and Installations: According to one inf, there was apparently a secret depot for enemy equipment at Noorder Magazijn Straat, Bandoeng (W. Java). It is stated that the buildings had a Red Cross painted on them. Hei-Ho personnel were informed that this was a military hospital for Japanese, but it is significant that when Hei-Ho passed the buildings under escort anyone caught looking was beaten. Strict precautions were taken to prevent anyone getting information regarding these buildings. They were surrounded with barbed wire and the entrances guarded by Japanese personnel. Inf last saw these buildings in Nov 43.

Radar and Radio Stations: An inf states that in May 43 there was a radio station with one mast on Tidar Hill, near Magelang (Mid-Java). At the top of this mast there was a round object (? radar).

V. BASIC AIR INFORMATION.

Locations of Air Installations: An inf states that he heard many times between May 42 and Jul 43, that the Japanese were making an airfield at Djenar, 7 miles south of Poerworedjo (Mid-Java).

Another inf states that while at Bandoeng (W. Java) from Sep to Nov 43, he heard the same report.

VII. GEOGRAPHICAL INFORMATION.

Roads: In Jul 43, an inf saw preparations being made (surveying etc) for the construction of a motor road from the village of Winong near Poerworedjo in Mid-Java to Maron. There was then only a bridle path. The new road was to be about 5 metres in width.

VIII. POLITICAL AND SOCIAL INFORMATION.

General Living Conditions: In Oct 43, villagers in Kg. Moedalredjo, Poerworedjo (Mid-Java), were variously affected by altered conditions under Japanese control, which can be summarised as follows:-

Owners of fair sized areas of sawah (rice fields) were allowed to retain only one third of their paddy for home consumption; the balance was impressed at low prices by the Japanese. Consequently this class did not employ coolies, and the yields from this type of holding were much reduced.

Owners of small areas of sawah were little affected as they were allowed to retain all their paddy which they supplemented with tapioca roots and sweet potatoes.

The condition of the coolie classes was pitiable. Having no land of their own to cultivate and with former employment (on sawahs of the larger land owners) denied them, they were reduced to begging. Such mendicants were rarely seen before the Japanese conquest.

Security Regulations and Censorship: One inf states that he heard in 43 that on the branch road leading from Poerworedjo to Goenoeng Geger Mendjangan (Mid-Java) there was a Field Police post prohibiting all traffic along this route. This branch road leads off the main road from Poerworedjo to Magelang about 1 km north of Poerworedjo. Inf is unaware of the reason for this. Another inf heard that there was a searchlight on the top of Goenoeng Geger Mendjangan.

Relation between Japanese and Local Population: While on leave in Kg. Moedalredjo, Poerworedjo (Mid-Java) in Oct 43, an inf met and discussed conditions with many people, and despite reticence arising from widespread espionage he was impressed by the covert hostility to the Japanese, which had undoubtedly increased since his former visit in May 1943.

An informant from Magelang (Mid-Java) states that at the time of the entry of the Japanese into the town in Mar '42, the inhabitants were afraid, but inwardly had no respect for the enemy. They were surprised that such a race could conquer the Dutch and were apprehensive as to the results of a change of government. They criticised the appearance of the Japanese and their ragged uniforms.

Another informant states that in his opinion, from observations made in Bandoeng (West Java) during 8 to 11 Mar '42, a great number of the town dwellers were pleased at the victory of the Japanese. On his return to his village at Gombong (Mid-Java), however, in May '43, he found that all the villagers were most disturbed over the Japanese occupation, largely because of the new regulations and the predatory habits of the invaders.

He adds that the Chinese were so upset that they would not look at any Japanese passing through, unless compelled. Informant states that when the Japanese originally arrived at Gombong they brought with them many prisoners from neighbouring gaols, who had been released and who were allowed to loot the Chinese shops. The Javanese shops, situated in a different quarter, were left untouched. Informant denies that the village people joined in this looting.

Civil Government of Occupied Areas: At Magelang (Mid-Java), in Jun '43, a number of Japanese members of government services were billeted with Japanese Kempei personnel in buildings of former Europeesche Lagere School (European State School). These Japanese officials wore insignia of their service on the left breast in the form of a line of five stars graduated down in size from the centre outwards. Some of these men were engaged in Stadspolitie Kantoor (Town Police Office), some in the Municipal Offices and some in the former Regency Office. The total number of those personnel employed in Magelang in Jun '43 was estimated at about 100.

Taxes: An informant who left Kg. Djatingaran, Poerworedjo (Mid-Java) in Aug '43, states that he had to pay /1.86 as taxes for his house and garden, as against 86 cents previously. This property measured 120x100 metres. For 1 bouw (1.75 acres) of rice fields, informant had to pay /3.30 tax as against /2.50 pre-war.

Civil Service Courts, Etc: In the Poerworedjo (Mid-Java) district, offenders were apprehended by the Field Police and taken before the District Court (Landraad) on the bench of which sat Japanese Kempei with Javanese law officers.

Another informant states that the District Court (Landraad) at Gombong (Mid-Java) functioned with a Djaksa (Indonesian Magistrate) only. No Japanese were seen by informant in Court.

Organizations:

Political: An informant who left Magelang (Mid-Java) in Oct '43, states, that prior to the Japanese conquest he knew nothing of the "Parindra" movement but thereafter its influence was soon in evidence, particularly in Municipal affairs in Magelang, where membership of "Parindra" practically insured an appointment. Informant knew of two Javanese who became Municipal officials. They lived in informant's village and work the uniform adopted by the "Parindra" movement - an orange forage cap with yellow leather chin strap and a Japanese flag insignia on right side; short sleeved khaki shirt and khaki shorts. These two Javanese worked at the Municipality office from 7.a.m. to 2.p.m. and spent their afternoons in making enquiries in the village for Allied sympathisers, speakers of Dutch and for hidden weapons. One aged pensioner was arrested and sentenced to 5 months imprisonment for speaking Dutch - this on information supplied by these Parindra men to the Field Police

The offices of the "Parindra" movement bore above the door inscribed in large letters O.P.K.O. but informant does not know their significance. The offices were in a former Dutch residence in Djambon Straat, Magelang (Mid-Java). (Note NEFIS: Party Indonesia Raja (Parindra) existed before the war; its aim was self-government).

Military: An informant states that at his village of Danaradja in the Gombong district (Mid-Java) there were no youth movements and gives as a reason that his village is in the hills. At Gombong (Mid-Java), however, there were Kaibodan and Seinendan, but no Soekarela.

Another informant declares that in Jul '43 at his village of Serin near Poerworedjo (Mid-Java) there were about 15 Kaibodan. The leader was the schoolteacher, a Javanese. They drilled daily and had P.T. Their function was the maintenance of law and order within the village. They were not disliked or distrusted by the villagers. Youths from 17 to 19 years were conscripted for this duty.

Medical Treatment and Supplies: At Magelang (Mid-Java) up to May '43, the Mission Hospital was still open. Informant adds that it was in charge of a Dutch doctor who was not interned. There were male nurses as well as sisters. In-patients were admitted. Limited medical supplies could be purchased in Magelang. The Indonesian Maternity Hospital at Boedirahajoe, Magelang (Mid-Java) was functioning up to May '43.

An informant who left Magelang in Jun '43, states that before the war he was an attendant at the Mental Asylum at Kramat, near Magelang. Informant declares that the Japanese abolished free care, treatment and custody of patients of poor families. These wretched creatures were left to the care of their families and to the danger of the public. If the family was able to pay, a patient was admitted at a minimum rate of /5.00 per month, rising to /15.00 per month, if the family was in slightly better financial circumstances. Pre-war, /3.00 per month was the highest rate charged. Informant on one visit in early '43 noticed that treatment of patients particularly the violent ones, was harsh in the extreme in contrast to former methods. A Javanese, Dr. Soe[illegible] was appointed Director of this Asylum by the Japanese. Wages of attendants were reduced; those employed on informant's former scale had been reduced from /17.50 per month to /7.50.

Java F-O

In Jun '43 the military hospital in Magelang was still being used specially for Japanese officers (sick and mental cases). Informant saw Japanese soldiers (mental cases) on several occasions running naked along the railway line near informant's village. Sometimes patients were eating live ducks, feathers and all. A number of the Japanese mental patients threw themselves under trains.

At Poerworedjo (Mid-Java) up to Jul '43, the former hospital was still open. The Dutch doctor in charge had been retained. There were about 6 Indonesian nurses. The Military hospital was not occupied. Informant adds that medical supplies could be purchased at the above civil hospital but only in limited quantities.

The former civilian hospital at Kg. Doplang, near Poerworedjo (Mid-Java) was still in use under a Javanese doctor in Aug '43. There were also Javanese nurses.

Treatment of Prisoners of War and Internees: An informant declares that in the former detention house behind the gaol at Magelang (Mid-Java) Kempei tortured prisoners. It was guarded by Town Police and was surrounded with concrete walls topped with barbed wire. The entrance opens on to Kedjoeron Street. In Nov '42 a Javanese friend of informant, Sergeant Gono, of Reserve Corps 2nd Batt. amongst other cruelties had his moustache torn out by the roots.

In the same month informant saw a Chinese hanging [illegible]

93953 7

from a tree before this building as if unconscious. He heard next morning that this victim had died.

IX. ECONOMIC INFORMATION.

Agricultural Commodities:

Production: In Jun '43, the Kajoe Poering Coffee Plantation near Grabag, Magelang (Mid-Java) was still in exploitation under management of a Dutchman aged about 60, short, stout with beard, who wore a white brassard with a red ball. The Plantation seemed in good condition and informant saw the manager inspecting work in the gardens.

Up to Jul '43, at the village of Danardja in the Gombong district (Mid-Java) the villagers planted beans, maize and potatoes as intermediate crops. Wild animals did much damage as all rifles formerly used by villagers for the destruction of these animals had been called in by the Japanese.

Price: In Moedalredjo, Poerworedjo (Mid-Java) in May '43 the price of coconuts was as follows:-

For the largest size	3 cents each
For medium nuts	2 " "
For small nuts	1½ " "

(Interrogator's note: This information is in direct contradiction to prices quoted in Interrogation Report No 547 as being paid by the Co-operative concern in the same district but in a different village. On point of credibility present informant is to be preferred).

Foods: An informant states that at his village of Serin near Poerworedjo (Mid-Java) rice crops are grown twice yearly. During the time he stayed in the village, from May '42 up to Jul '43, no part of the rice crop was taken from the owners. It was not rationed and was sold freely in the market at pre-war prices. Informant is quite certain of this. No black? rice was allowed to be planted by the Japanese. No djarak, rami or cotton was planted.

Industries and Manufacturing: In the former military barracks at Gombong (Mid-Java) in Jul '43, the Japanese had started a fibre factory for the purpose of making bags, but informant does not know the kind of bag. He states that about 300 coolies of both sexes were employed in this factory.

At Magelang (Mid-Java) up to May '43, the cigarette factory known formerly as "AROMA" was still operating. The cigar factory known formerly as "Kho Kwat Io" was closed at the time of the surrender in May '42 but re-opened later. Informant states that it was in operation under Japanese supervision in May '43.

At Poerworedjo (Mid-Java) in Jul '43, an informant noted the following details of industries:-

Rice bag manufacture	:	There was a former Dutch residence on the west side of the Aloen-aloen in which bags were being made. About 40 coolies of both sexes worked there.
" " "	:	Another factory which before the war made sarongs now turns out rice bags.
Soap factory	:	The former soap factory behind Kg. Kaoeman was closed.
Rice Mill	:	The former rice mill close to the Police Station was closed.

Saw Mill : The former hand worked mill near the railway station was still operating.

Ice Factory : Still working.

Lemonade Factory : Still working.

Another informant who lived at Pramboen near Poerworedjo up to Jul '43, declares that the teak forests were being felled. There was a daily haulage of this timber to Poerworedjo sawmill. The baulks of timber measured about 18 inches in diameter and from 10 - 20 metres in length. They were transported along a rough path to Kg. Winong and then loaded on "grobaks" (bullock carts) hauled by coolies.

At Moedalredjo, Poerworedjo (Mid-Java) in May '43 a Chinese was still exploiting a sun dried copra yard.

An informant gives details of a phosphate industry at Kg. Idjoe, 3 miles west of Gombong (Mid-Java), last seen in Aug '43. The raw material was brought from a river situated about 300 m. distant. About 1,000 labourers worked at this factory day and night. Motive power was electric. The manager lived close by; he was a very stout Dutchman. Informant states that this industry was established before the war, under the same manager.

The material is stated to resemble earth and on arrival at the factory it is broken up with ordinary hammers. It is then refined. It is dried in the sun in large trays which are contained in metal cases about 1 m. high, 2 m. long and 2 m. broad. These trays are in layers and can be pulled out for drying and closed when wet or at night. The refined product had the appearance of light, very fine sand, so powdery that the coolies were covered with it.

In this factory informant has seen 2 Japanese in civilian clothes, said to be employees of the Japanese control known as "Kantoor Minseibu".

The factory lies close to the railway and trucks take away the product. Informant has not seen the containers but he has heard these were casks.

F-O The former rice and coconut oil factory at Koetoardjo (Mid-Java) was in full swing in Aug '43. Informant stated that the rice and also the coconut oil was sent to operational areas, packed in tins.

In Jul '43, the former sugar factory "Medari" near Magolang (Mid-Java) was being used by the Japanese for making peanut oil. Informant stated that the peanuts were obtained from various districts. Many women and children worked in this factory.

Minerals and Metals: Kerosine was sold in Gombong (Mid-Java) in Sep '43, at the rate of 1 cigarette tin full for 4 cents. In appearance it was similar to solar oil. Its issue was subject to the permission of the village head; it was sold once or twice weekly. An informant states that the head of his village, MrantiSomodihardjo, Poerworedjo (Mid-Java) in Sep '43, was permitted to buy kerosine up to 4 tins per month. The brand was "Crown" as formerly. No villager could purchase this commodity, except through the villagehead who sold it to his villagers at the price of 3 cents for 1 cigarette tin full per month. When this small ration was exhausted coconut oil was used.

Transportation:

Inland Rail: In Oct '43 an informant observed that the ballast of the tracks between Magolang and Pajaman (Mid-Java) had been widened along the entire length to the extent of one metre on either side.

Motor: In Oct '43, four buses ran each way daily between Magelang and Poerworedjo (Mid-Java). Informant estimates that

 33953 9

pre-war there were no less than 20 each way per day. The buses in use were formerly owned by the A.D.A.M. concern. Servicing of buses was done in the workshops at Magelang, to which place all buses returned every night.

Utilities:

Water: About the middle of '42, at Magelang (Mid-Java) the rate per tap was raised from /1.50 to /2.00 per month in the town area.

Power: No power generating unit was operating in Magelang (Mid-Java) in Jun '43, but current came from the hydro-electric power installation at Toentang near Ambarawa, (Mid-Java) as formerly. Rates unknown.

In Jul '43, the power station at Poerworedjo (Mid-Java) was situated opposite the Post Office.

Commerce:

Real Estate: An informant knew of the sale in '43 of one piece of village land held in perpetuity in the village of Moedalredjo, Poerworedjo, (Mid-Java). It passed from one Javanese to another inhabitant of the district, and there was apparently no restriction on the sale. Informant states that among Javanese, providing the goodwill of the Assistent Wedana is secured, there is no trouble in dealing in land. Informant estimates that in '43 land values in this locality were only about 70% of their 1941 price.

X. PROPAGANDA AND PSYCHOLOGICAL WARFARE INFORMATION.

Allied:

Morale of Civilian Population:

Changes in Morale: An informant declares that up to the time he left Java in Nov '43, the people with whom he lived at Magelang (Mid-Java) and Soerabaja (East Java) had maintained their morale. It was believed firmly that the Allies would land in Java and that the Dutch would re-establish their Government. Informant adds that it was noticeable that the longer the war lasted, the higher the morale of the people became, based on the expectation of the expulsion of the Japanese.

Enemy:

Non-Radio Propaganda:

Posters, Pamphlets and Leaflets: At Magelang (Mid-Java) on the east side of the Aloen-Aloen, from about the beginning of Jan '43 up to May '43, a poster was observed on which was a picture of a Javanese man and woman and under this was written "Kamoe haroes beladjar bahasa Nippon". (You are ordered to learn the Japanese language). There was another poster near an area bordering the main street with illustrations of Japanese note currency.

Speeches: At Kg. Djambiwangi, Sotjang, Magelang (Mid-Java) practically every week a Javanese agricultural labourer named SOEMOPAWIRO (formerly a policeman in Magelang) made pro-Japanese speeches and threatened with arrest those who did not attend and listen; this continued up to the time of informant's departure in Jun '43.

Parades: In Bandoeng (West Java) about Oct '43 informant saw a parade organised by the Japanese. There were at least 300 troops marching with a considerable number of horse-drawn artillery pieces of Dutch origin. They marched to the racecourse where speeches were made by Javanese, but informant could not hear what was said. In the procession were Hei-Ho (?Seekarela) numbering about 300, carrying bamboo poles and wearing green uniforms of Dutch origin.

Movies: An informant states that at Magelang (Mid-Java) from about May '42 up to May '43, he frequently visited the Roxy Bioscope which had been kept open. Informant only went when Javanese films were being shown, and never saw Chinese or Japanese films although these were shown from time to time.

Language Schools: At the former school for Civil Servants called MOSVIA at Magelang (Mid-Java) there was a language class in Japanese for adults and school children. So far as informant is aware students attended in the afternoons only. He adds that the first time he learnt of this school being run by the Japanese was in Jan '43. It was still open in May '43.

XI. ATROCITIES.

A. Factual:

1. Soepardjo bin Wirodikrama, Javanese soldier, No. 6847, states that on 8 Mar '42 a despatch rider arrived in Lembang (West Java) with news of the capitulation. Informant saw a Dutch 1st Lieutenant seized and his hands tied by some Japanese who took him away in the direction of Bandoeng. Informant saw this officer bayonetted by one of three escorting Japanese in the middle of the road. The officer then fell down and informant did not see him again.

2. The same informant declares that at the former 1st Depot Batt Bcks, Bandoeng (West Java), in Apr '42, he saw 2 Dutch soldiers executed by shooting. They were tied to the wire fence, and blindfolded. Two Japanese shot the men, under the supervision of a Japanese officer. Afterwards the bodies were taken away by PsW. Their alleged offence was that they had tried to escape from internment.

3. Bedjo bin Sarch, Javanese soldier, No. 42922 (Militia), states that at Kg. Djambiwangi, Setjang, Magelang (Mid-Java) in front of the Kramat Mental Asylum and near the Aniem transformer house, at about 2.p.m. one day in Jun '42, he saw two Japanese officers drag from an automobile a Chinese and a Javanese, both civilians, with their hands tied behind them. These two were made to kneel and were shot dead with pistols, one by each of the Japanese officers. Informant recognised the victims as the Chinese overseer of the Tobacco Godown in Kg. Nanggoelan, Magelang, and the Javanese foreman of the same place. The bodies remained unburied for about a week, when the villagers were forced to take action because of the stench. Informant does not know names of the Japanese officers.

B. Heresay: One Noemfoer Island, Geelvink Bay, DNG, about Jul '44, an informant was told by two Madoerese who though bayonetted at the time, survived and escaped, that 14 men (10 Madoerese and 4 Javanese) missing from a Hei-Ho detachment of 56 originally sent from Manokwari, DNG, had been bayonetted to death by Japanese. The names of the four missin, Javanese were Parmin from Koetoardjo (Mid-Java) Paimin from Magelang (Mid-Java), Pardjo from Magelang (Mid-Java) and Parijo from Poerworedjo (Mid-Java).

XII. PERSONALITIES.

Army Personnel:

Hei-Ho Butai Araitai, Noemfoer Is. (DNG);

SECRET

Kujita (Goenso) [Gunsō])	Believed to have fled to interior of Noemfoer Is. in Jul '44.
Inoye (Djotohei) [Jotohei Superior Pvt])	
Odjawa ")	
Matjamoto ")	

According to informant, these 4 Japanese may be regarded as responsible for the murder of the 14 Hei-Ho reported above.

Hei-Ho Butai No. 48, Manokwari, DNG:

Moesima, rank Goenso (Sgt), short, fat, a Chaplin moustache, aged about 50.

Tanaka, rank Goenso, short fat, cleanshaven and knockkneed, about 50.

Osaka, rank Gotjo [Gochō] (Corporal), tall and well built, aged about 50.

Nakadju, rank Gotjo, medium height, fat, aged about 30.

Okano, rank Djotohei (1st class private), short, aged about 30.

Nangai, rank Itohei (2nd class private), short, thin, large beard, aged about 35.

These men were reported to have reached Babo in Aug '44.

Hei-Ho Butai Chuchuwitai, Manokwari, DNG, Nov '43:

1st Lt. Chuchuwi
" " Kamada
Sgt. Ota
Private Watanapi

Military Police (Kempei): One informant states that in his Hei-Ho Butai Araidatai there were 2 NCO's who went over to Kempei. Their names and details are as follows:-

1. Raden Soedijono - former Corporal in the RNEI Army. Was promoted to Komitjo and wore a badge on upper left sleeve denoting ability to speak Japanese. Left Soerabaja with informant on 8 Nov '43, and landed at Manokwari on 29 Nov '43. Joined Kempei about Dec '43. Wore civilian clothes. Came from Semarang.

2. Parman - former sergeant 1st class of RNEI Army (Marechaussee). Said to have been stationed in Soerabaja. Left Soerabaja with informant on 8 Nov '43 and arrived with him at Manokwari on 29 Nov '43. Was promoted to Komitjo and wore a good conduct badge on left upper sleeve. Did not speak Japanese. Joined Kempei in Manokwari shortly after Raden Soedijono in Dec '43. He then wore civilian clothes and lived in Kempei quarters together with Raden Soedijono.

SECRET

Civilian Officials: The Assistent Wedana (name unknown) living at Sempor in Gombong District (Mid-Java) is an active partisan of the Japanese. Informant has seen him each Friday up to Jul '43, attend the mosque in Semper and after the usual obeisance towards Mecca, he would turn in the direction of Tokyo and bow deeply, after which he called "Banzai" three times, all the congregation following suit, including the Pengoeloe (Mohammedan priest). The interior of the mosque was visible to any passers-by. This Assistent Wedana always showed active dislike of any RNEI Army Personnel. He spoke to the informant threatening him that if he and his fellow villagers did not fall in with Japanese wishes. their crops and houses would be destroyed. He extolled the blessings of the Japanese and deprecated Dutch rule.

In the town Police at Magelang (Mid-Java), a Javanese detective named Tjokro was most brutal to the village folk (Jun '43).

Soemopawiro of Kg. Djambiwangi, Magelang (Mid-Java) is a notorious Japanese propagandist who gave weekly speeches to the villagers (Jun '43) and was head of the Kaibodan.

Raden Soeprapto and Marto Roestam, both Javanese members of "Parindra", and both municipal overseers, acted as spies against their fellow villagers in Djambiwangi, Magelang (Mid-Java).

An informant states the schoolteacher at his village of Serin in Poerworedjo district (Mid-Java) was pro-Japanese. Informant cannot remember his name but states that this man had been for many years in his village. Alongside this village lies Kg. Kerojo, in which lives another goeroe who teaches at another school in Kg. Serin, known locally as "Angka doea". Informant declares that this man is also pro-Japanese. They continually insulted ex-military personnel and informant has heard them both speak very well of the Japanese and express pleasure at the expulsion of the Dutch.

The Stationmaster at Gombong (Mid-Java) in Aug '43 was a Dutchman, aged about 25-30 years, married, living near the station. He wore a white brassard with the red ball in the centre.

XIII. GENERAL.

Prostitution: In '43, the military hospital in Poerworedjo (Mid-Java) was closed and then used as a brothel for the use of Japanese. It was surrounded with barbed wire and the entrance gate was guarded by a Japanese policeman.

A brothel for soldiers was situated in May '43 near the former 7th Batt bcks in Magelang (Mid-Java). Informant had seen only Javanese girls there. Another brothel reserved for the use of Japanese officers was situated in one of the buildings of the Loze Hotel, Magelang (Mid-Java).

In Jun '43, former Hotel Montague, Pontjol, Magelang (Mid-Java), now renamed Hotel Tanaka, was full of Japanese officers every afternoon; all manner of entertainment was provided from meals and drinks to women who were available in the hotel rooms. The most popular night was Monday when from 50-100 Japanese officers attended.

Civilian Internment Camps: At Magelang (Mid-Java) at Kebon Polo there was an internment camp for female relatives of former Indonesian Army personnel in Magelang. Informant observed this camp on his return from Bandoeng (West Java) about 14 Mar '42, and it was still in operation in May '43. He knows no further details.

In Jun '43, about 500 aged Dutch civilians were held in a godown, formerly used for tobacco storage in Nanggoelang village Magelang (Mid-Java). There were estimated to be 500 inmates, Hollanders and Eurasians aged between 60-80, males only. They were given odd jobs such as clearing grass in camp area.

They were all housed in one large godown, enclosed by a 2 metre high barbed fence of about 8 strands and guarded by Javanese town police armed with pistols and klewangs. They were never allowed out and had no outside contacts. Most of the old men appeared very thin, miserable and frail. Food

93953-13 SECRET

was brought in from outside by Municipal coolies. Informant saw one day's ration and judged it totally inadequate for the large number of inmates. The old men were subjected to brutal treatment by their Javanese guards, particularly in the mornings when they were forced to parade. Old and tottering men were kicked and beaten for their inability to take up positions in the ranks quickly enough.

Lt. Col. S. H. Spoor.
Director NEFIS.

AI2/8947/G.

Camp Columbia,
30th November, 1944.

2급 비밀.

네덜란드령 동인도군 정보국

뉴질랜드 보험사 빌딩

334-338 퀸 스트리트, 브리즈번

NO: AI2/8947/G.
1944년 11월 30일.

첨부: 2

주제: 심문보고서

네덜란드령 동인도군 정보국 심문보고서

506호, 508-510호, 519호, 528호, 529호, 532호, 536호, 541호, 548호 합본

(개별호 미발행).

1. 첨부된 문서는 네덜란드령 동인도군 정보국 심문보고서 506호, 508-510호, 519호, 528호, 529호, 532호, 536호, 541호, 548호 합본이다.(개별호 미발행)

2. 이 보고서에 포함된 정보는 피난민을 대상으로 한 심문에만 근거하고 있으며, 이를 고려하여 평가해야 한다.

3. 이 안에 담긴 정보를 배포하는데 주의를 기울이도록 한다. 이 보고서의 전체 또는 일부분을 활용할 경우, 피난민의 친지가 위험에 빠지거나, 적군의 보복에 노출되는 것을 막고, 중요한 정보의 출처가 막히지 않도록 관련된 이름, 지역 등이 특정되지 않아야 한다.

중령. S. H. 스푸어.(S.H.Spoor)

네덜란드령 동인도군 정보국 국장.

배포:

첨부된 목록 참조.

복사본 41호.

(중략)

2급 비밀.

네덜란드령 동인도군 정보국,
뉴질랜드 보험사 빌딩,
334-338 퀸 스트리트,
브리즈번.

복사본 41호.

네덜란드령 동인도군 정보국 심문보고서

506호, 508-510호, 519호, 528호, 529호, 532호, 536호, 541호, 548호 합본

(개별호 미발행).

주:

이 보고서는 44년 7월-9월 눔포르섬(Noemfoer Island), 룸버폰섬(Roemberpon Island), 그리고 네덜란드령 뉴기니의 미군에 의해 풀려난 11명의 자바인(Javanese) 정보원을 심문한 내용을 담고 있다.

모든 정보원은 전직 군인이고 헤이호 부대에 강제 징병되었다. 항복 이후 여섯 명의 정보원은 일본인에 의해 억류되었으며 추후에 풀려났다. 세 명의 정보원은 가까스로 억류상태에서 탈출했고, 한 명은 포로수용소에서 탈출하였으며 마지막 정보원은 노령자였기 때문에 억류되지 않았다.

(중략)

XIII. 일반정보.

위안부 및 위안소(Prostitution): 43년 푸르워조(Poerworedjo)(자바 중부)에 있는 군병원이 폐쇄되고 일본인들을 위한 위안소(brothel)로 활용되었다. 위안소는 가시철조망으로 둘러싸여 있었고 입구는 일본 헌병에 의해 감시되었다.

군인들을 위한 위안소는 1943년 5월 마겔랑(자바 중부)의 (구) 7대대 병영 근처에 세워졌다. 정보원은 그곳에서 자바인 여성만을 보았다고 했다. 일본 장교들을 위해 마련된 또 다른 위안소(brothel)는 마겔랑(자바 중부)의 로즈(Loze) 호텔 건물 중 하나에 위치해 있었다.

43년 6월에는 마겔랑(자바 중부)의 폰톨(Pontjol)에 있던, 지금은 타나카(Tanaka)

호텔로 이름이 바뀐 (구) 몬태그(Montague) 호텔은 매일 오후 일본인 장교로 가득 찼다. 음식과 주류에서 여성까지 모든 종류의 유흥이 호텔 방에서 가능했다. 가장 인기 있는 밤은 일본인 장교 50-100명이 오곤 했던 월요일이었다.

민간인 수용소: 케본 폴로(Kebon Polo)에 있는 마겔랑(자바 중부)에는 마겔랑의 전직 인도네시아 군인력의 여성 가족 구성원을 위한 수용소가 있었다. 정보원은 42년 3월 14일쯤 반둥(Bandoeng)(자바 서부)에서 돌아오는 길에 이 수용소를 보았고 43년 5월에도 여전히 운영 중이었다. 더 이상의 세부사항을 알지는 못했다.

43년 6월 약 500명의 나이든 네덜란드 민간인들이 마겔랑의 낭골랑(Nanggoelang) 마을에서 담배 보관을 위해 사용되었던 창고에 억류되어 있었다. 60-80세의 네덜란드인과 유라시아인 남성들로 이루어진 대략 500명의 수감자들이 있었다고 추정된다. 그들에게는 수용소 구역 내의 잡초를 걷어내는 일과 같은 잡다한 일들이 주어졌다.

그들은 모두 2미터 높이의 약 여덟 가닥으로 이루어진 가시철조망으로 둘러싸여 있으며, 권총과 칼로 무장한 자바인 도시 경찰에게 감시받는 큰 창고 하나에 거주하였다. 그들은 밖으로 나가는 것이 허용되지 않았으며 바깥과의 접촉도 없었다. 대부분의 남성 노인들은 매우 마르고 비참하고 노쇠해보였다. 식량은 지역 막노동자들에 의해 안으로 이송되었다. 정보원은 하루 배급량을 보았는데 수감자 인원에 비해 턱없이 부족했다고 평가했다. 남성 노인들은 자바인 경비들에게 잔인하게 취급되었고 특히 열병식에 참여하도록 강제되는 아침에는 더했다. 늙고 비틀거리는 남성은 충분히 빠르게 전열을 갖추지 못한다는 이유로 발로 차이고 맞았다.

중령. S. H. 스푸어.(S.H.Spoor)
네덜란드령 동인도군 정보국 국장.

캠프 컬럼비아,

AI2/8947/G. 1944년 11월 30일.

10

Compilation of NEFIS Interrogation Reports Nos: 534, 552, 567, 568, 579, 586, 587, 588 and 592

RG 319 Entry UD 82-A Box 2008

이 문서는 1944년 12월 6일자 534호, 552호, 567호, 568호, 579호, 586호, 587호, 588호, 592호 합본 심문보고서이다. 이 문서는 한 명의 메나도인 정보원과 여덟 명의 자바인 정보원들을 심문하여 얻은 정보를 바탕으로 작성되어 있다. 이들은 자바섬에 관한 여러 가지 정보들을 제공하고 있다. 자바 중부 마겔랑에는 이전 네덜란드 병영이 있던 자리에 일본군 위안소가 설치되었고, 이곳에는 많은 인도네시안 여성들이 있었다. 정보원은 이곳을 관리하는 업자를 통해서 위안소에 관한 정보를 얻은 것으로 보인다. 이 정보에 따르면 여성들은 자발적으로 지원하여 선택되었고, 출산 경험이 없는 여성들만이 선택되었으며, 전차금과 옷을 받았다. 하지만 여성들은 위안소에서 일하기 위해 지원한 것이 아니라 하인을 모집한다는 공고를 보고 지원한 것이었고, 현지 경찰이 모집에 관여하였다. 또 여성들은 자주 바뀌었는데, 성병에 걸리면 치료받는 것이 아니라 바로 퇴출되었기 때문이었다.

KC SECRET

98641

NETHERLANDS FORCES INTELLIGENCE SERVICE
(NEFIS)
NEW ZEALAND INSURANCE BUILDING
334-338 QUEEN STREET
BRISBANE.

9 DEC 1944

No: AI2/9156/G. SECRET 6th December, 1944.
Enclosures: 2

Subject: Interrogation Report.

Compilation of NEFIS Interrogation Reports Nos: 534, 552, 567, 568, 579, 586, 587, 588 and 592 (Not issued separately).

1. Attached is Compilation of NEFIS Interrogation Reports Nos: 534, 552, 567, 568, 579, 586, 587, 588 and 592 (Not issued separately).

2. Information contained in this report is based solely on interrogation of evacuees and should be evaluated accordingly.

3. It is requested that care be taken in the distribution of the information contained therein. If the whole or any part of this report is reproduced, no indication may be given of names and localities concerned, to avoid compromising relatives of evacuees and exposing them to enemy reprisals, and to prevent closure of important sources of information.

Lt. Cdr. J.C.Smit
Deputy Director NEFIS

Distribution:

See attached list.

Copy No: 43

MIS 98641
*Mil 1
Route
Pol
Socio
Lib
HQAAF 1

SECRET

DISTRIBUTION:	No. of Copies.	Copy No.
Ex. H. van Mook. Lt. Gov. Gen.	1	1
B.S.O. through O.B.S.O.	2	2-3
O.B.S.O.	1	4
Economic Int. Section GHQ. New Delhi via B.S.O. - Colombo	1	5
C.L.G.	1	6
M.C.A.	1	7
D.B.B.	1	8
Departmental Heads	5	9-13
Min. v. Kol., Att. Col. de Blieck.	1	14
Ministry of Economic Warfare Foreign Office, London, via Col. de Blieck, London	1	15
Contr. A.I.B.	1	16
G.2., G.H.Q.	2	17-18
A.C. of S., G.2. USAFFE	1	19
Director of Intelligence, Allied Air Forces, S.W.P.A., A.P.O. 923	5	20-24
RAAF Hq. N.W. Area, Darwin	1	25
Assistant Director of Intelligence Advanced Echelon, Allied Air Forces, S.W.P.A., A.P.O. 925	4	26-29
D.M.I.	1	30
A.D.M.I.	1	31
D.N.I.	1	32
COISEF through D.N.I.	1	33
Seventh Fleet Intelligence Center	1	34
Chief of Air Staff RAAF Hq.	1	35
Director A.G.S.	1	36
O.in C., A.G.S., N.E.I.Section	1	37
Co-Ordinator ATIS	1	38
FELO, Hq.	1	39
FELO, Melbourne	1	40
N.R.C.C.S.	4	41-44
N.F.L.O. Darwin	1	45
N.F.L.O. Perth	1	46
S.R.D.	1	47
S.R.D. Brisbane, (Maj. Wigan)	1	48
S.I.A.	1	49
Dir. Gen. of Security	1	50
CSONICA Kandy	1	51
Capt. v. Eechoud of SONICA, A.P.O.565	2	52-53
Mr. W. H. de Roos	1	54
NEFIS Officer A.I.B.	1	55
NEFIS	13	56-68
Netherlands Staff Officer, G.3., APO 500.	1	69
Dutch Liaison Officer, A.2.Hq. 13th Air Force, A.P.O. 719	2	70-71
A.C. of S., G.5., G.H.Q.	1	72
D.L.O. Allied A.F. Old Courier Bldg.	1	73
FELO, Hollandia, (Att.Maj.Kremer).	1	74
Mil.Att.Canadian Emb.Canberra	1	75
Senior Intell.Officer,First Tactical Air Force, RAAF, A.P.O. 704	1	76
Combined Advisory Committee on Tropical Medicine, Hygiene & Sanitation, Rear Echelon, GHQ, SWPA, A.P.O. 500	1	77
Ltz.I. C. den Hollander G.H.Q., G.4. G.4., A.P.O. 500	1	78
C.O., N.I.O., Hq. Merauke	1	79
MIS-X Section. A. A.F.	1	80

SECRET

98641 2

KC SECRET

NETHERLANDS FORCES INTELLIGENCE SERVICE,
NEW ZEALAND INSURANCE BUILDING,
334-338 QUEEN STREET,
BRISBANE.

Copy No: 43

SECRET

Compilation of NEFIS Interrogation Reports Nos: 534, 552, 567, 568, 579, 586, 587, 588, and 592 (Not issued separately).

NOTE:

The above reports refer to one Menadonese and eight Javanese informants released by U.S.Forces on Biak Island, Noemfoer Island and on Roemberpon Island during Jun-Sep '44. All had been forced to join Hei-Ho units with the exception of one Javanese civilian who had been impressed as a coolie.

The Menadonese informant is an ex-PW. Seven Javanese informants are former soldiers; two of them managed to escape internment while five were originally interned by the Japanese and subsequently released.

As their information for the greater part is identical with that in interrogation reports issued previously, this compilation deals only with additional information.

To facilitate reference, the places covered in this report are listed hereunder, by sections:-

III. TACTICAL DATA ON ENEMY MILITARY FORCES:

East Java:	Mid-Java:	West Java:
Malang	Magelang Djokja Salatiga	Batavia

Moreover: Koepang (Timor), Pematang Siantar (Sumatra), Manokwari and Moemi (DNG).

IV. SUMMARY OF NAVAL INFORMATION:

East Java:	Mid-Java:	West Java:
-	-	-

Koepang (Timor) and Ambon.

V. BASIC AIR INFORMATION:

East Java:	Mid-Java:	West Java:
-	Djokja	-

VI. INFORMATION REGARDING GUERRILLA FORCES:

East Java:	Mid-Java:	West Java:
Malang	-	-

VIII. POLITICAL AND SOCIAL INFORMATION:

East Java:	Mid-Java:	West Java:
Malang	Djokja Magelang Salatiga Keboemen	Batavia

Moreover: Koepang (Timor) and Telook Betoeng, (Sumatra).

98641 3

SECRET

SECRET

IX. ECONOMIC INFORMATION:

East Java:	Mid-Java:	West Java:
Malang	Keboemen Magelang	Batavia Bandoeng Poerwakarta

Moreover: Tandjoeng Karang and Boekit Tinggih (Sumatra).

X. PROPAGANDA AND PSYCHOLOGICAL WARFARE INFORMATION:

East Java:	Mid-Java:	West Java:
Malang	-	-

XI. ATROCITIES:

East Java:	Mid-Java:	West Java:
	Djokja	-

Moreover: Noemfoer Island.

XII. PERSONALITIES:

East Java:	Mid-Java:	West Java:
-	Magelang	-

Moreover: Telok Betoeng (Sumatra).

XIII. GENERAL:

East Java:	Mid-Java:	West Java:
-	Magelang Djokja	-

III. TACTICAL DATA ON ENEMY MILITARY FORCES.

Dispositions and Strength of Organisations and Units:

a. Magelang (Mid-Java) Nov '43: The NCO school was occupied by not less than 500 Infantry.

The 7th Bn bcks were empty in Nov '43.

The former Dutch NCO married quarters, comprising about 30 houses, were occupied in Nov '43 by 30 Japanese officers, who had set up house with Indonesian women.

b. Djokja (Mi -Java) Dec '43: About 300 Japanese Naval personnel were quartered in the "Seminarie". They were armed with machine guns and had ten light tanks. It was observed that their uniform bore a blue anchor badge as insignia on their white caps. F-O

H

c. Salatiga (Mid-Java) May '42: The former Dutch Cavalry bcks were occupied by Japanese Cavalry, using the former Dutch horses. F-O

d. Pematang Siantar (east coast Sumatra) May '42: There was an occupation force of about 700 men under a Japanese Captain.

e. Malang (East Java) Nov '43: A Japanese mechanised unit was quartered in the former 19th Bn bcks. Infantry units were quartered in the former 8th and 13th Bns bcks. F-O

An informant's Hei-Ho unit comprised 750 men. A Soekarela force of approximately 50 men was posted for guard duty at a newly built Japanese temple situated about 200 yards from the racecourse.

f. Manokwari (Vogelkop, DNG) Mar '44: An informant estimates that the strength of the garrison was about 1,500 men.

98641 4

SECRET

g. Moemi (Vogelkop,DNG) Mar '44: The strength was estimated at 3,000 men.

Native Troops:

a. Manokwari (Vogelkop, DNG) Mar '44: An informant's Hei-Ho unit was named the 51st Butai, which had left Soerabaja in Nov '43 together with the 36th Butai.

b. Magelang City (Mid-Java) Mar - Nov '43: The Japanese called for volunteers for military service through the medium of village heads, and by Nov '43 a force of about 500 trainees was quartered in the former 2nd Bn bcks. They provided sentries for the Residence of the Japanese General, and maintained a picket at the former 1st Bn bcks, which was a brothel.

Enemy Tactics and Methods:

Malang (East Java) Jun - Nov '43: While in the Hei-Ho at Malang, an informant states they were given physical training and instruction in how to act under machine gun and rifle fire. The Japanese method of advancing when under rifle fire was by zig-zagging. They were also taught to use their elbows when creeping forward.

Locations of PW Camps:

a. Osapa Besar, near Koepang (Dutch Timor) Apr-May '42: An informant states that about 1,450 Australian and 43 Javanese were interned in the former Roman Catholic church and Mission buildings. Prisoners were quartered in the church and six barracks of bamboo construction. The camp was surrounded by a single barbed wire fence about six feet high, and the guard house was situated inside the camp. The Commanding Officer of the PW in the camp was an Australian Captain. Guard duties were carried out by eleven men under the command of a Japanese sergeant. Five sentries were continually on duty, one at each corner and one at the gate, all inside the fence.

b. Goenoengsari, Batavia (West Java) May - Jun '42: A PW camp was located in the former Dutch-Chinese School, consisting of five buildings, with a garden. One side of the camp was enclosed by a barbed wire fence about 3½ metres high, and the other three sides were surrounded by brick walls approximately 3 metres high, with about ½ metre of barbed wire on top. The guard comprised one commander and ten men. One sentry was posted on patrol duty at the front, and it is believed that sentries were posted at the other three corners. PW had no contact with the outside world, and never left the camp. There was a total of 225 PW, consisting of 80 Javanese, 6 Menadonese, 9 Ambonese, 2 Soendanese, 5 Madoerese, 3 Boeginese and 100 British Indians and 20 Dutch.

British Indian PW were quartered in the building marked "A"; Javanese, Madoerese and Soendanese were quartered in building "B"; Menadonese, Ambonese and Boeginese occupied building "C". The Dutch PW were quartered in building "D" and the building "E" was the office of the Dutch Colonel (name unknown). The Japanese office was at "F", and the guard house was at "G". The clinic, under a Dutch medical officer, was located in area "H", and the building "I" was used as a shelter. Behind this shelter was the PW kitchen. (Sketch to follow).

IV. SUMMARY OF NAVAL INFORMATION.

Ship Movements and Ships in Port: An informant who was interned at the PW camp at Osapa Besar (Dutch Timor) on 4 Apr '42, was taken by transport ship to Batavia (West Java) on 18 May '42. Informant's ship sailed in convoy with another transport, escorted by five small warships which informant could not identify. They sailed via Soembawa, Bali, Soerabaja to Batavia.

Ships Sunk or Damaged:

Ambon, Mar '43: Four damaged ships were observed alongside a jetty, while one was sunk in the harbour.

V. BASIC AIR INFORMATION.

Airfield Activity:

Djokja (Mid-Java) up to May '42: An informant who was employed, together with Australian PW, at the airfield, states that in May '42 he saw approximately six Japanese bombers and seven fighters (types unidentified). The twelve dispersal pens of the former Dutch Air Force had been pulled down by the Japanese.

VI. INFORMATION REGARDING GUERRILLA FORCES.

Organisation, Equipment and Training: An informant who was in Malang (East Java) in Jun '43, claims knowledge of an underground organisation existent throughout Java, known to those who are acquainted with its existence as Gagah-hitam (Black bird).

VIII. POLITICAL AND SOCIAL INFORMATION.

General Living Conditions:

Djokja (Mid-Java) Dec '43: An informant who was on leave in Djokja was told by his wife that all commodities were difficult to get. Food was scarce, and his children were very thin and undernourished, even though the Christian organisations helped the families of interned men.

An Indonesian teacher named Pattynasarani, was in charge of a cookshop near informant's home, where five women took turns in assisting in cooking. All the inhabitants were very poor and business was at a standstill.

Security Regulations and Censorship:

a. Kg. Ngenta, Magelang City (Mid-Java) Aug - Sep '43: All the inhabitants of this village were placed under arrest and taken in a body to the civil police station in Magelang for interrogation, in consequence of the finding of a Browning pistol in the house of an Amboneso military pensioner named Johannis. Johannis was interrogated and beaten, and sent to Batavia (West Java) for further investigation, and his fate is unknown. The villagers were interrogated for over 15 days, and were released one by one, and household by household. In the meantime the whole village was ransacked by detectives. Ultimately, all villagers, of whom a large proportion were N.E.I. Forces pensioners, were released.

b. Kg. Kliwonan, Magelang (Mid-Java) Aug - Sep '43: About the time of the discovery of a pistol in Johannis' house in Kg. Ngenta, Magelang (Mid-Java), the Japanese discovered that Javanese from Kliwonan village had salvaged quantities of bullets from the butts at the shooting range at Goenoeng Tidar, Magelang (Mid-Java). In fact, the metal recovered had been sold to a Chinese dealer, but the Japanese apparently feared that the metal was being used for casting new bullets. All the villagers were taken in a body - men, women and children - and interrogated for over a week, and released as each one was cleared. Meantime, the village was ransacked by police personnel.

Shortly after the two foregoing incidents, all RNEI Army pensioners in the area were arrested and held in the Kedjoeron

Gaol, Magelang. These pensioners, who were all Ambonese, numbering about 50, were later taken under guard to the railway station, and informant heard that they were imprisoned in Batavia (West Java). At the same time 2 well known Chinese residents of Magelang were taken away for internment.

c. Malang (East Java) Jun - Nov '43: An informant states that during his first two months training in the Hei-Ho in Malang in '43 he was not allowed out, and saw his wife only on two occasions. She was thoroughly searched before being allowed to enter the barracks. Food was allowed to be brought in. After the first two months, visiting was forbidden altogether, leave however, was permitted on Sundays from 0830 to 1330 hours. Parties were first taken to the market, with one Japanese guard for every ten men, and were then free to visit their relations, but had to report back at 1330 hours at a prearranged place.

d. Teloek Betoeng, South Sumatra, May - Jun '43: Inf states that Teloek Betoeng was guarded by Japanese soldiers to prevent people from crossing over to Java without a permit.

e. Tandjoeng Karang, further inland, was similarly guarded by approximately 50 men.

Relation between Japanese and Local Population:

a. Malang (East Java) Jun '43: The population did not mix with the Japanese, as they could not understand the language and every little misunderstanding meant physical punishment. The women were especially afraid of this rough treatment. The Japanese at this period were hated, but fear prevented the people from showing their disapproval.

b. Djokja (Mid-Java) up to Dec '43: An inf states that the inhabitants were very pleased with the Japanese when they first arrived in Mar '42. By Dec '43, however, the Japanese were hated, as the people were forced to work for them without pay, forced to hand over their gold, and the young girls were molested. Inf further states that the local population in Djokja desired the return of Allied forces as soon as possible.

Civil Service, Courts Etc:

a. Salatiga (Mid-Java) Apr '42: An informant states that criminal cases were investigated by district officials, and if there was sufficient proof the case was brought before the Japanese court. Japanese court procedure, however, is unknown to informant.

b. Magelang (Mid-Java) Nov '43: An informant was arrested for using a cycle on which no tax had been paid. He was brought before the district court (Landraad) in Kaoeman Street and sentenced to ten days or /5.00 fine by the President (a Javanese named Raden Soegondo), who wore black legal garments. There were no Japanese present in the court. Informant paid the fine. The next day the same two detectives who had seized his cycle and also his watch, arrested him a second time. He was taken before the civil police, and accused of stealing the cycle and watch, which it was alleged belonged to a Japanese, but which inf had actually possessed before the Japanese conquest. Inf was immediately taken out under guard and grouped with convicts released from gaol, and all were taken to Soerabaja (East Java) as impressed coolies.

Organisations:

SECRET

Political:

Malang (East Java) beginning '42: An informant states that all Javanese ex-soldiers had to report to the Parindra (a political organisation before the war), where they received pay varying between /2.50 and /3.50 monthly, for reasons unknown to informant, who himself did not report. This organisation was very co-operative with the Japanese.

Military:

Djokja (Mid-Java) Dec '43: An informant states that he saw about 800 members of the Kaibodan and Soekarela organisations in Djokja. These men were not satisfied with the Japanese treatment, but were afraid of Japanese punishments.

Commercial:

Magelang (Mid-Java) up to Nov '43: An informant states that in the premises formerly known as Toko Senda, a co-operative store was conducted, where the "priaji" (officials in Japanese employ) enjoyed privileges, and from which source they drew their provisions, such as rice, sugar, coconut oil and dried fish. The local civilians were able to buy cloth from this store on the rare occasions when they were able to acquire coupons.

Education:

a. Koetawinangoen (East of Keboemen, Mid-Java) May '43: An inf states that he heard there was a school for teaching the Japanese language in Koetawinangoen, which was attended by the village goeroes (teachers) and village heads.

b. Magelang (Mid-Java) May '43: An inf states that at Peradjenan Station (Djokja) there was a large shed with cement walls and iron roof, which was used formerly for weighing sugar cane, but had been converted into a school for teaching the Japanese language. School hours were from 2.p.m. to 4.p.m. daily. The pupils numbered about 40, who were mainly village teachers, but clerks also attended.

Treatment of Prisoners Of War and Internees:

a. Osapa Besar, Koepang, (Dutch Timor), Apr - May '42: Daily routine of the PW camp:- Morning parade at 0600 hours, then breakfast of biscuits, and sometimes dry bread, in insufficient quantities, and a little tea. At 0630 hours PW were assembled and taken, under guard, to the harbour area where they worked in groups of about 40, loading and unloading ships. At noon they broke off for lunch, consisting of dry bread and a little tea. Work w[illegible] resumed at 1230 hours until 1800 hours, when they returned to camp for dinner of dry bread and tea.

No contact existed between the PW and the outside world, as all the inhabitants of O[illegible] Besar and Koepang had fled, and only Japanese were left. About 30 PW suffered from malaria and owing to lack of food the PW had grown very thin. The usual beatings and kicks were administered for no obvious reason, and morale was very low. On 18 May '42, all Indonesian PW were transferred to Batavia (West Java) and only Australian PW were left.

b. Goenoengsari, Batavia (West Java) May - Jun '42: At the PW camp, morning parade was at 0600 hours, breakfast 0630 hours, consisting of one piece of potato or tapioca and tea.

SECRET

98641 8

At the noon meal they were given white rice and vegetables, with occasionally dried fish, about the size of the palm of the hand, which had to be divided among five men, and tea. At 1730 hours, the meal consisted of only white rice, vegetables and tea. A parade was held at 2100 hours, lights out at 2200 hours. A large number of PW were suffering from malaria, and they had to endure the usual kickings and beatings. On 9 Jun '42, the Javanese PW were released.

IX. ECONOMIC INFORMATION.

Agricultural Commodities:

Production:

a. Kg. Boeloespesantren, Keboemen (Mid-Java) '42-'43: Two crops of rice were grown per year, and nothing was taken by the village head. Early in '43 a new system was introduced, and the Japanese instructed the village head to select the best areas of paddy, and to reserve them for seed purposes. A bamboo sign was driven into the centre of each selected paddy area. In order to ensure that no one grower would lose all his crop, if his paddy was exceptionally good (and thereby liable to be reserved for seed selection), a part only was taken. Therefore, a grower with a large area of paddy suitable for seed selection would be compelled to give up only a portion for seed purposes. It became a question as to who could best afford this contribution. No djarak (castor) or cotton was planted in this village.

b. Goenoeng Gaboek, Near Kg. Banaran, Magelang (Mid-Java) up to 24 Jun '43: The production of the vanilla and orange plantation on the Goenoeng Gaboek was still in full swing. The owner, Mr. Wijnschenk, a Eurasian who lived in Djokja (Mid-Java), had several possessions near Kg. Banaran which he visited two or three times each month. He was not interned by the Japanese. His son, however, was interned. The produce was sold to Chinese tradesmen in Grabak (Mid-Java).

Price:

Kg. Boeloespesantren, Keboemen (Mid-Java) up to May '43: Rice was not rationed, and could be bought in the village market for 50 cents a coconut shell full. Pre-war price was 8 to 9 cents for this quantity.

Industries and Manufacturing:

a. Keboemen (Mid-Java) Dec '43: An inf states that the coconut oil mill situated 100 metres north of the railway station, which was existent in pre-war days, was still functioning, but the output was much less than formerly. About 300 workers were employed.

b. Malang (East Java) Oct '43: The sugar mill at Kebonagoeng, near Malang, was still operating.

Transportation:

Inland Rail: Up to Jun '42, a journey, fourth class from Salatiga to Djokja (Mid-Java) cost 99 cents. From Djokja (Mid-Java) to Bandoeng (West Java) cost /5.40. From Anjer (West Java) to Batavia (West Java) cost /3.35. Inf, who travelled from Batavia via Soekaboemi to Bandoeng in May '42, heard that this detour was necessary because the Poerwakarta line was not serviceable. Tandjoeng Karang-Batoeradja-Loeboeklinggan (Sumatra) cost /5.60 fourth class.

Motor:

There was a bus service from Loeboeklinggan to Boekit Tinggih, West Coast Sumatra, fair /31.00. Boekit Tinggih to Pematang Siantar, East Coast Sumatra, fare /31.00. Boekit Tinggih to Pematang Siantar, East Coast Sumatra, fare /26.00.

Commerce:

Trade:

Kg. Karangpandan, near Malang (East Java) '42-'43: The coconut oil trade was forbidden, in order to force the population to buy from the big Indonesian concerns. One petrol tin full cost /3.60. The population preferred home made coconut oil, however, and there was a flourishing black market at /5.00 to /6.00 per petrol tin.

X. PROPAGANDA AND PSYCHOLOGICAL WARFARE INFORMATION.

Allied:

Non-Radio Propaganda:

Leaflets and Pamphlets:

Malang (East Java) '43: An inf states that leaflets dropped in Malang greatly improved the morale of the people, because the contents were believed. The language used was so perfect that people were sure they had been edited by a fellow-countryman.

Morale of Civilian Population:

Attitude towards War:

Karangpandan village, near Malang (East Java) Jun '43: The people were war-weary and longed for peace.

XI. ATROCITIES.

a. Factual:

1. Slamet bin Panoepawiro, Javanese civilian declares that at Andai village, Noemfoer Island, one day in Apr '44, at 1700 hours, he witnessed the murder of a Madoerese coolie named Siban. Siban was beaten with bamboos by Dalim, a Batak, Oesman, a man from Batavia and Indjam and Engko bin Ahim, both Soendanese, until his (Siban s) face was pulverised and he fell to the ground, following which the abovementioned men trod on his throat until it was thought he was dead. Later Siban revived sufficiently to make an endeavour to creep into the jungle. Engko bin Ahim, who was present at the time and witnessed the attempted escape, immediately captured Siban and took him to Hospital, where he was bound with rope. At about 0600 hours the following morning Engko and Indjam tied Siban by the neck, after passing a rope over a round wooden rafter. Indjam hauled the rope while Engko lifted Siban's body until he was hanging a meter from the ground. Siban remained in this position for approximately ½ an hour, after which Engko and Indjam let the rope go, believing Siban was dead as his breathing had ceased. On observing that Siban was not dead, Engko said: "Better bury this man at once"; Indjam then dug a grave while Engko stood guard over Sabin. When placed in the grave by Engko and Indjam, Siban asked for mercy, but Engko replied: "Quiet, you are a vile man and have made trouble for us Soendanese." The grave was then filled in and trodden down by Engko and Indjam. This murder was kept secret by the two perpetrators and was not reported to the Japanese.

9864110

Later when a Japanese visited the hospital, Dalim informed him that a Madoerese named Siban had died as a result of a severe malaria attack, and had been buried.

2. Arnold Mawikere, Menadonese Cpl. No. 96401. NEI Army, witnessed the bayonetting to death of three Dutch soldiers of the NEI Army at Djokja (Mid-Java) in May '42: these men were caught while leaving the camp on a visit to their families. Names of the victims were:

Kraag	(Reservist);
Myer	(Sgt-Maj Admin);
Cramor	(Clerk in "Weeskamer"; i.e. the office which looks after the interests of orphans).

The execution took place on the football field at the High School, Djokja (Mid-Java) in the presence of all the assembled PW.

XII. PERSONALITIES.

Civil Officials: Idris, formerly school teacher at Kg. Ambalkoemolo, Kotawinangoen, Magelang (Mid-Java), immediately after the capitulation on Mar 8 '42, started to teach the Japanese language, although it was not known previously that he had any knowledge of this language. He was provided with clothing by the Japanese, and must have been subsidised by them, as the pupils paid nothing. There were many attending the classes when they first commenced, but by May '43, the number had dropped to 30.

Magelang (Mid-Java) Nov '43:

Raden Soegondo - President of Landgerecht (Police Court);
Soekander)- Javanese detectives in the civil police,
Karto Madmodjo)- who played a leading part in the mass arrests and interrogations described under Security Regulations in this report.

Civilians:

Magelang (Mid-Java) Nov '43:

A German (name unknown) - tall, stout, fair haired, bespectacled aged about 45, who was Stationmaster at Magelang City Station on N.I.S. system.

Pawironjono) Javanese, male;

Mas Djeng Col-) Javanese, female;
umbia) Joint procurers of young girls for Japanese military brothel conducted at 1st Bn; Magelang. Both lived in Kg. Magersari, Magelang (Mid-Java).

Magelang (Mid-Java) Oct '42:

Mr. Wagenaar - Dutch, formerly a Municipal official at Magelang. Interned about Aug '42, it was said at Semarang (Mid-Java). His wife was allowed to remain in her home until about Oct '42, when she was interned, it was said, at Ambarawa (Mid-Java).

Teloek Betoeng (South Sumatra);

Hadji Bakri - Helped an inf and nine women to cross over to Java without a permit in May '42.

XIII. GENERAL.

Prostitution: A brothel was located in the former 1st Bn bcks, Magelang, having as its inmates a very large number of young Indonesian girls and women, for the exclusive use of Japanese military personnel. They were very carefully selected from what would appear to be a number of willing applicants. No girl or woman who had given birth to a child was eligible. Those selected received a premium of ƒ300 and an outfit of fine clothing of a desirable type. The procurers informed him that there was a fairly heavy turnover in inmates of the brothel, as immediately a girl developed VD she was summarily discharged and replaced. A number of girls for this service were recruited by responding to handbills distributed over the countryside calling for young girls to act as servants, and in these cases they were engaged when applying at the civil police offices in Magelang.

Civilian Internment Camps:

a. Djokja (Mid-Java) Dec '43: The internment camp for male civilians was in Fort Vredenburg and was guarded by police. Female relatives of the internees were interned in the sugar factory Padokan, about 8 kilometres south of Djokja (Mid-Java). Inf has no knowledge of their treatment.

b. Pematang Siantar (East coast Sumatra) Jun '42: There was an internment camp for wives of military personnel, situated opposite the hospital.

Smit

Lt. Cdr. J.C.Smit
Deputy Director NEFIS.

AI2/9156/G.

6th December, 1944.
Camp Columbia.

SECRET

9864112

2급 비밀.

네덜란드령 동인도군 정보국

뉴질랜드 보험사 빌딩

334-338 퀸 스트리트, 브리즈번

No. AI2/9156/G.

1944년 12월 6일

첨부: 2

주제: 심문보고서.

네덜란드령 동인도군 정보국 심문보고서

534호, 552호, 567호, 568호, 579호, 586호, 587호, 588호, 592호 합본

(개별호 미발행).

----

1. 첨부된 문서는 네덜란드령 동인도군 정보국 심문보고서 534호, 552호, 567호, 568호, 579호, 586호, 587호, 588호, 592호 합본이다(개별호 미발행).

2. 보고서에 포함된 정보는 피난민을 대상으로 한 심문에만 근거하고 있으며 그에 따라 평가되어야 한다.

3. 이 안에 담긴 정보를 배포하는데 주의를 기울이도록 한다. 이 보고서의 전체 또는 일부분을 활용할 경우, 피난민의 친지가 위험에 빠지거나 적군의 보복에 노출되는 것을 막고, 중요한 정보의 원천이 차단되지 않도록 관련된 이름, 지역 등이 특정되지 않아야 한다.

소령. J. C. 스미트.(J. C. Smit)

네덜란드령 동인도군 정보국 부국장.

배포:

첨부된 목록 참조.

복사본 43호.

(중략)

2급 비밀.

네덜란드령 동인도군 정보국,
뉴질랜드 보험사 빌딩,
334-338 퀸 스트리트,
브리즈번.

복사본 44호.

네덜란드령 동인도군 정보국 심문보고서

534호, 552호, 567호, 568호, 579호, 586호, 587호, 588호, 592호 합본

(개별호 미발행).

주:

위의 보고서들은 44년 6월에서 9월 사이에 비아크섬(Biak Island), 눔포르섬(Noemfoer Island), 룸베르폰섬(Roemberpon Island)에서 미군이 해방한 메나도인 정보원 한 명과 자바인 정보원 여덟 명을 심문한 것이다. 이들은 노동자로 생각되는 자바인 한 명을 제외하고는 모두 헤이호 부대에 강제로 입대하였다.

메나도인 정보원은 과거 포로였다. 일곱 명의 자바인 정보원은 이전에 군인이었다; 그 중 두 명은 억류에서 벗어날 수 있었으나 다섯 명은 본래 일본인들에게 억류되어있었고 그 다음에 풀려났다.

그들의 정보는 대부분 이전에 발행된 심문보고서의 것과 동일하기 때문에, 이 합본에서는 추가적인 정보만을 다룬다.

참조를 용이하게 하기 위해서 이 보고서에서 다뤄진 지역들은 아래에 구역 별로 나열되어있다.

(중략)

X III. 일반정보.

위안부 및 위안소(Prostitution): **마겔랑(Magelang)의 (구) 1대대 병영에 위안소(brothel) 한 곳이 있었는데, 그곳에는 매우 많은 수의 젊은 인도네시안 소녀들과 여성들이 있었고, 일본군 전용이었다. 그녀들은 지원한 것처럼 보이는 많은 사람들**

중에서 매우 신중하게 선택되었다. 아이를 낳은 적이 있는 소녀나 여성은 선택 대상이 되지 않았다. 선택된 사람들은 300길더의 전차금과 성적 욕망을 일으키는 좋은 옷 한 벌을 받았다. 업자는 그에게 위안소의 위안부들(inmates)은 상당히 자주 바뀌었다고 알려주었는데, 여성이 성병에 걸리면 그 즉시 퇴출되고 대체되기 때문이었다. 이 일을 하도록 동원된 여성의 대다수는 시골 곳곳에 뿌려진 하인으로 일할 어린 여성들을 구한다는 전단에 응해 마겔랑의 경찰서에 지원해서 고용되었다.

(중략)

소령. J. C. 스미트.(J. C. Smit)
네덜란드령 동인도군 정보국 부국장.

1944년 12월 6일.
캠프 컬럼비아,

AI2/9156/G.

11

Compilation of NEFIS Interrogation Reports Nos. 561, 562, 571, 573, 578, 590

RG 319 Entry UD 82-A Box 2007

이 문서는 1944년 11월 27일자 561호, 562호, 571호, 573호, 578호, 590호 합본 심문보고서이다. 헤이호 부대 소속 병사들을 심문하여 얻은 정보를 바탕으로 하고 있다. 자바섬의 푸로워조(Poeworedjo)에 있던 형무소 맞은편 건물이 일본군 장교 전용의 위안소로 사용되고 있었으며, 푸르워조, 세마랑(Semarang), 마겔랑(Magelang) 등에서 온 인도네시아인으로 추측되는 여성들이 위안소(brothels)에 있었다는 내용을 담고 있다. 이 여성들은 같은 지역에서 온 새로운 여성들로 계속 교체되었다고 한다.

JS. SECRET. (293) T-NEI 5600 — S3961

NETHERLANDS FORCES INTELLIGENCE SERVICE
(NEFIS)
NEW ZEALAND INSURANCE BUILDING,
334-338 QUEEN STREET, BRISBANE. 30 NOV 1944

U. 7076.

No: AI2/8830/G.

SECRET

Enclosures: 2

Subject: Interrogation Report.

27th November, 1944.

Compilation of NEFIS Interrogation Reports
Nos. 561, 562, 571, 573, 578 and 590 (Not
Issued Separately).

---

1. Attached is Compilation of NEFIS Interrogation Reports Nos. 561, 562, 571, 573, 578 and 590 (not issued separately).

2. Information contained in this report is based solely on interrogation of evacuees and should be evaluated accordingly.

3. It is requested that care be taken in the distribution of the information contained therein. If the whole or any part of this report is reproduced, no indication may be given of names and localities concerned, to avoid compromising relatives of evacuees and exposing them to enemy reprisals, and to prevent closure of important sources of information.

Smit

Lt. Cdr. J.C. Smit.
Deputy Director NEFIS.

Distribution:

See attached list.

Copy No: 44

SECRET

SECRET

DISTRIBUTION:	No. of Copies.	Copy No.
Ex. H. van Mook. Lt. Gov. Gen.	1	1
B.S.O. through O.B.S.O.	2	2-3
O.B.S.O.	1	4
Economic Int. Section GHQ. New Delhi via B.S.O. - Colombo	1	5
C.L.G.	1	6
M.C.A.	1	7
D.B.B.	1	8
Departmental Heads	5	9-13
Min. v. Kol., Att. Col. de Blieck.	1	14
Ministry of Economic Warfare Foreign Office, London, via Col. de Blieck, London	1	15
Contr. A.I.B.	1	16
G.2., G.H.Q.	2	17-18
A.C. of S., G.2. USAFFE	1	19
Director of Intelligence, Allied Air Forces, S.W.P.A., A.P.O. 923	5	20-24
RAAF Hq. N.W. Area, Darwin	1	25
Assistant Director of Intelligence Advanced Echelon, Allied Air Forces, S.W.P.A., A.P.O. 925	4	26-29
D.M.I.	1	30
A.D.M.I.	1	31
D.N.I.	1	32
COISEF through D.N.I.	1	33
Seventh Fleet Intelligence Center	1	34
Chief of Air Staff RAAF Hq.	1	35
Director A.G.S.	1	36
O.in C., A.G.S., N.E.I.Section	1	37
Co-Ordinator ATIS	1	38
FELO, Hq.	1	39
FELO, Melbourne	1	40
—N.R.C.C.S.	4	41-44
N.F.L.O. Darwin	1	45
N.F.L.O. Perth	1	46
S.R.D.	1	47
S.R.D. Brisbane, (Maj. Wigan)	1	48
S.I.A.	1	49
Dir. Gen. of Security	1	50
CSONICA Kandy	1	51
Capt. v. Eechoud of SONICA, A.P.O.565	2	52-53
Mr. W. H. de Roos	1	54
NEFIS Officer A.I.B.	1	55
NEFIS	13	56-68
Netherlands Staff Officer, G.3., APO 500.	1	69
Dutch Liaison Officer, A.2.Hq. 13th Air Force, A.P.O. 719	2	70-71
A.C. of S., G.5., G.H.Q.	1	72
D.L.O. Allied A.F. Old Courier Bldg.	1	73
FELO, Hollandia, (Att.Maj.Kremer).	1	74
Mil.Att.Canadian Emb.Canberra	1	75
Senior Intell.Officer,First Tactical Air Force, RAAF, A.P.O. 704	1	76
Combined Advisory Committee on Tropical Medicine, Hygiene & Sanitation, Rear Echelon, GHQ, SWPA, A.P.O. 500	1	77
Ltz.I. C. den Hollander G.H.Q., G.4. G.4., A.P.O. 500	1	78
C.O., N.I.O., Hq. Merauke	1	79
MIS-X Section. A. A.F.	1	80

SECRET 93961 2

JS.

SECRET.

NETHERLANDS FORCES INTELLIGENCE SERVICE,
NEW ZEALAND INSURANCE BUILDING,
334 QUEEN STREET,
BRISBANE. Copy No. 44

COMPILATION OF NEFIS INTERROGATION REPORTS NOS.
561, 562, 571, 573, 578 and 590,
(NOT ISSUED SEPARATELY)

NOTE: The above reports refer to six Javanese informants released by Allied Forces at Roemberpon Island, D.N.G., during Sep '44. All had been forced to join Hei-Ho units, sailing from Java between Nov '43 and Jan '44. They were former soldiers, but after a short period of internment were released and returned to their homes.

To facilitate reference, the places covered in this report are listed hereunder, by sections:-

III. TACTICAL DATA ON ENEMY MILITARY FORCES.

East Java:	Mid. Java:	West Java:
	Poerworedjo Ketawang Koetoardjo	

V. BASIC AIR INFORMATION.

East Java:	Mid. Java:	West Java:
	Djenar	

VII. GEOGRAPHICAL INFORMATION.

East Java:	Mid. Java:	West Java:
	Poerworedjo	

VIII. POLITICAL AND SOCIAL INFORMATION.

East Java:	Mid. Java:	West Java:
	Poerworedjo Karang Anjar Koetoardjo Keboemen	Tjimahi

IX. ECONOMIC INFORMATION.

East Java:	Mid. Java:	West Java:
	Karang Anjar Poerworedjo Koetoardjo	

X. PROPAGANDA AND PSYCHOLOGICAL WARFARE INFORMATION.

East Java:	Mid. Java:	West Java:
	Poerworedjo Koetoardjo Banjoemas	

XII. PERSONALITIES.

East Java:	Mid. Java:	West Java:	D.N.G.:
	Poerworedjo		Manokwari

SECRET 93961 3

XIII. GENERAL. **SECRET**

East Java:	Mid. Java:	West Java:
Porong	Poerworedjo Poerwokerto	

III. TACTICAL DATA ON ENEMY MILITARY FORCES.

Dispositions and Strength of Organizations and Units:

Poerworedjo, Mid-Java, Jul '43: An informant states that there was a company of about 150 Japanese troops in the former 2nd Depot Bn, armed with rifles and carbines, some of Japanese make, and others of Dutch origin. At times he saw them exercising on the "Aloon Aloon" with a heavy machine gun, model 92 of 7.7 mm calibre, and another type which he was unable to identify but which was being carried by 2 soldiers. A Dutch KM (light machine gun) and a mortar, model 89 of 5 mm calibre were also seen. The above particulars were confirmed by another informant who adds that about 1 km from the market at Poerworedjo on the main road to Magelang (Mid Java) he observed in Jan '43 a Japanese sentry post. From this point a track branched off, leading up to Goenoeng Gigir Mindjangan, which rises to a height of approximately 100 metres. The post at this junction was manned by 4 Kaibodan under a Japanese soldier with a carbine. This informant states that local talk was to the effect that on the top of this hill a radio station was under construction, but he personally saw no outward signs of such a radio station. The guard was still located there when he joined Hei-Ho in May '43.

In Jun '43 an informant states that on the top of the water tower inside the 2nd Depot Bn barracks there was an observation post and a man with field glasses. Informant believes this to be a look-out for aircraft. The area was guarded by a Japanese sentry.

In Aug '43 an informant states that there were about 100 Japanese soldiers quartered in the MULO school buildings. An observation post was situated in a tall waringin tree on the north west side of the Aloon Aloon, manned by Japanese with binoculars.

Ketawang, south of Koetoardjo (Mid Java) Jan-Apr '43: According to an informant, the Japanese commenced construction of a new coastal fortification in Jan '43 at Ketawang, about 15 kilometres south of Koetoardjo town. This informant states that in Apr '43, the work was completed and the installation equipped with 4 guns estimated to be of 15 cm calibre. He adds that when practise shoots were held the sound of the gunfire could be clearly heard at Koetoardjo. The approaches from the coastal road westwards, and from Koetoardjo, were guarded and no one was allowed to pass. Informant states that the guard of about 30 was changed daily and based at Poerworedjo (Mid Java). The relief arrived on a truck, on which was mounted a heavy 7.7 mm machine gun, at approximately 1530 hours.

Enemy Material and Equipment: Poerworedjo (Mid-Java) Jun '43: An informant states that the Japanese company of about 150 at the 2nd Depot Bn was armed with model 38 (1905) rifles 6.5 mm, and four mortars, model 94 (1934) 90 mm.

Radar and Radio Stations: Koetoardjo (Mid Java) Jan '43: An informant states that at Goenoeng Toegel, situated about 300 metres from the town, there was a new radio station erected by the Japanese in Jan '43. There were five masts, one taller than the other four. Nearby was a corrugated iron shed housing about 12 Japanese. The public were not allowed anywhere near and a Japanese sentry was permanently on duty.

V. BASIC AIR INFORMATION.

Locations of Air Installations: Djenar, Poerworedjo (Mid-Java) Oct '42: An informant states that he heard that the Japanese were making an airfield at Tjongat, a little south of

SECRET 93361 4

Djenar. He adds that statements from many villagers confirmed this and he discounts previous assertions of other informants that Djenar was the site of the airfield, basing this on the fact that the latter district has many ricefields whereas Tjongat has many open spaces, sites of former ladangs (clearings for the planting of crops).

Another informant stated that he heard that the Japanese were constructing an airfield about 10 kilometres south of Djenar, but that up to Jan '44 the field was not ready for aircraft. He had this information from many who had worked there.

Hall

VII. GEOGRAPHICAL INFORMATION.

Roads, Tracks and Trails: Poerworedjo (Mid-Java) Jun '43: According to an informant, asphalt was removed from all the streets in Poerworedjo town, and from the roads leading to Pangen (Mid-Java), Kalinongkot (Mid-Java) and Djenar (Mid-Java) and replaced with gravel. Informant had no idea where the asphalt was taken.

VIII. POLITICAL AND SOCIAL INFORMATION.

Relation between Japanese and Local Population: Tjimahi (West Java) Mar '42, Magelang (Mid Java) May '43 and Soerabaja (East Java) Nov '43: An informant is firmly convinced that all the Javanese who held official posts under the Japanese were contented with their lot, and states that as the Japanese occupation continued this feeling became more pronounced. He gives as the main reason that all those so employed with the Japanese are well provided with food and clothing, and furthermore in some instances receive higher pay than formerly. This informant adds that the Chinese and villagers were very anti-Japanese.

T NEI 5501 (273)

Taxes: Poerworedjo (Mid-Java) Jul '43: An informant states that taxation in general was about the same as pre-war, but about Jul '43 an order was issued by the head of his village of Soetjenjoeroetengah near Poerworedjo that all owners of cattle, poultry, sheep or goats, must supply a list of each, also numbers of fruit trees and coconut palms. It was rumoured that these would be taxed.

Kg. Sidomoeljo, Karanganjar (Mid-Java) Jun '43: An informant reports no change in taxation from pre-war rates up to Jun '43, but in Feb '43 the loerah (village head) ordered all owners of livestock to render a return. In May '43 all ricefields were re-surveyed as was the Dutch custom every 10 years. The purpose of this was to reclassify any holding into one of the usual four classes, and taxation was imposed accordingly.

Civil Service, Courts etc: Koetoardjo (Mid-Java) May '43: According to an informant there were about 60 members of the Field and Town Police at Koetoardjo. All who pass their posts must bow.

Poerworedjo (Mid-Java) Jun '43: An informant states that in the village of Soetjenoeroetengah there were about 50 Kaibodan aged from 15 to 30 years. They were lead by the goeroe (teacher) of the village school. This man (name unknown) could speak Japanese and was known to be pro-Japanese. All the members were conscripted and were distrusted by the villagers. It was the general opinion that when proficient in drill and the duties of maintaining order, they would be drafted into the Japanese army.

Medical Treatment and Supplies: Koetoardjo (Mid-Java) May '43: According to an informant the former hospital was still operating. Fees ranged from 10 cents per week up to ƒ2.50 per week according to a person's means. Javanese nurses were in attendance. The only doctors were Indonesian.

Karanganjar (Mid-Java) May '43: An informant states that the former Civil Hospital was open. There was a Javanese doctor in attendance and several Javanese nurses. Treatment was free to the poor. At Keboemen (Mid-Java) the former hospital was also functioning during the above period. At Adimoeljo, Karanganjar, the polyclinic was still open. Poor people paid nothing, and those who could afford it paid 25 cents per week.

Poerworedjo (Mid-Java) Jul '43: An informant states that the

Civil Hospital was still functioning under a Dutch doctor. In the dispensary there was a Dutch woman. He further states that in Nov '42 the doctor was interned but returned to hospital a fortnight later. The hospital had about 15 Javanese nurses. The former military hospital was closed down and empty.

IX. ECONOMIC INFORMATION.

Agricultural Commodities:

Production: Sidomoeljo, Karanganjar (Mid-Java) Jun '43: According to an Informant rice was planted twice per year, and half the rice crop from large sawahs was taken by the Japanese at /3.50 per 62½ kilos. Pre-war price was /5.00. Nothing was taken from the smaller sawahs.

TNEI 4302 (293)

Kg. Loano, Poerworedjo (Mid-Java) Jan '44: An informant states that the loerah took one third of the rice crops for the use of the Japanese. He adds that there was no djarak (castor), cotton or ramie grown in the district.

Industries and Manufacturing: Karanganjar (Mid-Java) Nov '43: An informant states that the following three industries were operating:-

A coconut oil factory, known formerly as "Olvada" which was run by 3 Japanese civilians. Approximately 50 male coolies were employed, and 3 Javanese females were employed in the office. The output was taken by the Japanese.

TNEI 4401 (293)

The former Chinese rice mill was still operating.

Rice bag manufacture. This was a new factory erected under Japanese supervision, which employed about 100 coolies of both sexes. Production was by hand and the fibre was imported from an unknown source.

Koetoardjo (Mid-Java) Apr '43: According to an informant there were two rice mills, a copra industry and a large coconut oil mill. The latter employed about 200 Javanese of both sexes and was managed by a Chinese named Sin Hien. The production was taken by the Japanese. The factory worked 24 hours per day in shifts, and the daily output was 500 tins of 4 galls. each. Wages were 15 cents per day. Night shifts were paid 5 cents per hour; no food was provided. The former batik factory was closed and was being used by the Chinese as dwellings.

X. PROPAGANDA AND PSYCHOLOGICAL WARFARE INFORMATION.

Enemy.

Non-Radio Propaganda:

Posters, Pamphlets and Leaflets: Poerworedjo (Mid-Java) Jul '43: An informant states that at all the principal Government buildings, the Assistant Wedana's house and the house of the loerah in the village of Soetjenjoeroetengah, large posters about 3 metres square, were displayed in colours, depicting Dutch soldiers fallen in battle and being trampled into the earth by infuriated village people, while behind were rows of Japanese soldiers with their flag. The Dutch flag was shown being trampled underfoot.

Language Schools: Koetoardjo (Mid-Java) Nov'43: According to an informant, the Wedana (native District Officer) conducted a Japanese language school at his house. Approximately 90 village teachers attended twice weekly, on different afternoons. The Wedana was in office before the war; he can write Japanese up to the Kanji standard. These classes first commenced in Sep '42. No fees were charged. Informant further adds that at this Wedana's house the Japanese flag was hoisted daily. The approach to this building, formerly a public thoroughfare, was closed to casual passersby and was only permitted to be used by those who had business with the Wedana. Others had to pass on the opposite side of the Aloon Aloon which was situated in front of the house. Those meeting the Wedana had to bow in Japanese fashion.

Wangon, Banjoemas (Mid-Java) Aug '43: An informant states that there was a Japanese language school there. The teacher was a Javanese mantri (Government official) of Wangon. Those attending were mostly school teachers, but informant saw some women pupils. This school was open every Friday afternoon. Attendance was voluntary and no fees were charged.

XII. PERSONALITIES.

Military Police (Kempei): Poerworedjo (Mid Java) Jun '43: Aneha, head of the Kempei in Poerworedjo, lived in a former NEI Army officer's house, next to the barracks of the 2nd Depot Bn. He wore military uniform of chocolate brown with no rank identifications, but on his left sleeve above the elbow he wore a round yellow badge with a red band across it. Diameter of badge was approximately 2 inches and the red band approximately ½ inch in width.

Manokwari, Vogelkop, D.N.G., Jul '44: In Butai Araydatai, No.10446, a Sergeant Parmen, formerly of the Marechaussee joined the Kempei, but was returned later as not wanted. He was replaced by a Javanese named Soewarno, who had received promotion to Djotohei (private 1st class) and who left with the Japanese when they retreated. Corporal Raden Soedijono also joined the Kempei at Manokwari and was believed to have remained behind when the Japanese retreated.

A Javanese named Soekiman of Gochuchutai No. 36, who had been promoted to the rank of Gotji (Corporal) joined the Kempei in Jul '44. In the retreat from Manokwari, D.N.G., this man decided at Wareng to remain with the Japanese. Whilst in the Hei-Ho he had a reputation for brutality amongst the Javanese; he spoke and wrote Katakana.

Civilian Officials: Poerworedjo (Mid-Java) Jun '43: Hito was the engineer in charge of all the installations of the factories in the above area, and was also technical adviser. He wore military uniform, without any insignia, and lived in a former NEI Army officer's house next to the barracks outside the terrain of the 2nd Depot Bn, together with Aneha, Kempei official.

XIII. GENERAL.

Civil Internees: Poerworedjo (Mid-Java) Aug '42-Jan '43: An informant states that he saw about 50 Dutch civilian males interned in the former barracks of Bn Depot No.2. Their quarters were surrounded by barbed wire and a Japanese post was situated on the water tower within the barrack area. The internees were not allowed out during the period of internment, but informant states that all were released in Jan '43. The same informant states that during Oct '42 he saw the Town Police commence to collect Dutch women in Poerworedjo. Some were left in their bungalows, the remainder, numbering about 50, together with their children and two Roman Catholic priests, were taken to the former Roman Catholic school. Here they remained about 3 or 4 days. They were allowed to take with them only one bundle of clothes each. They were then split up, and some were taken to the former coolie depot, and after two days removed to an unknown destination. About 15 of these women remained at the Roman Catholic school and informant heard that the two priests arranged for their feeding. He saw no guards and they went to the market from time to time. In Jul '43 they all appeared healthy and were decently dressed. In Jul '43 there were still some Dutch women in their former bungalows (see sketch).

An informant states that he saw about 100 Dutch and Eurasian women internees in the former MULO schoolhouse in Jul '42 and again in May '43. They were guarded by Field Police. He adds that he saw some of these internees selling icecreams, the purchasers being those employed by the Japanese in offices etc. He also saw Dutch children in this camp. The women appeared healthy and decently dressed, and at times they were seen, between 1300 and 1500 hours, in the market, without escort.

Kg. Kalibagor, Poerwokerto (Mid-Java) Nov '43: An informant states that there was an internment camp for Dutch women in the former employee's house of a large sugar factory which was closed down. There were approximately 50 women and 8 children quartered here. Every Sunday these inmates went to market for provisions, without escort. Some were dressed in sarongs and kabayas (blouses), and both they and their children appeared healthy. This camp was surrounded with a bamboo fence and barbed wire, chest high. The entrance was by a locked gate, which did not appear to be guarded. These internees were collected from the Poerwokerto area in Jun '43.

Prostitution: Poerworedjo (Mid-Java) Jun '43: An informant states that many Indonesian (?) women were brought from Poerworedjo, Semarang, Magelang, Djokjakarta and Soerakarta to a brothel situated in the former NCO's quarters opposite the prison in Poerworedjo. One group of women never stayed long but were replaced after a short period by a new group recruited from the same district. This brothel was for the use of officers.

Looting: Porong (East Java) Mar '42: According to an informant there was much looting during the invasion. The Chinese were the victims and the villagers did the looting. Many were shot by the local Police.

Underground Organization: Poerworedjo (Mid-Java) Jun '43: Informant stated that there was at this time a secret organization. He was never a member of this organization and could only give information from hearsay. (Further particulars can be obtained from NEFIS if required).

Smit

Ag. No. AI2/8830/G.

Lt. Cdr. J. C. Smit.
Deputy Director NEFIS.

Camp Columbia, 27th November, 1944.

93961 8

2급 비밀.

네덜란드령 동인도군 정보국

뉴질랜드 보험사 빌딩

334-338 퀸 스트리트, 브리즈번

NO. AI2/8830/G. U. 7076.
첨부: 2
주제: 심문보고서

1944년 11월 27일.

네덜란드령 동인도군 정보국 심문보고서

561호, 562호, 571호, 573호, 578호, 590호 합본(개별호 미발행).

---

1. 첨부된 문서는 네덜란드령 동인도군 정보국 심문보고서 561호, 562호, 571호, 573호, 578호, 590호 합본이다 (개별호 미발행).

2. 이 보고서에 포함된 정보는 피난민을 대상으로 한 심문에만 근거하고 있으며, 이를 고려하여 평가해야 한다.

3. 이 안에 담긴 정보를 배포하는데 주의를 기울이도록 한다. 이 보고서의 전체 또는 일부분을 활용할 경우, 피난민의 친지가 위험에 빠지거나, 적군의 보복에 노출되는 것을 막고, 중요한 정보의 출처가 막히지 않도록 관련된 이름, 지역 등이 특정되지 않아야 한다.

소령. J. C. 스미트.(J. C. Smit)
네덜란드령 동인도군 정보국 부국장.

배포:
첨부된 목록 참조.

복사본 44호.

(중략)

2급 비밀.

네덜란드령 동인도군 정보국,
뉴질랜드 보험사 빌딩,
334-338 퀸 스트리트,
브리즈번.

복사본 41호.

네덜란드령 동인도군 정보국 심문보고서
561호, 562호, 571호, 573호, 578호, 590호 합본(개별호 미발행).

주: 이 보고서는 44년 9월 중 네덜란드령 뉴기니의 룸버폰섬(Roemberpon Island)의 연합군이 풀어준 여섯 명의 자바인 정보원을 심문한 내용을 담고 있다. 그들은 모두 43년 11월에서 44년 1월 사이에 자바에서 배를 타고 왔는데, 헤이호 부대에 강제 징병되었다. 그들은 전직 군인이었으나 짧은 기간 동안의 억류 이후 풀려났고 그들의 고향으로 돌아갔다.

(중략)

XIII. 일반정보.

민간인 수감자: 푸르워조(Poerworedjo)(자바 중부) 42년 8월 – 43년 1월: 정보원은 50명의 네덜란드인 민간인 남성이 (구) 제2보충대대의 병영에 수용되어 있는 것을 보았다고 말한다. 그들의 병영(quarter)은 가시철조망으로 둘러싸여 있었고, 병영구역 내 있던 급수탑 위에는 일본군 초소(post)가 있었다. 정보원이 말하길, 억류기간 동안 수감자들의 바깥출입이 허용되지 않았지만, 43년 1월에 모두 풀려났다. 같은 정보원은 42년 10월에 도시 경찰(Town Police)이 푸르워조에 있는 네덜란드인 여성을 모으기 시작한 것을 보았다고 했다. 일부는 방갈로에 남았고 약 50명쯤 되는 나머지 여성은 그들의 아이와 로마 가톨릭 사제 두 명과 함께 (구) 로마 가톨릭 중등학교로 끌려갔다. 여기서 그들은 3일이나 4일간 머물렀다. 개인당 옷 꾸러미 하나씩만 가져가는 것이 허용되었다. 그들은 이후 분리되어 일부는 예전 막노동꾼 숙소(coolie depot)로 이동하였고, 이틀 후 알려지지 않은 목적지로 옮겨졌다. 이

여성들 중 약 15명이 로마 가톨릭 학교에 남았고 정보원은 두 사제가 그들의 식량을 구하는 것을 들었다. 정보원은 보초는 보지 못했고, 이들이 때때로 상점에 다녀오는 것을 보았다. 43년 7월에 그들은 모두 건강해 보였고 제대로 옷을 갖춰 입고 있었다. 43년 7월 예전 방갈로에 여전히 몇몇 네덜란드인 여성이 있었다(개요도를 볼 것).

정보원은 42년 7월과 43년 5월에 다시 예전 중등학교 건물에서 약 100명의 네덜란드와 유라시아인 여성 수감자를 보았다고 말한다. 그들은 경찰(Field Police)에 의해 감시받았다. 그가 덧붙이길 이 수감자 중 일부가 아이스크림을 파는 것을 보았고 구매자는 사무소 등에 있는 일본인에게 고용된 사람들이었다. 그는 네덜란드인 아이들도 수용소에서 보았다. 여성들은 13:00에서 15:00에 감시 없이 모습을 드러냈는데 건강해 보였고 잘 갖춰 입고 있었다.

푸르워케르토(Poerwokerto)(자바 중부)의 Kg.칼리바고(Kg.Kalibagor) 43년 11월: 정보원은 폐쇄된 대규모 설탕공장의 (구) 노동자 주택에 네덜란드인 여성을 위한 수용소가 있었다고 말한다. 거기에는 대략 50명의 여성과 8명의 아이들이 거주하고 있었다. 매주 일요일 이 수감자들은 감시하는 사람 없이 식량을 구하기 위해 시장에 갔다. 일부는 사롱(sarongs)과 카바야(kabayas)(블라우스)를 입었고 그들과 아이들은 모두 건강해 보였다. 이 수용소는 가슴높이의 대나무 울타리와 가시철조망으로 둘러싸여 있었다. 입구는 문이 잠겨있었고 보초는 없어 보였다. 이 수감자들은 43년 6월 푸르워케르토 지역에서 모인 사람들이었다.

위안부 및 위안소(Prostitution): 푸르워조(자바 중부) 43년 6월 : 정보원에 따르면 푸르워조, 세마랑, 마겔랑, 족자카르타(Djokjakarta)와 수라카르타(Soerakarta)로부터 많은 인도네시아(?) 여성들이 위안소(brothels)로 끌려왔다. 이 위안소는 푸르워조 형무소 맞은편의 (구) 네덜란드군이 쓰던 부사관 숙소를 활용한 것이다. 여성들은 결코 오래 머물지 않았고, 얼마 지나지 않아 같은 지역에서 모집된 새로운 여성들로 대체되었다. 이 위안소(brothels)는 장교들이 사용하기 위한 것이었다.

약탈: 포롱(Porong)(자바 동부) 42년 3월: 정보원에 따르면 침략기간 동안 많은 약탈이 있었다. 중국인들이 피해자였고 마을 주민들이 약탈했다. 많은 이들은 지

역 경찰에 의해 사살당했다.

지하 조직: 푸르워조(자바 중부) 43년 6월: 정보원은 이 시기에 비밀조직이 있었다고 말한다. 그는 이 조직의 구성원이었던 적이 없어서 전해 들은 정보만을 줄 수 있다. (필요하다면, NEFIS가 추가적인 세부정보를 제공할 수 있다).

Ag. No. AI2/8830/G.

소령. J. C. 스미트.(J. C. Smit)
네덜란드령 동도군 정보국 부국장.

캠프 컬럼비아, 1944년 11월 27일.

12

Compilation of NEFIS Interrogation Reports Nos. 661-669

RG 319 Entry UD 82-A Box 2008

이 문서는 1944년 12월 12일자 661-669호 합본 심문보고서이다. 보르네오 서부 해안으로부터 귀순한 현지인들을 심문하여 얻은 정보를 바탕으로 하고 있다. 그들은 1944년 9월 28일 연합군 잠수함에 의해 붙잡힌 배의 선원들이었고, 정보의 상당 부분은 배의 주인이자 선장인 사람으로부터 제공되었다. 보고서에는 약 40명의 현지인 여성들이 보르네오섬 폰티아낙(Pontianak)에 '위안부'로 끌려갔다는 내용이 담겨 있다.

EMR/SECRET.

SECRET

NETHERLANDS FORCES INTELLIGENCE SERVICE
(NEFIS)
NEW ZEALAND INSURANCE BUILDING,
334-338 QUEEN STREET, BRISBANE.

98576

No: AI2/9269/G.

12th December, 1944.

Enclosures: 2

Subject: Interrogation Report.

12 DEC 1944

Compilation of Nefis Interrogation Reports Nos. 661-669 (Not issued separately).

----

1. Attached is Compilation of Nefis Interrogation Reports Nos. 661-669 (Not issued separately).

2. Information contained in this report is based solely on interrogation of evacuees and should be evaluated accordingly.

3. It is requested that care be taken in the distribution of the information contained therein. If the whole or any part of this report is reproduced, no indication may be given of names and localities concerned, to avoid compromising relatives of evacuees and exposing them to enemy reprisals, and to prevent closure of important sources of information.

Lt. Cdr. J. C. Smit.
Deputy Director NEFIS.

Distribution:

See attached list.

Copy No: 41

SECRET

KC

DISTRIBUTION:	No. of Copies.	Copy No.
Ex. H. van Mook. Lt. Gov. Gen.	1	1
B.S.O. through O.B.S.O.	2	2-3
O.B.S.O.	1	4
Economic Int. Section GHQ.		
New Delhi via B.S.O. - Colombo	1	5
C.L.G.	1	6
M.C.A.	1	7
D.B.B.	1	8
Departmental Heads	5	9-13
Min.v.Kol., Att. Col. de Blieck.	1	14
Min. of Economic Warfare Foreign Office, London, via Col. de Blieck London.	1	15
Contr.A.I.B.	1	16
G.2., G.H.Q.	2	17-18
A.C. of S., G.2. USAFFE	1	19
Dir. of Intell, Allied Air Forces, S.W.P.A., A.P.O. 923	5	20-24
RAAF Hq. N.W. Area, Darwin	1	25
Assist. Dir. of Intell., Advanced Echelon, Allied Air Forces, S.W.P.A. A.P.O. 925	4	26-29
D.M.I.	1	30
A.D.M.I.	1	31
D.N.I.	1	32
COISEF through D.N.I.	1	33
Seventh Fleet Intell. Center	1	34
Chief of Air Staff RAAF Hq.	1	35
Director A.G.S.	1	36
O. in C., A.G.S., NEI Section	1	37
Co-Ordinator ATIS	1	38
FELO, Hq.	1	39
FELO, Melbourne	1	40
N.R.C.C.S.	4	41-44
N.F.L.O. Darwin	1	45
N.F.L.O. Perth	1	46
S.R.D.	1	47
S.R.D. Brisbane, (Maj Wigan)	1	48
S.I.A.	1	49
Dir. Gen. of Security	1	50
CSONICA Kandy	1	51
Capt. v. Eechoud of SONICA,APO 565	2	52-53
Mr. W. H. de Roos	1	54
NEFIS Officer A.I.B.	1	55
NEFIS	13	56-68
Netherlands Staff Officer, G.3., APO 500.	1	69
Dutch Liaison Officer, A.2.Hq. 13th Air Force, APO 719	2	70-71
A.C. of S., G. 5., G.H.Q.	1	72
D.L.O. Allied A.F. Old Courier Bldg.	1	73
FELO, Hollandia, (Att. Maj. Kremer).	1	74
Mil. Att. Canadian Emb. Canberra	1	75
Senior Intell. Officer, First Tactical Air Force, RAAF APO 704	1	76
Combined Advisory Committee on Tropical Medicine, Hygiene & Sanitation, Rear Echelon, GHQ SWPA, APO 500	1	77
Ltz. I. C. den Hollander GHQ., G.4. APO 500	1	78
C.O., N.I.O., Hq. Merauke	1	79
MIX-X Section A.A.F.	1	80

SECRET

98576 2

ÉMR/SECRET.

NETHERLANDS FORCES INTELLIGENCE SERVICE,
NEW ZEALAND INSURANCE BUILDING,
334-338 QUEEN STREET,
BRISBANE.

SECRET

Copy No. 41

COMPILATION OF NEFIS INTERROGATION REPORTS
Nos. 661-669 (NOT ISSUED SEPARATELY).

NOTE:

The above reports refer to one Javanese and eight Malay informants from the West Coast of Borneo. They comprised the crew of a prahoe intercepted by an Allied submarine on 28 Sep 44. The greater part of the information was supplied by the owner and captain of the prahoe, who states that he gathered eight of his male relations on his ship in order to save them from ill-treatment at the hands of the Japanese.

To facilitate reference, the places covered in this report are listed hereunder, by sections:-

III. TACTICAL DATA ON ENEMY MILITARY FORCES.

West Borneo:

Pontianak
Ketapang
Singkawang
Mampawah
Soekadana
Sambas
Karimata Islands
Kandawangan
Bawal Island
Lemoekoetan Island

West Java:

Batavia

IV. SUMMARY OF NAVAL INFORMATION.

West Borneo:

Pontianak
Ketapang

West Java:

Batavia

Malaya:

Singapore

Moreover: Riouw Straits

V. BASIC AIR INFORMATION.

West Borneo:

Pontianak
Singkawang

VII. GEOGRAPHICAL INFORMATION.

West Borneo:

Kendawangan
Pagarantimoen
Tempoeroekan
Soekadana
Pontianak
Penjoe
Singkawang
Teloekbatang
Sidoek
Koealapesagoean
Ketapang
Teloekmelano
Sandai
Kandang Karbaoe
Kotta Bangoean
Landjoek
Pedjantan (St. Barbe Island).

SECRET

98576 3

VIII. POLITICAL AND SOCIAL INFORMATION. **SECRET**

West Borneo:

Pontianak
Ketapang
Soekadana
Mampawah
Singkawang
Pemangkat
Sambas
Karimata Islands

West Java:

Batavia

Malaya:

Singapore

IX. ECONOMIC INFORMATION.

West Borneo:

Pontianak
Ketapang
Batoe Ampar
Soengei Aja
Singkawang
Kandang Karbaoe

Malaya:

Singapore

XII. PERSONALITIES.

West Borneo:

Ketapang
Simpang
Moeara Kajoeng
Sampit
Kandang Karbaoe
Soekadana

Mid-Java:

Tegal

III. TACTICAL DATA ON ENEMY MILITARY FORCES.

Dispositions and Strength of Organizations and Units: Inf gives the following dispositions and strengths (Aug 44):-

a. Pontianak (West Borneo): 500 to 1,000 Naval personnel, in the former Dutch brcks. A lookout post was established next to the former Capitol Cinema. The post was manned by two guards equipped with binoculars and two light machine guns. The guard was changed every two hrs, and at night a red light was kept burning.

b. Ketapang (West Borneo): 30 Japanese Naval personnel and one Kempei, in the former Dutch brcks. They were known to make short reconnaissance patrols with three men. A lookout post was under construction just north of the Pawan river and east of the road to Soekadana.

c. Singkawang (West Borneo): 200 Naval personnel, in the former Dutch brcks.

d. Mampawah (West Borneo): 24 Naval personnel in the former Dutch brcks.

e. Soekadana (West Borneo): 12 Naval personnel in the former Dutch brcks.

Insignia: All troops were observed to wear the anchor insignia, so that it is assumed that in Aug 44 the whole of the west coast of Borneo was occupied by Naval forces.

Supply Arrangements and Installations: Pontianak (West Borneo) Aug 44: The warehouses formerly belonging to the "Netherlands Trading Society" and "Geo. Wehry & Co." were being used as stores for rice and sugar, under control of the occupying forces. Supplies were shipped from Java by cargo luggers of about 100 tons (type "Victor Able"). On account of the draught ships were sometimes unloaded at Batoe Ampar, about 12 miles east of Cape Padangtikar on the north coast of Padangtikar Island. Cargo was transported from there by river prahoes to Pontianak.

SECRET 8576 4

Enemy Tactics and Methods: Pontianak (West Borneo) Aug 44: Regular patrols of about 30 men were sent out from Pontianak to Singkawang, and from thence by the inland road to Sambas.

Weekly patrols were carried out from Pontianak to the Karimata Islands, from Ketapang to Bawal Island and to Kandawangan, and from Singkawang to Lemoekoetan Island. The object of these patrols was to preserve the peace and prevent any possible uprisings. In this way, the Japanese avoided the maintenance of garrisons in the smaller and less important places.

It was observed that when the patrol from Pontianak was due at Singkawang, part of the troops there left to engage the patrol in a mock battle. Any curiosity shown on the part of the natives in connection with these activities resulted in their being shot at by the patrols.

Enemy Material and Equipment: Pontianak (West Borneo) Sep 44: One inf observed two tanks, type M 2595, of which one was sent to Bandjermasin (South Borneo) in Sep 44.

Patrols were equipped with captured Dutch rifles (M 95) and bayonets. When on patrol from Pontianak to Singkawang each Japanese carried two to three old 5 lb. butter tins containing sufficient food for the journey. They were never known to buy any foodstuffs en route; inf attributed this to fear of being poisoned.

Location of PW Camps: Pontianak (West Borneo): An inf heard that for the first few weeks after the capitulation, all N.E.I. Army personnel and Dutch male civilians were interned in the former residence of Seng Hi at Kg. Melajoe. The house was surrounded with barbed wire.

In Sep 44, no white population remained on the west coast of Borneo. All PsW and internees were transferred to Miri, Sarawak shortly after the capitulation.

Radar and Radio Stations: Pontianak (West Borneo) Sep 44: The Japanese were using the former Dutch radio station located next to the former Dutch brcks.

IV. SUMMARY OF NAVAL INFORMATION.

Ship Movements and Ships in Port: Tandjoeng Priok, Batavia (West Java) Jan 44: An inf saw four ships of approximately 1,000 tons, unloading at a wharf, believed to be the former "Oceaan" (Blue Funnel Line) wharf. At the adjoining coal wharf, informant noticed seven ships of about 300 - 400 tons, discharging coal. He was told that a regular service was maintained by these coal carrying vessels between Palembang (Sumatra) and Tandjoeng Priok. During inf's stay, he daily observed two vessels discharging coal.

Ships Sunk or Damaged: Tandjoeng Priok, Batavia (West Java) Jan 44: Four sunken ships were observed between the breakwater and the quays.

Shipping Routes: West Coast Borneo, Aug 44: Shipping from Pontianak southward proceeded upstream from Pontianak to Soekalanting on the Kapoeas Ketjil River, down the Poenggoer Besar River, down the Koeboe River to Padangtikar, then followed the Padangtikar channel (passing Batoe Ampar village) and the Padoe Ampat channel to Poeloe Koembang village. They then followed the coast about 15 miles offshore, towards Bawal Island, before making the crossing of the Java Sea.

An exception was made in the case of timber being towed from Batoe Ampar village to various ports on the north coast of Java, when the vessels took the normal ocean route. Towing was done from Dec to Feb during the northwest monsoon.

Shipping from the west coast of Borneo to the Malay Peninsula passed through Riouw Straits, which were patrolled by Japanese motor boats of the "Daihatsu" type, but without stacks, and powered by a diesel engine.

One inf called at Singapore (Tandjo[illegible]) in Sep 43, and

 5

noticed no merchant shipping was anchored there. He was told that all shipping proceeded to the former Naval Base.

Ship Building and Repair Facilities:

a. Pontianak (West Borneo) Jul 44: The former Dutch-owned Koen Hoan Dock was operating, turning out ships of 100 - 300 tons at the rate of one per month. Ships launched were of the "Sugar Dog" type, but according to inf had a mast for hoisting sails. They were diesel engine powered, and coconut oil was used as fuel and castor oil as lubricant. The ship building firm operated under the name of "Sui Kabushiki Kaisha". All kinds of wood were used.

According to inf the ships often had to go into dock to repair the diesel engines, owing to the inferior fuel.

In Aug 44, another inf observed that the Japanese had built one tidal slipway in Kg. Sijantan, on the Kapoeas Ketjil River. He estimates that this slipway had a capacity for ships up to 300 tons ("Sugar Dog" type).

b. Ketapang (West Borneo) Aug 44: A tidal slipway had been built at Kg. China, on the Ketapang River, which turned out wooden ships up to 150 tons ("Victor Able" luggers). The wood used was of much better quality than at Pontianak.

c. North Coast Java: During an inf's visit to Batavia (West Java) in Jan 44, he heard of the extensive building of wooden ships along the north coast of Java. This was confirmed by crews spoken to at Pontianak in Mar 44, who stated that their prahoes had been built at Japara (Mid-Java). Prahoes were marked on the stern with the letters M.B.K. (Mitsui Bussan Kaisha), and the ship building firm was called Mitsui Kabushiki Kaisha. Ships were of the two-masted sailing prahoe type, of about 80 gross tons. Most of them carried the name "Japara Dai" on the bow.

Navigational Aids:

Lighthouses: All lighthouses along the western coast of Borneo and adjacent islands were extinguished.

Buoys: Pontianak (West Borneo) Sep 44: The light beacons were still intact but were not illuminated. The white and black buoys at the entrance of the channel had been removed, and the Kapoeas Ketjil River was only navigable for luggers of up to 80 tons. No dredging was being carried out. After passing two small islands at Batoe Lajang, vessels had to stick close to the southern bank.

Harbour Conditions: Pontianak (West Borneo) Oct 44: The wharf which had been demolished by the N.E.I. Army before the occupation was still in course of being repaired.

V. BASIC AIR INFORMATION.

Locations of Air Installations: Pontianak (West Borneo) Sep 44: A new airfield was under construction at Soengei Doerian, about one mile south of the Kapoeas Ketjil River between Kg. Niboengseriboe and Kg. Limboeng about 12 km southeast of Pontianak. About 1,000 men were engaged in the construction, which started approximately the second half of 42.

The former Dutch seaplane base at Kg. Aring was not being used by the Japanese. They were mooring their seaplanes at Kg. Sijanten, in front of the former Dutch brcks. The Japanese had salvaged the scuttled seaplane dock, and had beached it on the river bank at Kg. Tembok Baroe.

Enemy Air Activity: Pontianak (West Borneo) Sep 44: One inf observed the following arrivals and departures:-

15 Sep 2 "Rufes", which left after two days.
18 Sep 3 "Rufes", which left the next day.
22 Sep 1 "Cherry" and 3 "Rufes", which left after two days.

Informant does not know from whence they came, nor where they went to.

Another inf saw the following arrivals and departures:-

25 Aug 44 2 "Rufes", which left the next day.
29 Aug 44 3 "Rufes", which left the next day.
31 Aug 44 4 "Rufes", which left the next day.

These planes were guarded by armed Japanese soldiers in four small vessels, patrolling the area.

Inf heard that the former Dutch airfield, "Singkawang II", was not in use in Sep 44, and had been converted into vegetable gardens and dry ricefields.

VII. GEOGRAPHICAL INFORMATION.

General Description of Terrain: The coastline from Kandawangan to Tempoeroekan (West Borneo) has numerous coconut plantations up to about 7 miles inland. From Kandawangan to Pagarantimoen the country is very hilly; from Pagarantimoen to Tempoeroekan the country is rather flat, and from Tempoeroekan up to Soekadana and Pontianak the country is very marshy, which extends as far as Penjoe where the country becomes flat again and gradually rises beyond Raja to Singkawang.

Coastline: There are no good beaches along the coast between Kandawangan and Singkawang.

Roads, Tracks and Trails: The road from Kandawangan along the coast as far as Teloekbatang is suitable for motor traffic. It has an approximate overall width of 5 to 6 metres, and its minimum width allows two trucks to pass each other. The road is in good condition and stands up to heavy traffic. The only bad stretch, which turns boggy in the wet season, is between Tempoeroekan and Sidoek. The road crosses the Tangar River over a strongly built wooden bridge approximately 20 metres long and 3 metres wide. At Koealapesagoean there is a ferry which is capable of transporting one motor truck across the river. There are three such ferry boats.

At Ketapang there is a ferry which crosses the southern arm of the Pawan River, and there is a pontoon bridge over the northern arm of the same river, which is known there as the Koeala Padjang.

There are bridges over the Sentap, Toelak, Sidoek and Melia rivers. At Teloekmelano there is another ferry.

Rivers and Streams: The Pawan River, which flows into the sea at Ketapang (West Borneo), is suitable for ships up to 70 tons as far as Sandai, from Aug to Apr.

To reach Ketapang from the sea it is necessary to wait for high water at Cape Bawan, in order to enter the Koeala Pandjang River. At Kandang Karbaoe a native pilot bearing the name of Kawie pilots the boats to the Customs harbour at Ketapang.

The Sambas Besar River is navigable for ships of 300 tons as far as Kotta Bangoen, where the Sambas Ketjil flows into the main river. The Sambas Ketjil is navigable as far as Sambas. The depth of the Sambas Ketjil River up to Sambas is 25 feet, and the width approximately 50 metres.

The Kandawangan River is navigable as far as Landjoek village for ships of about 30 tons. According to inf, all former Dutch beacons are still in position.

Effect of Monsoons: West Coast Borneo: The prevailing winds from Dec to Feb being from the north, make it impossible for sailing prahoes to make the journey from Java to Pontianak. This period, however, is most favourable for the towing of timber from Batoe Ampar (West Borneo) to Soerabaja (East Java). During the rest of the year changeable winds make towing impossible.

Uninhabited Islands: Pedjantan (St. Barbe Island) about 130 miles west of Pontianak is totally uninhabited, but was occasionally visited by Malays from Borneo for the purpose of collecting coconuts. Fresh water springs are to be found on the island.

VIII. POLITICAL AND SOCIAL INFORMATION.

General Living Conditions: West Coast Borneo, 44: Due to inflation and lack of general commodities, living conditions had deteriorated.

Security Regulations and Censorship:

a. West Coast Borneo, 44: The Japanese were trying to suppress any pro-Dutch feelings. By dressing as natives and mixing with the population, they were able to spy on the people, listening in to conversations, etc.

No communications whatsoever were allowed between the various villages in West Borneo, and persons travelling from one area to another were carefully searched. The penalty for any person detected carrying correspondence was death, and notices were displayed to this effect. This penalty apparently acted as sufficient deterrent, as inf knew of no instance where this order had been defied. The postal service was operated solely for the use of the Japanese.

Inf states that it was necessary for all seamen to obtain a sailing permit from the Harbour Master's Office at Pontianak, signed by a Japanese Minseibu official. Applications for sailing permits had to be accompanied by a fee of /20.00 and a further /20.00 had to be paid upon receipt of the permit, which was valid for one year.

Registration passes were needed for prahoes, and were obtainable only at the Customs Office, Pontianak (West Borneo); passes had to be countersigned by the Minseibu. Fees charged were 60 cents per ton per year. Harbour passes were also needed for each departure and arrival, the fee being 15 cents per ton.

b. Batavia (West Java) Mar 44: One inf states that when hiring his prahoe to a Chinese, he had to deposit 30% of the proceeds with the Customs; inf was told that he could collect this deposit after six months. In this way, the Japanese were able to keep a check on prahoe movements.

Relations between Japanese and Local Population:

a. Pontianak and Ketapang (West Borneo) Sep 44: Most of the population hated and feared the Japanese. At first none of the natives would work for or assist the Japanese in any way. Later, when the Japanese promised food and clothing to those who worked for them, many natives were attracted by this offer, and started to work for the Japanese. However, these promises were not kept, and the men were only issued with one cup of rice per day and one outfit of clothing, consisting of trousers, shirt and singlet, which was supposed to last them for two years, and the value of which was deducted from their wages.

All stocks of clothing were confiscated from the shops, and those who possessed good clothes were deprived of them. No payment was made for these appropriations. Impressed labour forces had to work very hard; even when sick coolies were compelled to continue working, under pain of death.

The rule of the Japanese was one of terrorism. In Apr 44 about 12 Radjas and 2,000 influential people were murdered by the Japanese on the west coast of Borneo. The reason given by the Japanese for this massacre was that a plot had been discovered at Pontianak to poison the Japanese, and that the victims were anti-Japanese. By this means the Japanese hoped to eliminate such persons whom they considered capable of leading anti-Japanese movements. According to inf, a general uprising would have occurred at this mass murder had the people been in the possession of arms.

Inf mentioned the following names of people killed during the purge at Ketapang:

Goesti Saoenan, Radja of Matan
Goesti Roem, Radja of Simpang
Tengkoe Betoeng, Radjo of Soekadana
Abdoel Hamid, former district officer
Sjech Mar'i and Sjech Ali, wealthy Arab merchants
Patisina (Menadonese) and Pandanean (Batak), former Government clerks

Hadji Abdoel Radjak, wealthy merchant
Ma'moer, wealthy merchant
Hadji Hassan, wealthy merchant
Agoes Djam, Javanese doctor
Boonjamin, wealthy merchant
Oesoep, wealthy merchant
Hadji Nasir, Pengoeloeh
Hadji Abdoel Rachman, leader of "Mohammediah"
Mahmoer, Boedjang, Oemar and Ismael, Malay school teachers
Djoei, head of Kandang Karbaoe village

According to inf, it is a common practice for the Japanese to ask people in the street whether they like the Japanese. The slightest thing, such as the possession of a Dutch coin, is interpreted as harbouring anti-Japanese feelings.

Inf considers that in the event of an Allied landing the Malayan population of West Borneo would fully co-operate and participate in any action against the enemy.

Should Allied airmen be forced to bail out, care should be taken to avoid towns along the coast such as Ketapang, Soekadana, Pontianak, Mampawah, Singkawang, Pemangkat and Sambas, the population of which would not be in a position to assist them, while approximately 12 miles distant from these centres the population would be able to render them any help they need. Inf suggested that Allied airmen should try to reach vegetable gardens in this area. These gardens are not fully cultivated, as this would draw the attention of the Japanese, who would impress the products. However, sufficient vegetables are grown to suffice the owner's needs.

b. Karimata Islands, Aug 44: Although the Japanese sent patrols to visit these islands, they never go ashore. The population is very pro-Allied and at the outbreak of the war they were able to render information to the Dutch Government, which resulted in the internment of Japanese fishermen who were making unauthorised use of the fishing grounds.

Civil Government of Occupied Areas: Pontianak and Ketapang: Inf states that all the local village heads and demangs (native District Officers) were deprived of their authority shortly after the Japanese occupation, and the administration was taken over by the Minseibu (Japanese Civil Administration).

In Sep 44, Indonesian Civil Servants, Field Police, etc. at Pontianak received their salaries at the end of each month for the preceding month, contrary to pre-war when they were paid on the first of each month for the next month.

Taxes: West Coast Borneo, Sep 44: "Personeele Belasting" (tax on household furniture) was increased by about 100%.

Wages tax was increased from 4% to 9½%.

One inf was taxed /20.00 on his rubber garden of 2,000 trees, whereas before the war he had paid /40.00. Another inf paid /13.00 tax on his coconut plantation of 12 acres, which before the war was taxed at /65.00. The latter inf, however, points out that whereas in pre-war days he received an income of /1300.00 a year from his estate, he now received nothing, as there was no market for coconuts. The same applied to rubber gardens.

Yet another inf states that those who could not pay their taxes had to work for the Japanese.

Civil Service, Courts, etc: West Coast Borneo, Aug 44: The Field Police carried on their duties as before the war, but under the supervision of Kempei. All offences were dealt with by the Kempei, without trial. One of the lightest forms of punishment was being suspended by the arms, so that the feet could just touch the ground, and beaten. Offenders who were considered to be guilty of more serious offences were shot. Police retained their former uniforms and weapons. All members of the community were forced to pay homage to the Police by bowing to them when they passed. People failing to comply with this were severely beaten and a policeman refraining from enforcing this was punished in the same way. Often policemen were followed by Japanese who saw to it that this procedure was carried out.

Prisons: Pontianak and Ketapang (West Borneo) Aug 44: The former civil prisons were still in use, but as far as inf knows only the former convicts occupied these jails, as no new sentences of imprisonment were passed. Inf could not give any further details regarding food and treatment, but every prison was guarded by Japanese sentries.

Organizations: West Coast Borneo, Aug 44: According to infs, there were no Soekarela, Seinendan, Pemoeda, Kaibodan or any other organizations. Although labour was impressed for local work, they were not sent overseas.

Education: West Coast Borneo, Aug 44: It was compulsory for children to attend school. Parents were severely punished for non-compliance with this order. The curriculum consisted mainly of singing Japanese songs and physical training. Pupils were compelled to start a vegetable garden, the produce being confiscated by the Japanese in lieu of school fees.

At the outbreak of the war schools were closed, but the Japanese reopened them in Jul 43. The same teachers were employed after they had gone through a course of the Japanese language under the leadership of a Japanese named Tanabe.

Religious Services: The Roman Catholic church at Pontianak (West Borneo) in Aug 44 was used as a godown. The Roman Catholic church at Ketapang (West Borneo) was used as military quarters.

The Mosques were still open and Mohammedan religious services were not interferred with. Inf stated that he had never seen or heard of any Japanese entering these Mosques.

Health and Sanitation: Ketapang and Pontianak (West Borneo) Sep 44: The health of the population in general was very bad, the most numerous complaints being malaria, beri-beri, skin diseases, dysentery and malnutrition. There was a complete lack of sanitary arrangements.

Medical Treatment and Supplies: Ketapang (West Borneo) Aug 44: The former "Mantri" (head male nurse), named Doeldjana, carried on issuing medicines in the former Dutch clinic, under the supervision of a Menadonese doctor named Loekoe Lima. No innoculations or vaccinations were carried out, owing to lack of sera. Treatment comprised the issue of salves only. Patients were charged 25 cents for a single visit. One quinine pill cost /1.50, and according to another inf anti-typhus injections cost /6.00 each. Bandages were non-existent, and old washed rags were being used for dressing wounds.

IX. ECONOMIC INFORMATION.

Agricultural Commodities:

Production: An inf states that along the west coast of Borneo the native population were trying to produce only sufficient for their own needs, as they were afraid that their products would be impressed.

Half the crops from the ricefields had to be delivered to the Japanese at /17.00 per 100 "gantangs" (250 kilos), but it was a common practice for the Japanese to impress the whole crop, allowing the owner to keep only 50 "gantangs" per member of the household per annum.

Prices:

West Borneo, 44: One inf remembered the following prices:

Dry chillies, per kilo	80 cents:	pre-war price	35 cents
Tamarind " "	40 "	" " "	12 cents
Onions " "	50 "	" " "	3 cents

The following jungle products were still collected on a small scale by the natives and sold to the Japanese:-

Damar, per 10 kilos /1.00: pre-war price 25 cents
Rattan " 100 " /8.00: " " " /2.50

Singapore, Oct 43: The great shortage of food and vegetables is reflected in the following prices:-

Rice, per kilo	Singapore	$ 4.00:	pre-war price	$0.11
Dry chillies, per kilo	"	$15.00:	" " "	$0.42
Tamarind, per kilo	"	$ 2.00:	" " "	$0.15
Onions, per kilo	"	$ 1.50:	" " "	$0. 4

Rubber: Tapping of both European Estates and native holdings in West Borneo ceased after the capitulation, as there was no market for rubber. Small areas under rubber near the towns had been cleared for the planting of rice and foodstuffs. Inf estimates that in Sep 44 there were at least 500 tons of old stocks of smoked sheets and blanket rubber in the godowns at the ports on the west coast of Borneo.

Copra: Production in West Borneo had ceased, as there was no market for this commodity. Old stocks at Pontianak and Singkawang were estimated at more than 100,000 tons in 44:

Industries and Manufacturing: West Coast Borneo, Aug 44:

Soap: Owing to the great scarcity, the population were making their own soap, using coconut oil and ashes. Half of the production was taken over by the Japanese at /6.00 per case of 20 bars as against the pre-war price of /4.50. The Japanese re-sold the soap at /25.00 a case. A licence for manufacturing was necessary, obtainable from the Minseibu at a fee of 6 cents per case manufactured.

Petrol: Old stocks of rubber were being used by the Japanese for the manufacture of petrol, by a distillation process.

Coconut Oil: The Japanese were still manufacturing coconut oil from old copra stocks, which they were buying up at /4.50 per 100 kilos for No. 1 quality. The body controlling these activities was known as "Sumitomo".

Rubber: The Chinese-owned rubber blanket factories were not in production, but had been left untouched, complete with machinery. Much of the old stocks had become "tacky", was badly blocked and had lost its elasticity.

Rubber mangles, which had been issued to the native growers in the interior, had not been confiscated by the Japanese.

Timber: There were two large sawmills in operation in Aug 44 at Batoe Ampar (West Borneo). Timber was cut in lengths of 5 metres, with a diameter of about 15 inches. These lengths were lashed together in bundles of 30 to 40 lengths, and towed to Soerabaja (East Java), 20 to 25 bundles at a time. This towing was only carried out between Dec and Feb due to monsoon conditions. The Japanese body controlling the timber industry was known as "Nippon Kabushiki Kaisha".

Minerals and Metals: The Japanese were not exploiting the gold mine at Soengei Aja (approximately 110 miles due east from Pontianak).

All mining activities at Singkawang had ceased.

Transportation: West Coast Borneo, Sep 44: Communication between Pontianak and Bandjermasin was maintained once per month by the "Netto Maru" of approximately 300 tons, a former Dutch ship owned by the Borneo Sumatra Trading Co. The fare was /13.10.

Utilities: Pontianak (West Borneo) Aug 44: Water and electric power facilities were operating as usual.

98576 11 SECRET

 SECRET

Communications:

Telephone: West Coast Borneo, Aug 44: The telephone service was exclusively for the use of the Japanese, and was known to operate between Ketapang and Soekadana. A new line was erected from Kandang Karbaoe to Tandjoeng Kaili.

It was stated that the word "Hallo" was prohibited over the telephone. The Japanese words "moshi moshi" had been substituted.

Telegraph: Pontianak (West Borneo) Aug 44: The telegraph service was operated between Pontianak and Batavia (West Java). Telegrams had to be sent in the Japanese language.

Mail:

a. West Coast Borneo, Aug 44: Mail was restricted to the use of post cards, in the Malay language.

Up to 43, former Dutch stamps were in use, but they had been replaced by a Japanese stamp of approximately the same size, portraying the Japanese military flag and Japanese characters. The value of the stamp was printed in the centre of the bottom half. Stamps were issued in 15, 25 and 50 cents values.

b. Singapore, Oct 43: The English language was still permitted for mail services.

Shortage of Equipment and Material: West Coast Borneo Aug 44: A lack of engines apparently held up the ship building programme. An old auto bus engine bought by an informant before the war was impressed by the Japanese shortly after the occupation, but he never received any payment for it.

Informant noticed in Pontianak in Oct 44, and in Ketapang two completed ships, which were apparently waiting for engines.

Shortage of oil fuel had necessitated the use of coconut oil for the diesel engines, and castor oil was being used for lubrication. Attempts to grow djarak (castor oil plant) had not been successful in West Borneo, so that all castor oil had to be imported from Java.

Finance: West Coast Borneo: All Dutch coins had to be exchanged in Dec 42 for Japanese paper money, after which date Dutch coins were illegal. Japanese currency was issued at par in values from 1 cent to /10.00. Anybody found in possession of Dutch coins after Dec 42 had their money confiscated, were accused of anti-Japanese feelings and were severely beaten. In spite of this Dutch /1.00 and /2.50 coins were hoarded.

The Government Savings Banks were closed, and holders of accounts could not draw on them.

Former Dutch Government pawnshops were carried on under Japanese control.

Commerce:

Trade: West Coast Borneo, Aug 44: There were no private trading concerns, but the Japanese had instituted the following bodies to control all trade:-

Minseibu	Civil Administration; controlled rice and salt.
Sumitomo	Controlled copra and oil.
Nomura	Controlled sugar.
Sanka	Controlled coffee.
N.K.K.	Controlled timber and ship building.
Nanyokohatsu.	In charge of accounts and payments.
Nanshinkumiai.	Controlled local food commodities.

Food:

a. West Coast Borneo, Aug 44: Foodstuffs in general were very scarce, and what was available was very expensive. Japanese controlled shop prices were as follows:-

Poultry, each	/3.00: pre-war price 25 cents
Beef, per kilo	/2.50: " " " 25 cents

SECRET

98576 12

Tea, per kilo	/1.00: pre-war price	60 cents
Sugar, per kilo	25 cents" " "	12 cents
Salt, per kilo	25 cents" " "	$13\frac{1}{2}$ cents
Salted fish, per kilo	/2.50: pre-war price	50 cents
Trasie (dried fish paste) per kilo	/1.50: " " "	25 cents

The above commodities were only occasionally available. Rice was rationed on the basis of 3/4 kilo. per person per three days; sugar was on the basis of $\frac{1}{2}$ kilo. per person per month, and salt 200 grammes per person per month.

b. Singapore 43: Prices on the black market were as follows:-

Sugar, per kilo	Singapore $2.10
Salt, per kilo	" $1.50
Coffee, per kilo	" $2.00
Tea, per kilo	" $1.00
Salted fish, per kilo	" $5.00
Cigarettes	" $2.00 for 20 cigarettes.

Labour: West Coast Borneo, Aug 44: The people were only forced to work on the construction of the airfield, where they received wages on a basis of 60 cents per day, out of which they had to provide for their own food. Even when seriously ill they were still made to work, and if they attempted to escape they were mishandled. Many died of malaria. They were housed in roughly built barracks, 40 metres long and 6 metres wide. Each of these brcks held 150 men.

Clothing: West Coast Borneo, Aug 44: Inf had only received one book of coupons since the occupation. This was issued by the Minseibu office, and enabled each member of a household to purchase one yard of cotton cloth. Anyone seen smartly dressed was challenged by the Japanese and asked where the clothes had been obtained. A limited black market trade was carried on between Java and Borneo. Those who could not afford to pay the exhorbitant prices were clothed in rags.

Black market prices for second hand clothes were as follows:-

White drill coat and trousers	/150.00 pre-war	/4.50
Sarong	/150.00 " "	/2.50
Khaki shorts	/ 50.00 " "	/2.50
Shoes	/ 30.00 " "	/3.50
Woollen socks	/ 25.00 " "	/1.50

General Economic Situation in Japan and Occupied Areas: West Coast Borneo, Aug 44: The people were very unsettled and apprehensive as to the future. They were suspicious of the Japanese currency and tried to spend it as soon as possible, with the result that they paid very high prices for goods, for instance:

Raleigh bicycle	/1500.00 pre-war	/35.00
Wrist watch ("Mido" brand)	/1200.00 pre-war	/60.00
Parker fountain pen	/ 900.00 pre-war	/25.00
Gold, per $3\frac{1}{2}$ grammes	/ 120.00 pre-war	/ 7.50

X. PROPAGANDA AND PSYCHOLOGICAL WARFARE INFORMATION.

Enemy:

Non-Radio Propaganda:

Newspapers: West Coast Borneo, Aug 44: An inf states that a newspaper was circulated, named "Borneo Shimbun", half in Malay, half in Japanese. It was printed in Bandjermasin, and published twice a week. Owing to there being only one ship a month between Bandjermasin and Pontianak the news was out of date, and in any case the war news was not believed.

XII. PERSONALITIES.

Civil Officials: Kotapang (West Borneo) Aug 44: The head of the Hanshinkumiai was a Japanese named Yasio.

SECRET

98576 13

-12- SECRET

Abdoel Adjis, of the Town Police, was pro-Japanese, and his wife acted as spy for the Japanese.
Radjema, of the Town Police, was a collaborator.
Poesar, of the Town Police, was a collaborator.
Amat, former washerman, acted as spy for the Japanese.
Lim Bak An, former pedlar, acted as chauffeur for Yasio (see above).
Lim Bak Li, former pedlar, was a collaborator.
Toenghat Ra'jat, Dyak Chief of Moeara Kajoeng, received orders from the Japanese to report to Ketapang, but refused, saying that the Japanese should visit him first. No further action was taken by the Japanese.
Loekoe Lima, Menadonese doctor in charge of the hospital. Replaced Agoes Djam, Javanese doctor, who was killed in the purge.
Samsoemin, junior Malay schoolteacher, the only teacher who escaped the purge.
Djoehari, head of Sampit village.
Hadji Abdoela, Estate owner, influential inhabitant of Ketapang, very anti-Japanese.
Maleisen Koestilanda, clerk in the office of the Radja of Matan.
Koestimas, clerk in the office of the Radja of Matan.
Akram, police clerk.

VIII. GENERAL.

European Inhabitants: Ketapang (West Borneo) 1942-1945: Three European women and a boy of ten years of age were seen to be living in the former house of the Radja of Soekadana at Kg. Kantor. In Nov 43, they were taken in a small diesel vessel named "Bang Hoat" to Pontianak, under Japanese escort. They were not heard of again.

Prostitution: One inf heard that about 40 Malayan women were taken to Pontianak for immoral purposes.

Civil Insignia: All Japanese civilians in West Borneo wore an anchor on their left sleeve.

NOTE: Sketches of Pontianak Town, Pontianak Vicinity and Ketapang Town are in course of preparation and will be forwarded as soon as completed.

Smit

Lt. Cdr. J. C. Smit.
Deputy Director NEFIS.

Camp Columbia, 12th December, 1944.

Ag.No. AT2/9269/G.

SECRET

98576 14

2급 비밀. 네덜란드령 동인도군 정보국

뉴질랜드 보험사 빌딩

334-338 퀸 스트리트, 브리즈번

NO. AI2/9269/G. 1944년 12월 12일.
첨부: 2
주제: 심문보고서

네덜란드령 동인도군 정보국 심문보고서

661-669호 합본 (개별호 미발행).

---

1. 첨부된 문서는 네덜란드령 동인도군 정보국 심문보고서 661-669호 합본이다. (개별호 미발행)

2. 이 보고서에 포함된 정보는 피난민을 대상으로 한 심문에만 근거하고 있으며, 이를 고려하여 평가해야 한다.

3. 이 안에 담긴 정보를 배포하는데 주의를 기울이도록 한다. 이 보고서의 전체 또는 일부분을 활용할 경우, 피난민의 친지가 위험에 빠지거나, 적군의 보복에 노출되는 것을 막고, 중요한 정보의 출처가 막히지 않도록 관련된 이름, 지역 등이 특정되지 않아야 한다.

소령. J. C. 스미트.(J. C. Smit)
네덜란드령 동인도군 정보국 부국장.

배포:
첨부된 목록 참조.

복사본 41호.

(중략)

2급 비밀.

네덜란드령 동인도군 정보국,
뉴질랜드 보험사 빌딩,
334-338 퀸 스트리트,
브리즈번.

복사본 41호.

네덜란드령 동인도군 정보국 심문보고서
661-669호 합본 (개별호 미발행).

주:

이 보고서는 보르네오(Borneo) 서부 해안에서 온 한 명의 자바인과 여덟 명의 말레이 정보원을 심문한 것이다. 그들은 44년 9월 28일 연합군 잠수함에 의해 붙잡힌 배의 선원들로 구성되어 있다.
정보의 상당 부분은 배의 주인이자 선장인 사람으로부터 제공되었는데, 그는 자신의 남자 친척들 여덟 명을 일본군 선원의 학대로부터 구하려고 배에 모았다고 진술한다.

(중략)

XIII. 일반정보.

유럽인 거주민: 케타팡(Ketapang) (보르네오 서부) 1942-1943:
세 명의 유럽인 여성과 나이가 열 살인 한 소년이 Kg.칸토르(Kg.Kantor)에 있는 수카다나 우두머리(라자)(Soekadana Radja) 예전 집에서 사는 것이 목격되었다. 43년 11월 그들은 일본인에 의해 "방 홋(Bang Hoat)"이라는 이름의 작은 디젤 배에 태워져 폰티아낙(Pontianak)으로 호송되었다. 그들에 대한 소식은 다시 들리지 않았다.

위안부 및 위안소(Prostitution): 약 40명의 말라야인(Malayan) 여성이 비도덕적인 목적으로 폰티아낙에 끌려갔다는 것을 정보원 한 명이 들었다.

민간인 배지(Insignia): 보르네오 서부에 있는 모든 일본인 민간인들은 자신들의 왼쪽 소매 위에 닻 모양의 배지를 달았다.

주: 폰티아낙 마을, 폰티아낙 근교, 케타팡 마을에 대한 스케치는 준비 중이며 완성되는 대로 최대한 빨리 전달될 것임.

소령. J. C. 스미트.(J. C. Smit)
네덜란드령 동인도군 정보국 부국장.

캠프 컬럼비아, 1944년 12월 12일.

Ag.No. AI2/9269/G.

13

Compilation of NEFIS Interrogation Reports Nos. 723, 724, 727, 730, 734, 735, 736, 803

RG 319 Entry UD 82-A Box 2008

이 문서는 1945년 1월 16일자 723호, 724호, 727호, 730호, 734호, 735호, 736호, 803호 합본 심문보고서이다. 할마헤라(Halmahera)섬에 있었던 메나도인 여섯 명과 상이인 두 명을 심문한 내용이다. 이들은 할마헤라에서 많은 수의 자바인, 메나도인, 중국인 '위안부'들을 목격하였다. 1944년 8월 할마헤라에 연합군의 공습이 시작되자 일본인들은 여성들을 셀레베스로 이동시키고자 하였다. 이들은 와실리만의 롤로바타에서 배에 탑승하여 출항하였으나 폭격을 받아 배는 침몰하였고, 시체들이 해안가로 밀려왔다. 문서 뒤쪽에는 할마헤라섬 와실리만의 지도가 첨부되어 있는데 4번이 위안소 구역(Brothel area)으로 그 위치가 표시되어 있다.

GM SECRET

0122487

22 JAN 1945

NETHERLANDS FORCES INTELLIGENCE SERVICE
(NEFIS)

NEW ZEALAND INSURANCE BUILDING
334-338 QUEEN STREET, BRISBANE

NO. AI2/10318/G.
ENCLOSURES: 3.

TEL. U 7076
U 7077
U 7078

SECRET

SUBJECT: Interrogation Report.

DATE 26th January, 1945.

Compilation of NEFIS Interrogation Reports
Nos. 723, 724, 727, 730, 734, 735, 736 and 803.
(Not issued separately).

1. Attached is Compilation of NEFIS Interrogation Reports Nos. 723, 724, 727, 730, 734, 735, 736 and 803.

2. The information contained in these reports is derived from interrogation and has not been assessed against information from other sources.

3. Should reproduction of any information contained herein be desired, no mention should be made of the source from which it is derived, to avoid possible compromising of relatives of evacuees in enemy occupied territory.

Lt. Col. S.H.Spoor
Director NEFIS.

Distribution:

See attached list.

Copy No. 15

GM/SECRET

NETHERLANDS FORCES INTELLIGENCE SERVICE,
NEW ZEALAND INSURANCE BUILDING,
334-338 QUEEN STREET,
BRISBANE.

Copy No. 15

COMPILATION OF NEFIS INTERROGATION REPORTS
Nos. 723, 724, 727, 730, 734, 735, 736 and 803.
(NOT ISSUED SEPARATELY).

NOTE.

The above reports refer to six Menadonese and two Sangirese infs - all former soldiers of the R.N.E.I. Army - who escaped from Halmahera to Morotai in Oct - Nov 44. Information is considered to be fairly reliable.

To facilitate reference the places covered in this report are listed hereunder by sections:-

III. TACTICAL DATA ON ENEMY MILITARY FORCES.

Halmahera

Wasile Bay
Dodaga
Lolobata
Kg Poli

IV. SUMMARY OF NAVAL INFORMATION.

Halmahera	New Britain	N.E. Celebes
Wasile Bay	Rabaul	Molucca Passage Talaud Island

V. BASIC AIR INFORMATION.

Halmahera

Wasile Bay
Lolobata

VI. INFORMATION REGARDING GUERRILLA FORCES.

Halmahera

Sanadji
Maba
Boelie Bay

VII. GEOGRAPHICAL INFORMATION.

North Celebes

Menado
Langoan

VIII. POLITICAL AND SOCIAL INFORMATION.

Halmahera	North Celebes
Wasile Bay Iga and Tatani River area Boelie Bay	Kg Kanejan Amoerang

(55)

IX. ECONOMIC INFORMATION.

Halmahera	North Celebes
Wasile Bay	Tonsea Tondano Kawangkoan Menado

X. PROPAGANDA AND PSYCHOLOGICAL WARFARE INFORMATION.

Halmahera

Wasile Bay

XI. ATROCITIES.

Halmahera	New Britain	West Java
Lolobata Wasile Bay	Kokopo	Kg Kebon Serang Bantam Tjilegon

XII. PERSONALITIES.

Halmahera	West Java
Wasile Bay Maba Boelie Bay	Serang Bantam Batoe Bantar

III. TACTICAL DATA ON ENEMY MILITARY FORCES.

Dispositions and Strength of Organisations and Units: Wasile Bay, Halmahera, Aug 44 (see attached sketch NEFIS No. FY 5354): One inf estimated that the Japanese strength in the Wasile Bay area, prior to the Allied bombing attack on 8 Aug 44, was approximately 10,000. In addition there were about 100 Naval personnel armed with rifles and light machine guns. After the attack the greater part of the enemy force retired into the jungle in the region of the Lolobata river.

Apart from the main body of infantry, inf observed about 150 Engineers with green circle insignia on left breast pocket; approximately 200 personnel of the Army Service Corps wearing a white triangle on the left breast pocket; about 100 Kempei and an unspecified number of A/A personnel. According to inf all A/A positions were destroyed by Allied air bombing on 8 Aug 44.

Another inf stated that after the second heavy air raid in Aug 44, there were about 5,000 Japanese troops in the area, including 400 Naval personnel of whom about 200 were engaged in harbour transport etc. All were quartered in wooden huts with atap roofs and these were distributed over the area occupied and were not centralised. All appeared to be seasoned men.

Yet another inf stated that the force was not concentrated but moved in small parties from point to point within the Wasile Bay area. After his escape, inf and his friends returned to steal rice and were able to observe that no more than 500 Japanese were actually stationed on the foreshore at any one time, except at night when personnel came out of the jungle to man MG's at vantage points.

According to inf, members of the Japanese General Staff left the area in four bombers. Inf was shown the badges worn by General Staff Officers and he stated that officers wearing such badges were amongst those who were evacuated. He believed that no officers above the rank of Colonel remained at Wasile Bay.

According to another inf the Japanese had retired inland from Lolobata, leaving a guard of six at the telephone exchange.

One inf was attached to a unit of Japanese army engineers about 600 strong, commanded by Captain Sato. Approximate location of unit was at a point near figure 11 on attached sketch NEFIS No. FY 5354.

Inf was told that a further 200 engineers of the same Butai were stationed at Ambon.

The unit of Japanese army engineers was divided into parties of about 20 and retired from the coast into the hills in Nov 44, by which date, another inf stated, its total strength had been reduced to about 300.

Native Troops: Wasile Bay, Halmahera. The residue of a Menadonese labour unit which had arrived at Wasile Bay, Halmahera, from Manila, P.I., on 1 Nov 43 was attached to a unit of Japanese army engineers. They were employed cutting poles and building huts. On arrival the labour unit numbered about 160. On 13 Aug 44, 68 of these escaped into the interior of Halmahera, leaving 92 still in Japanese employ. Until inf escaped the Menadonese still retained their N.E.I. army clothing, but he was told that they had been issued with khaki uniforms complete with Japanese insignia at a later date.

Inf estimated that in Nov 44 the following were attached to the Japanese army engineer unit in addition to 92 Menadonese ex-PsW, 600 Taiwan labour corps, 200-300 Soekarela from Sumatra (Padangers and Bataks), 200-300 Hei-Ho (Javanese and Soendanese), and about 600 Indonesian civilians released from prisons in Java.

Another inf estimated the number of Soekarela at about 400, employed in building huts and making roads. They had arrived recently from Padang (West Sumatra) and were armed with bayonets.

One inf stated that the Japanese had evacuated Dodaga village and had retired inland.

Indications of Enemy Intentions and Movements: Wasile Bay, Halmahera, Aug 44. The distribultion and storgage of food and ammunition in this area suggested that Japanese operations were intended to be mainly defensive. Individual members of the Japanese army engineer unit, and the Menadonese labour unit attached to it, were issued with rice, salt, tea, tinned fish, biscuits, tinned and dehydrated vegetables in quantity sufficient to last six months. In addition, large quantities of food and ammunition were distributed throughout the hills, stored in small buildings with iron or atap roofs. Pack animals, including 40 Chinese ponies, were used to transport supplies.

Supply Arrangements and Installations: Wasile Bay, Halmahera, Aug 44. Inf worked near a large supply base and distribution centre where he saw 500 Japanese military, survivors from a convoy, re-equipped. The men arrived with no clothing other than loincloths. They were issued with clothing and American (Springfield) rifles.

Three infs stated that after the second air raid in Aug 44 the Japanese transferred large quantities of stores and ammunition away from the immediate danger zone. The infs concerned agreed that 300 to 400 coolies were employed, and one of them estimated that 10,000 bags of rice were moved in addition to large quantities of rifle, MG and A/A ammunition. All of this material was taken by MT vehicles to the road head (see attached sketch NEFIS No. FY 5354) whence it was carried by coolies to various points and laid out in dumps covered with tarpaulins.

In the vicinity of Dodaga inf saw two telephone exchanges housed in such close proximity that they appeared to be one building. The roof in one case was of iron and in the other of atap (see No. 8 on attached sketch NEFIS No. FY 5354).

Several units of machine shop equipment, including a large lathe, were assembled by 10 trained Javanese fitters who accompanied the units to Wasile Bay. Inf was told by the fitters that this plant had been dismantled at the A.C.W. (Army Construction Workshops) at Bandoeng. He believed that the installation was still intact at 13 Oct 44, and had pinpointed its location at Lolobata area when interrogated by NICA in Morotai.

Enemy Material and Equipment: Lolobata area, Wasile Bay, Halmahera, 13 Aug 44. All motor vehicles of a Japanese army engineers unit were marked with the number 8426. Inf stated that about 400 of these vehicles were transferred from Sorong (D.N.G.) in Jun 44. The regiment was equipped with two 75 mm mountain guns (model 41 - 1908), 12 light mortars 50 mm (model 10 - 1921), 6 LMG's 6.5 mm (model 96 - 1936), a full complement of 6.5 mm rifles (model 38 - 1905) and about 50 American (Springfield) rifles.

F-O

Radar and Radio Stations: Lolobata area, Wasile Bay, Halmahera, Aug 44. Two devices were seen in the area between jetties a. and b. shown on attached sketch NEFIS No. FY 5354, and a short distance inland. They were about 10 ft apart and were different in construction, one being described as a receiving unit (?) composed of a circular framework about 2 ft in diameter, to which wires radiated from a central point, within the circumference. The overall height of this unit was about 2 ft 6 inches and it was installed on a staging about 3 ft above the ground.

#911

The other was installed in approximately the same manner and was of the same dimensions except for the fact that the circular framework had the appearance of a drum with a depth of about 3 inches. Furthermore, in place of the wire radii, the front was closed in by a shallow bowl. They revolved independently, and on a platform above each installation a Japanese was posted equipped with binoculars.

Another inf reported that the W/T station (see No. 5 on attached sketch NEFIS No. FY 5354) was destroyed by air attack in Aug 44.

IV. SUMMARY OF NAVAL INFORMATION.

Ship's Movements and Ships in Port: Air (River) Modja, Wasile Bay, Halmahera, Oct 44. Four Daihatsu army landing craft, type "A", were moored at camouflaged points. Two of these had been holed during an air raid and were full of water. The other two were still servicable.

Between Soebaim and Dodaga the Japanese had concealed six native sailing prahoes in creeks. The prahoes, which were each capable of carrying 20 men, had been confiscated from the local inhabitants.

Ships Sunk or Damaged:

a. Rabaul (N.B.) Feb 43. Inf was uncertain of the date but believed that it was in Feb 43 he was on board the "Noto Maru" when it was torpedoed about 3½ hours after leaving Rabaul harbour. The "Noto Maru" was en route to the Solomons with troops, rice, stores and ammunition. Many Japanese soldiers were killed but the ship succeeded in returing to Rabaul with the assistance of a destroyer.

Other infs stated that the steel work of the "Noto Maru" was stamped with what were apparently English words and that notices in the English language were posted throughout the ship.

b. "Wasile Bay," Halmahera, Jul - Aug 44. The masts of three Victor Able luggers, sunk by Allied aircraft were still visible. One of the luggers was sunk about 800 yards south of shore line between jetties a. and b. (see attached sketch NEFIS No. FY 5354), and the other two between 2 and 2½ miles offshore.

SK-1 In Aug 44 the same inf saw a Japanese transport sunk in the bay during an attack by Allied aircraft. From what he was able to observe, another inf believed it to be of about 4,000 gross tonage.

SK-2 A ship evacuating a considerable number of prostitutes from Wasile Bay to Celebes was sunk off Lolobata (Wasile Bay), in Aug 44, the majority of those on board being lost.

Another inf witnessed the Allied bombing attack on 8 Aug 44 and stated that he had seen eight large transports sunk in the bay. He believed that they were all Japanese vessels. Many landing barges were also destroyed and numerous Japanese soldiers and other personnel either killed by bombs or drowned when the ships foundered.

c. Molucca Passage, south of Talaud Island (N.E.Celebes) 6-8 Dec 43: Inf was on a ship of the "Fox Tare Charlie" class in a convoy of four other vessels and one destroyer. One of the convoy, a vessel similar in hull, upper works and masts to the Tare Baker class but with two funnels, was torpedoed at about 0900 hours, (inf was uncertain of the exact date.) It was towed for about 24 hours when it was seen to sink. The ship had a large complement of troops of whom many were killed by the torpedo attack and by the mast which fell across the crowded deck. On the foredeck four army type Daihatsu L/C, two motor cars and four MT trucks were seen by inf.

Harbour Defences: Small streams entering Wasile Bay, Oct 44: The Japanese had endeavoured to render small streams impassable to small craft by felling trees across them. Inf and some of his comrades were able to remove the obstacles when making their escape in a small prahoe by way of the Air Medja.

V. BASIC AIR INFORMATION.

Airfield Activity: Lolobata, Wasile Bay, Halmahera, Sep 44. No air activity was observed for a short period prior to this date, and inf believed that all Japanese air force ground personnel had been removed from the area.

The two runways were rendered useless and all hangars and other buildings demolished during the Allied air attacks in Aug 44. The Japanese had secreted 40 planes under camouflage on rafts in the Lolobata river. On his arrival at Morotai on 13 Oct 44 inf advised the authorities where the planes were hidden. He was told, subsequently, that they had all been destroyed.

Allied Air Attacks: Wasile Bay, Halmahera, 13 Aug 44. The following details were given of widespread damage by air raids on 13 Aug 44. A dump consisting of 40 kilo and 100 kilo bags of rice, about 10,000 in number, was set on fire and almost totally destroyed. Inf estimated that not more than 100 bags were salvaged. This dump was situated about 50 yards N.E. of the point where jetty "b" joined the foreshore (see No. 2 on attached sketch NEFIS No. FY 5354). About 20 MT trucks were wrecked in an MT park about 200 yards east of jetty "b", near the shore. A clothing and footwear store, about 150 yards N.W. of the point where jetty "b" joined the foreshore, was partially demolished. A shed about 110 yards from the sea front due north of the head of jetty "a" was totally destroyed and with it some thousands of bags of cement.

Another inf stated that considerable damage to Japanese installations was caused by the two Allied air raids in Aug 44. The W/T station, telephone exchange and several buildings were destroyed in the second raid and inf estimated that 25,000 bags of rice were burnt. This report was confirmed by yet another inf. After the first air raid the airfield was unfit for use and no Japanese planes were subsequently seen in the air.

Of the three piers shown on attached sketch NEFIS No. FY 5354, two "a" and "b", capable of accommodating deep sea vessels, were destroyed by air attack.

VI. INFORMATION REGARDING GUERRILLA FORCES.

Sanadji River, Maba (0°40'N - 128°15'E) Boelie Bay, Halmahera, 29 Oct 44. Six Monadonese, including inf, and a number of local inhabitants, attacked a Kempei post in the absence of part of the force usually stationed there. The Japanese were completely surprised and one was killed at the onset when the attackers were able to seize all weapons. The other five Japanese who fled into the jungle were hunted down and killed. The post was burnt.

As a reprisal a Japanese party from Air Gaoe Boelie came along the coast in two native prahoes and machine gunned the village of Maba for about fifteen minutes. All of the eleven native houses in the village had been set on fire when the Japanese withdrew.

VII. GEOGRAPHICAL INFORMATION.

MENADO Celebes

Roads, Tracks and Trails: Langoan Area, Menado, (North Celebes): While in the Lolobata area, Wasile Bay, Halmahera, in Jun 44, inf read a newspaper report to the effect that a large programme of road construction in the Langoan area, Menado (North Celebes) was approaching completion. The report also claimed that the local inhabitants had assisted meterially in the work.

VIII. POLITICAL AND SOCIAL INFORMATION.

General Living Conditions: Wasile Bay, Halmahera, Oct 44. Confiscations and levies on food made by the Japanese had reduced the Tobelese inhabitants almost to starvation. Japanese army guard posts were established at the points of entrance to the largest sago swamp in the area. This was located near the upper reaches of the Air Medja. Fair catches of fish were taken from the creeks but sea fishing was no longer possible due to the foreshores having been declared prohibited areas. For the same reason the produce of coconut plantations was not accessible to its rightful owners. Game was fairly plentiful for those who could trap or shoot it with arrows.

Security Regulations and Censorship:

a. Wasile Bay, Halmahera, Oct 44. The foreshores were declared by the Japanese to be prohibited areas. The inhabitants of the coastal settlements moved to tempory settlements adjacent to their gardens, but when pamphlets were dropped from Allied aircraft advising them to leave the area, they fled further inland. Indonesians, ex-convicts, were employed by the Japanese to discover their hiding places and guide patrols to them.

b. Between Iga and Tatani River, N.E. Peninsula, Halmahera, 12 Oct 44. The body of an Indonesian woman who had been shot was seen by inf on the foreshore. The body was identified as being that of the wife of a missionary teacher, and it was believed that she had been shot for trespassing on a prohibited area.

Relation between Japanese and local Population:

a. Wasile Bay, Halmahera, Nov 43 - Oct 44. The majority of the Tobalese inhabitants openly expressed their hope that the Allies would not be long in coming to drive out the Japanese. By Oct 44 most of the local population were fugitives from bombed areas or from Japanese pursuit. Anti-Japanese feeling was very strong and inf believed that only the lack of arms prevented active hostilities. In the opinion of inf the local people could be relied upon to assist an Allied invasion force.

b. Boelie Bay, (1°30'N - 128°20'E), Halmahera, Nov 44. The only active supporters of Japanese rule in this area appeared to be a small number of Ternate and Tidore origin. All Tobalese known to inf were strongly hostile to the Japanese. The Boelie Serani (Christians) and the Boelie Islam had ably assisted escapees to get food and to avoid the Japanese.

c. Kg Kanejan (1°15'N - 124°40'E) near Amoerang (North Celebes). While at Wasile Bay, Halmahera, in Nov 44, inf was told that the Japanese had burned the village of Kanejan, Amoerang (North Celebes), and executed the village head. This was said to have taken place about Jun 43 as a reprisal for the alleged supplying of food to guerrillas. The story was told to inf by a Menadonese seaman on a Japanese ship, who claimed to have seen the ruins of the village.

IX. ECONOMIC INFORMATION.

Agricultural Commodities:

a. Tonsea (1^o15'N - 125^oE) near Menado (North Celebes) Dec 43: When inf was at Lolobata area, Wasile Bay, Halmahera, in Jun 44, he read a report published in "Soeara Asia" dated about Dec 43, which stated that all nutmeg trees in the Tonsea, Menado (North Celebes) area, had been felled and that the land would be used to produce foodstuffs.

b. Tonsea, Tondano, Kawangkoan areas (North Celebes). In Aug 44, a Menadonese sailor told another inf that the Japanese had ordered the planting of cotton in areas throughout the districts of Tonsea, Tondano and Kawangkoan (North Celebes). In addition, he stated that two thirds of the Menado (North Celebes) rice crop had been seized by the Japanese.

Industries and Manufacturing: Menado (North Celebes). At Wasile Bay, Halmahera, in Jun 44 the products of a new Japanese cigarette factory established in Menado city were sampled by inf, who considered that the tobacco was a product of Menado.

Communication:

Mail: Wasile Bay, Halmahera, Jun 44: A Menadonese in inf's unit posted a letter to his home in Menado (North Celebes) and received a reply in about one month.

X. PROPAGANDA AND PSYCHOLOGICAL WARFARE INFORMATION.

Non-Radio Propaganda:

Newspapers: Menado (North Celebes) Jun 44: Up to Jun 44 inf received copies of a single sheet published daily in Menado.

XI. ATROCITIES.

A. Factual.

1. Kg Kebon, Serang, Bantam, (West Java) Mar 42: Tintingon, Johannis, Menadonese Sgt 1 cl No. 13183 R.N.E.I. Army, states that he saw two English soldiers in uniform tied to trees and shot forthwith. Their bodies were allowed to remain where they lay and were not buried. Inf did not learn the names of the soldiers or their executioners.

2. Wasile Bay, Halmahera, Mar 44: Sampok, Djon, Gunner 1 cl, Coast Arty, No. 32150 R.N.E.I. Army, states that he saw the decapitated body of a Menadonese which he recognised as that of Somakul, a former N.E.I. fusilier and a member of the Menadonese auxiliaries. Somakul was accused of attempting to arrange the escape of a woman from a brothel in Lolobata area. The woman was said to be a member of his family.

3. Wasile Bay, Halmahera: Sampok, Djon, Gunner 1 cl, Coast Arty, No. 32150 R.N.E.I. Army, states that he witnessed the execution of two Indonesians at about 0800 hours on an unspecified date in May 44. The victims were tied in a kneeling position and beheaded by two Japanese. The names of the persons concerned in this episode were not known to inf.

B. Hearsay.

1. Tjilegon, Serang, Bantam (West Java) Mar 42: Tintingon, Johannis, Menadonese, Sgt No. 13183 R.N.E.I. Army, was told in the last week of Feb or the first week in Mar 42 by a Javanese whom he believed to be reliable, that he, (the Javanese) had

seen an American airman pegged out on the asphalt road in front of the Passar Besar at Tjilegon crossroads. The American airman, who was horribly mutilated by knife cuts, asked for water, but the local people were forbidden to give it to him. He died on the afternoon of the day on which he was pegged out on the road.

2. Serang, Bantam (West Java) Apr 42: Tintingon, Johannis, Menadonese, Sgt 1 cl No. 13183, R.N.E.I. Army, states that his wife, Cornelia Carelona Tintingon, saw the dead body of a British sailor by the side of the road between Serang and Pandegland at about 1 km from Serang. She was told that he was shot because he had not put sufficient effort into his work.

3. Halmahera, Sep 44: Kantale, an N.E.I. fusilier, No. 40908, states that about 2,000 coolies had been brought from Noesakem--bangan (Mid-Java) and were employed erecting huts and making roads. They were treated very harshly by the Japanese, and inf heard that at least 100 men had been shot, or bayoneted to death for stealing and minor offences.

XII. PERSONALITIES.

Army Personnel.

Capt Takahasi	C.O. Takahasi Butai was said to have returned to Tokyo from Halmahera early in 44.
Capt Sato	Butai officer Halmahera Oct 44.
Lt Seri	Butai officer Halmahera Oct 44.
Osawa & Jahaia	Both 1st Lts attached to Sato Butai at Lolobata Area, Wasile Bay, Halmahera, in Oct 44.
	Serang, Bantam (West Java) Mar - Apr 42:
Lasiman & Soekimin	Both Javanese, Sgts 1st cl, Marechaussee, 1 Bn, Serang (West Java), were said to have deserted and to have joined the Japanese on their arrival in Serang. They were permitted to remain in their quarters after all other barracks had been taken over by the Japanese. They acted as guides to parties searching for escapees.

Military Police (Kempei).

Wasile Bay, Halmahera, 44:

Leong	Chinese,
Mustapa	Boeginese ex-prisoner, and
Tiwal	nationality unknown (Menadonese ?) all acted as spies for Kempei.
Pusung	Cpl, Menadonese. Because of his knowledge of the Tobalese dialect he was forced to act as interpreter for Kempei. He wore a Kempei cap and a green uniform and was still at Lolobata Area, Wasile Bay, Halmahera, in Oct 44.
Doelah	A Boegenese from Makassar, and
Oesman & Aris	both Tobalese, were all three spies for Kempei at Wasile Bay, Halmahera, in Aug 44.
Langitan	Sgt 2nd cl Menadonese saddler from Tjimahi (West Java) acted as informer for Kempei. Considered to be a dangerous man. He was still in the Wasile Bay Area, Halmahera, in Aug 44.

Civil Officials:

Batoe Bantar (West Java)

Asst Wedana	Native Asst District officer (name unknown) at Batoe Bantar (West Java). A Soendanese,

said to be strongly pro-Japanese and to have prevented the demolition of an important bridge about 4 km from Batoe Bantar (West Java) by delaying the delivery of telephoned instructions concerning it on 26 Feb 42.

Serang, Bantam (West Java)

Javanese Veterinary Officer — Stationed at Serang, Bantam (West Java) Inf could not remember his name but stated that he was at Batoe Bantar in close association with the Native Asst District Officer in Feb 42. He continued to collaborate with the Japanese as at Apr 42.

Wasile Bay, Halmahera.

Tjong — A native of Boeli, was reared by Chinese and the village head of Boeli Serani (Christian community), Halmahera. He was a fugitive from the Japanese with a price on his head in Nov 44.

Halmahera - Districts of Maba and Boelie, Nov 44.

Abdoel — Formerly District Head, retained by the Japanese.

Salasa — Village Policeman at Maba.

Manifoe — Son of Salasa. All the above three were Tidorese Mohammedans and strongly pro-Japanese. Manifoe had re-captured many escapees and handed them to the Japanese.

Banjak Warna — A local inhabitant who was known by this sobriquet and who gave active assistance to the Japanese.

III. GENERAL.

Civilian Internment Camp: Ambon and Menado (Celebes) At Kokopo (N.B.) early in 43 inf heard from what he considered to be a reliable source that the wives and children of R.N.E.I. Army personnel hitherto interned at Ambon had been transferred to Menado.

Prostitution: Lolobata, Wasile Bay, Halmahera, Oct 43 to Aug 44: Many prostitutes, including Javanese, Chinese and Menadonese, were seen by inf but he could not estimate their number. After the first air raid in Aug 44 the Japanese decided to remove them to Calebes. They were embarked on a ship which was bombed and sunk off Lolobata, where many bodies were washed up on the beach.

Lt. Col. S.H. Spoor.
Director NEFIS.

Camp Columbia,
16th January, 1945.

AI2/10318/G.

Enclosure: Sketch NEFIS No. FY 5354.

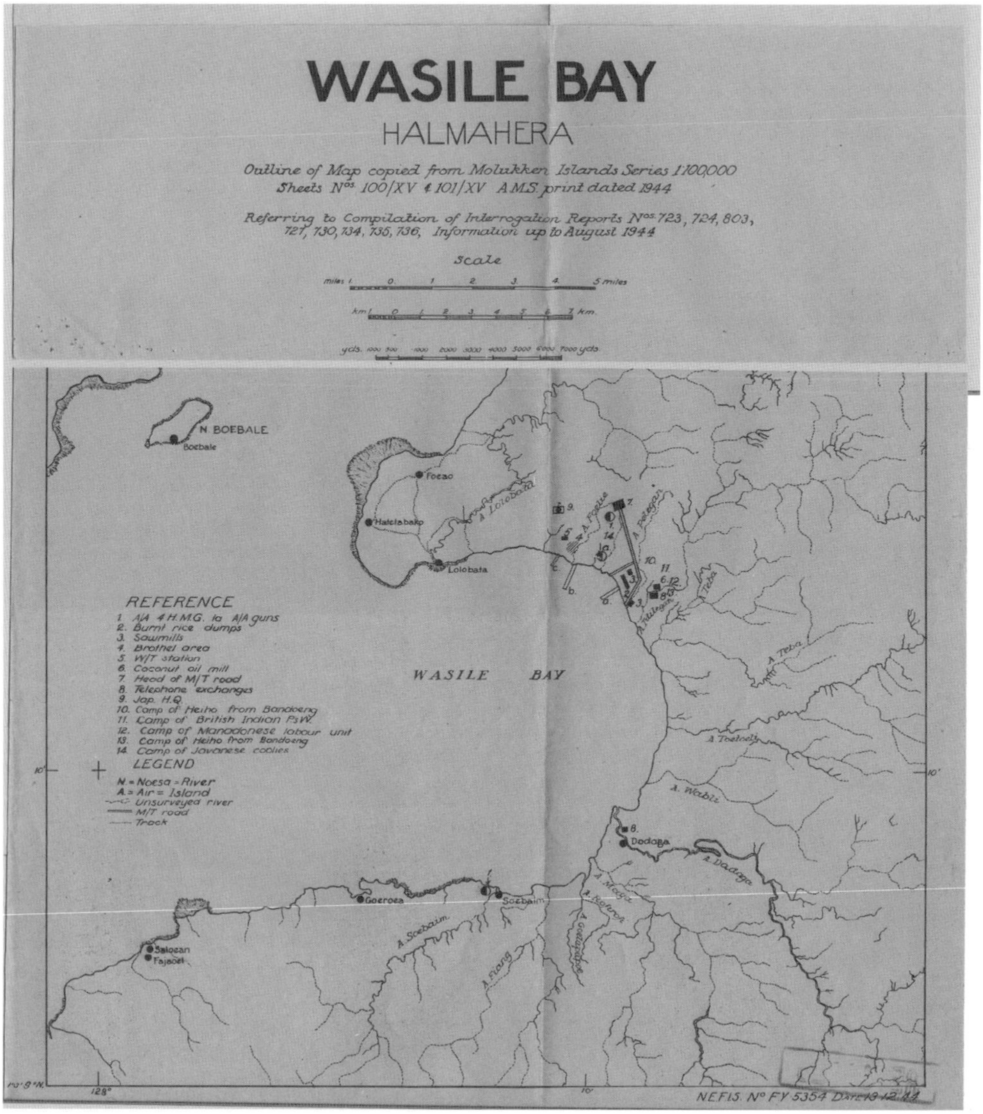
WASILE BAY
HALMAHERA
Outline of Map copied from Molukken Islands Series 1:100,000
Sheets Nos. 100/XV & 101/XV A.M.S. print dated 1944
Referring to Compilation of Interrogation Reports Nos. 723, 724, 803, 727, 730, 734, 735, 736, Information up to August 1944
Scale
miles 1 0 1 2 3 4 5 miles
km 1 0 1 2 3 4 5 6 7 km.
N. BOEBALE
Boebale
Foeao
Halelabako
A. Lolobata
Lolobata
REFERENCE
1. A/A 4 H.M.G. to A/A guns
2. Burnt rice dumps
3. Sawmills
4. Brothel area
5. W/T station
6. Coconut oil mill
7. Head of M/T road
8. Telephone exchanges
9. Jap. H.Q.
10. Camp of Heiho from Bandoeng
11. Camp of British Indian PsW.
12. Camp of Manadonese labour unit
13. Camp of Heiho from Bandoeng
14. Camp of Javanese coolies
LEGEND
N. = Noesa = River
A. = Air = Island
Unsurveyed river
M/T road
Track
WASILE BAY
A. Teba
A. Toeloeli
A. Wabli
Dodoga
A. Dodaga
Goeroea
Soebaim
A. Soebaim
Saloean
Fajaoei
128°
NEFIS. No FY 5354

2급 비밀.

네덜란드령 동인도군 정보국

뉴질랜드 보험사 빌딩

334-338 퀸 스트리트, 브리즈번

No. AI2/10318/G.
첨부: 3.

전화번호. U7076
U7077
U7078

주제: 심문보고서

1945년 1월 16일.

네덜란드령 동인도군 정보국 심문보고서

723호, 724호, 727호, 730호, 734호, 735호, 736호, 803호 합본

(개별호 미발행).

----

1. 첨부된 문서는 네덜란드령 동인도군 정보국 심문보고서 723호, 724호, 727호, 730호, 734호, 735호, 736호, 803호 합본이다.

2. 보고서에 포함된 정보는 심문을 통해 획득된 것이며 아직 다른 출처의 정보들을 통해 평가되지 않았다.

3. 이 안에 담긴 정보를 배포하는데 주의를 기울이도록 한다. 대피 주민의 적국 점령지에 거주하는 친지를 위험에 빠트리지 않도록 정보의 출처에 대한 언급을 해서는 안 된다.

중령. S. H. 스푸어.(S.H.Spoor)

네덜란드령 동인도군 정보국 국장.

배포:

첨부된 목록 참조.

복사본 15호.

(중략)

2급 비밀.

네덜란드령 동인도군 정보국,
뉴질랜드 보험사 빌딩,
334-338 퀸 스트리트,
브리즈번.

복사본15호.

네덜란드령 동인도군 정보국 심문보고서
723호, 724호, 727호, 730호, 734호, 735호, 736호, 803호 합본
(개별호 미발행).

주:

이 보고서는 44년 10월과 11월 사이 할마헤라(Halmahera)에서 모로타이(Morotai)로 탈출한 여섯 명의 메나도인(Menadonese)과 두 명의 상이인(Sangirese) 정보원을 심문한 것이다. 이들은 모두 전직 네덜란드령 동인도 육군 병사였다. 정보는 상당히 믿을만한 것으로 생각된다.

(중략)

XIII. 일반정보.

민간인 수용소: 암본(Ambon)과 메나도(Menado) (셀레베스) 43년 초반 코코포(Kokopo) (N.B.)에서 정보원은 믿을만한 출처로 생각되는 사람에게 당시 암본에 억류되어 있던 네덜란드령 동인도 육군 군인의 아내와 아이들이 메나도로 이송된다는 정보를 들었다.

위안부 및 위안소(Prostitution): 롤로바타(Lolobata), 와실리만(Wasile Bay), 할마헤라, 43년 10월에서 44년 8월: 자바인, 중국인, 메나도인을 포함한 많은 위안부들(prostitutes)이 정보원에게 목격되었지만 그들의 숫자를 추산할 수는 없었다. 44년 8월 첫 번째 공습 이후 일본인들은 그들을 셀레베스로 옮기기로 결정했다. 그들이 탔던 배는 폭격을 받아 롤로바타에서 침몰했고 많은 시체들이 해안으로 밀려왔다.

중령. S. H. 스푸어.(S.H.Spoor)

네덜란드령 동인도군 정보국 국장.

캠프 컬럼비아, 1945년 1월 16일.

AI2/10318/G.

첨부: 개요도 NEFIS FY 5354호.

14

NEFIS Interrogation Report No. 751

RG 319 Entry UD-82A Box 2008

이 문서는 1944년 12월 31일자 751호 심문보고서이다. 연합군이 해상에서 구조한 15세의 말레이시아 남성을 심문하여 얻은 정보를 바탕으로 작성되었다. 이 남성은 자바섬 수라바야와 보르네오섬 반자르마신 사이를 오랫동안 운행하던 일본 선박의 선원이었고, 주로 반자르마신과 수라바야에서 자신이 경험하고 들었던 내용을 진술하고 있다. 보고서에 따르면 1944년 보르네오섬 남부 반자르마신에 자바섬 동부 수라바야에서 온 일본인 '위안부' 50명이 있었다. 이들이 머무르던 위안소에는 일본 해군들만 출입할 수 있었다. 경비들은 일본 민간인의 출입을 제한하고, 여성들이 도망치는 것을 막고 있었다.

0110474

8 - JAN 1945

RGE. SECRET

NETHERLANDS FORCES INTELLIGENCE SERVICE
(NEFIS)
NEW ZEALAND INSURANCE BUILDING,
334-338 QUEEN STREET, BRISBANE.

9478
1C

No: AI2/9761/G. SECRET 31st December, 1944.

Enclosures: 2

Subject: Interrogation Report.

NEFIS INTERROGATION REPORT NO. 751.

1. Attached is NEFIS Interrogation Report No. 751.

2. Information contained in this report is based solely on interrogation of evacuee and should be evaluated accordingly.

3. It is requested that care be taken in the distribution of the information contained therein. If the whole or any part of this report is reproduced, no indication may be given of names and localities concerned, to avoid compromising relatives of evacuees and exposing them to enemy reprisals, and to prevent closure of important sources of information.

Lt. Col. S.H. Spoor.
Director NEFIS.

Distribution:

See attached list.

Copy No: 15

MIS 110474

*Mil 1
Route
Econ
Socio
Topo
Lib
HQAAF 1 (cover & Sec.V)
ONI 1 (cover & Sec. IV)

SECRET

DISTRIBUTION	No. of Copies	Copy No.
Exc. H. Van Mook. Lt. Gov. Gen.	1	1
B.S.C. through O.B.S.O.	2	2 - 3
O.B.S.O.	1	4
Economic Int. Section GHQ. New Delhi via B.S.O. - Colombo	1	5
COISEF via B.S.O. - Colombo	1	6
C.L.G.	1	7
M.C.A.	1	8
Fd. Directeur B.B.	1	9
SONICA, APO. 565	2	10 - 11
CSONICA; Kandy	1	12
Min. v. Kol., Att. Col. de Blieck	1	13
Min. of Economic Warfare, Foreign Office, London, via Col. de Blieck	1	14
N.R.C.C.S.	4	15 - 18
G.2., G.H.Q.	2	19 - 20
Office of the Military Secretary, G.H.Q. (Rear Echelon) APO 500	1	21
Combined Advisory Committee on Tropical Medicine, Hygiene and Sanitation, Rear Echelon, GHQ. S.W.P.A., APO 500	1	22
Netherlands Staff Officer, G.3., APO. 500	1	23
Ltz. I. C. den Hollander, GHQ. G.4., APO. 500	1	24
A.C. of S., G.2. USAFFE	1	25
Civil Affairs Section. USAFFE. APO. 501	1	26
Dir. of Intell., Allied Air Forces, S.W.P.A., APO. 923	5	27 - 31
Assist. Dir. of Intell., Advanced Echelon, Allied Air Forces, S.W.P.A., APO. 925	4	32 - 35
MIS-X Section, A.A.F.	1	36
RAAF HQ. N.W. Area, Darwin	1	37
Chief of Air Staff RAAF HQ	1	38
Dutch Liaison Officer, HQ. 13th Air Force, APO. 719	2	39 - 40
D.L.O. Allied A.F., Old Courier Bldg.	1	41
Senior Intell. Officer, First Tactical Air Force, RAAF APO. 704	1	42
N.F.L.O. Darwin	1	43
D.M.I.	1	44
A.D.M.I.	1	45
D.N.I.	1	46
Seventh Fleet Intell. Center	1	47
Director A.G.S.	1	48
Co-Ordinator ATIS	1	49
FELO; HQ.	1	50
FELO (Att. Maj. Kremer), C/o NICA, APO. 926	4	51 - 54
Contr. A.I.B. via NEFIS Offr. Fwd. Ech.	1	55
S.R.D.	1	56
S.R.D. Brisbane (Maj. Wigan)	1	57
S.I.A.	1	58
Dir. Gen. of Security	1	59
O.C.N.I.O., Merauke	1	60
NEFIS	13	61 - 73

SECRET

SECRET

NETHERLANDS FORCES INTELLIGENCE SERVICE,
NEW ZEALAND INSURANCE BUILDING,
334-338 QUEEN STREET,
BRISBANE.

SECRET

Copy No. 15

NEFIS INTERROGATION REPORT NO. 751.

1. PERSONAL DATA.

Name	:	Nibin
Age	:	15 years
Sex	:	Male
Race	:	Malay
Citizenship	:	Netherlands subject
Birthdate and place	:	Kg. Soengei Miai, Bandjermasin (South Borneo) Mar 1929.
Education	:	Native State School, Bandjermasin.
Religion	:	Mohammedan
Status	:	Evacuee; survivor from a sunken Japanese ship.
Occupation	:	Sailor
State of health	:	Good
Means of identification	:	None

ESTIMATE OF INTELLIGENCE AND RELIABILITY: Fairly intelligent, very observant, but weak on actual dates. Information considered reliable.

II. CHRONOLOGY.

DATE:		PLACE:
1937 - 1942	:	Native State School, Bandjermasin.
1942 - 1943	:	Worked with his father in the latter's ricefields and gardens at Tamban, on the west bank of the Barito river, southwest of Bandjermasin (South Borneo).
1943 - Jan 1944	:	Fisherman, at the mouth of the Barito river, south of Bandjermasin.
Jan 1944 - 1 Sep 1944	:	Staying with parents at Kg. Soengei Miai, Bandjermasin.
1 Sep - 15 Sep 1944	:	Worked on his father's ricefield and gardens at Tamban, Bandjermasin.
15 Sep - 26 Sep 1944	:	Volunteered as ship's hand and went to sea in a Japanese vessel named "Coea Maru", as he wanted to go to Soerabaja. Wages ƒ18.68 per month.
26 Sep - 28 Sep 1944	:	Tarakan (East Borneo) on board "Coea Maru."
28 Sep - 2 Oct 1944	:	At sea, on board "Coea Maru".
2 Oct 1944	:	Picked up by Allied submarine after "Coea Maru" had been sunk.

III. TACTICAL DATA ON ENEMY MILITARY FORCES.

Dispositions and Strength of Organisations and Units:

Bandjermasin (South Borneo): About Feb 42, an advance party of approximately 60 Japanese officers and men entered Bandjermasin from the direction of Kandangan, and took up quarters in the former Governor's house and offices. The following day, approximately 1,000 additional Japanese Army personnel moved into the city and occupied the former Dutch bcks located near the river bank, (see sketch NEFIS No. FY5351 attached to Interrogation Report No. 708).

Inf heard that about Feb 43, these Japanese Army personnel were transferred to Soerabaja (East Java) and were replaced by approximately 300 Japanese Naval personnel. In Sep 44, the latter were quartered in the Roman Catholic church and in the

SECRET

110474 3

surrounding houses, and also at the Marine signal station and lighthouse at the mouth of the Martapoora river (see sketch NEFIS No. FY5351 attached to Interrogation Report No. 708).

About 10 Japanese Naval personnel armed with rifles and one machine gun manned the signal station and beacon tower. The only other machine gun seen was located in a small house built out on the water at the mouth of the Martapoera river. Inf is unable to give further details regarding use of this post.

Naval guards, armed only with long rifles and bayonets, carried out sentry duties at the internment camps (see sketch NEFIS No. FY5351 attached to Interrogation Report No. 708).

Immediately after the Japanese occupation, the Roman Catholic church steeple at Bandjermasin was used as an aircraft observation post (see sketch NEFIS No. FY5351 attached to Interrogation Report No. 708).

Inf knows of no troop movements between Feb 43 and Sep 44.

Native Troops:

4

Bandjermasin (South Borneo) Sep 44: The "Hoenan Kokoekodan" controlled the military training of male Indonesians aged from 15 to 25. A register of all young men and boys was kept by the village heads. Recruits wore khaki clothing, with an insignia resembling the shape of the island of Borneo on their left breast pockets. There was a black line cutting this insignia in two from top to bottom. Some were conscripted, others volunteered.

The "Kaigoen Hei-Ho" was an organisation for the training of Indonesian Naval personnel, between the ages of 15 and 25. The Naval training depot was situated on Ringweg, behind the former Governor's residence. Some were volunteers, others were conscripted. The type and period of training were unknown to inf.

Inf states that the Soekarela organisation conscripted and controlled all labour forces in Bandjermasin. A complete list of available labourers was kept by the village heads and men had to report to him after which they were handed over to the Japanese for road making, airfield work and various other undertakings requiring labour.

Locations of PW Camps:

Bandjermasin (South Borneo) Sep 44: An internment camp for Sikh PsW only, surrounded by a barbed wire and split bamboo fence approximately 7 feet high, was located in the former Dutch bcks (see sketch NEFIS No. FY5351 attached to Interrogation Report No. 708).

Radar and Radio Stations:

Holt

Bandjermasin (South Borneo) Sep 44: A radio station was situated near the Japanese bcks (see sketch NEFIS No. FY5351 attached to Interrogation Report No. 708). Two tall masts could be seen from the road.

F

IV. SUMMARY OF NAVAL INFORMATION.

Ship Movements and Ships in Port:

a. Bandjermasin (South Borneo) Sep - Oct 44: Two wooden ships of the "Sugar Dog" type left Bandjermasin on 15 Sep 44, and proceeded to Tarakan (East Borneo) via Kota Baroe, Balikpapan and Samarinda. One (on which inf served as a ship's hand) was named the "Coea Maru", and had been on the Soerabaja-Bandjermasin run for a long period. Inf is unable to state where this ship was built. Both ships arrived at Tarakan on 26 Sep and sailed again on 28 Sep on the return voyage to Bandjermasin. The "Coea Maru" was loaded at Tarakan with empty oil drums for Balikpapan. About 1600 hours on 2 Oct 44, the other ship, loaded with petrol in drums, was observed to be burning furiously approximately three miles ahead of inf's vessel. The cause of the fire was unknown to inf. A submarine periscope, however,

was seen in the vicinity.
Shortly afterwards the submarine surfaced near the "Coea Maru" and started to shell the ship. The second shell hit the engine room, causing the "Coea Maru" to catch fire, after which the ship's crew of nine Japanese and twelve Indonesians took to the water. None of the twelve Indonesians were picked up by the submarine crew; the Japanese were presumably drowned.

b. Tarakan (East Borneo) Sep 44: Inf reports that on 27 Sep 44 a Fleet Auxiliary of the "Katori" type, two small patrol vessels of the "Haifeng" type and one large cargo ship entered Tarakan. All except the cargo ship berthed alongside the wharf, astern of the "Coea Maru"; the cargo ship anchored in the roads. When the "Coea Maru" left on 28 Sep 44, these ships were still present.

Ship Building and Repair Facilities:

Bandjermasin (South Borneo): About Feb 43 wooden ship building was being carried out on a large scale approximately 6 kilometres northwest of Bandjermasin, near the junction of the Soengei Kwien and the Barito river (see sketch NEFIS No. FY5351 attached to Interrogation Report No. 708).
The ship building yard was known as "Borneo Shushin". The type of ship constructed was similar to "Sugar Dog."
There were twelve slipways on which ships of about 200 tons net were under construction. Vessels were about 100 feet in length, built of timber (Kajoe Dawar Poetih) and equipped with diesel engines using dieseline as fuel. Speed six to eight knots. A dummy gun made of wood, resembling an A/A machine gun, was placed above the bridge housing. Rate of production was one ship per month. Labour was equally divided over the various slipways until it was necessary to complete and launch a ship, when most of the labour was concentrated on that ship.
Ships carried numbers only; inf supplied the following particulars:

Nos. 401 to 405 - At sea; dates of sailing from Bandjermasin unknown.
Nos. 406 to 408 - Installing engines.
Nos. 409 to 412 - On slipways, still under construction.

Inf again passed the yards in Sep 44, when he saw continued activity.. Dredging was carried out in front of the slipways to facilitate the launching of vessels.

Navigational Aids:

Lighthouses:

Bandjermasin (South Borneo) Sep 44: The only lighthouse in use was situated on the south bank of the Martapoera river, where it flows into the Barito river. Ships failing to make the entrance before 1800 hours anchored at the mouth of the Barito river, due to blackout conditions.

Buoys: Bandjermasin (South Borneo) Sep 44: All buoys in the channel were those previously installed by the Dutch. Blackout conditions, however, rendered them useless during the hours of darkness.

V. BASIC AIR INFORMATION.

Locations of Air Installations: Bandjermasin (South Borneo) Sep 44: There was a seaplane anchorage to the south of Poeloe Kembang, in the Barito river, west of Bandjermasin. Air mail service planes called every Thursday and Saturday at 1000 hours, and left at 1600 hours (local time) for a destination unknown to inf. This service was maintained by type "Cherry" flying boats.

Inf heard in Mar 44 that a large airfield was being constructed at Maloeka south of the Soengai Lajoeng, about 20 miles south of Bandjermasin. Labour was conscripted from the surrounding villages for working periods of one month, after which gangs were relieved by others. Food was supplied but labourers received no pay.

VII. GEOGRAPHICAL INFORMATION.

Roads, Tracks and Trails: Bandjermasin (South Borneo) 44: A new road was under construction from Maloeka to Takisoeng (3°50' S - 114°40' E). The road was metalled with very hard rock and gravel, obtained from quarries in the vicinity. Large gangs of forced labour were employed. By Sep 44, the road was completed as far as Soengai Tabanio.

Early in 44 an unmetalled road was in course of construction, leading from the mouth of the Martapoera river to the city of Bandjermasin on the east bank, linking up with Teloek Dalam Straat; this road was only partly completed by Sep 44.

VIII. POLITICAL AND SOCIAL INFORMATION.

General Living Conditions: Bandjermasin (South Borneo) and district: Prices of food were as follows:-

	Pre-war	Sep 44
Rice, per kattie (1.36 lbs.)	8 cents	30 cents
Sugar, per kilo	8 "	ƒ 1.50
Salt, " "	3 "	50 cents
Dried fish, per kilo	50 "	ƒ 2.00

Security Regulations and Censorship:

Bandjermasin (South Borneo) Sep 44: Correspondence by post card only was permitted and was subject to censorship by the Japanese.

Relation between Japanese and Local Population:

Bandjermasin (South Borneo) 43 - 44: The inhabitants were often ill-treated by the Japanese, being kicked and slapped at the slightest provocation.

Civil Service, Courts, etc:

Bandjermasin (South Borneo) Feb 44: A new Police Force training school for Indonesian cadets was situated in the centre of the city (see sketch NEFIS No. FY5351 attached to Interrogation Report No. 708). The instructors were Japanese.

The cadets wore khaki uniform and were trained for town police duties.

Organisations:

Bandjermasin (South Borneo) Sep 44: The Kaibodan acted as air raid wardens and controlled all air raid precautions.

The activities of the Seinendan organisation were unknown to inf.

Religious Services:

Bandjermasin (South Borneo) 44: There was no interference by the Japanese in religious services, except that the Roman Catholic church near the Japanese bcks was closed and used as living quarters by the Japanese Navy.

Education:

Bandjermasin (South Borneo) 44: Malaria was the predominant sickness. To prevent any further spreading of the malady an Indonesian doctor gave a number of injections to the people, whether they were suffering from malaria or not.

A former large Dutch hospital was occupied by the Japanese as a military hospital (see sketch NEFIS No. FY5351 attached to Interrogation Report No. 708).

In Sep 44, construction of a General Public Hospital had been completed. This hospital was situated in Oelin Street, Bandjermasin (see sketch NEFIS No. FY5351 attached to Interrogation Report No. 708).

Medical Treatment and Supplies: Admission tot the General Hospital at Bandjermasin (South Borneo) was only possible by first obtaining a permit from the village head. All treatment had to be paid for, but charges were unknown to inf.

IX. ECONOMIC INFORMATION.

Agricultural Commodities:

F-0

Production: Bandjermasin and vicinity (South Borneo) 43 - Sep 44: Two thirds of the paddy harvested was bought by the Japanese ans stored in godowns outside Bandjermasin (see sketch NEFIS No. FY5351 attached to Interrogation Report No.708). The amount paid was regulated by the Japanese.

Labour:

Bandjermasin (South Borneo) 44: All labour employed in paddy stores was imported from Java. Pay was at the rate of 60 cents a day of eight hours, working under Japanese overseers.

Foods:

Bandjermasin (South Borneo) 44: Large quantities of fruit and vegetables were grown in gardens around Bandjermasin and brought into the city for sale to the Japanese. Prices paid were unknown to inf.

Rubber:

Bandjermasin (South Borneo) Sep 44: It was observed that a large rubber godown, known as "Nomura" and situated on the left bank of the Kalajan river where it enters the Martapoera river (see sketch NEFIS No. FY5351 attached to Interrogation Report No. 708)was stored to capacity with sheet rubber, baled and strapped with rubber strips. Each bale consisted of approximately 75 dark rubber sheets (presumably smoked sheets). The bales were covered with talcum, to prevent them sticking, as no hessian covering was used.

Tapping had ceased late in 43 in districts around Bandjermasin but prior to this some rubber was brought down the river and stored in the above godown. However, it was considered largely to comprise old stocks collected from the interior.

Industries and Manufacturing: Bandjermasin (South Borneo) Sep 44: A rice mill three storeys high was seen near Bandjermasin (see sketch NEFIS No. FY5351 attached to Interrogation Report No. 708).

The top floor was intended to be used for the manufacture of cotton goods. Hand looms had already been installed, and approximately 100 Indonesian girls and women were being taught to weave the cotton into cloth and sarongs. Production had not commenced in Sep 44. The raw cotton was being grown on Japanese owned estates in localities unknown to inf. The two lower storeys of the building were still being used as rice mill.

A second school of instruction for the manufacture of cotton goods had been established on the west bank of the Martapoera river, facing the former Dutch bcks (see sketch NEFIS No. FY5351 attached to Interrogation Report No. 708). This was a long, low-lying building with a bamboo thatch roof. Hand looms for the purpose of instruction were installed in the building. About 70 women attended this school.

Minerals and Metals:

a. Bandjermasin (South Borneo) 43-44: The Japanese regulated the issue of kerosene through the village heads to one litre per family per month, at 17 cents per litre. The kerosene was obtained from a Japanese controlled store in Bandjermasin city.

b. Tarakan (East Borneo) Sep 44: Oil storage tanks were seen situated on a small hill at the base of the pier. To the right of these tanks was a marine signal station, on the same hill.
Inf was not allowed ashore, but on the wharf he saw oil oozing from the pipeline which ran under the full length of the wharf. Two nozzles were seen, one at each end of the wharf, used for connecting up pipelines to ships. The entire pier and wharf was new; some small sections, however, had been built of old timber. The length of the pier from shore to wharf was 1/2 kilometre.

c. Bandjermasin (South Borneo) Sep 44: Two large iron foundries, known as "Konan Koyan" were constructed on both sides of the new road running from the mouth of the Martapoera river to the city, which linked up with Teloek Dalam Straat. All the scrap iron from around the city was bought up by the Japanese and put through these furnaces. (See sketch NEFIS No. FY5351 attached to Interrogation Report No. 708).

Hall

Transportation:

Motor: Bandjermasin (South Borneo) 43-44: All cars were restricted to Japanese use only.

Utilities:

Power: Bandjermasin (South Borneo) Sep 44; Electric light was available but strict blackout regulations were in force.

Communications:

Telephone: Bandjermasin (South Borneo) 43-Sep 44: Telephones were restricted to offices and Japanese personnel.

Finance:

Currency: Bandjermasin (South Borneo) Sep 44:
Dutch silver coins of 10 cents, 25 cents, 50 cents, /1.00 and /2.50 were hoarded by the population. Dutch copper coins of ½ cent, 1 cent, 2-½ cents and nickel 5 cents coins had been declared valueless, but were also hoarded.

Food: Kg. Soengei Miai, Bandjermasin (South Borneo) Sep 44: Black market rice could be bought from the villagers and large quantities could be obtained in this manner.
Vegetables and fresh and dried fish were plentiful, but prices varied daily.

Labour:

a. Bandjermasin (South Borneo), Sep 44: Labour employed by the Soekarela organisation for working periods of one month received no pay, but were fed by the Japanese. Funds were donated by the villagers for the purpose of additional food in order that the gangs would not suffer hardships and starvation while forcibly working for the Japanese. No leave to return to their homes was granted during the period they were working.
Imported labour from Java worked the ships under Japanese foremen.

b. Tarakan (East Borneo) Sep 44: A large Makassarese labour force was used by the Japanese for loading and unloading ships.

110474 8

X. PROPAGANDA AND PSYCHOLOGICAL WARFARE INFORMATION.

Allied:

Morale of Civilian Population:

Attitude Towards War: Bandjermasin (South Borneo) Sep 44: The war had rendered the people very miserable and unhappy. The old men of the surrounding villages discussed the hardships brought upon them by the Japanese.

Enemy:

Radio Propaganda: Bandjermasin (South Borneo) 43-44: Loudspeakers were installed in the streets.

XII. PERSONALITIES.

Bandjermasin (South Borneo) Sep 44: The Assistent Kiai (native Assistant District Officer) of Kg. Soengei Miai was Hadji Abock. The name of the Kiai (native District Officer) is unknown to inf. These men, although working for the Japanese did not appear to be in sympathy with them.

XIII. GENERAL.

Prostitution: Bandjermasin (South Borneo) 44: Inf heard that 50 Japanese women were brought by ship from Soerabaja (East Java) for the use of Japanese Naval personnel only. They were housed in a long, low-lying building near the Coen Bridge (see sketch NEFIS No. FY5351 attached to Interrogation Report No. 708) which was surrounded by barbed wire, and had a Naval guard to prevent Japanese civilians from entering and the women from leaving.

Civilian Internment Camps: Bandjermasin (South Borneo) Sep 44: Approximately 70 Dutch women and children were still interned in a camp situated on Ringweg, between the former Dutch bcks and the present Japanese Naval bcks (see sketch NEFIS No. FY5351 attached to Interrogation Report No. 708). On 8 Oct 43, there was a Japanese festival and the Dutch women internees were given permission to visit their husbands in the male internment camp. They were permitted to stay all day but had to return in the evening. At the end of 43 the women internees were seen by inf walking around inside the camp dressed only in shorts and brassieres made from wornout clothing. Some were barefooted.

A male civilian internment camp was situated next to the sikh PW camp and separated from it by a barbed wire fence (see sketch NEFIS No. FY5351 attached to Interrogation Report No. 708).

Spoor

~~Lt.Col.~~ S.H.Spoor.
Director NEFIS.

Camp Columbia, 31st December, 1944.

AI2/9761/G.

2급 비밀.

네덜란드령 동인도군 정보국

뉴질랜드 보험사 빌딩

334-338 퀸 스트리트, 브리즈번

No. AI2/9761/G.

1944년 12월 31일.

첨부: 2
주제: 심문보고서

네덜란드령 동인도군 정보국 심문보고서 751호.

----

1. 첨부된 문서는 네덜란드령 동인도군 정보국 심문보고서 751호이다.

2. 보고서에 포함된 정보는 피난민을 대상으로 한 심문에만 근거하고 있으며 이를 고려하여 평가해야 한다.

3. 이 안에 담긴 정보를 배포하는데 주의를 기울이도록 한다. 이 보고서의 전체 또는 일부분을 활용할 경우, 피난민의 친지가 위험에 빠지거나, 적군의 보복에 노출되는 것을 막고, 중요한 정보의 출처가 막히지 않도록 관련된 이름, 지역 등이 특정되지 않아야 한다.

중령. S. H. 스푸어.(S. H. Spoor)

네덜란드령 동인도군 정보국 국장.

배포:

첨부된 목록 참조.

복사본 15호.

(중략)

2급 비밀.

네덜란드령 동인도군 정보국,
뉴질랜드 보험사 빌딩,
334-338 퀸 스트리트,
브리즈번.

복사본 15호.

네덜란드령 동인도군 정보국 심문보고서 751호.

Ⅰ. 인적 정보.

이름	: 니빈(Nibin)
나이	: 15세
성별	: 남성
인종	: 말레이인(Malay)
시민권	: 네덜란드 국민
출생년도와 출생지	: Kg. 순게이 미아이(Kg.Soengei Miai), 반자르마신(Bandjermasin)(보르네오 남부) 1929년 3월.
교육	: 현지 공립학교, 반자르마신.
종교	: 이슬람교
신분	: 피난민; 침몰한 일본 선박의 생존자
직업	: 항해사
건강상태	: 좋음
신원확인수단	: 없음

지적수준 및 신뢰도에 대한 평가

꽤 지적이고 매우 관찰력이 뛰어나지만, 실제 날짜에는 약함. 정보는 신뢰할 수 있다고 판단함.

Ⅱ. 시간순 기록.

날짜:	장소:
1937-1942	: 반자르마신, 공립현지인학교
1942-1943	: 아버지와 함께 반자르마신(보르네오 남부)의 남서쪽 바리토(Barito)강의 서쪽 강기슭에 있는 탐반(Tamban)에서 아버지의 논밭에서 일함.
1943 – 1944년 1월	: 반자르마신 남부 바리토강 입구에서 어부 생활
1944년 1월 – 1944년 9월 1일	: 반자르마신의 Kg. 순게이 미아이에 부모와 함께 머무름
1944년 9월 1일 – 9월 15일	: 반자르마신의 탐반에 있는 그의 아버지의 논밭에서 일함
1944년 9월 15일 – 9월 26일	: 선원으로 자원하였고 수라바야(Soerabaja)로 가고 싶었기 때문에 "코이아 마루(Coea Maru)" 라는 이름의 일본 선박의 선원이 됨. 월급 18.68길더를 받음
1944년 9월 26일 – 9월 28일	: "코이아 마루"에 승선하여 타라칸(Tarakan) (보르네오 동부)으로 감
1944년 9월 28일 – 10월 2일	: "코이아 마루"에 승선하여 바다에 있었음.
1944년 10월 2일	: "코이아 마루" 침몰 후 연합군 잠수함이 구조

III. 적군에 대한 전술 데이터

조직과 부대의 배치와 강점:

반자르마신(보르네오 남부): 42년 2월 경 칸단간(Kandangan) 방향에서 약 60명의 장교와 남성들로 된 선발대가 반자르마신으로 들어왔고 (구) 총독 공관과 집무실에 자리 잡았다. 다음 날, 추가로 약 1,000명의 일본 육군 병력이 도시로 이동해왔고 강기슭 근처에 위치한 (구) 네덜란드 병영을 점령하였다(심문보고서 708호에 첨부된 개요도 NEFIS FY5351호 참조)

정보원은 43년 2월경 이 일본 육군 병력이 수라바야(자바 동부)로 이송되어 약 300명의 일본 해군 병력으로 대체되었다고 들었다. 44년 9월 해군 병력은 로마 가톨릭 교회와 인근 집들, 마리노(Marino) 통신소와 마타푸라(Martapoera)강 입구(심문보고서 708호에 첨부된 개요도 NEFIS FY5351호 참조)의 등대에 자리 잡았다.

소총과 기관총으로 무장한 약 10명의 일본 해군 병력이 신호탑과 신호통신소에 배치되었다. 유일하게 확인된 또 다른 기관총은 마타푸라강 입구의 물가에 지어진 작은 집에 있었다. 정보원은 이 초소의 용도에 대해 더 자세한 세부사항은 제공하지 못했다.

소총과 총검만으로 무장한 해군경비들이 수용소에서 보초근무를 섰다(심문보고서 708호에 첨부된 개요도 NEFIS FY5351호 참조).

일본 점령 직후 반자르마신에 있는 로마 카톨릭 교회의 첨탑은 항공관측소로 이용되었다. (심문보고서 708호에 첨부된 개요도 NEFIS FY5351호 참조).

정보원은 43년 2월과 44년 9월 사이에 부대이동이 없었다고 알고 있다.

현지인 부대:

반자르마신(보르네오 남부) 44년 9월: "호난 코코에코단(Hoenan Kokoekodan)"은 15세에서 25세의 인도네시아 남성의 군사훈련을 통솔했다. 모든 젊은 남성과 소년의 등록은 마을의 촌장이 맡았다. 지원자들은 그들의 왼쪽 가슴 주머니에 보르네오섬 모양과 비슷한 휘장이 있는 카키색 옷을 입었다. 이 휘장을 둘로 나누는 검은 선이 위에서 아래로 그어져 있었다. 일부는 징집되었고, 나머지는 자원하였다.

"카이곤 헤이호(Kaigoen Hei-Ho)"는 15세에서 25세 사이의 인도네시아 해군 병력을 훈련하는 조직이었다. 해군훈련소는 (구) 총독 관저 뒤편의 링웨그(Ringweg)에 있었다. 일부는 자원자였고 나머지는 징집되었다. 정보원은 훈련의 유형과 기간은 알지 못했다.

정보원은 소카렐라(Soekarela) 조직이 반자르마신의 모든 노동력을 징집하고 관리한다고 진술한다. 활용가능한 모든 노동자의 명단을 촌장이 가지고 있다. 도로 건설, 비행장 건설, 노동력이 필요한 기타 노동을 위해 일본 측에 넘겨진 후에 노동자들은 이를 촌장에게 보고해야 했다.

포로수용소의 위치:

반자르마신(보르네오 남부) 44년 9월: 7미터 높이의 가시철조망과 대나무 울타리로 둘러싸인, 시크교도만을 대상으로 하는 수용소는 (구) 네덜란드 병영에 있었다. (심문보고서 708호에 첨부된 개요도 NEFIS FY5351호 참조)

레이더와 라디오 통신소:

반자르마신(보르네오 남부) 44년 9월: 라디오 통신소는 일본군 병영 근처에 있었다 (심문보고서 708호에 첨부된 개요도 NEFIS FY5351호 참조). 도로에서는 두 개의 큰 안테나 기둥이 보였다.

Ⅳ. 해군정보의 개요

선박이동과 항구의 선박:

a. 반자르마신(보르네오 남부) 44년 9월 – 10월: "슈거 독(Sugar Dog)" 유형의 목조선박 두 척이 44년 9월 15일 반자르마신을 떠났고 코타바루(Kota Baroe), 발릭파판(Balikpapan)과 사마린다(Samarinda)를 거쳐 타라칸(Tarakan)(보르네오 동부)으로 향했다. (정보원이 선원으로 일했던) 선박은 "코이아 마루"라는 이름이었고 수라바야-반자르마신 노선을 오랫동안 운행했다. 정보원은 이 선박이 어디서 건조되었는지에 대해서는 진술하지 못했다. 두 선박은 모두 9월 26일 타라칸에 도착했고 9월 28일에 다시 반자르마신으로 돌아가는 항해길에 올랐다. "코이아 마루"는 발릭파판에서 쓰일 비어있는 석유통을 타라칸에서 실었다. 44년 10월 2일 16:00쯤 휘발유 통들을 싣고 있는 다른 선박이 정보원의 선박에서 앞으로 3마일 정도 떨어진 곳에서 맹렬히 불타는 것이 목격되었다. 정보원은 화재의 원인을 알지 못했다. 하지만 인근에서 잠수함의 잠망경을 볼 수 있었다.

곧 잠수함이 "코이아 마루" 근처로 떠올랐고 선박을 포격하기 시작했다. 두 번째 포격이 기관실을 강타하여 "코이아 마루"가 불길에 휩싸였는데 선박에 있던 아홉 명의 일본인과 열두 명의 인도네시아인은 물로 뛰어든 후였다. 열두 명의 인도네시아인 중 아무도 잠수함 선원들로부터 구조되지 못했다; 일본인들은 아마도 익사했을 것이다.

b. 타라칸(보르네오 동부) 44년 9월: 정보원은 44년 9월 27일 "카토리(Katori)" 유형의 지원함정 한 척, "하이펑(Haifeng)" 유형의 작은 감시선 두 척, 큰 화물선 한 척이 타라칸에 들어섰다고 보고했다. 화물선을 제외한 모든 선박은 부두 옆, "코이아 마루" 후방에 정박하였다. 화물선은 해로에 닻을 내렸다. "코이아 마루"가 44년 9월 28일에 떠났을 때 이 선박들은 여전히 머물렁 있었다.

선박건조와 수리시설:

반자르마신(보르네오 남부) : 43년 2월 즈음 송게이 크위엔(Soengei Kwien)과 바리토강 교차로 근처의 반자르마신 북서쪽 6km 지점에서 목조선박 건조가 큰 규모로 이루어지고 있었다. (심문보고서 708호에 첨부된 개요도 NEFIS FY5351호 참조)

조선소는 "보르네오 슈쉰(Borneo Shushin)"으로 알려져 있었다. 건조된 선박의 유형은 "슈거 독"과 유사했다.

약 200톤급의 선박이 있는 12개의 조선대가 공사 중이었다. 선박은 길이가 약 100피트였고 목재(소나무)로 지어졌으며 디솔린(diesoline)을 연료로 쓰는 디젤엔진이 갖춰져 있었다. 속도는 6에서 8노트였다. 대공포를 본 따 나무로 만든 모형이 선교 갑판실 위에 놓여 있었다. 생산율은 한 달에 선박 한 척을 건조하는 정도였다. 선박 한 척를 완성하고 진수시키기 위해서는 모든 노동력의 집중이 필요했고, 그 단계 이전까지는 다양한 조선대에 동등한 노동력이 투입되었다.

선박들은 숫자로만 알려져 있다.; 정보원은 아래의 세부사항을 알려주었다.

401호에서 405호 – 해상; 반자르마신에서 항해해온 날짜는 미상
406호에서 408호 – 엔진 설치
409호에서 412호 – 조선대에서 여전히 건조 중

정보원은 44년 9월에 조선소를 다시 지나갔고 작업이 계속되고 있었다. 선박의 출항을 용이하게 하려고 조선대의 선두에서 준설이 수행되고 있었다.

항행안전시설:

등대:

반자르마신(보르네오 남부) 44년 9월: 유일하게 사용 중인 등대는 바리토강으로 흐르는 마타포에라(Martapoera)의 남쪽 강기슭에 있었다. 정전 상황 때문에 18:00 이전에 입장하지 못한 배들은 바리토(Barito)강 입구에 정박했다.

부표: 반자르마신(보르네오 남부) 44년 9월: 물길의 모든 부표는 네덜란드가 이전에 설치한 것이다. 하지만 정전 상황으로 인해 이 부표들은 어두운 시간대에는 쓸모없게 되었다.

Ⅴ. 기본적인 항공 정보

항공시설의 위치: 반자르마신(보르네오 남부) 44년 9월: 반자르마신 서부의 바리토강에 있는 남부 포로 켐방(Poeloe Kembang)에는 수상비행기 정박지가 있었다. 항공우편서비스 비행기들은 매주 목요일과 토요일 10:00에 호출되었고 (현지시각) 16:00에 떠났다. 정보원은 목적지를 알지 못했다. 이 서비스는 "체리(Cherry)"유형의 비행정으로 유지되었다.

정보원은 44년 3월 거대한 비행장이 반자르마신에서 남쪽으로 약 20마일 떨어진 송게이 라종(Soengai Lajoeng) 남부 마로카(Maloeka)에 지어지고 있다고 들었다. 노동자들은 인근 마을에서 징집되었고 한 달동안 노동한 후에는 다른 조로 대체되었다. 노동자들에게 식량은 제공되었지만, 봉급은 받지 못하였다.

Ⅶ. 지리적 정보

도로, 선로와 산길 : 반자르마신(보르네오 남부) 44년: 마로카에서 카티송(Takisoeng)까지(3"50'S.,114"49'E) 새로운 도로가 건설 중이었다. 그 도로에는 인근 채석장에서 구할 수 있는 매우 단단한 바위와 자갈이 깔려있었다. 강제징용된 많은 사람이 활용되었다. 44년 9월 당시에 도로는 송게이 타바니오(Soengai Tabanio)까지 완성되어 있었다.

44년 초에는 테록 다람(Teloek Dalam) 거리와 연결되고 마타푸라(Martapoera)강에서 동쪽 강기슭의 반자르마신 도시까지 이어지는 비포장도로가 건설 중이었다.

이 도로는 44년 9월까지 부분적으로만 완성되어 있었다.

VIII. 정치사회적 정보

일반적인 생활조건: 반자르마신(보르네오 남부)과 구역: 식량의 가격은 아래와 같다:-

	전쟁 이전	44년 9월
쌀, 카티(kattie) 당(1.36파운드)	8센트	30센트
설탕, 킬로 당	8센트	1.50길더
소금, 킬로 당	3센트	50센트
말린 생선, 킬로 당	50센트	2길더

보안규정과 검열:

반자르마신(보르네오 남부) 44년 9월: 엽서를 통한 서신만이 허락되었고 이는 일본의 검열 대상이었다.

일본인과 현지주민의 관계:

반자르마신(보르네오 남부) 43년 – 44년: 거주민들은 걸핏하면 발로 차이고 뺨을 맞는 식으로 일본인에게 학대당했다.

민간서비스, 법원, 기타 :

반자르마신(보르네오 남부) 44년 2월: 인도네시아 간부후보생을 위한 새로운 경찰 훈련 학교가 도시의 중앙에 있었다(심문보고서 708호에 첨부된 개요도 NEFIS FY5351호 참조). 교관들은 일본인이었다.

간부후보생들은 카키색 제복을 입었고 도시 경찰 직무를 훈련받았다.

조직:

반자르마신(보르네오 남부) 44년 9월: 카이보단(Kaibodan)은 공습경계원으로 활동했고 모든 공습경계조치를 통제했다.

정보원은 세넨단(Seinendan) 조직의 활동에 대해서는 알지 못했다.

종교 서비스:

반자르마신(보르네오 남부) 44년 : 일본군 병영 근처의 로마 가톨릭 교회가 폐쇄되어 일본 해군 관사로 이용된 것을 제외하면 종교 활동에 대한 일본의 간섭은 없었다.

교육

반자르마신(보르네오 남부) 44년 : 말라리아가 널리 퍼져 있었다. 인도네시아인 의사들은 병의 추가적인 확산을 막기 위해 사람들이 말라리아에 걸렸든 걸리지 않았든 주사를 많이 놓았다.

기존의 큰 네덜란드 병원은 군용 병원으로 일본군이 사용했다. (심문보고서 708호에 첨부된 개요도 NEFIS FY5351호 참조)

44년 9월 일반 병원의 건설이 완공되었다. 이 병원은 반자르마신의 오린(Oelin) 거리에 있었다. (심문보고서 708호에 첨부된 개요도 NEFIS FY5351호 참조)

의학치료와 의료품: 반자르마신(보르네오 남부)의 일반 병원에 들어가는 것은 마을 촌장의 허가를 먼저 받은 후에야 가능했다. 모든 치료는 유료였지만 정보원은 얼마인지는 알지 못했다.

Ⅸ. 경제적 정보

농산물:

생산: 반자르마신과 인근 지역(보르네오 남부) 43년 – 44년 9월: 수확된 벼의 2/3는 일본인이 구매하고 나머지는 반자르마신 밖의 창고에 보관되었다. (심문보고서 708호에 첨부된 개요도 NEFIS FY5351호 참조) 불입금액은 일본이 규제했다.

노동:

반자르마신(보르네오 남부) 44년: 모든 농산물 판매점에 고용된 노동력은 자바에서 수입되었다. 임금은 일본인 감시자들 아래에서 하루에 8시간 일할 때 60센트의 비율로 지급되었다.

식량:

반자르마신(보르네오 남부) 44년 : 많은 양의 과일과 채소가 반자르마신 근처 밭에서 길러졌고 일본인 판매용으로 도시로 들어왔다. 정보원은 지불되는 가격은 알지 못했다.

고무:

반자르마신(보르네오 남부) 44년 9월: "노무라(Nomura)"로 알려졌으며 마타푸라 강으로 들어가는 카라얀(Kalajan)강의 왼쪽 강기슭에 위치한 거대한 고무 창고는(심문보고서 708호에 첨부된 개요도 NEFIS FY5351호 참조) 끈으로 묶인 가느다란 고무조각 뭉치로 된 고무판으로 가득 차 있었다. 각 뭉치는 약 75개의 어두운 고무판(그을린 것으로 추정되는)으로 구성되어 있었다. 뭉치들은 헤센(hessian)으로 덮여있지 않았기 때문에 서로 달라붙는 것을 방지하기 위해 탤컴(Talcum)으로 덮여있었다.

반자르마신 근처 지구에서 고무 채취는 43년 말에 중단되었지만 그 전에 강을 타고 고무를 운반하여 상기의 창고에 저장했다. 그러나 이 지역에서 수집된 것들이 재고품의 대부분인 것으로 생각된다.

산업과 생산: 반자르마신(보르네오 남부) 44년 9월: 3층 높이의 정미기가 반자르마신 근처에서 확인되었다.(심문보고서 708호에 첨부된 개요도 NEFIS FY5351호 참조)

꼭대기층은 면제품의 생산의 용도로 계획되어 있다. 직조기는 이미 설치되었고 대략 100명의 인도네시아 소녀와 여성들이 목화를 의복이나 사롱(sarongs)으로 직조하는 방법을 배웠다. 생산은 44년 9월에는 시작되지 않았다. 원면은 정보원은 알지 못하는 장소에 있는 일본인 소유지에서 재배되었다. 건물의 2층 아래는 여전히 정미기로 사용되고 있다.

면제품 생산 교육을 위한 중등학교는 (구) 네덜란드 병영을 마주하고 마타푸라강의 서쪽 강기슭에 설립되었다.(심문보고서 708호에 첨부된 개요도 NEFIS FY5351호 참조) 이 학교는 대나무 지붕의 길고 낮은 건물이다. 교육을 위한 직조기가 건물에 설치되어 있다. 약 70명의 여성이 이 학교에 다녔다.

광물과 금속

a. 반자르마신(보르네오 남부) 43년-44년: 일본은 촌장을 통해 등유의 공급을 리터당 17센트의 가격으로 각 가정 당 한 달에 1리터로 규제하였다. 등유는 반자르마신 시내에 있는 일본의 통제를 받는 상점에서 입수했다.

b. 타라칸(보르네오 동부) 44년 9월: 석유 보관 탱크는 교각(pier) 기반부의 작은 언덕에 위치해있다. 이 탱크들의 오른쪽에는 해안 통신소가 같은 언덕에 위치해있다.

정보원은 해안으로 가는 것이 허가되지는 않았지만 부두 아래에 쭉 뻗은 송유관에서 석유가 흘러나오는 것을 부두에서 볼 수 있었다. 두 노즐이 보였는데 부두의 양쪽 끝에 송유관과 선박을 잇는 용도로 각각 위치하고 있었다. 전체 부두와 교각은 새로운 것이었다. 하지만 몇몇 작은 영역들은 오래된 목재로 지어졌다. 해안에서 부두까지 교각의 길이는 1/2킬로미터였다.

c. 반자르마신(보르네오 남부) 44년 9월: "코난 코얀(Konan Koyan)"으로 알려진 두 개의 큰 철 주조공장이 테록 달람 거리와 연결되어 있는 마타푸라강의 입구에서 도시까지 이어지는 새로운 도로의 양쪽 끝에 지어졌다. 도시 주변의 모든 고철은 일본인이 구매하고 이 용광로에 보냈다. (심문보고서 708호에 첨부된 개요도 NEFIS FY5351호 참조)

교통:

차량: 반자르마신(보르네오 남부) 43년-44년 : 모든 차량은 일본인 전용으로 제한되어 있다.

공공시설:

동력: 반자르마신(보르네오 남부) 43년-44년: 전기조명은 허용되지만 엄격한 정전 규제가 시행 중이다.

통신:

전화: 반자르마신(보르네오 남부) 43년-44년 9월: 전화는 일본인 인사들과 사무실로 제한되어 있다.

재정:

통화: 반자르마신(보르네오 남부) 44년 9월: 10센트, 25센트, 50센트, 1.00길더와 2.50길더의 네덜란드 은화는 사람들이 쟁여놓고 있다. 1/2센트, 1센트, 2와 1/2센트의 네덜란드 동전과 5센트 니켈동전은 가치를 잃었다고 공표되었으나 여전히 쟁여져 있다.

식량: Kg.송게이 미아이, 반자르마신(보르네오 남부) 44년 9월: 마을 사람들부터 암거래 되는 쌀을 구할 수 있고 많은 양의 쌀을 이런 방식으로 얻을 수 있었다.

채소와 신선한 생선 및 말린 생선은 매우 많지만 가격은 매일 달라진다.

노동:

a. 반자르마신(보르네오 남부) 44년 9월: 소카렐라 조직에 의해 한 달 동안 고용된 사람들은, 봉급은 받지 않지만 일본인에게 식량을 제공받는다. 일본군에 의한 강제 징용 기간 동안 노동자들이 곤궁함과 배고픔으로 고통 받지 않도록 하기 위해 추가적인 식량 마련 목적으로 마을사람들이 기금을 조성했다. 그들이 일하고 있는 기간에는 집으로 돌아갈 수 있는 휴가가 제공되지 않는다.

자바에서 온 노동자들은 일본인 감독 하에 배에서 일했다.

b. 타라칸(보르네오 동부) 44년 9월: 일본인은 선박에 짐을 싣고 내리기 위해 대규모의 마카사르인(Makassarese) 노동력을 이용했다.

X. 선전과 심리전 정보

연합군(Allied):

민간인의 사기:

전쟁에 대한 태도: 반자르마신(보르네오 남부) 44년 9월: 전쟁은 사람들을 매우 비참하고 불행하게 만들었다. 주변 마을의 남성 노인들은 일본인이 초래한 어려움에 대해 이야기했다.

적군:

라디오 선전: 반자르마신(보르네오 남부) 43년-44년: 확성기가 여러 거리에 설치되었다.

XII. 주요 인물

반자르마신(보르네오 남부) 44년 9월: Kg.송게이 미아이의 부 키아이(Assistant Kiai)(현지인 부촌장)는 하지 아복(Hadji Aboek)이었다. 키아이(현지인 촌장)의 이름은 정보원에게 알려지지 않았다. 이 사람들은 일본인을 위해 일하고 있기는 하지만 일본인들에게 동조하는 것으로 보이지는 않는다.

XIII. 일반정보.

위안부 및 위안소(Prostitution): 반자르마신(보르네오 남부) 44년 : 정보원은 수라바야(자바 동부)에서 50명의 일본인 여성들이 일본 해군 전용으로 선박을 통해 끌려왔다고 들었다. 그들은 코엔(Coen) 다리 근처(심문보고서 708호에 첨부된 개요도 NEFIS FY5351호 참조)에 있는 가시철조망에 둘러싸인 길고 낮은 건물에 거주하고 있었다. 그리고 일본 민간인이 들어가거나 여성들이 떠나지 못하도록 막는 해군경비가 있었다.

민간인 수용소: 반자르마신(보르네오 남부) 44년 9월: 대략 70명의 네덜란드 여성과 아이들이 (구) 네덜란드 병영과 현 일본군 병영 사이의 링웨그에 위치한 수용소에 여전히 억류되어 있었다(심문보고서 708호에 첨부된 개요도 NEFIS FY5351호를 보라). 43년 10월 9일에 일본군 축제가 있었고 네덜란드 여성 수감자들은 남성 수용소에 있는 그들의 남편을 방문하는 것이 허가되었다. 그들은 종일 머무를 수 있었지만 저녁에는 돌아와야 했다. 정보원은 43년 말에 여성 수감자들이 닳고 해진 옷으로 만든 브래지어와 반바지만 입은 채로 수용소 안을 걸어 다니는 것을 봤다. 그들 중 일부는 맨발이었다.

남성 민간인 수용소는 시크교도 포로수용소 옆에 있었고 가시철조망으로 분리되어 있었다. (심문보고서 708호에 첨부된 개요도 NEFIS FY5351호를 보라)

중령. S. H. 스푸어.(S. H. Spoor)

네덜란드령 동인도군 정보국 국장.

캠프 컬럼비아. 1945년 12월 31일.

AI2/9761/G.

15

Compilation of NEFIS Interrogation Reports Nos. 756, 819

RG 319 Entry UD 82-A Box 2008

이 문서는 1945년 1월 4일자 756호, 819호 합본 심문보고서이다. 일본 선박에서 포로로 잡은 말레이인 1명과 자바인 1명을 심문하여 얻은 정보를 바탕으로 작성되었다. 심문 대상은 보르네오섬 남부 반자르마신(Bandjermasin)에 대한 매우 상세한 정보들을 제공하고 있다. 이들은 1944년 9월 반자르마신의 독일인들이 운영하는 병원 옆 건물에 위안소(brothel)가 설치되었다는 내용을 진술했다. 60명의 자바인 여성이 이 위안소에 있었고, 위안소는 일본군 전용이었다. 위안소 주변에는 철조망이 설치되어 있었다.

RGE. SECRET

NETHERLANDS FORCES INTELLIGENCE SERVICE
(NEFIS)
NEW ZEALAND INSURANCE BUILDING,
334-338 QUEEN STREET, BRISBANE.

No. AI2/10080/G. 4th January, 1945.

Enclosures: 2

Subject: Interrogation Reports.

Compilation of NEFIS Interrogation Reports
Nos. 756 and 819 (Not issued separately).

1. Attached is Compilation of NEFIS Interrogation Reports Nos. 756 and 819 (Not issued separately).

2. Information contained in this report is based solely on interrogation of evacuees and should be evaluated accordingly.

3. It is requested that care be taken in the distribution of the information contained therein. If the whole or any part of this report is reproduced, no indication may be given of names and localities concerned, to avoid compromising relatives of evacuees and exposing them to enemy reprisals, and to prevent closure of important sources of information.

Lt. Col. S.H. Spoor.
Director NEFIS.

Distribution:

See attached list.

Copy No: 17

GM.

SECRET

DISTRIBUTION	No. of Copies	Copy No.
Exc. H. Van Mook. Lt. Gov. Gen.	1	1
B.S.O. through O.B.S.O.	2	2 - 3
O.B.S.O.	1	4
Economic Int. Section GHQ. New Delhi via B.S.O. - Colombo	1	5
COISEF via B.S.O. - Colombo	1	6
C.L.G.	1	7
M.C.A.	1	8
Fd. Directeur B.B.	1	9
SONICA, APO. 565	2	10 - 11
CSONICA; Kandy	1	12
Min. v. Kol., Att. Col. de Blieck	1	13
Min. of Economic Warfare, Foreign Office, London, via Col. de Blieck	1	14
N.R.C.C.S.	4	15 - 18
G.2., G.H.Q.	2	19 - 20
Office of the Military Secretary, G.H.Q. (Rear Echelon) APO 500	1	21
Combined Advisory Committee on Tropical Medicine, Hygiene and Sanitation, Rear Echelon, GHQ. S.W.P.A., APO 500	1	22
Netherlands Staff Officer, G.3., APO. 500	1	23
Ltz. I. C. den Hollander, GHQ. G.4., APO. 500	1	24
A.C. of S., G.2. USAFFE	1	25
Civil Affairs Section. USAFFE. APO. 501	1	26
Dir. of Intell., Allied Air Forces, S.W.P.A., APO. 923	5	27 - 31
Assist. Dir. of Intell., Advanced Echelon, Allied Air Forces, S.W.P.A., APO. 925	4	32 - 35
MIS-X Section, A.A.F.	1	36
RAAF HQ. N.W. Area, Darwin	1	37
Chief of Air Staff RAAF HQ	1	38
Dutch Liaison Officer, HQ. 13th Air Force, APO. 719	2	39 - 40
D.L.O. Allied A.F., Old Courier Bldg.	1	41
Senior Intell. Officer, First Tactical Air Force, RAAF APO. 704	1	42
N.F.L.O. Darwin	1	43
D.M.I.	1	44
A.D.M.I.	1	45
D.N.I.	1	46
Seventh Fleet Intell. Center	1	47
Director A.G.S.	1	48
Co-Ordinator ATIS	1	49
FELO; HQ.	1	50
FELO (Att. Maj. Kremer), C/o NICA, APO. 926	4	51 - 54
Contr. A.I.B. via NEFIS Offr. Fwd. Ech.	1	55
S.R.D.	1	56
S.R.D. Brisbane (Maj. Wigan)	1	57
S.I.A.	1	58
Dir. Gen. of Security	1	59
O.C.N.I.C.A., Merauke	1	60
NEFIS	13	61 - 73

SECRET

110476 2

RGE. SECRET.
NETHERLANDS FORCES INTELLIGENCE SERVICE,
NEW ZEALAND INSURANCE BUILDING,
334-338 QUEEN STREET,
BRISBANE.

Copy No. 17

COMPILATION OF NEFIS INTERROGATION REPORTS
Nos. 756 and 819 (Not issued separately).

The above reports refer to one Javanese and one Malay inf picked up by Allied submarine from a sunken Japanese ship in Oct '44. Information is considered to be reliable.

To facilitate reference, the places covered in this report are listed hereunder, by sections:-

III. TACTICAL DATA ON ENEMY MILITARY FORCES.

South Borneo: Bandjermasin

Mid-Java: Semarang

IV. SUMMARY OF NAVAL INFORMATION.

South Borneo: Bandjermasin

East Borneo: Balikpapan

V. BASIC AIR INFORMATION.

South Borneo: Bandjermasin

East Java: Soerabaja

VIII. POLITICAL AND SOCIAL INFORMATION.

South Borneo: Bandjermasin

IX. ECONOMIC INFORMATION.

South Borneo: Bandjermasin

X. PROPAGANDA AND PSYCHOLOGICAL WARFARE.

South Borneo: Bandjermasin

XIII. GENERAL.

South Borneo: Bandjermasin

III. TACTICAL DATA ON ENEMY MILITARY FORCES.

Dispositions and Strength of Organizations and Units:

F.3 a. Bandjermasin (South Borneo) - Sep 44: Inf reports that about 100 Japanese Naval troops were quartered in the former Dutch bcks. At the mouth of the Martapoera River, four Japanese Naval personnel were billeted in a hut built on a steel barge. Their duties were to inspect all shipping on the river and to issue required harbour permits. In the harbour master's office at Bandjermasin there were approximately 20 Japanese Naval personnel.

110476 3

SECRET

b. Semarang (Mid-Java) early May 44: Approximately 200 Japanese soldiers were quartered in a three storied school at Randoesari.

A large camp was located in an area including the Juliana Hospital, the former Governor's residence and areas to the west. About 2500 Japanese Army personnel were quartered in this camp area, which was enclosed by a barbed wire fence. Indonesian servants were seen, wearing on the left arm a white brassard with a red ball in the centre.

Location of PW Camps: Bandjermasin (South Borneo) Jul 44: At the former Dutch bcks approximately 150 British Indians were seen interned. Occasionally a number of these PsW were seen working in various sections of the city. A large number was employed building air raid shelters on the wharf near the harbour master's office, supervised by Japanese Naval personnel.

Radar and Radio Stations: Bandjermasin (South Borneo) Sep 44: On the Kreteganjar road, about ten minutes walking distance from the post office bridge (east of the city) was a radio station with approximately 20 masts, interconnected with aerials. A long building nearby, to the right of the road, was used as offices.

IV. SUMMARY OF NAVAL INFORMATION.

Ship Movements and Ships in Port: Bandjermasin (South Borneo) 6 - 15 Sep 44: There was a considerable movement of shipping in and out of the port.

The "Omora Maru" shipped rice, tapioca and cassava roots to Kotabaroe (Laoet Island, South Borneo). From Kotabaroe vessel sailed to Balikpapan and loaded drums of petrol and lubricants for Bandjermasin.

The "Kesesiho Maru" sailed thrice monthly for Soerabaja with coal and returned to Bandjermasin often with Japanese troops and native labour.

The "Tahikawa Maru" sailed between Bandjermasin and Tabanio (south of Bandjermasin), carrying Malay labourers for work on a new road which was under construction when inf left Bandjermasin. This ship also carried large quantities of baskets for removing earth, shovels and changkols (large hoes). Similar cargo was loaded in large Chinese tongkangs (sailing vessels) which were towed to Tabanio by the "Tahikawa Maru". These tongkangs were owned by a Chinese, and commandeered by the Japanese.

Ships Sunk or Damaged: Balikpapan (East Borneo) Sep 44: A sunken ship was seen in the harbour of Balikpapan. This ship was down at the stern with the bow standing up out of the water.

Shipbuilding and Repair Facilities: Bandjermasin (South Borneo) Sep 44: Inf confirms previous reports of the location of shipbuilding yards and gives the following additional information. (see sketch NEFIS No. FY8381 attached to Interrogation Report No. 708).

Konan Kayon shipyard: Inf states that between the 5th and 15 Sep 44, he saw eight slipways on which wooden ships of the "Sugar Dog" type were building. On the forecastle of these vessels was a hand winch used for loading and unloading cargo and for lowering and raising the anchor. The hulls of two ships had been completed and launched and were tied up to piles in the river near the shipyard. Each was painted grey. Dummy guns made of wood were set up at the stern of each ship. Above the bridge housing was a dummy machine gun. There were approximately 200 Malays and Japanese working at these slipways. The rate of production is unknown to inf.

Kanamoko shipyard: There were slipways in this yard, building ships of the Victor Able lugger type, capacity approximately 80 tons of cargo. The keels of two ships had been laid and the ribbing was being assembled. Approximately 60 Indonesians and Japanese were employed. Labour imported from Java was paid at the rate of 50 cents per day of eight hours, minus 10 cents a day for food supplied by the Japanese; local labour was paid at the rate of /1.00 per day.

SECRET 110476 4

Nomora shipyard: This shipyard was operating on a smaller scale than the adjoining Konan Kayon shipyard. There were three slipways on which vessels of approximately 60' in length were being built, with a square stern similar to the Victor Able lugger type, but with one mast. There were about 80 Indonesians and Japanese working there. Rate of production is unknown to inf.

V. BASIC AIR INFORMATION.

Locations of Air Installations: Bandjermasin (South Borneo) Jun 44: Inf states that a new airfield was under construction at Malooka approximately 20 miles south of Bandjermasin. Inf could not supply any data regarding the commencement of the work but when he left the area was completely cleared but still full of tree stump holes. No grass cover had grown and, according to inf, after rain the surface was muddy. Inf states that ground work was started for dispersal bays of which the front opening was estimated at 30 metres. The height of the blast walls was approximately 5 metres. Aircraft dispersal area was situated at the northwest corner of the airfield where one bay was completed.

Allied Air Attacks: Soerabaja (East Java) Aug 44: Inf witnessed a raid by Allied planes, which resulted in large fires rising high in the air, visible for some time after the bombs had exploded. There was considerable A.A. fire, but inf was not aware of the localities of the guns. This raid was at 2200 hours local time, but inf is unable to state actual date of the attack.

Inf witnessed another raid approximately five days later at 0500 hours (local time) but results of that raid were not known to him.

Inf states that after the Allied aircraft had made off a Japanese float plane (type Rufe) took off from a base somewhere in the vicinity, and that over the dock area it was shot down into the sea by Japanese A/A guns.

VII POLITICAL AND SOCIAL INFORMATION.

Security Regulations and Censorship: Bandjermasin (South Borneo): In Sep 44 a pass was issued to the inhabitants of Teloh Kalajan village signed by the village head, which enabled them to stay out until 2359 hours. This pass had to be produced for inspection on demand by the village police. Anyone caught in the streets after 2359 hours was beaten by the Kempei who patrolled the streets by night. These Kempei guards seldom moved around singly at night, as the Indonesians took every opportunity to waylay them and retaliate for the rough treatment received at the hands of Kempei and for their misconduct with the womenfolk.

Relation between Japanese and Local Population: Bandjermasin (South Borneo) Sep 44: Except in places where there were mixed Japanese and Indonesian labour, the people of Bandjermasin seldom mixed with the Japanese. Japanese Naval troops drank heavily and molested the women when opportunity occurred. This was a sore point with the Indonesians. The Japanese, beginning to realise this, moved in groups and not singly.

Civil Government of Occupied Areas: Bandjermasin (South Borneo Sep 44: Government officials in Bandjermasin were both Japanese and Dajaks. All Government departments came under the control of Minseibu, in which Indonesian women and girls were working as clerks.

Taxes: Bandjermasin (South Borneo) Sep 44: A wages tax of 4% was imposed and a tax of 30% of earned freight was levied on prahoe owners, in addition to a monthly licence fee of ƒ5.00

Civil Service, Courts, etc.: Bandjermasin (South Borneo) Sep 44: There were a number of Kempei-tais, before which all

SECRET 110476 5

court cases were heard, but their locations are unknown to inf. Before a case was heard the accused was beaten unmercifully.

Organisations: Bandjermasin (South Borneo):

Kaigoen Hei-Ho: In May 44, males up to the age of 25 were accepted for training as Naval personnel subject to eyesight, hearing and general health being satisfactory. Inf only knows that these volunteers for Kaigoon Hei-Ho were sent to Soerabaja for training.

Soekarela: Sep 44: The Soekarela organisation conscripted labour up to the age of 40 to work in gardens, on roads and any other places requiring labour. They received no pay, but were fed by the Japanese. The Soekarela comprised mostly Chinese, and some Indonesians. These gangs worked for periods of one week, and in some cases two weeks at a stretch, after which they were relieved by others.

Seinendan: Sep 44: According to inf the Seinendan is an A.R.P. organisation. Air raid wardens were conscripted between the ages of 20 and 25; they had physical training daily from 0900 to 0930, but never in the same place twice in succession. The Seinendan were armed with a wooden stick and the uniform was khaki trousers and a shirt with on the left breast and right sleeve an insignia resembling a flower known to the natives as "boonga Sakura". After one month's training with the Seinendan these wardens received a certificate of proficiency from the village heads who were responsible for the A.R.P. in their villages.

Education: Bandjermasin (South Borneo) Sep 44: The Japanese had started a boarding school in the R.C. Church in Teloh Kalajan village, Bandjermasin, where the students were taught the Japanese language and signalling with white flags. They received physical training from 0500 to 0600 hrs, followed by bath and morning meal. In order to obtain admittance to this school, pupils had to have passed five standards in the Native State Schools. The teachers were Japanese.

In the primary schools the teachers were all Indonesians.

Religious Services: Bandjermasin (South Borneo) Sep. 44: Except for the R.C. church at Kg. Teloh Kalajan, which had been converted into a boarding school (see Education) by the Japanese, all churches and other places of worship carried on as usual.

Medical Treatment and Supplies: Bandjermasin (South Borneo) Sep 44: At the General Hospital (known as Roemah Sakit Oemoem) the doctor and sisters were German. The doctor wore a white brassard with a red swastika. The nurses were Indonesian and German girls. Inmates were charged at the rate of 50 cents per week, payable in advance. Food in the hospital was excellent. The hospital was a long, low-lying building, facing the Martapoera road and enclosed by a barbed wire fence. The main wards were built in the form of a letter "H", with a number of smaller wards branching off, extending to the rear, and various diseases were confined to specific wards.

IX. ECONOMIC INFORMATION.

Industries and Manufacturing: Bandjermasin (South Borneo) Sep 44: A considerable amount of rope was made by the Dajaks from coconut husk fibre. The firm of "Nomura" bought this rope from the Dajaks, who brought as much as four tons at a time down the river in prahoes. Inf is not aware of the prices but he has bought quantities of it for his prahoe from the Japanese at 60 cents per kilo. XI

Shoes were being made by Malays from rubber latex. They were of crude construction, laced up the front with rubber lacing, and sold for 50 cents a pair. With daily wear they lasted approximately three months.

Petrol was being made in Bandjermasin from coagulated

110476 6

rubber. Rubber trees were tapped and the latex collected in pans. No vinegar being available, tamarind was mixed with troesi (copper sulphate), and then strained. This liquid was then added to the latex and the pan placed in the sun where the contents coagulated and finally dried. When dry the rubber was cut up and put into a still over a fire. This still had a condensation pipe under which was placed a can for catching the distilled liquid. The separator stood on a steel grid, and a fire was placed underneath it. At the mouth of the condensation pipe there was a gauze filter which strained the fuel coming out. When the still became dirty it was cleaned out and the procedure of refilling started again. From a gallon of latex a teacup of petrol was produced. Inf is not aware of the quantities of troesi and tamarind mixed with the latex. X1

Rubber factories in Bandjermasin, known as Nomura and Kanamoko, were producing petrol in this manner, but with more up-to-date apparatus designed on the same principle. These rubber factories had abundant rubber (pre-war stock) stored in their godowns.

Commerce:

Trade: Bandjermasin (South Borneo): In 43 the Japanese took over the entire control of atap, bamboo, timber, game, eggs and dried fish. X1

Atap was made from sago palm leaves and sold to the Japanese firm of Nomura, who distributed all timber, atap, bamboo and any other material required for building purposes.

Sea fishing was carried out by Malays, who received fishing tackle and nets from a Japanese firm known as "Borneo Shushin", which controlled the fishing trade. Trawlers capable of loading five tons of fish were used and the catch was packed in ice carried in the trawlers. There were special market days for the sale of fish in Bandjermasin, when the surplus not required by the Japanese was divided equally among the fish shops.

All trade was under Japanese control. Frequent inspections were made by the Kompei, police, and sometimes by a Japanese price controller. Price lists were posted in all shops in Bandjermasin, and shopkeepers caught selling at higher prices were taken to court and dealt with severely.

Food: Bandjermasin (South Borneo) Sep 44: Rice, kerosene, tobacco, cigarettes, clothes, candles, salt, sugar, matches, coffee, leather shoes and boots and soya sauce if available were only obtainable against Japanese issued coupons. Other commodities were not rationed. X1

Comparison of prices, pre-war and present;

	Pre-war:	Present:
Rice, per kilo	12 cents	15 cents
Sugar, per kilo	12 cents	17 cents
Tobacco, per kilo	60 cents	ƒ2.00
Leather shoes, boots per pair	ƒ12.00	ƒ60.00
Cigarettes, per pkt.	7 cents	20 cents
Soya sauce, per bottle	20 cents	50 cents
Candles, each	Unprocurable.	6 cents
Kerosene, per bottle	10 cents	25 cents
Matches, per box	$2\frac{1}{2}$ cents	7 cents
Coffee, per kilo	14 cents	20 cents

Material for clothing could be bought yearly with coupons, which entitled each person to five yards of material at 35 cents per yard.

Transportation:

Motor: Bandjermasin (South Borneo) Sep 44: There was a bus service twice daily from the post office at Bandjermasin to Martapoera, Kandangan and Barabai, buses carrying 25 passengers. Tickets were available at the post office, but before issue the passenger had to produce an identification card and give

110476 7

SECRET

reasons for the journey.

Utilities:

Water: Bandjermasin (South Borneo) Sep 44: Inhabitants were charged one cent per 18 litre tin of water. A Government official was placed at each hydrant to receive payment.

Power: Bandjermasin (South Borneo) Sep 44: Electric lighting was used in the city of Bandjermasin, but new houses built during the Japanese occupation had no installations due to the lack of electrical equipment. Owing to a shortage of electric light bulbs informant saw the bulbs removed from street lamps in May 44.

Finance:

Currency: Bandjermasin (South Borneo) Sep 44: Dutch currency of 10 cents and upwards was still in circulation. When the Japanese first occupied Borneo they put aluminium coins into circulation, but six months later they recalled these coins and replaced them with paper money ranging from one cent up to /10.00. Inf never saw notes above /10.00.

Clothing: Bandjermasin (South Borneo) Sep 44: The Dajaks were meeting the clothing shortage by making garments from tree bark and the dried husk of coconuts.

X. PROPAGANDA AND PSYCHOLOGICAL WARFARE INFORMATION.

Enemy:

Movies: Bandjermasin (South Borneo) Jun 44: The former Rex Theatre, now known as the "Tokio Theatre", showed a Japanese film of the battle of the Philippines in 1942. A short newsreel showing the growing of cotton in Makassar, how the cotton was treated in the factories, and the making of cotton goods, etc. was also seen at the same time.

XIII. GENERAL.

Prostitution: Bandjermasin (South Borneo) Sep 44: Next to the hospital on the road to Oelin the Japanese built a house in which were kept approximately 60 Javanese women for use of the Japanese forces. This brothel was surrounded by a barbed wire fence. The women were seen by informant to move in and out of this area.

Spoor

Lt. Col. S. H. Spoor.
Director NEFIS.

AI2/10080/G. Camp Columbia, 4th January, 1945.

SECRET

110476 8

2급 비밀.

네덜란드령 동인도군 정보국

뉴질랜드 보험사 빌딩

334-338 퀸 스트리트, 브리즈번

No. AI2/10080/G.
첨부: 2
주제: 심문보고서

1945년 1월 4일

네덜란드령 동인도군 정보국 심문보고서

756호, 819호 합본 (개별호 미발행).

---

1. 첨부된 문서는 네덜란드령 동인도군 정보국 심문보고서 756호, 819호 합본이다.(개별호 미발행)

2. 보고서에 포함된 정보는 피난민을 대상으로 한 심문에만 근거하고 있으며 그에 따라 평가되어야 한다.

3. 이 안에 담긴 정보를 배포하는데 주의를 기울이도록 한다. 이 보고서의 전체 또는 일부분을 활용할 경우, 피난민의 친지가 위험에 빠지거나 적군의 보복에 노출되는 것을 막고, 중요한 정보의 원천이 차단되지 않도록 관련된 이름, 지역 등이 특정되지 않아야 한다.

중령. S. H. 스푸어.(S.H.Spoor)
네덜란드령 동인도군 정보국 국장.

배포:
첨부된 목록 참조.

복사본 17호.

(중략)

2급 비밀.

네덜란드령 동인도군 정보국,
뉴질랜드 보험사 빌딩,
334-338 퀸 스트리트,
브리즈번.

복사본 17호.

네덜란드령 동인도군 정보국 심문보고서
756호, 819호 합본 (개별호 미발행).

위 보고서들은 44년 10월 침몰한 일본 선박에서 연합군 잠수함에 의해 구조된 한 명의 자바인(Javanese)과 한명의 말레이인(Malay) 정보원을 심문한 것이다. 정보는 신용할 수 있다.

이 보고서에서 다루는 장소들은 참조를 용이하게 하기 위해 아래에 섹션별로 열거되어 있다.

Ⅲ. 적군에 대한 전술 정보

보르네오 남부:
반자르마신(Bandjermasin)

자바 중부:
스마랑(Semarang)

Ⅳ 해군 정보의 개요

보르네오 남부:
반자르마신

보르네오 동부:
발릭파판(Balikapan)

Ⅴ. 기본적인 항공 정보

보르네오 남부:
반자르마신

자바 동부:
수라바야(Soerabaja)

Ⅷ. 정치사회적 정보

보르네오 남부:

반자르마신

IX.경제적 정보

보르네오 남부:

반자르마신

X. 선전과 심리전

보르네오 남부:

반자르마신

XIII. 일반정보

보르네오 남부:

반자르마신

III. 적군에 대한 전술 정보

부대와 조직들의 병력과 배치

a. 반자르마신(보르네오 남부)- 44년 9월: 정보원은 약 100명의 일본인 해군 부대가 (구) 네덜란드 병영에 자리를 잡았다고 보고한다. 마타푸라(Martapoera)강의 입구에 네 명의 일본군 해군 병사가 강철 바지선에 지어진 막사에 임시거주하고 있었다. 그들의 임무는 강에서의 모든 해상운송을 감시하고 필요한 입항 허가증을 발급해주는 것이다. 반자르마신에 있는 항만장(harbor master)의 집무실에는 대략 20명의 일본군 병사가 있었다.

b. 스마랑(중부 자바) 44년 5월 초: 대략 200명의 일본군이 란도사리(Randoesari)에 있는 삼 층짜리 학교에 자리 잡았다.

큰 군사기지가 (구) 주지사 관저(Governor's residence)인 줄리아나(Juliana) 병원과 그 서쪽 영역을 포함한 지역에 위치해 있다. 약 2,500명의 일본군 육군 병사가 이 기지 구역에 자리 잡고 있으며 철책으로 둘러싸여 있다. 인도네시아인 고용인들이 보이며, 그들은 중앙에 빨간 공모양이 그려진 흰색 완장을 왼팔에 차고 있다.

포로 수용소의 위치: 반자르마신(보르네오 남부) 44년 7월:

(구) 네덜란드 병영에는 대략 150명의 영국계 인도인이 구류되어 있다. 많은 포로들이 도시의 여러 구역에서 일하는 것이 종종 보인다. 많은 수의 포로들이 일본 해군 병사의 감독 하에 항만장의 집무실 근처 부두에 있는 공습대피소를 짓는데 고용되어 있다.

레이더와 라디오 통신소: 반자르마신(보르네오 남부) 44년 9월: 우체국 다리(도시의 동부)에서부터 도보로 10분 거리 정도 떨어진 크레테나(Kreteganjar) 거리에 안테나와 서로 연결된 약 20개의 안테나 기둥을 가진 라디오 통신소가 있다. 그 가까이 길의 오른편에 있는 긴 건물은 사무실로 쓰였다.

Ⅳ. 해군정보의 개요

선박이동과 항구의 선박: 반자르마신(보르네오 남부) 44년 9월 6-15일: 항구를 들락거리는 상당히 많은 선박 수송이 있었다.

"오모라 마루(Omora Maru)"는 쌀, 타피오카, 카사바 뿌리를 코타바루(Kotabaroe)(라오엣섬, Laoet Island, 보르네오 남부)로 운송하였다. 코타바루에서 선박은 발릭파판으로 항해하였고 휘발유 통들과 윤활유를 반자르마신으로 싣고 갔다.

"케세시호 마루(Kesesiho Maru)"는 매달 세 번 수라바야로 석탄을 싣고 항해했고 종종 일본군 부대와 현지인 노동자를 싣고 반자르마신으로 돌아왔다.

"타히카와 마루(Tahikawa Maru)"는 정보원이 반자르마신을 떠날 때 만들어지고 있던 새로운 도로에서 일할 말레이인 인력을 태우고 반자르마신과 타보니오(Tabanio, 반자르마신 남부) 사이를 항해했다. 이 선박은 흙을 제거할 용도의 많은 양의 바구니, 삽, 그리고 괭이도 싣고 갔다. 비슷한 화물이 "타히카와 마루"에 의해 타바니오(Tabanio)로 예인된 큰 중국 통캉(항해 선박)에도 적재되었다. 이 통캉들은 중국인의 소유였고, 일본인에게 징발되었다.

침몰하거나 손상된 선박: 반자르마신(보르네오 남부) 44년 9월: 침몰한 선박이 발릭파판 항구에서 발견되었다. 이 선박은 뱃머리가 물 밖으로 튀어나와 있는 상태로 선미가 가라앉아 있었다.

선박건조와 수리시설: 반자르마신(보르네오 남부) 44년 9월: 정보원은 조선소의 위치에 대한 이전의 보고서 내용을 확인해주었고 아래의 추가적인 정보를 제공했다.(심문보고서 708호에 첨부된 개요도 NEFIS FY 8381호 참조)

코난 카용(Konan Kayon) 조선소 : 정보원은 44년 9월 5일과 15일 사이에 "슈가독(Sugar Dog)" 유형의 목조선박이 만들어지고 있는 여덟 개의 조선대를 보았다고 했다. 이 선박들의 선루(forecastle)에는 화물을 적재하거나 싣는 용도 및 닻을 내리고 올리는 용도로 사용될 수동윈치(hand winch)가 있었다. 두 선박의 선체는 완성되어 진수되었으며 조선소 근처 강에 말뚝에 묶여져 있었다. 각각은 회색으로 칠해져 있다. 목재로 만들어진 모형 총이 각 선박의 선미에 설치되어 있었다. 선교루(bridge housing) 위에는 모형 기관총이 있었다. 이 조선대에는 대략 200명의 말레이인과 일본인이 일하고 있었다. 정보원은 생산율에 대해서는 알지 못했다.

카나모코(Kanamoko) 조선소: 이 조선소에는 화물적재량이 약 80톤인 빅터 에이블 러거(Victor Able lugger) 유형의 선박이 지어지고 있는 조선대가 있었다. 두 선박의 용골(keels)이 놓여 있었고 골은 조립되어 있었다. 대략 60명의 인도네시아인과 일본인이 고용되었다. 자바에서 들여온 노동력의 봉급은 하루 8시간 당 50센트에서 일본군에 의해 제공되는 하루 식사비 10센트를 제하는 비율로 지급되었다. 현지 인력들은 일당 1.00길더가 지급되었다.

노모라(Nomora) 조선소: 이 조선소는 코난 카용 조선소와 인접한 곳들에 비해 작은 규모로 운영되었다. 약 60피트 길이이고 빅터 에이블 러거(Victor Able lugger) 유형과 같은 각형 선미이지만 돛대를 하나만 가진 선박을 위한 조선대가 만들어지고 있었다. 약 80명의 인도네시아인과 일본인이 그곳에서 일하고 있었다. 정보원은 생산율에 대해서는 알지 못했다.

V. 기본적인 항공 정보

항공시설의 위치: 반자르마신(보르네오 남부) 44년 7월: 정보원은 새 비행장이 반자르마신으로부터 남쪽으로 약 20마일 떨어진 마로카(Maloeka)에 건설 중이라고 진술한다. 정보원은 이 작업을 착수하던 시점에 대한 정보는 제공하지 못하지만 그가 떠날 때에는 이 지역은 아주 많은 나무그루터기 구멍이 남아있는 것만

제외하면 완전히 치워져 있었다. 정보원에 따르면 지면에 풀이 덮여있지 않았고, 비가 온 후에 지면은 진창이 되었다. 정보원은 입구의 길이가 대략 30미터쯤 되는 격납고들을 짓기 위한 기초 공사가 시작되었다고 말한다. 격벽의 높이는 대략 5미터였다. 비행장 북서쪽 모서리에 있는 항공기 격납 지역에는 하나의 격납고가 완성되어 있었다.

연합군 공습: 수라바야(자바 동부) 44년 8월: 정보원은 연합군의 공습을 목격했는데, 폭탄이 폭발한 뒤에는 큰 화염이 하늘로 치솟는 것이 보였다. 상당한 대공포 포격이 있었지만, 정보원은 대공포의 위치는 파악하지 못하였다. 이 공습은 현지시각 22:00에 있었지만 정보원은 공습의 실제 날짜에 대해서는 진술할 수 없었다.

정보원은 대략 5일 후 05:00(현지시각)에 또 다른 공습을 목격하였지만 공습의 결과는 알지 못했다.

정보원은 연합군 항공기가 급히 떠난 이후 일본군 수상기(루페(Rufe)형)가 근처 어딘가의 기지에서 이륙했으며, 부두 너머에서 그것이 일본군 대공포에 의해 격추되었다고 말한다.

Ⅷ. 정치사회적 정보

보안규정과 검열: 반자르마신(보르네오 남부) : 44년 9월 테로 카라얀(Teloh Kalajan) 마을의 거주민에게 23:59까지 집밖에 머무를 수 있는, 촌장이 서명한 통행증이 발급되었다. 이 통행증은 마을 경찰의 요구가 있으면 검사를 위해 제시되어야 했다. 23:59 이후에 거리에서 붙잡힌 사람은 누구든지 야간 순찰을 도는 헌병에게 구타당했다. 이 헌병들이 밤중에 혼자 돌아다니는 일은 드물었는데, 헌병들이 저지른 가혹행위 및 여성들에게 가한 위법행위에 앙갚음을 하기 위해 인도네시아인들이 이들을 호시탐탐 노렸기 때문이다.

일본인과 현지주민의 관계: 반자르마신(보르네오 남부) 44년 9월: 일본인과 인도네시아인 노동자들이 섞여있던 곳들을 제외하면 반자르마신의 사람들은 일본인과 잘 어울리지 않았다. 일본인 해군 부대원들은 술을 많이 마셨고 기회가 있을 때마다 여성들을 성추행하였다. 이는 인도네시아인들에게는 민감한 사안이었다. 이를 깨닫기 시작한 일본인들은 혼자서 움직이지 않고 무리를 지어 다녔다.

점령지의 민간정부: 반자르마신(보르네오 남부) 44년 9월: 반자르마신의 정부 공무원들은 일본인과 다야크인(Dajaks)이었다. 모든 정부 부서는 민생부의 통제하에 있었고, 그곳에서는 인도네시아 여성과 소녀들이 사무원으로 일했다.

세금: 반자르마신(보르네오 남부) 44년 9월: 임금세 4%가 부과되었고 선박소유주들에게는 운송 이익의 30%와 매달 면허료 5.00길더가 부과되었다.

민간서비스, 법원, 기타 : 반자르마신(보르네오 남부) 44년 9월: 모든 법정소송의 공판이 열리기 전에는 많은 헌병들이 있었지만, 정보원은 그들의 위치에 대해서는 알지 못했다. 공판이 열리기 전에 피의자는 무자비하게 구타당했다.

조직: 반자르마신(보르네오 남부)

카이공(Kaigoen) 헤이호 부대: 44년 5월, 시력과 청력, 전반적인 건강이 양호한 25세까지의 남성들은 해군 인력이 되기 위한 훈련에 참여할 수 있었다. 정보원은 이 카이공 헤이호에 자원한 사람들이 수라바야에 훈련을 위해 보내졌다는 것만을 알고 있다.

소카렐라(Soekarela): 44년 9월: 소카렐라 조직은 정원, 도로, 노동력을 필요로 하는 다른 모든 작업을 위해 40세까지의 노동력을 징집하였다. 그들은 봉급을 받지는 않았지만 일본군에게 식량은 제공받았다. 소카렐라는 대부분 중국인이지만 일부는 인도네시아인으로 구성되어 있었다. 이들 무리는 다른 무리와 교대하고 난 뒤에, 일주일 혹은 어떤 때에는 이주일 동안 계속 일했다.

세넨단(Seinendan): 44년 9월: 정보원에 따르면 세넨단은 공습경계(A.R.P) 조직이다. 공습감시원은 20세에서 25세 가운데에서 징집되었다; 그들은 매일 09:00부터 09:30까지 신체훈련을 받았지만 한 장소에 연속으로 두 번 오지는 않았다. 세넨단은 목재 지팡이로 무장하고 있었고 카키색 바지와 셔츠, 왼쪽 가슴 및 오른쪽 소매에 현지인들에게 "빈가 사쿠라(beenga Sakura)"로 알려진 꽃을 닮은 휘장이 달린 군복을 입었다. 한 달간의 훈련이 끝나면 이 공습감시원들은 마을의 공습경계를 책임지는 촌장으로부터 숙련자 자격증을 부여받았다.

교육: 반자르마신(보르네오 남부) 44년 9월: 일본인은 반자르마신의 테로 케라얀(Teloh Kelajan) 마을에 있는 로마 가톨릭 교회에 일본어와 백기 신호법을 학생에게 가르치는 기숙학교를 세웠다. 그들은 05:00부터 06:00까지 신체훈련을 받았고 이후 목욕과 아침식사를 했다. 이 학교에 입학하기 위해서는 현지공립학교에서 다섯 개의 기준을 통과해야 했다. 교사들은 일본인이었다.

초등학교의 교사는 모두 인도네시아인이었다.

종교 서비스: 반자르마신(보르네오 남부) 44년 9월: 일본인에 의해 기숙학교로 전환된 Kg.테로 케라얀에 있는 로마 가톨릭 교회를 제외하면(교육파트 참조), 모든 교회와 신앙를 위한 다른 장소들은 평소처럼 운영되었다.

의학치료와 의료품: 반자르마신(보르네오 남부) 44년 9월: 종합병원(루마 스키우문(Roemah Skit Oemoen)으로 알려진)의 의사와 수간호사들은 독일인이다. 의사들은 빨간 만(卍)자가 있는 흰색 완장을 차고 있다. 간호사들은 인도네시아와 독일 여성들이다. 환자들은 일주일에 50센트의 요금을 내며 선불이다. 병원의 식사는 훌륭하다. 병원은 길고 낮은 건물이며 마타포라(Martapoera) 도로를 마주하고 있고 철책에 둘러싸여 있다. 주 병동은 글자 "H"의 형태로 지어져 있고 이보다는 작은 많은 병동들이 뒤로 뻗어 갈라져 있다. 여러 환자들은 특수병동에 격리된다.

Ⅸ. 경제적 정보

산업과 생산: 반자르마신(보르네오 남부): 코코넛의 겉껍질 섬유로 만들어진 상당히 많은 양의 밧줄이 다야크인(Dajaks)에 의해 생산된다. "노무라(Nomura)"기업이 다야크인에게 이 밧줄을 구입하여 선박을 통해 강으로 한번에 4톤 정도를

가져온다. 정보원은 가격에 대해서는 알지 못했지만 그의 선박에 사용하기 위해 일본인에게 킬로 당 60센트로 구매한 적이 있다.

신발은 말레이인에 의해 고무 라텍스로 만들어진다. 앞에 고무로 된 끈이 달려있는 조악한 상품이고 한 켤레에 50센트로 판매된다. 일상적으로 신었을 때 대략 3개월 정도 신을 수 있다.

반자르마신에서 휘발유는 응고된 고무로 만들어진다. 고무나무는 채취되고 라텍스는 팬에 모은다. 식초는 사용되지 않으며 타마린드와 황산구리를 섞은 후 물기를 뺀다. 이 액체를 라텍스에 첨가하고 내용물이 응고될 수 있도록 팬을 햇볕에 놓은 후 마지막으로 건조시킨다. 건조되고 나면 고무는 잘라지고 불 위의 증류기에 올라가다. 이 증류기는 증류된 액체를 받도록 놓인 캔의 아래에 응축파이프가 있다. 분리기가 강철격자 위에 놓여 있고 불이 그 밑에 놓인다. 응축파이프의 입구에는 연료가 배출되도록 거르는 거즈 필터가 있다. 증류기가 더러워지면 깨끗하게 세척되고 다시 채우는 과정이 시작된다. 라텍스 1갤런에서 휘발유 찻잔 한 컵 분량이 생산된다. 정보원은 라텍스에 첨가되는 황산구리와 타마린드의 양은 알지 못한다.

노무라와 카나모코로 알려진 반자르마신에 있는 고무공장은 이러한 방식으로 휘발유를 생산하지만 같은 원리로 만들어진 조금 더 최신의 기구를 이용한다. 이 고무공장은 창고에 충분한 고무(전쟁 이전의 재고)를 저장해놓았다.

상업:

무역: 반자르마신(보르네오 남부): 43년 일본군은 야자잎(atap), 대나무, 목재, 게임, 달걀, 말린 생선에 대한 완전한 통제권을 가지게 되었다.

야자잎은 사고(sago) 야자의 이파리에서 나오며 이것은 모든 목재, 야자잎, 대나무, 건축목적에 필요한 모든 자재를 유통하는 "노무라" 기업에게 팔렸다.

낚시도구와 어망을 "보르네오 슈신(Borneo Shushin)"으로 알려진 일본기업으로부터 제공받는 말레이인들이 바다낚시를 한다. 이 기업은 어물 거래를 장악하고 있다. 5톤의 생선을 실을 수 있는 저인망 어선이 사용되고 잡힌 물고기는 얼음에 포장되어 저인망 어선에 실린다. 일본군이 필요로 하지 않는 잉여생산물이 생선가게들에 동등하게 분배되었을 때, 반자르마신에는 생선을 판매하는 특별시장이 열린다.

모든 거래는 일본군의 통제 하에 있다. 헌병, 경찰 그리고 때때로는 일본인 물가관리자에 의해 빈번한 검열이 이루어진다. 가격표는 반자르마신의 모든 가게에 게시되며 가게주인이 더 높은 가격으로 물건을 판매한 것이 적발되면 법정에 회부되고 매우 가혹하게 대우받는다.

식량: 반자르마신(보르네오 남부) 44년 9월: 쌀, 등유, 담배, 궐련, 의복, 양초, 소금, 설탕, 성냥, 커피, 가죽신발과 부츠, 장유는 가능한 경우 일본군이 발행한 군표에 의해서만 입수할 수 있었다. 다른 상품들은 배급되지 않았다.

전쟁 이전과 현재의 가격비교

	전쟁 이전	현재
쌀, 킬로 당	12 센트	15센트
설탕, 킬로 당	12센트	17센트
담배, 킬로 당	60센트	2길더
가죽신발과 부츠, 켤레 당	12길더(f)	60길더
궐련, 패킷 당	7센트	20센트
장유, 병 당	20센트	50센트
양초, 각	획득 불가	6센트
등유, 병 당	10센트	25센트
성냥, 박스 당	2 1/2센트	7센트
커피, 킬로 당	14센트	20센트

의복에 쓰이는 직물은 매년 야드 당 35센트로 한 사람당 5야드를 군표로 살 수 있다.

교통:

차량: 반자르마신(보르네오 남부) 44년 9월: 반자르마신의 우체국에서 마타포라, 칸단간, 바라바이까지 25명의 승객을 태울 수 있는 버스가 매일 두 번 운행

한다. 티켓은 우체국에서 구매할 수 있지만 발행을 하기 전에 승객이 신분증과 여행의 목적을 제시해야 한다.

공공시설:

수도: 반자르마신(보르네오 남부) 44년 9월 : 거주민들은 18리터 물 한 통 당 1센트를 지불한다. 정부 공무원이 돈을 받기 위해 수도전마다 배치되어 있다.

전력: 반자르마신(보르네오 남부) 44년 9월: 전기 조명이 반자르마신의 시내에서 사용되었지만 일본군의 점령 중 새로 지어진 집들은 전기 장비의 부족으로 설비가 없다. 전구의 부족으로 인해 정보원은 44년 5월에 가로등의 전구를 빼는 것을 보았다.

재정:

화폐: 반자르마신(보르네오 남부) 44년 9월:
10센트와 그 이상의 네덜란드 화폐는 여전히 유통된다. 일본군이 처음 보르네오를 점령했을 때 그들은 알루미늄 동전을 유통했지만 6개월 후에는 이를 회수하였고 1센트에서 10길더까지의 지폐로 대체하였다. 정보원은 10길더 이상의 지폐는 보지 못하였다.

의복: 반자르마신(보르네오 남부) 44년 9월: 다야크인들은 나무껍질이나 마른 코코넛 껍질로 옷을 만들어 의복의 부족을 해결하고 있다.

X. 선전과 심리전 정보

적군:

영화: 반자르마신(보르네오 남부) 44년 6월: 현재는 "토키오 극장(Tokio Theatre)"로 알려진 (구) 렉스 극장은 1942년에 필리핀에서 있었던 전투에 대한 일본영화를 상영했다. 마카사르의 목화 재배, 어떻게 공장에서 목화가 다루어지는지, 그리고 목화 상품의 제작 등을 보여주는 짧은 뉴스영화 또한 같은 때에 상영되었다.

XIII. 일반정보.

위안부 및 위안소(Prostitution): 반자르마신(보르네오 남부) 44년 9월:
일본군은 오린(Oelin)으로 향하는 길에 있는 병원 맞은편에 일본군 병사 전용의 약 60명의 자바인 여성을 수용하는 집을 지었다. 이 위안소(brothel)는 철책으로 둘러 싸여 있었다. 정보원은 여성들이 이곳을 드나드는 것을 보았다.

중령. S. H. 스푸어.(S.H.Spoor)
네덜란드령 동인도군 정보국 국장.

캠프 컬럼비아 1945년 1월 4일.

AI2/10080/G.

16

NEFIS Interrogation Report No. 817

RG 319 Entry UD 82-A Box 2008

이 문서는 1945년 1월 8일자 심문보고서 817호다. 연합군이 해상에서 구조한 20세의 현지인 남성을 심문하여 얻은 정보를 담고 있다. 정보원은 1942년 4월부터 1944년 8월까지 보르네오 남부의 라오엣(Laoete)섬에 위치한 아비브 무함마드(Habib Mohamad) 소유의 호텔에서 직원으로 일했다. 1944년 10월 라오엣섬에 일본인 전용 위안소가 있었으며 평균 연령이 약 25세인 현지인 여성 20명이 배치되어 있었다고 진술한다. 보고서에 포함된 지도에 위안소의 위치가 8번으로 표시되어 있다.

EMR/SECRET.

NETHERLANDS FORCES INTELLIGENCE SERVICE, AI2/10137/G 3
NEW ZEALAND INSURANCE BUILDING,
334-338 QUEEN STREET,
BRISBANE.

SECRET

Copy No. 15

110475

NEFIS INTERROGATION REPORT No. 817.

I. PERSONAL DATA.

Name	: SAIMAN.
Age	: 20 years.
Sex	: Male.
Race	: Florenese.
Citizenship	: Netherlands subject.
Birthdate & Place	: Kg. Postoe, Larantoeka (East Flores) 1924.
Education	: Malay School to 2nd class.
Religion	: Mohammedan.
Status	: Evacuee; picked up by Allied submarine near Djangkar, (East Java).
Occupation	: Hotel waiter and sailor.
State of Health	: Good.
Means of Ident.	: Mole on the left side of throat.

ESTIMATE OF INTELLIGENCE AND RELIABILITY.

Clear intelligence, good observer; information considered reliable.

II. CHRONOLOGY.

Date:	Place:
1940 - 1941	: Postoe village, Larantoeka (East Flores); tailor at father's shop.
Dec 41 - Jan 42	: Voyage by prahoe from Larantoeka to Kotabaroe, Laoet Island (South Borneo).
Jan 42 - Apr 42	: Unemployed on Laoet Island.
Apr 42 - Aug 44	: Kotabaroe, Laoet Island (South Borneo); servant in hotel owned by Habib Mohamad.
Aug 44	: Made a journey to Batoelitjin, east coast Borneo, on the mainland opposite Laoet Island, and returned to work again as hotel servant at Kotabaroe.
Sep 44	: Made a journey to Stagen, Laoet Island (South Borneo), and returned to work again as hotel servant at Kotabaroe.
9 Oct - 15 Oct 44	: Voyage on "Kita Maru" from Kotabaroe to Soerabaja (East Java). Inf volunteered as ship's hand on high-sounding promises but deserted at Soerabaja owing to bad treatment.
15 Oct - 25 Oct 44	: In hiding at the house of a relative at Karang.Tembok village, Soerabaja (East Java).
25 Oct - 31 Oct 44	: Sailor on Japanese fishing boat "Singkari Maru". Volunteered as ship's hand.

III. TACTICAL DATA ON ENEMY MILITARY FORCES.

Dispositions and Strength of Organisations and Units:
Kotabaroe: Laoet Island (S. Borneo), Oct 44: Inf saw 40 Naval personnel in a house formerly occupied by a Monadoneso (see attached sketch NEFIS No. FY 5356. Two Kampei officers were quartered in a house shown in attached sketch NEFIS No. FY 5356.

SECRET

Insignia, etc: Kotabaroe, Laoet Island (S. Borneo) Oct 44: Naval personnel were wearing two different types of uniforms; one was worn on duty and the other was a dress uniform. The working dress consisted of a green jacket, trousers and puttees, with a red anchor on a green background on the left sleeve. The dress uniform consisted of khaki shorts and shirt with a yellow anchor and laurel wreath on the left sleeve. The Kempei wore civilian clothes.

Native Troops: Kotabaroe, Laoet Island (S. Borneo) Sep 44: Many of inf's friends volunteered for Hei-Ho service. Twenty were accepted and sent to Bandjermasin (S. Borneo). Their average age was from 16 to 20 years.

Type of Troops: Kotabaroe, Laoet Island (S. Borneo) Oct 44: Inf saw Naval personnel only. The average age was estimated between 20 and 30 years. The Commanding Officer was a Taitjo (Company Commander).

Supply Arrangements and Installations: Kotabaroe, Laoet Island (S. Borneo) Oct 44: All supplies were brought from Bandjermasin (S. Borneo), and were centrally stored in Nomura godowns, except rifles and machine guns which were located in the residence of the Taitjo (Company Commander), (see attached sketch NEFIS No. FY 5356).

Radar and Radio Stations: Kotabaroe, Laoet Island (S. Borneo) Oct 44: Inf saw a radio station which was known to the local population as "Kosai Denki". It had two large masts and was housed in a building approximately 20 by 6 metres. Personnel employed at the station consisted of 12 Japanese of an average age of 25 years. They were civilian clothing and a military cap with black anchor insignia. They appeared to be unarmed. (See attached sketch NEFIS No. FY 5356).

IV. SUMMARY OF NAVAL INFORMATION.

Ship Movements and Ships in Port:

a. Kotabaroe, Laoet Island (S. Borneo) up to Oct 44: Inf saw a patrol boat approximately 10 metres long and 3-4 metres wide. It carried a crew of six Japanese and five Indonesians. The armament consisted of 2-3 light machine guns and a rifle for each member of the crew. This craft made regular twice-weekly patrols through Seboekoe and Laoet Straits. Inf did not know whether any landings were made in the course of the patrols.

Informant states that the undermentioned ships made regular calls at Kotabaroe in the course of the schedules shown:-

"Omura Maru"	Bandjermasin, Kotabaroe and Balikpapan once per week: "Sugar Charlie" type with straight bow and one mast between the two hatches.
"Nitinan Maru"	Same ports as "Omura Maru" and of similar type. Called once per month at Kotabaroe.
"Madji Maru"	Pontianak, Bandjermasin, Kotabaroe, Samarinda, Balikpapan: Same type as "Omura Maru", but a little larger; called at Kotabaroe once per month.
"Koera Koera Maru".	Bandjermasin, Kotabaroe, Balikpapan: "Fox Tare Dog" type, with one foremast between the two hatches; called at Kotabaroe once per week.
"Kaseaga Maru"	Same ports as Koera Koera Maru: "Sugar Charlie" type. Called at Kotabaroe once per fortnight.
"Coea Maru"	Sunk (see previous reports).
"Netto Maru"	Pontianak, Samarinda, Balikpapan, Kotabaroe, type "Sugar Charlie" with mast between the hatches; called at Kotabaroe once per month.

"Nattei Maru" (formerly s.s. "Borsumy")	Kotabaroe, Soerabaja, Bandjermasin, Balikpapan, Pontianak; called at Kotabaroe once per month.
"Kita Maru"	Soerabaja, Batavia, Kotabaroe; used for towing timber from Tandjoeng Mere (Laoet Island). Inf states that she was a former Government ship, but he does not know her previous name. She carried a 7.6 mm. gun and two light machine guns.
"Dai Maru"	Kotabaroe, Makassar, Menado, Samarinda, Balikpapan, Bandjermasin, Pontianak, former K.P.M. (Royal Packet Navigation Company) ship (about 2,000 tons) previous name unknown to inf; called once per month at Kotabaroe.

b. Soerabaja (East Java) 15 Oct 44: Inf states that he saw a warship entering the Naval harbour at Soerabaja. He claims that it carried two planes and had four gun turrets forward and 4 aft.

On 25 Oct 44, inf saw ten ships of similar type to the "Singkari Maru", (Victor Able lugger) near the Holland pier.

Ships sunk or Damaged: Soerabaja (East Java) 25 Oct 44: Inf saw two large freighters (with two sets of goal post masts) one in each of the dry docks in the civil harbour. Inf was not able to examine the extent to which they were damaged.

Shipping Routes: Shipping from Kotabaroe to Bandjermasin took the usual route through Laoet Strait and inf had heard of no sinkings in this Strait.

Ship Building and Repair Facilities: Kotabaroe, Laoet Island (S. Borneo) Oct 44: Inf states that the former K.P.M. (Royal Packet Navigation Company) ship building yard was in operation under control of the Japanese. Tongkangs (sailing prahoes) approximately 25 metres long and 3 metres wide were being produced at the rate of five to six per year, for use as coal barges. Twenty Japanese and approximately fifteen local inhabitants were employed. The yard was controlled by the Isihara Co. (See attached sketch NEFIS No. FY 5356).

Navigational Aids: Kotabaroe, Laoet Island (S. Borneo) Oct 44: The lighthouse and three light buoys off Kotabaroe had been extinguished.

VII. GEOGRAPHICAL INFORMATION.

Roads, Tracks and Trails: Kotabaroe, Laoet Island (S. Borneo) Oct 44: Inf states that there was an M/T Road from Kotabaroe to Tandjoeng Mere. The road was in fairly good condition, but in the rainy season trucks were provided with tyre chains.

Rivers and Streams: The Koesan river was navigable for ships up to 300 tons from Tg. Kramat (on mainland opposite Laoet Island) as far as Pegatan.

VIII. POLITICAL AND SOCIAL INFORMATION.

Security Regulations and Censorship: Kotabaroe, Laoet Island (South Borneo) Oct 44: After 1 Jun 44, regulations required all persons travelling from one village to another to be in possession of a permit which was obtainable at the Minseibu office. Indonesian personnel of Japanese ships were not permitted to sign off at Kotabaroe and a strict control of passports was exercised by a permanent guard of eight which was stationed on the pier.

Relation between Japanese and Local Population: Kotabaroe, Laoet Island (South Borneo Oct 44: The inhabitants, including the Chinese, avoided the Japanese as much as possible. The

T Borneo Laoet Is. 5501.02

110475-3

Japanese treated the people with contempt and for that reason they were hated. The local people also avoided contact with coolies who worked for the Japanese.

Taxes: Kotabaroe, Laoet Island (S. Borneo) Oct 44: Inf states that the wage tax was still assessed at 4%. All Arabs and Chinese had to pay a form of tax but inf cannot give any further details. The proprietor of the Hotel Pondokan Santoso, where inf was employed for two years, paid a yearly tax of /40.00.

Civil Service, Courts, etc: Kotabaroe, Laoet Island (S. Borneo) Oct 44: Minor offences, for which the sentence was less than six months, were tried by Minseibu at Kotabaroe. Offences carrying a sentence from six months to one year were referred by letter to Raden Soetadi, President of the Civil Court at Bandjermasin, who pronounced sentence. More serious offences were dealt with by a special court held at Kotabaroe once a year, when Raden Soetadi came from Bandjermasin to Kotabaroe.

The former district police carried out their duties under the supervision of the Minseibu. They were armed and wore a Sakura flower insignia on their left sleeve.

Organisations: Military: Kotabaroe, Laoet Island (S. Borneo) Oct 44: The Seinendan enrolled boys of 10 to 15 years, and the Honan Hokokudan boys from 15 to 20 years, for military training. The training consisted of fire fighting, home guard duties, rifle and P.T. drill. Seinendan numbered 100 and the Honan Hokokudan about 75. Members of both organisations wore civilian clothes, but in the case of the Honan Hokokudan black shorts were issued.

Women's Organisations: Kotabaroe, Laoet Island (S. Borneo) Oct 44: An organisation for women, known as the "Borneo Hudjin Kai", had been formed. It numbered approximately 30, who received instruction in P.T. and first aid. The leader was the wife of Djam Djam, Minseibu clerk. Membership was voluntary.

T Borneo (Laoet Is.) 5700.

Education: Kotabaroe, Laoet Island (S. Borneo) 9 Oct 44: Two Indonesian schools were open and as clothing was issued only to children attending school attendance was, in effect, compulsory. The six former teachers were still employed, but inf did not know their names. The curriculum consisted of Japanese songs, reading and writing the Japanese language.

Health and Sanitation: Kotabaroe, Laoet Island (S.Borneo) Oct 44: Convicts were employed cleaning the streets.

T Borneo (Laoet Is.) 5104.04

Religious Services: Kotabaroe, Laoet Island (S. Borneo) Oct 44: Mohammedan services were permitted.

Medical Treatment and Supplies: Kotabaroe, Laoet Island (S. Borneo) Oct 44: A Chinese doctor was employed at the hospital. Medical supplies were brought from Bandjermasin and in Aug 44 the people were able to obtain a free anti-cholera injection. Quinine tablets were available at 5 cents each, and for treatment involving the use of ointment 50 cents was charged. Injections cost /2.50.

IX. ECONOMIC INFORMATION.

Agricultural Commodities:

General Products: Kotabaroe, Laoet Island (S. Borneo) Oct 44: The Japanese endeavoured to make Laoet Island independent of supplies of foodstuffs from Makassar and Bandjermasin. Under direction of the village heads the people were compelled to grow cassava, bananas, maize, pumpkin and marrows in order to supplement the annual rice crop which was not sufficient for local requirements. The normal rice harvest had been greatly

SECRET

reduced by the transfer of agricultural labour to Japanese service as coolies or miners. Rice field owners were only allowed to keep sufficient for their own needs, the balance being sold to Minseibu.

The sale of produce was a monopoly of the co-operative stores "Pembahagian Anak Kampoeng" under the control of Minseibu. The following schedule of prices was in operation:-

Rice, per kattie (1.36 lbs).	10 cents,	pre-war 7 cents.
Cassava, per kilo	15 cents,	pre-war 3 cents.
Block salt	10 cents,	pre-war 10 cents.
Bar soap	20 cents,	pre-war 10 cents.
Tapioca flour, per kilo	40 cents,	pre-war 20 cents.
Coconut oil, per bottle	25 cents,	pre-war 10 cents.

Rice was rationed at the rate of 300 grammes per person per day for those over ten years of age. Children below the age of ten did not receive a rice ration.

Industries and Manufacturing:a. Tandjoeng Mere, Laoet Island (S. Borneo) Oct 44: (See inset on attached sketch NEFIS No. FY 5356): The timber industry was controlled by the Kanada Company, whose lumber yards were situated at Tandjoeng Mere, where the timber was chained together to make a raft about 30 metres long and composed of 200 logs averaging 2 feet in diameter. These rafts were then towed to Soerabaja (East Java) by the "Kita Maru". The Kanada Company provided timber for the ship building yards of the Isihara Company at Kotabaroe.

According to inf, 400 Javanese coolies and 25 Japanese were employed at Tandjoeng Mere, and were billoted in five barracks, each approximately 20 x 6 metres. The Japanese employees wore white caps with black anchor insignia.

b. Kotabaroe, Laoet Island (S. Borneo) Oct 44: The Nomura Company handled all timber for local building. It possessed a motor boat, 10 metres long with a diesel engine, for towing timber rafts down river from the various villages. It controlled the manufacture of ironwood "siraps" (roofing tiles), but inf could not state exactly where these were made.

This Company employed 25 Japanese, who wore civilian clothes a cap with black anchor insignia, and a round white badge on the left side of the collar.

A factory had been established by the Nomura Company for the manufacture of tanning material of which the principal constituent was the bark of Kajoe Bakau (species of mangrove). Inf could not supply further details.

Minerals and Metals:

Mining Activities:

a. Laoet Island (South Borneo) Oct 44: Mining activities were controlled by the Isihara Company. Approximately 300 Javanese and 50 Japanese were employed at the former Dutch Government coal mines at Semblimbingan.

According to inf the coal was carried from the mines to Stagen on a decauville narrow gauge railway which, however, had no locomotives. Trucks were propelled by manpower. Japanese employed at the mines wore caps with yellow star insignia.

b. Batoelitjin (South Borneo 3°25'S., 116°E) Aug 44: Inf states that mining activities were in the hands of the Nitetsu Company, whose headquarters were at Batoelitjin. Inf saw no more than 15 Japanese employed at this headquarters. These were dressed in civilian clothes and wore caps with insignia of a green diamond edged with black. The Company had another office at Kotabaroe, which employed 15 Japanese.

Inf was told that the Nitetsu Company engaged in iron mining on Soewangi Island, but he did not know the exact location of the mines.

NOTE NEFIS: A supplementary Economic Report will be issued later.

SECRET

Transportation:

Motor: The only motor transport, with the exception of two military trucks, seen by inf at Laoet Island belonged to the following Japanese firms:-

Isihara Company	4 trucks
Kanada Company	6 trucks.

Utilities:

Power: Kotabaroe, Laoet Island (South Borneo) Oct 44: Inf states that electricity for lighting was provided, but that bulbs were unprocurable. All lights had to be extinguished at 2359 hrs. (For location of power house see attached sketch NEFIS No. FY 5356).

Communications: Kotabaroe, Laoet Island (S. Borneo) Oct 44:

Telephone: Inf states that there was a telephone service between Kotabaroe and Pegatan, but he did not know of any service between other points on Laoet Island.

Telegraph: Inf states that telegraphic communication with Soerabaja (East Java) and Batavia (West Java) was maintained and was available to the public. Telegrams were restricted to 15 words at 25 cents per word.

Mail: Mail could be despatched to Java. Ordinary letters, as well as post cards, were accepted. For the purpose of censorship all letters were mailed in open envelopes.

Finance:

Currency: Laoet Island (South Borneo) Oct 44: Both Japanese and Dutch currency was in circulation. Dutch silver coins were rarely seen and inf believes that they were hoarded.

Japanese Control of Banking and Credit Investments: Kotabaroe, Laoet Island (S. Borneo) Oct 44: Inf states that he read a public notice to the effect that loans were available at the Post Office but he did not make further enquiries.

Commerce:

Trade: Trade had declined because of the scarcity of commodities. There was little for sale other than woven bamboo articles and rubber footwear imported from Bandjermasin.

Food: Kotabaroe, Laoet Island (S. Borneo) Oct 44: Due to the scarcity of rice, food vendors had been forced out of business. Dried and fresh fish were on sale at the office of "Borneo Sui San", at /1.00 and 30 cents per kilo respectively. This firm employed four Japanese. (For godowns and offices of "Borneo Sui San" see attached sketch NEFIS No. FY 5356).

Clothing: Kotabaroe, Laoet Island (S. Borneo) 9 Oct 44: Material was available at the Minseibu office for the manufacture of clothing but it could be bought only by those in Japanese employ. Inf could not give any prices but states that they were prohibitive. Many who could not afford to buy this material made clothing from gunny sacking. Rubber shoes and boots, formerly costing 60 cents, were sold at /5.00 per pair.

Labour: Tandjoeng Mere, East Coast Laoet Island, between Tandjoeng Seratak and Tandjoeng Waroe (South Borneo): About 400 Javanese labourers were employed cutting timber; they were housed in four barracks each approximately 20 x 6 metres.

SECRET

X. PROPAGANDA AND PSYCHOLOGICAL WARFARE INFORMATION.

Enemy:

Radio Propaganda: Kotabaroe, Laoet Island (S. Borneo) Oct 44:

List of Stations Most Frequently Heard: Loudspeakers were erected in the market place, relaying broadcasts from Batavia, Soerabaja, Bandjermasin and Tokio.

Type of Propaganda: The broadcasts were mainly composed of war news in Japanese and Malay and featured accounts of Japanese victories. The programme was sometimes interspersed with music.

Effect: Inf states he was not impressed by claims made in such broadcasts, and he believes that they were also discounted by the average Indonesian listener.

Non-Radio Propaganda: Kotabaroe, Laoet Island (S. Borneo) Oct 44:

Posters, Pamphlets and Leaflets: Inf saw several posters, of which the following were descriptive:-

1. A Hei-Ho and a Japanese soldier behind a gun, in action, with a caption: "Hantjoerkenlah Blanda, Inggris dan Amerika", meaning: "Pulverise the Dutch, British and Americans".

2. A labourer carrying a patjol (broad bladed hoe). Inf could not give exact wording but stated that it was an admonition to work harder and produce more food.

3. A picture of a man with his index finger on his lips, with the caption: "Awas mata mata moesoeh", meaning "Beware of enemy spies".

Speeches: A speech was made by A.A. Hamiddan, editor of the "Borneo Shimbun" newspaper published at Bandjermasin. He gave an account of his visit to Tokio and his experiences in the industrial areas and aircraft factories. He urged the population to emulate "their brothers the Japanese" and work hard for the ultimate defeat of the Allies. The speech was made in the city theatre.

Parades: The Seinendan and Hokokudan marched through the town twice per week. The march was led by Horiki, an official of Minseibu.

Newspapers: The "Borneo Shimbun", published in Bandjermasin, was circulated in Kotabaroe twice a week.

Movies: A picture show was given once a month in the city theatre, the programme consisting of propaganda films showing Japanese soldiers in training, industrial subjects, etc.

XI. ATROCITIES.

A. Factual: Kotabaroe, Laoet Island (S. Borneo) Jun 44: Inf witnessed bayonetting to death of seven Malay citizens by five Japanese soldiers. They were accused of murder but were not tried. The population of Kotabaroe was compelled to witness the execution, which took place behind the "Schouwburgzaal" (theatre). Victims were chained hand and foot and blindfolded. Names of witnesses: Goesti Achmad and Djam Djam (See Section XII).

B. Hearsay: In Jun 44, inf read in the "Borneo Shimbun" that the following people had been shot at Bandjermasin (date unknown). They were charged with being members of an underground organ-

SECRET

isation and were sentenced by Japanese Naval authorities:-

Dr. Haga	Governor of Dutch Borneo;
Mrs. Haga	Wife of the Governor;
Dr. Raden Soesilo	Director of Public Health Department, Bandjermasin.
Vervallen	"Controleur" at Kotabaroe;
Mrs. Vervallen	Wife of "Controleur" Vervallen.
3 Chinese and 17 Malays.	Inhabitants of Bandjermasin, names unknown.

XII. PERSONALITIES.

Civil Officials: Kotabaroe, Laoet Island (S. Borneo) Oct 44:

M. Sugai	Minseibu official;
Horiki	do
Watanabe	do
Hadji Anang Goedang	Former Kiai (district head), Laoet Island; employed in a similar capacity by Japanese;
Goesti Achmad	Police Magistrate;
Raden Soetadi	President Civil Court, Bandjermasin;
Boestani	Clerk with Minseibu;
Djam Djam	Clerk with Minseibu;
Wife of Djam Djam	Leader of Women's Organisation.

XIII. GENERAL.

Civil Internment Camps: All European civilian internees were transferred from Kotabaroe to Bandjermasin in Feb 42.

Prostitution: Kotabaroe, Laoet Island (S. Borneo) Oct 44: Twenty Javanese women were located in a brothel reserved for the exclusive use of Japanese. Their average age was about 25 years.

Hotels: Hotel "Pondokan Santosa" at Kotabaroe, Laoet Island (S. Borneo) was mostly visited by Japanese officers and officials passing through Kotabaroe. Indonesians were also admitted if accommodation was available. The hotel register was carefully checked by Minseibu (Oct 44).

Lt. Col. S. H. Spoor.
Director NEFIS.

Camp Columbia, 8th January, 1945.

Enclosure: NEFIS Sketch No. FY 5356 - Kotabaroe.

AI2/10137/G.

SECRET

RGE.

SECRET

DISTRIBUTION	No. of Copies	Copy No.
Exc. H. Van Mook. Lt. Gov. Gen.	1	1
B.S.O. through O.B.S.O.	2	2 - 3
O.B.S.O.	1	4
Economic Int. Section G.H.Q. New Delhi via B.S.O. - Colombo	1	5
COISEF via B.S.O. - Colombo	1	6
C.L.G.	1	7
M.C.A.	1	8
Fd. Directeur B.B.	1	9
SONICA APO 565	2	10 - 11
CSONICA; Kandy	1	12
Min. v. Kol., Att. Col. de Blieck	1	13
Min. of Economic Warfare, Foreign Office, London, via Col de Blieck	1	14
-N.R.C.C.S.	4	15 - 18
G.2., G.H.Q.	2	19 - 20
Office of the Military Secretary, G.H.Q. (Rear Echelon) APO 500	1	21
Combined Advisory Committee on Tropical Medicine, Hygiene and Sanitation, Rear Echelon, G.H.Q., S.W.P.A. APO 500	1	22
Netherlands Staff Officer, G.3., APO 500	1	23
Ltz. I. C. den Hollander, G.H.Q. G.4., APO 500	1	24
A.C. of S., G.2. USAFFE	1	25
Civil Affairs Section, USAFFE, APO 501	1	26
Dir. of Intell., Allied Air Forces, S.W.P.A., APO 923	5	27 - 31
Assist. Dir. of Intell., Advanced Echelon, Allied Air Forces, S.W.P.A., APO 925	4	32 - 35
MIS-X Section, A.A.F.	1	36
RAAF HQ. N.W. Area, Darwin	1	37
Chief of Air Staff RAAF HQ	1	38
Dutch Liaison Officer, HQ. 13th Air Force, APO 719	2	39 - 40
D.L.O. Allied A.F., Old Courier Bldg.	1	41
Senior Intell. Officer, First Tactical Air Force, RAAF APO 704	1	42
N.F.L.O. Darwin	1	43
D.M.I.	1	44
A.D.M.I.	1	45
D.N.I.	1	46
Seventh Fleet Intell. Center	1	47
Director A.G.S.	1	48
Co-Ordinator ATIS	1	49
FELO; HQ.	1	50
FELO (Att. Maj. Kremer), C/o NICA, APO 926	4	51 - 54
Contr. A.I.B. via NEFIS Offr. Fwd. Ech.	1	55
S.R.D.	1	56
S.R.D. Brisbane (Maj. Wigan)	1	57
S.I.A.	1	58
Dir. Gen. of Security	1	59
O.C.N.I.O., Merauke	1	60
NEFIS	13	61 - 73

SECRET

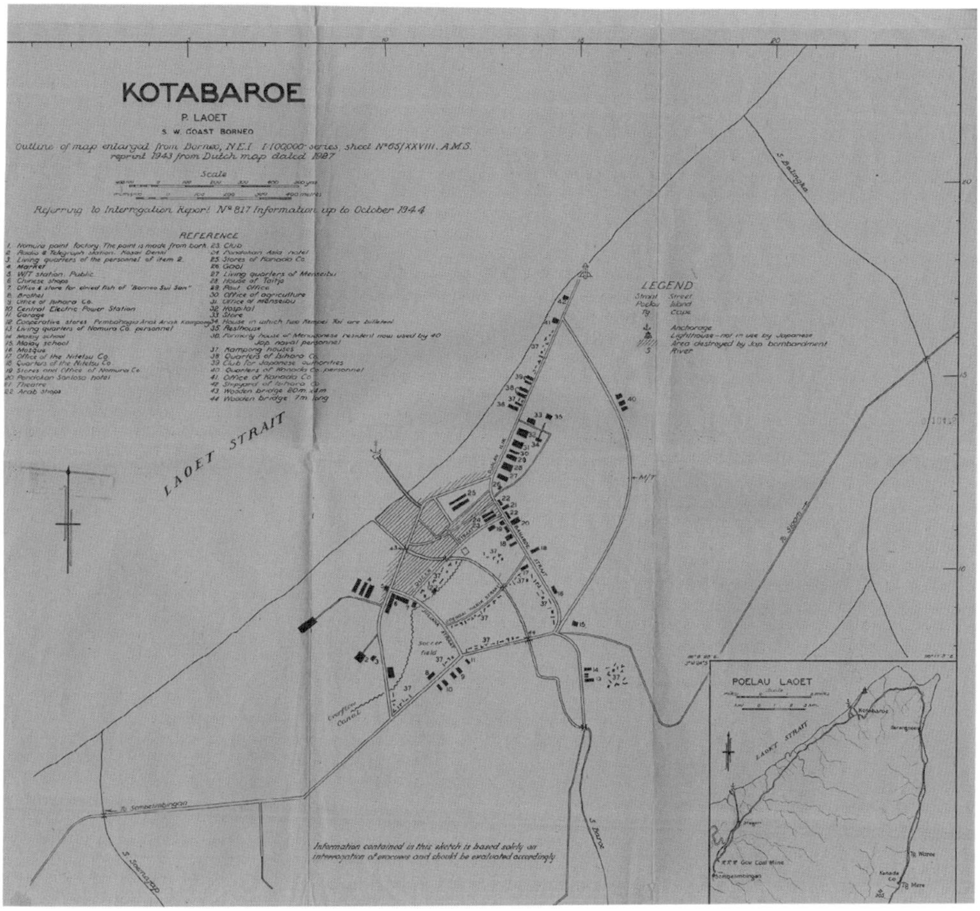
KOTABAROE
P. LAOET
S. W. COAST BORNEO
Outline of map enlarged from Borneo, N.E.I. 1:100,000 series, sheet N°65/XXVIII. A.M.S.
reprint 1943 from Dutch map dated 1927
Scale
Referring to Interrogation Report N° 817 Information up to October 1944
REFERENCE
1. Nomura paint factory. The paint is made from bark.
2. Radio & Telegraph station. Kosai Denki
3. Living quarters of the personnel of item 2.
4. Market
5. W/T station. Public
6. Chinese shops
7. Office & store for dried fish of "Borneo Sui San"
8. Brothel
9. Office of Ishara Co.
10. Central Electric Power Station
11. Garage
12. Cooperative stores
13. Living quarters of Nomura Co. personnel
15. Malay school
16. Mosque
17. Office of the Nitetsu Co.
18. Quarters of the Nitetsu Co.
19. Stores and Office of Nomura Co.
20. Pondokan Santosa hotel
21. Theatre
22. Arab shops
23. Club
25. Stores of Kanaolo Co.
26. Gaol
27. Living quarters of Menseibu
28. House of Taitjo
29. Post Office
30. Office of agriculture
31. Office of Menseibu
32. Hospital
33. Store
34. House in which two Kempei Tai are billeted
35. Resthouse
37. Kampong houses
38. Quarters of Ishara Co.
39. Club for Japanese authorities
40. Quarters of Kanaolo Co. personnel
41. Office of Kanaolo Co.
42. Shipyard of Ishara Co.
43. Wooden bridge 20m. x 4m
44. Wooden bridge 7m long
LEGEND
Straat Street
Poelau Island
Tg Cape
Anchorage
Lighthouse - not in use by Japanese
Area destroyed by Jap bombardment
S River
LAOET STRAIT
POELAU LAOET
Information contained in this sketch is based solely on interrogation of evacuees and should be evaluated accordingly

2급 비밀.

네덜란드령 동인도군 정보국,
뉴질랜드 보험사 빌딩,
334-338 퀸 스트리트,
브리즈번.

복사본15호.

심문보고서 817호.

Ⅰ. 인적 정보

이름	: 사이만(SAIMAN).
나이	: 20세.
성별	: 남성.
인종	: 플로렌스인(Florenese).
시민권	: 네덜란드 국민.
출생년도/출생지	: Kg.포스토 라랑토카(Postoe, Larantoeka) (플로렌스 동부).1924.
교육	: 말레이(Malay)학교에서 2학년까지
종교	: 이슬람교
상태	: 피난민; 연합군 잠수함이 당카르(Djangkar) (자바 동부)근처에서 데려옴
직업	: 호텔 웨이터 및 항해사
건강상태	: 좋음
신원확인 수단	: 목 왼쪽의 점

지적수준 및 신뢰도에 대한 평가

뛰어난 지적능력, 좋은 관찰자: 정보는 신뢰할 수 있다.

Ⅱ. 시기순 기록.

날짜:	장소:
1940년-1941년	: 포스토 마을(Postoe village), 라랑토카(플로렌스 동부);

	아버지 가게에서 재단사
41년 12월 – 42년 1월	: 라랑토카에서 코타바루(Kotabaroe), 라오엣섬(보르네오 남부)까지 배로 항해
42년 1월 – 42년 4월	: 라오엣섬에서 실직상태
42년 4월 – 44년 8월	: 코타바루, 라오엣섬(보르네오 남부); 아비브 무함마드(Habib Mohamad) 소유의 호텔에서 직원
44년 8월	: 라오엣섬 반대편 내륙에 있는 바토릿진(Batoelitjin), 보르네오 동부 해안까지 여행. 코타바루의 호텔직원으로 다시 일하기 위해 돌아옴.
44년 9월	: 스타겐(Stagen), 라오엣섬(보르네오 남부)로 항해, 코타바루의 호텔직원으로 다시 일하기 위해 돌아옴.
44년 10월 9일 – 10월 15일	: "키타 마루(Kita Maru)"로 코타바루에서 수라바야(자바 동부)까지 항해. 정보원이 거창한 약속을 믿고 선박 인력으로 자원했지만 나쁜 처우로 인해 수라바야에서 도망감
44년 10월 15일 – 10월 25일	: 카랑(Karang)의 친척 집에 숨음. 수라바야(자바 동부) 템복 마을(Tembok village)
44년 10월 25일- 10월 31일	: 일본 어선 "싱카리 마루(Singkari Maru)"의 항해사. 선박 인력으로 자원.

XIII. 일반정보.

민간인 수용소: 모든 유럽인 민간인 수감자들은 코타바루에서 반자르마신(Bandjermasin)으로 42년 2월에 이송되었다.

위안부 및 위안소(Prostitution): 코타바루, 라오엣섬(보르네오 남부) 44년 10월:

자바인 여성 20명이 일본인 전용 위안소(brothel)에 배치되어 있었다. 그들의 평균 나이는 약 25세였다.

호텔: 코타바루에 있는 호텔 "폰도칸 산토사(Pondokan Santosa)"는 대부분 일본인 장교와 코타바루를 경유하는 공무원들이 방문했다. 인도네시아인 또한 호텔이 숙박을 제공할 수 있는 경우 입장할 수 있었다. 민생부(Minseibu)는 호텔 투숙객을 면밀히 확인했다(44년 10월).

중령. S. H. 스푸어.(S.H.Spoor)
네덜란드령 동인도군 정보국 국장.

캠프 컬럼비아, 1945년 1월 8일.

첨부: NEFIS 개요도 FY 5366호 – 코타바루.

AI2/10137/G.

17

Compilation of NEFIS Interrogation Reports Nos. 818, 820-824

RG 319 Entry UD-82 Box 2008

이 문서는 1945년 1월 10일자 818호, 820-824호 합본 심문보고서이다. 난파한 일본 낚싯배에서 구조된 현지인들을 심문한 내용을 바탕으로 작성되었다. "싱카리 마루(Singkari Maru)"라는 선박의 선원들은 일본인 5명과 인도네시아인 11명으로 이루어졌으며 이 중 인도네시아인 7명이 구조되었는데, 정보원은 자바인 한 명과 플로레스인 다섯 명이었다. 이들이 제공한 정보에 따르면 1944년 7월, 자바섬 동부 수라바야(Soerabaja)에 많은 위안소들이 있었고, 위안소의 수가 점차 늘어나고 있었다. 위안소는 호텔과 민가를 활용한 형태였고, 대부분의 '위안부'들은 현지인이었지만 일본인 '위안부'들도 목격되었다.

MID

MS/SECRET.

Mil

0110463

NETHERLANDS FORCES INTELLIGENCE SERVICE
(NEFIS)
NEW ZEALAND INSURANCE BUILDING
334-338 QUEEN STREET, BRISBANE.

9478
1C

12 JAN 1945

No. AI2/10253/G (3)

SECRET

10th January, 1945.

Enclosures: 2

Subject: Interrogation Report. (S)

Compilation of NEFIS Interrogation Reports Nos. 818 and 820-824 (Not Issued Separately).

P
46

1. Attached is Compilation of NEFIS Interrogation Reports Nos. 818 and 820-824 (Not Issued separately).

2. Information contained in this report is based solely on interrogation of evacuees and should be evaluated accordingly.

3. It is requested that care be taken in the distribution of the information contained therein. If the whole or any part of this report is reproduced, no indication may be given of names and localities concerned, to avoid compromising relatives of evacuees and exposing them to enemy reprisals, and to prevent closure of important sources of information.

Spoor

Lt.Col. S. H. Spoor
Director NEFIS

Distribution:

See attached list.

Copy No: 15

MIS 110463

*Mil 1
Route
~~Econ~~
Socio
Lib

HQAAF 1 (cover & Sect. V)
ONI 1 (cover & Sect IV)

SECRET

RGE. **SECRET**

DISTRIBUTION	No. of Copies	Copy No.
Exc. H. Van Mook. Lt. Gov. Gen.	1	1
B.S.O. through O.B.S.O.	2	2 - 3
O.B.S.O.	1	4
Economic Int. Section G.H.Q. New Delhi via B.S.O. - Colombo	1	5
COISEF via B.S.O. - Colombo	1	6
C.L.G.	1	7
M.C.A.	1	8
Fd. Directeur B.B.	1	9
SONICA APO 565	2	10 - 11
CSONICA; Kandy	1	12
Min. v. Kol., Att. Col. de Blieck	1	13
Min. of Economic Warfare, Foreign Office, London, via Col de Blieck	1	14
N.R.C.C.S.	4	15 - 18
G.2., G.H.Q.	2	19 - 20
Office of the Military Secretary, G.H.Q. (Rear Echelon) APO 500	1	21
Combined Advisory Committee on Tropical Medicine, Hygiene and Sanitation, Rear Echelon, G.H.Q., S.W.P.A. APO 500	1	22
Netherlands Staff Officer, G.3., APO 500	1	23
Ltz. I. C. den Hollander, G.H.Q. G.4., APO 500	1	24
A.C. of S., G.2. USAFFE	1	25
Civil Affairs Section. USAFFE, APO 501	1	26
Dir. of Intell., Allied Air Forces, S.W.P.A., APO 923	5	27 - 31
Assist. Dir. of Intell., Advanced Echelon, Allied Air Forces, S.W.P.A., APO 925	4	32 - 35
MIS-X Section, A.A.F.	1	36
RAAF HQ. N.W. Area, Darwin	1	37
Chief of Air Staff RAAF HQ	1	38
Dutch Liaison Officer, HQ. 13th Air Force, APO 719	2	39 - 40
D.L.O. Allied A.F., Old Courier Bldg.	1	41
Senior Intell. Officer, First Tactical Air Force, RAAF APO 704	1	42
N.F.L.O. Darwin	1	43
D.M.I.	1	44
A.D.M.I.	1	45
D.N.I.	1	46
Seventh Fleet Intell. Center	1	47
Director A.G.S.	1	48
Co-Ordinator ATIS	1	49
FELO; HQ.	1	50
FELO (Att. Maj. Kremer), C/o NICA, APO 926	4	51 - 54
Contr. A.I.B. via NEFIS Offr. Fwd. Ech.	1	55
S.R.D.	1	56
S.R.D. Brisbane (Maj. Wigan)	1	57
S.I.A.	1	58
Dir. Gen. of Security	1	59
O.C.N.I.O., Merauke	1	60
NEFIS	13	61 - 73

SECRET

110463 2

RGE. SECRET.

NETHERLANDS FORCES INTELLIGENCE SERVICE,
NEW ZEALAND INSURANCE BUILDING,
334-338 QUEEN STREET,
BRISBANE. Copy No. 15

COMPILATION OF NEFIS INTERROGATION REPORTS NOS. 818 AND 820-824 (NOT ISSUED SEPARATELY).

NOTE.

The above reports refer to one Javanese and five Florenese infs picked up by an Allied submarine from a Japanese fishing vessel sunk off Djangkar (East Java), in Oct '44. The vessel, named "Singkari Maru", was built of wood, measured about 20 tons, was equipped with one diesel engine and possessed one mast. The crew consisted of 5 Japanese and 11 Indonesians; seven of the latter were rescued. Information is considered to be fairly reliable.

To facilitate reference, the places covered in this report are listed hereunder, by sections:-

III. TACTICAL DATA ON ENEMY MILITARY FORCES.

East Java:

Soerabaja

IV. SUMMARY OF NAVAL INFORMATION.

East Java:

Soerabaja
Banjoewangi

V. BASIC AIR INFORMATION.

East Java:

Soerabaja

VIII. POLITICAL AND SOCIAL INFORMATION.

East Java:

Soerabaja

IX. ECONOMIC INFORMATION.

East Java:

Soerabaja

X. PROPAGANDA AND PSYCHOLOGICAL WARFARE INFORMATION.

East Java:

Djombang
Modjokerto
Soerabaja

XIII. GENERAL.

East Java:

Soerabaja

SECRET

SECRET

III. TACTICAL DATA ON ENEMY MILITARY FORCES.

Dispositions and Strength of Organizations and Units:
Soerabaja (East Java) Oct '44:

a. Military offices established at Priokplein were surrounded by trenches and barbed wire. They were guarded by two armed Japanese soldiers.

b. Japanese and Indonesian Army personnel were quartered in buildings on the Nieuwe Kalimasweg, east of the Dry Dock Co.

c. Quarters of Army, Naval and Air Force officers were in the vicinity of Priokplein.

d. There was a military bcks in Tempel Straat to the east of the mosque on Westerbuitenweg; two Indonesian soldiers, in Japanese uniform, were observed to be on guard.

e. There was a military bcks at the west corner of Oosterkade and Heerenstraat; two Indonesian soldiers were on guard. This camp was surrounded by a barbed wire fence and many trucks were seen entering and leaving.

f. Another military bcks was situated at the corner of Ambenganweg and H.B.S. straat, opposite the H.B.S. (High School) building; one Japanese soldier searched all trucks entering the bcks area.

g. On the north corner of the junction of Krembangan-Westerkadestraat and Paradestraat, two newly constructed brck huts, 30 metres and 10 metres long respectively, were seen. Japanese troops occupying these huts were constantly changed.

h. The former Dutch military brcks on the south corner of the junction of Sambongan and Boengoeran were occupied by the Japanese. A small connecting street east of the Roode Brug (Red Bridge) was guarded by two armed Japanese soldiers.

i. The former Naval Brcks at Oedjoeng were occupied by Japanese Naval personnel.

j. The former Naval Brcks on the west side of the Kruiserkade were occupied by German and Japanese Naval Officers.

In this area another inf observed what appeared to be a 75 mm A/A gun on the roof of one of the houses. Two machine guns were placed on the same roof top.

k. Fifteen Japanese Naval personnel were seen guarding a warehouse east of the civil harbour.

l. On the east side of the Tandjoeng Perakweg about 300 metres south of the tram terminus a battery of six 75 mm and /or 88 mm A/A guns was seen.

IV. SUMMARY OF NAVAL INFORMATION.

a. Soerabaja (East Java): One German and one Japanese submarine were seen in the Naval Basin in Mar 44. Inf described the German submarine as the U-45 type. It was about 150 metres long and had one gun fore and one aft of the conning tower. A German sailor, armed with a revolver, was seen on guard. The Japanese submarine was about the same length, was painted black and had only one gun, near the conning tower. One inf described it as being of the "Kaigoen" class (Jane's Fighting Ships). Both these submarines were seen again by an inf at the Naval Basin on the 29th Oct 44.
In Apr 44, an inf saw three submarine chasers and a mine sweeper anchored off the entrance to the Naval Basin. Another inf added that the former had one gun at the bow and one at the stern.

SECRET

110463 4

In Jun 44, an inf saw the "Akasi Maru" in the civil harbour. The vessel was armed with one 7.7 mm machine gun located on the bridge and one 3" A/A gun aft.
In Jul 44, a Japanese Red Cross ship of the Fox Tare "Kokoku Maru" type was seen alongside the Rotterdam Quay.
In Oct 44, an inf saw about 15 wooden ships of the "Sugar Dog" and "Victor Able" types in the harbour area. He also saw three Japanese destroyers in the Naval Basin.
On 29 Oct 44, an inf observed two small freighters of the "Fox Tare Dog" type and two Japanese survey vessels alongside the Amsterdam Quay.

b. Banjoewangi (East Java) Jun 44: Only sailing and fishing vessels were seen anchored in the harbour area.

Ships Sunk or Damaged: Soerabaja (East Java) Oct 44: A ship of the "Soya Maru" type and another of the "Peking Maru" type were seen in the dry dock, the former with a large hole in the bow below the water line, while the latter had a damaged poop and was minus a rudder, which appeared to have been blown away.
Two freighters previously sunk north of the Petroleum Quay had been raised, but repair work had not commenced. Two others, under repair, were seen near the dry dock wharf. One inf heard from friends that since Apr 44, many ships had returned to port in a damaged condition. Inf was of the opinion that the damage was due to attacks by Allied submarines.

Shipbuilding and Repair Facilities: Soerabaja (East Java): In Jul 44, the "Singkari Maru" underwent minor repairs on one of the slipways situated on Tandjoeng Perak Quay, immediately south of Dock Quay.
These slipways were divided into two sections, one capable of holding about 10 wooden ships being used for repair work, while the other section was used for building wooden landing craft of the "Daihatsu" type. The capacity of this latter section was 15 craft.
The slipways at the end of Dock Quay were also used for building this type of craft; inf estimates the capacity at 10 to 15 craft.
According to another inf there were about 300 Indonesians and 100 Japanese employed in the repair workshop of the former Droogdok Maatschappy "Soerabaja" (Drydock Company "Soerabaja"), where work included repairs to marine engines.
In Oct 44, an inf observed that the shipbuilding yard on the Semampir River had a capacity for 7 ships of the "Sugar Dog" type, three of which were seen to be in various stages of completion.

V. BASIC AIR INFORMATION.

Airfield Activity: Tandjoeng Perak, Soerabaja (East Java): Jun 44: Inf sighted eight single-engined Japanese aircraft. The airfield was surrounded by a barbed wire fence about 1-1/2 metres high, and guarded by Japanese soldiers armed with rifle and bayonet.
In Oct 44, another inf observed three to five float planes, type "Jake", and two flying boats type "Cherry", which were moored in front of the Petroleum Quay. It was observed that aircraft left this mooring in the morning, returning at mid-day; in the afternoon they departed again to return about 2200 hours. A single-engined float plane was seen to crash outside the harbour area where it burned furiously.

Allied Air Attacks: Soerabaja (East Java): An inf who was in Soerabaja in Apr 44, saw three kapok warehouses in the civil harbour area south of the Dock Wharf which had been damaged by Allied air raids. He was told that much other damage had been done.
An inf stated that, during the night raid which preceded the daylight raid in Jun, the mosque in Dapoean Baroe Straat was destroyed.

Two infs were told that the dry-dock repair building had been hit by a bomb during an air raid in Jun 44. The building, and the railway line in front of it, had been repaired when seen by infs in Oct 44.

It was difficult to obtain any information regarding bomb damage after Allied raids as those caught gossiping were severely punished.

VIII. POLITICAL AND SOCIAL INFORMATION.

General Living Conditions: Soerabaja (East Java) Oct 44: An inf stated that the cost of living had risen greatly. Rice could be bought in restaurants, but was very expensive and the average person had to be content with his weekly ration.

Most of the inhabitants were shabbily dressed, clothes being patched and mended. Many people had moved to the villages in the hope of finding better conditions there.

Dutch women and children were sometimes seen in the streets. They appeared to be emaciated and their clothing was much repaired. It was said that they had been compelled to sell their clothes in order to buy food. A number of Dutch men and women were still living in their former homes, and these were thought to be employed in Japanese offices. They wore white armbands with the usual red ball. Others worked in shops and as seamstresses.

Japanese stores such as "Tjioda" were reserved for the Japanese. Indonesians had to content themselves with what second-hand clothing they were able to purchase.

Due to the poor quality of repairs the roads were in very bad condition. Blackout regulations were enforced.

Security Regulations and Censorship: Soerabaja (East Java) Oct 44: Each inf had been issued with a pass by the Captain of the "Singkari Maru". It was enclosed in a mica holder worn on the left arm and included the following particulars: Name, date of commencement of work, and where employed.

It was necessary to produce written declarations of the contents of such parcels as were carried out of the harbour area. When entering the harbour area it was necessary to carry a declaration only when a parcel contained articles other than for personal use. These declarations and parcels were examined by a Kempei guard posted at the harbour entrance gates.

Dockyard workers wore identification numbers over the left breast pocket.

It was observed that Dutch women wore their identification cards in a mica holder on the left arm.

Relation between Japanese and Local Population: Soerabaja (East Java) Oct 44: An inf expressed the opinion that in many cases the feelings of the people would have been more favourable towards the Japanese if food and clothing had been made available in sufficient quantities.

Taxes: Soerabaja (East Java) Oct 44: From infs pay of /30.00 a month a tax of /1.20 was deducted by the captain of the ship.

IX. ECONOMIC INFORMATION.

Industries and Manufacturing:

a. Soerabaja (East Java) Oct 44: An inf was told that most of the factories in the Ngagel district were in production, including the B.A.T. cigarette factory, which was reported to be staffed by Europeans, Indonesians and Japanese.

One inf stated that the textile factories manufacturing native clothing had been closed down. Proctor & Gamble's margarine factory, at the corner of Grisseescheweg and Tandjoeng Perakweg, was in production and was staffed by European, Indonesian and Japanese personnel. Another inf heard that it no longer manufactured margarine but was making asphalt. A pit in front of the factory was filled with a thick dark substance which inf was unable to identify. The factory was surrounded by a barbed wire fence and was guarded by Indonesians in civilian attire.

b. Kalianak (2 miles southwest of Tandjoeng Perak, East Java, on the Grissee Road): In Sept. 44, one inf was employed in a fish packing and oil extraction plant. The fish was first cooked and dried, after which it was packed in 30 x 40 x 30 cm. tins, which were hermetically sealed. Fish was also packed in paper and in some cases placed unwrapped in baskets for local consumption. The Indonesian employees were housed in brcks near the factory. Both the factory and the brcks were camouflaged with coconut palm leaves. One subsidiary factory manufactured fishing nets, hooks and lines, and another extracted oil from the smaller fish. The oil was put into drums of about 300 litres capacity, which had been painted black. Inf was told that this oil was used as lubricant for Diesel engines. The name of the factory was believed to be "Hajasikani".

Minerals and Metals: Soerabaja (East Java) Oct 44: An inf heard that Japanese vessels obtained their Diesel oil at the Kruiserkade (Naval Base) near the former N.E.I. brcks. He also heard that the two large petrol storage tanks, formerly owned by B.P.M., at Genua Weg were not being used by the Japanese.

Transportation: Soerabaja (East Java) Oct 44: Trams were still running in the city, but no taxis were to be seen.

Utilities:

Gas: Soerabaja (East Java) Jul 44: The gas factory situated on Pegirian Straat was still in operation. The capacity for production was limited and occasionally the supply was not sufficient to meet the demand.

Shortage of Equipment and Material: Soerabaja (East Java) Jul 44: An inf states that the Japanese have collected all available scrap iron and have removed iron fences, etc., for inclusion in the collection.

Food: Soerabaja (East Java) Oct 44: People living in kampongs (villages) outside of the city area were prohibited from bringing their produce to the city market for sale. Contracts were made with farmers for the sale of such produce to the Japanese.

Food: Soerabaja (East Java) Oct 44: Rations and prices were as follows:

Weekly ration per household:	Price:
1 beer bottle of coconut oil (if available)	11 cents
4.3 kg rice	11 " per kg
2 kg sugar	12 " " "
½ kg coffee	35 " " "
1 bar of soap	8 " " "
1 box of matches (if available)	3½ " " "

Clothing: Soerabaja (East Java) Jul 44: In the case of marriage, clothing could be purchased at reduced prices. Persons employed by the Japanese could purchase clothing every 3 months, at prices varying according to quality. Pre-war stocks were sold at much higher prices than those manufactured subsequently, which latter were of very poor quality.

An inf had seen sarongs and short drawers made from rubber. These were available in white, green, blue and red colours. They were not popular as in the heat they caused severe bodily discomfort.

Inf made the following comparison of prices:-

	Present Price	Former Price
Rubber sarongs	ƒ 3.15	-
Sarongs	ƒ 100.00	ƒ 7.00
Shirts	ƒ 37.00	ƒ 0.75

SECRET

SECRET

	Present Price	Former Price
Trousers	ƒ 95.00	ƒ 1.50
Socks	ƒ 3.15 - 5.00	ƒ 0.15
Coats	ƒ 15.00	ƒ 3.15
Underpants	ƒ 5.00	ƒ 0.15
Singlets	ƒ 4.00 - 5.00	ƒ 0.7
Shoes, good quality	ƒ 35.00	ƒ 7.15
Shoes, inferior quality	ƒ 14.00 - 15.00	ƒ 4-5.00
Sewing cotton, per reel	ƒ 0.45	ƒ 0.2-5

NOTE: The above prices presumably apply to articles of pre-war manufacture.

Indonesians in destitute circumstances could apply for an issue of clothing; if it was found that the application was justified a free issue was made by the Minseibu office. Such supplies however were invariably of very poor quality and were often secondhand.

X. PROPAGANDA AND PSYCHOLOGICAL WARFARE INFORMATION.

Allied:

Non-Radio Propaganda:

Leaflets and Pamphlets: Djombang and Mojokerto (E. Java): An inf heard in Soerabaja in Jul 44, that leaflets had been dropped at Djombang and Modjokerto (East Java), but he had no information as to their effect on the population. Mention of these leaflets was sufficient cause for beating and imprisonment by the Japanese.

XIII. GENERAL.

Prostitution: Soerabaja (East Java) Jul 44: Inf observed that the number of brothels had greatly increased, and that most of the remaining prostitutes were Javanese. The largest houses were located in the Boeboetan-Tembaan and Praban districts. Hotels and former private homes had been converted into brothels. Japanese women were seen in occupation of a house at the corner of Plampitan and Oendaan Koelon.

Spoor

Lt. Col. S.H.Spoor
Director NEFIS

Camp Columbia, 10th January 1945

AI2/10253/G

SECRET

110463 8

2급 비밀.

네덜란드령 동인도군 정보국

뉴질랜드 보험사 빌딩

334-338 퀸 스트리트, 브리즈번

No. AI2/10253/G.
첨부: 2
주제: 심문보고서

1945년 1월 10일.

네덜란드령 동인도군 정보국 심문보고서

818호, 820-824호 합본 (개별호 미발행).

----

1. 첨부된 문서는 네덜란드령 동인도군 정보국 심문보고서 818호, 820-824호 합본이다. (개별호 미발행)

2. 이 보고서에 포함된 정보는 피난민을 대상으로 한 심문에만 근거하고 있으며, 이를 고려하여 평가해야 한다.

3. 이 안에 담긴 정보를 배포하는데 주의를 기울이도록 한다. 이 보고서의 전체 또는 일부분을 활용할 경우, 피난민의 친지가 위험에 빠지거나, 적군의 보복에 노출되는 것을 막고, 중요한 정보의 출처가 막히지 않도록 관련된 이름, 지역 등이 특정되지 않아야 한다.

중령. S. H. 스푸어 (S. H. Spoor)

네덜란드령 동인도군 정보국 국장

배포:

첨부된 목록 참조.

복사본 15호.

(중략)

2급 비밀.

네덜란드령 동인도군 정보국,
뉴질랜드 보험사 빌딩,
334-338 퀸 스트리트,
브리즈번.

복사본 15호.

네덜란드령 동인도군 정보국 심문보고서
818호, 820-824호 (개별호 미발행).

주:

이 보고서는 44년 10월 당카르(Djangkar) (자바 동부)에 침몰한 일본 어선에서 연합군 잠수함에 의해 구조된 한 명의 자바인(Javanese)과 다섯 명의 플로레스인(Florenese) 정보원을 심문한 것이다. "싱카리 마루(Singkari Maru)"라는 이름의 그 선박은 목재로 만들어졌고, 약 20톤급으로 측정되며, 디젤 엔진 한 개를 장착하고 돛대 하나를 갖고 있었다. 선원들은 일본인 5명과 인도네시아인 11명으로 이루어졌으며, 이 중 인도네시아인 7명이 구조되었다. 정보는 상당히 믿을만한 것으로 생각된다.

(중략)

XIII. 일반정보.

위안부 및 위안소(Prostitution): 수라바야(Soerabaja) (자바 동부) 44년 7월: 정보원은 위안소들(brothels)의 숫자가 엄청나게 증가하는 것을 보았고, 머무르고 있는 위안부들(prostitutes)의 대부분이 자바인이라고 말했다. 가장 큰 위안소(houses)는 보보탄-템반(Boeboetan-Tembaan)과 프라반(Praban) 구역에 위치해 있었다. 호텔들과 예전 가정집들은 위안소(brothels)로 개조되었다. 플람피탄(Plampitan)과 온단 코론(Oendaan Koelon) 모퉁이의 집들이 접수되는 과정에서 일본인 여성들이 목격되었다.

중령. S.H.스푸어(S.H.Spoor)

네덜란드령 동인도군 정보국 국장

캠프 컬럼비아, 1945년 1월 10일

AI2/10253/G

18

Compilation of NEFIS Interrogation Reports Nos. 886, 887 and 888

RG 319 Entry UD 82-A Box 2008

이 문서는 1945년 1월 27일자 심문보고서 886호, 887호, 888호 합본이다. 연합군에 의해 침몰한 배에서 구조되거나 일본 헤이호 부대에 강제 징병되었다가 풀려난 현지인들을 심문하여 얻은 내용을 바탕으로 작성되었다. 정보원은 1944년 7월 자바 동부 시투본도(Sitoebondo)에 있는 호텔에서 유럽인 여성 5명을 목격하였으며, 이 여성들이 일본군 장교를 위한 '위안부'라는 호텔 직원의 말을 들었다고 진술한다.

RGE. SECRET.

NETHERLANDS FORCES INTELLIGENCE SERVICE

(NEFIS)

NEW ZEALAND INSURANCE BUILDING
334-338 QUEEN STREET, BRISBANE

0122516

1 FEB 1945

MID

NO. AI2/10757/G.
ENCLOSURES: 3

TEL. U 7076
U 7077
U 7078

SECRET

SUBJECT: Interrogation Reports.

DATE: 27th January, 1945

9478
1C

COMPILATION OF NEFIS INTERROGATION REPORTS
Nos. 886, 887 and 888 (not issued separately).

18

1. Attached is Compilation of NEFIS Interrogation Reports Nos. 886, 887 and 888 (not issued separately).

2. The information contained in this report is derived from interrogation and has not been assessed against information from other sources.

3. Should reproduction of any information contained herein be desired, no mention should be made of the source from which it is derived, to avoid possible compromising of relatives of evacuees in enemy occupied territory.

Lt. Col. S.H. Spoor.
Director NEFIS.

Distribution:

See attached list.

Copy No. 18

MIS 122516

US

DISTRIBUTION	No. of Copies	Copy No.
Exc. H. Van Mook Lt.Gov.Gen.	1	1
B.S.O. through O.B.S.O.	2	2 - 3
O.B.S.O.	1	4
Economic Int. Section G.H.Q. New Delhi via B.S.O. - Colombo	1	5
COISEF via B.S.O. - Colombo	1	6
C.L.G.	1	7
M.C.A.	1	8
Fd. Directeur B.B.	1	9
SONICA APO 565	2	10 - 11
CSONICA; Kandy	1	12
Min. v. Kol., Att. Col. de Blieck	1	13
Min. of Economic Warfare, Foreign Office, London, via Col de Blieck	1	14
N.R.C.C.S.	4	15 - 18
G.2., G.H.Q.	2	19 - 20
Officer of the Military Secretary, G.H.Q. (Rear Echelon) APO 500	1	21
Combined Advisory Committee on Tropical Medicine, Hygiene and Sanitation, Rear Echelon, G.H.Q., S.W.P.A. APO 500	1	22
Netherlands Staff Officer, G.3., APO 500	1	23
Ltz. I.C. den Hollander, G.H.Q., G.4., APO 500	1	24
A.C. of S., G.2. USAFFE	1	25
Civil Affairs Section, USAFFE, APO 501	1	26
Dir. of Intell., Allied Air Forces, S.W.P.A., APO 923	5	27 - 31
Assist. Dir. of Intell., Advanced Echelon, Allied Air Forces, S.W.P.A. APO 925	4	32 - 35
MIS-X Section, A.A.F.	1	36
RAAF HQ. N.W.Area, through NFLO, Darwin	1	37
Chief of Air Staff RAAF HQ	1	38
Dutch Liaison Officer, HQ. 13th Air Force, APO 719	2	39 - 40
D.L.O. Allied A.F., Old Courier Bldg.	1	41
Senior Intell. Officer, First Tactical Air Force, RAAF APO 704	1	42
Mil. Attache, High Commissioner for Canada	2	43 & 74
D.M.I.	1	44
A.D.M.I.	1	45
D.N.I.	1	46
Seventh Fleet Intell. Center	1	47
Director A.G.S.	1	48
Co-Ordinator ATIS	1	49
FELO; HQ	1	50
FELO (Att.Maj.Kremer) C/o NICA, APO 926	4	51 - 54
Contr. A.I.B. via NEFIS Offr.Fwd.Ech.	1	55
S.R.D.	1	56
S.R.D. Brisbane (Maj. Wigan)	1	57
S.I.A.	1	58
Dir.Gen. of Security	1	59
O.C.N.I.O., Merauke	1	60
NEFIS	13	61 - 73
FELO, Melbourne	1	75

MIS 122516

ROUTE
CPM
PROP
ECON
LIB

EMR/SECRET.

NETHERLANDS FORCES INTELLIGENCE SERVICE,
NEW ZEALAND INSURANCE BUILDING
334-338 QUEEN STREET,
BRISBANE.

Copy No. 10

Compilation of NEFIS Interrogation Reports
Nos. 886, 887 and 888 (not issued separately).

NOTE:

These reports refer to two Madoerese and one Javanese infs. One of the Madoerese, a survivor of a sunken prahoe, was picked up by an Allied submarine near Pare Pare (Celebes) in Oct 44, and the other while fishing from a small prahoe near Sapoeka Island (Great Paternoster Islands), Flores Sea, in Dec 44. The Javanese inf was a civilian who had joined the Home Guard in Feb 42 and managed to escape internment, but was forced to join Hei-Ho in Aug 43. He was finally released by U.S. Forces on Biak Island in Jul 44. The information given by all of the infs is considered to be reliable.

To facilitate reference, the places covered in this report are listed hereunder, by Sections:-

III. TACTICAL DATA ON ENEMY MILITARY FORCES.

East Java	Residency of Madoera	South Borneo
Malang	Sampang	Bandjermasin
Pasoeroean	Bangkalan	**East Borneo**
	Sombang	Tandjoeng Aroe
	Tandjoeng Lapa	**S.W. Celebes**
	Pamekasan	Makassar
	Saubi Island	Patalasang
	Kalianget	
	Toendoek Island	
	Telango Tengah Island	
	Telango Timoer Island	

IV. SUMMARY OF NAVAL INFORMATION.

Mid-Java	Residency of Madoera	S.W. Celebes
Semarang	Goa Goa Island	Makassar
	Kalianget	Djeneponto
	Sepeken Island	Balang Lompo Is.
	Toendoek Island	Tanekeke Island
	Raas Island	
	Kangean Island	
	Soemenep	
	Sapoedi Island	
	Marengan	

V. BASIC AIR INFORMATION.

East Java	Residency of Madoera	S.W. Celebes
Soerabaja	Saubi Island	Makassar

VI. INFORMATION REGARDING GUERRILLA FORCES.

East Java

Banjoewangi

VII. GEOGRAPHICAL INFORMATION.

Residency of Madoera	Greater Paternoster Islands
Masigi Village (Sepeken Isl.)	Sapoeka Island.

VIII. POLITICAL AND SOCIAL INFORMATION.

East Java

Malang
Pasoeroean
Soerabaja

Residency of Madoera

Madoera
Goa Goa Island
Sapoedi Island
Kalianget
Raas Island
Kangean Island
Soemenep
Pamekasan
Bangkalan
Kamal
Kebanjar

Lesser Soenda Group

Soembawa Island

Greater Paternoster Islands

Sapoeka Island

Postiljon Island

Sabaroe Is.

S.W. Celebes

Pare Pare

IX. ECONOMIC INFORMATION.

Residency of Madoera

Soemenep
Sepeken Island
Saubi Island
Sepandjang Island
Greater Sedoelang Is.
Goa Goa Island
Raas Island
Sapoedi Island
Kalianget
Krampon
Marengan
Bangkalan
Sampang
Kamal
Blega
Pamekasan
Sombang
Roempen

Greater Paternoster Islands

Sapoeka Island

S.W. Celebes

Takalar
Makassar

Bali Island

X. PROPAGANDA AND PSYCHOLOGICAL WARFARE INFORMATION.

East Java

Soerabaja

XI. ATROCITIES.

Mid-Java

Semarang

XIII.GENERAL.

East Java

Sitoebondo

Residency of Madoera

Soemenep

III.TACTICAL DATA ON ENEMY MILITARY FORCES.

Dispositions and Strength of Organisations and Units:

a. Madoera Island (7°00'S., 113°25'E), Jul 44:

1. Tandjoeng Lapa (7° S., 114°05'E): At a location approximately 250 metres from the coast the Japanese had built three wooden military barracks, each 15 metres by 10 metres, with tiled roofs. Inf had seen no more than 15 naval and military personnel in the area. These were equipped with former R.N.I. Army carbines and dummy rifles. F-O

2. Pamekasan: Inf was told that the Kempei were stationed in the former N.E.I. Police barracks. He saw within the building four Kempei personnel armed with long rifles, and one carrying a sword. They wore Japanese Army uniform with yellow collar badges.

3. Sampang: Three Japanese soldiers, armed with R.N.I. Army carbines, were seen in the former R.N.I. Army barracks.

4. Bangkalan: Inf saw ten Japanese soldiers armed with long rifles in the former R.N.I. Army barracks.

5. Kalianget, Sep 44: Inf was told that several barracks were in the course of erection at a location approximately 200 metres from the coast. The material used had been taken from 50 Indonesian houses which had been demolished in an unstated area. About 15 Japanese naval and military personnel were observed in the area, the former wearing red anchor insignia and the latter a red star on their caps. (See attached sketch NEFIS No. FY 5363)

b. Sombang (Poeteran Island) (7°05'S., 114°E) Jul 44: Five wooden barracks with tiled roofs, each about 30 metres by 10 metres, had been erected by the Japanese. The whole area was surrounded by a wooden fence about 1½ metres high. Twenty Japanese Army personnel were seen in and around the structures, which were guarded by one Japanese sentry.

c. Saoebi Island (7°00'S., 115°27'E), Residency of Madoera, Jul 44: Coolies were engaged in the construction of bamboo and atap barracks in a coconut plantation situated on the south coast about 100 metres from the beach. It was said that the finished buildings would accommodate 300 personnel. Inf estimated the occupation force at 125 naval and military personnel, who were armed with rifles.

d. Toendoeh Island (7°10'S., 114°40'E), Telango Tengah Island (7°05'S., 114°35'E), Telango Timoer Island (7°05'S., 114°35'E), Residency of Madoera, Oct 44: According to an inf, these Islands had not been occupied by any permanent Japanese force. At intervals of three months a Japanese Kempei officer made a tour of the Islands, accompanied by the Native District Officers of Kangean Island, Sapoedi Island, and the Native Assistant District Officer of Raas Island. The party usually remained at each Island for one night. Put on one card

e. Pasoeroean (East Java) Jun 44: A coast watching station had been established in the lighthouse. About 15 Indonesians, equipped with binoculars, were seen on duty under command of a Japanese. They wore a white brassard on the left sleeve.

f. Tandjoeng Aroe (East Borneo) Sep 44: At the lighthouse near the beach, inf saw 13 Japanese soldiers armed with long rifles. He was told that they were on coast watching duties.

g. Bandjermasin (South Borneo) Jun 44: A coast watching station had been established in the lighthouse, where Japanese soldiers, armed with carbines and equipped with binoculars, were seen on duty.

h. Patalasang (5°25'S., 119°25'E) S.W. Celebes, Nov 44: An inf stated that about 40 Japanese naval and military personnel were quartered in two barracks built of bamboo, with atap roofing, each 15 metres by 8 metres. Inf saw two truck loads of Japanese arrive and take up their quarters at the barracks. He was told that the location of troops at this point was actuated by the possibility of an Allied landing on the coast, which presented no natural difficulties. A guard of five Japanese soldiers patrolled the area.

i. According to inf, the following Islands were not occupied by the Japanese up to Sep 44:

Goa Goa	7°10'S.,	114°45'E.
Toendoek	7°10'S.,	114°40'E.
Sepandjang	7°10'S.,	115°50'E.
Pageroengan Besar	6°57'S.,	115°55'E.

Pageroengan Ketjil	6°55'S.,	115°50'E.
Sidolan Besar	6°57'S.,	115°45'E.
Sidolan Ketjil	6°58'S.,	115°45'E.
Sailoes	7°00'S.,	115°40'E.
Sepangkoer	7°00'S.,	115°36'E.
Saboetan	7°00'S.,	115°22'E.
Kemirian	7°05'S.,	115°10'E.
Kangean	6°55'S.,	115°20'E.
Telangoe Timoer	7°05'S.,	114°35'E.
Telangoe Tengah	7°05'S.,	114°35'E.
Telangoe Air	7°05'S.,	114°38'E.
Sarok	7°05'S.,	114°35'E.
Boeloe Manoek	7°00'S.,	114°28'E.
Pajangan	7°00'S.,	114°25'E.
Sapoedi	7°05'S.,	114°20'E.
Gili Jang	7°00'S.,	114°10'E.
Gili Genteng	7°12'S.,	113°53'E.
Gili Radja	7°15'S.,	113°45'E.
Poeloe Kambing	7°20'S.,	113°10'E.
Poeloe Ketapan	7°42'S.,	113°14'E.
Masalembo	5°35'S.,	114°20'E.
Karamijan	5°05'S.,	114°35'E.
Mata Sirih	4°50'S.,	115°50'E.
Karajaan	4°05'S.,	116°20'E.
Masalima	4°15'S.,	117°03'E.
Pamantawan	5°02'S.,	117°06'E.
Sebaroe	5°05'S.,	117°05'E.
Kaloekaloekoeang	5°15'S.,	117°40'E.
Bankobangkoean	5°10'S.,	117°55'E.
Marsende	5°07'S.,	118°10'E.
Doeang Doeang Besar	5°20'S.,	117°55'E.
Doeang Doeang Ketjil	5°12'S.,	117°55'E.
Dewakan Besar	5°12'S.,	118°25'E.
Dewakan Ketjil	5°30'S.,	118°25'E.

IV. SUMMARY OF NAVAL INFORMATION.

Ship Movements and Ships in Port: Goa Goa Island (7°10' S - 114°45' E) Residency of Madoera, Aug 43: During the period between 42 and Aug 43 inf saw several large convoys passing off the south coast of the Island. On some occasions these included three or four ships of about 7,000 tons. No further convoys were seen after Aug 43.

Ships Sunk or Damaged:

a. Kalianget (Madoera Island) Semarang (Mid-Java) Feb 43: Inf was told that the former N.E.I. Government tug (diesel driven) "Lobo", of about 300 tons, was attacked by Allied aircraft while towing five lighters carrying salt between Kalianget and Semarang. The "Lobo" and three lighters were sunk.

b. Sepeken Island (7°00'S - 115°42' E) Residency of Madoera, July 44: Local residents said that the bodies of several Japanese sailors had been washed ashore.

c. Toendoek Island (7°10'S - 114°40'E) Residency of Madoera, July 44: Several Madoerese prahoes of between 20 and 50 tons were ashore on the reefs. Inf was told that the crews had deliberately stranded their vessels rather than accept service under the Japanese.

d. Kangean Island (6°55'S - 115°20'E) Residency of Madoera, July 44: About 150 metres off the north coast of the Island, inf saw the remains of a 600 ton ship. He was told that it had originally been a Dutch cargo ship and that it had been sunk by Allied aircraft attack.

e. Makassar (S.W. Celebes) Oct 44: Inf was told that four large Japanese warships had been bombed and sunk in Makassar harbour by Allied aircraft.

f. Djeneponto (5°45'S - 119°40'E) S.W. Celebes Oct 44: Local inhabitants told inf that a large Japanese warship had been sunk off the coast by Allied aircraft attack.

g. Balang Lompo Island (4°55'S - 119°15'E) S.W. Celebes Nov 44: Two large Japanese warships were said to have been sunk near the coast by Allied air attack.

Shipping Routes: Residency of Madoera Aug 44: Inf was told that the Patih (Senior District Officer) of Soemenep visited all the Islands in the Residency of Madoera, and ordered the inhabitants to report the presence of Allied submarines to the Native District Officer at Sapoedi Island or to the Japanese garrison at Saoebi Island (Kangean Group).

Ship Building and Repair Facilities: Sapoedi Island (7°08'S - 114°21'E) Residency of Madoera, Kalianget, Marengan (Madoera Island) May 43 - Aug 44: Owners of slipways were instructed to build prahoes ranging from 30 to 50 tons. Supplies of hardwood were delivered from Kangean Island. Completed prahoes carried a red triangle painted on port and starboard, fore and aft. Some of these prahoes were employed in carrying rice, salt and sugar from Soerabaja to Koepang (Timor). The crews were mainly Madoerese who were impressed at a salary between ƒ 20.00 and ƒ 25.00 per month.

XI

Navigational Aids:

Buoys: Tanahkeke Island (5°30'S - 119°20'E) S.W. of Celebes Nov 44: An inf stated that the white buoy located near the Island in the Straits of Tanahkeke, prior to the Japanese occupation, was no longer to be seen. The black iron poles, which indicated the depth of water in the Straits of Tanahkeke off the coast of Celebes, were still in their original position.

V. BASIC AIR INFORMATION.

Locations of Air Installations: Saoebi Island (7°00'S - 115°27'E) Residency of Madoera July 44: A seaplane base was located on the south coast of the Island, and though inf saw only one aircraft he had been told that there were a number located there.

Allied Air Attacks:

a. Soerabaja (East Java) July 44: An inf witnessed an Allied air attack on Soerabaja by 15 four-engine bombers. Although the attack continued for 30 minutes, inf did not hear any Japanese A/A defence guns in action. Several bombs fell in Kg. Kapasan. Fires were still burning in the bombed areas four days after the attack. Inf was told that about one thousand Indonesians had been killed.

b. Makassar (S.W. Celebes) Nov 44: Inf was present during a raid by Allied aircraft on Makassar, which continued for several hours. Many godowns on Wilhelmina Quay had been destroyed by fire, and it was said that a large number of Indonesians had been killed. Inf saw no Japanese planes airborne during the attack.

VI. INFORMATION REGARDING GUERRILLA FORCES.

Banjoewangi (East Java) Mar 43: One inf had been told that R.N.I. Army personnel were still hiding in the mountains on the Idjen Plateau, approximately 30 kilometres northwest of Banjoewangi.

VIII.GEOGRAPHICAL INFORMATION.

Coastline:

a. Masigi Village (7°00'S - 115°42'E) Sepeken Island, Residency of Madoera Aug 42: A strip of white sandy beach about 150 metres wide was exposed at low tide, but this was reduced to a width of about 3 metres when the tide was high. The beach sloped very gradually and it was possible to wade 200 metres out to sea in water no more than five feet deep. A coral reef about 50 metres wide lay approximately 300 metres off the coast.

b. Sapoeka Island (7°06'S - 118°10'E) Greater Paternoster Islands, Flores Sea, Nov 44: An inf stated that the beach consisted of a strip of red soil about 30 metres wide. The approaches contained a number of coral reefs.

VIII.POLITICAL AND SOCIAL INFORMATION.

General Living Conditions:

a. Malang (East Java) Jan 44: Indonesians were well dressed and general living conditions were reasonably good. Although prices had increased, there was no shortage of food.

b. Soembawa Island (8°30'S - 117°25'E) Feb 44: Rice was rationed at 1 kg per household per week and a warning had been issued by the Japanese that operators on the black market would be executed.

c. Pasoeroean and Soerabaja (East Java) Jul 44: Inf was told that a considerable proportion of the population had fled to the hills in order to avoid injury during Allied air attacks, and also because of resentment against the Japanese. The streets and shops were deserted.

d. Madoera Island Jul 44: The Japanese commandeered all the cattle on the Island and shipped them to Soerabaja. Owners were compensated at the rate of ƒ 5.00 to ƒ 12.00 per head. A monopoly of the fishing industry had also been established.

e. Residency of Madoera 42 - Jul 44: An inf stated that the Japanese seized all goats, poultry, eggs and other produce. The food shortage was so severe amongst the Indonesians that many were forced to exist on bananas, vegetables and leaves. A few died of hunger. Rice, which was distributed by the village heads, was available on Madoera and Sapoedi Islands only. Each family was permitted to purchase one kg per week at a cost of 10½ cents per kg. The inhabitants of the Islands were compelled by circumstances to resort to the black market, which dealt mainly in rice from small Islands off the coast of Pare Pare (S.W. Celebes). On Madoera Island, money, furniture and valuables of wealthy people had been confiscated by Kempei. Some prahoe owners were compelled to sell their craft to the Japanese at the following prices:-

Prahoes of 20 tons	ƒ 2,000
" " 30 "	ƒ 3,000
" " 40 "	ƒ 4,000

Coast guards appointed by the Japanese at Goa Goa Island sold black market rice to prahoe crews at ƒ 60.00 per picul (136 lbs).

Security Regulations and Censorship:

a. Residency of Madoera and Java May 44: An order was issued by the Japanese, through the native village heads, to the effect that travelling between the Islands was forbidden.

XI

b. Residency of Madoera Aug 44: Inf was told that the Patih (Senior District Officer) of Soemenep visited all the Islands in the Residency of Madoera and instructed householders to paint their houses black and to dig trenches.

c. Goa Goa Island (7°10'S - 114°45'E) Residency of Madoera Sep 44: An inf stated that it was necessary for all prahoe owners to be in possession of a permit to carry cargo. These permits were issued by the Native Assistant District Officer on Raas Island, on the authority of an official known as Djaoe Cham Sim, who maintained an office at Kalianget (Madoera Island). Permits were issued at the rate of / 4.25 per year, irrespective of tonnage. Raden Pandji, a Madoerese clerk, frequently issued permits without charge to prahoe owners. No permits were required in the case of small sampans.

d. Sapoeka Island (7°06'S - 118°10'E) Greater Paternoster Islands, Flores Sea, Oct 44: The use of lights after nightfall was forbidden by the Native District Officer, who lived at Sabaroe Island.

Relation between Japanese and Local Population:

a. Goa Goa Island (7°10'S - 114°45'E) Residency of Madoera, Soemenep, Pamekasan, Bangkalan (Madoera Island), Jun 43: An inf was told that all Indonesian festivals were forbidden.

b. Soerabaja (East Java) Jul 44: The people of Soerabaja were said to be strongly anti-Japanese, and despite the number of Indonesians killed during Allied air raids they expressed no resentment.

Civil Government of Occupied Areas: Madoera Island 44: Since the occupation of Madoera by the Japanese, the salaries of civilian officials had been reduced. The Regent received / 300.00 per month, and the salaries of Native Assistant District Officers had been reduced by half. Salaries were paid at the end of the month.

Taxes:

a. Goa Goa Island (7°10'S - 114°45'E) Residency of Madoera Jul 44: The following taxes were paid by one inf:-

Personal tax	/ 25.00 yearly
Tax on coconut plantation	/ 7.50 "
Tax on house	/ 2.00 "

For some unstated reason a further tax of / 2.50 was imposed. On three prahoes totalling 42 tons, tax at the rate of 20 cents per ton per month was collected.

b. Sapoeka Island (7°06'S - 118°10'E) Greater Paternoster Islands, Flores Sea, Nov 44: According to one inf, the village head collected personal tax of / 3.00 per year from each individual, as against / 2.40 under N.E.I. administration.

Civil Service, Courts, Etc.: Sapoeka Island (7°06'S - 118°10'E) Greater Paternoster Islands, Flores Sea, Nov 44: An inf was told that all civil and criminal cases were tried by the District Head of Sabaroe Island in the Postiljon Group. He was unable to give any further details.

Education: Kamal (Madoera Island) July 43: An inf was told that a training school for Naval personnel had been established in the former H.I.S. (Dutch-Indonesian School) at Kabanjar village. Training included instruction in sailing and rowing. Pupils were mainly Madoerese from the mountain areas.

Medical Treatment and Supplies: Sapoedi Island (7°08'S - 114°21'E) Residency of Madoera 43: According to one inf, the former N.E.I. Government clinic at the village of Gajam had been closed in consequence of the shortage of medical supplies.

IX. ECONOMIC INFORMATION.

Agricultural Commodities:

Foods: Soemenep (Madoera Island) Jul 44: Rice, tea, coffee and sugar were rationed at the following comparative prices:-

	Pre-war.	July 44.
Rice, per kg.	7 cents	10½ cents
Sugar, per kg.	12 "	25 "
Coffee, per kg.	25 "	35 "
Tea, per kg.	15 "	25 "
Salt, per block (not rationed)	8 "	10 "

Fishing:

a. Saoebi Island (7°00'S - 115°27'E) Sepeken Island (7°00'S - 115°42'E), Sepandjang Island (7°06/12'S - 115°44/45'E), Greater Sedoelang Island (6°57'S - 115°47'E), Aug 44: Fish were speared from prahoes which were able to take a daily haul of about 10 kg (dolphin). When nets were used the catch ranged between 10 and 50 kg per prahoe. On Sepeken Island dried fish which was also brought there from adjacent Islands was sold to the Japanese at the rate of 20 cents per kg. It was shipped from Sepeken Island in a diesel driven vessel of the "Sugar Dog" type.

b. Sapoedi Island (7°08'S - 114°21'E) Residency of Madoera, Roempen, near Soemenep (Madoera Island) Aug 44: Long fishing lines with about 100 hooks were used to catch small fish, which were sun-dried and used for local consumption.

c. Goa Goa Island (7°10'S - 114°45'E) Raas Island (7°05/10'S - 114°28/37'E) Residency of Madoera, Aug 44: Fishing was still carried on from Madoerese prahoes of from two to four tons.

d. Sapooka Island (7°06'S - 118°10'E) Greater Paternoster Islands Nov 44: The Islanders fished with lines from small prahoes, from which they caught Ikan Merah, Ikan Ketamba and Ikan Sonnoe. After their requirements had been satisfied, the residue was sold in the market at Takalar (S.W. Celebes) at prices ranging from 10 cents to / 1.00, according to the weight of the fish.

Industries and Manufacturing:

a. Kalianget (Madoera Island) Aug 44: Machinery from the salt factory at Kalianget, which early in 42 had been removed by the N.E.I. administration to Krampon, Pamekasan, had been brought back by the Japanese in Jan 43. It was still in good condition and was put into operation under the power of a small diesel engine driven by solar oil. About 30 Indonesians were employed at the factory under the supervision of one Japanese. (See attached sketch NEFIS No. FY 5363). XI

Inf was told that the Native Assistant District Officer at Kalianget had been instructed to produce baskets for packing salt, and that Indonesians previously employed in the market at Marengan, Kalianget, had been engaged at 30 cents per day to carry out the work. The baskets, which were made from the bark of a species of palm tree, each held 20 blocks. Impressed labour from the nearby villages was also engaged in the manufacture of sacks from rice straw, and was paid at the rate of 5 cents per sack. Sacks of salt were stored in godowns about 100 metres by 40 metres by 3 metres high. About 300 Indonesian men and women were employed at the godowns and were paid at the rate of 30 cents per day. The salt pans were situated between Kalianget and the Saroko river.

The ice factory had ceased to function after the Japanese occupation. Inf was unable to say whether or not the machinery had been removed.

Inf was told that the Japanese had established a factory for the manufacture of glue from Lorkom root. Madoerese were engaged in gathering the root, which grew wild in the vicinity and was forwarded in quantities to the Native Assistant District Officer at Kalianget. Inf was unable to supply further particulars concerning the factory.

Transportation:

Inland Rail:

a. Bangkalan, Sampang, Soemenep (Madoera Island) 44: Rolling stock from the Madoera Steam Tram Service was stored in these localities. The service itself had ceased to operate.

b. Kalianget (Madoera Island) Aug 44: The decauville (narrow gauge) railway, which had previously run through the salt pans, had ceased to operate.

Motor:

Kamal, Blega, Sampang, Pamekasan, Soemenep, Kalianget (Madoera Island) Apr 44: A daily auto service, employing diesel driven buses, was in operation. The fare between Kamal and Kalianget was / 2.60.

Communications:

Telephone:

a. Sombang, Poeteran Island, Residency of Madoera July 44: Japanese military barracks were connected by telephone with the central exchange at Kalianget.

b. Kalianget, Soemenep, Pamekasan (Madoera Island) Aug 44: Inf stated that the rate per call between Soemenep and Pamekasan was 14 cents per minute, as against 10 cents under the N.E.I. administration. Japanese military barracks were connected by telephone with the central exchange at Kalianget.

Mail:

Soemenep (Madoera Island) Jan 44: No mail was accepted except from Japanese and Indonesians in Japanese employment.

Raw Materials: Kalianget (Madoera Island), Goa Goa Island (7°10'S - 114°45'E), Raas Island (7°05/10'S - 114°28/37'E), Sapoedi Island (7°08'S - 114°21'E), Residency of Madoera, Sep 44: The Japanese had issued instructions through the village heads that all scrap iron was to be collected and forwarded to the office of the Native Assistant District Officer, Kalianget.

Finance:

Currency:

Soemenep (Madoera Island), Sapoedi Island (7°08'S - 114°21'E), Raas Island (7°05/10'S - 114°28/37'E), Residency of Madoera, Sep 44: Dutch notes and silver were still in circulation; Japanese notes were also used.

Commerce:

Trade:

Sapoeka Island (7°06'S - 118°10'E), Greater Paternoster Islands, Nov 44: Prior to the occupation of the Island by the Japanese, the local inhabitants had engaged in a profitable trade in tortoise shell, seashells, trepang and sharks' fins, for which they received high prices from Chinese traders in Makassar. Trading in those commodities had ceased with the advent of the Japanese.

Clothing:

a. Soemenep (Madoera Island) Sep 44: Stocks of clothing were unobtainable after May 44, and in consequence a number of shops had been closed.

b. Sapoeka Island (7°06'S - 118°10'E) Greater Paternoster Islands, Nov 44: Inpre-occupation years traders in clothing visited Sapoeka Island from Makassar every month. These visits had ceased and clothing was unobtainable.

X. PROPAGANDA AND PSYCHOLOGICAL WARFARE INFORMATION.

Allied:

Non-Radio Propaganda:

Leaflets and Pamphlets: Soerabaja (East Java) Jun 44: Leaflets were dropped over Soerabaja by Allied aircraft. They warned Indonesians to keep away from areas in which Japanese or Japanese installations were located, and stated that the Japanese would soon be expelled from Java.

XI. ATROCITIES.

B. Hearsay: Semarang (Mid-Java) Feb 44: Inf was told that at Semarang in Feb 44 the owner of a Madoerese prahoe, named Tasiman, and one of the crew, had been beheaded by the Japanese because they were discovered to be in possession of papers which they alleged had been found in the street.

XIII. GENERAL.

Prostitution: Sitoebondo (East Java) July 44: Inf stated that he saw five European women in a hotel on the Aloon-aloon. One of the hotel servants told inf that the women were for the use of Japanese officers.

Lt. Col. S.H. Spoor.
Director NEFIS.

Camp Columbia, 27th January, 1945.

AI2/10757/G.

Enclosure: Sketch NEFIS No. FY 5363

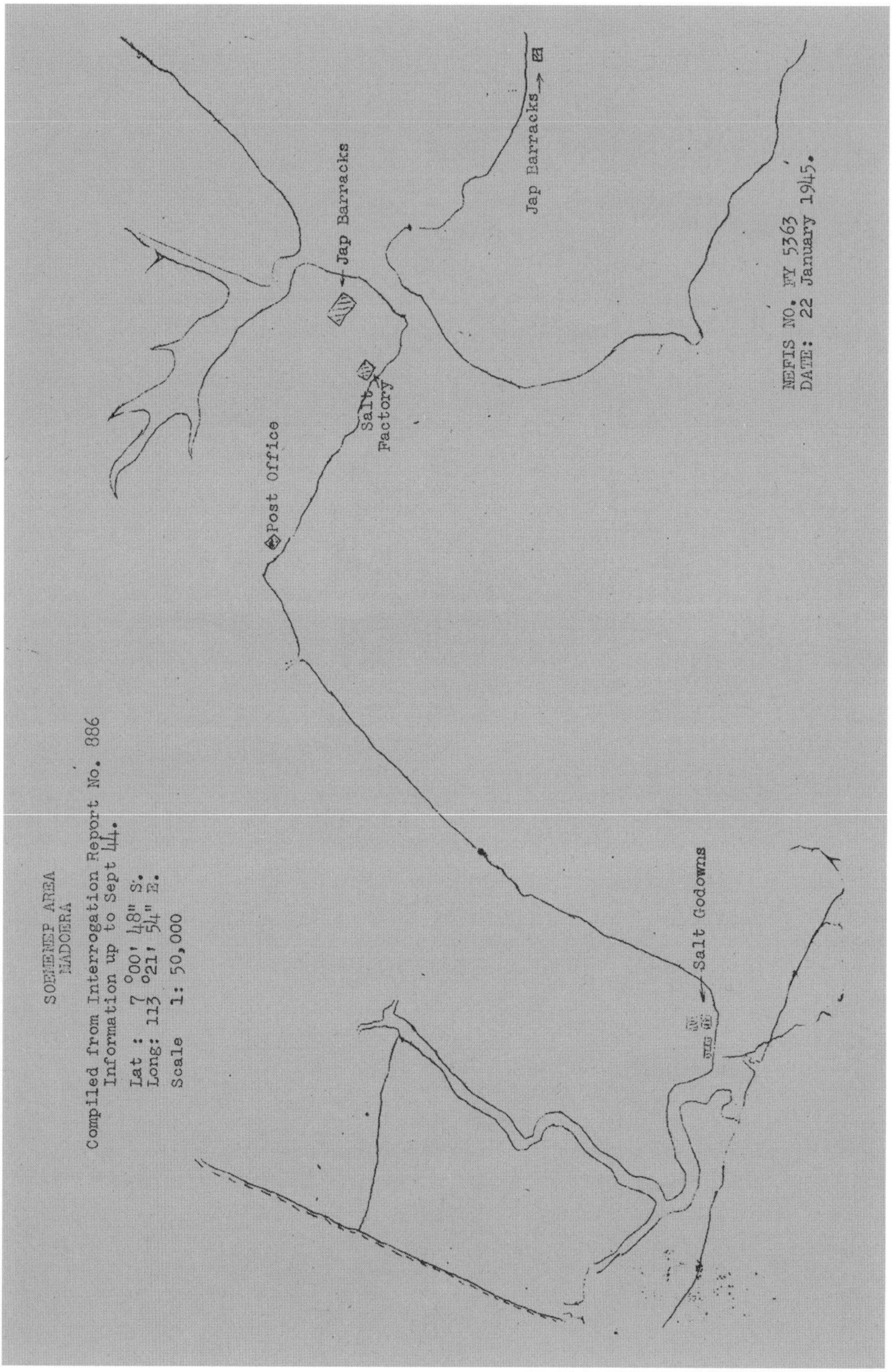
SOEMENEP AREA
MADOERA
Compiled from Interrogation Report No. 886
Information up to Sept 44.
Lat : 7 °00' 48" S.
Long: 113 °21' 54" E.
Scale 1: 50,000
Salt Godowns
Post Office
Salt Factory
Jap Barracks
Jap Barracks
NEFIS NO. FY 5363
DATE: 22 January 1945.

2급 비밀.

네덜란드령 동인도군 정보국

뉴질랜드 보험사 빌딩

334-338 퀸 스트리트, 브리즈번

No. AI2/10757/G. U7076
첨부: 3. U7077
U7078

제목: 심문보고서 1945년 1월 27일

네덜란드령 동인도군 정보국 심문보고서

886호, 887호, 888호 합본 (개별호 미발행).

---

1. 첨부된 문서는 네덜란드령 동인도군 정보국 심문보고서 886호, 887호, 888호 합본이다.(개별호 미발행)

2. 보고서에 포함된 정보는 심문을 통해 획득된 것이며 아직 다른 출처의 정보들을 통해 확인되지 않았다.

3. 이 안에 담긴 정보를 배포하는데 주의를 기울이도록 한다. 적국 점령지에 거주하는 피난민의 친지를 위험에 빠트리지 않도록 정보의 출처에 대한 언급하지 말아야 한다.

중령. S. H. 스푸어.(S.H.Spoor)

네덜란드령 동인도군 정보국 국장.

배포:

첨부된 목록 참조.

복사본 18호.

(중략)

2급 비밀.

네덜란드령 동인도군 정보국,
뉴질랜드 보험사 빌딩,
334-338 퀸 스트리트,
브리즈번.

복사본 18호.

네덜란드령 동인도군 정보국 심문보고서
886호, 887호, 888호 합본 (개별호 미발행).

주:

이 보고서는 두 명의 마도라인(Madoerese)과 한 명의 자바인(Javanese) 정보원을 심문한 내용을 담고 있다. 마도라인 중 한 명은 침몰한 배의 생존자로 44년 10월 셀레베스(Celebes)의 파레파레(Pare Pare) 근처의 연합군 잠수함에 의해 구조되었고, 다른 한 명은 44년 12월 플로레스해(Flores Sea) 그레이트 파터노스터 제도(Great Paternoster Islands)의 사포케섬(Sapoeka Island) 근처의 작은 배에서 낚시를 하던 중 붙잡혔다. 자바인 정보원은 42년 2월 지방의용군에 참여했으며 억류되어 있다가 가까스로 도망쳤지만 43년 8월 헤이호 부대에 강제 징병되었다. 그는 44년 7월 미군에 의해 비아크섬(Biak Island)에서 최종적으로 풀려났다. 모든 정보원들에 의해 제공된 정보는 신뢰할 수 있다.

(중략)

XII. 잔혹 행위

B. 소문: 스마랑(Semarang)(자바 중부) 44년 2월: 정보원은 44년 2월 스마랑에서 타시만(Tasiman)이라는 이름의 마도라인 선주가 그의 선원 한 명과 함께 참수 당했으며 그 이유는 그들이 길거리에서 발견했다고 주장했던 문서들을 소지한 것이 밝혀졌기 때문이라고 들었다.

XIII. 일반정보.

위안부 및 위안소(Prostitution): 시투본도(Sitoebondo)(자바 동부) 44년 7월: 정보원은 그가 알룬-알룬(Aloon-aloon)에 있는 호텔에서 유럽인 여성 다섯 명을 보았다고 진술했다. 한 호텔 직원은 정보원에게 이 여성들이 일본인 장교들을 위한 이들이라고 말해줬다.

중령. S. H. 스푸어.(S.H.Spoor)
네덜란드령 동인도군 정보국 국장.

캠프 컬럼비아, 1945년 1월 27일.

AI2/10757/G.

첨부: 개요도 NEFIS FY 5363호.

19

Compilation of NEFIS Interrogation Reports Nos. 997-1005

RG 319 Entry UD 82-A Box 2008

이 문서는 1945년 2월 6일자 심문보고서 997-1005호 합본이다. 연합군이 구출한 네덜란드군 소속 현지인 군인들에 대한 심문을 바탕으로 작성되었다. 정보원은 할마헤라(Halmahera)섬에서 '위안부'로 고용된 자바인 여성 100명, 중국인 여성 90명, 메나도인 여성 30명, 일본인 여성 30명을 목격했다고 진술한다.

EMR/SECRET.

10 FEB 125576

NETHERLANDS FORCES INTELLIGENCE SERVICE
(NEFIS)
NEW ZEALAND INSURANCE BUILDING,
334-338 QUEEN STREET, BRISBANE.

No: AI2/10979/G. **SECRET** Tel. U. 7076.

Enclosures: 2. 6th February, 1945.

Subject: Interrogation Report.

Compilation of NEFIS Interrogation Reports
Nos. 997-1005 (not issued separately).

----

1. Attached is Compilation of NEFIS Interrogation Reports Nos. 997-1005 (not issued separately).

2. The information contained in this report is derived from interrogation and has not been assessed against information from other sources.

3. Should reproduction of any information contained herein be desired, no mention should be made of the source from which it is derived, to avoid possible compromising of relatives of evacuees in enemy occupied territory.

Lt. Col. S. H. Spoor.
Director NEFIS.

Distribution:

See attached list.

Copy No. 15

GM

DISTRIBUTION	No. of Copies.	Copy 0125576
Exc. H. Van Mook Lt. Gov. Gen.	1	1
B.S.O. through O.B.S.O.	2	2 - 3
O.B.S.O.	1	4
Economic Int. Section G.H.Q. New Delhi via B.S.O. - Colombo.	1	5
COISEF via B.S.O. - Colombo	1	6
C.L.G.	1	7
M.C.A.	1	8
Fd. Directeur B.B.	1	9
SONICA APO 565	2	10 - 11
CSONICA; Kandy	1	12
Min. v. Kol., Att. Col. de Blieck	1	13
Min. of Economic Warfare, Foreign Office, London, via Col de Blieck	1	14
—N.R.C.C.S.	4	15 - 18
G.2., G.H.Q.	2	19 - 20
Officer of the Military Secretary, G.H.Q. (Rear Echelon) APO 500	1	21
Combined Advisory Committee on Tropical Medicine, Hygiene and Sanitation, Rear Echelon, G.H.Q., S.W.P.A., APO 500	1	22
Netherlands Staff Officer, G.3., APO 500	1	23
Ltz. I.C. den Hollander, G.H.Q., G.4., APO. 500	1	24
A.C. of S., G.2., USAFFE	1	25
Civil Affairs Section, USAFFE, APO 501	1	26
Dir. of Intell., Allied Air Forces, S.W.P.A., APO 923	5	27 - 31
Assist. Dir. of Intell., Advanced Echelon, Allied Air Forces, S.W.P.A. APO 925	4	32 - 35
MIS-X Section, A.A.F.	1	36
RAAF HQ. N.W. Area, through NFLO, Darwin	1	37
Chief of Air Staff RAAF HQ	1	38
Dutch Liaison Officer, HQ. 13th Air Force, APO 719	2	39 - 40
D.L.O. Allied A.F., Old Courier Bldg.	1	41
Senior Intell. Officer, First Tactical Air Force, RAAF APO 704	1	42
Mil. Attache, High Commissioner for Canada	2	43 & 74
D.M.I.	1	44
A.D.M.I.	1	45
D.N.I.	1	46
Seventh Fleet Intell. Center	1	47
Director A.G.S.	1	48
Co-Ordinator ATIS	1	49
FELO; HQ	1	50
FELO (Att. Maj. Kromer) C/o NICA, APO 926	4	51 - 54
Contr. A.I.B. via NEFIS Offr. Fwd.Ech.	1	55
S.R.D.	1	56
S.R.D. Brisbane (Maj. Wigan)	1	57
S.I.A.	1	58
Dir. Gen. of Security	1	59
O.C.N.I.O., Merauke	1	60
NEFIS	13	61 - 73
FELO, Melbourne	1	75

EMR/SECRET.

NETHERLANDS FORCES' INTELLIGENCE SERVICE,
NEW ZEALAND INSURANCE BUILDING,
334-338 QUEEN STREET,
BRISBANE. Copy No. 15

Compilation of NEFIS Interrogation Reports Nos.
997 - 1005 (not issued separately)

NOTE:

These reports refer to nine Menadonese infs - all former soldiers of R.N.I. Army - released by Allied Forces on Luzon Island and on Halmahera Island during Oct 44.

As their information for the greater part is identical with that in interrogation reports issued previously, this compilation deals only with additional information, which is considered to be fairly reliable.

The places covered in this report are all situated on Halmahera Island (0°45'N., 127°50'E).

III. TACTICAL DATA ON ENEMY MILITARY FORCES.

All are on Halmahera Island!

Dispositions and Strength of Organizations and Units:

Wasile Bay (1°10'N., 128°00'E):

F-0 a. Area between Foelie River and Dodaga Village, Nov 43 - Aug 44: A number of 75mm A/A guns were seen by inf located at intervals along the coast between the Foelie River and Dodaga Village.

In the same area the Japanese were engaged in the construction of quarters from tree trunks and atap with the assistance of 200 Menadonese, and a large unit of the Taiwan Labour Corps, some of whom were armed with rifles.

F-0 b. Foelie Village (1°15'N., 128°09'E), Dec 43: Another inf stated that approximately 1,000 Japanese Army personnel were stationed in the vicinity of Foelie Village. He saw approximately 50 barrack buildings, some of which were 30 m x 10 m and others 10 m x 5 m.

Considerable numbers of Japanese Air Force personnel were also seen at Foelie, presumably from the airfield at Hatetabako (1°15'N., 128°05'E).

In Sep 44 an observation post was seen between Lolabata and the pier at Hatetabako.

F-0 c. Lolobata (1°15'N., 128°06'E), Jun 44: In the direction of the coast north of the airfield, inf located 50 offices and barracks occupied by about 400 Air Force personnel. On the coast east of the airfield he saw Air Force and Naval units quartered in barracks, each of which measured about 50 m x 20 m, and he estimated the total strength of these units at about 1,000 men. Twenty heavy A/A guns and approximately 24 searchlights defended the airfield. Japanese troops also patrolled the area, equipped with 7.7 mm machine guns.

F-0 d. Hatetabako (1°15'N., 128°05'E), Jun 44: Japanese infantry were quartered along the coast north of the Hatetabako airfield, in addition to M/T units attached to the Air Force and the Japanese Navy.

F-0 e. Dodaga River (1°10'N., 128°10'E), Aug 44: Along the north and south banks of the Dodaga River, about 6 km from the coast, approximately 300 Japanese infantry were quartered. At other points about 1 km from the coast, also on the north and south sides of the river, Japanese telephone units and some infantry were located, in total about 80 men, according to inf.

F-0 f. Titilegan River Area (1°13'N., 128°11'E), Aug 44: Inf stated that about 5,000 Japanese personnel were quartered in a large number of barrack huts, each measuring 30 m x 10 m. He further stated that each hut was capable of accommodating 40 men, and that there were many empty huts.

Kempei: Foelie Village (1°15'N., 128°09'E): Inf was told that approximately 800 Kempei personnel arrived at Foeli Village some time after he had been transferred to another location in Dec 43.

Names of Unit Commanders: Wasile Bay, Aug 44: The officer in charge of 160 Menadonese labourers was Capt. Sato. He was assisted by Cpl. Sato, Cpl. Arai and Pte Katoeka.

Insignia: Halmahera, Aug 44: Japanese infantry wore khaki uniforms, puttees and a cap with a badge in the form of a star.

Native Troops: Foelie River Area (1°10'N., 128°10'E), Aug 44: According to inf, a company of 300 Soekarela armed with bayonets arrived from the Medan and Lake Toba districts of Northern Sumatra. Their ages ranged between 18 and 30 years, and they were employed on the construction of huts and in handling supplies. Inf was told that they received /1.50 per day and their food. During Allied air attacks in the same month the unit fled inland, accompanied by numbers of Japanese Army personnel.

Auxiliary Troops:

a. Moedjoewi (1°14'N., 128°10'E), Feb 44: According to one inf, two units of Javanese Hei-Ho, each of approximately 1,000 men, arrived at Moedjoewi in Feb 44. One of the units was re-drafted to Titilegan River (1°13'N., 128°11'E).

b. Foelie River Area (1°10'N., 128°10'E), Aug 44: The same inf stated that he saw approximately 600 Javanese and Soendanese Hei-Ho personnel in the area. They were equipped with bayonets and wore Dutch uniforms, which when worn out were replaced by Japanese uniforms of a green shade of khaki. On the left coat pocket they wore a small Japanese flag. Inf was told by one of them that they received /66.00 per month and their food.

Indications of Enemy Intentions and Movements: Lolobata (1°15'N., 128°06'E), Jun 44: According to one inf, all Japanese troops billeted in the Lolobata area had been moved inland along the river. Inf was unable to say where they had been re-located.

Supply Arrangements and Installations:

a. Foelie Village (1°15'N., 128°09'E), Dec 43: A rice store was situated on the east side of the street leading from the jetty.

b. Moedjoewi (1°14'N., 128°10'E), Feb 44: The main storage area at Moedjoewi was situated north of the jetty. It contained mainly tinned as well as fresh food supplies, including rice. Northeast of the jetty inf saw a timber workshop, to the southeast of which there was a store containing motors. Again to the northeast of the motor-store he saw another timber workshop.

c. Wasile Bay, Aug 44: Regular shipments of tanks, trucks, searchlights, rice, vegetables, tinned vegetables, tinned meat and clothing arrived in Wasile Bay area from Java. Distribution inland was effected by means of motor trucks.

Shipbuilding and Repair Facilities: Foelie Village (1°15'N., 128°09'E), Jul 44: A workshop in which motor boats were repaired was situated about 1 km west of the jetty at Foelie Village. Inf was unable to give further particulars concerning it.

V. BASIC AIR INFORMATION.

Wasile Bay, Halmahera, Jul - Oct 44:

Locations of Air Installations: Lolobata (1°15'N., 128°06'E) - Hatetabako (1°15'N., 128°05'E), Jul 44: Inf identified airfields at Lolobata and Hatetabako. He estimated that before the Allied air attacks on these airfields approximately 150 bombers and fighters were based on Lolobata airfield, and about 20 fighters and some bombers at the Hatetabako installation. At both locations the bombers were types "Sally" and "Lily", and the fighters, types "Zeke", Sonia" and "Oscar". No Japanese planes were seen airborne after the raids. During the period in which inf was employed with other Menadonese felling timber for the construction of Japanese Army huts, he paid a short visit to Hatetabako airfield during a mid-day meal period. He saw a number of planes under trees in dispersal areas but was unable to determine their type. He also heard aircraft engines, presumably being tested. A considerable number of Japanese personnel were seen at and around the airfield, but he was unable to identify the services to which they belonged. The airfield was destroyed during an Allied air attack in Aug 44.

Airfield Activity: Lolobata (1°15'N., 128°06'E), Oct 44: According to one inf, about 30 planes which had been based on the Lolobata and Hatetabako airfields had been transferred to the Lolobata River, where they were dispersed along the banks.

Allied Air Attacks: Wasile Bay, Aug 44: As many as 80 Allied aircraft participated in some of the daily raids on Japanese positions along the coast. According to one inf, the entire area was devastated and the Japanese had suffered heavy casualties. He stated that those who were uninjured fled inland. Inf heard that during a raid on 10 Aug 44 a Hudson bomber crashed into the sea. Two of the crew landed by parachute on the coast near the scene of the crash. According to inf, one of the two was a European and the other was said to be a British Indian. No further particulars are available.

General Target Information: Titilegan River Area (1°13'N., 128°11'E), Aug 44: One inf stated that during Allied air attacks on quarters in the vicinity of the Titilegan River the Japanese retired to air raid shelters northeast of the mouth of the river. According to inf neither these shelters nor positions of troops quartered at Dodaga (1°10'N., 128°10'E) and along the Doboina River, had ever been subjected to attack from the air.

VII. GEOGRAPHICAL INFORMATION.

Wasile Bay, Halmahera:

Roads, Tracks and Trails: Lolobata (1°15'N., 128°06'E) - Titilegan (1°13'N., 128°11'E), Foelie Area, Aug 44: Construction had been commenced on a new road between Lolobata and Titilegan Village. It had not been completed when inf left the area.

The majority of the roads in the Lolobata area were up to M/T standard and had been made or re-made by the Japanese. In the Foelie area and east of it, roads were in poor condition and apparently no attempt was made to improve them.

Rivers and Streams: Wasile Bay area: The Lolobata River is navigable by landing craft of the Daihatsu type for about 1½ km and by small prahoes for a further 6½ km. The Foelie River is navigable by landing craft of the same type for about ½ km, and by small prahoes for a further one km. Navigation on the Pelegan River is confined to small prahoes and then only for a distance of 1 km from the mouth. Landing craft of the Daihatsu type can proceed up the Titilegan River for about 1 km, and the passage of small prahoes is possible for a further 7 km. The Dodaga River is navigable by landing craft of the Daihatsu type for 1 km, and by smaller craft up to 7 km from the mouth. Landing craft of the Daihatsu type can proceed for about 1 km up the Medja River, and small prahoes for a further 7 km. The depth of the Ifis River will permit the entry of Daihatsu type landing craft up to ½ km from the mouth, and of small prahoes up to 2 km.

Lakes and Swamps:

a. Titilegan River (1°13'N., 128°11'E) - Teba River (1°12'N., 11'E), Wasile Bay: The coastal area between the mouths of the Titilegan and Teba Rivers and for approximately 1½ km inland was swampy.

b. Toetoeli River (1°11'N., 128°12'E) - Medja River (1° 08'N., 128°10'E), Wasile Bay: The coastal area between the mouths of the Toetoeli and Medja Rivers and for a distance of about ½ km inland was also swampy.

Vegetation: Goeroea (1°07'N., 128°05'E), Wasile Bay: Coconut trees grew along the coast. In the vicinity of the air-fields the local inhabitants have planted cassava, sugar cane and pawpaws. Sago swamps were located along the coast between the Pelegan River (1°14'N., 128°10'E) and Goeroea.

Effect of Monsoons: Wasile Bay: Roads became almost impassable during the monsoons and considerable difficulty was experienced in the transport of goods by motor truck.

VIII. POLITICAL AND SOCIAL INFORMATION.

Wasile Bay Area, Jun 44 - Aug 44:

General Living Conditions: According to one inf, the living conditions of the local people were very poor. Food and clothing was in short supply. Some of the natives were employed by the Japanese to paddle canoes and to act as guards.
After the initial bombing of the area by Allied aircraft the local inhabitants, with the exception of a few who were prevented by the Japanese, fled inland. The Japanese were making every effort to induce them to return to the villages on the coast.

Security Regulations and Censorship: Foelie Village (1°15'N., 128°09'E): One inf stated that he had to be in possession of a pass before he was permitted to visit adjacent villages. Such passes were issued by Capt. Sato, who was in command of the Menadonese Labour Detachment. The body of the pass was in the Japanese language and it was endorsed with a red circle surrounding a few Japanese characters. Subsequent to the escape of a number of Menadonese, the local inhabitants were also required to be in possession of a pass before they could move from place to place. After a further number of Menadonese had escaped, travel by the local inhabitants was limited to certain roads, and those who departed from this restriction were liable to be shot on sight. No unauthorised person was permitted to approach the quarters used by Naval personnel.
On one occasion when inf wished to communicate with his friends at Menado (N. Celebes), he was supplied with a postcard on which the message was already written and only required his signature. The message read: "Saja ada berkerdja sama Nippon, se dapatnja ini soerat, lekas dibalas" (I am now working for the Japanese. As soon as you receive this letter reply without delay).

Relation between Japanese and Local Population: In the opinion of inf, the local inhabitants were anti-Japanese. He had seen many of them punished by the Japanese because they were alleged to have helped Menadonese labourers to escape.

Civil Government of Occupied Areas: The oldest man in each village had been selected for the position of village head by the Japanese. Inf stated that they were anti-Japanese.

Taxes: Indonesian tax collectors called "Mahemu" were appointed by the Japanese to collect taxation from each village. Inf could give no specific information concerning the taxes, but he believed that they amouted to about /6.00 per head per year.

Health and Sanitation: Several infs said that there were many cases of malaria, beri-beri and dysentery amongst the native population. There was also considerable evidence of malnutrition. Throughout the whole of the Wasile Bay area, infs had seen no organised effort to carry out sanitary services.

Medical Treatment and Supplies: According to one inf there were two hospitals in the area - one near Foelie Village, and the other near Titilegan Village. They were controlled by Japanese Army doctors and nurses and were open to civilian patients in addition to Army personnel. Another inf, however, stated that the local inhabitants could not secure any medical treatment.

IX. ECONOMIC INFORMATION.

Wasile Bay, Aug 44:

Agricultural Commodities:

Transportation: When the roads were in good condition, transport of sago and other products was carried on by means of motor trucks. When the roads were impassable, distribution was effected by native prahoes.

Prices: The following list of food prices was given by an inf:

Fish	10 cents to /5.00 each.
Bananas	5 cents each.
Oranges	25 cents each.
Chillies	/2.50 per kattie (1.36 lbs).
Tomatoes	/2.50 per kattie (1.36 lbs).
Cassave Roots	5 cents each.
Sago cakes	10 cents each.

Raw Materials: Supplies of atap were purchased from the local inhabitants and quantities of timber were accumulated from the remains of village houses which the Japanese had demolished.

Commerce:

Trade: Though the practice was forbidden, certain Japanese sold clothes, cigarettes, soap and belts to Indonesians and accepted Japanese money in payment. The Japanese also bartered cigarettes, clothing and soap for fruit, locally made fish-hooks and fish.

X. PROPAGANDA AND PSYCHOLOGICAL WARFARE INFORMATION.

Wasile Bay, Nov 43 - Oct 44:

Allied:

Non-Radio Propaganda:

Leaflets and Pamphlets: One inf stated that during the period of his stay in Wasile Bay area, Allied aircraft had dropped leaflets at least twenty times. Persons who were found to be in possession of these leaflets were severely punished.

Certain of the local people who were not employed by the Japanese acted on advice contained in the leaflets and retired inland. Efforts were made by the Japanese to induce them to return to their homes, but only those who were compelled to do so returned to the coast.

Enemy:

Morale of Enemy Forces:

Attitude Toward War: In the opinion of one inf, Japanese morale was not particularly high. He stated that a number of Japanese personnel had deserted and were still hiding in the jungle.

Rumours Affecting Morale: Japanese were heard to state that 300 planes were about to be sent from Tokio to Halmahera. They boasted that they had aircraft superior to Allied Liberators. They also claimed that a grenade had been manufactured in three parts, each one exploding in succession to the other. Inf was also told that the greater part of Australia had been conquered by the Japanese.

Effect of Air Raids: From the commencement of Allied Air attacks the Japanese lived at their shelters during the day and returned to barracks at night.

XIII.GENERAL.

Prostitution: Foelie River Area (1°15'N., 128°09'E), Wasile Bay, Jun 44: One inf stated that he had seen 100 Javanese, 90 Chinese, 30 Menadonese and 30 Japanese women who were employed as prostitutes.

Europeans at Large: Boelie Bay (1°30'N., 128°20'E), Sep 44: An inf was told that four Europeans, including one Dutchman and one Englishman, had been hiding in the Boelie Bay area. He also heard at a later date that two of them, including the Dutchman, had been captured and executed by the Japanese.

Spoor

Lt. Col. S. H. Spoor.
Director NEFIS.

AI2/10979/G.

Camp Columbia, 7th February, 1945.

2급 비밀.

네덜란드령 동인도군 정보국

뉴질랜드 보험사 빌딩

334-338 퀸 스트리트, 브리즈번

No. AI2/10979/G. 전화번호. U7076

첨부: 2.

주제: 심문보고서 1945년 2월 6일.

네덜란드령 동인도군 정보국 심문보고서

997-1005호 합본 (개별호 미발행).

---

1. 첨부된 보고서는 네덜란드령 동인도군 정보국 심문보고서 997-1005호 합본이다.(개별호 미발행)

2. 보고서에 포함된 정보는 심문을 통해 획득된 것이며 아직 다른 출처의 정보들을 통해 확인되지 않았다.

3. 이 안에 담긴 정보를 배포하는데 주의를 기울이도록 한다. 적국 점령지에 거주하는 피난민의 친지를 위험에 빠트리지 않도록 정보의 출처에 대한 언급하지 말아야 한다.

중령. S. H. 스푸어.(S.H.Spoor)

네덜란드령 동인도군 정보국 국장.

배포:

첨부된 목록 참조

복사본 15호.

(중략)

2급 비밀.

네덜란드령 동인도군 정보국,
뉴질랜드 보험사 빌딩,
334-338 퀸 스트리트,
브리즈번.

복사본 15호.

네덜란드령 동인도군 정보국 심문보고서
997-1005호 합본 (개별호 미발행).

주:

이 보고서는 44년 10월 루손 섬(Luzon Island)와 할마헤라 섬(Halmahera Island)에서 연합군이 구출한 아홉 명의 메나도인(Menadonese) 정보원을 심문한 것이다. 이들은 모두 전직 네덜란드령 동인도 육군 병사였다.

그들의 정보 대부분이 이전에 발행되었던 심문보고서 내용과 동일하므로, 이 합본은 상당히 신뢰할 만하다고 여겨지는 추가적인 정보만을 다룬다.

이 보고서에서 다루는 장소들은 모두 할마헤라섬(0" 45'N, 127"50'E)에 위치해 있다.

(중략)

XIII. 일반정보.

위안부 및 위안소(Prostitution): 폴리(Foelie)강 지역(1" 15'N, 128"09'E), 와실리만(Wasile Bay), 44년 6월: 한 정보원은 위안부(prostitutes)로 고용된 자바인 여성 100명, 중국인 여성 90명, 메나도인 여성 30명과 일본인 여성 30명을 보았다고 진술했다.

잡히지 않은 유럽인: 볼리만(Boelie Bay)(1" 30'N, 128"20'E), 44년 9월: 정보원은 네덜란드인 한 명과 영국인 한 명을 포함한 유럽인 네 명이 볼리만 지역에 숨어있다고 들었다. 그는 또한 이후에 네덜란드인을 포함한 그들 중 두 명이 붙잡혀 일본인에게 처형당했다고 들었다.

중령. S. H. 스푸어.(S.H.Spoor)

네덜란드령 동인도군 정보국 국장.

캠프 컬럼비아, 1945년 2월 7일.

AI2/109979/G.

20

Compilation of NEFIS Interrogation Reports Nos. 1073, 1251

RG 319 Entry UD 82 Box 2009

이 문서는 1945년 3월 30일자 1073호, 1251호 합본 심문보고서이다. 이 보고서는 모로타이에 대한 정보를 미군에 보고한 상이인(Sangirese)과 연합군 잠수함에 의해 일본 화물선이 침몰되었을 때 구조된 발리인 선원으로부터 얻은 정보를 담고 있다. 이 보고서는 1943년 11월 발리섬 덴파사르(Den Pasar)에, 과거 호텔로 사용되었던 철조망이 설치된 작은 건물이 위안소(brothel)로 활용되었다는 정보를 포함하고 있다. 보고서에 포함된 덴파사르의 지도 6번에 위안소의 위치가 표시되어 있다. 보고서에는 설명되어 있지 않지만 첨부된 파레파레 지도 23번에도 위안소가 표시되어있다.

0147988

GM

SECRET

NETHERLANDS FORCES INTELLIGENCE SERVICE
(NEFIS)
NEW ZEALAND INSURANCE BUILDING,
334-338 QUEEN STREET, BRISBANE.

No: AI2/12690/G. 30th March, 1945.

Enclosures: 4.

Subject: Interrogation Reports.

COMPILATION OF NEFIS INTERROGATION REPORTS
Nos. 1073 and 1251 (Not Issued Separately).

1. Attached is Compilation of NEFIS Interrogation Reports Nos. 1073 and 1251 (not issued separately).

2. The information contained in this report is derived from interrogation and has not been assessed against information from other sources.

3. Should reproduction of any information contained herein be desired, no mention should be made of the source from which it is derived, to avoid possible compromising of relatives of evacuees in enemy occupied territory.

Director NEFIS

S.H. SPOOR
Col.GS.R.N.I.A.

Distribution:

See Attached List.

Copy No:

SF.

DISTRIBUTION	No of Copies	Copy No.
Exc. H. van Mook, Lt.Gov. Gen.	1	1
B.S.O. through O.B.S.O.	2	2 - 3
O.B.S.O.	1	4
Economic Int. Section G.H.Q., New Delhi via B.S.O. - Colombo	1	5
COISEF via B.S.O. - Colombo	1	6
C.L.G.	2	7 - 8
M.C.A.	1	9
Fd. Directeur B.B.	1	10
SONICA APO 565	2	11 - 12
CSONICA: Kandy	1	13
Min. v. Kol., Att. Col. de Blieck	1	14
Min. of Economic Warfare, Foreign Office, London, via Col. de Blieck	1	15
N.R.C.C.S.	5	16 - 20
G.2., G.H.Q.	2	21 - 22
Office of the Military Secretary, G.H.Q. (Rear Echelon), APO 500	1	23
Combined Advisory Committee on Tropical Medicine, Hygiene and Sanitation, Rear Echelon, G.H.Q., S.W.P.A., APO 500	1	24
Netherlands Staff Officer, G.3., G.H.Q., APO 500	1	25
Lt.Cdr. C. den Hollander, G.4., G.H.Q., APO 500	1	26
A.C. of S., G.2., USAFFE	1	27
Assistant to the Chief of Staff, HQ.USAFFE APO 501	1	28
Dir. of Intell., Allied Air Forces, S.W.P.A. APO 923	5	29 - 33
Assist. Dir. of Intell., Advanced Echelon, Allied Air Forces, S.W.P.A. , APO 925	4	34 - 37
MIS-X Section A.A.F.	1	38
Area Int. Office, RAAF HQ., N.W.Area, Darwin	1	39
Chief of Air Staff RAAF HQ.	1	40
Dutch Liaison Officer, HQ. 13th Air Force, APO 719	2	41 - 42
D.L.O. Allied A.F., Old Courier Building	1	43
First Tactical Air Force, through N.L.O., Group 493, RAAF PACIFIC	1	44
N.E.I. Intell. Off. NICA III APO 926	1	45
Mil. Attache , High Commissioner for Canada	2	46 - 47
D.M.I.	1	48
A.D.M.I.	1	49
D.N.I.	1	50
Seventh Fleet Intell. Center	1	51
Commander Task Force 71 through NEFIS Offr. Perth	2	52 - 53
NEFIS Officer, Perth	1	54
Director A.G.S.	1	55
Co-Ordinator ATIS	1	56
FELO, HQ	1	57
FELO (Att.Maj.Kremer) C/o NICA APO 926	1	58
FELO Melbourne	1	59
Contr. A.I.B. via NEFIS Offr. Fwd. Ech.	1	60
S.R.D.	2	61 - 62
S.R.D. Brisbane (Maj. Wigan)	1	63
S.I.A.	1	64
Dir. Gen. of Security	1	65
O.C.N.I.O., Hollandia	2	66 - 67
Fd. Directeur v. Justitie	1	68
Directeur v. Ec. Zaken	1	69
Fd. Directeur v. V. & W.	1	70
Hoofd D.V.G.	1	71
Fd.Directeur v. Financiën	1	72
Fd. Directeur v. Onderwys	1	73
NEFIS	14	74 - 87
Dep. Chief of Int. Staff, Brit.Pac. Fleet Attn. Lt. Cdr. Traynor	1	88
Security Intelligence for Planning Staffs, via NISEA, Colombo	1	89

GM

SECRET

NETHERLANDS FORCES INTELLIGENCE SERVICE,
NEW ZEALAND INSURANCE BUILDING,
334-338 QUEEN STREET,
BRISBANE.

Copy No.

COMPILATION OF NEFIS INTERROGATION REPORTS
Nos. 1073 and 1251 (Not Issued Separately).

NOTE.

The above reports refer to a Sangirese who reached Morotai in his own prahoe and reported to the U.S. Forces, and to a Balinese sailor on a small Japanese cargo vessel who was picked up when the vessel was sunk by an Allied submarine. Infs are contradictory; information is considered only fairly reliable.

To facilitate reference, the places covered in this report are listed hereunder by sections:-

III. TACTICAL DATA ON ENEMY MILITARY FORCES.

Bali Is

Kg. Penindjoan
Den Pasar

Celebes

Makassar
Pare Pare
Toli Toli
Donggala

Halmahera

Galela Bay

Borneo

Bandjermasin
Boenoet

IV. SUMMARY OF NAVAL INFORMATION.

Bali Is

Den Pasar

Celebes

Makassar
Pare Pare
Bolaang Oeki

East Java

Soerabaja

Borneo

Bandjermasin
Boenoet
Pontianak

V. BASIC AIR INFORMATION.

Celebes

Pare Pare

VIII. POLITICAL AND SOCIAL INFORMATION.

Bali Is

Kg. Penindjoan
Den Pasar

Celebes

Makassar
Menado
Pare Pare

IX. ECONOMIC INFORMATION.

Bali Is

Kg. Penindjoan
Den Pasar

Celebes

Makassar
Pare Pare

East Java	West Java.	Borneo
Soerabaja	Batavia	Bandjermasin Pontianak

X. PROPAGANDA AND PSYCHOLOGICAL WARFARE INFORMATION.

Celebes

Makassar

XII. PERSONALITIES.

Celebes

Makassar

XIII. GENERAL.

Bali Is

Den Pasar

III. TACTICAL DATA ON ENEMY MILITARY FORCES.

Dispositions and Strength of Organisations and Units:

a. Pare Pare (4°01'S., 119°37'E), Celebes, Jun 43: Approximately 70 Japanese Army personnel were seen by inf in a large house surrounded by a barbed wire fence (see Sketch NEFIS No. FY 5425, item 24). They did not appear to be armed and inf was unable to say how they were employed.

Approximately 400 Japanese civilian and military men and women were seen by inf to be living in the area shown on sketch NEFIS NO. FY 5425, item 16. He could not say how they were employed. A number of armed Indonesian police sentries were posted at intervals along the road facing the area.

Aug 44: About 20 Japanese Naval personnel, employed as carpenters at the shipyards, were quartered in a brick house with a corrugated iron roof (see Sketch NEFIS No. FY 5425, item 4). Inf was unable to give the dimensions of the building.

b. Kg. Penindjoan (8°27'S., 115°25'E), Bali, Nov 43: There were no Japanese troops at this village, of which inf was a native.

c. Den Pasar (8°39'S., 115°13'E), Bali, Nov 43: The former Topographical Service Office was used as quarters for about 200 Japanese Army personnel and 100 Balinese Heiho troops (see Sketch NEFIS No.FY 5426, item 49). A single armed Heiho member from a guard approximately 10 strong, maintained a constant watch.

Quarters for about 200 Japanese Naval personnel were located in the former Assistant Tax Collector's office (see Sketch NEFIS No. FY 5426, item 24). Inf was unable to give further particulars.

Kempei:

a. Den Pasar (8°39'S., 115°13'E), Bali, Nov 43: A house previously occupied by the former Commissioner of Police provided quarters for 30 Balinese Kempei (see Sketch NEFIS No. FY 5426, item 46), and the former B.P.M. building housed approximately 40 Japanese Kempei (see Sketch NEFIS NO. FY 5426, item 20).

b. Pare Pare (4°01'S., 119°37'E), Celebes, Aug 44: Inf saw a stone building with corrugated iron roofing (see Sketch NEFIS No. FY 5425, item 1). It was divided into two compartments, one of which was occupied by Indonesian Kempei and the other by Japanese Kempei personnel. Inf saw 15 Indonesian Kempei in front of the building but was unable to estimate the total number housed in the building, nor could he state the approximate dimensions of the building which was guarded by one Indonesian Kempei member in jungle green uniform and armed with a rifle.

Insignia:

a. Makassar (Celebes), Mar 44: The teachers at the "Kai In Yoseijo" (Merchant Marine Training School) wore either white or green uniforms and a cap of the same colour with an anchor badge. Instructors in motor mechanics wore a red anchor on a circle 1½ cm. in diameter and those engaged on general subjects wore a yellow anchor.

b. Pare Pare (4°01'S., 119°37'E), Celebes, Aug 44: Japanese employees at the shipbuilding yard wore white shirts with short sleeves, white shorts and a white cloth cap carrying a yellow anchor. When off duty the Japanese employed on the "Kasu Maru" No. 3 wore khaki shirts with long sleeves, khaki trousers and a khaki cloth cap with a yellow anchor.

Auxiliary Troops:

Heiho: Den Pasar (8°39'S., 115°13'E), Bali, Nov 43: About 100 Balinese Heiho troops were quartered at the former Topographical Service Office (see Sketch NEFIS No. FY 5426, item 49). They were employed at the harbour of Sanoer (8°40'S., 115°16'E) and also as guards at their own quarters.

Taiwan Labour Corps: Galela Village, Galela Bay, (1°50'N., 127°50'E), Halmahera, May 44: When inf arrived at Galela with a cargo of atap from Morotai, he saw a unit of the Taiwan Labour Corps, assisted by some Japanese, unloading similar cargo from other prahoes. The Taiwan Labour personnel wore the same uniform and carried arms similar to the Japanese forces. Inf was told that there were about 1,000 in the area.

Supply Arrangements and Installations:

a. Pare Pare (4°01'S., 119°37'E), Celebes, Jun 43: Five large godowns were seen by inf in the area shown on sketch NEFIS No. FY 5425, item 17. Three of these godowns, each approximately 8 x 15 metres, held rice and another contained sugar. Inf did not know the contents of the fifth godown.

Rice, and paddy not yet milled, was stored in a godown which also served as rice mill (see attached sketch NEFIS No. FY 5425, item 7).

Aug 44: An office of the Sui Kuatsu Kaisha (S.K.K.) was situated in a brick building with a corrugated iron roof (see Sketch NEFIS No. FY 5425, item 5). Inf stated that 10 Japanese Naval personnel and a number of Indonesian civilians handled the supply of rice and peanut oil to Japanese ships.

The two S.K.K. rice godowns were located west of the office and on the west side of the road (see Sketch NEFIS No. FY 5425, item 6). They were constructed of timber with corrugated iron roofing. The rice was delivered from a mill (see Sketch NEFIS No. FY 5425, item 7) and was contained in small bags.

b. Makassar (Celebes), Bandjermasin - Boenoet (Borneo), Mar - Jun 44: During the first voyage of the "Kasu Maru" No. 3 from Makassar she carried a cargo of rice and dried fish for Bandjermasin and Boenoet.

c. Makassar (Celebes), Bandjermasin (Borneo), Aug - Nov 44: A cargo of rice, dried fish, sugar and ketjap was carried to Bandjermasin during the second voyage.

Enemy Material and Equipment: Pare Pare (4°01'S., 119° 37'E), Celebes, Aug 44: Japanese motor transport was repaired in a red brick building with corrugated iron roofing (see Sketch NEFIS No. FY 5425, item 2). Inf saw four trucks in the course of repair and 10 native civilians employed under the direction of four Japanese Naval personnel.

Location of PW Camps:

a. Baroe Village, Toli Toli (1°00'N., 120°55'E), Celebes, May 43: When inf carried an official message from Donggala (0°40'S., 119° 45'E) to the Chief of Police at Toli Toli, he saw a camp, in which there were about 100 Indonesian PsW, at Baroe Village. It consisted of three long atap buildings with corrugated iron roofs and was surrounded by barbed wire. Heiho from Gorontalo (0°30'N., 123°05'E) were on guard.

b. Pare Pare (4°01'S., 119°37'E) Celebes, Jun 43: Approximately 10 Dutchmen were interned in a wood and atap cattle shed, which was surrounded by a barbed wire fence and guarded by a Makassarese policeman armed with rifle and bayonet (see Sketch NEFIS No. FY 5425, item 19).

IV. SUMMARY OF NAVAL INFORMATION.

Ship Movements and Ships in Port:

a. **Don Pasar** (8°39'S., 115°13'E), Bali, Nov 43: Inf was embarked with 34 Balinese on a vessel of the "Victor Able" division, type lugger, motor sail boat, for transfer to Makassar (Celebes). With the exception of some native prahoes, he had seen no other ships in Benoa harbour.

b. Makassar (Celebes), Aug 44: Inf was employed on a 75-ton "Victor Able" type lugger named "Kasu Maru" No. 3. The crew consisted of four Japanese and four Indonesians. The names of the four Japanese were as follows:-

Capt. Metakesan
Gira (head mechanic)
Djika (second mechanic)
Saki (cook and also a mechanic)

The "Kasu Maru" No. 3 and three other vessels of the same class, the "Kota Hira" No. 7, the "Nippon Maru" No. 2 and the "Osima Maru" were anchored in the Prauwen harbour.
Inf also saw a "Victor Able" lugger, motor sail boat, anchored along the Wilhelmina Steiger. It carried the number 308. Five "Daihatsu type A" M.L.C. were also seen by inf in the Prauwen harbour.

c. Pare Pare (4°01'S., 119°37'E), Celebes, Aug. 44: Four wooden vessels of the "Victor Able" division, type lugger, motor sail boat, and one "Victor Able" type motorboat were awaiting overhaul.

d. Bandjermasin (Borneo), Aug 44: In addition to the "Kasu Maru" No. 3, two other wooden vessels of the "Victor Able" division, type lugger, motor sail boat, were in port.

e. Soerabaja (East Java), Nov 44: The "Kasu Maru" No. 3 moored at the Rotterdam Quay and also at the Ymuiden Quay. Inf noticed a large number of Japanese Naval personnel on a ship of the "Sugar Dog" type which was moored at the intersection of Tandjoeng Perak Quay and Ende Quay. He also saw two wooden "Victor Able" type luggers with one mast moored near the intersection of Dock Quay and Tandjoeng Perak Quay. All ships vacated the harbour each evening at 1800 hours and returned at 0600 hours.

Ships Sunk or Damaged: Soerabaja (East Java), Bandjermasin (Borneo), Nov 44: The 75-ton "Victor Able" type lugger, "Kasu Maru" No. 3, was sunk by an Allied submarine while en route from Soerabaja (East Java) to Bandjermasin (Borneo) on 16 Nov 44.

Shipping Routes: Makassar (Celebes), Mar - Nov 44: The "Kasu Maru" No. 3 made two voyages during the period in which inf was employed on board. The first covered the following route:- Makassar (Celebes), Bandjermasin (Borneo), Pontianak (Borneo), Boenoet (Borneo), Pontianak (Borneo), Batavia (West Java), Soerabaja (East Java) and Makassar (Celebes). The second voyage was from Makassar (Celebes) to

Bandjermasin (Borneo), thence to Soerabaja (East Java). During the return voyage from Soerabaja to Bandjermasin the ship was sunk by Allied submarine. One hundred and fortythree cases of medicine, 60 hand shovels and two motor-cycles were lost.

Ship Building and Repair Facilities:

a. Pare Pare (4°01'S., 119°37'E), Celebes, Jun 43: About ~~40~~ XI Japanese were employed on 10 slipways (see Sketch NEFIS No. FY 5425, item 20), where large cargo barges, type "G", were under construction. They were assisted by about 1,000 Indonesians, who worked on alternate shifts of 500, the first between 0700 hours and 1700 hours, and the second from 1800 hours to 2400 hours. Ten barges had already been completed as far as the decking. Large quantities of timber were brought by truck from locations along the road leading to Makassar. The entire area was surrounded by barbed wire and employees only were permitted to enter. Inf was unable to say whether the Japanese were Naval or Army personnel as they worked in loin cloths. They were quartered in a number of wood and atap houses (see sketch NEFIS No. FY 5425, item 21).

Aug 44: Ships' motors were dismantled and cleaned in a newly erected bamboo and atap building measuring approximately 15 x 8 metres (see Sketch NEFIS No. FY 5425, item 8). Eight Japanese Naval personnel and 15 Indonesians were employed on this work.

XI
12B.6276

Motor parts in need of repair were taken to another newly erected bamboo and atap building which measured about 10 x 6 metres (see Sketch NEFIS No. FY 5425, item 9). About 15 Japanese Naval personnel were engaged on repairs.

The reconditioned motors were stored in a further building of similar construction measuring 18 x 10 metres (see Sketch NEFIS No. FY 5425, item 10). This was guarded by four Japanese Naval personnel.

While the "Kasu Maru" No. 3 was undergoing overhaul on a single slipway situated near the extremity of the coast line to the north-east of the town (see Sketch NEFIS No. FY 5425, item 11), inf was able to observe a shipbuilding installation in approximately the same area (see Sketch NEFIS No. FY 5425, item 12). Five hulls were partly in the water and apparently ready for launching; decks and engines had not been installed. These ships were of the same type as the "Kasu Maru" No. 3, but, according to inf, of approximately 100 tons. Work had commenced on three other ships of the same type. They were all built in the open air and were launched over a series of rollers. There were no slipways. About 20 Japanese Naval personnel and more than 50 Indonesians were employed.

Timber used in the ships was dressed and cut at a newly erected shed measuring 20 x 15 metres (see Sketch NEFIS No. FY 5425, item 14). The sides of this carpenters' shop were open and all work was done by hand. Inf saw about five Japanese Naval personnel and approximately 30 Indonesians at work. He was unable to say what type of timber was used.

The dressed timber was stored in a bamboo and atap building (see Sketch NEFIS No. FY 5425, item 13) measuring 10 x 8 metres and situated south of the shipyard.

The offices were located in another newly erected bamboo and atap building measuring 15 x 10 metres (see Sketch NEFIS No. FY 5425, item 15). Only Japanese personnel were employed but inf could not estimate their numbers nor could he supply any further particulars concerning the office.

XI
12B.6276

b. Bolaang Oeki (0°50'N., 123°55'E), N. Celebes, Sep 43: While inf was en route to Menado from Kwandang Village (0°50'N., 122°50'E) by prahoe, he was compelled by the weather to put into Bolaang Oeki, where he was told by one of the local inhabitants that the Japanese had established a shipyard.

V. BASIC AIR INFORMATION.

Locations of Air Installations: Pare Pare (4°01'S., 119°37'E) Celebes, Aug 44: Inf saw two float planes anchored east of the shipbuilding yard (see Sketch NEFIS No. FY 5425, item 22). He identified them as one type 2 FFB "Rufe" and one type OFB "Peter". He was unable to give the precise location of the anchorage.

VIII. POLITICAL AND SOCIAL INFORMATION.

General Living Conditions:

a. Penindjoan (8°27'S., 115°25'E), Bali, Nov 43: The entire rice harvest and half of the vegetable crop were commandeered by the Japanese. There was a very serious food shortage and the native population were compelled to exist on cassava and an inadequate supply of vegetables such as beans and cabbage. Killing of cattle was forbidden, but a certain number were slaughtered surreptitiously as there was no other source of meat supply.

No new clothing was offered for sale, and the majority of the people were clothed in garments made from old jute sacks and plaited palm leaves.

b. Pare Pare (4°01'S., 119°37'E), Celebes, Aug 44: There was an acute shortage of food and clothing. Inf was told that old rice, infested with weevils, could be purchased from the Japanese. The natives were very poorly dressed in dilapidated clothing.

Security Regulations and Censorship:

a. Den Pasar (8°39'S., 115°13'E), Bali, Nov 43: The ice factory (see Sketch NEFIS No. FY 5426, item 59) was surrounded by a barbed wire fence. Each morning at 0700 hours all native employees were paraded in order to ensure that no unauthorised persons were permitted to enter.

b. Makassar (Celebes), Jan 44: Inf received a letter from his cousin who was at Bali. It was in a closed envelope which showed no evidence of having been opened by a censor. It was undated as the use of dates was forbidden by the Japanese. He was satisfied that the letter was authentic as he recognised the handwriting.

A pass was required by members of the crew of the "Kasu Maru" No. 3 who wished to go ashore. It was issued by the Captain and handed to him when the holder returned to the ship.

Civil Government of Occupied Areas: Den Pasar (8°39'S., 115°13'E), Bali, May 44: The Minseibu (Civil Administration) was located in the former City Council P.W.D. office (see Sketch NEFIS No. FY 5426, item 19). Japanese and Balinese civilians were employed but inf could give no particulars as to their numbers.

An office which was concerned with the cargo loaded and unloaded from ships was located in the former Assistant Tax Collector's house (see Sketch NEFIS No. FY 5426, item 24). Inf was told that the office was connected with the Kunan Kaijun (Merchant Marine).

Civil Service, Courts, Etc:

a. Den Pasar (8°39'S., 115°13'E), Bali, Nov 43: The former police barracks (see Sketch NEFIS No. FY 5426, item 58) were still occupied by Indonesian police whom inf estimated to number about 50. They wore green shirts and shorts and a green cloth cap on which there was a red circle 1 cm. in diameter on a yellow background surmounted by a red cross.

The former "Efa" Photographic Studio and Curio Shop was used as quarters for approximately 40 Japanese civilians (see Sketch NEFIS No. FY 5426, item 18). Inf was unable to say how they were employed.

b. Pare Pare (4°01'S., 119°37'E), Celebes, Aug. 44: A brick building with corrugated iron roofing, measuring about 25 x 6 metres, housed a number of Japanese civilians (see Sketch NEFIS No. FY 5425, item 3). Inf was unable to say what work they performed, nor could he estimate their total number.

Organisations:

Military: Den Pasar (8°39'S., 115°13'E), Bali, May 44: Inf was told that all Balinese males and females from the age of 15, who could read and write, were compelled to join the Soekarela, in which they remained until they reached the age of 17 years. They were then transferred to the Seinendan, in which they served until they reached the age of 20 years, when they were free to choose their means of livelihood.

Balinese males and females who could not read or write were not permitted to join any of the organisations. Before the organisation of Soekarela and Seinendan the Japanese had checked the school records of those who might be eligible for membership.

The work done by the Soekarela consisted of building houses, repairing roads and bridges etc. They did not receive any military training and were paid at the end of each month in accordance with the Japanese overseer's estimate of their value. The minimum pay was 50 cents and the maximum /1.00 per day. Soekarela members were never supplied with food or clothing. The work of Seinendan was similar to that of Soekarela; members moreover received some military training.

Education:

a. Den Pasar ($8^\circ39'$S., $115^\circ13'$E), Bali, Nov 43: The former bank (?) had been converted into a school known as "Tjoegakko Orang Perempoean" (Higher Elementary School for Women) (See Sketch NEFIS No. FY 5426, item 25). Inf was quartered for some time in the building. He also heard that there was a school known as "Sihangakko" (School for Teachers), but could not say where it was located.

b. Penindjoan ($8^\circ27'$S., $115^\circ25'$E), Bali, Nov 43: Inf stated that he attended a Malay school where no changes had been made in the pre-war curriculum.

c. Makassar (Celebes), Mar 44: Inf was selected as a pupil of the "Kai In Yoseijo" (Merchant Marine Training School). Courses were provided for mechanics and for ordinary seamen and in either case they extended over a period of four months. The pupils were permitted to choose either course. At the close of the first period they were permitted to take a more advanced course in the same subjects, provided they were successful in passing an examination. Inf could give no information concerning the examination as he had asked to be posted to a ship after the first elementary course.

During the elementary course, students were paid at the rate of /.2.00 per month. They wore blue shirts and shorts and a blue cap with a red anchor.

There were three Indonesian teachers - one Javanese, one Menadonese and a Makassarese named Tinol. The Javanese was a drill instructor, the Menadonese gave P.T., and the Makassarese, Tinol, lectured in the Malay language on machine parts. There were also two Japanese Naval men who acted as teachers. Heischocho (?) Sakai gave instruction in military drill and Tedong superintended P.T. The principal of the school was known as Muriayama Ykateru (?).

Medical Treatment and Supplies: Soerabaja (East Java), Makassar (Celebes), May - Jun 44: The "Kasu Maru" No. 3 loaded 175 cases of medicine at Soerabaja. The cases measured 1 metres x 1 metre x 40 cm. in depth and were unloaded at Makassar. Beyond the fact that they contained medicines, inf was unable to supply further detail.

Treatment of Prisoners of War and Internees: Menado ($1^\circ30'$N., $124^\circ50'$E), N. Celebes, Mar 43: Inf was told that nine Americans and two Filipinos who landed at Bangka Island ($1^\circ45'$N., $125^\circ10'$E) were taken prisoner and transferred to Menado, where they were bound and severely beaten in public.

IX. ECONOMIC INFORMATION.

Agricultural Commodities:

Production: Penindjoan ($8^\circ27'$S., $115^\circ25'$E), Bali, Nov 43: The main crops were rice, corn, sweet potatoes, beans and cabbage. The entire rice crop was commandeered by the Japanese. The rice was delivered to the village head and was later removed on horseback to Bangli. No payment was received by the growers, who were permitted to retain a small amount of the crop for use as seed. Those who had vegetable gardens were compelled to divide them into two equal parts and to hand over the product from one half to the Japanese. They were not provided with seed. Vegetables were harvested every three months.

XI 162A.6246

Industries and Manufacturing: Den Pasar (8°39'S., 115°13'E), Bali, Nov 43: A new ice factory (see Sketch NEFIS No. FY 5426, item 59) had been built by native labour under Japanese supervision. It was surrounded by a fence and only employees were allowed to enter. It was guarded by a native civilian who was not armed. Ice was produced in blocks of ½ metre in length, 10 cm. wide and 4 cm. thick. It was sold at 30 cents per block.

Transportation:

Motor: Den Pasar (8°39'S., 115°13'E), Bali, Nov 43: Inf was carried between Bangli and Den Pasar by a bus which was owned by a firm known as "S.B.T.". He was unable to say what these letters represented, but stated that the firm was controlled by a Chinese named Hapi, prior to the war.

Utilities:

Water:

a. Penindjoan (8°27'S., 115°25'E), Bali, Nov 43: Water supplies for domestic use were carried from the river in tins and hollow bamboos. There were no pipes.

b. Den Pasar (8°39'S., 115°13'E), Bali, Nov 43: Inf was unable to state the origin of the water supply which was obtained from taps. It was not rationed.

c. Makassar (Celebes), Jun 44: Water was distributed through a system of pipes and though it was not rationed the pressure was very low.

d. Bandjermasin (Borneo), Jun 44: There was no shortage of water, which could be drawn from taps at any hour.

Power:

a. Den Pasar (8°39'S., 115°13'E), Bali, Nov 43: According to inf the power station (see Sketch NEFIS No. FY 5426, item 14) was not in use and no power supplies were available.

b. Bandjermasin (Borneo), Jun 44: According to inf lights were not extinguished until 2400 hours.

c. Pontianak (Borneo), Jun 44: All lights were extinguished at midnight.

d. Soerabaja (East Java), Nov 44: No electric lights were seen by inf in the harbour area.

e. Batavia (West Java), Nov 44: No electric lights were seen by inf in the harbour area.

Communications:

Mail: Makassar (Celebes), Jan 44: Inf received a letter from Penindjoan (Bali). It was in a closed envelope but had no stamp or postmark. He stated that the inclusion of dates in letters was forbidden by the Japanese.

Raw Materials: Pare Pare (4°01'S., 119°37'E), Celebes, Aug 44: The native population sold logs to the Japanese. Inf could not state the price paid or the type of timber but he believed that it was used for shipbuilding.

Food: Pare Pare (4°01'S., 119°37'E), Celebes, Aug 44: Inf gave the following list of prices paid for food purchased by him for the Japanese Captain of his ship, also pre-war prices for comparison:-

	Pre-war.	Aug 44.
Bananas, per bunch	5 cents	30 cents
Pumpkin	10 "	30 "
Beans, bunch of 15	3 "	10 "
Fish, 20 (small)	5 "	/.1.00

Labour: Makassar (Celebes), Mar 44: While he served on the "Kasu Maru" No. 3 inf's wages were stated to be /30.00 per month, but /11.00 were deducted for his uniform, food, soap and other small items. He was told that he would be released and permitted to return to his village after serving for two years.

Food consisted of three meals per day which included rice, raw fish, or raw meat, or one raw egg. The vegetables were mixed with sugar and soya ketchup. The food was the remains of that provided for the Japanese and was available only in proportion to the Japanese appetites. The Indonesians were compelled to eat whatever was provided and were beaten if they failed to dispose of it.

Clothing: Bangli (8°27'S., 115°22'E), Bali, Nov 43: Old rice sacks made of jute were sold among the native population at /1.00 each, compared with the pre-war price of 20 cents. They were used to make clothing as no other cloth was available.

X. PROPAGANDA AND PSYCHOLOGICAL WARFARE INFORMATION.

Allied:

Non-Radio Propaganda:

Leaflets and Pamphlets: Makassar (Celebes), Oct 44: Leaflets were dropped by Allied aircraft over Makassar and inf was able to see part of the contents of one leaflet before it was collected by the Japanese. He remembered the following sentence: "Saudara saudara sekalian menjingkirlah sekoeat-koeatnja dan ini lihat moeka, Japan akan menjesakan saudara saudara sekali" .... (lagi), which may be freely translated "Friends, go away from the Japanese, as far as possible, as it can be foreseen that they will torture you once (again)".

XII. PERSONALITIES.

Naval Personnel: Makassar (Celebes), Mar 44: Teachers at the "Kai In Yoseijo" (Merchant Marine Training School):-

Sakai	Heischocho	5'9", very short black hair, round face, clean shaven, age about 45.
Tedong	(rank unknown)	5'6" in height, broad build, round clean shaven face, very short black hair, dark skin, wore spectacles.
Muriayama Ykateru		Principal of the "Kai In Yoseijo" School, known by this title, 5'7" in height, broad build, round clean shaven face, very short black hair, wore spectacles.

XIII. GENERAL.

Prostitution: Den Pasar (8°39'S.,115°13'E), Bali, Nov 43: A former small hotel (name unknown) (see Sketch NEFIS No. FY 5426 item 6), surrounded by a barbed wire fence, was in use as a brothel. Inf was unable to supply further particulars.

Director NEFIS.

S.H. S P O O R
Col. GS.R.N.I.A.

Camp Columbia, 30th March, 1945.

Enclosures:

NEFIS Sketch No. FY 5425 - Pare Pare.

NEFIS Sketch No. FY 5426 - Den Pasar.

AI2/12690/G.

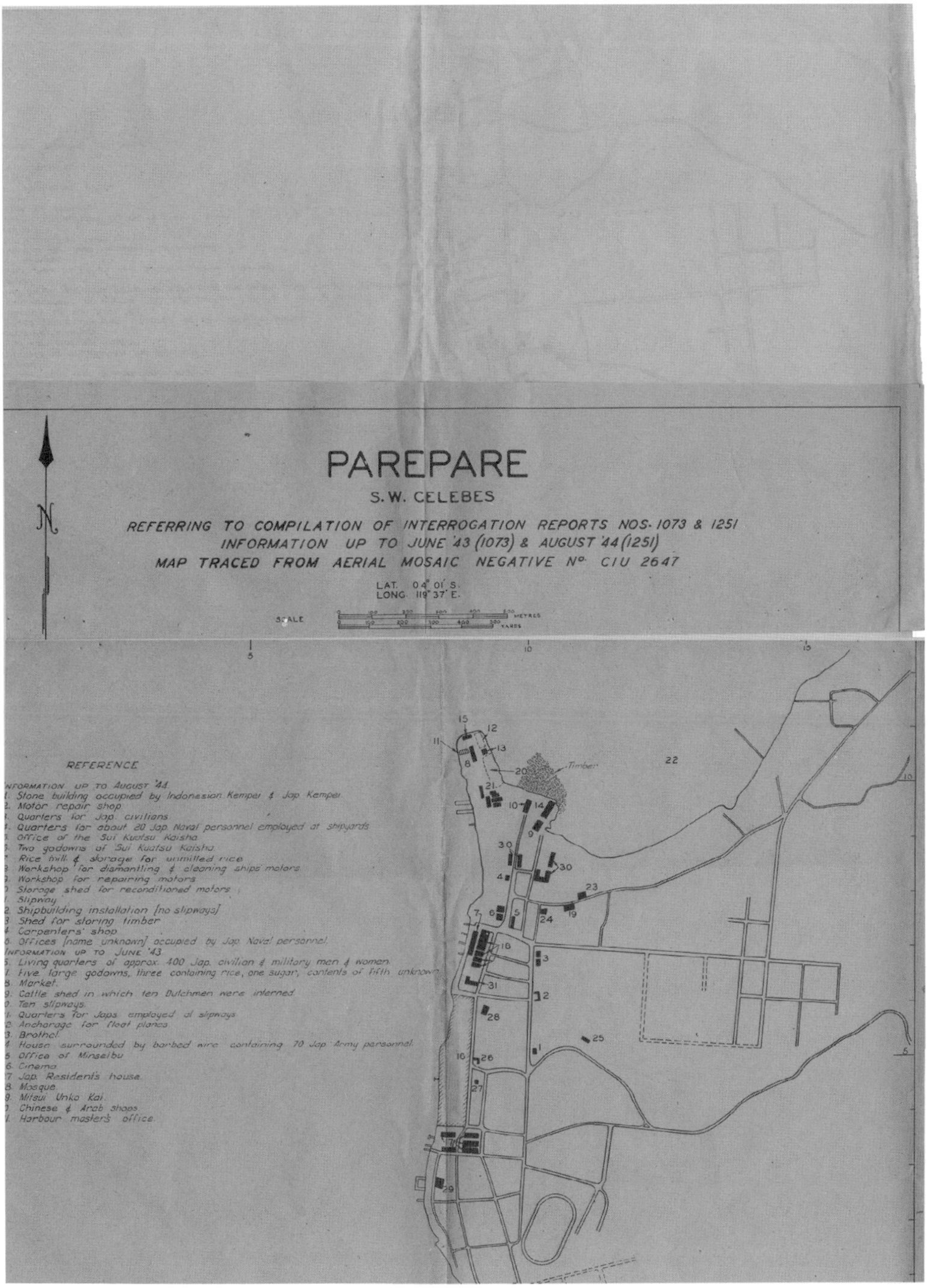
PAREPARE
S.W. CELEBES
REFERRING TO COMPILATION OF INTERROGATION REPORTS NOS. 1073 & 1251
INFORMATION UP TO JUNE '43 (1073) & AUGUST '44 (1251)
MAP TRACED FROM AERIAL MOSAIC NEGATIVE No. CIU 2647
LAT. 04° 01' S.
LONG. 119° 37' E.
SCALE
METRES
YARDS
N
REFERENCE
INFORMATION UP TO AUGUST '44.
Stone building occupied by Indonesian Kempei & Jap Kempei
Motor repair shop
Quarters for Jap. civilians
Quarters for about 20 Jap. Naval personnel employed at shipyards
Office of the Sui Kuatsu Kaisha
Two godowns of Sui Kuatsu Kaisha
Rice mill & storage for unmilled rice
Workshop for dismantling & cleaning ships' motors
Workshop for repairing motors
Storage shed for reconditioned motors
Slipway
Shipbuilding installation [no slipways]
Shed for storing timber
Carpenters' shop
Offices [name unknown] occupied by Jap. Naval personnel.
INFORMATION UP TO JUNE '43
Living quarters of approx. 400 Jap. civilian & military men & women.
Five large godowns, three containing rice, one sugar, contents of fifth unknown
Market.
Cattle shed in which ten Dutchmen were interned
Ten slipways.
Quarters for Japs employed at slipways
Anchorage for float planes
Brothel
House surrounded by barbed wire containing 70 Jap Army personnel.
Office of Minseibu
Cinema
Jap. Resident's house
Mosque.
Mitsui Unko Kai.
Chinese & Arab shops
Harbour master's office.
Timber

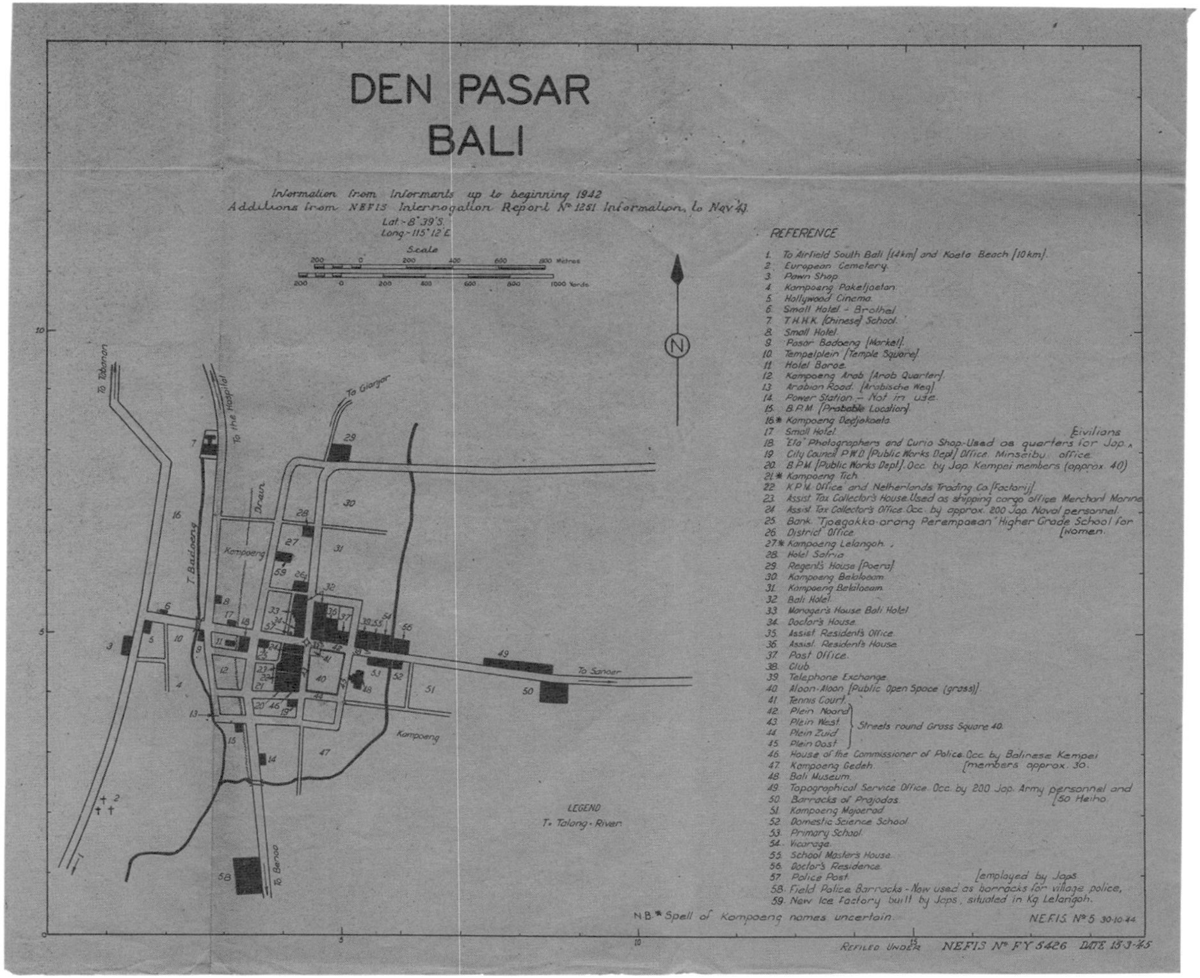
DEN PASAR
BALI
Information from Informants up to beginning 1942
Additions from NEFIS Interrogation Report No 1251 Information to Nov '43.
Lat - 8° 39' S.
Long - 115° 12' E.
Scale
Metres
Yards
REFERENCE
1. To Airfield South Bali [14km] and Koeta Beach [10km].
2. European Cemetery.
3. Pawn Shop.
4. Kampoeng Paketjaetan.
5. Hollywood Cinema.
6. Small Hotel - Brothel.
7. T.H.H.K. [Chinese] School.
8. Small Hotel.
9. Pasar Badoeng [Market].
10. Tempelplein [Temple Square].
11. Hotel Baroe.
12. Kampoeng Arab [Arab Quarter].
13. Arabian Road. [Arabische Weg].
14. Power Station. - Not in use.
15. B.P.M. [Probable Location].
16.* Kampoeng Dedjakoeta.
17. Small Hotel.
18. "Ela" Photographers and Curio Shop - Used as quarters for Jap. Civilians
19. City Council P.W.D. [Public Works Dept] Office. Minseibu office.
20. B.P.M. [Public Works Dept]. Occ. by Jap. Kempei members (approx. 40)
21.* Kampoeng Tich.
22. K.P.M. Office and Netherlands Trading Co. [Factorij].
23. Assist. Tax Collector's House. Used as shipping cargo office Merchant Marine
24. Assist. Tax Collector's Office. Occ. by approx. 200 Jap. Naval personnel.
25. Bank. "Tjoegakko-orang Perempoean" Higher Grade School for Women.
26. District Office.
27.* Kampoeng Lelangoh.
28. Hotel Sofria.
29. Regent's House [Poera].
30. Kampoeng Belaloeam.
31. Kampoeng Belaloeam.
32. Bali Hotel.
33. Manager's House Bali Hotel.
34. Doctor's House.
35. Assist. Resident's Office.
36. Assist. Resident's House.
37. Post Office.
38. Club.
39. Telephone Exchange.
40. Aloon-Aloon [Public Open Space (grass)].
41. Tennis Court.
42. Plein Noord
43. Plein West
44. Plein Zuid
45. Plein Oost
Streets round Grass Square 40.
46. House of the Commissioner of Police. Occ. by Balinese Kempei members approx. 30.
47. Kampoeng Gedeh.
48. Bali Museum.
49. Topographical Service Office. Occ. by 200 Jap. Army personnel and 50 Heiho.
50. Barracks of Prajodas.
51. Kampoeng Majoerad.
52. Domestic Science School.
53. Primary School.
54. Vicarage.
55. School Master's House.
56. Doctor's Residence.
57. Police Post.
58. Field Police Barracks - Now used as barracks for village police, employed by Japs.
59. New Ice Factory built by Japs, situated in Kg. Lelangoh.
N.B. * Spell of Kampoeng names uncertain.
NEFIS No 5 30-10-44
LEGEND
T. = Talong - River
To Tabanan
To the Hospital
T. Badoeng
Drain
Kampoeng
To Gianjar
To Sanoer
To Benoa
Refiled under NEFIS No FY 5426 Date 15-3-45

2급 비밀.

네덜란드령 동인도군 정보국

뉴질랜드 보험사 빌딩

334-338 퀸 스트리트, 브리즈번

No. AI2/12690/G. 1945년 3월 30일.

첨부: 4.
주제: 심문보고서

네덜란드령 동인도군 정보국 심문보고서

1073호, 1251호 합본 (개별호 미발행).

----

1. 첨부된 문서는 네덜란드령 동인도군 정보국 심문보고서 1073호, 1251호 합본이다 (개별호 미발행).

2. 보고서에 포함된 정보는 심문을 통해 획득된 것이며 아직 다른 출처의 정보들을 통해 확인되지 않았다.

3. 이 안에 담긴 정보를 배포하는데 주의를 기울이도록 한다. 적국 점령지에 거주하는 피난민의 친지를 위험에 빠트리지 않도록 정보의 출처에 대한 언급을 하지 말아야 한다.

네덜란드령 동인도군 정보국 국장.

대령 S. H. 스푸어.(S.H.Spoor)

네덜란드령 동인도육군 일반참모.

배포:

첨부된 목록 참조

복사본:

(중략)

2급 비밀.

네덜란드령 동인도군 정보국,
뉴질랜드 보험사 빌딩,
334-338 퀸 스트리트,
브리즈번.

복사본 1호.

네덜란드령 동인도군 정보국 심문보고서
1073호, 1251호 합본 (개별호 미발행).

주:

이 보고서는 자신의 배를 타고 모로타이(Morotai)에 도착하여 미군에게 보고한 상이인(Sangirese) 한 명, 연합군 잠수함이 작은 일본 화물선을 침몰시켰을 때 구조된 발리인(Balinese) 항해사 한 명을 심문한 결과물이다. 정보원들이 제공하는 정보는 서로 모순된다. 이 정보는 부분적으로만 신뢰할 만하다.

(중략)

XIII. 일반정보.

위안부 및 위안소(Prostitution): 덴파사르(Den Pasar)(8"39'S.,115"13'E), 발리, 43년 11월: 이전에 작은 호텔로 사용되었고, 가시철조망이 둘러쳐져 있는 한 건물(성명불상)(개요도 NEFIS FY 5426호의 항목 6번 참조)은 위안소(brothel)로 사용되었다. 정보원은 추가 세부사항을 제공하지 못했다.

네덜란드령 동인도군 정보국 국장.

대령 S. H. 스푸어.(S.H.Spoor)
네덜란드령 동인도육군 일반참모.

캠프 컬럼비아, 1945년 3월 30일.

첨부:

개요도 NEFIS FY 5425호 – 파레파레(Pare Pare).

개요도 NEFIS FY 5426호 – 덴파사르(Den Pasar).

No. AI2/12690/G.

21

Compilation of NEFIS Interrogation Reports Nos. 1235-1238

RG 319 Entry UD 82-A Box 2009

이 문서는 1945년 3월 8일자 1235-1238호 합본 심문보고서이다. 이 보고서는 보르네오섬 북서쪽의 보룽간(Boeloengan)강 지역에서 연합군 항공기로 피난한 현지인 네 명에게 얻은 정보를 담고 있다. 이들은 농업 종사자이지만 타라칸(Tarakan)을 비롯한 인근 지역들을 자주 항해했다고 한다. 이 심문보고서는 보르네오 북동쪽 타라칸(Tarakan) 지역 라당(Ladang)의 병원 근처에 장교만 이용할 수 있는 일본인 '위안부' 50여명이 있었다는 내용을 포함하고 있으며, 근처의 세벵콕(Sebengkok) 마을과 보기스(Boegis) 마을에는 하위급이 이용할 수 있는 현지인 '위안부' 100여명이 있었다는 내용도 포함되어 있다.

YM. SECRET.

0143287

NETHERLANDS FORCES INTELLIGENCE SERVICE
(NEFIS)
NEW ZEALAND INSURANCE BUILDING,
334-338 QUEEN STREET, BRISBANE.

13 MAR 1945

No: AI2/12034/G. 3

SECRET

8th Mar 1945.

Enclosures: 4.

Subject: Interrogation Reports.

COMPILATION OF NEFIS INTERROGATION REPORTS
Nos. 1235-1238 (Not Issued Separately).

9478
3a
183a

1. Attached is Compilation of NEFIS Interrogation Reports Nos. 1235-1238 (Not Issued Separately).

2. The information contained in this report is derived from interrogation and has not been assessed against information from other sources.

3. Should reproduction of any information contained herein be desired, no mention should be made of the source from which it is derived, to avoid possible compromising of relatives of evacuees in enemy occupied territory.

Spoor

Director NEFIS

S.H. S P O O R
Col.GS.R.N.I.A.

Distribution:

See attached list.

Copy No: 19

MIS 143287

Encls to All Copies

CPM-1
MIL-1
Route
Econ
Lis
HAMAF-1

(16)

RECORDED

GM

DISTRIBUTION.	No. of Copies.	Copy No.
Exc. H. van Mook, Lt. Gov. Gen.	1	1
B.S.O. through O.B.S.O.	2	2 - 3
O.B.S.O.	1	4
Economic Int. Section G.H.Q., New Delhi via B.S.O. - Colombo	1	5
COISEF via B.S.O. - Colombo	1	6
C.L.G.	2	7 - 8
M.C.A.	1	9
Fd. Directeur B.B.	1	10
SONICA APO 565	2	11 - 12
CSONICA; Kandy	1	13
Min. v. Kol., Att. Col. de Blieck	1	14
Min. of Economic Warfare, Foreign Office, London, via Col. de Blieck	1	15
—N.R.C.C.S.	5	16 - 20
G.2., G.H.Q.	2	21 - 22
Office of the Military Secretary, G.H.Q. (Rear Echelon) APO 500	1	23
Combined Advisory Committee on Tropical Medicine, Hygiene and Sanitation, Rear Echelon, G.H.Q., S.W.P.A., APO 500	1	24
Netherlands Staff Officer, G.3., G.H.Q., APO 500	1	25
Lt. Cdr. C. den Hollander, G.4., G.H.Q., APO 500	1	26
A.C. of S., G.2., USAFFE	1	27
Civil Affairs Section, USAFFE, APO 501	1	28
Dir. of Intell., Allied Air Forces, S.W.P.A., APO 923	5	29 - 33
Assist. Dir. of Intell., Advanced Echelon, Allied Air Forces, S.W.P.A., APO 925	4	34 - 37
MIS-X Section A.A.F.	1	38
RAAF HQ., N.W. Area, through NFLO, Darwin	1	39
Chief of Air Staff RAAF HQ.	1	40
Dutch Liaison Officer, HQ. 13th Air Force, APO 719	2	41 - 42
D.L.O., Allied A.F., Old Courier Building	1	43
First Tactical Air Force, through N.L.O., Group 493, RAAF PACIFIC	1	44
N.E.I. Intell. Off. NICA III APO 926	1	45
Mil. Attaché, High Commissioner for Canada	2	46 - 47
D.M.I.	1	48
A.D.M.I.	1	49
D.N.I.	1	50
Seventh Fleet Intell. Center	1	51
Commander Task Force 71 through NEFIS Offr. Perth	2	52 - 53
NEFIS Officer, Perth	1	54
Director A.C.S.	1	55
Co-Ordinator ATIS	1	56
FELO, HQ	1	57
FELO (Att. Maj. Kremer) C/o NICA, APO 926	1	58
FELO, Melbourne	1	59
Contr. A.I.B. via NEFIS Offr. Fwd. Ech.	1	60
S.R.D.	2	61 - 62
S.R.D. Brisbane (Maj. Wigan)	1	63
S.I.A.	1	64
Dir. Gen. of Security	1	65
O.C.N.I.O., Hollandia	1	66
Fd. Directeur v. Justitie	1	67
Directeur v. Ec. Zaken	1	68
Fd. Directeur v. V. & W.	1	69
Hoofd D.V.G.	1	70
Fd. Directeur v. Financiën	1	71
Fd. Directeur v. Onderwijs	1	72
NEFIS	14	73 - 86
Dep. Chief of Int. Staff, Brit.Pac.Fleet Attn. Lt. Cdr. Traynor	1	87

YM

SECRET

NETHERLANDS FORCES INTELLIGENCE SERVICE,
NEW ZEALAND INSURANCE BUILDING,
334-338 QUEEN STREET,
BRISBANE.

Copy No. 19

COMPILATION OF NEFIS INTERROGATION REPORTS NOS. 1235-1238 (NOT ISSUED SEPARATELY).

NOTE.

These reports refer to four natives of the Boeloengan River area (N.E.Borneo) who were evacuated by an Allied aircraft in Jan 1945. They were all agricultural labourers but had made various voyages by sailing prahoe to districts in the vicinity, including Tarakan. Their information is considered to be fairly reliable.

The places covered in this report are all situated in N.E. Borneo.

111. TACTICAL DATA ON ENEMY MILITARY FORCES.

Dispositions and Strength of Organisations and Units:

a. Tarakan (3°20'N, 117°35'E), N.E. Borneo, Sep - Oct 1944: One informant estimated the strength of the Japanese garrison as being in the region of 1,000 Naval personnel. He stated that a proportion of the force may have been civilians but all wore anchor insignia. They were quartered as follows:- 4

300 in the former 7th Bn. barracks ("Old Barracks") (see item No. 1 on attached sketch NEFIS No. FY 5411). 500 in the former B.P.M. (Shell Co.) coolie quarters (see item No. 2 on attached sketch).
100 in the former Naval Air Service barracks at Lingkas (see item No. 3 on attached sketch).
100 at the airfield.

Many of the officers were quartered in the European residential area (see item No. 4 on attached sketch), and general headquarters were at the former Militia quarters. Informant saw no officers of higher rank than that of Commander.

A coastal gun in a concrete emplacement was seen by another informant on the seaward side of the former Dutch Naval Air Service barracks at Lingkas (see item No. 5 on attached sketch).

A similar emplacement was seen near the south side of the jetty located south of the Karoengan River (see item No. 6 on attached sketch). It was situated betwen the road and the shore, about 500 yards northwest of the former Dutch gun emplacements, in which informant was able to observe one A/A and two coastal guns. (See item 7 on sketch).

Two coast defence guns were also seen immediately southwards of Tandjoeng Djoewata (3°25'N, 117°35'E).

Former Dutch pillboxes along the coast at Lingkas were unoccupied and the barbed wire defences were in a bad state of repair.

b. Tandjoeng Redeb (2°08'N, 117°30'E), N.E. Borneo, Sep 1944: One informant stated that there were about 50 Japanese Naval personnel in this area which included the mining district of Rantau Pandjang (Teloek Bajoer), while another informant estimated that in Jan 1944 there were 15 Naval personnel in the township and 50 in the coalfield area. He claimed that a large percentage of these were officers and NCOs.

c. Tandjoeng Mangkalihat (1°00'N, 119°00'E), N.E.Borneo, Nov 1944: What he described as a 75 mm. coastal gun was seen by an informant. He was told that it was manned by a detachment of 12 Naval personnel.

d. Boenjoe Island (3°30'N, 117°50'E), N.E. Borneo, Dec 1944: Refugees from the island told informant that it was occupied by a considerable force of Japanese.

e. Derawan Island (2°17'N, 118°13'E), N.E. Borneo, Dec 1944: Only three Japanese Naval ratings were seen on this small island which has a total population of about 75 Badjonese natives.

f. Tandjoeng Selor (2°50'N, 117°22'E), N.E. Borneo, Jan 1945: According to informants there were not more than 30 Naval ratings at Tandjoeng Selor. They were under the command of a petty officer and were quartered at the former R.N.I. Army barracks. The personnel of the unit were changed from two to three times weekly.

One light machine gun was seen in a timber emplacement at the rear of the Minseibu office which was located in the premises previously occupied as an office by the Dutch Controleur (Controller).

g. Tanahkoening Village (2°37'N, 117°50'E), N.E. Borneo, Jan 1945: An informant who was a native of this village stated that he had never seen any Japanese in the district.

Kempei: Tarakan (3°20'N, 117°35'E), N.E. Borneo, Oct 1944: Kempei headquarters were located in the former police station southwest of Tarakan soccer field (see item No. 13 on attached sketch). It was under the control of a chief petty officer.

Insignia: Tandjoeng Selor (2°50'N, 117°22'E), N.E.Borneo, Jan 1945: Naval personnel wore anchor insignia surrounded by a laurel wreath in red on the left arm and on their cloth caps.

Type of Troops:

a. Tarakan (3°20'N, 117°35'E), N.E. Borneo, Sep 1944: The garrison troops appeared to be in good health, but informant was told that when importations ceased in consequence of repeated Allied air attacks they were suffering from shortage of food.

b. Tandjoeng Selor (2°50'N, 117°22'E), N.E. Borneo, Jan 1945: One informant stated that the ages of Naval ratings varied considerably, but all appeared to be seasoned and in good health. They were frequently seen engaged at "Sendo", a form of exercise similar to quarter staff play.

Auxilary Troops: Heiho:

a. Tarakan (3°20'N, 117°35'E), N.E. Borneo, Oct 1944: Members were recruited for local employment only. They wore khaki shirts, shorts and Japanese pattern caps with anchor insignia.

b. Tandjoeng Selor (2°50'N, 117°22'E), N.E. Borneo, Jan 1945: Villagers were compelled to provide a certain number of labourers. These were known as Heiho but did not wear the usual insignia distinguishing Heiho and were not sent overseas. Another informant stated that they wore anchor insignia on their caps.

Lines of Communication and Transport: Tandjoeng Selor (2°50'N, 117°22'E), N.E. Borneo, Jan 1945: Transport of troops and stores between Tandjoeng Selor and Tarakan (3°20'N, 117°35'E) was effected by motorboat down the Salimbatoe River, and then by sea to Tarakan. The voyage took about nine hours. All boats were inspected by native police at Salimbatoe Village. There were only three 40-ton motorboats in the service. They were well camouflaged and armed with dummy machine guns. The journeys were made between nightfall and dawn.

Transportation between Tandjoeng Selor and Tandjoeng Redeb (2°08'N, 117°30'E) was confined to sailing prahoe. Between Tarakan and Tandjoeng Redeb sailing prahoes were also the only means of transport, and with a favourable wind the voyage took about 48 hours.

Supply Arrangements and Installations:

a. Tandjoeng Selor (2°50'N, 117°22'E), N.E. Borneo, Jan 1945: Two godowns were seen by an informant, who said that they were maintained full of rice and other foodstuffs by the rapid replacement of supplies consumed locally. Informant saw no munition or other military supply installations.

b. Tarakan (3°20'N, 117°35'E), N.E. Borneo, Sep - Oct 1944: Consequent upon the demolition of shipbuilding and oil installations, all personnel employed at the ship yards and oilfields, including the Japanese supervisors, were put to work planting bananas, maize, potatoes and pineapples in Tarakan.

Location of PW Camps: Tarakan (3°20'N, 117°35'E), N.E. Borneo, Sep 1944: An informant stated that all R.N.I. Army personnel, in addition to Dutch male civilians, were interned in the southeast block of the former 7th Bn. barracks (see item No. 1 on attached sketch). Another informant saw only 15 R.N.I. Army personnel and one Dutch civilian, but he estimated that there were 200 Indonesian Army personnel. About one month after the fall of Tarakan the Japanese removed most of the European PsW by ship to Balikpapan. An informant saw about 30 of these transferred by truck to Lingkas.

Radar and Radio Stations:

a. Tarakan (3°20'N, 117°35'E), N.E. Borneo, Sep 1944: The Japanese continued to use the former Dutch W/T station (see item No. 8 on attached sketch) east of the Naval Air Service barracks at Lingkas, and also the former "Marconi" station immediately south of Tarakan Town (see item No. 9 on attached sketch).
b. Tandjoeng Selor (2°50'N, 117°22'E), N.E. Borneo, Jan 1945: The former Dutch radio station situated near the post office continued to operate under Japanese control.

IV. SUMMARY OF NAVAL INFORMATION.

Ship Movements and Ships in Port:

a. Tanahkoening Village (2°37'N, 117°50'E), N.E. Borneo, Aug. 1944: A light cruiser of the "Natori" class was seen on a northerly course off Tanahkoening Village. Informant was able to distinguish a float plane in position on the catapult.

Until Aug 1944 small convoys of two to three ships were seen passing offshore about twice a month. Since then all shipping activity had ceased.
b. Tarakan (3°20'N, 117°35'E), N.E. Borneo, Sep 1944: During his stay of three days, informant saw no shipping of any description other than three "Daihatsu" Army M.L.C. anchored at the mouth of Sebengkok River (Lingkas). He was told by Japanese that all sea traffic around the area had ceased owing to the danger of attack by Allied submarines.

Until Sep 1944 one large tanker had called at Lingkas every fortnight, staying about three days to take oil on board.

Ships Sunk or Damaged: Derawan Island (2°17'N, 118°13'E), N.E. Borneo, Oct 1944: An informant saw a sunken Japanese transport about 50 metres off the southeast coast of the island. He was told that it had been sunk recently by an Allied submarine and that the crew of Japanese and Filipinos had been rescued by a large prahoe and taken to Tarakan.

Shipping Routes: Boeloengan River Delta (2°55'N, 117°35'E), N.E. Borneo, Jan 1945: Motorboats and prahoes approaching Tandjoeng Selor followed the Salimbatoe River. Larger vessels proceeded by the channel cutting through Mening Island (2°57'N, 117°35'E), into the Boeloengan River.

Harbour Defences: Tarakan (3°20'N, 117°35'E), N.E.Borneo, Sep 1944: According to one informant there were no restricted areas even for fully laden prahoes drawing 4½ feet of water. From this he assumed that there were no minefields in the region of the normal approaches.

Ship Building and Repair Facilities: Tarakan (3°20'N, 117°35'E), N.E. Borneo, Sep 1944: An informant saw four covered slipways at the mouth of the Karoengan River and estimated that an average of two "Sugar Dog" type wooden vessels were launched each month (item No. 10 on sketch). Engines, manufactured at the former B.P.M. (Shell Co.) workshops in Tarakan Town (see item No. 11 on sketch), were installed within a week of launching.

Informant also saw engines for these vessels taken from a warehouse at Lingkas. Most of them had to be repaired prior to installation. He could state neither the type nor origin of the engines but he noted some Dutch and Malay nameplates on some of them.

According to an informant who had worked for five months at the ship yard as a coolie and left Tarakan in Aug 1944, the carpenters' shop was equipped with five machine saws. He was unable to give particulars of either the equipment or the type of power used in the shop.

Navigational Aids:

Lighthouses: No lighthouses were in operation along the northeast coast of Borneo.

Harbour Conditions: Tarakan (3°20'N, 117°35'E), N.E. Borneo, Oct 1944: The oil loading jetty was the only one which remained serviceable. Wooden ships and prahoes moored at the two jetties at Lingkas.

V. BASIC AIR INFORMATION.

Locations of Air Installations:

a. Tarakan (3°20'N, 117°35'E), N.E. Borneo, Sep 1944: A new sealed runway had been laid down by the Japanese on the former Dutch airfield which had been enlarged and otherwise improved.

Flying boats anchored between the two jetties or outside the prahoe harbour at Lingkas.

b. Boeloengan River (1°10'N, 117°40'E) - Beraoe River (2°10'N, 117°55'E), N.E. Borneo, Jan 1945: There were no airfields in these districts, the nearest being on Tarakan Island.

Enemy Air Activity: Tarakan (3°20'N, 117°35'E), N.E. Borneo, Sep 1944: Informant, who remained at Tarakan for five days, saw only one aircraft, type "Rufe", which landed off the prahoe harbour and departed on the same day.

Allied Air Attacks: Tarakan (3°20'N, 117°35'E), N.E. Borneo Sep - Oct 1944: An informant was told by a coolie, who had fled from Tarakan after an Allied air attack, that the ship yards and many oil tanks at the oilfields and at Lingkas had been destroyed. He was also told that the Japanese had been compelled to stop oil production altogether owing to the lack of storage capacity.

VIII. POLITICAL AND SOCIAL INFORMATION.

General Living Conditions:

a. Tarakan (3°20'N, 117°35'E), N.E. Borneo, Sep 1944: Discontent was caused by the fact that no one was permitted to leave the island. Only a limited quantity of foodstuffs could be grown on the jungle clearings. The food shortage was acute and even the Japanese were on short rations. No rice was grown. Clothing worn by the local inhabitants was dilapidated and they improvised garments from gunny bags and bark. The Japanese were still well clothed.

b. Tandjoeng Selor (2°50'N, 117°22'E), N.E. Borneo, Jan 1945: Only those who cultivated their own rice fields and gardens had sufficient food to maintain their normal standard of health. One informant stated that on average 30 people died each month at Tandjoeng Selor from malnutrition and sickness occasioned by the lack of adequate clothing. Many of these were coolies imported from Java by the Japanese. The local inhabitants improvised garments from gunny bags and bark.

Security Regulations and Censorship: Tandjoeng Selor (2°50'N, 117°22'E), N.E. Borneo, Jan 1945: Travel by land or sea was not permitted without a pass by the Minseibu. Identity cards were not carried.

Informant gave the following description of the "soerat prahoo" which served as the ship's log and registration papers. It consisted of an exercise book in which the following headings were entered in Malay and which was stamped by an official of the Minseibu:-

Dimensions of prahoe.
Classification. There were three classifications: "sepit", "lepa-lepa" and "djoengkoeng" (see attached sketch NEFIS No. FY 5422).
Cargo.
Names and other particulars of crew.
Date of departure.
Destination.

There appeared to be no restriction on the time taken to complete a voyage but calls at other ports than those entered in the log were strictly forbidden and offenders were severely punished.

Relation between Japanese and Local Population: Tandjoeng Selor (2°50'N, 117°22'E), N.E. Borneo, Jan 1945: One informant stated that the local Indonesian police appeared to take pleasure in punishing their own countrymen when ordered to do so by the Japanese. The inhabitants offered no resistance to the Japanese or the police for fear of reprisals. According to informant only a very small minority were pro Japanese. The example of the Sultan of Boeloengan, who refused to co-operate with the Japanese and worked as an agricultural labourer on his own land, was admired and appreciated by his people. Chinese, Arab and Menadonese residents of Tandjoeng Selor were thoroughly dissatisfied with the prevailing conditions and looked forward to the return of the pre-war standard of living. As all trading had ceased they had taken employment as agricultural labourers.

Civil Government of Occupied Areas:

a. Tarakan (3°20'N, 117°35'E), N.E. Borneo, Oct 1944: Civil administration was controlled by the Minseibu which had its head office near the eastern end of the football field in Tarakan Town (item No. 12 on sketch). The staff consisted of eight Japanese and six Indonesian clerks. All district and village heads had been retained.
b. Tandjoeng Selor (2°50'N, 117°22'E), N.E. Borneo, Jan 1945: Civil administration was in the hands of the Minseibu. The office previously used by the former Controleur was used as headquarters. The Japanese staff consisted of the Director, an interpreter and four clerks.

All village and district heads had been retained with the exception of the Sultan of Boeloengan, who had retired voluntarily to an outlying district (Loebak Kapok) and was not replaced.

Taxes: Tandjoeng Selor (2°50'N, 117°22'E), N.E. Borneo, Jan 1945: An informant paid ƒ 5.75 in taxation during 1944. This included land tax ƒ2.50 (1.75 acres); road and school taxes, etc ƒ3.25. Before the war his total taxation amounted to ƒ3.25.

Civil Service, Courts, Etc:
a. Tarakan (3°20'N, 117°35'E), N.E. Borneo, Oct 1944: A Minseibu official sat as president of the police courts and all proceedings of importance were attended by Kempei. Petty offences were dealt with by the Minseibu.
b. Tandjoeng Selor (2°50'N, 117°22'E), N.E. Borneo, Jan 1945: The police courts functioned as formerly with the usual native officials. An informant who was injured by a Boeginese during a quarrel, charged him before the Sultan's police court at Tandjoeng Palas (across the river from Tandjoeng Selor). During

the trial the brother of the Sultan of Boeloengan sat as President of the court. The other members were the district head from Beraoe, the native prosecutor (djaksa), the chief Mohammedan priest and the clerk of the court. The director of the Minseibu watched the proceedings. The accused was sentenced to 4½ years imprisonment.

According to informants there were no Kempei in the area and the duties usually assigned to them were carried out by the town police.

<u>Organisations:</u>

<u>Military:</u>

a. <u>Tarakan</u> (3°20'N, 117°35'E), N.E. Borneo, Oct 1944: All males in Japanese employment between the ages of 15 and 30 years were compelled to join the Seinendan. Apart from their normal occupation they carried out A.R.P. duties and in a number of cases accompanied the Japanese on patrols. They wore khaki shorts, shirts and Japanese pattern caps, but were not armed.
b. <u>Tandjoeng Selor</u> (2°50'N, 117°22'E), N.E. Borneo, Jan 1945: All unemployed men between 16 and 30 years of age were enrolled in the Seinendan. The uniform consisted of khaki shirts, shorts and Japanese pattern caps. They were unarmed and were employed as coast watchers, auxiliary police and inspectors of prahoes. If there was a scarcity of agricultural labour they were called on to assist in the gardens where vegetables were grown for Japanese consumption. They lived at their homes and paraded each morning at 0630 hours under the leadership of a school teacher in order to salute the Japanese flag.

<u>Education:</u>

a. <u>Tarakan</u> (3°20'N, 117°35'E), N.E. Borneo, Oct 1944: The native schools continued to function under the former native teachers. In some cases a Japanese teacher had been attached to the staff. As soon as scholars were able to read and write Malay they were taught the Japanese language.
b. <u>Tandjoeng Selor</u> (2°50'N, 117°22'E), N.E. Borneo, Jan 1945: The European primary school had been closed but the Malay schools remained open. Lessons in the Malay and Japanese languages were given by the former native teachers, who had previously followed a course of instruction in the Japanese language at Tarakan.

<u>Religious Services:</u>

a. <u>Tarakan</u> (3°20'N, 117°35'E), N.E. Borneo, Sep 1944: There had been no interference with the Mohammedan form of worship. Minor services were held in the Roman Catholic church under the direction of a lay preacher, and in the Chinese temple a Buddhist priest officiated.
b. <u>Tandjoeng Selor</u> (2°50'N, 117°22'E), N.E. Borneo, Jan 1945. The usual services were conducted in the Mosques and a Menadonese lay preacher officiated in the Protestant church.

<u>Health and Sanitation:</u>

a. <u>Tarakan</u> (3°20'N, 117°35'E), N.E. Borneo, Sep 1944. There were many cases of malaria, dysentry, beri-beri and tropical ulcers, particularly amongst the Javanese coolies, who received little medical attention and were forced to remain at work.

Sanitation services were maintained in the town, which was reasonably clean, but in the surrounding areas there was no organised service.
b. <u>Tandjoeng Selor</u> (2°50'N, 117°22'E), N.E. Borneo, Jan 1945: There were no sanitation services and the streets were extremely dirty. Only those districts occupied by Japanese were kept clean. There were many deaths from dysentry and malaria.

Medical Treatment and Supplies:

a. Tarakan (3°20'N, 117°35'E), N.E. Borneo, Sep 1944: The former B.P.M. (Shell Co) Hospital at "Ladang" (item No.14 on sketch) and the former Government hospital at "Simpang Tiga" (item No. 15 on sketch) still functioned under the control of Indonesian doctors. Informant saw two Dutch nurses at work in the Government hospital. They had previously been employed as nurses in the B.P.M. Hospital. They wore Red Cross uniforms and appeared to be in good health.

There were ample medical supplies and quinine pills were issued to out-patients on demand. Bed cases were accepted only at the Government hospital.

b. Tandjoeng Selor (2°50'N, 117°22'E), N.E. Borneo, Jan 1945: The former Dutch hospital was under the control of a Javanese doctor and Indonesian nurses. It was open to Indonesians, and informant, who had been an inmate for two months during 1944, paid no fees for treatment. He stated that there had been no noticeable shortage of medicines or bandages.

IX. ECONOMIC INFORMATION.

Agricultural Commodities:

Production:

a. Tandjoeng Redeb (2°08'N, 117°30'E), N.E. Borneo, Nov 1943: The native rubber gardens were not tapped but were maintained in fair condition by their native owners. The trees were in good condition. The foliage was described by informant as being a healthy deep green colour. He could give no information concerning the native-owned rubber mangles but believed that they were still available.

Rice was cultivated in both wet and dry fields and half of the crop was commandeered by the Japanese at /1.50 (?) per 12 katties (16.3 lbs) unhusked rice. The remainder was no more than sufficient for local requirements.

b. Boeloengan River Area (1°10'N, 117°40'E), N.E. Borneo, Jan 1945: The rice crop, which was grown in the marshy delta and on open clearings in the jungle, was harvested twice per year. The crops were much smaller than before the war in consequence of a shortage of seed and of buffaloes for ploughing. Half of the crops were commandeered by the Minseibu on the same terms as at Tdg. Redeb. The remainder was retained by the owners, who were not permitted to offer it for sale. As individual holdings were small, this residue was no more than sufficient for family requirements. Crops grown by the Sultan of Boeloengan were subject to the same regulations, but he divided his own share amongst his subjects.

The Sultan's rubber gardens at Tandjoeng Palas and Sangkawit were not being tapped.

Such commodities as tapioca and vegetables could be disposed of at will. Surpluses were bought by the Minseibu.

Cotton was planted in small areas by Javanese coolies under the supervision of Japanese. The crop was harvested after nine months growth.

Industries and Manufacturing: Tarakan (3°20'N, 117°35'E), N.E. Borneo, Sep 1944: Many coolies were employed stripping, drying and cutting up mangrove bark which had been brought by prahoe from the mainland of Borneo. It was packed in bags and stored in warehouses which had been specially built at "Simpang Tiga" (see item 16 on sketch). Informant had no knowledge of the purpose for which the bark was required. (Note: NEFIS - The bark was possibly intended for use in the production of tannic acid.)

Minerals and Metals:

Mining Activities: Teloek Bajoer (Rantau Pandjang)

(2°10'N, 117°25'E), N.E. Borneo, Nov 1943: Work continued in the coal mines under Japanese supervision. According to informant there had been no demolition of mines and machinery by the Dutch prior to the Japanese occupation. There had been a considerable reduction in output, which informant attributed to the influence of unwilling Javanese labour. The coal was transported by ships of "Sugar Dog" type to Samarinda (E. Borneo) and from there to Makassar (Celebes). Informant estimated that for some time shipments had averaged one per month and later had ceased altogether.

Oil: Tarakan (3°20'N, 117°35'E), N.E. Borneo, Feb 1944. Informants were unable to state whether the Japanese had drilled any new wells. It was said that nearly all the damaged wells had been repaired and put on the pump again. All professional work was done by Japanese and there were also a number of Japanese coolies. Informants visited neither oilfields nor pump stations as these were prohibited areas.

According to informants fairly large stocks of 2" - 5" pipes had been shipped from Tanahkoening and Kasia Villages to Tarakan in a former B.P.M. motor barge. The pipes had been used by the seismic parties from oil companies, who had been working in those areas. A large lighting set was also shipped from Tanahkoening to Tarakan.

During a five days visit in Jun 1944, informants saw quantities of material in a warehouse at Lingkas guarded by Japanese. They did not identify any oil equipment. The staff at the warehouse were Indonesians. They also saw much damanged casing on the pipe racks which was being repaired by hand and other sections in the course of repair on a lathe.

Transportation:

Inland Rail: Tarakan (3°20'N, 117°35'E), N.E. Borneo Sep 1944: The light guage railway from the main oil jetty to the workshops in Tarakan Town was still in good repair. As few ships arrived at Lingkas it was little used. The locomotives and rolling stock appeared to be in good condition.

Motor: Tarakan (3°20'N, 117°35'E), N.E. Borneo, Sep 1944: One informant estimated that there were about 30 motor trucks, one tractor and 10 staff cars in operation at Tarakan. They were all driven by Japanese. No "toolcars" (pickups) were seen. The trucks were used to transport gravel, cement and coral stone from Lingkas and the coast southwest of Sampang Tiga to the former civilian aerodrome. No transport of oil-drilling and production equipment or tubular goods was seen by informant.

Utilities: Tarakan (3°20'N, 117°35'E), N.E. Borneo, Oct. 1944: The water and electricity supplies were maintained. The only electric power station known to informant was located near former B.P.M. coolie quarters (see item No.18 on sketch). It was serviced by three Dutchmen and a number of Japanese and was in operation day and night.

Communications:

Telephone: Boeloengan River Area (1°10'N, 117°40'E), N.E. Borneo, Jan 1945: The use of the telephone service was restricted to Japanese.

Mail:

a. Tarakan (3°20'N, 117°35'E), N.E. Borneo, Oct 1944: Mail facilities were available only to the Japanese.
b. Tandjoeng Selor (2°50'N, 117°22'E), N.E. Borneo, Jan 1945: Such mail facilities as existed were restricted to use by the Japanese.

Raw Materials: Tarakan (3°20'N, 117°35'E), N.E. Borneo, Sep 1944: Scrap iron fittings were collected from the former European houses and smelted for use in the construction of marine engines at the B.P.M. works.

Finance:

Currency: Tandjoeng Selor (2°50'N, 117°22'E), N.E. Borneo, Jan 1945: All Dutch coinage and paper money had been called in by the Japanese, and Japanese paper money circulated in values from one cent to /10.00. Many of the local people had secreted Dutch coins, having little confidence in the future value of Japanese paper money.

Labour: Tarakan (3°20'N, 117°35'E), N.E. Borneo, Oct 1944: Coolies in shipbuilding yards and in the oilfields were paid 60 cents per day and were given two meals a day, consisting of rice and salt. They worked from 0700 to 1200 hours and from 1330 to 1700 hours. Sundays were free.

Clothing: Tandjoeng Selor (2°50'N, 117°22'E), N.E. Borneo, Jan 1945: Each member of a household was entitled to purchase 1.75 metres of cloth per year. The cloth was described as being similar to artificial silk and was available in two qualities, the average price being /11.40 per metre. An informant stated that a shirt made of the second quality lasted for about three weeks, and his wife's "badjoe" (jacket-blouse) made from the better quality wore for two months. Ration coupons were issued to town dwellers each year, but in the country areas those only who sold produce to the Minseibu to a minimum value of /50.00 per year could obtain an issue. No other cloth or clothing of any description was offered for sale.

X. PROPAGANDA AND PSYCHOLOGICAL WARFARE INFORMATION.

Allied:

Non-Radio Propaganda:

Leaflets and Pamphlets: Tanahkoening Village (2°37'N, 117°50'E), N.E. Borneo, Dec 1944: An informant picked up a leaflet, dropped by an Allied aircraft, in which the inhabitants were advised not to sell their produce to the Japanese, nor to give food to those who might try to escape into the jungle when the defence positions had become untenable. It was printed in Malay and endorsed with U.S.A. star insignia. Informant buried the leaflet and did not pass on its contents to others as he was afraid that informers might report him to the Japanese.

Morale of Civilian Population:

a. Tarakan (3°20'N, 117°35'E), N.E. Borneo, Sep 1944: An informant stated that harsh treatment had compelled inhabitants to adopt an attitude of submission and to appear to accept Japanese rule without resentment. There was no alternative to working for the Japanese. A number of the natives had escaped to the mainland by sampan and had taken refuge with the Dajaks in the areas where there were no Japanese. There were also many informers who endeavoured to ingratiate themselves with the Japanese in order to obtain better conditions.

b. Boeloengan River Area (1°10'N, 117°40'E), N.E. Borneo, Jan 1945: According to informants, intimidation and harsh treatment had reduced the morale of the people to a level similar to that of the population of Tarakan. Informants believed, however, that the population in this area would gladly help the Allied cause if they could do so without risk of detection, and that with good leadership and arms many would be willing to fight. The informers in the area were mainly recruited from those who were disaffected prior to the war.

XI. ATROCITIES:

Factual:

a. The informant, Latip, gave the following account of an atrocity which he witnessed:-

Tarakan (3°20'N, 117°35'E), N.E. Borneo, Jun 1944: A European (name unknown), about 30 years of age and a former employee of B.P.M. (Shell Co), was put to work as a street cleaner in front of the former Naval Air Service Barracks at Lingkas. He attempted to escape by swimming to Karis Island and was pursued in a motorboat by Japanese, one of whom shot him through the shoulder. He was taken to the Naval Air Service Barracks, where he was questioned by the Kempei commandant. The escapee, who was bleeding profusely from his wound, raised his right arm and asked for mercy, whereupon the Kempei commandant ordered a Naval rating to bayonet him. The prisoner fell to the ground but was still alive. He was decapitated by the Kempei commandant and was buried where he fell by Indonesian PsW.

b. The informant, Nanang, stated that he witnessed the following:-

Tanahkoening Village (2°37'N, 117°50'E), N.E. Borneo, Dec 1944: An ex-RNI Army Soendanese soldier named Marawi, who had fled with his wife from Tarakan after an Allied air attack, was reported to the Japanese by a Badjonese named Djenal at Derawan Island. He was accused of giving information to the inhabitants of Tanahkoening Village concerning progress made by the Allies on Morotai and in the Philippines. Marawi was arrested and taken by prahoe to Derawan Island. On the way they were intercepted by another prahoe carrying the Japanese Naval rating, Tanaka. After enquiring whether the prisoner was in fact Marawi, Tanaka drew his revolver and shot him in the chest. The victim was taken to Derawan Island and later to Tarakan. His ultimate fate was unknown to informant.

XII. PERSONALITIES:

Army Personnel: Tarakan (3°20'N, 117°35'E), N.E. Borneo Sep 1944: Kempei Commander (name unknown) - a Japanese petty officer, who wore three red stripes and a red anchor on his sleeve. He was a sturdy build, about 30 years of age, and wore a long waxed moustache. He was a brutal man and much feared.

Naval Personnel: Derawan Island (2°15'N, 118°15'E), N.E. Borneo, Jan 1945:-

Tanaka Kumamo Kunaja	The only Navalratings remaining on the island. They carried out patrols between Derawan Island and the mainland, and also between Kakaban Island (2°10'N, 118°30'E) and Maratoea Island (2°15'N, 118°35'E).

XIII. GENERAL.

Civilian Internment Camps: Tarakan (3°20'N, 117°35'E), N.E. Borneo, Sep 1944: Three European women were interned under guard in the house previously occupied by the former Controleur (item No. 17 on attached sketch). They were employed at the Marconi radio station. One was described as about 40 years of age and the other two as being 17 and 15, respectively. Apart from one Dutch male seen at the PW Camp, these were the only civilians known to be interned on the island.

Prostitution: Tarakan (3°20'N, 117°35'E), N.E. Borneo: Sep 1944: About 50 Japanese women were housed near the hospital at "Ladang". They were reserved for the use of Japanese officers.

There were about 100 Javanese women at Sebengkok Village (Lingkas) and Boegis Village (Karanganjar) for the use of the lower ranks.

Director NEFIS

S.H. S P O O R
Col.GS.R.N.I.A.

Camp Columbia, 8th Mar 1945.

AI2/12034/G.

Enclosures:

NEFIS Sketch No. FY 5411 - Tarakan.
" " " FY 5422 - Types of prahoes.

2급 비밀.

네덜란드령 동인도군 정보국

뉴질랜드 보험사 빌딩

334-338 퀸 스트리트, 브리즈번

No. AI2/12034/G.

1945년 5월 8일.

첨부: 4
주제: 심문보고서

네덜란드령 동인도군 정보국 심문보고서

1235-1238호 합본 (개별호 미발행).

---

1. 첨부된 문서는 네덜란드령 동인도군 정보국 심문보고서 1235-1238호 합본이다. (개별호 미발행)

2. 보고서에 포함된 정보는 심문을 통해 획득된 것이며 아직 다른 출처의 정보들을 통해 확인되지 않았다.

3. 이 안에 담긴 정보를 배포하는데 주의를 기울이도록 한다. 적국 점령지에 거주하는 피난민의 친지를 위험에 빠트리지 않도록 정보의 출처에 대한 언급을 하지 말아야 한다.

네덜란드령 동인도군 정보국 국장.

대령 S. H. 스푸어 (S. H. Spoor)

네덜란드령 동인도육군 일반참모.

배포:

첨부된 목록 참조

복사본 19호.

(중략)

2급 비밀.

네덜란드령 동인도군 정보국,
뉴질랜드 보험사 빌딩,
334-338 퀸 스트리트,
브리즈번.

복사본 19호.

네덜란드령 동인도군 정보국 심문보고서
1235-1238호 합본 (개별호 미발행).

주:

이 보고서는 1945년 1월 연합군 항공기가 대피시킨 보롱간(Boeloengan)강 지역(보르네오 북동부)의 현지인 네 명을 심문한 결과물이다. 이들은 모두 농업종사자이지만 배를 이용하여 타라칸(Tarakan)을 포함한 인근 구역을 자주 항해하였다. 이들의 정보는 신뢰할 수 있다.

이 보고서에서 다루는 장소는 모두 보르네오 북동부에 위치해 있다.

(중략)

XIII. 일반정보.

민간인 수용소: 타라칸(3"20'N, 117"35'E), 보르네오 북동쪽, 1944년 9월: 이전 통치자가 살았던 가옥(첨부된 개요도의 항목 17번)에 유럽인 여성 세 명이 감시 하에 구류되어 있다. 이 여성들은 마르코니(Marconi) 라디오 방송국에 고용되어 있었다. 세 명의 여성 중 한 명은 40대 정도로 보이며, 다른 두 명은 각각 17세와 15세인 듯하다. 포로수용소에 있는 네덜란드 남성 한 명을 제외하면 이 유럽인 여성 세 명은 이 섬에 억류되어 있다고 알려진 유일한 민간인이다.

위안부 및 위안소(Prostitution): 타라칸(3"20'N, 117"35'E), 보르네오 북동쪽, 1944년 9월: "라당(Ladang)"에 위치한 병원 근처에 일본인 여성 50여명이 머물렀다. 그들은 일본군 장교 전용이었다.

세뱅콕(Sebengkok) 마을(링카스(Lingkas))과 보에기스(Boegis) 마을(카란간잘

(Karanganjar))의 자바인 여성 100여명은 하위급 전용이었다.

네덜란드령 동인도군 정보국 국장.

대령 S. H. 스푸어 (S. H. Spoor)
네덜란드령 동인도육군 일반참모.

캠프 컬럼비아, 1945년 3월 8일.

No. AI2/12034/G.

22

NEFIS Interrogation Report No. 1244

RG 319 Entry UD 82-A Box 2009

이 문서는 1945년 3월 9일자 1244호 심문보고서이다. 이 보고서는 네덜란드령 동인도 육군 소속이었던 26세 메나도인 남성을 심문하여 얻은 정보를 바탕으로 작성되었다. 그는 일본군에 붙잡힌 뒤 일본군으로 복무했는데, 1944년 8월에는 할마헤라(Halmahera) 폴리(Foelie)에 있었다. 정보원은 그곳에서 많은 인도네시아 여성들이 한 건물에 수용되어 있는 것을 발견했는데 그곳은 위안소 구역(Brothel Area)이었다. 이 구역을 관리하는 것은 중국인 여성이었고, 그 여성은 바로 길 건너편에 살았다. 위안소 운영에 중국인 업자가 개입한 것으로 보인다. 문서의 뒤편에는 지도가 첨부되어 있는데 지도상의 11번 항목이 위안소 구역을 나타내고 있다.

EMR/SECRET

0144164

13 MAR 1945

NETHERLANDS FORCES INTELLIGENCE SERVICE
(NEFIS)
NEW ZEALAND INSURANCE BUILDING
334-338 QUEEN STREET, BRISBANE.

No: AI2/12063/G.

9th March, 1945.

Enclosures: 3

Subject: Interrogation Report.

NEFIS INTERROGATION REPORT No. 1244.

1. Attached is NEFIS Interrogation Report No. 1244.

2. The information contained in this report is derived from interrogation and has not been assessed against information from other sources.

3. Should reproduction of any information contained herein be desired, no mention should be made of the source from which it is derived, to avoid possible compromising of relatives of evacuees in enemy occupied territory.

Director NEFIS

S.H. SPOOR
Col.GS.R.N.I.A.

Distribution:

See attached list.

Copy No: 16

GM

DISTRIBUTION.	No. of Copies.	Copy No.
Exc. H. van Mook, Lt. Gov. Gen.	1	1
B.S.O. through O.B.S.O.	2	2 - 3
O.B.S.O.	1	4
Economic Int. Section G.H.Q., New Delhi via B.S.O. - Colombo	1	5
COISEF via B.S.O. - Colombo	1	6
C.L.G.	2	7 - 8
M.C.A.	1	9
Fd. Directeur B.B.	1	10
SONICA APO 565	2	11 - 12
CSONICA; Kandy	1	13
Min. v. Kol., Att. Col. de Blieck	1	14
Min. of Economic Warfare, Foreign Office, London, via Col. de Blieck	1	15
— N.R.C.C.S.	5	16 - 20
G.2., G.H.Q.	2	21 - 22
Office of the Military Secretary, G.H.Q. (Rear Echelon) APO 500	1	23
Combined Advisory Committee on Tropical Medicine, Hygiene and Sanitation, Rear Echelon, G.H.Q., S.W.P.A., APO 500	1	24
Netherlands Staff Officer, G.3., G.H.Q., APO 500	1	25
Lt. Cdr. C. den Hollander, G.4., G.H.Q., APO 500	1	26
A.C. of S., G.2., USAFFE	1	27
Civil Affairs Section, USAFFE, APO 501	1	28
Dir. of Intell., Allied Air Forces, S.W.P.A., APO 923	5	29 - 33
Assist. Dir. of Intell., Advanced Echelon, Allied Air Forces, S.W.P.A., APO 925	4	34 - 37
MIS-X Section A.A.F.	1	38
RAAF HQ., N.W. Area, through NFLO, Darwin	1	39
Chief of Air Staff RAAF HQ.	1	40
Dutch Liaison Officer, HQ. 13th Air Force, APO 719	2	41 - 42
D.L.O., Allied A.F., Old Courier Building	1	43
First Tactical Air Force, through N.L.O., Group 493, RAAF PACIFIC	1	44
N.E.I. Intell. Off. NICA III APO 926	1	45
Mil. Attaché, High Commissioner for Canada	2	46 - 47
D.M.I.	1	48
A.D.M.I.	1	49
D.N.I.	1	50
Seventh Fleet Intell. Center	1	51
Commander Task Force 71 through NEFIS Offr. Perth	2	52 - 53
NEFIS Officer, Perth	1	54
Director A.G.S.	1	55
Co-Ordinator ATIS	1	56
FELO, HQ	1	57
FELO (Att. Maj. Kremer) C/o NICA, APO 926	1	58
FELO, Melbourne	1	59
Contr. A.I.B. via NEFIS Offr. Fwd. Ech.	1	60
S.R.D.	2	61 - 62
S.R.D. Brisbane (Maj. Wigan)	1	63
S.I.A.	1	64
Dir. Gen. of Security	1	65
O.C.N.I.O., Hollandia	1	66
Fd. Directeur v. Justitie	1	67
Directeur v. Ec. Zaken	1	68
Fd. Directeur v. V. & W.	1	69
Hoofd D.V.G.	1	70
Fd. Directeur v. Financiën	1	71
Fd. Directeur v. Onderwijs	1	72
IS	14	73 - 86
D. Chief of Int. Staff, Brit.Pac.Fleet Attn. Lt. Cdr. Traynor	1	87

EMR/SECRET.

NETHERLANDS FORCES INTELLIGENCE SERVICE,
NEW ZEALAND INSURANCE BUILDING,
334-338 QUEEN STREET,
BRISBANE. Copy No. 10

NEFIS INTERROGATION REPORT No. 1244.

I. PERSONAL DATA.

Name	: Victor PONGILATAN.
Age	: 26 years.
Sex	: Male.
Race	: Menadonese.
Citizenship	: Netherlands Subject.
Birthdate & Place	: 14 Jun 1918; Donggala, W. Celebes.
Education	: Malay School at Gorontalo, N.Celebes, 1924 - 1930.
Religion	: Protestant.
Status	: Evacuee; picked up by Allied P.T. boat off Wor Island (0°38'N., 128° 31'E).
Occupation	: Private No. 36197 RNI Army (Cavalry).
State of Health	: Good.
Means of Identification	: None.

ESTIMATE OF INTELLIGENCE AND RELIABILITY.

Inf appeared to be of average intelligence and normally observant. Information is considered to be fairly reliable.

II. CHRONOLOGY.

Date:	Place:
1938 - Dec 41	: Bandoeng (W.Java); private in 2nd Squadron, Motorized Cavalry, RNI Army.
Dec 41 - Jan 42	: Karanggampol (Cheribon); ditto.
Jan 42 - Mar 42	: Padalarang (W.Java); ditto.
Mar 42 - Apr 42	: Bandoeng (W.Java) PW in 2nd Squadron Motorized Cavalry barracks.
Apr 42 - Sep 42	: Bandoeng (W.Java); PW at former 10th Depot Battalion barracks. Later transferred to Jaarbeurs Buildings.
Oct 42 - Nov 42	: New Ireland; in Japanese military service.
Nov 42 - Mar 43	: Kokopo (New Britain); in Japanese military service.
Mar 43 - Nov 43	: Monez (Manila); ditto.
Nov 43 - mid-Nov 43	: Foelie (1°15'N., 128°09'E), Halmahera; in Japanese military service.
Mid-Nov 43 - Dec 43	: Moedjoei (1°14'N., 128°10'E), Halmahera; in Japanese military service.
Dec 43 - Aug 44	: Titilegan River Area (1°13'N., 128°11'E), Halmahera; in Japanese military service. Occasionally visited Foelie and Moedjoei.
Aug 44 - 15 Nov 44	: Halmahera; escaped from Titilegan River Area to Idis and later to Maba and Wor Island and was picked up from there by an Allied P.T. boat and taken to Morotai.

III. TACTICAL DATA ON ENEMY MILITARY FORCES.

Dispositions and Strength of Organisations and Units:

a. Foelie (1°15'N., 128°09'E), Halmahera, Nov 43: The main Japanese Army quarters consisted of two 10 x 5 metres wood and atap barracks and a large number of tents. They were situated south of the Foelie jetty (see item No. 1 on attached sketch NEFIS No. FY 5409). Inf was unable to estimate the number of troops quartered in this area.

On the eastern side of the road running northwards from Foelie jetty inf saw another 10 x 5 m. wood and atap barracks which was occupied by Japanese Army personnel (item No. 2 on sketch). He had no knowledge of their numbers. Southwest of this barracks inf saw another 20 x 10 m. building of the same construction which was used as an office (item No. 3 on sketch). He believed that it was the Japanese Army Headquarters.

The residence of the Japanese Major General was situated to the northeast of the Army office (item No. 4 on sketch). The building was of the usual wood and atap construction and measured 15 x 6 metres.

A rest house for Japanese Army officers and Naval personnel was located in the area shown as No. 5 on sketch. It was also of wood and atap construction and measured 15 x 6 metres.

Japanese Army officers occupied a 15 x 5 m. wood and atap building (item No. 18 on sketch). Inf could give no estimate of their numbers.

An observation post elevated approximately 15 metres above ground level was situated on the beach south of the jetty. It was constructed of timber with a corrugated iron roof. Two or three Army personnel occupied the post during the day but inf was unable to say whether or not it was manned at night.

Aug 44: An A/A position (item No. 24 on sketch) was located on a hill approximately 60 feet high. Inf was not permitted to approach the site and consequently could give no further details.

b. Titilegan River Area (1°13'N., 128°11'E), Halmahera, Aug 44: On the north bank of the Titilegan River, approximately 1 km from the coast, inf saw three wood and atap barracks (item No. 6 on sketch) which were occupied by about 150 Japanese Army personnel.

Kempei: Foelie (1°15'N., 128°09'E), Halmahera, Nov 43: Ten Kempei personnel occupied a 6 x 4 m. wood and atap barracks (item No. 18a on sketch). They were all Japanese and according to inf their duties consisted of patrol work and guarding roads in the Foelie area.

Names of Unit Commanders: Titilegan River Area (1°13'N., 128°11'E), Halmahera, Aug 44: The troops quartered on the north bank of the Titilegan River were commanded by Captain Sato, and were known as the "Sato Buntai". He was also in command of the Menadonese unit and of Heiho personnel quartered along the Titilegan River (items Nos. 6, 8 and 9 on sketch). He was assisted in the control of the Menadonese unit by a Japanese Corporal who was also named Sato.

Insignia:

a. Foelie (1°14'N., 128°09'E), Halmahera, Aug 44: All Army personnel wore khaki uniforms and caps with a star badge. Officers' uniforms were brown with caps of the same colour which also carried a star badge.

b. Titilegan River Area (1°13'N., 128°11'E), Halmahera, Aug 44: The troops quartered in the Titilegan River area (item No. 6 on sketch) wore on the left breast a circular green outline about 2 cm in width and an inner circle in white through which a black horizontal stripe about ½ cm in width was drawn.

Heiho in the same area wore a star on a square black background on both sides of the collar or above the left breast.

Auxiliary Troops:

a. Foelie (1°15'N., 128°09'E), Halmahera, Nov 43: Inf saw members of the Taiwan Labour Corps at work. They were dressed in Japanese uniforms but wore no insignia. Inf was unable to state where their quarters were situated.

b. Titilegan River Area (1°13'N., 128°11'E), Halmahera, Aug 44: About 100 Heiho were quartered in two 15 x 5 m. wood and atap barracks located on the north bank of the Titilegan River, approximately three-quarters of a km from the beach (item No. 8 on sketch). They included Javanese, Menadonese and Ambonese and were dressed in Japanese and R.N.I. Army uniforms. Heiho personnel were permitted to leave the barracks, which were not guarded. They were employed repairing roads, felling trees and laying out vegetable gardens. They were paid but inf was unable to state the amount.

A camp containing about 160 Menadonese former R.N.I. Army

personnel who had entered into Japanese service was located along the north side of the Titilegan River (item No. 9 on sketch). It was guarded by five Japanese Army personnel. The Menadonese were allowed to leave the barracks on one day per week when they were issued with a pass by the Japanese Commander, Captain Sato, but were not permitted to fraternise with Heiho personnel or native coolies. The sleeping quarters consisted of four barracks constructed of palm trunks and atap each of which held approximately 40 men and was equipped with large mosquito nets.

The Menadonese, who wore their old R.N.I. Army uniforms, were engaged in building barracks, repairing roads and bridges etc. They were paid /1.00 per day and received /5.00 extra at the end of the month if they had not been absent through illness.

Supply Arrangements and Installations:

a. Foelie (1°15'N., 128°09'E), Halmahera, Aug 44: Inf saw a number of godowns on the north side of the Foelie River and the west side of the coast road:-

Two 10 x 5 x 5 m. wood and atap godowns containing tools and soya ketchup (item No. 13 on sketch).

Four 10 x 5 x 5 m. wood and atap godowns containing food and vegetables (item No. 14 on sketch). On the west side of the four godowns there was an uncovered coal dump which contained very little coal.

One 10 x 5 x 5 m. wood and atap godown (item No. 15 on sketch). Inf was unable to say whether or not this store was in use.

One 10 x 5 x 5 m. wood and atap godown on the north side of the road from Foelie jetty (item No. 17 on sketch). Inf believed that it held clothing.

Two 10 x 5 x 5 m. wood and atap godowns on the south side of the road from the jetty (item No. 19 on sketch). They contained many cases but inf could not say what these held.

Another godown was seen by inf on the south side of the road from the jetty (item No. 20 on sketch). It contained a number of 100 kg bags of rice but inf stated that it was later destroyed by Allied air attack.

Inf saw a timber mill (item No. 26 on sketch) which produced beams from 4 to 8 m. in length and from 5 to 10 cm. in width and thickness. They were used in the construction of jetties, bridges and barracks.

b. Titilegan River Area (1°13'N., 128°11'E), Halmahera, Aug 44: Food supplies for Japanese Army personnel, PsW and Heiho quartered along the Titilegan River arrived by truck once per week. Inf was unable to state the origin of the supply.

3 c. Moedjoei (1°19'N., 128°10'E), Halmahera, Aug 44: At least 10 godowns were located east of Moedjoei Jetty (item No. 23 on sketch). They were 10 x 5 m. wooden buildings, some of which had had atap and others corrugated iron roofs. Inf believed that there were a larger number of godowns at the same location but as he was not allowed to enter the area he was unable to give more accurate particulars.

Inf also saw a timber mill which was installed in a 10 x 5 m. wood and atap building. It contained two circular saws but he was unable to discover what type of power was used. The daily production, which was large, consisted of planks 2 - 3 m. long, 25 - 30 cm. wide and 1½ - 2 cm. thick. The finished product, which was used in the construction of barracks and other buildings, was stacked in front of the mill. (See item 27 on sketch).

d. Foelie (1°15'N., 128°09'E), Moedjoei (1°14'N., 128°10'E), Titilegan River Area (1°13'N., 128°11'E), Halmahera, Aug 44: general Vegetable gardens, 50 and 100 m. square, were cultivated by Heiho personnel, coolies and inf's Menadonese unit. They produced such vegetables as tomatoes, pumpkins, beans and celery, solely for consumption by the Japanese. Inf had worked in about 10 of these gardens and stated that the total greatly exceeded that figure.

The Japanese also received sago from the natives, but inf did not know whether it was bought or commandeered.

Enemy Tactics and Methods: Foelie (1°15'N., 128°09'E), Moedjoei (1°14'N., 128°10'E), Titilegan River Area (1°13'N.,

128°11'E), Halmahera, Aug 44: Whenever suitable locations were available the Japanese built stores, barracks and offices under the protection of trees. When other sites were chosen the buildings were camouflaged with tree branches, palm and coconut leaves. Inf had not seen any evidence of the use of camouflage paint.

Enemy Material and Equipment: Foelie (1°15'N., 128°09'E), Moedjoei (1°14'N., 128°10'E), Titilegan River Area (1°13'N., 128°11'E), Halmahera, Aug 44: Japanese personnel were armed with Meiji 38 (1905) rifles (see Japanese Equipment (A.M.F.) May 44), and also with former Dutch carbines, type M. 95.

Location of PW Camps: Foelie (1°15'N., 128°09'E), Halmahera, Aug 44: About 200 British Indian PsW were quartered in a large palm and atap hut, west of the hospital (item No. 10 on sketch). Inf stated that the prisoners included one British Indian doctor (a Captain), one First Lieutenant and approximately five Sergeant Majors, ten Sergeants and ten Corporals.

They were engaged in building barracks, repairing roads and bridges etc. While at work they were guarded by a few Japanese soldiers but inf did not see any guards at their barracks.

Radar and Radio Stations: Foelie (1°15'N., 128°09'E), Halmahera, Aug 44: Inf stated that a radio station was located on the west side of the coast road, south of the Foelie River (item No. 22 on sketch). It was housed in a 10 x 5 m. wood and atap building. Three masts, each approximately 15 m. high, and a tree were used to carry the aerial system. Inf also stated that he heard a motor running in the building on a number of occasions.

Ha ll

IV. SUMMARY OF NAVAL INFORMATION.

Ship Movements and Ships in Port:

a. Foelie River Area (1°15'N., 128°09'E), Halmahera, Nov 43: Inf arrived in the area on 31 Nov 43. The convoy consisted of five ships, two of which he identified as type "Manila Maru" (Japanese Merchant Ships Recognition Manual O.N.I. 208-J), and the other three as type "Lima Maru". They were escorted by one submarine chaser, type No.3 (Jane's Fighting Ships).

b. Foelie River (1°15'N., 128°09'E), Moedjoei (1°14'N., 128°10'E), Titilegan River (1°13'N., 128°11'E), Dodaga River (1°10'N., 128°10'E) - Halmahera, Dec 43 - Aug 44: A large number of ships of "Sugar Dog" type was seen by inf moored at these locations.

c. Foelie River Area (1°15'N., 128°09'E) - Moedjoei (1°14'N., 128°10'E), Halmahera, Aug 44: Inf saw about 10 "Victor Able" luggers and also a large number of "Victor Able" M.L.C., Daihatsu type "A", at Foeli and Moedjoei. They were anchored along the beach at Foelie and on the north side of Moedjoei jetty. They were used as transport between incoming ships and the shore.

d. Wasile Bay, Halmahera, Dec 43 - Aug 44: During the months between Dec 43 and Aug 44, inf saw only three convoys arrive in Wasile Bay. They anchored near the jetties at Foelie (1°15'N., 128°09'E) and Moedjoei (1°14'N., 128°10'E). He could not remember how many ships they contained but stated that they included the following types:- "Anyo Maru", "Rakuto Maru", "Kimisima Maru" and "Florida Maru" (Japanese Merchant Ships Recognition Manual O.N.I. 208-J). The convoys were also escorted by one or two submarine chasers, type No. 3 (Jane's Fighting Ships).

In Jul 44 he saw the first class cruiser "Aoba" cruising in Wasile Bay.

Ships Sunk or Damaged: Foelie River (1°15'N., 128°09'E), Halmahera, Aug 44: A sunken lugger of the "Victor Able" type was seen by inf approximately 200 metres south of Foelie jetty.

V. BASIC AIR INFORMATION.

Enemy Air Activity: Titilegan River Area (1°13'N., 128°11'E), Halmahera, Jul 44: Prior to Jul 44 inf saw Japanese planes airborne over the Titilegan River on many occasions. He identified them as type "Hamp" and "Nick". He had not seen any Japanese aircraft over the area subsequent to the Allied air attacks in Jul 44.

Allied Air Attacks:

a. Foelie (1°15'N., 128°09'E), Halmahera, Aug 44: A godown on the south side of the road from the jetty which had contained rice (item No. 20 on sketch), was destroyed by Allied air attack.
The former motor park and the repair shop, which was a wood and atap building 20 x 6 m. (item No. 21 on sketch), were destroyed during an Allied air attack.
The jetty at Foelie was also hit and damaged. Inf could not say whether or not it had been repaired.

b. Moedjoei (1°14'N., 128°10'E), Halmahera, Aug 44: The godown area west of Moedjoei jetty (item No. 23 on sketch) was bombed during an Allied air attack.

VII. GEOGRAPHICAL INFORMATION.

Coastline: Foelie (1°15'N., 128°09'E), Moedjoei (1°14'N., 128°10'E), Titilegan River Area (1°13'N., 128°11'E) - Halmahera, Aug 44: There were no coral reefs off the coast in these areas, and inf stated that the water inshore was always calm. About 25 m. of sandy beach, interspersed with small rocks, was exposed at low tide and about 10 m. at high water.

Roads, Tracks and Trails: Foelie (1°15'N., 128°09'E), Moedjoei (1°14'N., 128°10'E), Titilegan River Area (1°13'N., 128°11'E) - Halmahera, Aug 44: The coast road commences at the Titilegan River and passes through Moedjoei and Foelie to Lolobata, where it ends. It is approximately 5 m. wide and has a hard surface composed of stones and sand. During the dry season it is in good condition but after the rains it becomes muddy, though still suitable for motor traffic. Hall
Another road runs to the northeast from Foelie jetty. It is also approximately 5 m. wide, surfaced with the same material, and suitable for motor traffic in all seasons.

VIII. POLITICAL AND SOCIAL INFORMATION.

General Living Conditions: Foelie (1°15'N., 128°09'E), Moedjoei (1°14'N., 128°10'E), Titilegan River Area (1°13'N., 128°11'E) - Halmahera, Jul 44: According to inf, all the residents of these areas were ordered by the Japanese to evacuate their houses and move into the jungle. This did not include Indonesian coolies (Javanese, Soendanese, Timorese, Macassarese, Menadonese, and some local coolies), who were quartered in five barracks on the east and west sides of the road north of Foelie jetty (item No. 12 on sketch). Inf was not permitted to fraternise with these coolies but he noted that many of them appeared to be suffering from malnutrition and that they were very poorly clothed in cloth which was said to have been manufactured from bark.

Security Regulations and Censorship: Foelie (1°15'N., 128°09'E) Moedjoei (1°14'N., 128°10'E), Titilegan River Area (1°13'N., 128°11'E) - Halmahera, Jul 44: From Jul 44 onwards none of the evacuated native population was allowed to enter any of these areas.

Medical Treatment and Supplies: Foelie (1°15'N., 128°09'E), Halmahera, Nov 43: A hospital for Japanese Army and Heiho personnel was located on the north side of the north branch of the Foelie River (item No. 7 on sketch). It consisted of three 30 x 10 m. wood and atap buildings. Inf was not allowed to visit the hospital.

IX. ECONOMIC INFORMATION.

Industries and Manufacturing: Foelie River Area, (1°15'N., 128°09'E), Halmahera, Aug 44: North of Foelie Jetty, on the west side of the coast road, inf saw a building about 15 x 6 m. composed of one brick, three wooden walls and a corrugated iron roof. He heard motors running within the building and concluded that it was some kind of industrial plant (see item 16 on sketch).

Utilities:

Water: Foolie (1°15'N., 128°09'E), Moedjoei (1°14'N., 128°10'E), Titilegan River Area (1°13'N., 128°11'E), Halmahera, Aug 44: The water supply consisted of wells which had been sunk by the Japanese themselves. Members of inf's unit were compelled to dig their own wells.

XII. PERSONALITIES.

Army Personnel: Titilegan River Area (1°13'N., 128°11'E), Halmahera, Aug 44:

Taii (Captain) Sato
Gocho (Corporal) Sato
Jotohei (Superior Private) Watanabe
Ittosotsu (1st cl. Private) Kataoeka
Nitosotsu (2nd cl. Private) Gimbo

XIII. GENERAL.

Prostitution: Foolie (1°15'N., 128°09'E), Halmahera, Aug 44: Inf saw a number of Indonesian women quartered in a building (item No. 11 on sketch). They were controlled by a Chinese woman who lived in a house west of the main building (item No. 29 on sketch).

Director NEFIS

S.H. S P O O R
Col.GS.R.N.I.A.

Camp Columbia, 9th March, 1945.

Enclosure:

NEFIS Sketch No. FY 5409 - Wasile Bay (Halmahera).

AI2/12063/G.

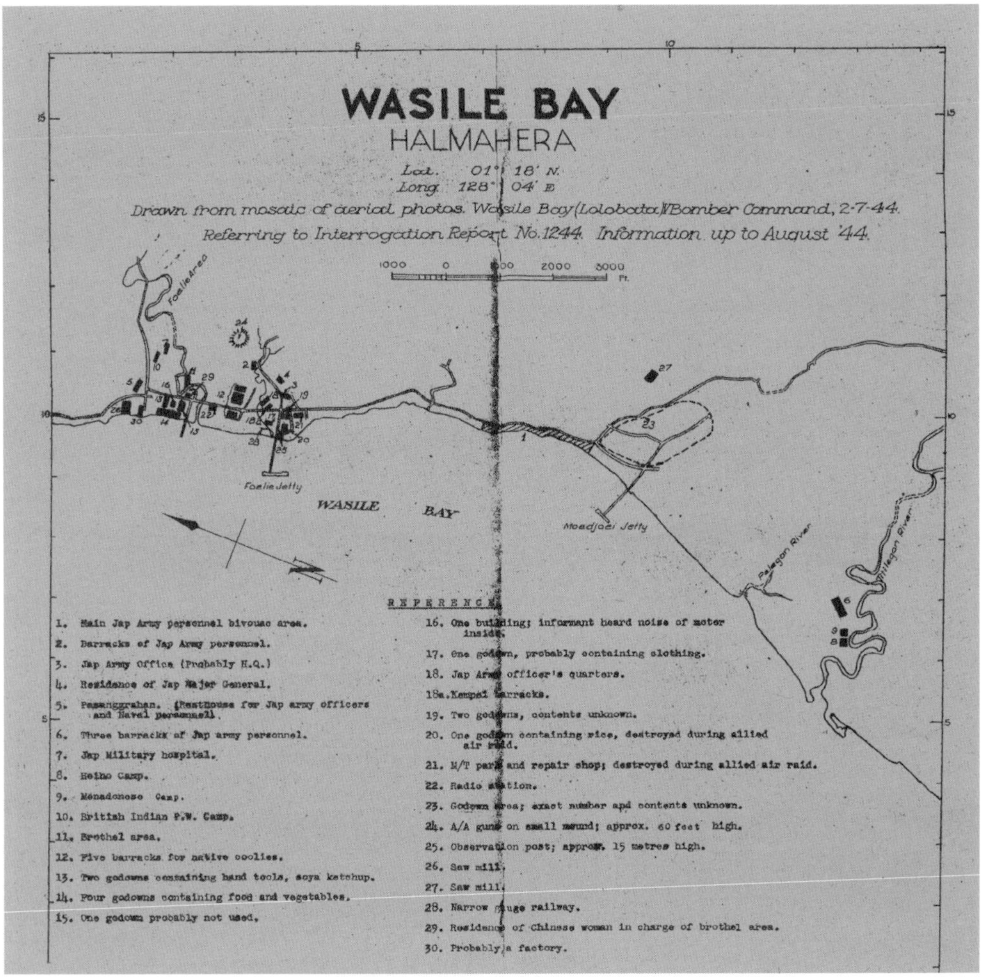
WASILE BAY
HALMAHERA
Lat. 01° 18′ N.
Long. 128° 04′ E
Drawn from mosaic of aerial photos. Wasile Bay (Lolobata) V Bomber Command, 2-7-44.
Referring to Interrogation Report No.1244. Information up to August '44.
1000 0 1000 2000 3000 Ft.
Foelie Area
Foelie Jetty
WASILE BAY
Moedjaei Jetty
Palegan River
REFERENCE.
1. Main Jap Army personnel bivouac area.
2. Barracks of Jap Army personnel.
3. Jap Army Office (Probably H.Q.)
4. Residence of Jap Major General.
5. Pasanggrahan. (Resthouse for Jap army officers and Naval personnel).
6. Three barracks of Jap army personnel.
7. Jap Military hospital.
8. Heiho Camp.
9. Menadonese Camp.
10. British Indian P.W. Camp.
11. Brothel area.
12. Five barracks for native coolies.
13. Two godowns containing hand tools, soya ketchup.
14. Four godowns containing food and vegetables.
15. One godown probably not used.
16. One building; informant heard noise of motor inside.
17. One godown, probably containing clothing.
18. Jap Army officer's quarters.
18a. Kempei barracks.
19. Two godowns, contents unknown.
20. One godown containing rice, destroyed during allied air raid.
21. M/T park and repair shop; destroyed during allied air raid.
22. Radio station.
23. Godown area; exact number and contents unknown.
24. A/A guns on small mound; approx. 60 feet high.
25. Observation post; approx. 15 metres high.
26. Saw mill.
27. Saw mill.
28. Narrow gauge railway.
29. Residence of Chinese woman in charge of brothel area.
30. Probably a factory.

2급 비밀.

네덜란드령 동인도군 정보국

뉴질랜드 보험사 빌딩

334-338 퀸 스트리트, 브리즈번

No. AI2/12063/G. 1945년 3월 9일.
첨부: 2
주제: 심문보고서

네덜란드령 동인도군 정보국 심문보고서 1244호.

1. 첨부된 문서는 네덜란드령 동인도군 정보국 심문보고서 1244호이다.

2. 이 보고서에 포함된 정보는 심문을 통해 획득된 것이며 아직 다른 출처의 정보들을 통해 확인되지 않았다.

3. 이 안에 담긴 정보를 배포하는데 주의를 기울이도록 한다. 적국 점령지에 거주하는 피난민의 친지를 위험에 빠트리지 않도록 정보의 출처에 대해 언급하지 말아야 한다.

네덜란드령 동인도군 정보국 국장
대령 S. H. 스푸어.(S.H.Spoor)
네덜란드령 동인도육군 일반참모.

배포:
첨부된 목록 참조.

복사본 16호.

(중략)

2급 비밀. Ag.No.AI2/7768/G.

네덜란드령 동인도군 정보국,
뉴질랜드 보험사 빌딩,
334-338 퀸 스트리트,
브리즈번.

복사본 16호.

네덜란드령 동인도군 정보국 심문보고서 1244호.

I. 인적 사항.

이름	:	빅터 폰길라탄 (Victor PONGILATAN).
나이	:	26세
성별	:	남성.
인종	:	메나도인(Manadonese).
시민권	:	네덜란드 국민.
출생일자와 출생지	:	1918년 6월 14일; 동갈라(Donggala), 셀레베스(Celebes) 서부.
교육	:	고론탈로(Gorontalo), 셀레베스 북부의 말레이시아 학교 1924-1930.
종교	:	개신교
신분	:	피난민; 오어섬(Wor Island) (0°38'N., 128°31'E)부근에서 연합군 어뢰정이 구출.
직업		이등병 군번 36197. 네덜란드령 동인도 육군 (기병)
건강 상태	:	좋음.
신원 확인 방법	:	없음.

지적수준 및 신뢰도에 대한 평가.

평균적인 지능과 정상적인 관찰력을 보였음. 정보는 상당히 신뢰할 수 있다고 평가됨.

II. 시기순 기록.

날짜:		장소:
1938년 - 41년 12월	:	반둥(Bandoeng) (자바 서부); 네덜란드령 동인도 육군 기계화기병 2분대 이등병.
41년 12월 – 42년 1월	:	카란감펠(Karanggampel)(체리본(Cheribon)); 상동.
42년 1월 - 42년 3월	:	팔달라랑(Padalarang) (자바 서부); 상동.
42년 3월 - 42년 4월	:	반둥(자바 서부) 기계화기병 2분대 병영의 포로.
42년 4월 - 42년 9월	:	반둥(자바 서부); 전 10보급창 대대 병영의 포로. 이후 자르보르(Jaarbeurs) 건물로 이송.
42년 10월 - 42년 11월	:	뉴아일랜드; 일본군 복무.
42년 11월 - 43년 3월	:	코코포(Kokopo) (뉴브리튼); 일본 군복무.
43년 3월 - 43년 11월	:	모네즈(Monez) (마닐라); 상동.
43년 11월 - 43년 11월 중순	:	폴리(Foelie) (1°15'N., 128°09'E), 할마헤라(Halmahera); 일본군 복무.
43년 11월 중순 - 43년 12월	:	모조에이(Moedjoei)(1°14'N., 128°10'E), 할마헤라; 일본군 복무.
43년 12월 - 44년 8월	:	티틸간(Titilegan) 강 부근(1°13'N., 128°11'E), 할마헤라; 일본군 복무. 종종 폴리와 모조에이를 방문했음.
44년 8월 - 44년 11월 15일	:	할마헤라; 티틸간강 지역에서 이디스(Idis), 이후에는 마바(Maba)와 오어섬으로 도망쳤고, 그곳에서 연합군 어뢰정에게 구출돼 모로타이(Morotai)으로 이송됨.

(중략)

XIII. 일반정보.

위안부 및 위안소(Prostitution): 폴리 (1°15'N., 128°09'E), 할마헤라, 44년 8월: 정보원은 다수의 인도네시아 여성들이 한 건물에 수용되어있는 것을 보았다(개요도 항목 11번). 그들은 본관 서쪽에 있는 가옥에 사는 한 중국 여성의 통제를 받았다(개요도 항목 29번).

네덜란드령 동인도군 정보국 국장
대령 S. H. 스푸어.(S.H.Spoor)
네덜란드령 동인도육군 일반참모.

캠프 컬럼비아, 1945년 3월 9일.

첨부:
NEFIS 개요도 FY 5409호 – 와실리만(할마헤라).

AI2/12063/G.

23

Compilation of NEFIS Interrogation Reports Nos. 1247, 1248

RG 319 Entry UD 82-A Box 2009

이 문서는 1945년 5월 2일 작성된 1247호, 1248호 합본 심문보고서이다. 심문보고서 중 '위안부' 및 위안소와 관련한 내용을 살펴보면 1944년 10월 셀레베스 마카사르(Makassar, 지금의 셀레베스 슬라탄)에 위치한 호게웨그(Hoogeweg)에 일본인 여성 20명이 머물렀던 위안소(brothels) 몇 곳이 있었으며, 이곳은 이전에 주재원 공관으로 사용되었던 곳과 마로스웨그(Marosweg)와 마라디카자웨그(Maradikajaweg) 사이 교차로에서 500미터 정도 떨어진 곳이라는 언급이 나온다. 보고서 본문에는 <NEFIS 번호 FY 5359b 마카사르>, <마카사르 도시 계획>(1944. 10. 10) 지도가 첨부되어 있다고 기록되어 있지만, 연구팀이 미국 국립문서기록관리청에서 발굴한 문서에는 그 지도가 첨부되어 있지 않았다.

EMR. SECRET

0164126

NETHERLANDS FORCES INTELLIGENCE SERVICE
(NEFIS)
NEW ZEALAND INSURANCE BUILDING
334-338 QUEEN STREET, BRISBANE

No: AI2/13828/G. SECRET 4 MAY 1945
Enclosures: 8 2nd May, 1945.
Subject: Interrogation Report.

COMPILATION OF NEFIS INTERROGATION REPORTS
Nos. 1247 and 1248 (Not Issued Separately).

----

1. Attached is NEFIS Interrogation Reports (Compilation) Nos. 1247 and 1248 (Not Issued Separately).

2. The information contained in this report is derived from interrogation and has not been assessed against information from other sources.

3. Should reproduction of any information contained herein be desired, no mention should be made of the source from which it is derived, to avoid possible compromising of relatives of evacuees in enemy occupied territory.

Director NEFIS.

S.H. SPOOR
Col.GS.R.N.I.A.

Distribution:

See attached list.

Copy No: 16

MIS-164126 Incl: same

*Mil - 1
Route
Lib
Econ - 1
HQAAF - 1

RECORDED

SECRET

9-505

JS.

DISTRIBUTION	No of Copies	Copy No
Exc. H. van Mook, Lt. Gov. Gen.	1	1
B.S.O. through O.B.S.O.	2	2 - 3
O.B.S.O.	1	4
Economic Int. Section G.H.Q., New Delhi via B.S.O. - Colombo	1	5
COISEF via B.S.O. - Colombo	1	6
C.L.G.	2	7 - 8
M.C.A.	1	9
Fd. Directeur B.B.	1	10
SONICA APO 565	2	11 - 12
CSONICA - Kandy	1	13
Min. v. Kol., Att. Col. de Blieck	1	14
Min. of Economic Warfare, Foreign Office London, via Col. de Blieck	1	15
N.R.C.C.S.	5	16 - 20
A.C. of S., G.2., G.H.Q.	2	21 - 22
Office of the Military Secretary, G.H.Q., (Rear Echelon) APO 500	1	23
Combined Advisory Committee on Tropical Medicine, Hygiene and Sanitation, Rear Echelon, G.H.Q., S.W.P.A., APO 500	1	24
Netherlands Staff Officer, G.3., G.H.Q., APO 500	1	25
Lt. Cdr. C. den Hollander, G.4., G.H.Q., APO 500	1	26
A.C. of S., G.2., USAFFE	1	27
Assistant to the Chief of Staff, H.Q. USAFFE APO 501	1	28
Intell. Branch, R.A.A.F. Command HQ., A.A.F., S.W.P.A., Brisbane	1	29
A.C. of S., A-2, Far East Air Forces, APO 925	1	30
MIS-X Section A.A.F.	1	31
Area Int. Officer, RAAF HQ., N.W. Area, Darwin	1	32
Chief of Air Staff RAAF HQ.	1	33
A.C. of S., A.2. HQ. 13th Air Force, APO 719	2	34 - 35
D.L.O. Allied A.F., Old Courier Building	1	36
First Tactical Air Force, through N.L.O., Group 493, RAAF Pacific	1	37
N.E.I. Intell. Off. NICA III APO 926	1	38
Mil. Attache, High Commissioner for Canada	2	39 - 40
Cdr. A.A. Fresco, R.N.N., Cdr. 7th Fleet Staff F.P.O. (Box 4) San Francisco, Calif.	1	41
A.D.M.I.	1	42
D.N.I.	1	43
Seventh Fleet Int. Center Adv. HQ. Box 3 Navy - 3115	1	44
Commander Task Force 71 through NEFIS Offr. Perth	2	45 - 46
NEFIS Officer, Perth	1	47
Director A.G.S.	1	48
Co-Ordinator ATIS	1	49
FELO, Hq.	1	50
FELO (Att. Maj. Kremer) C/O NICA APO 926	1	51
FELO Melbourne	1	52
Contr. A.I.B. via NEFIS Offr. Fwd. Ech.	1	53
SRD Adv. HQ., C/O A.I.B. Rear Ech. USAFFE, APO 501	2	54 - 55
SRD Rear HQ	1	56
S.I.A.	1	57
Dir. Gen. of Security	1	58
B.I.U. ADVANEFIS	2	59 - 60
Fd. Directeur v. Justitie	1	61
Directeur v. Ec. Zaken	1	62
Fd. Directeur v. V. & W.	1	63
Hoofd D.V.G. "	1	64
Fd. Directeur v. Financien	1	65
Fd. Directeur v. Onderwys	1	66
Dep. Chief of Int. Staff, Brit. Pac. Fleet, Attn. Lt. Cdr. Traynor	1	67
Security Intelligence for Planning Staff via NISEA, Colombo	1	68
Dep. Contr. A.I.B., Heindorff House	1	69
GS (Int) Adv. LHQ. } through ADVANEFIS	1	70
GS (Int) 1 Aust. Corps } through ADVANEFIS	1	71
Engineer Intelligence Section, Office of the Chief Engineer, G.H.Q., S.W.P.A., APO 500	1	72
ADVANEFIS	2	73 - 74
NEFIS	14	75 - 88

GM . SECRET

NETHERLANDS FORCES INTELLIGENCE SERVICE,
NEW ZEALAND INSURANCE BUILDING,
334-338 QUEEN STREET,
BRISBANE. Copy No.16

COMPILATION OF NEFIS INTERROGATION REPORTS
NOS. 1247 and 1248 (NOT ISSUED SEPARATELY).

NOTE.

This report refers to a Bimanese and an Indonesian from Borneo, survivors of Japanese ships sunk by Allied submarines. Both have been trained at the Japanese Naval Training School "Kai-In Yoseidjo" at Makassar and subsequently posted aboard different vessels.

Information is considered to be reliable.

To facilitate reference, the places covered in this report are listed hereunder by sections:-

III. TACTICAL DATA ON ENEMY MILITARY FORCES.

East Java	West Java	Celebes	Borneo
Tandjoeng Perak Soerabaja	Tandjoeng Priok Batavia	Makassar Pare Pare Donggala	Bandjermasin

IV. SUMMARY OF NAVAL INFORMATION.

East Java	West Java	Celebes	Borneo
Tandjoeng Perak Soerabaja	Tandjoeng Priok Batavia	Makassar Pare Pare Sabanga Is. Donggala	Bandjermasin Pontianak

V. BASIC AIR INFORMATION.

East Java	Celebes
Tandjoeng Perak Soerabaja	Makassar Pare Pare Lae Lae Is.

VIII. POLITICAL AND SOCIAL INFORMATION.

East Java	West Java	Celebes	Borneo
Tandjoeng Perak Soerabaja	Tandjoeng Priok Batavia	Makassar Pare Pare Donggala	Bandjermasin Dadahoep Koeala Kapoeas Pontianak

IX. ECONOMIC INFORMATION.

East Java	West Java	Celebes	Borneo
Soerabaja	Batavia	Makassar Pare Pare Donggala	Bandjermasin Dadahoep Pelaihari Bati Bati Badjoein Pontianak

X. PROPAGANDA AND PSYCHOLOGICAL WARFARE INFORMATION.

East Java	Celebes	Borneo
Soerabaja	Makassar	Bandjermasin

SECRET

XI. ATROCITIES.

Borneo

Bandjermasin

XII. PERSONALITIES.

West Java	Celebes	Borneo
Tandjoeng Priok Batavia	Makassar Pare Pare	Bandjermasin

XIII. GENERAL.

Celebes

Makassar
Malino
Kendari

III. TACTICAL DATA ON ENEMY MILITARY FORCES.

Dispositions and Strength of Organisations and Units:

a. Donggala (0°40'S., 119°40'E), N.W. Celebes, Apr 44: Twenty Japanese Naval personnel were quartered in the house formerly occupied by the Assistant Resident (see attached sketch NEFIS No. FY 5415, item No. 8). They formed the crews of nine motorboats employed in the area.
An observation post manned by one Japanese was located on a hill at the mouth of the Banawa River, on the west bank (item No. 1 on attached sketch).

b. Tandjoeng Priok, Batavia (West Java), Jun 44: Inf was told that 100 Naval personnel were on guard at Lloyd Quay.

c. (Pare Pare (4°01'S., 119°37'E), Celebes, Aug 44: According to one inf the occupation force consisted of 1,100 Army and about 100 Naval personnel. Approximately 1,000 had recently arrived overland, possibly from Makassar. HQ of the Army unit was located about one half kilometre south of the sports ground (see attached sketch NEFIS No. FY 5416, item No. 20). Both Army and Naval personnel were quartered in house (item No. 8) northeast of the former R.N.I. Army barracks (item No. 13 on sketch). Two atap barracks about 65 x 8 metres, probably quarters, were in the course of construction northeast of the town near the M/T road to Pinrang (item No. 1 on sketch). F.O
The Naval personnel and 25 Japanese civilians were employed at the shipyard. All were said to be experienced shipwrights. Inf was unable to say how the main force was employed other than on guard duty at HQ, the power station and the shipyard.

d. Makassar (5°10'S., 119°25'E), Celebes, Oct 44: The occupation force consisted of 300 Army, 500 Naval personnel and 200 members of the Women's Corps. The majority of the male personnel were employed on repairs to buildings damaged by Allied air raids. They were quartered in the Former Kweek School (Teachers' College) (see sketch NEFIS No. FY 5359a, of 9.1.45, issued with NEFIS Interrogation Reports Nos. 884 and 945, item No. 18); at the former NILMY (Netherlands Indies Life Insurance Co.) building on the Hospitaalweg (item No. 19 on sketch No. FY 5359a); in a building at the intersection of Marosweg and Hospitaalweg (item No. 20 on sketch No. FY 5359a); in the former Resident's house (item No. 27 on sketch, No. FY 5359a); at the former R.N.I. Army barracks on the Samboeng Djawa weg (item No. 42 on sketch, FY 5359a); and in an area occupied by Japanese on the Samboeng Djawa weg (item No. 48 on sketch No. FY 5359a), about 500 metres southwest of the new shipbuilding yard. F.O

Personnel of the Women's Corps were employed on administrative duties in public utility and other offices. A small number acted as teachers in a High School, known as "Sihangakko". Uniforms consisted of khaki skirts and shirts with short sleeves. The entire military garrison paraded for P.T. every morning between 0430 hours and 0630 hours and in the evening between 1730 hours and 1830 hours.

Four 75 mm. A/A guns were mounted around the prahoe harbour at the Wilhelmina Quay (see attached sketch NE IS No. FY 5359a, item No. 56). They were manned only in event of air raid alarms.

e. Bandjermasin (3°20'S., 114°35'E), Borneo, Oct 44: About 400 Naval personnel were employed at various offices in the harbour area or as wharf labourers. Owing to leave restrictions, inf was unable to obtain further particulars.

f. Soerabaja (East Java), Nov 44: Four 13.15 mm. A/A guns, type 93 No. 3 ("Japanese Equipment (A.N.F.)", May 44), were mounted on the roof of quarters formerly occupied by Royal Netherlands personnel at Cruiser Quay (see attached sketch NEFIS No. 5414, item No. 5).

Four 8 cm., Taisho 10, high-angle guns were located on the southern bank of the Semampir River in the vicinity of the Royal Netherlands Naval Base (see attached sketch NEFIS No.FY 5414, item No. 6).

Insignia: Bandjermasin (3°20'S., 114°35'E), Borneo, Oct 44: Insignia worn by members of the Women's Corps employed at electrical installations, consisted of a red horizontal S; those engaged as school teachers wore a badge similar to a laurel wreath, and the remainder, an anchor on the left sleeve.

Type of Troops: Bandjermasin (3°20'S., 114°35'E), Borneo, Oct 44: The majority of the Naval and Army personnel were in the region of 25 years of age, but inf also saw a number of men of various ages up to an estimated 60 years.

Auxiliary Troops: Makassar (5°10'S., 119°25'E), Celebes, Oct 44: About 40 Heiho personnel attended an unidentified school. As they wore white clothing with anchor insignia on the left breast pocket and on their caps, inf concluded that they were undergoing Naval training.

Supply Arrangements and Installations:

new ... Donggala

a. Donggala (0°40'S., 119°40'E), N.W. Celebes, Apr 44: Inf stated that all godowns behind the market (see attached sketch NEFIS No. FY 5415, items Nos. 2,3,4 and 5) had been burnt down. He was unable to say what caused the fire.

A large cotton store was situated opposite the former K.P.M. (Royal Packet Navigation Co.) installation on the beach (see attached sketch NEFIS No. FY 5415, item No. 7). Inf could not estimate the storage capacity of the building.

Petrol was stored in about 30 drums, each of 300 litres capacity, at the former B.P.M. (Bataviasche Petroleum Mij.) installation. It had been brought to Donggala in a ship, but inf had no knowledge of its place of origin.

(see other page!)

b. Makassar and (5°10'S., 119°25'E), Celebes, Jun 44 - Oct 44: Consequent upon the damage done by Allied air raids at Makassar, ships could no longer be refuelled at that port. The "Kasu Maru", on which inf served, always refuelled at Bandjermasin (Borneo) from Jun onwards.

Inf saw ten 100-kg bombs and four sea mines in one of the former warehouses near the quay and about 200 metres south of the Hoogeweg (see attached sketch NEFIS No. FY 5359b, item No. 64). The bombs were oval in shape and the mines were cylindrical. Both were painted green. (over)

Rice and also petrol in drums were stored in a building about 150 metres south of the Hoogeweg and next to the Sientje picture theatre (see attached sketch NEFIS No. FY 5359b, item No. 60).

Two fuel tanks, similar in storage capacity to the B.P.M. tanks in the vicinity of the Renggangweg (1500M3) (see attached sketch NEFIS No. FY 5359b, item No. 58), were seen by inf. He was unable to say when they had been erected or whether they were in use.

Oct 44: Petrol and a black oil, believed by inf to be Diesel oil, was brought from the interior in military trucks. Inf had no knowledge of its origin or place of storage.

c. Pare Pare (4°01'S., 119°37'E), Celebes, Aug 44: Medical supplies were stored in a brick building about 50 metres south of the racecourse (see attached sketch NEFIS No. FY 5416, item No. 22). Inf was told that medical supplies were also stored in the vicinity of Mandai airfield (5°06'S., 119°36'E).

Fifty 300-litre drums of petrol were stored in an area about 500 metres south of the shipyard (item No. 7 on attached sketch).

The former B.P.M. installation was still intact. It was serviced solely by Japanese and was a prohibited area.

Enemy Material and Equipment:

a. Makassar (5°10'S., 119°25'E), Celebes, Oct 44: About 70 Army trucks were seen carrying building material. Inf also stated that he had seen approximately 100 jeeps and 50 motor cycles with tenders in the streets. All were of Japanese manufacture.

b. Bandjermasin (3°20'S., 114°35'E), Borneo, Oct 44: Some 300 shovels were shipped to Bandjermasin from Soerabaja (East Java) on the "Kasu Maru", which was sunk during the voyage on 16 Nov 44.

Location of PW Camps:

a. Makassar (5°10'S., 119°25'E), Celebes, Jul 44: Inf confirmed previous reports that the former R.N.I. Army barracks was no longer used as a PW Camp but was occupied as a Japanese Naval barracks.

b. Pare Pare (4°01'S., 119°37'E), Celebes, Aug 44: About 50 Dutch PsW were imprisoned in the former R.N.I. Army barracks (see attached sketch NEFIS No. FY 5416, item No. 13). They were employed transporting waste timber, possibly firewood, to locations in the town. The camp was surrounded by a barbed wire fence, 2 metres high, and was guarded by ten Menadonese and Makassarese police armed with rifles. The PsW appeared to be well fed and reasonably well dressed. Local residents occasionally gave them food.

Radar and Radio Stations:

a. Makassar (5°10'S., 119°25'E), Celebes, Oct 44: A radar installation was located about 200 metres north of the Matoangingweg, and between Samboeng Djawa weg and Gaoweg (see attached sketch NEFIS No. FY 5359b, item No. 67). Radio stations were situated about 100 metres east of the former Resident's house and about 50 metres north of the Hoogeweg (item No. 63 on attached sketch); about 200 metres south of the former R.N.I. Army barracks on the west side of Samboeng Djawa weg (item No. 66 on attached sketch); and near the beach about 250 metres west of the Matoangingweg. All the installations were strongly guarded and the areas were closed to unauthorised persons.

b. Bandjermasin (3°20'S., 114°35'E), Borneo, Oct 44: A radio station manned by five Japanese Army personnel was situated at the mouth of the Martapoera River on the south bank (see attached sketch NEFIS No. FY 5351a, item No. 95A). Ships entering the river en route to Bandjermasin were halted until the name of the ship, the steamship company, port of origin, nature of cargo and the name of the captain had been transmitted to the office of the Harbour Master and his permission received for the ship to proceed, when the Japanese at the radio station waved their hands in the direction of Bandjermasin.

c. Soerabaja (East Java), Nov 44: A radio station with four masts was located at the Naval Base about 300 metres west of Kg. Mrootoe.

IV. SUMMARY OF NAVAL INFORMATION.

Ship Movements and Ships in Port:

a. Donggala (0°40'S., 119°40'E), N.W. Celebes, Apr 44: About nine motorboats, types "D", "F" and "G" ("Victor Baker" division), anchored in the harbour. They were used on coastal patrols and as ferries between ships and the shore.

b. Bandjermasin (3°20'S., 114°35'E), Borneo, May - Oct 44: Five 170-ton ships, type "Fox Tare Dog", were seen by inf in the harbour during May 44.

Twelve ships of the same type and one which had been converted into a tanker were berthed alongside the quay when the "Kasu Maru" called at Bandjermasin in Oct 44. On that occasion she remained for six days while engine repairs were completed by the crew. According to inf there were three ships of the "Kasu Maru" class in service.

c. Pontianak (0°00'S., 109°20'E), West Borneo, Jun 44: Three 170-ton "Fox Tare Dog" type ships were moored at the wharf on the south bank of the Kleine Kapoeas River. One was unloading old rifles of unidentified type and parangs (a type of native chopper). Ten armed Japanese soldiers guarded the wharf.

d. Tandjoeng Priok, Batavia, (West Java), Jun 44: Two ships of the "Semarang Maru" and one of the "Kosei Maru" class (Japanese Merchant Ships, Recognition Manual ONI-208) were moored at the former Lloyd Quay. No other ships were seen in the harbour.

e. Makassar (5°10'S., 119°25'E), Celebes, Oct 44: Home port of the "Kasu Maru" on which inf served and of which he supplied the following particulars:- Deadweight : 75 tons; Engine : Diesel, 2 vertical cylinders; 50 horsepower; approximately 150 revolutions per minute; Speed : about 8 knots; Fuel : solar oil.

f. Tandjoeng Perak Soerabaja (East Java), Nov 44: Ten 170-ton ships, "Fox Tare Dog" type, were anchored in the harbour, in addition to three freighters "Taibun Maru" type and one of the "Soya Maru" class (Japanese Merchant Ships, Recognition Manual ONI-208).

Six 2000 to 3000 ton freighters of unidentified types were moored at Cruiser Quay in the former Naval Base.

Another inf saw a 10,000-ton transport disembarking Naval personnel at the Rotterdam Quay. Between 20 Aug and 4 Nov 44, 20 steel vessels of 3000 to 5000 tons arrived and departed. All carried Naval personnel who were disembarked at Rotterdam Quay, and Amsterdam Quay. On their departure they also embarked Naval units, said to be intended for Ambon Island.

In the same period about 30 wooden vessels, "Sugar" division, also entered and left the port. Inf stated that these ships sailed between Soerabaja, Sumatra, Singapore, Borneo, Bali and Celebes.

Outside the harbour, about 200 metres from Rotterdam Quay, he saw another 10,000-ton transport which carried an aeroplane. He was unable to say whether there were troops on board.

In No. 1 dry dock (item No. 1 on attached NEFIS sketch No. FY 5414), inf saw a 10,000-ton freighter armed with two triple-barrel A/A guns, four MG's and two guns which were stated to be 4" and 6" calibre, respectively. Inf's ship, No. 142, class "Sugar Charlie", 500 tons, was in No. 2 dry dock (item No. 2 on sketch).

In No. 3 dock (item No. 3 on sketch) inf saw a war-ship of about 3000 tons and painted black. It was armed with a 4" or 6" calibre gun fore and aft; two 70 mm. guns forward; two 50 mm. guns port and starboard; two A/A twin-barrel guns on the bridge and four amidships.

Inf left Soerabaja for Makassar on 1 Nov 44 in a convoy consisting of seven wooden ships, about 500 tons, "Sugar Charlie" class. They were escorted by a 3000-ton freighter armed with one 4" gun fore and aft, one twin-barrel A/A gun on the port and starboard, two A/A MG's on the bridge and four amidships.

Ships Sunk or Damaged:

a. Makassar (5°10'S., 119°25'E), Celebes, Jan 44: Early in the month a steel vessel of about 3000 tons was sunk during a raid by Allied bombers. According to the Japanese Captain of inf's ship it had recently arrived from Tokio.

b. Tandjoeng Perak, Soerabaja, (East Java), Nov 44: Inf counted fourteen ships sunk in the harbour. He saw no evidence of salvage operations.

About 1½ km. northeast of the harbour, inf saw three sunken ships. Three funnels of one ship and two of another were partly visible. Judging by the distance between the funnels, inf believed that they were transports or freighters of from 5000 to 10,000 tons.

East of the dry dock, a freighter of about 10,000 tons, with a large hole in the side, was awaiting repairs.

c. Soerabaja, (East Java) - Makassar Strait, 1 - 5 Nov 44: Seven wooden vessels, about 500 tons, and one armed 3000-ton freighter were attacked with bombs by two Allied aircraft about 1600 hours on 1 Nov 44, four hours out from Soerabaja. The Captain of inf's ship claimed that he had also seen a submarine torpedo miss the ship. As far as inf knew, no hits were registered. The convoy hove to for the night and proceeded the following morning. Inf's ship, which was faster than the others, lost sight of the convoy at 1300 hours on 2 Nov. Off Pare Pare (4°01'S., 119°37'E), Celebes, she was shelled by an Allied submarine and sunk at 1800 hours on 5 Nov 44.

d. Soerabaja (East Java) - Bandjermasin (3°20'S., 114°35'E), Borneo, Nov 44: The 75 ton "Victor Able" lugger "Kasu Maru" was sunk while en route from Soerabaja to Bandjermasin by an Allied submarine, off Laoet Island (3°40'S., 116°10'E) on 16 Nov 44. Five members of the crew and one Menadonese nurse were lost and seven were picked up by the submarine.

Shipping Routes: Soerabaja (East Java) - Makassar (5°10'S., 119°25'E), Celebes, Nov 44: The "Kasu Maru" followed a route from Soerabaja along the north coast of Java to the southeast coast of Sumatra, without calling at intermediate ports. From there she crossed to the west coast of Borneo and then proceeded inshore along the southern coast until she lost the protection of the Borneo coast at the Makassar Strait.

Harbour Defences: Tandjoeng Perak, Soerabaja (East Java), Nov 44: Inf saw what he judged to be 75 mm. A/A guns (see attached sketch, items Nos. 9 to 15) mounted at the mouth of the Mas River, at the entrance to the harbour, on the North Wall Holland Pier, and on Tandjoeng Perak Quay.

Two A/A machine guns were mounted on the roofs of the buildings in the harbour area, shown as items Nos. 7 and 8 on attached sketch. One A/A machine gun was mounted on each of the buildings shown as items Nos. 4a, 5 and 6. According to inf, the positions shown as items Nos. 4a, 5 and 6 were manned night and day by Naval personnel. The other guns were manned at intervals.

Ship Building and Repair Facilities:

a. Pontianak (0°00'S., 109°20'E), W. Borneo, Jun 44: "Fox Tare Dog" ships of about 170 tons were approaching completion on two iron slipways situated on the north bank of the "Kleine Kapoeas" River and on the north bank of the Soengei Landak (see attached NEFIS sketch No. FY 5357A). Local soft timbers were used. Inf was unable to estimate the output or the number of labourers employed.

b. Pare Pare (4°0. 'S.,119°37'E), Celebes, Aug 44: Ships of the "Fox Tare Dog" class, about 170 tons, were in the course of construction near the extremity of the coast northwest of the town and about 1½ km, south of the former B.P.M. installation (see attached sketch NEFIS No. FY 5416, item No. 4). According to inf the yard, which was being extended, had a tidal slipway and the output was 12 ships per month. Local soft timbers were used and five machine saws were installed.

About 3000 Indonesians who lived in the town were employed under the supervision of 100 Japanese shipwrights. The yard was controlled by the S.K.K. (Sui Kuatsu Kaisha), the Nantaku and the Okoerah Debaku shipbuilding companies.

Two steel dry docks capable of accommodating ships up to 400 tons were anchored at the northwestern extremity of the coast, near the shipyard, (item No. 6 on attached sketch).

Twenty 2-cylinder, fifteen 3-cylinder and five 4-cylinder vertical marine engines, ranging between 100 and 250 horsepower, were seen by inf in a store at the shipyard.

c. Sabanga Island (4°00'S., 119°35'E), Celebes, Aug 44: Five 170-ton "Fox Tare Dog" class ships were assembled each month from parts supplied by the Pare Pare shipyard (item No. 25 on attached NEFIS sketch No. FY 5416). About 200 Indonesians and 25 Japanese shipwrights were employed.

d. Makassar (5°10'S., 119°25'E), Celebes, Oct 44: Native prahoes were built on the east bank at the mouth of the canal (town drainage channel). On completion, they were handed over to the Japanese.

e. Bandjermasin (3°20'S., 114°35'E), Borneo, Oct 44: Marine engines were repaired in a workshop situated next to the ice works and about 100 metres from the northern bank of the Martapoera River (see attached sketch NEFIS No. FY 5351a, item No. 25A). About 50 Indonesians were employed under the supervision of 20 Japanese.

Navigational Aids:

Light Houses: Pontianak (0°00'S., 109°20'E), W.Borneo, Jun 44: A light mast, about 15 metres high, was located about 80 metres from the south bank at the mouth of the Kleine Kapoeas River. It was not illuminated, but was used as a point of anchorage for all ships arriving at the river mouth after sunset.

Buoys:

a. Bandjermasin (3°20'S., 114°35'E), Borneo, Oct 44; Five light buoys (unlighted) were located in the Barito River between the sea and the junction with the Martapoeara River. There were no buoys or other navigational aids in the Martapoera River where ships were piloted by Bandjerese.

b. Tandjoeng Perak, Soerabaja (East Java), Nov 44: Many buoys were seen by inf in the west channel, but all were unlighted.

Harbour Conditions:

a. Pontianak (0°00'S., 109°20'E), W. Borneo, Jun 44: Repairs were proceeding to the wooden wharf on the south bank of the Kleine Kapoeas River. About 100 metres of the rebuilt portion was ready for use. The wharf had been burnt to the waterline by a Dutch demolition unit prior to the occupation.

b. Pare Pare (4°01'S., 119°37'E), Celebes, Aug 44: According to inf, the Japanese had completed 30 metres of a coral stone wall from the northwestern extremity of the coast in a southwesterly direction (see attached sketch NEFIS No. FY 5416, item No. 27) towards Sabanga Island (4°00'S., 119°35'E). He believed that it was intended to narrow the passage between the island and the mainland.

c. Tandjoeng Perak, Soerabaja (East Java), Nov 44: The former B.P.M. oil jetty (wooden) at Kg. Semampir was still in good condition.

V. BASIC AIR INFORMATION.

Locations of Air Installations:

a. Pare Pare (4°01'S., 119°37'E), Celebes, Aug 44: Inf saw one four-engine flying boat, type "Mavis", and two twin-engine flying boats, type "Cherry", at the anchorage (see attached sketch).

b. Lae Lae Island (5°05'S., 119°25'E), Celebes, Sep 44: The flying boat anchorage was situated about a mile west of Makassar. Four single-engine flying boats, type "Pete", and two twin-engine flying boats, type "Cherry", were seen by inf.

c. Soerabaja (East Java), Nov 44: A seaplane anchorage was located east of the new jetty (see attached NEFIS sketch No. FY 5414). Inf saw three aircraft at anchor but was unable to identify them.

Enemy Air Activity: Makassar (5°10'S., 119°25'E), Celebes, Oct 44: Japanese aircraft, type 3 F "Tony", made reconnaissance flights over South Celebes twice weekly. No Japanese planes were seen airborne during air raids.

Allied Air Attacks:

a. Makassar (5 10'S., 119 25'E), Celebes, Jun 44: On a day early in Jun, Makassar was attacked by Allied aircraft in formations of about 30 planes, almost continuously between 0930 hours and 1600 hours. A large portion of the harbour works, including quays and godowns, was damaged. The oil pipelines between the harbour and the former B.P.M. and K.P.M. installations were completely destroyed. The water supply in the harbour area was interrupted. The "Societeit de Harmonie" (Dutch Club) and the radio station (item No. 16 on sketch NEFIS No. FY 5359a, of 9.1.45 issued with NEFIS Interrogation Reports Nos. 884 and 945) were also destroyed. The masts of the radio station escaped damage. The former K.P.M. dockyard (item No. 8 on NEFIS sketch No. FY 5359a) was completely demolished and the rear portion of the Catholic church was damaged.

b. Soerabaja (East Java), Nov 44: Inf heard aircraft and A/A in action some distance away but no bombs fell. During the period Aug - Nov there were seven alerts.

VIII. POLITICAL AND SOCIAL INFORMATION.

General Living Conditions:

a. Dadahoep (2°40'S., 114°35'E), Borneo, Oct 43: According to inf there was no shortage of food due to the fact that the surrounding area produced sufficient for local needs.

b. Donggala (0°40'S., 119°40'E), N.W. Celebes, Apr 44: No shortage of food was apparent to inf.

c. Pare Pare (4°01'S., 119°37'E), Celebes, Aug 44: Owing to the shortage of supplies, all native restaurants had been closed at 29 Aug 44.

d. Makassar (5°10'S., 119°25'E), Celebes, Oct 44: The supply of food was poor and the local inhabitants were rationed to two litres of rice per family, per day; irrespective of size. Rice was brought overland in trucks from Pare Pare. Vegetables such as spinach were still offered for sale.

e. Bandjermasin (3°20'S., 114°35'E), Borneo, Oct 44: The food situation was still satisfactory and many restaurants were open. Vegetables, fish, poultry, eggs, coconut oil and fruit were offered for sale in the market.

f. Soerabaja (East Java), Nov 44: Inf concluded, from the number of coolies who begged for food while his ship was in dry dock, that there was an acute food shortage.

Security Regulations and Censorship:

a. Makassar (5°10'S.,119°25'E), Celebes, Jul 44: The six entrances to the "Kai-In Yoseijo" (Merchant Marine Training School) were guarded by a number of pupils under the command of a teacher. The guard was changed every two hours. Leave permits were granted only on Sundays.

Oct 44: All oil installations were manned solely by Japanese and the areas in which they were situated were closed to unauthorised persons.

b. Soerabaja (East Java) - Batavia (West Java), Nov 44: No shore leave was granted to Indonesian crews. According to inf, the Japanese feared desertions. At most other ports, shore leave was limited and at home ports leave passes were required.

Another inf stated that all persons working in the docks or on the quays at Soerabaja wore a wooden plaque inscribed with Arabic cyphers.

Taxes:

a. Bandjermasin (3°20'S., 114°35'E), Borneo, Mar 43: A deduction of six per cent was made from inf's wages for taxation purposes.

b. Dadahoep (2°40'S., 114°35'E), Borneo, Nov 43: Inf knew of no changes from the pre-war taxes. Land tax was assessed according to the area owned, and "Heerendienst" (labour in lieu of taxation) was still in operation.

Civil Service, Courts, etc: Makassar (5°10'S., 119°25'E), Celebes, Nov 44: The town was policed by Menadonese and Makassarese who wore the former N.E.I. Government uniforms. They were not unduly severe in their treatment of the people.

Education:

a. Dadahoep (2°40'S., 114°35'E), Borneo, Nov 43: The Dessa (village) school still functioned but no school fees were charged.

Inf was unable to give the name of the one school teacher, a Dajak.

b. Koeala Kapoeas (3°00'S., 114°20'E), Borneo, Nov 43: The Japanese language was taught by Indonesian teachers.

c. Makassar (5°10'S., 119°25'E), Celebes, Jul 44: According to inf, successful pupils at the "Kai-In Yoseidjo" (Merchant Marine Training School) were sent to another school of the same type known as "Kai-In Kotobu". There was also a Naval training school known as "Gokan" (?).

d. Pare Pare (4°01'S., 119°37'E), Celebes, Aug 44: Following the air attacks on Makassar, most of the merchant marine trainees were transferred to Pare Pare. About 600 pupils between the ages of 14 and 21 years attended the "Kai-In Kotobu" School, which was situated about 300 metres west of Lero Straat and opposite the new barracks (item No. 1 on attached sketch NEFIS No. FY 5416).

Religious Services: Makassar (5°10'S., 119°25'E), Celebes, Jul 44; Bandjermasin (3°20'S., 114°35'E), Borneo, Aug 44; Soerabaja (East Java), Nov 44: All church services were conducted as usual.

Health and Sanitation: Makassar (5°10'S., 119°25'E), Celebes, Jul 44: There were many cases of malaria and dysentery among the pupils at the "Kai-In Yoseidjo" (Merchant Marine Training School) and during one course twenty deaths occurred. An epidemic of dysentery, towards the end of the course, affected about 300 of the pupils.

Medical Treatment and Supplies:

a. Bandjermasin (3°20'S., 114°35'E), Borneo, Jun - Oct 44: The "Kasu Maru" discharged medical supplies in cases containing in all about 240 jars, each of 20 litres. Inf was unable to state the exact nature of the supplies. In general, the population appeared to be healthy.

b. Makassar (5°10'S., 119°25'E), Celebes, Oct 44: With the exception of 20 Indonesians, possibly nurses, the staff of the former Dutch hospital was exclusively Japanese. Local inhabitants received clinical treatment at the cost of 25 cents per week. According to inf, there were many cases of malaria and tropical ulcers.

IX. ECONOMIC INFORMATION.

Agricultural Commodities:

Production: Dadahoep (2°40'S., 114°35'E), Borneo, Nov 43: After the rice harvest an estimate was made by the village head and a Minseibu official of the annual per capita consumption. The surplus was commandeered by the Japanese at 5 cents per kg.

Labour: Dadahoep (2°40'S., 114°35'E), Borneo, Nov 43: Owners of small gardens who did not harvest sufficient rice to suit the Japanese were chosen as impressed labourers. From the male population of 500, one hundred were selected and told that they would be sent away for six months and would be paid ƒ2 per day.

Industries and Manufacturing:

a. Pare Pare (4°01'S., 119°37'E), Celebes, Aug 44: A rope factory was located near the shipyard (see attached sketch NEFIS No. FY 5416, item No. 5). About 100 Indonesian women were employed, under the supervision of a few Japanese. Raw material was obtained locally.

There were two ricemills in operation, one about 50 metres

southeast of the former B.P.M. installation, and the other on the harbour front east of the ship anchorage (items Nos. 2 and 10 on sketch).

b. Makassar (5°10'S., 119°25'E), Celebes, Oct 44: A factory manufacturing cement, bolts and nails was situated near the road to Maros, on the south bank of the Batang (River) Pampang, about 8 km. from the former Resident's house (see item No. 71 on attached sketch NEFIS No. FY 5359b). Inf was unable to give particulars concerning the output or the origin of the raw materials used.

A teakwood factory (item No. 72 on sketch) was located next to the cement factory mentioned above. Teak was obtained from localities around Makassar and prepared for use in building construction.

Minerals and Metals:

Mining Activities: Pelaihari (3°48'S., 114°45'E), Bandjermasin, Borneo, Aug 44: Inf was told that 20,000 coolies were mining iron ore in the mountains near Pelaihari. He was also told that blast furnaces were under construction at Badjoein, 7½ km. to the northeast.

A further 5,000 coolies were said to be in the vicinity of Bati Bati (3°37'S., 114°45'E), felling trees and preparing charcoal fuel for the furnaces. From the same source, inf heard that 15 godowns, approximately 100 x 60 metres, had been built at Badjoein to store the charcoal.

Labour: Pelaihari (3°48'S., 114°45'E), Bandjermasin, Borneo, Aug 44: The coolies at Pelaihari and Bati Bati were mainly from Java and were contracted for two years. The wood cutters were paid at the rate of 75 cents per cubic metre, with a minimum of 45 cents per day irrespective of the amount produced. They were also given food. Those employed on the ore deposits received 65 cents per day, with food.

Transportation:

Inland Rail: Makassar (5°10'S., 119°25'E), Celebes, Oct 44: A new railway had been completed between the coal wharf and the Maros road. A locomotive depot was situated near the Pampang River, about 200 metres south of the Maros Road (see attached sketch NEFIS No. FY 5359b, item No. 70). Only one locomotive was seen by inf.

Motor:

a. Makassar (5°10'S., 119°25'E), Celebes, Oct 44: Taxis and "roda tiga" (three wheeled vehicles) had disappeared from the streets Bicycles were rarely seen.

b. Bandjermasin (3°20'S., 114°35'E), Borneo, Oct 44: The only motor transport vehicles seen by inf during his visits were about ten sedan cars used by Japanese military personnel.

Utilities:

Power:

a. Donggala (0°40'S., 119°40'E), N.W. Celebes, Apr 44: Electric light was no longer available.

b. Pare Pare (4°01'S., 119°37'E), Celebes, Aug 44: The power station continued in operation. It was manned by Indonesians under Japanese supervision and was strongly guarded (item No. 15 on sketch).

c. Makassar (5°10'S., 119°37'E), Celebes, Oct 44: The power station continued to function and current was available to those who could pay for it. Otherwise, "Kemerie" oil (candle nut tree - Allurites malucanna) was used for lighting purposes. Coconut oil, lamp quality, was no longer sold.

Communications:

Mail: Bandjermasin (3°20'S., 114°35'E), Borneo, Aug 44: Postal facilities were still available. Letters were mailed stamped but unsealed.

Finance:

Currency: Apr 44 - Nov 44: Japanese paper money only was in circulation at Donggala, Pare Pare, Makassar (Celebes); Pontianak and Bandjermasin (Borneo); and at Soerabaja and Batavia (Java).

Makassar (5°10'S., 119°25'E), Celebes, Jul 44; Bandjermasin (3°20'S., 114°35'E), Borneo, Aug 44; Soerabaja (East Java), Nov 44: According to another inf, Dutch notes in the values of 1, 2½, 5 and 10 guilders and Dutch coinage in the values of 1, 10 and 25 cents were also in use. One and 2½ guilder Dutch coins were said to be hoarded.

Commerce: Soerabaja (East Java), Makassar (5°10'S., 119°25'E), Celebes, 1-5 Nov 44: One motor car, 200 bicycles, 200 barrels of oil, 100 cases of soap, 100 cases of dried vegetables, 15 cases of clothing, 50 bundles of iron rods and 30 sacks of fertiliser were lost when inf's ship was sunk off Pare Pare (4°01'S., 119°37'E) on 5 Nov 44.

Food:

One inf gave the following list of prices which he paid for food:-

	Pre-war.	1944.
a. Pontianak (0°00'S., 109°20'E), West Borneo, Jun 1944:		
Rice, per litre.	-	/1.50
b. Pare Pare (4°01'S., 119°37'E), Celebes, Aug 44:		
Rice (cooked per small plate)	-	/0.50
Bananas, per bunch	/0.05	/0.55
c. Makassar (5°10'S., 119°25'E), Celebes, Oct 44:		
Poultry	/0.10	/3.00
Rice, per litre	/0.25	/0.50

Another inf paid the following prices for food:-

a. Bandjermasin (3°20'S., 114°35'E), Borneo, Aug 44:		
Rice, per kg.	7 cents	12 cents
Fish, per kg.	25-30 "	/1.50 - /2.
Poultry, each	50 "	/4.00 - /5.
Eggs, each	1 "	10 cents
Coconut oil, per litre	15 "	50 "
Bananas	1 " for six.	5 "each.
Cassava, per kg.	½ cent	4 cents
Sweet potatoes, per kg.	1 "	6 "
Tobacco, per kg.	/1.25	/60.
b. Soerabaja (East Java), Nov 44:		
Bananas	1 cent for five	15 cents each.
Coconuts, each	2½ cents	25-30 cents
Tobacco (leaves), per kg.	40 "	/8.50

Labour:

a. Bandjermasin (3°20'S., 114°35'E), Borneo, Mar 44: Inf was employed on the construction of new roads with a party of 600 Indonesians. Instead of the promised 2 guilders per day he received 60 cents and his food, on the following ration scale:-

Rice	6 kg.	per person per week.
Dried fish	½ kg.	do.
Beans	½ kg.	do.
Tapioca flour	250 grams	do.
Sugar	½ kg.	do.

Salt	250 grams	per person per week.
Bananas	4-5 pieces	do
Coconut oil	2/3 litre	do.
Tea	25 grams	per person every two weeks.
Onions	1 kg.	per person once a month.

Twice a week fresh meat or fish was included.

b. Makassar (5°10'S., 119°25'E), Celebes, Nov 44: Inf's wages were stated to be /82.00 per month, but deductions for food, clothing and cigarettes reduced the net amount to /30.00. He was issued with two cartons of "Taihes" (Java cigarettes) each month. No clothing was provided, despite the deduction. The following rates were paid to stokers: 1st class (Kekanto), /50.00 per month; 2nd class (Nambang), /35.00; and 3rd class (Kekambu), /30.00.

Clothing:

a. Tg. Priok, Batavia (West Java), Jun 44: Coolies working in the harbour area appeared to be well dressed.

b. Bandjermasin (3°20'S., 114°35'E), Borneo, Aug 44: No clothing was offered for sale. One inf stated that three pairs of shorts, three shirts, two singlets, three pairs of shorts (cotton) and two caps were issued to him by the Captain of his ship.

c. Makassar (5°10'S., 119°25'E), Celebes, Oct 44: No new clothing was offered for sale. Many of the local people wore clothing made from "Karoeng" cloth (plaited jute). All clothing in good condition had been seized by the Japanese after the occupation.

d. Tg. Perak, Soerabaja (East Java), Nov 44: Coolies were almost naked. No clothing was obtainable.

X. PROPAGANDA AND PSYCHOLOGICAL WARFARE INFORMATION.

Allied:

Morale of Civilian Population:

Attitude Toward War: Soerabaja (East Java), Nov 44: According to inf the people believed that the Allies would be victorious, possibly after five or ten years. They believed that the Japanese had not sufficient ships, equipment and food, in comparison with Allied resources.

Effect of Air Raids: Soerabaja (East Java), Nov 44: Inf was told that many Indonesians had been killed when Menado, Ambon, Makassar and Balikpapan were attacked by Allied aircraft. He heard no complaints concerning the casualties.

Enemy:

Radio Propaganda:

List of Stations Most Frequently Heard: Makassar (5°10'S., 119°25'E), Celebes, Jul 44: The following stations were most frequently heard at the "Kai In Yoseijo" (Merchant Marine Training School):- Soerabaja (East Java), Bandjermasin (S. Borneo), Makassar (Celebes) and Tokio from 0800 to 1000 hrs, 1200 to 1400 hrs, and from 1700 to 2200 hrs. War news was broadcast every day from 1700 to 1730 hrs in the Japanese, as well as in the Malay language. All times are local.

Effect: Makassar (5°10'S., 119°25'E), Celebes. Jul 44: Pupils at the Merchant Marine Training School were not compelled to listen to broadcasts. The majority were not interested because they found it hard to believe that the Japanese were always victorious.

Non-Radio Propaganda:

Posters, Pamphlets and Leaflets: Bandjermasin (3°20'S., 114°35'E), Borneo, Aug 44: Inf saw two posters displayed outside the office of the "Borneo Shimbun". They called for volunteers to attend a Heiho school and the Merchant Marine Training School at Makassar. In each case the posters depicted two Indonesians wearing the uniforms and insignia of their respective units.

Speeches: Makassar ($5^{\circ}10'$S., $119^{\circ}25'$E), Celebes, Jul 44: At the Merchant Marine Training School a daily propaganda speech was given between 0900 hrs and 1000 hrs by one of the Japanese teachers in the Japanese language. At intervals throughout the speech, translation was made by a Malay interpreter. The main theme was closer co-operation with the Japanese, in order to bring the war to a victorious conclusion, when the Japanese would return to their own country and Indonesia would be governed by the Indonesians themselves.

Newspapers: Bandjermasin ($3^{\circ}20'$S., $114^{\circ}35'$E), Borneo, Oct 44: The "Borneo Shimbun", a two-page newspaper in the Japanese and Malay languages, was issued daily. According to inf the contents were mainly war news, and it sold for 15 cents per copy. It was published at the office formerly occupied by the "Borneo Bintang" (see item No. 51 sketch NEFIS No. FY 5351 of 16.12. 44 issued with Nefis Interrogation Report No. 708, 709, 751 and 756). About 100 Indonesians and 30 Japanese were employed.

Movies: Makassar ($5^{\circ}10'$S., $119^{\circ}25'$E), Celebes, Jul 44: Attendance of all pupils of the two Merchant Marine Training Schools, "Kai In Yoseijo" and "Kai In Kotobu", was compulsory at sessions given three times a week between 2000 hrs and 2300 hrs. Battle pictures, films on the production of war material in Japan and Java were shown. Battle films were shown twice, once with a Japanese and once with a Malay commentary.

XI. ATROCITIES.

Hearsay. Bandjermasin ($3^{\circ}20'$S., $114^{\circ}35'$E), Borneo, Mar 44: Inf was told that a certain Taidjek was put into a sack and towed behind a motor car until he was dead. Inf was unable to say with what offence he had been charged.

XII. PERSONALITIES.

Japanese Naval Personnel: Makassar ($5^{\circ}10'$S., $119^{\circ}25'$E), Celebes, Jul 44: Staff at "Kai In Yoseijo" (Merchant Marine Training School):-

Moraijama	Principal of "Kai In Yoseijo".
Yomoto	Head teacher; kind to the pupils.
Tada	Teacher.
Sakai	Teacher.
Sudji	Teacher.
Sutukadjo	Teacher.
Sanai	Teacher.

Civil Official: Bandjermasin ($3^{\circ}20'$S., $114^{\circ}35'$E), Borneo, Mar 44:

Noman	Former village head, pensioned by the N.E.I. Government, said to have been beheaded by the Japanese.

Civilians:

Metakesan	Captain, "Kasu Maru". Said to be a cruel man who threw Indonesian members of the crew overboard. Inf was treated in this manner once at Tg. Priok (Batavia) and twice at Pare Pare (Celebes). As he knew that escape was impossible, he returned to the ship.

XIII. GENERAL.

Civilian Internment Camps: Makassar ($5^{\circ}10'$S., $119^{\circ}25'$E), Celebes, Sep 42: Prior to the occupation, 300 Indonesian pupils of a Christian school, including inf, and three American teachers named Deibril (?), Persoet (?) and Lafinger (?), with their families, escaped to Malino ($3^{\circ}45'$S., $119^{\circ}50'$E), a holiday resort in the mountains behind Makassar. The Americans and their families were interned by the Japanese and transferred to Kendari ($3^{\circ}55'$S., $122^{\circ}35'$E) in the same month.

SECRET

SECRET

-15-

Prostitution: Makassar (5°10'S., 119°25'E), Celebes, Oct 44: Several brothels, occupied by about 20 Japanese women, were located on the Hoogeweg, about 500 metres from the former Resident's house and the intersection of Marosweg and Maradikajaweg (see attac ed sketch NEFIS No. FY 5359b, item No. 57).

Director NEFIS

S.H. SPOOR.
Col. GS.R.N.I.A.

Camp Columbia, 2nd May, 1945.

No. AI2/13828/G.

Enclosures:

a. NEFIS Sketch No. FY 5414 - Soerabaja.
b. NEFIS Sketch No. FY 5415 - Donggala.
c. NEFIS Sketch No. FY 5416 - Pare Pare
d. NEFIS Sketch No. FY 5351a- Bandjermasin.
e. NEFIS Sketch No. FY 5357a- Pontianak.
f. NEFIS Sketch No. FY 5359b- Makassar.

SECRET

DONGGALA - N.W. CELEBES.

Lat: $0^{\circ}39'20''$S. Long: $119^{\circ}44'25''$E.

Scale: Approx. 1:5000

Referring to Compilation of Interrogation Reports Nos. 1247 & 1248.

Additional information to A.G.S. No. M 1352, 20. 4. 44.

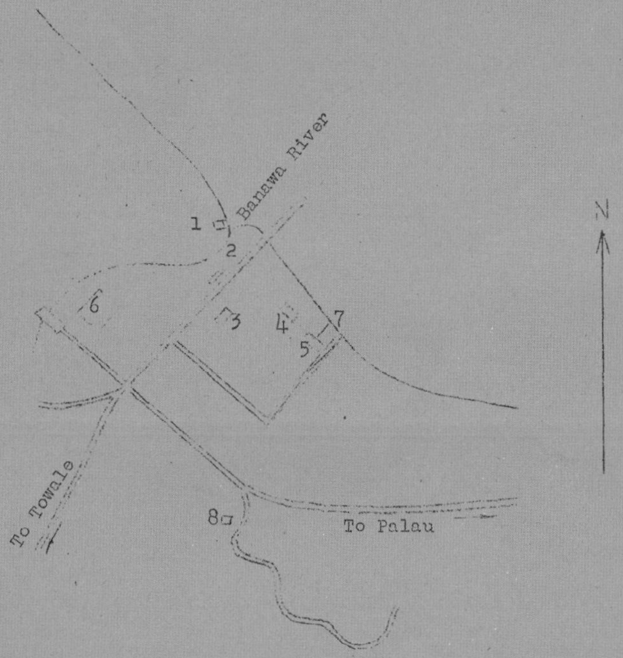

Reference:

1. Observation post manned by one Japanese.
2. Former B.P.M. godown used by Japs for storing petrol - now burnt down.

3.)
4.) Former godowns situated behind the market - now burnt down.
5.)

6. Market.
7. Large cotton store.
8. Former Assistant Resident's house, now quarters for Jap Naval personnel.

NEFIS No. FY 5415

8th April, 1945.

BANDJERMASIN - S. BORNEO.

Lat: 3°20'S. Long: 114°35'30"E.
Scale: 1:20,000

Referring to Compilation of Interrogation Reports No. 1247 & 1248.
Information up to October 1944.
Additional information to NEFIS No. FY 5351

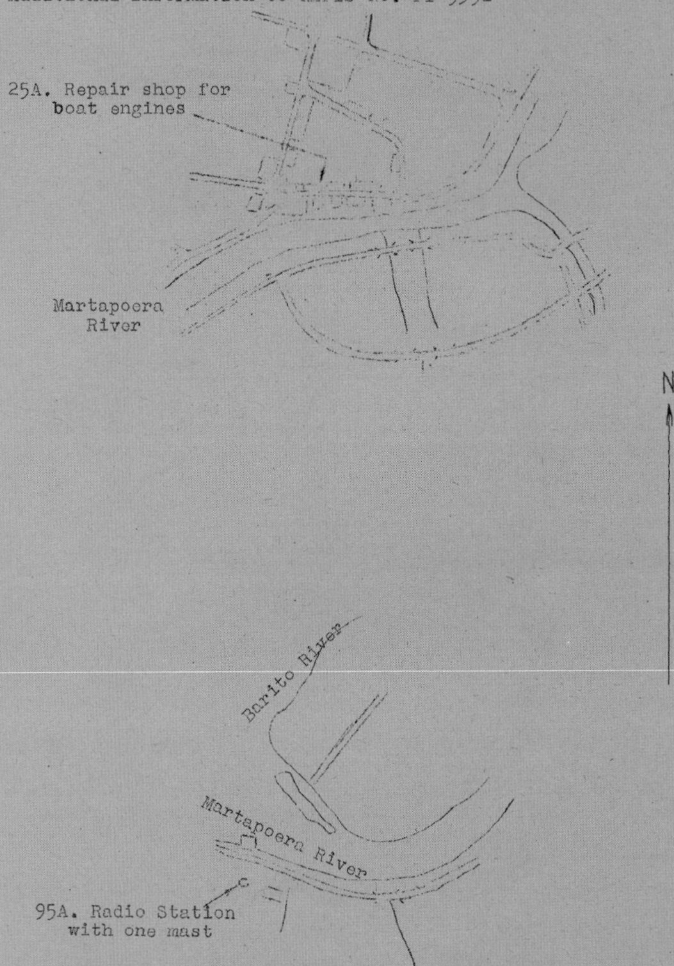

NEFIS No. FY 5351a

7th April, 1945.

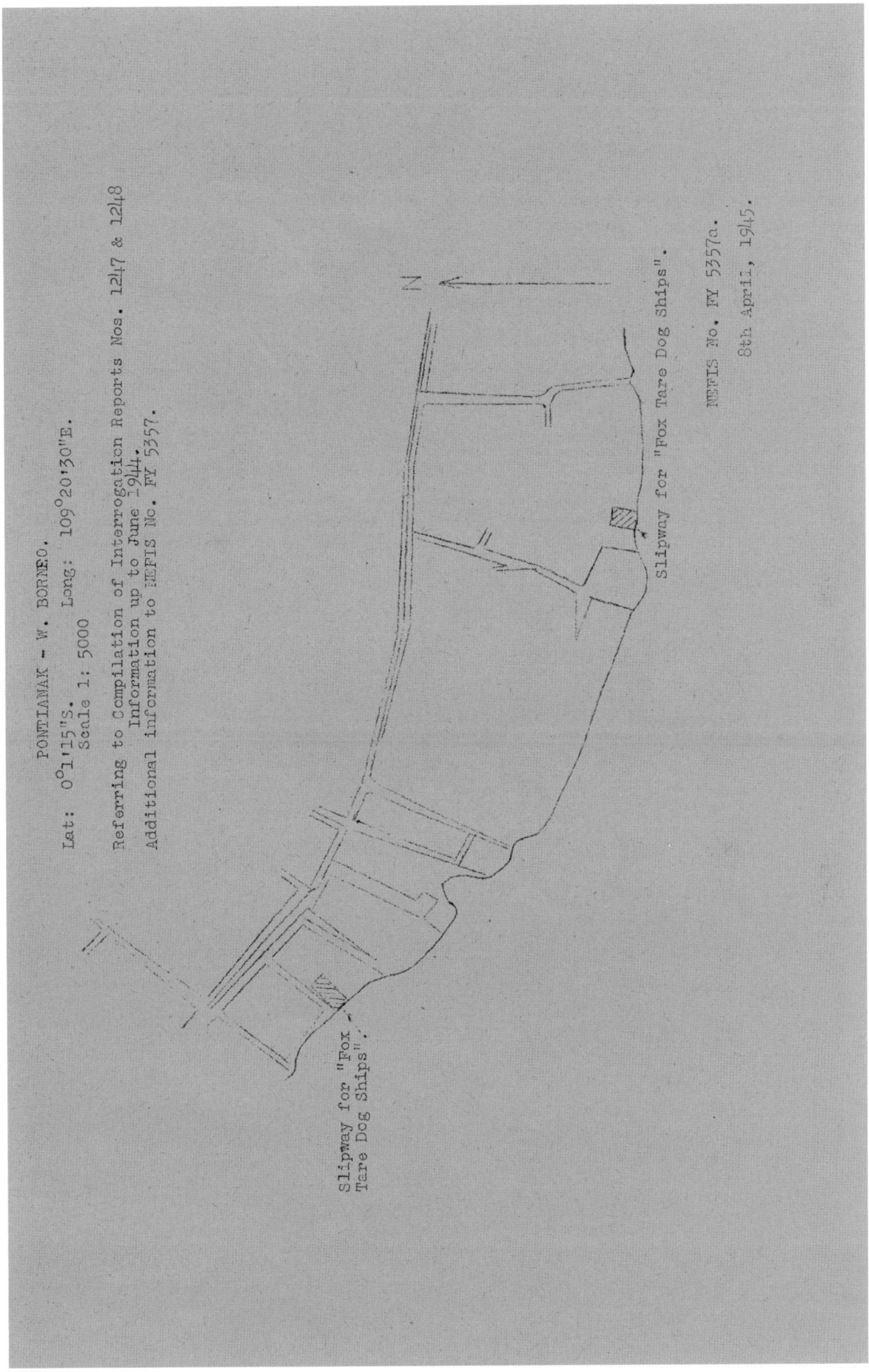
PONTIANAK - W. BORNEO.
Lat: 0°1'15"S. Long: 109°20'30"E.
Scale 1: 5000
Referring to Compilation of Interrogation Reports Nos. 1247 & 1248
Information up to June 1944.
Additional information to NEFIS No. FY 5357.
N
Slipway for "Fox Tare Dog Ships".
Slipway for "Fox Tare Dog Ships".
NEFIS No. FY 5357a.
8th April, 1945.

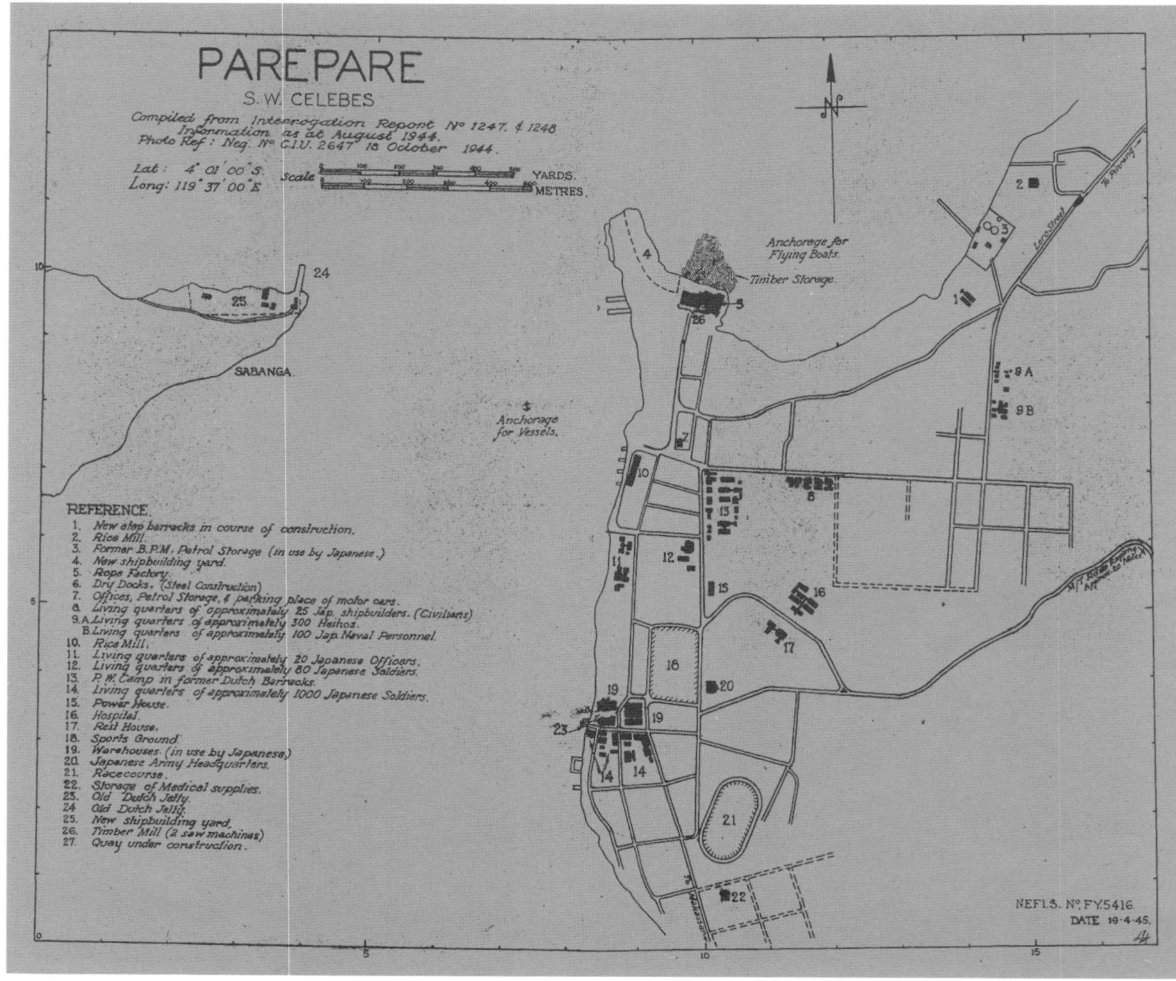

PAREPARE
S.W. CELEBES
Compiled from Interrogation Report No 1247. & 1248
Information as at August 1944.
Photo Ref: Neg. No C.I.U. 2647 18 October 1944.
Lat: 4° 01' 00" S.
Long: 119° 37' 00" E
Scale
YARDS.
METRES.
Anchorage for Flying Boats.
Timber Storage.
Anchorage for Vessels.
SABANGA.
Lero Street
REFERENCE.
1. New atap barracks in course of construction.
2. Rice Mill.
3. Former B.P.M. Petrol Storage (in use by Japanese.)
4. New shipbuilding yard.
5. Rope Factory.
6. Dry Docks, (Steel Construction)
7. Offices, Petrol Storage, & parking place of motor cars.
8. Living quarters of approximately 25 Jap. shipbuilders. (Civilians)
9. A. Living quarters of approximately 300 Heihos.
B. Living quarters of approximately 100 Jap. Naval Personnel.
10. Rice Mill.
11. Living quarters of approximately 20 Japanese Officers.
12. Living quarters of approximately 80 Japanese Soldiers.
13. P.W. Camp in former Dutch Barracks.
14. Living quarters of approximately 1000 Japanese Soldiers.
15. Power House.
16. Hospital.
17. Rest House.
18. Sports Ground.
19. Warehouses. (in use by Japanese.)
20. Japanese Army Headquarters.
21. Racecourse.
22. Storage of Medical supplies.
23. Old Dutch Jetty.
24. Old Dutch Jetty.
25. New shipbuilding yard.
26. Timber Mill (2 saw machines)
27. Quay under construction.
NEFIS. No FY.5416.
DATE 19·4·45.

2급 비밀.

네덜란드령 동인도군 정보국

뉴질랜드 보험사 빌딩

334-338 퀸 스트리트, 브리즈번

No. AI2/13828/G. 1945년 5월 2일.

첨부: 8
주제: 심문보고서.

네덜란드령 동인도군 정보국 심문보고서

1247호, 1248호 합본 (개별호 미발행).

----

1. 첨부된 문서는 네덜란드령 동인도군 정보국 심문보고서 1247호, 1248호 합본이다. (개별호 미발행)

2. 보고서에 포함된 정보는 심문을 통해 획득된 것이며 아직 다른 출처의 정보들을 통해 확인되지 않았다.

3. 이 안에 담긴 정보를 배포하는데 주의를 기울이도록 한다. 적국 점령지에 거주하는 피난민의 친지를 위험에 빠트리지 않도록 정보의 출처에 대한 언급하지 말아야 한다.

네덜란드령 동인도군 정보국 국장.

대령 S. H. 스푸어 (S. H. Spoor)

네덜란드령 동인도육군 일반참모.

배포:

첨부된 목록 참조.

복사본 16호.

(중략)

2급 비밀.

네덜란드령 동인도군 정보국,
뉴질랜드 보험사 빌딩,
334-338 퀸 스트리트,
브리즈번.

복사본 16호.

네덜란드령 동인도군 정보국 심문보고서
1247호, 1248호 합본(개별호 미발행).

주:

이 보고서는 보르네오에서 온 비마인(Bimanese) 한 명과 인도네시아인 한 명을 심문한 내용을 담고 있다. 이 둘은 모두 연합군 잠수함이 침몰시킨 일본 선박의 생존자이다. 이들은 마카사르(Makassar)에 있는 일본 해군훈련학교 "카이인 요세이조(Kai-In Yoseidjo)"에서 훈련받았으며 이후 다른 선박에 배치되었다.

이 정보는 신뢰할 수 있다.

(중략)

XIII. 일반정보.

민간인 수용소: 마카사르(5"10'S.,119"25'E), 셀레베스(Celebes), 42년 9월: 점령 이전, 정보원을 포함한 기독교학교 300명의 학생들, 데이브릴(Deibril)(?), 페르소엣(Persoet)(?), 라핑거(Lafinger)(?)라는 이름의 미국인 교사 세 명, 미국인 교사들의 가족이 마카사르 뒤편의 산에 위치한 휴양지 마리노(Malino)(3"45'S.,119"50'E)로 도망쳤다. 미국인 교사 세 명과 그들의 가족은 일본인에게 억류되어, 같은 달에 켄다리(Kendari)(3"55'S.,122"35'E)로 이송되었다.

위안부 및 위안소(Prostitution): 마카사르(5"10'S.,119"25'E), 셀레베스, 44년 10월: 일본인 여성 20여명이 있었던 위안소(brothels) 몇 곳은 호게웨그(Hoogeweg)에 있

었다. 호게웨그는 (구) 주재원 공관과 마로스웨그(Marosweg)와 마라디카자웨그 (Maradikajaweg) 사이 교차로에서 500미터 정도 떨어진 곳에 위치해있었다. (첨부된 개요도 NEFIS FY5359b호, 항목 57번을 참조).

네덜란드령 동인도군 정보국 국장.

대령 S. H. 스푸어 (S. H. Spoor)
네덜란드령 동인도육군 일반참모.

캠프 컬럼비아, 1945년 5월 2일.

No. AI2/13828/G.

첨부:

a. 개요도 NEFIS FY 5414호 – 수라바야(Soerabaja).
b. 개요도 NEFIS FY 5415호 – 동갈라(Donggala).
c. 개요도 NEFIS FY 5416호 – 파레파레(Pare Pare)
d. 개요도 NEFIS FY 5351a호 – 반자르마신(Bandjermasin).
e. 개요도 NEFIS FY 5357a호 – 폰티아낙(Pontianak).
f. 개요도 NEFIS FY 5357b호 – 마카사르(Makassar).

24

NEFIS Interrogation Report No. 1252

RG 319 Entry UD 82-A Box 2010

이 문서는 1945년 5월 14일자 1252호 심문보고서이다. 이 보고서는 일본인이 교사로 고용한 21세 상이인(Sangirese) 남성에 대한 심문을 바탕으로 작성되었다. 그는 교사 대상 일본어학교에 다니기 위해 1944년 5월부터 셀레베스(Celebes)섬 메나도(Menado) 북부의 토모혼(Tomohon)에 머물렀는데, 1944년 9월에 일본이 2개의 위안소를 열었다고 말했다. 정보원은 위안소 내부의 상황에 관해 상세히 알고 있는 것처럼 보인다. 위안소는 각각 장교 전용과 하사관 및 병사 전용이었는데, 장교 전용 위안소에는 30명의 여성이, 하사관 및 병사 전용 위안소에는 50명의 여성이 있었다. 이 여성들은 토모혼의 주변지역인 미나하사(Minahasa)의 여러 곳에서 동원되었다. 이 증언에서는 위안소의 운영 상황이 비교적 자세하게 나타나 있는데, 여성들이 월급과 팁을 받았고, 정기적인 검진을 받았으며, 질병에 걸릴 시 치료를 해주고 휴가도 있었다는 내용이다.

RGE. SECRET 16 MAY 1945

NETHERLANDS FORCES INTELLIGENCE SERVICE
(NEFIS)
NEW ZEALAND INSURANCE BUILDING
334-338 QUEEN STREET, BRISBANE.

0165498

No. AI2/14096/G. 14th May, 1945

SECRET

Enclosures: 5

Subject: Interrogation Report.

NEFIS INTERROGATION REPORT No. 1252.

9478
3c
2nd 3

1. Attached is NEFIS Interrogation Report No. 1252.

2. The information contained in this report is derived from interrogation and has not been assessed against information from other sources.

3. Should reproduction of any information contained herein be desired, no mention should be made of the source from which it is derived, to avoid possible compromising of relatives of evacuees in enemy occupied territory.

Director NEFIS

S.H. S P O O R
Col.GS.R.N.I.A.

Distribution:

See attached list.

Copy No: 20

MIS-165498 (CPM)
CPM-1
*Mil-1
Route
Econ
Lib
HQAAF-1

Incl: —
CP.M-1
Mil-1
Route
Econ
Lib
HQAAF-1

SECRET

DISTRIBUTION	No. of Copies	Copy No.
Exc. H. van Mook, Lt.Gov.Gen.	1	1
B.S.O. through O.B.S.O.	2	2 - 3
O.B.S.O.	1	4
Economic Int. Section G.H.Q., New Delhi via B.S.O. - Colombo	1	5
COISEF via B.S.O. - Colombo	1	6
C.L.G.	2	7 - 8
M.C.A.	1	9
Fd. Directeur B.B.	1	10
SONICA APO 565	2	11 - 12
CSONICA - Kandy	1	13
Min. v. Kol., Att. Col. de Blieck	1	14
Min. of Economic Warfare, Foreign Office London, via Col. de Blieck	1	15
N.R.C.C.S.	5	16 - 20
A.C. of S., G.2., G.H.Q.	2	21 - 22
Office of the Military Secretary, G.H.Q., (Rear Echelon) APO 500	1	23
Combined Advisory Committee on Tropical Medicine, Hygiene and Sanitation, Rear Echelon, G.H.Q., S.W.P.A., APO 500	1	24
Netherlands Staff Officer, G.3., G.H.Q., APO 500	1	25
Lt. Cdr. C. den Hollander, G.4., G.H.Q., APO 500	1	26
A.C. of S., G.2., USAFFE	1	27
Assistant to the Chief of Staff, H.Q., USAFFE APO 501	1	28
Intell. Branch, R.A.A.F. Command HQ., A.A.F., S.W.P.A., Brisbane	5	29 - 33
A.C. of S., A-2, Far East Air Force, APO 925	4	34 - 37
MIS-X Section A.A.F.	1	38
Area Int. Officer, RAAF HQ., N.W.Area, Darwin	1	39
Chief of Air Staff RAAF HQ.	1	40
A.C. of S., A.2. HQ. 13th Air Force, APO 719	2	41 - 42
D.L.O. Allied A.F., Old Courier Building	1	43
First Tactical Air Force, through N.L.O., Group 493, RAAF Pacific	1	44
N.E.I. Intell. Off NICA III APO 926	1	45
Mil. Attache, High Commissioner for Canada	2	46 - 47
Cdr. A.M. Fresco, R.N.N., Cdr. 7th Fleet Staff F.P.O. (Box 4) San Francisco. Calif.	1	48
A.D.M.I.	1	49
D.N.I.	1	50
Seventh Fleet Int. Center Adv. HQ. Box 3 Navy-3115	1	51
Commander Task Force 71 through NEFIS Offr. Perth	2	52 - 53
NEFIS Officer, Perth	1	54
Director A.G.S.	1	55
Co-Ordinator ATIS	1	56
FELO (Att. Maj. Kremer) C/O NICA APO 926	1	57
FELO Melbourne	1	58
Contr. A.I.B. via NEFIS Offr. Fwd. Ech.	1	59
SRD Adv. HQ., C/O A.I.B. Rear Ech. USAFFE APO 501	2	60 - 61
SRD Rear HQ.	1	62
S.I.A.	1	63
Dir. Gen. of Security	1	64
B.I.U.ADVANEFIS	2	65 - 66
Fd. Directeur v. Justitie	1	67
Directeur v. Ec. Zaken	1	68
Fd. Directeur v. V. & W.	1	69
Hoofd D.V.G.	1	70
Fd. Directeur v. Financien	1	71
Fd. Directeur v. Onderwys	1	72
Dep. Chief of Int. Staff, Brit.Pac.Fleet, Attn. Lt. Cdr. Traynor	1	73
Security Intelligence for Planning Staff via NISEA, Colombo	1	74
Dep. Cont. A.I.B., Heindorff House	1	75
GS (Int) Adv. LHQ } through ADVANEFIS	1	76
GS (Int) 1 Aust. Corps } through ADVANEFIS	1	77
Engineer Intelligence Section, Office of the Chief Engineer. G.H.Q., S.W.P.A., APO 500	1	78
ADVANEFIS	2	79 - 80
NEFIS	14	81 - 94

'RGE.

SECRET

NETHERLANDS FORCES INTELLIGENCE SERVICE,
NEW ZEALAND INSURANCE BUILDING,
334-338 QUEEN STREET,
BRISBANE.

Copy No.

NEFIS INTERROGATION REPORT No. 1252.

I. PERSONAL DATA.

Name	:	Ursinus Frans RAKINAOENG.
Age	:	21 years.
Sex	:	Male.
Race	:	Sangirese.
Citizenship	:	Netherlands subject.
Birthdate and Place	:	16 Oct 23; Tahoena (3°35'N., 125°30'E), Great Sangihe Island.
Education	:	1931-1938, State School, Tahoena; 1938-1939, MULO (Higher Elementary School), Tomohon (1°20'N.,124°50'E), N.E. Celebes; 1940-1942, School voor Volks Onderwijzers (School for Indonesian Teachers), Oeloe, Siaoe Island (2°45'N.,125°36'E); 1944, Japanese Language School for Teachers, Tomohon, four months.
Religion	:	Protestant.
Status	:	Evacuee.
Occupation	:	School teacher.
State of Health	:	Good.
Means of Identification	:	Two scars on right underarm, two scars on left foot, birthmark between eyes.

ESTIMATE OF INTELLIGENCE AND RELIABILITY.

Very intelligent; information is considered to be reliable.

II. CHRONOLOGY.

Date:	Place:
Jan 43 - Jun 43	Singkil Village (1°30'N.,124°50'E), Menado, Celebes; employed as a clerk.
Jun 43 - Nov 43	Tamako (3°25'N.,125°30'E), Great Sangihe Island; unemployed.
Nov 43 - 31 Dec 43	Kalinda (3°23'N., 125°32'E), Great Sangihe Island; employed by the Japanese as a school teacher.
1 Jan 44 - 30 Apr 44	Dago (3°25'N.,125°35'E), Great Sangihe Island; school teacher.
May 44 - Aug 44	Tomohon (1°20'N.,124°50'E), N.E. Celebes; Japanese Language School for Teachers.
Aug 44 - Sep 44	Menado (1°30'N.,124°50'E), Celebes; vacation.
Oct 44 - Nov 44	Tomohon (1°20'N.,124°50'E), N.E. Celebes; unemployed.
Nov 44 - 26 Dec 44	Kg, Meras (1°35'N.,124°50'E), Menado, Celebes; unemployed.

To facilitate reference the places covered in this report are listed hereunder by sections:-

SECRET

III. TACTICAL DATA ON ENEMY MILITARY FORCES.

North Celebes	Great Sangihe Island
Menado Town	Tahoena
Tomohon	
Tondano	
Koja	
Tataaran	
Roeroekan	
Kaaten	
Mt. Lokon	

V. BASIC AIR INFORMATION.

North Celebes	Great Sangihe Island
Menado Town	Dago
Tomohon	
Singkil	
Bahoe	
Kodo	

VI. INFORMATION REGARDING GUERILLA FORCES.

North Celebes

Menado Town
Goenoeng Kelabat

VII. GEOGRAPHICAL INFORMATION.

North Celebes	Great Sangihe Island
Menado Town	Dago
Tomohon	Lapango
Tondano	Lelen Soemangi Island
Langoan	Mahang Soemangi Island
Tanahwangko	Laine
Roeroekan	Tamako
Woloan	Pananaroe
Wailan	Pedine Hill
	Beboe
	Kaloewatoe
	Menaloe
	Koeloer
	Bebatoe
	Goenoeng Pesaraeng

VIII. POLITICAL AND SOCIAL INFORMATION.

North Celebes	Great Sangihe Island
Menado Town	Tamako
Tomohon	Dago
Meras	Tahoena
Kakaskasen	Kaloewatoe
Woloan	Manganitoe
	Enemawira
	Talaud Island

IX. ECONOMIC INFORMATION.

North Celebes	Great Sangihe Island
Menado Town	Dago
Tomohon	Kaloewatoe
Kakaskasen	Tahoena
Tanahwangko	Enemawira

North Celebes

Goenoeng Sopoetan
Tikala
Amoerang
Tondano
Langoan

Great Sangihe Island

Manganitoe
Tamako

X. PROPAGANDA AND PSYCHOLOGICAL WARFARE INFORMATION.

North Celebes

Menado Town
Tomohon
Arakan
Langoan

Great Sangihe Island

Tahoona
Tamako

XII. PERSONALITIES.

North Celebes

Tomohon

Great Sangihe Island

Tahoona

XIII. GENERAL.

North Celebes

Menado Town
Tomohon
Noongan
Kakaskasen
Kaaten

III. TACTICAL DATA ON ENEMY MILITARY FORCES.

Dispositions and Strength of Organisations and Units:

a. Menado Town (1°30'N.,124°50'E), N. Celebes, Sep 44: The former Dutch Resident's office was occupied by the Japanese Governor, the Commanding Officer of land forces, the Naval Commander for Northern Celebes, and Council assistants.

b. Kg. Tataaran (1°20'N.,124°53'E), Menado, N. Celebes, Sep 44: Approximately 20 Japanese Army personnel were quartered in native houses. Inf was told that there was a force of considerable size located in the forest behind Tataaran.

c. Kg. Koja (1°20'N.,124°55'E), Menado, N. Celebes, Sep 44: Inf was unable to estimate the strength of the Army personnel in the vicinity but he had seen a considerable number proceeding in the direction of the forest on the southern side of the road to Tomohon (1°20'N.,124°50'E). In this area and near the village boundary, three Army bell tents had been erected.

Menado card

d. Tomohon (1°20'N.,124°50'E), Menado, N. Celebes, Nov 44: According to inf there were about 3,000 Japanese Army personnel in and around Tomohon. Approximately 2,500 of these were quartered in a camp north of Kg. Kaaten (1°20'N.,124°50'E) (see item No. 31 on attached sketch NEFIS No. FY 5456), in the area between the roads to Roeroekan (1°20'N.,125°03'E) and Tondano (1°20'N.,124°55'E). The remainder occupied various village houses. Inf was told that there were a number of A/A guns located in the camp area. F-0

The force was under the command of a Shosho (Major General). Other officers seen by inf included a Taisa (Colonel), a Chusa (Lieut. Colonel) and a Shosa (Major).

An A/A post was located on a hill (item No. 36 on sketch) behind the School. Each morning six Japanese soldiers transferred an A/A machine gun from the school square to the post and returned it to its original location at 1800 hours.

From infs description the gun would appear to be a .50 Browning A/A machine gun which was said to have been captured from the Americans in the Philippines.

e. Mt. Lokon (1°24'N.,124°48'E), Tomohon, Menado, N. Celebes, Nov 44: Inf was told that there was an A/A gun position located on Mt. Lokon. He heard no firing from the area during the Allied air attacks in Sep 44.

f. Kg. Roorookan (1°20'N.,125°03'E), Tomohon, Menado, N. Celebes, Nov 44: An A/A gun position was said to be located on Roorookan Hill.

Menado card

Kempei: Tomohon (1°20'N.,124°50'E), Menado, N. Celebes, Sep 44: Kempei HQ (item No. 7 on sketch) was located on the eastern side of the road to Menado, about 320 metres north of the dry lake bed, Danau Sinelejan (item No. 33 on sketch). According to inf, a Taisa (Colonel) was in command. F-O

Offices and quarters of Japanese and Indonesian police (item No. 15 on sketch) were situated on the south-eastern side of the intersection of the Menado and Tanahwangko roads.

Insignia:

Kempei-tai: Great Sangiho Island, Apr 44, Minahasa (Celebes), Dec 44: Kempei-tai personnel wore the normal Japanese Army uniform with a white brassard, inscribed with Japanese characters, on the left sleeve.

Auxiliary Troops:

Rikugun (Army) Heiho: Menado Town (1°30'N.,124°50'E), N. Celebes, Aug 44: The total strength was approximately 300 Indonesians from the age of 18 years upwards. After medical examination they were allotted to Japanese Infantry camps in Menado Town, where they received preliminary training which included marching, rifle practice, bayonet drill and instruction in Japanese military discipline. The period of training depended upon the intelligence of the individual.

They were paid at the rate of ƒ15.00 at the end of each month, with an increase on promotion to Jotohei (superior private). Medical unfitness was the only accepted ground for exemption.

Recruits were issued with two shirts, two pairs of shorts, two pairs of boots, two pairs of socks, Japanese Army cap with star badge, two face towels, toothbrush, toothpaste, soap, one emergency first aid kit, belt and bayonet.

Lines of Communication and Transport:

a. Tahoena (3°35'N.,125°30'E), Great Sangihe Island, Apr 44: Telephone lines for the exclusive use of the Army connected Tahoena with Enomawira (3°42'N.,125°32'E) and with Manganitoe (3°35'N.,125°30'E), through Tamako (3°25'N.,125°30'E).

b. Tomohon (1°20'N.,124°50'E), Menado, N. Celebes, Nov 44: Telephone lines for military use connected Tomohon with Menado Town (1°30'N., 124°50'E), Amoorang (1°10'N.,124°35'E), Tondano (1°20'N.,124°55'E) and Langoan (1°10'N.,124°50'E).

c. Minahasa (Celebes), Dec 44: Motor trucks and bullock carts were the main means of inland transport.

d. Menado Town (1°30'N.,124°50'E), N. Celebes, Dec 44: Inf was told that a military plane operated between Menado, Ambon, Halmahera and Makassar. He was unable to state the frequency of the service.

Supply Arrangements and Installations:

a. Kg. Tataaran (1°20'N.,124°53'E), Menado, N. Celebes, Sep 44: Supplies of rice, paddy, soya and tinned foods were stored in native houses. Inf was unable to estimate the quantities.

b. Tomohon (1°20'N.,124°50'E), Monado, N. Celebes, Sep 44: M/T parks (item No. 10 on sketch) were situated on the east side of the road to Monado, about 330 metres from the northern extremity of the town and at the southwestern intersection (item No. 10a on sketch) of the Menado and Tanahwangko roads.

Japanese Army uniforms and shoes were repaired in civilian houses (item No. 9 on sketch) situated at a point about 350 metres from the northern extremity of the town on the eastern side of the Menado road.

Portion of the "normal school" (item No. 8 on sketch), situated about 350 metres north of the town, was in use as a store house.

Radar and Radio Stations: Tahoena (3°35'N.,125°30'E), Great Sangihe Island, Apr 44: A wireless station (item No. 27 on NEFIS sketch No. FY 5407), of 17-2-45 attached to N.I.R. 1076-77, said to be used exclusively for military purposes, was seen by inf a short distance to the north of the football field.

V. BASIC AIR INFORMATION.

Enemy Air Activity: Tomohon (1°20'N.,124°50'E), Monado, N. Celebes, Jun 44 - Sep 44: Two or three Japanese planes type 2, 2 E.F. "Nick", were seen daily passing over Tomohon from Monado Town and heading in the direction of Langoan (1°10'N.,124°50'E).

Allied Air Attacks:

a. Kg. Dago (3°25'N.,125°35'E), Great Sangihe Island, Apr 44: Inf was told that the prahoe slipways had been strafed by Allied aircraft.

b. Tomohon (1°20'N.,124°50'E), Monado, N. Celebes, 10 Sep 44: The "Nogyo Zitumu Gakko" (Agricultural School), formerly a Dutch seminary (see item No. 1 on sketch), was hit during an attack by 12 Flying Fortresses. Four Indonesian students were killed. According to inf the aircraft flew over the school in the direction of Monado Town but returned and dropped bombs, apparently because they mistook the students, wearing Japanese military caps, for Army personnel. The school was badly damaged and classes were abandoned after the attack.

On 15 Sep 44 Allied aircraft dropped three bombs over Tomohon. The Malay School and one Indonesian house were destroyed and eight other houses heavily damaged. A Japanese soldier and an Indonesian woman were killed and several other people were injured.

c. Kg. Singkil (1°30'N.,124°50'E), Monado, N. Celebes, 1 Dec 44: The village was strafed for 30 minutes by 12 Catalina aircraft. Inf was unable to state the extent of the damage.

d. Kg. Bahoe (1°30'N.,124°55'E), Menado, N. Celebes, Dec 44: The cotton mill known as "Kobayasi" was demolished during an attack by Allied aircraft.

e. Kg. Kodo, Menado Town (1°30'N.,124°50'E), N. Celebes, Dec 44: A brick factory, formerly under Chinese management but subsequently taken over by the Japanese, was destroyed by Allied air attack. The exact location was unknown to inf.

VI. INFORMATION REGARDING GUERILLA FORCES.

Organisation, Equipment and Training: N. Celebes (Minahasa): Activity of Dutch guerillas has been reported in this area.

NOTE.

Particulars may be obtained from NEFIS.

VII. GEOGRAPHICAL INFORMATION.

Coastline: Kg. Dago (3°25'N.,125°35'E), Great Sangihe Island, Apr 44: The sand beach on the southern shore of Dago Bay is interrupted at intervals by steep outcrops of rock. There are a number of native houses scattered along the foreshores but these are said to be deserted during the wet season.

Roads, Tracks and Trails:

a. Kg. Dago (3°25'N.,125°35'E), Great Sangihe Island, Apr 44: A horse track skirts the north side of the bay as far as the village of Pananaroe (3°26'N.,125°33'E), from which point it runs due north to Tamako (3°25'N.,125°30'E). The width of the track varies between 2 metres and 6 metres. The section from Pananaroe to the summit of Pedine Hill (3°28'N.,125°32'E) is steep and unsuitable for horse traffic during the wet season, usually between November and April.

From Pananaroe Village a footpath leads to Beboe (3°25'N., 125°44'E).

Another horse track, about one metre wide, runs from Dago to Kaloewatoe (3°25'N.,125°35'E). It is steep, and dangerous during the wet season.

From Kaloewatoe a footpath runs over a mountain ridge to Menaloe (3°30'N.,125°35'E), on the west coast of Great Sangihe Island. There are numerous foot tracks from Dago to the native gardens in the surrounding hills.

b. Tamako (3°25'N.,125°30'E) and Koeloer (3°35'N.,125°35'E), Great Sangihe Island, Apr 44: The horse track from Tamako to Bebatoe (3°30'N.,125°30'E) is reduced to a footpath at the latter point. It crosses Goenoeng Pesaraong (3°29'N.,125°32'E) to reach Koeloer. The path to the summit of Goenoeng Pesaraong is steep but becomes wider during the descent to Koeloer. It is not considered to be suitable for use during the wet season.

c. Tomohon (1°20'N.,124°50'E), Menado, N. Celebes, Nov 44: Tomohon lies at the junction of three surfaced and two gravel roads. The surfaced roads lead to Menado Town (1°30'N.,124°50'E), Tondano (1°20'N.,124°55'E) and Langoan (1°10'N.,124°50'E); the gravel roads to Tanahwangko (1°25'N.,124°40'E) and Roerockan (1°20'N., 124°50'E).

All of the surfaced roads and the gravel road to Tanahwangko are approximately 8 metres wide and suitable for heavy M/T in all seasons. The gravel road to Roerockan is about 7 metres wide and is suitable for M/T in the dry season, between May and October.

Two horse tracks lead from Tomohon to Woloan (1°20'N.,124°50'E) and to Wailan (1°20'N.,124°48'E), respectively. The Woloan track passes the Japanese civilian hospital (item No. 24 on sketch), formerly the Roman Catholic hospital.

Rivers and Streams: Tamako (3°25'N.,125°30'E), Great Sangihe Island, Apr 44: The mouth of the Peliang River, which comes from the northeast, is immediately south of the village. There are also numerous creeks in the area which are usually dry between May and October.

Lakes and Swamps:

a. Kg. Dago (3°25'N.,125°35'E), Great Sangihe Island, Apr 44: There is an area of mangrove swamps to the southwest of Dago.

b. Tamako (3°25'N.,125°30'E), Great Sangihe Island, Apr 44: Two swamps are situated between the beach and the coast road (see attached sketch NEFIS No. FY 5468), and a third, known as Daloega swamp, to the northeast of the village (see sketch).

SECRET

- 7 -

VIII. POLITICAL AND SOCIAL INFORMATION.

General Living Conditions:

a. Tamako (3°25'N.,125°30'E) and Kg. Dago (3°25'N.,125°35'E), Great Sangihe Island, Apr 44: Living conditions were reasonably good but there was an acute shortage of clothing and medical supplies.

b. Tomohon (1°20'N.,124°50'E) and Kg. Meras (1°35'N.,124°50'E), Menado, N. Celebes, Nov 44 - Dec 44: Living conditions were superior to those in Tamako and Kg. Dago but the same acute shortage of medical supplies obtained.

Security Regulations and Censorship:

a. Great Sangihe Island, Apr 44: The use of languages other than Japanese and Malay was forbidden. Those who were known to speak Dutch or English were severely punished. All Dutch literature had been confiscated. The following regulations were enforced:-

1. Discussion of military matters or works under construction was prohibited.

2. Street gatherings were forbidden and house parties were not permitted unless prior permission had been granted.

3. Pedestrians were compelled to carry a torch or other light between 1900 hours and 2200 hours.

4. Curfew was imposed at 2200 hours.

Travel: Travellers were classified under three headings:-

1. Travelling locally by land or sea.
2. Travelling to other districts.
3. Travelling overseas.

1. Travelling Locally: Travellers were required to furnish a good reason for the journey, to state the period of absence and the amount of luggage to be carried. If the applicant's record of conduct was satisfactory a permit was issued by the village head. On arrival at the destination the permit was countersigned by the head of the village visited. The permit was in the following form:-

Same district:

Village........to village........

Travelling Certificate.

I hereby certify that to my knowledge the following particulars regarding a man named......................are correct:-

Age...........Inhabitant of............Occupation...............

Is leaving for................Reason: to visit relations.

Length of visit..............State of conduct....................

Luggage...............

Tamako (date)

Tamako Sontyo (village chief)

Signature...........................

SECRET

2. Travelling to Other Districts: Application was made and the same particulars supplied to the village head, who referred it to the Radja of the Landschap (native state with self-government). If the particulars were satisfactory a permit to travel was issued by the Radja and endorsed by a Kompei official. In places where no Kompei office had been established the permit was countersigned by the Indonesian chief of police. The permit was in the following form:-

District........to District........

"Landschap".....to Landschap.......

Certificate.

Undersigned................

Tamako Syutyo (Radja) hereby certifies truthfully that the bearer of this pass, a man named..................age............. occupation...........at.........desires to go to............... reason...............length of visit..............State of conduct of the man described above is............................. Luggage..............(is sailing by prahoo......................)

Tamako (date)

(Stamp of Radja)

Seen:

No objections:

Tamako Bunkentyo

Butyo

(date).

3. Travelling Overseas: a. The preliminary procedure was the same as under "Travelling Locally". A permit was issued by the Radja of the Landschap and endorsed by the local chief of police. It was then taken to the Ken Kanrikan (Divisional Administration Office) where, if satisfactory, it was countersigned. It was later endorsed at Kompei-tai Hq. where another permit was issued. Finally the applicant took this latter pass to the "Minson Unko Kai" office (Shipping and Navigation Association) for further endorsement, after which application could be made to the Japanese Customs Office.

At the Customs Office the applicant was required to give full particulars concerning his luggage and the amount of money he proposed to carry with him (maximum allowed /500.00 Japanese currency). If the particulars supplied were satisfactory, passage was arranged.

At the port of destination the local "Minsen Unko Kai" officials examined all luggage. The prahoe master ("Djoeragan") was then allowed to take the ship's and the passengers' papers ashore, and passengers and luggage were transferred to the Customs Office for examination. If no objection was raised by the Customs Office, passengers reported to the "Tokuku Tai" (presumably Tokubetsu-Kakitu-Tai (Special Police Corps)) for registration and were then allowed to proceed to their final destination, where passes were handed to the village chief within 24 hours of arrival.

b. Minahasa (Celebes), Dec 44: Travelling conditions were the same as those shown above under "Great Sangihe Island".

Travelling from Menado to Sangihe Islands: Prior to the Allied air attacks on the Minahasa district in Sep 44, individuals submitted two requests for permission to travel, one to the Minseibu (Civil Administration) and one to Tokei-tai (Naval equivalent of Kempei). Endorsement was required in turn by the village head, the district chief and the Tokei-tai. Tokei-tai retained one application and handed the other to the Minseibu, which issued the final permit. After clearance by Customs the applicant was at liberty to board a prahoe.

After the bombing raids in Sep 44, permits to travel were issued by village chiefs and applicants could commence the journey without further delay.

Relation between Japanese and Local Population:

a. Tahoona (3°35'N.,125°30'E), Great Sangihe Island, Apr 44: After 1900 hours Japanese soldiers roamed the streets searching for women. Japanese officials, including Hirano of the Divisional Administration Office, took Indonesian women to live in their homes. The director of "Futaba Shokai" (a Japanese commercial organisation), named Otji, forced the parents of a 20 year old girl, by intimidation, to hand their daughter over to him. The girl returned to her home three days later.

Nov 44: Due to their failure to provide medical necessities during epidemics, the local people realised that the Japanese' promise to provide for them was unreliable and many have become pro-Allied.

b. Great Sangihe Island, Apr 44, and Minahasa (Celebes), Dec 44: Inf stated that according to Japanese regulations it was permissible for a soldier or civilian, whether already married in Japan or not, to marry an Indonesian woman for the period during which he was employed in the N.E.I. His "wife" could accompany him to any part of the N.E.I. but not to Japan. Children of the association could be sent to Japan. Before his return to Japan the husband was required to divorce his Indonesian "wife".

It was necessary to obtain permission to marry an Indonesian woman from the prospective husband's superior officer or administrative official, and to inform the mayor of the town or the local village head of the proposed marriage. The husband was free to leave the woman at any time but was compelled to provide her and the children, if any, with a monthly allowance until she married again. This separation allowance was deducted from the Army pay or by the employers of civilians concerned. The allowance for children continued subsequent to the re-marriage of the mother and until such time as the father requested that the children be sent to his parents in Japan.

Civil Government of Occupied Areas: Sangihe Islands, Apr 44, and Northern Celebes, Dec 44: According to inf the Japanese had divided the Northern Celebes and Sangihe Islands into "Kens" (divisions). The seat of the Government was at Menado Town. The areas were administered by the "Syuu Tizi Tyoo" (Japanese Governor, name unknown), assisted by "Kentyos" (Assistant Residents) and "Bunkentyos" (Controllers).

The Japanese had also introduced an advisory council known as the "Sikai Giin", which was said to promote the prosperity and general welfare of the country and its inhabitants. It consisted of representatives from all the divisions in Northern Celebes and the Sangihe Islands, the number of representatives from each division being dependent upon its relative importance. Meetings were held once per year.

Organisations:

Military: Seinendan: Tomohon (1°20'N.,124°50'E), Menado, N. Celebes, Nov 44: District chiefs were instructed to choose a representative from each village as pupils to attend a training course for Seinendan leaders. Selection was restricted to single unemployed males or females between 15 and 25 years of age.

The course extended over seven days and embraced the following subjects: relationship between Japanese and Indonesians; welfare of youth, according to Japanese ideas; physical training and sport. Successful students were appointed leaders in their particular villages and were supposed to impart their knowledge to other members of the organisation. They were unpaid but were at liberty to obtain other employment.

A.R.P. - Bogodaan: Tomohom (1°20'N.,124°50'E), Menado, N. Celebes, Nov 44: An A.R.P. organisation was led by a Japanese named Toriumi, a former teacher in the Agricultural School.

Males and females from the age of 15 years upwards, not attending school, were enrolled. Branches were established in all villages, where the leaders were appointed by the village chief.

The uniform consisted of black shirts and trousers; shoes were not provided. A red brassard, surmounted by a white square inscribed with Japanese characters, was worn on the left sleeve. The characters represented the name of the organisation, the location of the particular branch, and, in the case of Tomohon, the word "Tiku" (head). Each member carried an emergency Red Cross kit.

Training consisted of fire drill, first aid, marching, sports and singing.

Between training periods the Japanese teacher exhorted members to forget the former N.E.I. administration, and to realise that the Japanese intended to educate them in order that they might have more opportunities for success in life.

Social: Great Sangiho Island, Apr 44: The Japanese encouraged the establishment of organisations fostering music and sport. Lottery clubs were also popular. None of these organisations was subsidised.

Religious: Minahasa (Celebes), Dec 44: The "Geredja Masehi Indjil Minahassa", the pre-war church in Minahasa, was permitted to continue after the Japanese occupation but the chairman of the Synod, a Dutch minister, was interned and temporarily replaced by a Menadonese minister named Wenas. However, the Japanese appointed a new Chairman, the Japanese Minister Susiki, while Miyose, another Japanese Minister became Vice Chairman. The Synod controlled all Protestant churches in Minahasa and Great Sangiho Island.

Great Sangiho Island, Apr 44, and Minahasa (Celebes), Dec 44: There was no interference by the Japanese with religious services which proceeded as usual.

Education:

a. Great Sangiho Island, Apr 44, and Minahasa (Celebes), Dec 44: After the occupation the Japanese closed all former schools with the exception of the Volkschool (Indonesian Elementary School) and the Vervolgschool (Continuation School). A Japanese superintendent of education, assisted by a deputy superintendent, school inspectors and deputies, was appointed to administer the new educational programme throughout Minahasa, Sangiho Islands and Talaud Islands. The superintendent and his deputy were stationed at Menado Town (1°30'N.,124°50'E) and the other officials at the capitals and principal towns of the divisions and sub-divisions.

Indonesians who were successful in matriculation examinations were permitted to attend the Japanese Military Academy, Naval College or Universities (legal and medical) in Japan.

School attendance was compulsory for all children from 6 to 12 years of age.

b. Great Sangiho Island, Apr 44: District heads were instructed to select a number of pupils as entrants for the final examinations at elementary schools. Winners of scholarships were interviewed by the Japanese Assistant Resident, who nominated special pupils to attend higher grade schools free of charge.

Medical Treatment and Supplies:

a. Great Sangiho Island, Apr 44, and Minahasa (Celebes) Dec 44: According to inf, no medical supplies were imported with the exception of pills and tablets for the treatment of malaria. The local population were advised to drink water that had been boiled, to eat cooked meat and vegetables and to keep their houses and surrounding areas clean. In spite of these precautions, epidemics of malaria, beri beri and dysentery caused many deaths.

b. Tamako (3°25'N.,125°30'E), Kaloowatoe (3°25'N.,125°35'E), Manganitoe (3°35'N.,125°30'E), Enomawira (3°42'N.,125°32'E) - Great Sangihe Island, Apr 44: The clinics were still open but medical supplies were very scarce. The people were advised to collect certain herbs and bitter bark to replace medicaments in short supply.

c. Tomohon (1°20'N.,124°50'E), Menado, N. Celebes, Nov 44: There were two hospitals in Tomohon, one military (item No. 2 on sketch), located at Kg. Kakaskasen (1°20'N.,124°50'E) under the direction of a Japanese Lieut. Colonel (unidentified); and one civil (formerly Roman Catholic hospital - item No. 24 on sketch), under the direction of a Dutch doctor named Wintor.

One Indonesian surgeon named Sendook and two Japanese eye specialists were attached to the civil hospital. Resident patients were charged 50 cents per day for medical treatment and food. Weekly tickets costing 25 cents were issued to out-patients.

d. Kg. Woloan (1°20'N.,124°50'E), Menado, N. Celebes, Nov 44: Following the Allied air raids on Tomohon, both civil and military hospitals were transferred to Kg. Woloan. Each hospital accommodated first and second class patients, in the military hospital according to rank and in the civil establishment according to the financial resources of the patient.

IX. ECONOMIC INFORMATION.

Agricultural Commodities:

Production:

a. Great Sangihe Island, Apr 44: The main crops were rice, cassava, green vegetables, tobacco and spices. One third of the rice harvest was commandeered by the Japanese at 15 cents per kg.

b. Kg. Dago (3°25'N.,125°35'E), Great Sangihe Island, Apr 44: Sago swamps were located on the northern and eastern boundaries of the village.

c. Kaloewatoe (3°25'N.,125°35'E), Great Sangihe Island, Apr 44: Sago swamps were located on the eastern boundary of the village.

d. Tomohon (1°20'N.,124°50'E), Menado, N. Celebes, Nov 44: A dried out lake bed known as Danau Sinelojan (item No. 33 on sketch) and three former swamp areas reclaimed under N.E.I. administration had been planted with rice. Two of the reclaimed areas were located on the eastern and western boundaries of Kakaskasen Village (1°20'N., 124°50'E), and the third between the former Dutch Seminary (item No. 1 on sketch) and the road to Tanahwangko (1°25'N.,124°40'E). Three additional rice fields are shown on attached sketch under No. 38.

Prices:

a. Great Sangihe Island, Apr 44: Inf supplied the following list of prices for food by local inhabitants and the pre-war prices for comparison:-

	Pre-war.	Apr 44.
Rice (unpolished), per kg.	8 cents	20 cents
Cassava, per root	1 cent for 3	8 "
Vegetables	5 cents for 3 bunches	5 " per bunch
Herbs (spices)	1 cent for 3 small bunches	1 cent per small bunch

b. Tomohon (1°20'N.,124°50'E), Menado, N. Celebes, Nov 44: Inf supplied the following list of prices paid for food, with pre-war prices for comparison:-

	Pre-war.	Nov 44.
Maize, per cob	1 cent	25 cents
Brown Sugar, per block	5 cents	60 cents

Rice was sold to the people by the Japanese at 15 cents per kg, as against 5 cents pre-war. Additional supplies could be bought on the black market at /2.50 per kg.

Industries and Manufacturing:

a. Goenoeng Sopoetan (1°10'N.,124°50'E), Menado, N. Celebes, Nov 44: Inf was told that the Japanese had taken over the sulphur property formerly owned by a German engineer named Moll who was interned by the Dutch. The sulphur was transported in Army motor trucks to Menado Town (1°30'N.,124°50'E) for storage and further shipment. Inf was unable to say whether Moll was employed.

b. Tikala (1°29'N.,125°00'E), Menado, N. Celebes, Nov 44: The former Dutch coffee factory continued to operate under Japanese supervision. "Tikala" coffee was retailed at 1½ lbs. for 30 cents.

c. Tomohon (1°20'N.,124°50'E), Menado, N. Celebes, Nov 44: A new brick works had been established by the Japanese (item No. 19 on sketch).

Utilities:

Gas: Menado Town (1°30'N.,124°50'E), N. Celebes, Dec 44: The former Dutch gas works were in use by the Japanese. Inf was unable to say for what purpose they were used. Gas was no longer supplied to the town.

Water: Tamako (3°25'N.,125°30'E), Tahoena (3°35'N., 125°30'E), Great Sangihe Island, Apr 44: Menado Town (1°30'N., 124°50'E), N. Celebes, Dec 44: The former Dutch water works were still in operation.

Power:

a. Tahoena (3°35'N.,125°30'E), Great Sangihe Island, Apr 44: There were two power stations, one located in the hospital area and the other in the immediate vicinity.

b. Tomohon (1°20'N.,124°50'E), Menado, N. Celebes, Nov 44: Electricity was supplied for general use by three generators located in the underground power station (see item No. 3 on sketch FY 5456 and detail sketch No. FY 5464).

Communications:

Telephone:

a. Tahonea (3°35'N.,125°30'E), Great Sangihe Island, Apr 44: The public were not permitted to use telephones but written messages could be handed in at the post office for transmission.

Telephone lines for the exclusive use of the Army connected Tahoena with Enemawira (3°42'N.,125°32'E) and with Manganitoe (3°35'N.,125°30'E), through Tamako (3°25'N.,125°30'E).

b. Tomohon (1°20'N.,124°50'E), Menado, N. Celebes, Nov 44: Telephone lines for military use connected Tomohon with Menado Town (1°30'N., 124°50'E), Amoerang (1°10'N.,124°35'E), Tondano (1°20'N.,124°55'E) and Langoan (1°10'N.,124°50'E).

Private telephones were allotted to the district chief and to the local doctor. Written messages handed in at the post office were transmitted for members of the public, who were not permitted to use telephones.

Mail: Tahoena (3°35'N.,125°30'E), Great Sangihe Island, Apr 44; Tomohon (1°20'N.,124°50'E), Monado, N. Celebes, Nov 44: Despatch of mail was permitted to all parts of the N.E.I. and to Japan. Postcards were franked with a small Japanese flag in substitution for postage stamps.

Dutch 10 cent stamps, overprinted with an anchor, were in use up to 1943, when Japanese stamps of various denominations were introduced.

Shortage in Equipment and Material:

a. Great Sangihe Island, Apr 44: All metal household utensils and metal scrap had been requisitioned by the Japanese. Iron stocks, including bridge girders, etc., former Dutch property, were sent to Monado Town (1°30'N.,124°50'E).

b. Minahasa (Celebes), Dec 44: The Japanese paid good prices for all scrap metal collected. Iron bridges were replaced by wooden structures and the metal transported to Monado Town (1°30'N., 124°50'E).

Finance:

Currency: Great Sangihe Island and Minahasa (Celebes), Nov 44: Dutch ƒ1,00 bank notes were still in circulation in Nov 44. All Dutch coins had been called in and were exchanged for Japanese currency at par.

Japanese control of Banking and Credit Investments: Great Sangihe Island and Minahasa (Celebes), 43: The former Dutch "Crediet Bank" was known as the Shomin Ginko. The name of the "Javasche Bank" had also been changed but inf was unable to remember the new title. The Minahasa Bank at Menado Town had been closed. Accounts could be opened in the Post Office Savings Bank at a very low rate of interest.

Commerce:

Trade: Great Sangihe Island, Apr 44, and Minahasa (Celebes), Dec 44: Japanese trading companies had replaced all the former Dutch organisations. The following were established in Minahasa in 1942 and on Great Sangihe Island in 1944:-

Futaba Shokai Kabushiki Kaisha - specialised in cotton and copra trade.
Kumiai Kabushiki Kaisha do
Nantaku - dealers in used cars, etc.
Toindo Suisan - owners of fishing fleet with depots at Bitoeng (1°25'N.,125°14'E) and Lembeh Island (1°38'N.,125°14'E).
Kaneko - proprietors of department stores.
Nantaiko - replaced the former K.P.M. (Royal Packet Navigation Company).

The main offices were in Menado Town (1°30'N.,124°50'E) and sub-branches were located at the principal coastal towns.

Labour: Great Sangihe Island and Minahasa (Celebes), 1942-1944: When the Japanese took over the agricultural plantations they released all labour working under contract and offered employment at a higher rate of pay. Subsequently the Japanese companies sent their agents to various locations in Minahasa and Sangihe Islands to recruit contract labour.

Labourers were permitted to borrow considerable amounts of money from the employing company on condition that they remained on the plantation until the debt was repaid. Wages were fixed at 30 cents per day.

The working period was from 0600 to 1400 hours. On the coconut plantations each labourer was allotted 60 trees a day and if he was able to complete his work before 1400 hours he could offer his services outside the plantation.

There was no reduction in wages if the labourer was unable to complete his daily task.

X. PROPAGANDA AND PSYCHOLOGICAL WARFARE INFORMATION.

Allied.

Non-Radio Propaganda:

Leaflets and Pamphlets:

a. Tomohon (1°20'N.,124°50'E), Menado, N. Celebes, Nov 44: Inf was told that on one occasion Allied aircraft had dropped leaflets in English and Malay, warning Indonesians to remain at least 5 km. outside the town and not to associate with Japanese soldiers or civilians.

b. Arakan (1°23'N.,124°32'E), Menado, N. Celebes, Dec 44: According to inf, leaflets were dropped advising natives to lower the sails and stop paddling their prahoes on the approach of Allied aircraft. They were also advised to sit quietly with their arms raised. They were warned to refrain from erecting any covering over the decks of the prahoe and instructed to hoist the Dutch flag if one was carried.

Suggestions for Improvement: Inf suggested that leaflets should be dropped not directly on the villages but in the surrounding areas in order to give villagers an opportunity to collect them without being observed by Japanese spies. He also suggested that leaflets should be printed in conversational Malay.

Morale of Civilian Population:

Effect of War News: Tamako (3°25'N.,125°30'E), Great Sangihe Island, Apr 44: Inf was told that morale was improved by the news that Allied aircraft had bombed areas in Northern Celebes.

Effect of Air Raids: Tomohon (1°20'N.,124°50'E), Menado, N. Celebes, Nov 44: A certain amount of hostility towards the Allies was caused by a number of Indonesian casualties during Allied air raids. The number of planes seen in repeated attacks has convinced the people that the Japanese lied concerning Allied resources and that the Japanese would lose the war.

Enemy.

Radio Propaganda:

List of Stations Most Frequently Heard: Tomohon (1°20'N., 124°50'E), Menado, N. Celebes, Nov 44: Inf stated that Makassar and Menado radio stations were most frequently heard.

Type of Propaganda: Tomohon (1°20'N.,124°50'E), Menado, N. Celebes, Nov 44: Announcements were made by loud speaker that the Allies had been forced back in the Philippines and that a large number of American planes had been shot down over Manila without damage to the city. It was also stated that the greater part of the American fleet had been destroyed near Formosa. Japanese national songs were broadcast at the beginning and end of each programme.

Effect: Tomohon (1°20'N.,124°50'E), Menado, N. Celebes, Nov 44: Indonesians employed by the Japanese appeared to accept the propaganda. Other inhabitants concluded that if the news broadcasts were reliable, Allied resources must be exceedingly strong since they were able to continue the war.

Non-Radio Propaganda:

Posters, Pamphlets and Leaflets: Sangihe Islands, Apr 44: Inf supplied the following caption from a poster displayed: "The Japanese are invincible, and have food supplies sufficient to last for a 200 years war. Our food supply is just like a big mountain".

It was signed by O.H. Pantou and G.E. Dauhan (editor and assistant editor, "Pewarta Celebes").

Other poster captions:

"Djangan lalai, moesoeh mengintai" - "Be careful. The enemy is spying".

"Kabar bohong djangan di sokang" - "Don't support false reports".

Another poster depicted an Indonesian with hands tied and a small crying child by his side, with the following caption: "Why do you cry? Mother and Father are Allied spies".

Recruiting posters showed members of Rikugun Heiho in battle dress, with rifle and bayonet.

Speeches: Tahoena (3°35'N.,125°30'E), Great Sangihe Island, Apr 44: On the occasion of the birthday of the Japanese Emperor the Radja made a speech in which he said "On this day each person must renew his promise of loyalty to the Emperor and decide to forget the former Dutch administration".

The Japanese Kentyo (Assistant Resident) made a speech, mainly for the benefit of school teachers, and interpreted by an unidentified Indonesian. He indicated that he had toured the country and found that there were still some pupils who did not understand the reason for the Japanese occupation. He said that they must tell the pupils that the Japanese had freed the country from the Dutch yoke, which had been imposed on Indonesia for 200 years. After this the whole community sang the Japanese national hymn and shouted "Banzai" three times.

Parades: Tomohon (1°20'N.,124°50'E), Menado, N. Celebes, Jul 44: On an occasion during Jul 44 the Japanese garrison paraded through the town for two hours without equipment. During the parade they sang in Japanese.

Due to fear of Allied bombing, no speeches or parades were held on the birthday of the Japanese Emperor. The local administration, however, held a banquet at the Kempei Hq. (item No. 7 on sketch).

Newspapers: Menado (1°30'N.,124°50'E), N. Celebes, Dec 44: In addition to the "Pewarta Celebes" previously reported, a children's newspaper known as "Kodon Shinbun" published stories of Japanese heroes and included a Japanese comics section.

Movies: Great Sangihe Island, Apr 44, and Minahasa (Celebes), Dec 44: A mobile cinema unit travelled through the country exhibiting propaganda films, mainly concerned with operations by the Japanese forces. Inf saw films of the landing on Singapore, the attack on Pearl Harbour and paratroop descents on Langoan (1°10'N.,124°50'E).

A mobile stage show produced by G.E. Dauhan, assistant editor of "Pewarta Celebes", also toured the country.

XII. PERSONALITIES.

Naval Personnel: Tomohon (1°20'N.,124°50'E), Menado, N. Celebes, Nov 44:

Kamiura	Head of Tokei-tai (Naval equivalent of Kempei).
Itidjo	Head of Kaigun Shiseikan (Naval Administration).

Civil Officials:

a. Tahoena (3°35'N.,125°30'E), Great Sangihe Island, Apr 44:

Hirano	Japanese Kentyo (Assistant Resident).
Kobota	Head of police.
Asakawa Otji	Officials of Futaba Shokai Kabushiki Kaisha (local cotton and copra commercial firm).

b. Tomohon ($1^{\circ}20'N., 124^{\circ}50'E$), Menado, N. Celebes, Nov 44:

Torioemi	Teacher at the Agricultural School (Japanese) and head of the Bogodaan (A.R.P.).
Kinugawa	Head of Sihan Gakko (School for Teachers).
Sekine	Head of Agricultural School.
Sodji	Teacher at Sihan Gakko.
Nakamura	Head of Tyuu Gakko (Indonesian Higher Elementary School).
Koese	Japanese woman teacher.

NOTE.

Particulars supplied by inf, concerning the reputed trustworthiness or otherwise of persons in the areas covered by this report, are held by NEFIS.

XIII. GENERAL.

Captured American Airmen: Noongan ($1^{\circ}10'N., 127^{\circ}48'E$), Menado, N. Celebes, Nov 44: Inf was told that two American airmen who had been shot down were captured by the inhabitants of Noongan and delivered to the Kempei-tai. Some days later they were sent to Menado Town ($1^{\circ}30'N., 124^{\circ}50'E$). Inf could supply no further information concerning them.

Prostitution: Tomohon ($1^{\circ}20'N., 124^{\circ}50'E$), Menado, N. Celebes, Sep 44: Inf stated that the Japanese had opened two houses of prostitution, one for officers and one for N.C.O's and men. About 50 women were quartered in the house for N.C.O's and men at Kakaskasen Village ($1^{\circ}20'N., 124^{\circ}50'E$), and 30 at the house for officers at Kg. Kaaten ($1^{\circ}20'N., 124^{\circ}50'E$). All the women came from different parts of Minahasa.

In addition to their monthly salary, the women were permitted to retain any money given to them by clients. Clothing and toilet articles were supplied by the Army. The women were selected for their beauty and had to pass a physical examination. They also underwent regular medical examination at the civil hospital. In event of disease they were returned to their villages after treatment in hospital. They were at liberty to leave the brothels for fixed periods.

Director NEFIS

S.H. S P O O R
Col.GS.R.N.I.A.

Camp Columbia, 14th May, 1945.

Enclosures:

NEFIS Sketch No. FY 5456	-	Tomohon.
" " " FY 5464	-	Tomohon Electric Power Station.
" " " FY 5468	-	Tomoko.

AI2/14096/G.

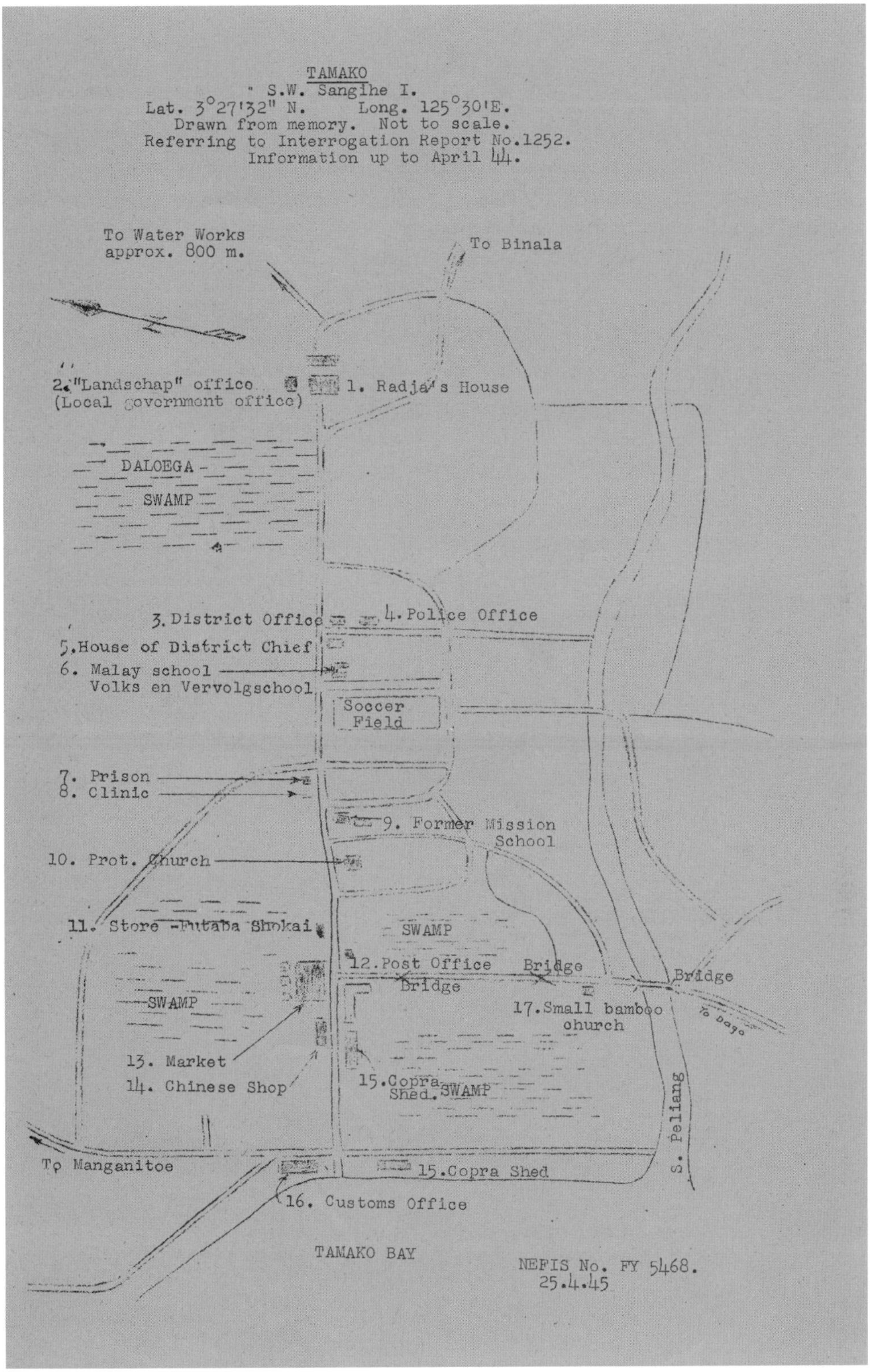

TAMAKO
S.W. Sangihe I.
Lat. 3°27'32" N. Long. 125°30'E.
Drawn from memory. Not to scale.
Referring to Interrogation Report No.1252.
Information up to April 44.
To Water Works approx. 800 m.
To Binala
1. Radja's House
2. "Landschap" office (Local government office)
DALOEGA SWAMP
3. District Office
4. Police Office
5. House of District Chief
6. Malay school Volks en Vervolgschool
Soccer Field
7. Prison
8. Clinic
9. Former Mission School
10. Prot. Church
11. Store -Futaba Shokai
SWAMP
12. Post Office
Bridge
Bridge
Bridge
17. Small bamboo church
SWAMP
13. Market
14. Chinese Shop
15. Copra Shed.
SWAMP
S. Peliang
To Manganitoe
15. Copra Shed
16. Customs Office
TAMAKO BAY
NEFIS No. FY 5468.
25.4.45

2급 비밀.

네덜란드령 동인도군 정보국

뉴질랜드 보험사 빌딩

334-338 퀸 스트리트, 브리즈번

No. AI2/14096/G.
첨부: 5
주제: 심문보고서

1945년 5월 14일.

네덜란드령 동인도군 정보국 심문보고서 1252호.

1. 첨부된 문서는 네덜란드령 동인도군 정보국 심문보고서 1252호이다.

2. 이 보고서에 포함된 정보는 심문을 통해 획득된 것이며 아직 다른 출처의 정보들을 통해 확인되지 않았다.

3. 이 안에 담긴 정보를 배포하는데 주의를 기울이도록 한다. 적국 점령지에 거주하는 피난민의 친지를 위험에 빠트리지 않도록 정보의 출처에 대해 언급하지 말아야 한다.

네덜란드령 동인도군 정보국 국장
대령 S. H. 스푸어.(S. H. Spoor)
네덜란드령 동인도육군 일반참모.

배포:
첨부된 목록 참조.

복사본 16호.

(중략)

2급 비밀.

네덜란드령 동인도군 정보국,
뉴질랜드 보험사 빌딩,
334-338 퀸 스트리트,
브리즈번.

복사본 16호.

네덜란드령 동인도군 정보국 심문보고서 1252호.

I. 인적 사항.

이름	:	우르시누스 프랑 라키나응 (Ursinus Frans RAKINAOENG).
나이	:	21세.
성별	:	남성.
인종	:	상이인(Sangirese).
시민권	:	네덜란드 국민.
출생일자/출생지	:	1923년 10월 16일; 타후나(Tahoena) (3°35'N., 125°30'E), 그레이트 상이헤섬 (Great Sangihe Island).
교육	:	1931-1938, 주립학교, 타후나; 1938-1939, 중학교, 토모혼(Tomohon) (1°20'N.,124°50'E), 셀레베스(Celebes) 북동부; 1940-1942, 인도네시아인 교사를 위한 학교(School voor volks onderwijzers), Oeloe(울루), 시아우섬(Siaoe Island) (2°45'N., 125°36'E); 1944, 교사를 위한 일본어학교, 토모혼, 4개월.
종교	:	개신교.
신분	:	피난민.
직업	:	교사.

건강 상태	:	좋음.
신원 확인 방법	:	오른쪽 겨드랑이에 두 개의 흉터, 왼쪽 발의 두 개의 흉터, 미간의 점.

지적수준 및 신뢰도에 대한 평가.

매우 똑똑하다; 정보는 신뢰할 수 있는 것으로 평가된다.

II. 시기순 기록.

날자:		장소:
43년 1월 – 43년 6월	:	싱킬 마을(Singkil Village) (1°30'N., 124°50'E), 메나도(Menado), 셀레베스; 사무원으로 고용됨.
43년 6월 – 43년 11월	:	타마코(Tamako)(3°25'N., 125°30'E), 그레이트 상이헤섬; 무직.
43년 11월 - 43년 12월 31일	:	카린다(Kalinda)(3°23'N., 125°32'E), 그레이트 상이헤섬; 일본인에 의해 교사로 고용됨.
44년 1월 1일 – 44년 4월 30일	:	다고(Dago)(3°25'N., 125°35'E), 그레이트 상이헤섬; 교사.
44년 5월 – 44년 8월	:	토모혼(1°20'N.,124°50'E), 셀레베스 북동부; 교사를 위한 일본어학교
44년 8월 – 44년 9월	:	메나도(1°30'N., 124°50'E), 셀레베스; 방학 휴가.
44년 10월 - 44년 11월	:	토모혼(1°20'N.,124°50'E), 셀레베스 북동부; 무직
44년 11월 - 44년 12월 26일	:	Kg.메라스(Kg. Meras)(1°35'N., 124°50'E), 메나도, 셀레베스; 무직.

(중략)

XIII. 일반정보.

포획된 미국인 항공병: 누간(Noogan)(1°10'N., 127°48'E), 메나도, 셀레베스 북부, 44년 11월: 정보원은 총에 맞은 두 명의 미국인 항공병들이 누간의 주민들에게 포획되어 일본 헌병대에 인계된 것을 들었다고 한다. 며칠 후 그들은 메나도 마을(1°30'N., 124°50'E)로 보내졌다. 정보원은 그들에 관해 더 이상의 정보를 제공할 수 없었다.

위안부 및 위안소(Prostitution): 토모혼(1°20'N.,124°50'E), 메나도, 셀레베스 북부, 44년 9월: 정보원은 일본군이 위안소(houses of prostitution) 두 곳을 열었는데, 하나는 장교용, 다른 하나는 하사관과 사병들을 위한 곳이었다고 말했다. 카카스카센 마을(Kakaskasen Village)(1°20'N., 124°50'E)에 있는 하사관과 사병 전용 위안소에는 50명 정도의 여성이 있었고, Kg.카텐(Kg.Kaaten)(1°20'N., 124°50'E)에 있는 장교 전용 위안소에는 30명 정도의 여성이 수용되었다. 모든 여성들은 미나하사의 여러 다른 지역들로부터 왔다.

여성들은 월급 이외에도 이용자로부터 받은 돈을 가질 수 있도록 허락되었다. 군은 옷가지와 세면도구를 제공하였다. 여성들은 외모를 기준으로 선발되었고 신체검사를 통과해야 했다. 또한 그들은 민간 병원에서 정기적인 의료 검진을 받았다. 병에 걸릴 경우 그들은 병원에서 치료를 받은 뒤 마을로 돌려보내졌다. 그들은 정해진 기간 동안에는 위안소를 벗어날 수 있었다.

네덜란드령 동인도군 정보국 국장

대령 S. H. 스푸어.(S. H. Spoor)

네덜란드령 동인도육군 일반참모.

첨부:

개요도 NEFIS FY 5456호 – 토모혼.

개요도 NEFIS FY 5464호 – 토모혼 발전소.

개요도 NEFIS FY 5468호 – 토마코.

AI2/14096/G.

25

NEFIS Interrogation Report No. 1358

RG 319 Entry UD 82-A Box 2009

이 문서는 1945년 4월 9일자 1358호 심문보고서이다. 이 보고서는 14세 상이인(Sangirese) 남성을 심문하여 얻은 정보를 바탕으로 작성되었다. 그는 셀레베스섬에서 일본군 장교들을 위한 일을 하다 탈출했다. 그의 증언에 따르면 1944년 12월 셀레베스 섬의 메나도(Menado)에 10명의 일본인 여성들과 50명의 현지인 여성들이 있었다고 한다. 이들은 차량 수리 정비소 근처의 터널에 수용되었는데, 터널의 양쪽 끝은 두꺼운 티크 나무문으로 되어있고, 일본군 보초들이 지키고 있었다. 이곳은 위안소로 사용되었을 가능성이 있다. 보고서에는 해당 지역에 대한 사진이 첨부되어 있다고 적혀 있지만 그 사진은 보고서에 첨부되어있지 않았다.

EMR/SECRET. 0150780

NETHERLANDS FORCES INTELLIGENCE SERVICE
(NEFIS)
NEW ZEALAND INSURANCE BUILDING,
334-338 QUEEN STREET, BRISBANE.

14 APR 1945

No: AI2/12991/G.
9th April, 1945.

Enclosures: 5

Subject: Interrogation Report.

SECRET

NEFIS INTERROGATION REPORT No. 1358.

1. Attached is NEFIS Interrogation Report No. 1358.

2. The information contained in this report is derived from interrogation and has not been assessed against information from other sources.

3. Should reproduction of any information contained herein be desired, no mention should be made of the source from which it is derived, to avoid possible compromising of relatives of evacuees in enemy occupied territory.

For Director NEFIS

J.Ch.SMIT.
Lt. Cdr. R.N.N.R.
Deputy Director.

Distribution:

See attached list.

Copy No. 18

MIS 150780 (CPM)

EB

DISTRIBUTION

	No of Copies	Copy No
Exc. H. van Mook, Lt. Gov. Gen	1	1
B.S.O. through O.B.S.O.	2	2 - 3
O.B.S.O.	1	4
Economic Int. Section G.H.Q., New Delhi via B.S.O. - Colombo	1	5
COISEF via B.S.O. - Colombo	1	6
C.L.G.	2	7 - 8
M.C.A.	1	9
Fd Directeur B.B.	1	10
SONICA APO 565	2	11 - 12
CSONICA: Kandy	1	13
Min. v. Kol., Att. Col. de Blieck	1	14
Min. of Economic Warfare, Foreign Office London, via Col. de Blieck	1	15
N.R.C.C.S.	5	16 - 20
G.2., G.H.Q.	2	21 - 22
Office of the Military Secretary, G.H.Q. (Rear Echelon), APO 500	1	23
Combined Advisory Committee on Tropical Medicine, Hygiene and Sanitation, Rear Echelon, G.H.Q. S.W.P.A., APO 500	1	24
Netherlands Staff Officer, G.3., G.H.Q. APO 500	1	25
Lt.Cdr. C. den Hollander, G.4., G.H.Q., APO 500	1	26
A.C. of S., G.2., USAFFE	1	27
Assistant to the Chief of Staff, HQ. USAFFE APO 501	1	28
Dir. of Intell., Allied Air Forces, S.W.P.A.,APO923	5	29 - 33
Assist. Dir. of Intell., Advanced Echelon, Allied Air Forces, S.W.P.A., APO 925	4	34 - 37
MIS-X Section A.A.F.	1	38
Area Int. Office, RAAF HQ., N.W. Area, Darwin	1	39
Chief of Air Staff RAAF HQ.	1	40
A.C. of S., A.2. HQ. 13th Air Force, APO 72	2	41 - 42
D.L.O. Allied A.F., Old Courier Building	1	43
First Tactical Air Force, through N.L.O., Group 493, RAAF PACIFIC	1	44
N.E.I. Intell. Off. NICA III APO 926	1	45
Mil. Attache, High Commissioner for Canada	2	46 - 47
Netherlands Staff Officer, Allied Naval Hqrs. NAVY P.O. 3964	1	48
A.D.M.I.	1	49
D.N.I.	1	50
Seventh Fleet Int. Center Adv. HQ. Box 3 Navy 3115	1	51
Commander Task Force 71 through NEFIS Offr. Perth	2	52 - 53
NEFIS Officer, Perth	1	54
Director A.G.S.	1	55
Co-Ordinator ATIS	1	56
FELO, HQ	1	57
FELO (Att. Maj. Kremer) C/o NICA APO 926	1	58
FELO Melbourne	1	59
Contr. A.I.B. via NEFIS Offr. Fwd. Ech	1	60
The Director, SRD, Adv. Hq., C/o A.I.B. Rear Ech. USAFFE, APO 501	1	61
S.I.A.	1	62
Dir. Gen. of Security	1	63
O.C.N.I.O., Hollandia	2	64 - 65
Fd. Directeur v. Justitie	1	66
Directeur v. Ec. Zaken	1	67
Fd. Directeur v. V. & W.	1	68
Hoofd D.V.G.	1	69
Fd. Directeur v. Financiën	1	70
Fd. Directeur v. Onderwys	1	71
NEFIS	14	72 - 85
Dep. Chief of Int. Staff, Brit. Pac. Fleet Attn. Lt. Cdr. Traynor	1	86
Security Intelligence for Planning Staff via NISEA Colombo	1	87
Dep. Contr. A.I.B., Heindorff Hse.	1	88
GS (Int.) Adv. LHQ.	1	89
GS (Int.) 1st. Aust. Corps	1	90

EMR/SECRET.

NETHERLANDS FORCES INTELLIGENCE SERVICE,
NEW ZEALAND INSURANCE BUILDING,
334-338 QUEEN STREET,
BRISBANE.

Copy No. 18

NEFIS INTERROGATION REPORT No. 1358.

I. PERSONAL DATA.

Name	: Jan GANAP.
Age	: 14 years.
Sex	: Male.
Race	: Sangirese.
Birthdate & Place	: 14 Sep 1930; Kg. Pananaroe, Tamako (3°25'N., 125°30'E), Great Sangihe Island.
Religion	: Protestant.
Status	: Escaped by prahoe from Menado, picked up by Allied F.B. at Poeloe Batang II.
Education	: Government Malay School, Great Sangihe Island.
Occupation	: None.
State of Health	: Good.
Means of Identification	: Large scar on side of left leg, caused by bomb shrapnel.

ESTIMATE OF INTELLIGENCE AND RELIABILITY.

Inf is remarkably intelligent for his age, particularly observant and has an excellent memory. He acted as servant and did odd jobs for various Japanese officers, thereby having access to areas prohibited to Indonesians.

Re-examination by Interrogation Officers has disclosed no inconsistancies in statements and, despite youthfulness of source, his information is considered reliable.

II. CHRONOLOGY.

Date:	Place:
1940 - Sep 42	: Kg. Pananaroe, Tamako (3°25'N., 125°30'E) Great Sangihe Island.
Sep 42 - Oct 42	: Menado (Celebes).
Oct 42 - Feb 43	: Great Sangihe Island.
Feb 43 - 26 Dec 44	: Menado (Celebes).
26 Dec 44	: Escaped from the Japanese at Menado (Celebes) in company with 44 other Indonesians.
26 Dec 44 - 1 Jan 45	: En route to Batang II Island.
1 Jan 45 - 14 Jan 45	: Batang II Island.
14 Jan 45	: Picked up by Allied F.B. and taken to Morotai.
14 - 21 Jan 45	: Morotai (NICA).
21 Jan - 21 Feb 45	: Hollandia (NICA).
21 - 24 Feb 45	: Merauke (NICA).
24 Feb 45	: En route to Brisbane.

III. TACTICAL DATA ON ENEMY MILITARY FORCES.

Dispositions and Strength of Organisations and Units:

a. Minahasa (Celebes), Dec 44: According to inf, there were large numbers of Japanese troops in Minahasa, both Army and Naval personnel. He was unable to give estimates of the strength in the various areas which included Airmadidih, Tomohon, Mapangat, Menado, Kema, Bitoeng, Amoerang and Tondano.

b. Menado Town and surrounding area (Celebes), Dec 44: Up to the time inf left Menado, the Japanese defences in the area consisted mainly of reinforced concrete pillboxes. Those shown on attached photo NEFIS No. FY 5424, items Nos. 3 and 51, had been completed, but others were in the course of construction by Heiho, Soekarela, PsW and impressed labourers.

About 200 Naval personnel were quartered in houses protected from air observation by trees, as shown under item No. 5 on attached photo.

Approximately 400 Naval personnel were quartered in a group of village houses (see attached photo item No. 15). A considerable quantity of rifles, bayonets and other weapons were seen by inf in the area.

In the area known as Kg. Paal Doea more than 100 Japanese Naval personnel were quartered in a number of houses (see attached photo item No. 19). They were armed with rifles, bayonets and other light equipment. The native inhabitants of the area had been evacuated.

Between 90 and 100 Naval personnel were quartered in the area shown on attached photo as item No. 56, in addition to a number of Japanese women who were said to be wives of the personnel.

A number of Japanese Naval officers occupied two large houses adjacent to aerated water works (see attached photo item No. 61).

Approximately 96 Japanese Naval personnel were quartered in the area shown as item No. 70 on attached photo. They were armed with rifles and bayonets and carried out night patrols in the vicinity of Menado Town and along the coast line for about 3 km north and south of the harbour.

About 150 Naval and 50 Japanese civilian personnel, employed at the Minseibu, occupied 5 buildings (see attached photo, item No. 50). Two machine guns were located at the entrance of the zigzag tunnel running into a hill in the same area. Four additional machine guns were seen by inf within the tunnel near the heavy teakwood doors which closed the entrance. A large quantity of small arms and equipment was also stored in the tunnel.

Dec 44!

To the south of the road leading towards the hill from the motor workshop in the area shown as item No. 57 on attached photo, a zigzag tunnel was used to store small arms and as sleeping quarters for Japanese officers. Both ends of the tunnel were closed by heavy teakwood doors, guarded by armed sentries. F-O

A zigzag anti-tank ditch, approximately 3 metres wide, ran from the beach at a point 400 yds from the river mouth to a road about 100 yds back from the shore. A pillbox was located on the road end of the trench. The crew was provided from 40 Japanese Naval troops quartered in the area shown as item No. 24 on attached photo. A number of Japanese from the same group were also employed supervising the erection of barbed wire entanglements and the excavation of anti-tank ditches in the vicinity of the foreshore. Naval personnel quarters shown on sketches (F-1)

new card Celebes

c. Kg. Singkill. Japanese Naval personnel, strength unknown, were billeted in barracks south of the road leading north from Menado, approximately 1 km from the Beatrix bridge (see item No.4).

Approximately 600 Japanese Army personnel were quartered in houses and huts in the area shown as item No. 14 on attached photo. F-O One large building housed about 300 men who slept in hammocks suspended one above the other. A number of Japanese officers of senior rank were also quartered in the area, where inf saw large quantities of rifles and bayonets.

Buildings in the area shown as item No. 104 on attached photo were occupied by a Japanese General (unidentified) and a number of senior Army officers. The location was protected by three A/A guns (see attached photo, item No. 100), in addition to a strong guard which was quartered in buildings adjacent to those occupied by the General and his staff. According to inf, this headquarters had not been bombed up to Dec 44, when he left the area.

Forty armed Japanese personnel and more than 100 Indonesian coolies were employed on the construction of defence positions around Pakowasario, to the south of Menado Town. Both Japanese supervisors and Indonesian labourers were quartered in wooden houses with corrugated iron roofs, in the area shown as item No. 102 on attached photo.

Barbed wire entanglements were laid down by native labour under the supervision of Naval personnel in the areas identified by crosses on the attached photo. Work was still in progress when inf left Menado.

From a point about 900 yds north of the mouth of the Tondano River an anti-tank ditch, about 7 ft wide by 9 ft deep, was in the course of construction along the foreshore in the direction of the harbour. Between 400 and 500 yds had been completed and this section was camouflaged by grass planted over pieces of very light wood and coconut leaves. At the rear of the ditch, and for a short distance south of the completed section, a path about 12 ft wide had been planted with pointed bamboo stakes at frequent intervals. Indonesian labour was employed in the construction.

A large number of pillboxes, intended as a second line of defence, had been constructed in the area shown as item No. 108 on attached photo. When inf left on 26 Dec 44, Heiho, Soekarela, PsW and all available labour had been impressed for work on the construction of additional pillboxes.

On Goonoeng Wenang there were four pillboxes in each of which one machine gun was mounted. These were manned at intervals by Japanese Naval personnel, including officers, who were quartered in a tunnel running from east to west under the hill. A considerable number of rifles, bayonets and a quantity of ammunition were seen by inf in the tunnel. At both ends there were heavy teakwood doors at which guards were stationed (see attached photo, item No. 11).

One pillbox was fully completed and equipped with an H.M.G. at Kg. Telling Atas (see attached photo, item No. 69).

Four heavy A/A guns were located in a Chinese cemetery to the south of Goenoeng Wenang (see attached photo, item No. 52). The battery was under the command of Captain Okano and each gun was manned by four Naval personnel who were quartered in an underground tunnel with a fishtail entrance from Kg. Djiko (0°35'N., 124°35' E). The other end of the tunnel opened under a big tree to the south of a house, also shown on the attached photo. Both ends were closed by heavy teakwood doors, guarded by armed Naval personnel. According to inf, the tunnel provided quarters for about 300 Naval personnel and 90 Indonesian women.

Observation posts were located at points shown as items Nos. 9 and 9A on attached photo. They were constructed of wood and were elevated approximately 30 ft above the ground. In each case they were manned by one Japanese naval rating and one Indonesian Heiho equipped with binoculars.

Another observation post was located at the south boundary of Kg. Bahoe Sario (see item No. 101 attached photo).

Up to Sep 44 an air raid siren was attached to the post shown as 9A. It was damaged by bomb blast and replaced by a red flag signifying an alarm and a white flag for the all clear. Red and white Verey lights were used at night.

d. Kg. Paal Ampat (0°30'N., 124°20'E), Menado (Celebes), Dec 44: A number of Japanese Naval personnel, employed as guards on the bridge at Kg. Kairagi (1°30'N., 124°50'E), were quartered in the area shown as item No. 20 on attached photo.

e. Maoembi Village (1°30'N., 124°55'E), Menado (Celebes), Dec 44: Japanese Naval personnel, assisted by several hundred "Rumosha" (coolies), were employed on the construction of anti-tank ditches, double-apron barbed wire entanglements and in planting rows of pointed bamboo stakes (see attached Map NEFIS No. FY 5428).

North and south of the main road, about 1½ km west of Maoembi Village, other pillboxes were located on the east side of Kajoo Watoe and Tiran bridges, to the west of Maoembi Village (see attached Map NEFIS No. FY 5428).

f. Paniki Bawah (1°30'N., 124°55'E), Menado (Celebes), Dec 44: Inf was told that there was a small Japanese garrison at Paniki Bawah, to the south of Mapanget. He had only visited the locality on one occasion and was unable to give further details.

Kempei: Menado (Celebes), Dec 44: Kempei headquarters is shown under item No. 65 on the attached photo NEFIS No. FY 5424.

Tokei-tai: Maoembi Village (1°30'N., 124°55'E), Menado (Celebes), Dec 44: A considerable number of Tokei-tai, the Naval equivalent of Kempei, was located as shown on attached sketch NEFIS No. FY 5428. According to inf, they were mainly concerned with the maintenance of order amongst Naval personnel and the arrest of drunken Japanese.

Native Troops: Soekarela: Menado (Celebes), Dec 44: One hundred and fifty Soekarela, armed with rifles and bayonets, were quartered in houses protected from air observation by trees, as shown under item No. 5 on attached photo.

Auxiliary Troops: Heiho: Menado (Celebes), Dec 44: 300 Heiho, armed with bayonets only, were quartered in houses protected from air observation by trees, as shown under item No. 5 on attached photo.

Indications of Enemy Intentions and Movements: Menado (Celebes), Dec 44: Inf was told by a Japanese officer, for whom he acted as servant, that in event of Menado falling into the hands of the Allies, the Japanese would be compelled to retreat to Tinoor, approximately 8 miles to the south. Defence works had been constructed in the vicinity of Tinoor but as inf had not visited the area he was unable to supply further information.

Supply Arrangements and Installations:

a. Menado (Celebes), Dec 44: Supplies of rice, salt, sugar, tinned fish and other foodstuffs were stored in a three-storey building known as "Kaigun Kairibu" (see attached photo, item No. 12). The upper storey was damaged as a result of air attack in Sep 44, the middle and ground floors were intact. A large quantity of soya sauce was stored on the ground floor.

A large fuel depot was situated on the northwest side of the road junction, near the 2 km road mark (see item No. 18 on attached photo).

About 4 km from Menado on the right hand side of the road to Airmadidih (1°25'N., 125°00'E), a supply godown known as "Haikyu Kumiai" was located (see attached photo, item No. 21). It contained large quantities of rice, paddy, maize, salt, sugar, goola mangkok (native brown sugar), soya sauce, soap and clothing. All these supplies had been transferred to the new location from Menado, following the Allied air attacks.

Sacks of rice were stored in a large, high building which was filled to capacity (see attached photo item No. 62). Inf was told by a Japanese officer, to whom he was attached as servant, that there was sufficient rice stored in Menado to last for many years.

Approximately 100 cattle were housed in a shed (see attached photo, item No. 1). A few were slaughtered from time to time by the Japanese for their own consumption.

Large quantities of vegetables were pickled and stored in a godown known as "Nantaku" (see attached photo, item No. 103). Vegetables were brought from the surrounding areas and after pickling were packed in earthenware jars. Such vegetables as were not suitable for pickling were distributed amongst Japanese units in the vicinity of Menado. Large quantities of soya sauce were also stored and the godown was used as a distribution point for beef consumed by the Japanese forces. About 20 Japanese and 100 Indonesian women were employed.

A large motor repair workshop was situated in the area shown as item No. 57 on attached photo. It was formerly owned by a Mr. van den Brink and was used for the maintenance, repair and camouflage of Japanese M/T, in addition to motor vehicles commandeered after the occupation.

b. Kg. Paal Ampat (0°30'N., 124°20'E), Menado (Celebes), Dec 44: Petrol dumps, consisting of stacks of drums three tiers high and measuring approximately 50 ft x 15 ft, were located at various points in the area shown under item No. 20 on attached photo. Eight Japanese Naval personnel and many Indonesians were employed loading and stacking.

c. Maoembi Village (1°30'N., 124°55'E), Menado (Celebes), Dec 44: A petrol dump was located approximately 1 km from Maoembi Village, on the north side of the road to Menado. According to inf, most of the petrol was in drums and was buried underground. He was ununable to give any estimate of quantities (see attached Map NEFIS No. FY 5428).

Another petrol dump was located about 1 km along the south side of the road leading from Kairagi Village (1°30'N., 124°50'E). to Airmadidih (1°25'N., 124°00'E). The petrol was in drums and was buried underground (see attached map NEFIS No. FY 5428).

d. Kg. Islam, Menado (Celebes), Dec 44: The "Nanteibu" timber mill, which employed 10 Japanese Naval personnel, is shown as item No. 2 on attached photo. When they left the mill the Japanese carried rifles and bayonets.

. Enemy Tactics and Methods: Menado (Celebes), Dec 44: Inf was told that mines had been laid at all bridges between Menado and Maoembi Village (1°30'N., 124°55'E).

a. Sangkil bridge ("Beatrix") at Menado was guarded by Indonesian police.

b. There was no permanent guard on the bridge at Kg. Tikala (1°30'N., 124°50'E), but frequent inspections were made by Japanese personnel who were employed at an aerated water factory (see attached photo, item No. 61).

c. The bridge at Kg. Kairagi (1°30'N., 124°50'E), the second largest on the route, was guarded by Japanese Naval personnel who were quartered in the vicinity of a petrol dump shown under item No. 20 on attached photo. The water under the bridge was very deep.

d. Kajoewatoe (1°10'N., 124°00'E) bridge was not guarded except by a reinforced concrete pillbox built on high ground, north-east of the point where the old road branched off to Mapanget. The water under the bridge was very deep.

e. Tiram bridge was covered by a pillbox located about 100 yds back from the road on the north side of the bridge. There was no other permanent guard. All footholds and slopes had been cut away on both banks of the river for a considerable distance on either side of the bridge. The water was very clear and was approximately 10 metres deep.

The bridge at Kg. Pakowa was also mined and was guarded by Indonesian police.

Inf was told by inhabitants of Menado that if the Sangkil, Kairagi and Pakowa bridges were destroyed by bombing, the Japanese would experience grave difficulty in the transport of rice and other foodstuffs from outlying districts to Menado Town.

Enemy Material and Equipment: Kg. Paal Ampat (0°30'N., 124°20'E), Menado (Celebes), Dec 44: About 200 M/T vehicles, consisting of staff cars, heavy duty trucks, utility trucks and other types of motor vehicles, were seen by inf in the area shown under item No. 22 on attached photo. Many of the vehicles were undergoing repairs by approximately 10 Japanese mechanics who were quartered in the area. A large number of Indonesians were also employed here but informant does not know the location of their living quarters.

Location of PW Camps: Menado Town (Celebes), Dec 44: The former R.N.I. barracks (see attached photo, FY 5424, item No.63), had been divided into seven sections:-

a. Was occupied by 100 Indonesian prisoners who had been transferred from the city gaol on 8 Sep 44.

b. Housed 50 Indonesian and Eurasian women who were regarded as spies.

c. Constituted living quarters for 8 Japanese Naval personnel and 3 Indonesian warders.

d. 100 Indonesian PsW were housed in this section.

e. Consisted of buildings damaged by Allied air raids in Nov 44.

f. This area was unoccupied up to the time inf left Menado in Dec 44.

g. The seventh section contained civilian internees (see Section XIII - "General").

Dutch (European) PsW and Dutch political prisoners, numbering 187 in all, were confined in Menado city gaol (item No. 53).

Radar and Radio Stations:

a. Kg. Koemoeraka: 7 Sep 44: A radio station was in course of construction (see attached photo, item No. 73) to replace the station at Kg. Koemoeraka which had been destroyed by fire during an Allied air raid in Sep 44.

b. Kg. Sario (1°30'N., 124°50'E), N. Celebes, Sep 44: Five steel aerial masts were seen by inf to the south of the racecourse. He did not see a transmitting station but was told that after the station at Kg. Koemoeraka had been destroyed by Allied air attack a new radio station had been erected in a prohibited area. He heard sounds which he stated were similar to those made by an electric generator.

c. Talesi Island (1°50'N., 125°05'E), Dec 44: In the course of his escape from Menado, inf landed at Talesi Island, where he was told by local inhabitants that the Japanese had installed a large radio station near the former N.E.I. Government lighthouse. He saw neither the lighthouse nor the wireless station. See attached NEFIS Map No. FY 5436.

IV. SUMMARY OF NAVAL INFORMATION.

Ship Movements and Ships in Port: Menado (Celebes), Jun 43: In Jun 43 a convoy of about 160 Japanese ships entered the harbour of Menado. There were a number of steel ships but the majority were wooden vessels. During the previous month the Japanese had conscripted over 1,000 Indonesian men between the ages of 18 and 25 years. They were not told the purpose of the conscription but were embarked on the ships and sent to Makassar as students in the "Kai In Yoseijo" (Merchant Marine Training School).

With the exception of motor launches, no Japanese shipping of any description was seen to enter the harbour since Nov 44. Inf was told by Japanese that this was due to depletion of the merchant fleet by heavy Allied air attacks at Makassar. The last ship seen by inf entered the harbour on 18 Nov 44 and was destroyed by bombing on the same night.

In Dec 44 three large Japanese motor launches were concealed under trees at the banks of the Tondano River (see attached photo No. FY 5424, item No. 10). They were manned by Japanese, and used to rescue the crews of planes shot down into the sea.

Ships Sunk or Damaged: Menado (Celebes), Dec 44: While on the shore at a point near Bailang (0°55'N., 124°45'E), about 3 km to the north of Menado harbour, inf saw 3 ships which had been beached as a result of bomb attack and the masts of two others which were visible at low tide some distance offshore.

From Bahoe (3°45'N., 125°30'E), between 2 and 3 km south of Menado, inf saw one very large ship and six others of various sizes which were partly submerged in the bay. He was unable to state whether they were of wood or steel construction.

One medium size wooden ship which had been beached as a result of Allied bombing was seen by inf off Cape Pisok (1°35'N., 124°45'E), to the north of Menado harbour.

Ship Building and Repair Facilities: Menado (Celebes), Dec 44: Prahoes and other small craft were repaired on a single slipway in the area shown on attached photo under item No. 7. About 35 Indonesians were employed under the direction of 10 Japanese. Inf saw no new craft under construction.

V. BASIC AIR INFORMATION.

Airfield Activity: Mapangot airfield (1°30'N., 124°55'E), Celebes, Oct 44: Thirteen Japanese aircraft, type "Zeke", were seen by inf on the airfield. They were grounded as a result of the runways being rendered unfit for use by Allied air attack. The runways were continually maintenanced by coolies supervised by Japanese Air Force personnel. Indonesian labour gangs were kept at work until 0200 hrs daily in order to expedite repairs to the runways. In addition, inf saw about 40 damaged planes around the field and in the dispersal bays.

Allied Air Attacks:

a. Kg. Koomoeraka, 7 Sep 44: According to inf, the radio station at Kg. Koemoeraka had been destroyed by Allied air attack in Sep 44.

b. Menado (Celebes), Nov 44: A sack and string factory, located about 150 m from the dock, was destroyed by Allied bombing on 7 Nov 44.

c. Kg. Sario (1°30'N., 124°50'E), N. Celebes, Nov 44: A cotton factory at Bahoe village, near Kg. Sario (see attached photo, item No. 106), was destroyed by Allied air attack during Nov 44. A cotton store, shown under item No. 109 on the same photo, was also domolished.

d. Mapanget airfield (1°30'N., 124°55'E), Celebes, 7 Nov 44: Inf was told that approximately 150 Indonesian labourers had been killed during an Allied air raid while at work on repairs to the runways.

VII. GEOGRAPHICAL INFORMATION.

Roads, Tracks and Trails: Maoembi Village (1°30'N., 124°55'E) - Mapanget (1°30'N., 124°55'E), Celebes, 42 - 43: The road between Maoembi village and Mapanget had been widened to an approximate width of 18 ft.- Large gangs of impressed "Rumosha" (coolies) worked on the reconditioning of the road with picks and shovels for more than a year.

The "Soft mud area" (see attached photo NEFIS No. FY 5424, item No. 64) was considered by the Japanese in Menado to be part of their defences at Kg. Telling Atas. The mud was about 3 ft deep and was impassable.

VIII. POLITICAL AND SOCIAL INFORMATION.

General Living Conditions: Menado (Celebes), Dec 44: General living conditions in Menado and the surrounding districts were very poor. The local inhabitants were compelled to search the countryside as far afield as Tondano (1°20'N., 124°55'E) and Langoan (1°10'N., 124°50'E) for rice which was sold at /5.00 per kilo. As beef was unprocurable, horse meat and dog flesh was bought at high prices, respectively by Mohammedans and Christians.

No new clothing was offered for sale and the majority of the people wore garments or loin cloths made from old sacks. Some of the better class people had a few sarongs and other clothing which had been bought prior to the war, and which they sold at black market prices in order to secure the means to purchase food at the prices fixed by the Japanese. Chinese who had previously owned drapery stores, and who had secreted materials and sarongs, occasionally exchanged a sarong for a plot of land under vegetable or fruit cultivation.

Security Regulations and Censorship: Menado (Celebes), Dec 44: Police sentry posts, manned by armed Indonesians, were located at points shown as items Nos. 6 and 54 on attached photo. These sentries interrogated all persons found in the streets after nightfall and investigated the contents of parcels or luggage which they carried.

Travellers between villages were required to be in possession of a permit issued by the village head. The permit read as follows:-

"Meloeaskan baik kepada seorang lelaki bernama .... oemoer .... tinggal di kampoeng .... pekerdjaan .... orang terseboet hendak pergi ke kampoeng .... maksoed .... maka orang terseboet tida tersang koet perkara apa apa di kampoeng".

Translation:

"This permits the man named .... aged .... residing at the village of .... whose occupation is .... to travel to the village of .... for the purpose of .... He has never been involved in any offence in his village.

Village head...............

A.R.P. wardens wore a white brassard surmounted by a red patch inscribed with Japanese characters.

A black brassard with a white patch inscribed with Japanese characters was worn by Indonesian police.

Servants and Indonesian clerks in the employ of the Japanese wore plain white brassards inscribed with Japanese characters in black.

Inf, who was employed as a servant by senior Japanese officers, was issued with a special white brassard inscribed as follows: "Hombu Seisetsu Dai Sjotai". This constituted a pass to Japanese fortifications, other defence works and prohibited areas.

Passports: Application for a passport was first made to the village head, who filled in a printed form which was presented to the assistant wedana (native assistant district officer) for his sanction and signature. The form and the applicant were then taken to police headquarters, where the applicant was expected to produce all his or her personal belongings for inspection. A series of questions was then put to the applicant and on his replies depended the success or failure of the application. After police sanction had been received, the applicant was sent to the

Japanese firm known as "Minsen Unko Kai" (see attached photo NEFIS No. FY 5424, item No. 16), which arranged a passage.

All mail was censored by the Japanese.

The former racecourse (item No. 68) was a prohibited area.

Relation between Japanese and Local Population: Menado (Celebes), Dec 44: The Japanese appeared to be well disposed towards Mohammedans from Gorontalo (0°30'N., 123°05'E), who comprised about half of the population of Menado. They acted as spies for the Japanese and during the first period of occupation they were given a free hand to administer physical punishment to Dutchmen or Indonesians whom they considered displayed anti-Japanese sentiments.

The Sanghirese race, with the exception of such individuals as were prepared to act as spies or collaborators, were generally distrusted by the Japanese.

Civil Government of Occupied Areas: Makassar - Menado (Celebes), Dec 44: The civil administration of Celebes was controlled by the Minseifu, which had its headquarters at Makassar and was composed of Japanese Naval officials. The local Minseibu at Menado controlled education, agriculture, water, mining and rationing of food and clothing.

The Japanese "Resident", known as "Hombu", lived in a large house at Kg. Blanda (item No. 55).

Civil Service, Courts, etc.: Menado (Celebes), Dec 44: The court house at Menado was destroyed by Allied air attack in Sep 44. Up to that time the judges consisted of Japanese Naval officers, in addition to one Arab and one Javanese. Since Sep all offences had been tried by Kempei-tai. Those deemed guilty of minor offences were beaten, and the death penalty was inflicted in all cases of major crime.

Kempei activities:

1. Kempei personnel policed A.R.P. regulations and arrested those who were guilty of breaches.
2. They also arrested local inhabitants on a variety of charges, such as:-
   a. Selling food or clothing at prices other than those laid down by the Japanese authorities;
   b. Stealing from vegetable gardens or orchards owned by the Japanese;
   c. Conversing in Dutch or gathering in groups of more than 3 persons;
   d. Using Japanese paper currency as cigarette papers (a common occurrence).

They also entered houses in search of Dutch currency and impressed labour from various villages, and, according to inf, fired on those who offered any objection.

The field police were responsible for air raid alerts in the villages around Menado. For this purpose they beat tong tongs (hollow logs) suspended from frames outside the houses in which they were quartered. Tong tongs were also stated to be outside the houses of certain villagers, who repeated the signal until the entire village was warned.

Organisations: Menado (Celebes), Sep 44:

a. Soekarela: Membership of the Soekarela organisation was voluntary and was open to males from 7 to 60 years of age and to females between the ages of 10 and 50 years. They were mainly employed as labourers in the construction of pillboxes around Menado. According to inf, it took three days to build one of these with 100 labourers, comprising men, women and children. They were paid at the rate of 40 cents per day for adult males, 20 cents per day for women and 10 cents per day for children.

Crushed maize was issued in the following quantities every ten days:-

Man:	5 kg.;
Woman:	4 kg.;
Male or female child:	2 kg.

Every two months adult males and females were issued with two yards of red and white striped material.

Those who were reluctant to volunteer were regarded as spies and were told by the Japanese that they considered spies a more serious menace than Flying Fortresses.

b. Tonari Gumitjo: This organisation was formed for the purpose of providing agricultural labourers. Males from 7 to 60 years of age and females between 10 and 50 years were conscripted. They included Chinese, Indians, Arabs and Indonesians. They worked in fields and gardens for a period of one month, when they relieved the Soekarela, who took over the work in the gardens as a short respite from the heavy labour they performed on the construction of Japanese defences around Monado.

In lieu of payment, Tonari Gumitjo labourers received a share of the produce. Seed was issued by the Minseibu and distributed by the village heads.

An Indonesian who wore a white brassard inscribed "Tonari Gumitjo" was responsible for the conscription of members. Their additional duties were fire fighting in village areas, etc. Members were selected by a Japanese official assisted by the village head, and were issued with white brassards with blue piping on the upper and lower edges.

c. Heiho: Males between the ages of 18 and 25 years were impressed for service with Heiho. They were given military training but were not issued with rifles. They wore medium blue uniforms, shirts and shorts, steel helmets and boots and were armed with swords.

Heiho personnel in Menado were under Naval control and wore crossed anchors on their helmet badges. They were employed on the construction of reinforced concrete pillboxes and also manned observation posts. Food was issued by the Japanese. Ex-R.N.I.Army personnel were paid 35 cents a day and those recruited from the civilian population were paid more than /1.00 per day.

d. Bogodaan: This was the A.R.P. organisation at Menado. Members were conscripted and were taught the rudiments of first aid, fire fighting, measures to be taken against poison gas from the air, methods of extinguishing incendiary and fuel bombs known as "Shudan Yusi". When members qualified for service they were issued with a red brassard surmounted by a white square inscribed with Japanese characters in black. The organisation included Japanese and Indonesians. Approximately 100 Japanese members lived just south of the Telling PW camp (see item No. 67).

e. Zeitai (fire fighters): This organisation consisted of Indonesian policemen and school boys who wore a black brassard surmounted by a white square inscribed with Japanese characters in black. They were equipped with fire fighting apparatus and employed in the city of Monado only.

Education: Menado (Celebes), Dec 44: Attendance at schools was compulsory. The Japanese informed the local people, through newspapers, radio broadcasts and loud speakers set up in the villages, that there were no children in Japan who could not read and write their own language. School fees were fixed at 50 cents per month, and a school book known as "The Japanese and Indonesian Language" was obtainable at all schools at 80 cents per copy. The teachers were mainly Indonesians and the schools were inspected at intervals by Japanese officials.

A proportion of the instruction was based on military cadet training and included the use of rifles. When pupils were admitted to the school cadet corps, they made the following declaration in Japanese to the chief instructor:-

Japanese: "Wakashi wa Dai Toah Sinso no tameni shinu".

Malay: "Saja akan berkorban oentoek perang Asia Timoer Raja".

English: "I will sacrifice myself for the war of Great East Asia".

Religious Services: Menado (Celebes), Dec 44: Prior to the destruction of the Protestant church by Allied air attacks in Nov 44, the Christian population were allowed to attend religious services between 0700 and 0800 hrs on Sunday mornings. The majority of these were members of Heiho, Soekarela or other organised labour gangs and were escorted to work by Indonesian police at the conclusion of the service. Work was continued for an extra hr on Sunday evenings in lieu of the time spent in church.

There was no interference with mosques or other Mohammedan places of worship.

Health and Sanitation: Menado (Celebes), Dec 44: No organised sanitary service existed in Menado, and carcases of animals killed during Allied air raids were allowed to rot in the streets and gardens. Human remains were thrown into any hole or ditch nearby and were covered with refuse.

There was an epidemic of blowflies in the town and in the adjacent villages. Refuse from the Japanese kitchens was thrown into the street, where it attracted swarms of flies and other insects.

There were many cases of malaria and dysentery.

Medical Treatment and Supplies: Menado (Celebes), Dec 44: Subsequent to the first Allied air attack on Minahasa, which occurred at Bitoeng (1°10'N., 124°35'E) on 24 Aug 44, the Japanese Naval hospital at Goenoeng Wenang was evacuated to Kg. Sario (1°30'N., 124°50'E). On 8 Sep 44 this temporary hospital was transferred to Kg. Lota (1°25'N., 124°50'E), approximately 7 km from Menado on the road to Tomohon. At Kg. Lota the whole village was converted into hospital accommodation. Patients and medical supplies were transferred from Kg. Sario in about 30 motor trucks in addition to other vehicles.

The staff consisted of four Japanese Naval doctors, 10 Japanese sisters and about 30 Indonesian nurses. Inf had seen large stocks of Japanese medicine when the hospital was situated at Goenoeng Wenang. He also saw large cartons containing bandages and cotton wool and quantities of ointments.

A hospital for Heihos was situated south of the road junction leading to Kairagi, near the two km mark. Inf is unable to furnish further details (item No. 17).

Cases containing large quantities of medical supplies were stored in a zigzag tunnel into a hill (see attached photo, item No. 8). There were three entrances to the tunnel which were closed by heavy teakwood doors and guarded by armed Naval personnel. A number of Japanese and Indonesian Heiho were employed within the tunnel.

Treatment of PsW and Internees: Menado (Celebes), Dec 44: Dutch PsW were treated harshly and were beaten on the slightest provocation. They were fed on crushed maize mixed with a little soup made from "kangkong" - a type of spinach. The Japanese appeared to be lenient and well disposed towards the Indonesian PsW, to whom they gave additional food and, occasionally, pieces of clothing.

The poor diet, coupled with the absence of hygienic conditions, resulted in many cases of dysentery, malnutrition, running sores and scabies.

European prisoners were employed cutting up tree trunks which had fallen across roads, digging slit trenches for the Japanese and sweeping the streets. Indonesian prisoners worked on the construction of pillboxes around Menado.

Medical treatment was given by a Eurasian doctor named Kisman who was located at the Frater School. Mrs. Kisman had been interned for three months, but after repeated requests for her release made by her husband, she was allowed to return to him.

European boys remained with their mothers up to the age of 18 years, when they were imprisoned with the other internees in Menado gaol.

Three months after the Japanese entered Menado they conducted a sale of the female children of Dutch PsW. Most of these children were sold at prices ranging from /5.00 to /5.50. The bidders were mainly Indonesians. Inf states that he had seen many of the children immediately before he left Menado and that they appeared to be well cared for an in good physical condition.

IX. ECONOMIC INFORMATION.

Agricultural Commodities:

Production:

a. Menado (Celebes), 42: Early in 42 the Japanese ordered the planting of cotton in large areas south of the racecourse at Kg. Sario (1°30'N., 124°50'E). Most of the brush and the coconut palms were cleared and only the very large trees remained. Cotton seed was issued by the Minseibu and distributed by the village head. Those who planted cotton were promised a quantity of clothing within six months, but up to the time inf left Menado in Dec 44 he had not heard of the promise being fulfilled.

The Japanese also ordered the planting of maize, rice, vegetables and sweet potatoes in areas around Paniki Atas and Paniki Bawah (1°30'N., 124°55'E). Seed was issued by the Minseibu office and distributed by the village head. In this case, also, the Japanese promised compensation to those who assisted in cultivation, but as far as inf knew no payment had been made. When the discouraged natives no longer carried out the Japanese instructions, Soekarela, mainly Chinese, took over the work.

b. Paniki Atas (1°30'N., 124°55'E), Menado (Celebes), Dec 44: On the right side of the Maoembi-Mapanget road, and between Paniki Bawah and Paniki Atas, large vegetable gardens were cultivated by "Rumosha" (coolie) labour. The crops included sweet potatoes, maize and tomatoes. All produce was carried by truck to the "Nantaku" food stores at Kg. Sario (1°30'N., 124°50'E).

Fibres: Menado (Celebes), Dec 44: A jute plantation had been laid out east of the road from Tondano (1°20'N., 124°55'E) to the racecourse at Kg. Rike Sario. Native coolie labour was employed under the supervision of Japanese Naval personnel. The crop was sent to Menado, where it was treated and converted into twine for the manufacture of sacks.

A kapok plantation owned by the "Konan Menka Kabushiki Kaisha" is situated to the south of Kg. Baboe Sario (item No. 105).

Foods: Menado (Celebes), Dec 44: Vegetables were pickled and packed in earthenware jars at a large godown known as "Nantaku" (see attached photo, item No. 103). About 100 Indonesian women, under the supervision of 20 Japanese, were employed. The store was also used as a distribution point for beef consumed by the Japanese forces.

Industries and Manufacturing:

a. Menado and surrounding area (Celebes), Dec 44: A factory for the manufacture of aerated waters was located in the area shown as item No. 61 on attached photo. It was operated by Indonesians under Japanese supervisors.

b. Kg. Islam, Menado (Celebes), Dec 44: The "Nanteibu" timber mill, which employed 10 Japanese Naval personnel, is shown as item No. 2 on attached photo. When they left the mill the Japanese carried rifles and bayonets.

c. Kg. Wawonasa, Menado (Celebes), Dec 44: A shoe factory was situated at the main road running north (see item No. 23 on attached photo).

Minerals and Metals:

a. Totok (0°50'N., 124°45'E), Minahasa (Celebes), 43: Inf was told that a gold mine at Totok, formerly owned by a Dutch firm, was in production in the latter part of 43 under Japanese management. Sanghirese labourers were employed.

b. Minahasa (Celebes), Dec 44: Large quantities of sulphur, mined at Mount Lokon (1°20'N., 124°45'E) and Sopoeton (1°05'N., 124°45'E), were sent to Menado for shipment overseas. It was carried in bulk by motor trucks. Inf was told by a Japanese that it was sent to Japan for the manufacture of gunpowder and matches.

Transportation:

Motor: Menado (Celebes), Dec 44: Consequent upon the destruction of many motor vehicles by Allied air attacks, the majority of the inhabitants were compelled to make their journeys on foot. As tyres were unobtainable, those who owned cycles were

were compelled to store them.

Utilities:

Water: Menado (Celebes), Dec 44: Though large quantities of water were lost when pipe lines were damaged by Allied air attacks, the reservoir (see attached photo, item No. 59) was still intact and camouflaged under growing grass. It was under the control of a Japanese Naval officer and serviced by a number of Indonesians.

Power:

a. Maoembi Village (1°30'N., 124°55'E), Menado (Celebes), Dec 44: An electrical sub-station was situated at the point where the road to Mapanget left the Kairagi-Airmadidih road. Up to the time inf left, no attacks had been made by Allied aircraft in the Maoembi area.

b. Kg. Sario (1°30'N., 124°50'E), Menado (Celebes), Dec 44: Although the power house had been damaged during a bombing raid, electricity was still generated. Inf saw lights in the power house when the rest of Menado was blacked out.

Communications:

Telephone: Menado (Celebes), Dec 44: The telephone exchange was transferred to an underground tunnel (see attached photo, item No. 57) after its original location had been bombed by Allied aircraft in Nov 44. All switchboard operators were Japanese. Most of the overhead lines had been damaged by bombing but underground cables had been laid to Tondano (1°20'N., 124°55'E), Tomohon (1°20'N., 124°50'E), Kema (1°20'N., 125°05'E), Bitoeng (1°10'N., 124°35'E), and Amoerang (1°10'N., 124°35'E). The service was restructed to use by Japanese Naval and Army personnel. Mercantile firms no longer possessed telephones.

Mail: Menado (Celebes), Dec 44: Until the general post office was bombed at 1100 hrs on 18 Nov 44, civilians were permitted to mail letters to districts in Minahasa, Java, Borneo and other occupied territories. All mail was censored. A temporary post office was established in the buildings shown as item No. 107 on the attached photo.

The postmaster was a Japanese, but most of his staff were Indonesians. Between Nov and Dec 44 no civilian mail was accepted.

Finance:

Currency: Menado (Celebes), Dec 44: As people were unable to spend their money on food, clothing or amusement, there was no scarcity of Japanese paper money. Even the children from the age of 4 years upwards carried as much as ƒ20.00 to ƒ30.00. Notes were often used as substitutes for cigarette papers, which were unprocurable.

When the Japanese entered Menado they circulated a considerable quantity of aluminium coins, but withdrew them after about two months and replaced them with paper money, in values from one cent to ƒ10.00. A considerable amount of paper and silver Dutch currency was still in circulation, though the greater part of the silver coins had been called in by the Japanese.

In order to locate Dutch currency, the Japanese informed the people that it could be used when available. They also stated that the circulation of Japanese paper money was a temporary measure.

Japanese Control of Banking and Credit Investments: Menado (Celebes), Nov 44: In Jan 43 a Japanese bank known as "Shomin Ginko" was opened in the premises previously occupied by the publishing house of Liem Oei Tjioeng on Pasar Street, to the west of Goenoeng Wenang. After the Allied air attack in Nov 44, the business of the bank was transferred to the new post office (see attached photo, item No. 107). Interest was paid on deposits, but inf is unable to state the rates.

A branch of the Taiwan Bank (Bank of Formosa) was established in the former Java Bank building which had not been damaged during the Allied air attacks. It was later transferred to another locality which is unknown to informant.

Commerce:

Trade: Menado (Celebes), 42 - 44: Large quantities of clothing, cotton, silk and cotton thread, kitchen utensils, cutlery, cycles (built for small men), fountain pens, pencils, stationery, books, face powder and pigs were imported from Japan between 42 and 44.

Prior to the bombing of Menado, commercial houses carried on in a desultory manner. Merchandise was issued on a ration scale every three months, subject to permits issued by the Minseibu and available at the ration of two ells per person per three months. Shop-keepers were mainly Chinese, Arabs, Indians and Mohammedans from Gorontalo. The latter had little difficulty in obtaining supplies as they were close collaborators with the Japanese. Inf noted that most of the merchandise was stamped "Made in Japan". Prices of goods were determined by the Minseibu and food prices were controlled by the police.

Tapioca flour and copra were imported from Great Sangihe Island. The copra was originally intended for the production of coconut oil for cooking purposes, but the quality proved to be so poor that it was used for lubricating and cleaning machinery. Coconut oil for cooking purposes was then imported from Great Sangihe Island.

Large quantities of rice, paddy and tobacco were imported from Gorontalo (0°30'N., 123°05'E), Inobonto (0°55'N., 124°00'E) and Boroko (0°55'N., 123°15'E).

Rice for resale was brought in large quantities from Pare Pare (4°55'N., 119°37'E).

Considerable quantities of tinned fish, and dried fish known as "ikan kajoe", were imported from Bitoeng (1°10'N., 124°35'E), Lembeh Straits.

Food: Menado (Celebes), Dec 44: Inf supplied the following list of black market prices ruling when he left Menado:-

Rice, per litre	/5.00	
Sweet potatoes (per basket of 2' diameter and 6" height)	/7.50	
Salted fish (of about 6" length), 1/8 kilo	/5.00	
Small horses, per head	/250.00	
Cattle, per head	/500.00	
Fowls, each	/3.00	(available to Japanese only)
Dogs, per head	/30.00	
Pigs, per head	/75.00	(hard to obtain, usually commandeered by the Japanese)
Maize, per cob	/0.20	
Brown sugar, per cake	/1.75	

Salt could be obtained from people living on the coast in exchange for old clothing or empty sacks.

Inf was told that a fish canning factory was in operation at Bitoeng. It was under the supervision of Japanese Naval personnel and the fish was brought by trawlers from the waters off the east coast of Minahasa. The factory was said to have been in operation on a small scale prior to the war, but extensive additions had been made to the plant by the Japanese.

All agricultural commodities, in addition to cattle, horses and pigs, were transported in motor trucks to the stores and slaughterhouse known as "Nantaku" (see attached photo, item No.103). Beef was distributed to the various Japanese camps. Pigs and horses were slaughtered and pickled.

Labour: Menado and district (Celebes), Dec 44: A large number of native labourers were impressed for the purpose of erecting barbed wire entanglements, excavating anti-tank ditches, and building other defence works along the coast to the north of Menado. They were known to the Japanese as "Rumosha", a name which they stated was superior to the slave term "coolie" applied to them by their previous masters. They received the same salary as Soekarela, in addition to food and quarters in the vicinity of their work.

In order to prevent desertions they were guarded by armed Japanese during the day and were confined to their quarters at night in areas patrolled by Indonesian policemen.

X. PROPAGANDA AND PSYCHOLOGICAL WARFARE INFORMATION.

Allied:

Non-Radio Propaganda:

Leaflets and Pamphlets: Menado (Celebes), Sep 44: Thousands of leaflets were dropped from Allied planes, warning the local inhabitants to move to a defined safety zone between 8 and 10 km from the city of Menado, in order to avoid injury by the intensive air raids which were about to recommence. They were also advised to plant their own vegetable gardens and to prevent the products falling into the hands of the Japanese. The leaflets stated that it would not be long before the Allied Forces came to liberate them.

Another leaflet showed a picture of three Indonesian Heiho sitting on a stretcher after the liberation of Noemfoer Island. One of these was covered with wounds and another was painfully thin, apparently as a result of malnutrition. The caption stated: "These are three of the 1600 Indonesian Heiho liberated at Noemfoer. Another 151 died of wounds received during ill-treatment by the Japanese and from starvation".

Morale of Civilian Population:

Attitude towards War: Menado: (Celebes), Dec 44: The morale of the civil population fell considerably following upon the 4,000 casualties suffered by Indonesians of the Minahasa during air raids. This total is according to local news reports.

On the other hand, inf was told that the Indonesians killed were those who were employed by the Japanese on defence works and were living in areas thickly populated by Japanese forces.

Frequent secret meetings were held by the inhabitants of Menado and surrounding districts to discuss the help they could offer to an Allied landing force.

Enemy:

Radio Propaganda:

Type of Propaganda: Menado (Celebes), Sep 44: Prior to the bombing of Menado in Sep 44 a number of loud speakers had been set up on buildings and on posts at street corners in order to broadcast news favourable to Japanese and Germans. The sessions were interspersed with Japanese and Malay music. After the air attacks the loud speakers were no longer used.

The "Pewarta Celebes" published a daily list of broadcasting station wave lengths for the benefit of Japanese officials who were the only persons permitted to own radio receiving sets. This list was double the length of that published formerly.

On 21 Dec 44, inf heard an announcement in Malay over a radio loud speaker in the "Haikyu Kumiai" to the effect that large scale operations had begun against the west coast of America; that a new road from India into China, constructed by the Americans, was in Japanese hands; and that the big cities in Australia were at the mercy of Japanese bombers.

Non-Radio Propaganda:

Posters, Pamphlets and Leaflets: Menado and district (Celebes), Jun 43: After the departure of 1,000 Indonesians, who were sent to Makassar as students in the "Kai In Yoseijo" (Merchant Marine Training School) - see Section IV, Ship Movements and Ships in Port - the Japanese displayed posters on the walls of almost every building in Menado, depicting a number of Indonesians in the course of training at the school. The Caption was:-

"Djadilah pelajar dan pelaoet jang siap sedia mengharoengi laoetan Asia Timoer Raja Kain Ju Seidjo. Oontoek mempertahankan kema moeran tanah air",

which may be freely translated as follows:-

"Become a sailor and a seaman who is ready to (navigate?) the seas of Greater Asia - the sea of the Kain Yoseidjo (the Navigation School) to protect the prosperity of your homeland".

Dec 44: Inf supplied the following list of captions and posters which he had seen displayed on posts, walls and buildings in the area. Free translations are also given:-

1. a. Moesnahkanlah bangsa barat, jang memporboedakkan kita ja itoe Inggris Amerika dan Blanda.
   b. Destroy the Westerners, who enslave us, namely, the English Americans and the Dutch.
2. a. Peloeh diwaktoe kerdja adalah seperti peloeroe jang memoosnahkan moesoeh.
   b. To sweat while you work is like a bullet which destroys the enemy.
3. a. Chabar jang bohong djangan disokong.
   b. Do not support false reports (i.e., by passing them on).
4. a. Marilah kita berdjoeang oentoek memoesnahkan Blanda Inggris dan Amerika.
   b. Come, let us fight to destroy the Dutch, English and Americans.
5. a. Awas mata mata moesoeh. Mata mata moesoeh lebih berbahaja dari benteng oedara.
   b. Beware of enemy spies. Enemy spies are more dangerous than Flying Fortresses.
6. a. Madjoelah pemoeda-pemooda Heiho dalam peperangan oentoek mempertahankan tanah air.
   b. Come forward, young Heiho, and join the war now to defend our homeland.
7. a. Bantoean soetji goena sekoetoe harces roentoeh.
   b. Holy (or sacred) aid for the enemy must be abolished.
8. a. Somasih darah mengalir teroes membela tanah air.
   b. While blood still flows (in your veins), defend the homeland.
9. a. Asia haroes diperintahi oleh bangsa Asia sendiri.
   b. Asia must be ruled by the Asiatics themselves.
10. a. Perasan anglo Amerika tadapat dimaafkan lagi.
    b. Anglo-American tendencies (or bias) can no longer be excused.
11. a. Awasilah mata mata moesoeh disegala soedoet mereka mengintai menoenggoe mangsanja.
    b. Beware of spies, they are in all corners, seeking their victims.
12. a. Dengan Nippon Asia mendjadi gilang dan makmoer.
    b. Together with Nippon, Asia will become glorious and prosperous.
13. a. Tentera serikat jang bengis itoe adalah binatang jang bersaroengkan manoesia.
    b. The cruel Allied Army is like a beast in human form.
14. a. Soekarela adalah bantoean jang paling soetji kepada Dai Nippon.
    b. The Soekarela (Volunteers) is a most sacred (holy) support for the Great Nippon.
15. a. Hormatilah akan Dai Nippon jang soedah mengorbankan diri oentoek kebebasan Asia Timoer Raja.
    b. Honour the Great Nippon which has sacrificed itself for liberating Greater East Asia.
16. a. Ingatlah hari jang moelia jaitoe kemenangan achir. Indonesian insaflah akan kepentinganmoe.
    b. Remember the glorious day, namely, final victory. Indonesians, realize your own interests.

Below is a song sung by the Heiho during their training period, with the translation in English:-

Malay: Semangat berkobar dan bernjala didada
Mendorongkan kita mengorban djiwa kita.
Pahlawan Nippon pemoeda Indonesia
Serentaklah bangoen mengangkat sendjata
Bersemangat wadjah berhati bersih
Menggempoer Sekoetoe hingga nantjoer binasa
Laksana pradjoerit Nippon membela Asia Raja,
Madjoelah Heiho denganperkasa.

English:
The spirit that throbs and burns in our breasts
Impels us to sacrifice our souls.
Heroes of Nippon, youth of Indonesia,
Arise and seize your weapons
(With) a spirit of steel and an honest heart
Attack the Allies until they are thoroughly crushed.
As soldiers of Nippon defend Greater Asia;
Advance, Heiho, with courage.

The following is a song sung by the Japanese at any festival or parade, etc., with the English translation:-

Malay: Blanda Inggris dan Amerika moe-
Soe seloeroeh Asia. Jang hendak
Memperboedakkan kita dengan se-
Soeka hatinja. Hantjoerkanlah
Moesoeh kita Blanda Inggris
Amerika hantjoerkanlah moesoeh
Kita Blanda Inggris dan Amerika.

Menjerang moesoeh dangen semangat
Laoet oedara dan darat
Semasih dara lagi mengalir
Teroes mombela tanah air.
Hantjoerkanlah D.L.L.

Marilah kita dengan Berani
Tegoeh bersatoe jang erat
Sambil berbaris dengan berempat
Menoedjoe moesoeh kita pergi
Hantjoerkanlah, D.L.L.

English: The Netherlands, England and America are the enemies of the whole of Asia, who wish to enslave us at their pleasure. Destroy our enemies, the Netherlands, England and America, etc.

Attack the enemy with spirit
On the sea, in the air and on land;
While blood still flows (in your veins),
Defend the homeland,
Crush our enemies, the Netherlands, England and America,etc.

Come, let us with firm courage
And a fixed unity,
While marching four abreast,
Advancing toward the enemy we go;
Crush our enemies, the Netherlands, England and America,etc.

Speeches: Menado and district (Celebes), Dec 44: On the morning of 4 Sep 44 a four-engine Allied aircraft was shot down and an American member of the crew, who bailed out, came down in the sea off Kg. Sario (1°30'N., 124°50'E). He swam ashore and was captured by the Japanese. A Japanese addressed the Indonesian spectators and told them that the American had a face like a devil, and that American airmen were like blind pigs because they dropped bombs indiscriminately and killed many Indonesians without damaging military targets. He stated further that the people had previously seen films of Japanese A/A gunners shooting down Allied planes, but now they had witnessed the real thing.

Ernes Dauhan and O.H. Pantauw (formerly supporters of the nationalist movement), editor and assistant editor, respectively, of the newspaper "Pewarta Celebes", made speeches on the war situation, on an average of once per week. Large gatherings of pro-Japanese attended the speeches, which were given at different locations on each occasion. Special platforms were erected at the locations where Dauhan spoke.

It was repeatedly stated by the Japanese that the Dutch would never return to the Indies and that they were not taking any part in the war, which was being fought by the British, Americans and Australians. It was not until inf had been picked up by a Dutch aircraft that he became aware of the participation of Dutch forces.

Newspapers: Menado (Celebes), Dec 44: The newspaper "Pewarta Celebes" was edited by Ernes Dauhan and O.H.Pantauw. It contained local and war news, occasional lists of food and clothing prices, and information concerning radio broadcasts.

Movies: Menado (Celebes), Dec 44: Movies were shown only at the "Flora" and "Ideaal" picture houses. Programmes included films imported by the Dutch prior to the occupation, in addition to battle pictures from Hong Kong, the Philippines and Malaya. Inf states that the audience was much amused by the fact that none of these films showed a single Japanese casualty.

XI. ATROCITIES.

A. Factual: Kg. Sario (1°30'N., 124°50'E), Menado (Celebes) 42:

During the latter part of 42, inf saw 5 Dutchmen and 6 Indonesians, all ex-R.N.I. Army personnel, executed by Japanese Naval personnel at Kg. Sario. They were compelled to dig a common grave about one metre deep. They were then blindfolded and lead to the edge of th grave, where they sat in such a position that their necks rested o the trunk of a palm tree laid along the ground. The Japanese executioner struck each man on the back of the neck with a sword, inflicting a wound. The prisoners, who were still conscious, called out for mercy but their cries were unheeded and they were thrown into the grave and buried alive. Before the execution some prayers were recited by the Japanese, a bugle was sounded and Naval personnel presented arms as a salute to the victims.

Inf described the 5 Dutchmen as being Europeans and two of th as being of big build with very fair hair. He was unable to say whether they were officers as they were already in position for th execution when he approached the scene. Inf witnessed the above from a tree into which he had climbed.

XII. PERSONALITIES.

Japanese Naval Personnel: Menado (Celebes), Dec 44:

Tamano: Naval officer of high rank, short, stout build, black toothbrush moustache, about 40 years of age, has a number of bullet scars all over his back, said to have been received in action at Hong Kong. The cook who worked for Tamano, (who had a Primary High School - MULO - educatio was ordered to speak English to him. Tamano now lives at Kg. Sario (1°30'N., 124°50'E).

Nabazima: Kempei official, tall and thin, about 36 yrs of age, gold tooth in right upper jaw. Living at Kempei headquarters in area shown under item No. 65 on attached photo.

Nakasima: Supervisor of PsW and other prisoners working on Japanese defences, aged about 40 yrs, medium height, heavily built wore glasses. Lived in area shown under item No. 70 on attached photo.

Suzuki: Naval officer, about 30 yrs of age, round face, short and fat, one gold tooth on each side of upper jaw, wore glasses. In control of all non-Naval Japanese forces in underground tunnels. Living in Kg. Sario (1°30'N., 124°50'E).

Tojama: Japanese doctor, tall, thin, round face, about 35 yrs of age. Living at Airmadidih (1°25'N., 125°00'E). Made occasional trips to Menado.

T. Kato: About 30 yrs of age, short and stout, with a face Menadonese in character, wore civilian clothes. Before the war he owned a Japanese shop in Menado, known as "Kaneko", and was a spy for the Japanese. At the outbreak of hostilities he was interned by the Dutch and was on his way to Java when the ship was torpedoed by a Japanese submarine. He was rescued and taken to Japan. Subsequently he returned to Menado as a civilian but wore the uniform of a Naval officer during air raids. He was quartered at a house shown as item No. 25 on attached photo.

Oikawa: About 45 years of age, short, heavily built, rather fat, wore glasses. Was head of Indonesian police at Menado. Lived in area shown under item No. 66 on attached photo.

Oiwa: Approximately 40 years of age, short, fat in build, broad moustache. Is a Naval officer but prior to the war was in control of the Japanese fishing fleet at Bitoeng (1°10'N., 124°35'E) where he also acted as a spy. It was stated in "Pewarta Celebes", shortly before informant left Menado, that he was about to leave for Japan, but due to the shortage of shipping he did not get away. He was married to a Sanghirese woman and had five children. His daughters married Japanese officers at Menado.

Matsuda: Junior Naval officer, about 35 yrs of age, tall, thin, bald head. He carried a first aid kit and attended to wounded during air raids. Was quartered in the underground tunnel at Kg. Djiko (0°35'N., 124°35'E), shown as item No. 52 on attached photo.

Yamaguchi: Naval officer in charge of Indonesian police recruits, approximately 35 yrs of age, tall and thin, wore horn-rimmed glasses. Quartered with Matsuda.

Saifu: Naval policeman, aged about 45 yrs big build, very strong, black moustache. Living at Kg. Sario (1°30'N., 124°50'E), in area shown as item No. 70 on attached photo.

Azuma: Naval Corporal, aged about 25 yrs, short, fat, long hair brushed back. Lived in house near the waterworks shown as item No. 59 on attached photo. Was in charge of a number of Japanese Naval personnel and Indonesian Heiho who were working on defences.

Saiki: Medium height, thin, wore glasses, about 30 yrs of age. Was in charge of prisoners and internees in the former R.N.I. military barracks ("Telling"). Lived in quarters shown as "C" on attached sketch NEFIS No. FY 5428, item No. 63.

Frudjo: Naval officer in charge of Kempei-tai at Menado. Medium height and build, aged about 25 yrs. Lived in a house in area shown as item No. 71 on attached photo.

Niwa: An electrical engineer at Menado, about 35 yrs of age, medium height and build. Lived in area shown as item No.56 on attached photo.

Okana: Officer in charge of A/A battery in Japanese cemetery (item No. 52 on attached photo). Approximately 30 yrs of age, medium height and build.

Okamoto: Aged about 35 yrs, short and fat in build, wore glasses. Officer in charge of an A/A gun at Kg. Sario (1°30'N., 124°50'E), shown as item No. 72 on attached photo. Was decorated for shooting down a four-engine Allied plane on 1 Sep 44. Lived in a small house near A/A gun position.

Mijosi: Aged about 40 yrs, small build, thin, wore moustache and and glasses. Officer in charge of areas in which Heiho were engaged in defence works. Lived in area shown under item No. 70 on attached photo.

Higa: About 35 yrs of age, medium height and build. In charge of petrol dump along the Menado-Maoembi road, lived in tunnel shown as item No. 57 on attached photo.

Yamada: Executioner at Menado, about 45 yrs of age, big build, fat, long black beard and moustache. In charge of the European women's internment camp at Airmadidih, where he lived. Rode motor cycle.

Kobajasi: About 40 yrs of age, short and fat, wore glasses. Was in control of all kapok and cotton estates in Minahasa. Lived with Tamana at Kg. Sario (1°30'N., 124°50'E).

Europeans interned in Menado gaol:

K.Miedema: Aged about 40 yrs, tall and fat, formerly a missionary at Tamako (3°25'N., 125°30'E), Great Sangihe Island.

Faber: Aged about 40 years, of average build, formerly Director of Education at the Government Malay School, Tahoena (3°35'N., 125°30'E), Great Sangihe Island.

Stelma: Aged about 30 yrs, small and thin, formerly Controleur of Tahoena. Transferred to a higher position at Menado.

Langeveld: Tall and thin, aged about 33 yrs, wore glasses, formerly a missionary at Great Sangihe Island.

Scherrer: Big build, fat, wore beard, age approximately 45 yrs. Missionary at Great Sangihe Island.

Kramps: Age about 35 yrs, small and fat, formerly Controleur of Tahoena. Was arrested at Tahoena by Oemar Moehamad.

Names of individuals reported by inf as trustworthy and untrustworthy or collaborators are held by NEFIS.

XIII. GENERAL.

Survivor from Allied aircraft: Kg. Sario (1°30'N., 124°50'E), Menado (Celebes), 4 Sep 44: A four-engine Allied aircraft was brought down by Japanese anti-aircraft fire in the vicinity of Kg. Sario. An American member of the crew bailed out and came down in the sea. He swam ashore and was captured by the Japanese. After treatment for a bullet wound in the palm of his hand, he was taken by car to Tomohon (1°20'N., 124°50'E). Inf is unable to give further information concerning him except to say that he was in possession of a packet of "Lucky Strike" cigarettes.

Prostitution: Menado (Celebes), Dec 44: Ten Japanese women and 50 Indonesian girls were housed in a zigzag tunnel in the vicinity of the motor repair workshop, shown under item No. 57 on attached photo. Both ends of the tunnel were closed by heavy teakwood doors and guarded by Japanese sentries.

Internment Camp: Menado (Celebes), Dec 44: A section of the PW camp at the former N.E.I. barracks (see attached photo NEFIS No. FY 5424 item No. 63) contained 40 Dutch Eurasians and about 500 Indonesians who were considered to be anti-Japanese.

For Director NEFIS

Smit

J.Ch. SMIT
Lt.Cdr.R.N.N.R.
Deputy Director.

Camp Columbia, 9th April, 1945.

No: AI2/12991/G.

Enclosures:

a. Sketch NEFIS No. FY 5424 - Menado and Vicinity.
b. Sketch NEFIS No. FY 5428 - Macembi and Vicinity.
c. Sketch NEFIS No. FY 5436 - Locality Map of Minahasa.

2급 비밀.

네덜란드령 동인도군 정보국

뉴질랜드 보험사 빌딩

334-338 퀸 스트리트, 브리즈번

No. AI2/12991/G. 1945년 4월 9일.
첨부: 5
주제: 심문보고서

네덜란드령 동인도군 정보국 심문보고서 1358호.

1. 첨부된 문서는 네덜란드령 동인도군 정보국 심문보고서 1358호이다.

2. 이 보고서에 포함된 정보는 심문을 통해 획득된 것이며 아직 다른 출처의 정보들을 통해 확인되지 않았다.

3. 이 안에 담긴 정보를 배포하는데 주의를 기울이도록 한다. 적국 점령지에 거주하는 피난민의 친지를 위험에 빠트리지 않도록 정보의 출처에 대해 언급하지 말아야 한다.

네덜란드령 동인도군 정보국 국장 대리
소령 J. Ch. 스미트.(J. Ch. SMIT)
왕립 네덜란드 해군 예비역
부국장.

배포:
첨부된 목록 참조

복사본 18호.

(중략)

2급 비밀.

네덜란드령 동인도군 정보국,
뉴질랜드 보험사 빌딩,
334-338 퀸 스트리트,
브리즈번.

복사본 18호.

네덜란드령 동인도군 정보국 심문보고서 1358호

I. 인적 사항.

이름	:	얀 가납(Jan GANAP).
나이	:	14세.
성별	:	남성.
인종	:	상이인(Sangirese).
출생일자/출생지	:	1930년 9월 14일; Kg.파나나로 (Kg. Fananaroe), 타마코(Tamako) (3°25'N., 125°30'E), 그레이트 상이헤섬 (Great Sangihe Island).
종교	:	개신교.
신분	:	배를 타고 메나도(Menado)로부터 탈출하여 포레로 바탕 II(Poeloe Batang II) 에서 연합군 비행정에 의해 구출됨.
교육	:	말레이시아 국립학교, 그레이트 상이헤섬.
직업	:	없음.
건강 상태	:	좋음.
신원 확인 방법	:	왼쪽 다리에 폭탄 파편으로 인한 큰 상흔.

지적수준 및 신뢰도에 대한 평가.

정보원은 나이에 비해 굉장히 지능이 높으며, 특히 주의력이 있고 뛰어난 기억력을 가지고 있다. 그는 하인으로 일하며 여러 일본군 장교들을 위해 갖은 일을 하였으며, 그로 인해 인도네시아인들에게는 금지된 지역에도 접근할 수 있었다.

심문 장교가 실시한 재심문에서도 증언에 모순점이 드러나지 않았으며 어린 나이임에도 불구하고 그의 정보는 신뢰할 만 하다.

II. 시기순 기록.

날짜:		장소:
40년 - 42년 9월	:	Kg.파나나로, 타마코 (3°25'N., 125°30'E), Kg.파나나로.
42년 9월 – 42년 10월	:	메나도(셀레베스).
42년 10월 - 43년 2월	:	산기르브사르섬.
43년 2월 - 44년 12월 26일	:	44명의 다른 인도네시아인들과 함께 메나도(셀레베스)에서 일본군으로부터 도망.
44년 12월 26일 – 45년 1월 1일	:	바탕II 섬으로 가는 도중.
45년 1월 1일 – 45년 1월 14일	:	바탕II 섬.
45년 1월 14일	:	연합군 비행정에 의해 발견되어 모로타이섬(Morotai)으로 이송.
45년 1월 14-21일	:	모로타이(NICA, 네덜란드령 동인도 민간 행정부).
45년 1월 21일 – 45년 2월 21일	:	홀랜디어(Hollendia) (네덜란드령 동인도 민간 행정부).
45년 2월 21-24일	:	메라우케(Merauke) (네덜란드령 동인도 민간 행정부).
45년 2월 24일	:	브리즈번으로 가는 중.

(중략)

XIII. 일반정보.

연합군 항공기의 생존자: Kg.사리오(Kg.Sario) (1°30'N., 124°50'E), 메나도(셀레베

스), 44년 9월 4일: 연합군의 4엔진 항공기가 Kg.사리오 근처에서 일본군 대공포에 맞아 추락했다. 미국인 승무원 한 명이 탈출하여 바다로 뛰어들었다. 그는 해안가로 헤엄치다가 일본군에게 붙잡혔다. 그는 손바닥의 탄환 상처를 치료받은 후 차를 타고 토모혼(Tomohon) (1°20'N., 124°50'E)으로 이송되었다. 정보원은 그가 "럭키 스트라이크" 담배 한 갑을 소지하고 있었다는 것 외에는 그에 대해 더 이상의 정보를 줄 수 없었다.

<u>위안부 및 위안소(Prostitution)</u>: 메나도(셀레베스), 44년 12월: 10명의 일본인 여성과 50명의 인도네시아 여성들이 첨부된 사진 상의 57번 항목으로 표시되어 있는 차량 수리 정비소 근처의 지그재그 터널에 수용되어 있었다. 터널의 양쪽 끝은 무거운 티크 나무의 문으로 막혀있었고 일본군 보초들이 문을 지켰다.

<u>수용소</u>: 메나도(셀레베스), 44년 12월: 전 네덜란드 동인도군 막사의 포로수용소 일부(첨부된 사진 NEFIS FY 5424호 항목 63번 항목 참조)에는 반일적 성향을 가진 것으로 생각되는 40명의 네덜란드 유라시아인들과 500명 가량의 인도네시아인들이 수감되어 있었다.

<u>네덜란드령 동인도군 정보국 국장 대리</u>
소령 J. Ch. 스미트.(J. Ch. SMIT)
왕립 네덜란드 해군 예비역
부국장.

캠프 컬럼비아, 1945년 4월 9일.

번호: AI2/12991/G.

첨부:

a. 개요도 NEFIS FY 5424호 – 메나도와 근방.

b. 개요도 NEFIS FY 5428호 – 마옴비(Maoembi)와 근방.

c. 개요도 NEFIS FY 5436호 – 미나하사(Minahasa)의 지역 지도.

26

Compilation of NEFIS Interrogation Reports Nos.1590-1630

RG 319 Entry UD 82-A Box 2009

이 문서는 1945년 5월 5일자 1590-1630호 합본 심문보고서이다. 이 보고서는 할마헤라(Halmahera)섬 및 인근 섬들로부터 피난 온 현지인 41명에 대한 심문을 바탕으로 작성되었다. 보고서는 일본군이 테르나테(Ternate)섬을 점령한 직후, '위안부'를 동원하고 배치하기 위한 센터를 설치했다는 내용을 포함하고 있다. 대규모 위안소 두 곳이 설치되었고, 일본군은 현지인과 중국인, 유라시아인 등을 포함한 다양한 인종의 여성들을 동원하여 할마헤라, 암본(Ambon)섬 등에 보냈다고 한다. 현지인 여성들이 강제로 동원되었고, 미혼여성만이 동원 대상이었기 때문에 섬의 혼인율이 급격하게 올라갔다고 한다.

SECRET 0164131

GM

NETHERLANDS FORCES INTELLIGENCE SERVICE,
(NEFIS)
NEW ZEALAND INSURANCE BUILDING,
334-338 QUEEN STREET, BRISBANE.

No: AI2/13875/G. SECRET 5th May, 1945.

Enclosures: 3.

Subject: Interrogation Reports.

COMPILATION OF NEFIS INTERROGATION REPORTS
Nos. 1590 - 1630 (Not Issued Separately).

1. Attached is Compilation of NEFIS Interrogation Reports Nos. 1590 - 1630 (not issued separately).

2. The information contained in this report is derived from interrogation and has not been assessed against information from other sources.

3. Should reproduction of any information contained herein be desired, no mention should be made of the source from which it is derived, to avoid possible compromising of relatives of evacuees in enemy occupied territory.

Director NEFIS

S.H. SPOOR
Col.GS.R.N.I.A.

Distribution:

See attached list.

Copy No: 16

MIS-164131
*mil - 1
Route Lib
Econ - 1
HQAAF - 1

SECRET

MS

DISTRIBUTION	No.of Copies	Copy No.
Exc. H. van Mook, Lt.Gov.Gen.	1	1
B.S.O. through O.B.S.O.	2	2 - 3
O.B.S.O.	1	4
Economic Int. Section G.H.Q., New Delhi via B.S.O. - Colombo	1	5
COISEF via B.S.O. - Colombo	1	6
C.L.G.	2	7 - 8
M.C.A.	1	9
Fd. Directeur B.B.	1	10
SONICA APO 565	2	11 - 12
CSONICA - Kandy	1	13
Min. v. Kol., Att. Col. de Blieck	1	14
Min. of Economic Warfare, Foreign Office London, via Col. de Blieck	1	15
N.R.C.C.S.	5	16 - 20
A.C. of S., G.2., G.H.Q.	2	21 - 22
Office of the Military Secretary, G.H.Q., (Rear Echelon) APO 500	1	23
Combined Advisory Committee on Tropical Medicine, Hygiene and Sanitation, Rear Echelon, G.H.Q., S.W.P.A., APO 500	1	24
Netherlands Staff Officer, G.3., G.H.Q., APO 500	1	25
Lt. Cdr. C. den Hollander, G.4., G.H.Q., APO 500	1	26
A.C. of S., G.2., USAFFE	1	27
Assistant to the Chief of Staff, H.Q. USAFFE APO 501	1	28
Intell. Branch, R.A.A.F. Command HQ., A.A.F., S.W.P.A., Brisbane	1	29
A.C. of S., A-2, Far East Air Forces, APO 925	1	30
MIS-X Section A.A.F.	1	31
Area Int. Officer, RAAF HQ., N.W.Area, Darwin	1	32
Chief of Air Staff RAAF HQ.	1	33
A.C. of S., A.2. HQ. 13th Air Force, APO 719	2	34 - 35
D.L.O. Allied A.F., Old Courier Building	1	36
First Tactical Air Force, through N.L.O., Group 493, RAAF Pacific	1	37
N.E.I. Intell. Off. NICA III APO 926	1	38
Mil. Attache, High Commissioner for Canada	2	39 - 40
Cdr. A.A. Fresco, R.N.N., Cdr. 7th Fleet Staff F.P.O. (Box 4) San Francisco, Calif.	1	41
A.D.M.I.	1	42
D.N.I.	1	43
Seventh Fleet Int. Center Adv. HQ. Box 3 Navy-3115	1	44
Commander Task Force 71 through NEFIS Offr. Perth	2	45 - 46
NEFIS Officer. Perth	1	47
Director A.G.S.	1	48
Co-Ordinator ATIS	1	49
FELO (Att. Maj. Kremer) C/O NICA APO 926	1	50
FELO Melbourne	1	51
Contr. A.I.B. via NEFIS Offr.Fwd.Ech.	1	52
SRD Adv. HQ., C/O A.I.B. Rear Ech.USAFFE APO 501	2	53 - 54
SRD Rear HQ.	1	55
S.I.A.	1	56
Dir. Gen. of Security	1	57
B.I.U. ADVANEFIS	2	58 - 59
Fd. Directeur v. Justitie	1	60
Directeur v. Ec. Zaken	1	61
Fd. Directeur v. V. & W.	1	62
Hoofd D.V.G.	1	63
Fd. Directeur v. Financien	1	64
Fd. Directeur v. Onderwys	1	65
Dep. Chief of Int. Staff, Brit.Pac.Fleet, Attn. Lt. Cdr. Traynor	1	66
Security Intelligence for Planning Staff via NISEA, Colombo	1	67
Dep. Contr. A.I.B., Heindorff House	1	68
GS (Int) Adv. LHQ) through ADVANEFIS	1	69
GS (Int) 1 Aust. Corps) through ADVANEFIS	1	70
Engineer Intelligence Section, Office of the Chief Engineer, G.H.Q., S.W.P.A., APO 500	1	71
ADVANEFIS	2	72 - 73
NEFIS	14	74 - 87

SECRET

GM

NETHERLANDS FORCES INTELLIGENCE SERVICE,
NEW ZEALAND INSURANCE BUILDING,
334-338 QUEEN STREET,
BRISBANE.

Copy No. 16

COMPILATION OF NEFIS INTERROGATION REPORTS NOS. 1590 - 1630 (NOT ISSUED SEPARATELY).

NOTE.

These reports refer to 41 refugees from Halmahera and adjacent islands who were interrogated on Morotai during Mar 45. Information is considered to be fairly reliable.

To facilitate reference the places covered in this report are listed hereunder by sections:-

III. TACTICAL DATA ON ENEMY MILITARY FORCES.

Halmahera	Ternate and Tidore Islands
Soepoe	Ternate
Cape Djodjefa	Tadoema
Kaoe	Togoheka
Galela	
Teroe Teroe River	
Posiposi	
Boeli Srani	

IV. SUMMARY OF NAVAL INFORMATION.

Halmahera	Ternate and Tidore Islands
Soepoe	Ternate
Cape Djodjefa	
Cape Bisoa	

V. BASIC AIR INFORMATION.

Halmahera	Ternate and Tidore Islands
Cape Djodjefa	Ternate

VIII. POLITICAL AND SOCIAL INFORMATION.

Loloda Islands	Ternate and Tidore Islands
Tobotobo Island	Ternate
	Soelamadaha
	Doefa Doefa
	Kg. Makassar
	Hiri Island
	Doroisah

IX. ECONOMIC INFORMATION.

Halmahera	Ternate and Tidore Islands
Soepoe	Ternate
	Tidore

X. PROPAGANDA AND PSYCHOLOGICAL WARFARE INFORMATION.

Ternate and Tidore Islands

SECRET

XII. PERSONALITIES.

Halmahera	Ternate and Tidore Islands
Teroe Teroe River	Tidore Togoheka

XIII. GENERAL.

Halmahera	Ternate and Tidore Islands
Tatang Loloda District Wyamli	Amo Loloda Islands

III. TACTICAL DATA ON ENEMY MILITARY FORCES.

Dispositions and Strength of Organisations and Units:

a. Kg. Kaoe (1°10'N., 127°55'E), Wasile Bay, Halmahera, Mar 44: Approximately 5,000 Japanese Naval personnel, who were quartered at Kaoe under the command of a Japanese Admiral (unidentified), transferred to a village in the neighbourhood subsequent to Allied air attacks. They were equipped with rifles and gas masks, 85 machine guns and a number of mortars. About 100 Naval personnel remained at Kaoe to man seven 4.5 cm. A/A guns, model 29, located near the former Heiho barracks.

b. Boeli Serani (0°50'N., 128°18'E), and district, Halmahera, Jul 44: On the eastern slope of Watileo Hill, 8 km. northeast of Boeli Serani, there were about 600 Japanese armed with rifles, HMG's and LMG's. (see item No. 5 on attached sketch NEFIS No. FY 5469). One 20 mm. A/A gun, model 98, was also located in the area. (see item No. 6 on sketch).

Behind the foreshore, in the vicinity of the village, a series of pits 1 x 1 x 1.20 metres, capable of accommodating one man, had been constructed over a front one km. long by 50 metres deep. (see item No. 3 on sketch).

c. Teroe Teroe River (2°10'N., 128°00'E), northern extremity Halmahera, Mar 45: Four high ranking Naval officers, two radio telegraphists and four or five soldiers were quartered in a cave near the east bank of the Teroe Teroe River, about 2 km. south of the seashore. According to inf they comprised the staff of a W/T station, also located in the cave.

d. Kg. Soepoe (2°10'N., 127°58'E), northern extremity Halmahera, Mar 45: Between 50 and 70 Army personnel were quartered in a shed about 40 metres from Kg. Soepoe. The shed was located under a clump of bamboos and it was almost completely hidden from air observation.

e. Kg. Posiposi (2°10'N., 128°00'E), northern extremity Halmahera, Mar 45: There was no Japanese force in occupation.

f. Cape Djodjefa (2°10'N., 128°05'E), northern extremity Halmahera, Mar 45: According to inf the Japanese vacated this area after several Allied bombardments had destroyed the entire camp and petrol stocks. About half of the weapons and equipment escaped damage.

Kempei: Kg. Togoheka (0°35'N., 127°25'E), Tidore Island, Nov 44: A total of 32 Kempei and Minseibu personnel were employed at their headquarters in a well built concrete house with an atap roof close to the shore. The house was previously owned by a Chinese and according to inf was clearly visible from the air. Living quarters were located in two pondoks (sheds) constructed by the Japanese about 200 yards behind the headquarters and under some palm trees by which they were partly screened from air observation.

Names of Unit Commanders: Watileo Hill, 8 km. northeast of Boeli Serani (0°50'N., 128°18'E), Halmahera, Jul 44: Major General Ganaga (?) commanded the 600 Japanese Army personnel stationed on the eastern slope of Watileo Hill.

Auxiliary Troops: Heiho: Kg. Kaoe (1°10'N., 127°55'E), Wasile Bay, Halmahera, 42-44:. Inf was impressed for service with Heiho and was given a course of training for one month with 160 other Indonesians who were subsequently sent to adjacent islands for duty on observation posts. They were paid at the rate of ƒ12.00 per month.

Indications of Enemy Intentions and Movements:

a. Ternate Island (0°50'N., 127°20'E), Nov 44: Demolition charges for use in event of an Allied landing had been attached to the K.P.M. (Royal Packet Navigation Company) wharf at Ternate. The wharf had suffered slight damage prior to the Japanese occupation.

b. Kg. Soepoe (2°10'N., 127°58'E), -Galela (1°50'N., 127°50'E), Halmahera, Mar 45: There were regular patrols between Kg. Soepoe and Galela by parties of six to twelve Army personnel.

Supply Arrangements and Installations:

a. Boeli Serani (0°50'N., 128°18'E), Halmahera, Jul 44: Two supply depots were located a short distance from the village on the eastern side of the M/T road running northeast to Watileo Hill. (see item No. 4 on attached sketch NEFIS No. FY 5469). F-O

b. Ternate Island (0°50'N., 127°20'E), - Tidore Island (0°40'N., 127°25'E), Nov 44: Quantities of vegetables, principally onions, grown by the native population under Japanese compulsion, were exported by prahoe to Halmahera about once a week.

Enemy Tactics and Methods: Boeli Serani (0°50'N., 128°18'E), and district, Halmahera, Jul 44: Hiding places for prahoes had been constructed at the mouths of the Gao, Gamesan and Watileo Rivers. On the latter river, similar provision had been made at a point about 4 km. upstream in the vicinity of the river junction (see item No. 2 on attached sketch NEFIS No. FY 5469).

Radar and Radio Stations:

a. Kg. Tadoema (0°50'N., 127°15'E), West coast Ternate Island, Dec 44: Subsequent to the demolition of the station at Ternate, a W/T station had been erected in a space cleared of alang alang grass at the foot of the hills; it was manned by ten Japanese personnel.

b. Teroe Teroe River (2°10'N., 128°00'E), northern extremity Halmahera, Mar 45: A W/T station was located in a bomb-proof cave about 2 km. south of the seashore and near the eastern bank of the Teroe Teroe River. The wooden mast, which should be visible from the air, was erected above the cave in an area which had been cleared by previous bombing attacks. According to inf the staff was comprised of four high ranking Naval officers, two radio telegraphists and four or five soldiers.

IV. SUMMARY OF NAVAL INFORMATION.

Ships Sunk or Damaged:

a. Cape Bisoa (2°15'N., 127°55'E), - Cape Djodjefa (2°10'N., 128°05'E), northern extremity Halmahera, May 44: Inf saw one T.B.D. and one large Japanese transport with two funnels set on fire and sunk by shells, presumably from Allied warships beyond the horizon. It was stated that approximately 5,000 Japanese were drowned.

b. Kg. Soepoe (2°10'N., 127°58'E), northern extremity Halmahera, late Jul 44: Four motorboats transporting troops from Kg. Kaoe (1°10'N., 127°55'E), to Cape Djodjefa (2°10'N., 128°05'E), were attacked by Allied P.T's. off Kg. Soepoe. Two of the Jap craft were sunk and the others damaged. The troops were ashore during the attack.

In Mar 45 a large motorboat broke away from its moorings after 50 Japanese Army personnel had been disembarked at the village. It drifted to sea where it was sunk by an Allied P.T.

Ternate card

c. Ternate Island (0°50'N., 127°20'E), - Tidore Island (0°40'N., 127°25'E), Nov 44: Despite the repeated sinkings by Allied aircraft of prahoes carrying agricultural produce to Halmahera, the service was continued at weekly intervals.

Navigational Aids:

Harbour Conditions: Ternate Island (0°50'N., 127°20'E), Nov 44: According to inf the K.P.M. (Royal Packet Navigation Company) wharf at Ternate was still in serviceable condition.

V. BASIC AIR INFORMATION.

Allied Air Attacks:

Halmahera general card

a. Cape Djodjefa (2°10'N., 128°05'E), northern extremity Halmahera, Aug 44 - Sep 44: Allied aircraft destroyed the Japanese camp, petrol stocks and about half of the supply and ammunition dumps. A W/T station was also demolished. FD

b. Ternate Island (0°50'N., 127°20'E), Nov 44: Schools, churches and mosques were damaged and the military hospital was wrecked at Ternate Town during Allied air attacks in Oct 43.

About 130 people were killed in an air attack on 17 Oct 43, while at a Chinese wedding where Japanese flags were used for the purpose of decoration. The majority of the Ternatese, Arab and Chinese population vacated the town after this raid and dispersed among the neighbouring villages and islands.

VIII. POLITICAL AND SOCIAL INFORMATION.

General Living Conditions:

a. Ternate Island (0°50'N., 127°20'E), - Tidore Island (0°40'N., 127°25'E), Nov 44: According to inf, living conditions were extremely bad. There was an acute shortage of food and the only vegetables available were grown by individuals for their own consumption. The market had been destroyed by bombing. Most of the cattle and goats had been requisitioned by the Japanese.

No clothing was offered for sale and the majority of the local people were reduced to garments made from gunny sacking. Those who were employed by the Japanese in other than coolie labour were permitted to purchase two metres of poor quality Japanese cloth per month. With care, this material was serviceable for two months. Women who were employed by the Japanese could purchase the same amount. It was common practice for the better class people to exchange stocks of old clothing for foodstuffs.

b. Tobotobo Island, northern Loloda Islands (2°08'N., 127°45'E), Mar 45: About 500 inhabitants from various villages in the Loloda district, northwest Halmahera, had assembled on Tobotobo Island. The food mainly consisted on sago, vegetables and fruit collected during return visits paid to the Loloda district. According to inf they were able to obtain sufficient food to avoid starvation.

Relation between Japanese and Local Population: Hiri Island ($0^{\circ}55'N.$, $127^{\circ}20'E$), - Ternate Island ($0^{\circ}50'N.$, $127^{\circ}20'E$), Jan 45: The inhabitants of Doroisah Village ($0^{\circ}55'N.$, $127^{\circ}20'E$), on the south of the island of Hiri, were mainly pro-Japanese. According to inf, their attitude was dictated by fear of Moehimo Mohd Bobo, the village head. The inhabitants of all other villages on Hiri Island were said to be definitely pro-Allied and ready to resist the Japanese as soon as arms could be made available.

The village of Soelamadaha ($0^{\circ}55'N.$, $127^{\circ}20'E$), opposite Kg. Doroisah on Ternate Island, was also said to be pro-Japanese. The inhabitants of Kg. Doefa Doefa ($0^{\circ}50'N.$, $127^{\circ}25'E$), on the north-east coast of Ternate Island, and Kg. Makassar ($0^{\circ}48'N.$, $127^{\circ}25'E$), in the vicinity of Ternate Town, were also said to be pro-Japanese.

Another inf stated that contrary to the present general pro-Allied feeling, the lower class inhabitants of Ternate and Tidore Islands, including the police, were unanimously pro-Japanese when the Japanese landed in Apr 42. Large crowds waved white flags and shouted welcomes. The better classes held aloof from these demonstrations. The Chinese appeared to be greatly distressed by the arrival of the Japanese, but the Arab population took the line of least resistance and joined the pro-Japanese element.

Civil Government of Occupied Areas: Soelamadaha Village ($0^{\circ}55'N.$, $127^{\circ}20'E$), Ternate Island, Jan 45: An Ambonese police-man named Johan Monigrapon was quartered at the village.

Taxes: Ternate Island ($0^{\circ}50'N.$, $127^{\circ}20'E$), Tidore Island ($0^{\circ}40'N.$, $127^{\circ}25'E$), Nov 44: For some time after the Japanese occupation the rates and periods of taxation were unaltered. Later, however, taxes increased progressively. After the Allied air attacks in Oct 43 taxation ceased.

Civil Service, Courts etc: Ternate Island ($0^{\circ}50'N.$, $127^{\circ}20'E$), - Tidore Island ($0^{\circ}40'N.$, $127^{\circ}25'E$), Nov 44: The Indonesian President of the Landraad (District Court) on Ternate Island, Danc Djainal Abidin Altin, was suspected of pro-Allied sympathies and interned somewhere in the Djailolo district ($1^{\circ}05'N.$, $127^{\circ}25'E$).

The civil administration was in the hands of the Minseibu Indonesian police, who adopted a particularly harsh attitude towards the population. There were no courts of justice or trials and all offences were dealt with summarily by the Minseibu police and Kempei.

Minseibu and Kempei headquarters were located at Kg. Togoheka ($0^{\circ}35'N.$, $127^{\circ}25'E$), on Tidore Island.

Inf was unable to state the rates of pay received by civil servants in Japanese employ but was told that those who were employed in various other concerns under Japanese control, and also police, were paid on the 25th of each month. The police received ƒ15.00 per month.

Education: Ternate Island ($0^{\circ}50'N.$, $127^{\circ}20'E$), Nov 44: The schools, which had been closed in Oct 43 after Allied air attacks, had not been re-opened.

Religious Services: Ternate Island ($0^{\circ}50'N.$, $127^{\circ}20'E$), Nov 44: Churches and mosques had not been re-opened since the Allied air attacks in Oct 43.

Medical Treatment and Supplies: Ternate Island ($0^{\circ}50'N.$, $127^{\circ}20'E$), Nov 44: After the demolition of the military hospital by Allied air attack in Oct 43 , no organised medical treatment was available on the island.

IX. ECONOMIC INFORMATION.

Agricultural Commodities:

Production: Ternate Island ($0^{\circ}50'N.$, $127^{\circ}20'E$), - Tidore Island ($0^{\circ}40'N.$, $127^{\circ}25'E$), Nov 44: No rice was grown on the islands. Quantities of vegetables, grown under Japanese compulsion, were exported to Halmahera weekly in two prahoes. The greater part of the vegetables consisted of onions for which the island of Tidore is noted. Other products included cucumbers, spinach and aubergine.

Utilities:

Power: Ternate Island (0°50'N., 127°20'E), - Tidore Island (0°40'N., 127°25'E), Nov 44: No electric current was available after the destruction of the power station on Ternate Island. Coconut oil was used for lighting purposes.

Food:

a. Ternate Island (0°50'N., 127°20'E), - Tidore Island (0°40'N., 127°25'E), Nov 44: Inf gave the following comparison of prices paid for food by the Indonesian population:-

	Pre-War	Nov 1944.
Eggs, each (rarely available)	2 cents	10 cents
Fowls, each	25 "	ƒ 1.00
Bananas, per bunch	25 "	ƒ 1.00

b. Ternate Island (0°50'N., 127°20'E), Nov 44: Indonesians were not permitted to catch fish for their own consumption. When fish supplies were required the Japanese exploded dynamite in the water. Such Indonesians as assisted in the collection of the stunned fish were allowed to retain a very small quantity of the smaller variety.
The industry was controlled by the T.S.K. (Toindo Suisan Kaisha) and the local agent was a Japanese named Tanaka who maintained an office near the former K.P.M. (Royal Packet Navigation Company) wharf. Ternatese employed by this concern were issued with a ration card which permitted the holder to buy a quantity of fish.

X. PROPAGANDA AND PSYCHOLOGICAL WARFARE INFORMATION.

Allied:

Non-Radio Propaganda:

Leaflets and Pamphlets: Ternate Island (0°50'N., 127°20'E), - Tidore Island (0°40'N., 127°25'E), Nov 44: According to one inf, the morale of the population was greatly improved by the receipt of leaflets and pamphlets dropped by Allied aircraft. He stated that pro-Allied feeling was high in anticipation of an Allied landing. Those who were found to be in possession of leaflets were decapitated.

XI. ATROCITIES.

A. Factual: Kg. Wyamli (1°00'N., 128°40'E), Boeli Bay, Halmahera, Feb 45: Inf Djahim bin Sembahjang, civilian, states that he witnessed the shooting of a Javanese by Japanese soldiers at Gaifoeli, about 1½ hours march from Kg. Wyamli. A number of villagers from Kg. Wyamli and elsewhere, who were hiding at Gaifoeli fled at the approach of the Japanese, who fired at three Javanese, killing one.

B. Hearsay: a. Kg. Tatang (1°31'N., 128°25'E), Halmahera, Aug 44: Inf was told by an Indonesian named Tengahari that the latters wife had returned to the deserted village of Tatang, where she was found by some Japanese and summarily shot.

b. Loloda District ($2^{o}08$'N., $127^{o}45$'E), Halmahera, Feb 45: Inf heard that one of his former labourers named Saubasi was discovered by Japanese while he was searching for sago and was shot forthwith. Two unnamed Indonesians from Kg. Gisi ($2^{o}08$'N., $127^{o}55$'E), witnessed the occurance.

XII. PERSONALITIES.

Army Personnel:

a. The following personnel of the Motai-tai Butai, No. 10450, were located at Halmahera in Feb 45:-

Motai	Captain.
Wako	2nd Lieutentant.
Oeshi	" "
Tjoebokawa	" "
Ashi Ngawa	Sergeant.
Obata	Soldier 1st class.
Jama Oetji	" " "
Kamada	" " "
Ajo Ama	" " "

b. An inf saw the following personnel at the W/T station near the east bank of the Teroe Teroe River ($2^{o}10$'N., $128^{o}00$'E), in Mar 45:-

Dr, Soeski	
Nanangta	Soldier.

Military Police:

Kempei: Kg. Siwasoe, South Loloda Islands ($1^{o}40$'N., $127^{o}30$'E), Nov 44:

Ogitan Lakamura Nakamura A L/Cpl. (name unknown)	All of Kempei-tai. From Galela ($1^{o}48$'N., $127^{o}50$'E), visited Kg. Siwasoe on various occasions, when they seized goats, fowls and rice. They also impressed large numbers of men from the South Loloda Islands and transported them to Galela.

Minseibu: Ternate Island ($0^{o}50$'N., $127^{o}20$'E), - Tidore Island ($0^{o}40$'N., $127^{o}25$'E), Nov 44:-

Idi	Japanese Minseibu official at Kg. Togoheka ($0^{o}35$'N., $127^{o}25$'E).

XIII. GENERAL.

Looting: Ternate Island ($0^{o}50$'N., $127^{o}20$'E), Apr 42: During organised looting by the Japanese forces the bank and commercial houses were wrecked and a quantity of Dutch money was removed.

Prostitution: Ternate Island ($0^{o}50$'N., $127^{o}20$'E), Nov 44: Shortly after the occupation of Ternate Island the Japanese established a collection and distribution centre for young women intended for prostitution. Two large brothels were organised and women of various races, including Menadonese, Javanese, Sumatrans, Chinese and Eurasians, were despatched to Halmahera, Ambon and other locations. Local young women were forcibly conscripted. As single women only were eligible, the marriage rate increased rapidly.

Crash Landing by Australian Pilot: Kg. Amo (0°54'N., 127° 20'E), Ternate Island, Mar 45: Two infs stated that an Australian pilot crash landed near Kg. Amo and was interned in Fort Oranje. He had been seen subsequent to his capture and appeared to be well cared for and in good physical condition.

Director NEFIS

S.H. S P O O R
Col.GS.R.N.I.A.

Camp Columbia, 5th May, 1945.

Enclosure:

NEFIS Sketch No. FY 5469 - Boeli - Serani (Halmahera).

AI2/13875/G.

2급 비밀.

네덜란드령 동인도군 정보국

뉴질랜드 보험사 빌딩

334-338 퀸 스트리트, 브리즈번

No. AI2/13875/G.
첨부: 3
주제: 심문보고서

1945년 5월 5일.

네덜란드령 동인도군 정보국 심문보고서

1590-1630호 합본 (개별호 미발행).

----

1. 첨부된 문서는 네덜란드령 동인도군 정보국 심문보고서 1590-1630호 합본이다. (개별호 미발행)

2. 보고서에 포함된 정보는 심문을 통해 획득된 것이며 아직 다른 출처의 정보들을 통해 확인되지 않았다.

3. 이 안에 담긴 정보를 배포하는데 주의를 기울이도록 한다. 적국 점령지에 거주하는 피난민의 친지를 위험에 빠트리지 않도록 정보의 출처에 대한 언급을 하지 말아야 한다.

네덜란드령 동인도군 정보국 국장.

대령 S. H. 스푸어 (S. H. Spoor)
네덜란드령 동인도육군 일반참모.

배포:
첨부된 목록 참조.

복사본 16호.

(중략)

2급 비밀.

네덜란드령 동인도군 정보국,
뉴질랜드 보험사 빌딩,
334-338 퀸 스트리트,
브리즈번.

복사본 16호.

네덜란드령 동인도군 정보국 심문보고서
1590-1630호 합본 (개별호 미발행).

주:

이 보고서는 45년 3월 할마헤라(Halmahera)섬과 인근 섬의 피난민 41명을 모로타이(Morotai)섬에서 심문한 결과물이다. 이 정보는 부분적으로 신뢰할 만하다.

(중략)

XIII. 일반정보.

약탈: 테르나테(Ternate)섬 (0°50'N., 127°20'E), 42년 4월: 일본군의 조직적인 약탈로 인해 은행과 상점들이 파손되었고 상당량의 네덜란드 화폐가 사라졌다.

위안부 및 위안소(Prostitution): 테르나테섬 (0°50'N., 127°20'E), 44년 11월: 테르나테섬을 점령한 직후, 일본군은 젊은 여성들을 위안부로 동원할 목적으로(intended for prostitution) 모집하고 배치하는 센터를 설치했다. 대규모 위안소(brothels) 두 곳이 만들어졌고 메나도인, 자바인, 수마트라인, 중국인, 유라시아인을 포함한 다양한 인종의 여성들이 할마헤라섬과 암본(Ambon) 등의 지역에 보내졌다. 현지의 젊은 여성들이 강제로 동원되었다. 미혼 여성들만이 동원 대상이 되었으므로, 혼인율이 급속도로 증가하였다.

(중략)

네덜란드령 동인도군 정보국 국장.

대령 S. H. 스푸어 (S. H. Spoor)
네덜란드령 동인도육군 일반참모.

캠프 컬럼비아, 1945년 5월 5일.

첨부:

NEFIS 개요도 FY 5469호 – 보리(Boeli) - 세라니(Serani)
(할마헤라).

AI2/13875/G.

27

NEFIS Interrogation Report No. 1631

RG 319 Entry UD 82-A Box 2009

이 문서는 1945년 4월 26일자 1631호 심문보고서이다. 이 보고서는 일본 상선의 선원으로 일하다가 배가 침몰한 뒤 구출된 18세의 마도라인 남성을 심문하여 얻은 정보를 바탕으로 작성되었다. 정보원은 1944년 8월까지 셀레베스섬 마카사르에 있었는데, 8월 그곳에 18-20세 사이의 자바인 여성들이 '위안부'로 동원되었다는 내용을 언급했다. 이 여성들은 위안소로 배치된 뒤 일주일에 한 번 일본인 의사로부터 검진을 받았다. 정기적인 성병 검진이 있었던 것으로 보인다.

RGE/SECRET.

NETHERLANDS FORCES INTELLIGENCE SERVICE
(NEFIS)
NEW ZEALAND INSURANCE BUILDING,
334-338 QUEEN STREET, BRISBANE.

No. AI2/13583/G. 26th April, 1945.

SECRET

Enclosures: 3

Subject: Interrogation Report.

NEFIS INTERROGATION REPORT No. 1631.

1. Attached is NEFIS Interrogation Report No. 1631.

2. The information contained in this report is derived from interrogation and has not been assessed against information from other sources.

3. Should reproduction of any information contained herein be desired, no mention should be made of the source from which it is derived, to avoid possible compromising of relatives of evacuees in enemy occupied territory.

Director NEFIS

S.H. S P O O R
Col. GS.R.N.I.A.

Distribution:

See attached list.

Copy No: 19

MIS 159308 (CPM)
mil -2
Route
Econ
H gaaf -1

MS

DISTRIBUTION	No.of copies	Copy No.
Exc. H. van Mook, Lt. Gov. Gen.	1	1
B.S.O. through O.B.S.O.	2	2 - 3
O.B.S.O.	1	4
Economic Int. Section G.H.Q., New Delhi via B.S.O. - Colombo	1	5
COISEF via B.S.O. - Colombo	1	6
C.L.G.	2	7 - 8
M.C.A.	1	9
Fd Directeur B.B.	1	10
SONICA APO 565	2	11 - 12
CSONICA: Kandy	1	13
Min. v. Kol., Att. Col. de Blieck	1	14
Min. of Economic Warfare, Foreign Office London, via Col. de Blieck	1	15
N.R.C.C.S.	5	16 - 20
G.2., G.H.Q.	2	21 - 22
Office of the Military Secretary, G.H.Q., (Rear Echelon), APO 500	1	23
Combined Advisory Committee on Tropical Medicine, Hygiene and Sanitation, Rear Echelon, G.H.Q., S.W.P.A., APO 500	1	24
Netherlands Staff Officer, G.3., G.H.Q., APO 500	1	25
Lt.Cdr. C. den Hollander, G.4., G.H.Q., APO 500	1	26
A.C. of S., G.2., USAFFE	1	27
Assistant to the Chief of Staff, H.Q. USAFFE APO 501	1	28
Dir.of Intell.,Allied Air Forces,S.W.P.A. APO 923	5	29 - 33
Assist.Dir. of Intell.,Advanced Echelon, Allied Air Forces, S.W.P.A., APO 925	4	34 - 37
MIS-X Section A.A.F.	1	38
Area Int. Office, RAAF HQ., N.W. Area, Darwin	1	39
Chief of Air Staff RAAF HQ.	1	40
A.C. of S., A.2. HQ. 13th Air Force, APO 72	2	41 - 42
D.L.O. Allied A.F., Old Courier Building	1	43
First Tactical Air Force, through N.L.O., Group 493, RAAF PACIFIC	1	44
N.E.I. Intell. Off. NICA III APO 926	1	45
Mil. Attache, High Commissioner for Canada	2	46 - 47
Netherlands Staff Officer, Allied Naval Hqrs. NAVY P.O. 3964	1	48
A.D.M.I.	1	49
D.N.I.	1	50
Seventh Fleet Int. Center Adv. HQ. Box 3 Navy 3115	1	51
Commander Task Force 71 through NEFIS Offr.Perth	2	52 - 53
NEFIS Officer, Perth	1	54
Director A.G.S.	1	55
Co-Ordinator ATIS	1	56
FELO, HQ	1	57
FELO (Att. Maj. Kremer) C/o NICA APO 926	1	58
FELO Melbourne	1	59
Contr. A.I.B. via NEFIS Offr. Fwd. Ech	1	60
SRD Adv. HQ, C/o A.I.B. Rear Ech. USAFFE,APO 501	2	61 - 62
SRD Rear HQ	1	63
S.I.A.	1	64
Dir. Gen. of Security	1	65
O.C.N.I.O., Hollandia	2	66 - 67
Fd. Directeur v. Justitie	1	68
Directeur v. Ec. Zaken	1	69
Fd. Directeur v. V. & W.	1	70
Hoofd D.V.G.	1	71
Fd. Directeur v. Financiën	1	72
Fd. Directeur v. Onderwys	1	73
NEFIS	14	74 - 87
Dep. Chief of Int. Staff, Brit.Pac.Fleet, Attn. Lt. Cdr. Traynor	1	88
Security Intelligence for Planning Staff via NISEA, Colombo	1	89
Dep. Contr. A.I.B., Heindorff Hse.	1	90
GS (Int.) Adv. LHQ	1	91
GS (Int.) 1st Aust. Corps	1	92

RGE/SECRET.

NETHERLANDS FORCES INTELLIGENCE SERVICE,
NEW ZEALAND INSURANCE BUILDING,
334-338 QUEEN STREET,
BRISBANE.

Copy No. 19

NEFIS INTERROGATION REPORT NO. 1631.

I. PERSONAL DATA.

Name	:	Ali MOHAMMAD (alias Wongsosiwojo).
Age	:	18 years.
Sex	:	Male.
Race	:	Madoerese.
Citizenship	:	Netherlands subject.
Birthdate and Place	:	Feb 27; Pamekasan (7°10'S.,113°30'E), Madoera Island.
Education	:	Dutch Indonesian School, Galis (7°10'S.,113°35'E), Madoera Island, 1935-1940; Arabian School, Lembong (7°10'S.,113°35'E), Madoera Island, 1940-1941; Japanese Merchant Marine School, Makassar (Celebes), 1943-1944.
Occupation	:	Stoker.
Status	:	Evacuee; picked up by Allied submarine near Madjene (3°35'S.,118°55'E), Celebes, after his ship had been sunk.
State of Health	:	Good.
Means of Identification	:	Scar on left hand from machine gun bullet.

ESTIMATE OF INTELLIGENCE AND RELIABILITY.

Average intelligence. Information considered to be reliable.

II. CHRONOLOGY.

Date:		Place:
1940 - 1941	:	Pupil at Arabian School at Lembong, Madoera Island.
1941 - Dec 43	:	Religious teacher at Pamekasan, Madoera Island.
Dec 43 - Jan 44	:	On transport en route to Makassar (Celebes), via Soerabaja (East Java).
Jan 44 - Apr 44	:	Trainee at Japanese Merchant Marine School, Makassar (Celebes).
Apr 44 - Aug 44	:	Stoker on Japanese m.v. "Niko Maru", lying at Makassar.
Visited following ports while stoker on board "Niko Maru":		
Aug 44	:	Pare Pare (4°01'S.,119°37'E), Celebes.
Aug 44	:	Pomelaa (4°30'S.,121°30'E), Celebes.
Sep 44	:	Bonthain (5°35'S.,119°55'E), Celebes.
Sep 44	:	Toroboeloe (4°25'S.,122°30'E), Celebes.
Sep 44	:	Madjene (3°35'S.,118°55'E), Celebes.
Oct 44	:	Pare Pare (4°01'S.,119°37'E), Celebes.
Nov 44	:	Kotabaroe (3°15'S.,116°15'E), Laoet Island, S.E. Borneo.
Nov 44	:	Stagen (3°15'S.,116°10'E), Laoet Island, S.E. Borneo.
Nov 44	:	Makassar (5°10'S.,119°25'E), Celebes.

III. TACTICAL DATA ON ENEMY MILITARY FORCES.

Dispositions and Strength of Organisations and Units:

a. Soerabaja (East Java), Dec 43: About 1,000 Japanese Army personnel were quartered in former European houses along Darmo Boulevard, on the east side of the Zoo and close to the Wonokromo bridge. They carried out normal military exercises and attended rifle practises in the vicinity of Darmo airfield.

b. Pomolaa (4°30'S.,121°30'E), Celebes, Aug 44: About 100 Japanese Naval personnel including the C.O. were quartered in two brick buildings. (See items Nos. 8 & 10 on attached sketch NEFIS No. FY 5449).

The following anti-aircraft and other guns in position were identified by inf: (See "Japanese Equipment", Australian Military Forces, May 44).

About 15 13.15 mm. (.52 in.) twin-barrel A/A guns, type 93, No. 3. Item No. 14.
About 10 25 mm. (.98 in.) triple-barrel A/A guns. Item No. 14.
About 25 150 mm. (5.9 in.) Howitzers, type 96 (1936); these were dug in and trained in the direction of the sea. Item No. 12.

The positions were well camouflaged and were guarded by armed soldiers. Three searchlights were also located as shown on sketch (item No. 11).

c. Pare Pare (4°01'S.,119°37'E), Celebes, Oct 44: Inf was unable to state the strength of the Japanese forces but he had seen about 100 Army personnel marching in the street. They were armed with short rifles, type 6.5 mm. (.256 in.) Meiji 38 (1905). They were quartered in tents on the "aloon-aloon" (public square) and in three former Dutch houses around the square. The area was enclosed by a barbed wire fence and patrolled by an armed Japanese guard.

d. Makassar (5°10'S.,119°25'E), Celebes, Aug 44 - Nov 44: The garrison originally consisted of about 2,000 Army and 1,000 Naval personnel. After the Allied air attack in Aug 44 almost all were transferred to Karaowisi Village, about 6 km. east of Makassar, where a number of atap barracks were erected, each housing 75 men. A proportion of the force was quartered in the village.

In Nov 44 about 100 Naval and 20 Army personnel were all that remained in Makassar Town of the original garrison. These formed the crews of guns which were kept continuously manned by three shifts, each of approximately 40 men.

e. Kotabaroe (3°15'S.,116°15'E), Poelau Laoet, S.E. Borneo, Nov 44: About 100 Japanese Naval personnel were quartered in buildings near the former N.E.I. Assistant Resident's house. (Item No. 36 on NEFIS Sketch No. FY 5356 of 20-12-44 issued with NEFIS Interrogation Report No. 817.

Insignia:

a. Pomolaa (4°30'S.,121°30'E), Celebes, Aug 44: The Heiho uniform consisted of khaki shorts and shirts with short sleeves. A two-inch red band was worn on the left sleeve and a square patch carrying a Japanese flag on the left breast pocket. Anchor insignia under two small stars was worn on the right sleeve.

b. Toroboeloe (4°25'N., 122°30'E), Celebes, Sep 44: The few Japanese sailors stationed at Toroboeloe wore khaki trousers and shirts with an anchor above three horizontal yellow stripes on the left sleeve. According to inf the stripes indicated the number of years of service.

Native Troops: Soekarela: Pamekasan (7°10'S.,113°30'E), Madoera Island, Dec. 43: A number of males between the ages of 20 and 30 years were called up for service in Soekarela and were armed with Meiji 38 (1905) 6.5 mm. (.256 in.) rifles (see "Japanese Equipment (Australian Military Forces)", May 44). They were given basic training by Japanese instructors on week days from 0600 to 1200 hours and from 1400 to 1800 hours.

About 500 Soekarela from all districts in Madoera were quartered in newly-built atap barracks immediately behind the former Resident's house. Uniform consisted of blue trousers, shirt and cap with yellow star badge.

XI

Supply Arrangements and Installations:

a. Makassar (5°10'S.,119°25'E) - Toroboeloe (4°25'S.,122°30'E), Celebes, Sep 44: Infs ship discharged at Toroboeloe about 1,500 piculs of rice (one picul - approximately 62.5 kg.), 4 piculs of sugar, 6 piculs of salt and about forty 25 - litre wooden barrels of soya taken aboard at Makassar. Fifty 300 - litre empty gasoline drums and 30 bundles of old Japanese military uniforms and shoes were carried on the return journey.

b. Makassar (5°10'S.,119°25'E), Celebes, Nov 44: Rice, imported from Paro Paro (4°01'S.,119°37'E) in sailing prahoes which arrived twice weekly, was stored in a godown situated on Passer Straat south of railway crossing (See NEFIS sketch No. FY 5359a of 9-1-45 issued with NEFIS Interrogation Report No. 884 & 945.

Inf estimated the storage capacity of the godown at about 5,000 piculs. (300 tons).

Enemy Material and Equipment: Pomelaa (4°30'S.,121°30'E), Celebes, Aug 44: Inf saw one tank, type M.2597 (1937) (see "Japanese Equipment (Australian Military Forces)", May 44), under canvas in front of the Nickel plant (item No.9 on attached sketch NEFIS No. FY 5449). He was told that 30 tanks of the same type were located somewhere inland.

An air raid siren was mounted near the living quarters (see item No. 5 on attached sketch NEFIS No. FY 5449).

Radar and Radio Stations: Pomelaa (4°30'S., 121°30'E), Celebes, Aug 44: A radio station was located about 50 metres north of an A/A position on the east side of the main road between the Nickel plant and the post office (see item No. 13 on attached sketch NEFIS No. FY 5449).

IV. SUMMARY OF NAVAL INFORMATION.

Ship Movements and Ships in Port:

a. Pomelaa (4°30'S.,121°30'E), Celebes, Aug 44: Eight wooden tongkangs (lighters), each of about 30 tons, type "Takubetsu Daihatsu", were in use at Pomelaa. Six unarmed motorboats, "Victor Baker" division, type "A", each manned by one Japanese and two Indonesians, were based on Pomelaa for coastal patrol.

b. Makassar (5°10'S.,119°25'E), Celebes, Nov 44: Inf saw three 175 ton semi-diesel "Sugar Dog" type ships. Two of them were stationed in Makassar, one of which, the "Niko Maru" on which inf was employed, travelled between Makassar and Bonthain (5°35'S.,119°55'E), Boeloekoemba (5°10'S.,119°25'E) and Paro Paro (4°01'S.,119°37'E) for the purpose of loading rice to be transported to Makassar. Of the second one no particulars are known, while the third one originated from Pomelaa to secure labour for the mines at Pomelaa. Very few volunteers were obtained.

c. Stagen (3 15'S.,116 10'E),Poolau Laoet, S.E. Borneo, Nov 44: The "Niko Maru" stopped for one month at Stagen for engine overhaul. The 7 mm. A/A "Juki" machine gun, hitherto mounted on the bridge, was dismantled.

About six 175-ton "Sugar Dog" type vessels were moored at the wooden jetty.

Ships Sunk or Damaged:

a. Bonthain (5°35'S.,119°55'E), Makassar (5°10'S.,119°25'E), Celebes, Sep 44: An unidentified Japanese ship of between 2,000 and 3,000 tons, with masts approximately 50 metres apart, was sunk some 40 miles southeast of Celebes, between Makassar and Bonthain. According to hearsay the vessel was torpedoed by an Allied submarine).

b. Madjene (3°35'S.,118°55'E), Celebes, Dec 44: During the voyage from Kotabaroe (3°15'S.,116°15'E) to Makassar (5°10'S.,119°25'E) infs ship sank near Madjene in Makassar Strait after being set on fire by an Allied submarine.

A Japanese stoker named Igootji and an Indonesian deckhand were killed by machine gun fire. Four Indonesian members of the crew were picked up by this submarine. Inf believed that other Japanese and Indonesian personnel swam ashore.

Ship Building and Repair Facilities:

XI

a. Kotabaroe (3°15'S.,116°15'E), Poelau Laoet, S.E. Borneo, Nov 44: The "Niko Maru" was given a complete overhaul during the month which she remained at Kotabaroe. She was beached at high tide and the propeller, which had been bent when the vessel ran aground at Toroboeloe, was repaired.

b. Stagen (3°15'S.,116°10'E), Poelau Laoet, S.E. Borneo, Nov 44: A repair shop for marine engines was located on the north side of the harbour. (See inset on NEFIS sketch No. FY 5356 of 20-12-44 issued with NEFIS Interrogation Report No. 817). It was equipped with two lathes and fitting benches. Power was provided by a diesel motor. Twenty Indonesians were employed under the supervision of two Japanese.

Navigational Aids:

Harbour Conditions:

XI

a. Pomelaa (4°30'S.,121°30'E), Celebes, Aug 44: A basin about 10 metres wide and stretching out to sea for about 700 metres was in the course of construction. It was enclosed by coral stone breakwaters and was intended to permit the loading and discharge of cargo at all times. Coal was unloaded at the northern side of the entrance to the basin into tongkangs (lighters) which were towed inshore by manpower. About 800 Javanese and 200 Boeginese were employed on the construction of the basin. No ships could enter or leave the basin at night because of the numerous coral reefs in the harbour.

b. Toroboeloe (4°25'S.,122°30'E), Celebes, Sep 44: The beach in the vicinity is sandy and a coral stone pier in good condition extended about 150 metres out to sea. At high tide, vessels up to 200 tons moored alongside the seaward end of the pier. Cargoes were discharged into motor trucks. About 30 new atap buildings were situated on the shore near the pier.

c. Madjene (3°35'S.,118°55'E), Celebes, Sep 44: The coral stone pier was about 30 metres long and was protected at the seaward end by a square area of piles filled with coral stone. Only one ship of the "Niko Maru" type (175 tons) could be moored at a time.

d. Bonthain (5°35'S.,119°55'E), Celebes, Sep 44: The coral stone pier extended for about 50 metres to sea but was out of water at low tide.

e. Kotabaroe (3°15'S.,116°15'E), Poelau Laoet, S.E. Borneo, Nov 44: The wooden jetty was about 500 metres long and had been broadened to approximately 50 metres at the seaward end. About 50 Javanese and Bandjarese were employed on the extension.

V. BASIC AIR INFORMATION.

Locations of Air Installations:

a. Toroboeloe (4°25'S.,122°30'E), Celebes, Sep 44: The fuselage and fuel tanks of a twin-engine plane of unidentified type were carried from Makassar on infs ship and conveyed inland from Toroboeloe by an Army truck.

b. Lae-Lae Island (5°05'S.,119°25'E), Celebes, Sep 44: While his ship was passing Lae-Lae Island, inf saw five seaplanes moored at buoys and three others beached, which he identified from pictures shown him. They included:--

1 type 97 4 E.F.B. - "Mavis"
3 type 0 F.P. - "Jake"
3 type 99 2 E.F.B. - "Cherry"
1 type 0 F.P. - "Pete"

c. Makassar (5°10'S.,119°25'E), Celebes, Oct 44: Three seaplanes, type O.F.P. "Pete", with damaged wings, were beached for repairs at the aircraft assembly plant. They were again in commission after about one month. Inf estimated that about 30 Japanese aircraftsmen were employed at the plant (see item No. 7 on NEFIS sketch No. FY 5359a of 9-1-45 issued with NEFIS Interrogation Report No. 884 & 945.

d. Paro Paro (4°01'S.,119°37'E), Celebes, Oct 44: Three seaplanes, type 99 2 E.F.B. "Cherry", were anchored in the bay. During the five days inf remained at Paro Paro the planes were not airborne.

Allied Air Attacks:

a. Pomelaa (4°30'S.,121°30'E), Celebes, Jan 44: Inf was told that during a raid in Jan 44 some damage was done to houses south of the coral stone pier.

b. Makassar (5°10'S.,119°25'E), Celebes, Aug 44: During a raid by 25 Allied aircraft between 2,000 and 2,200 hours on an unspecified date in Aug 44, the harbour area was heavily damaged in addition to hits registered in the following locations:-

1. Prahoe harbour (see NEFIS sketch No. FY 5359a of 9-1-45 issued with NEFIS Interrogation Report No. 884 & 945 completely destroyed.

2. Kg. Wadjo completely destroyed. (Same sketch).

3. Former K.P.M. (Royal Packet Navigation Company) dockyard (item No. 8 on same sketch) completely destroyed.

4. Wilhelmina Quay. Only the two middle godowns remained. (Same sketch).

5. Oil pipelines from the fuel storage of the former B.P.M. (Shell Oil Company) and K.P.M. installations - damaged. (Items 12 & 14 on same sketch).

6. Oil storage tanks (item No. 10 on same sketch). These tanks, which were empty at the time of the raid, sustained considerable damage.

7. Native hospital (item No. 40 on same sketch) was said to have been damaged.

About 50 Indonesians were killed during the raid but inf was unable to supply any information as to the number of Japanese casualties.

VII. GEOGRAPHICAL INFORMATION.

Hall

Roads, Tracks and Trails: Pomelaa (4°30'S.,121°30'E), Celebes, Aug 44: Roads in the vicinity of the town were pitted with holes and no maintenance work was in progress.

VIII. POLITICAL AND SOCIAL INFORMATION.

General Living Conditions:

a. Stagen (3°15'S.,116°10'E), Poelau Laoet, S.E. Borneo, Nov 44: The food shortage was acute. Twice daily at 1200 hours and 1800 hours a teacupful of rice was distributed to the mine workers. A very inferior quality of rice was offered for sale in small quantities and a few restaurants remained open where coffee and fried bananas could be obtained. New clothing was unobtainable and most of the mine workers were reduced to shorts made from gunny sacking.

b. Makassar (5°10'S.,119°25'E), Celebes, Nov 44: Rice was unobtainable and the only food available at the few remaining restaurants was coffee and fried bananas. No clothing was offered for sale and the local inhabitants were semi naked.

c. Pomelaa (4°30'S.,120°30'E), Celebes, Nov 44: No rice could be bought without a permit issued by the Japanese administration, which also provided buyers with a small pocket book in which particulars of the quantity and date of purchase were entered.

Organisations: Military:

Kaibodan: Madoera (7°00'S.,113°25'E), Dec 43: Village heads were each instructed to detail approximately 100 men from 40 years of age upwards for service with this organisation. Recruits were given a course in P.T. between 1600 and 1800 hours twice weekly, under the supervision of a Japanese-trained Madoerese. The general object was to improve the standard of physical fitness with a view to eventual service with the Japanese forces. No special uniform was issued.

Seinendan: Galis (7°10'S.,113°35'E), Madoera, Dec 43: The organisation consisted of about 100 youths between the ages of 18 and 20 years called up from various districts throughout Madoera. They carried sticks and were drilled by a Madoerese with some military experience. No uniform was issued. Inf believed that their training would fit them for guard duties.

Health and Sanitation:

a. Toroboeloe (4°25'S.,122°30'E), Celebes, Sep 44: The general physical condition of the people was poor due to the scarcity of food, and rice in particular. The majority suffered from malnutrition, malaria and dysentery.

b. Stagen (3°15'S.,115°10'E), Poelau Laoet, S.E. Borneo, Nov 44: The local residents were, almost exclusively, mine workers and their families. The food scarcity was acute and there were numerous cases of malnutrition, malaria, dysentery and tropical ulcers.

c. Makassar (5°10'S.,119°25'E), Celebes, Nov 44: The standard of health appeared to be low and there was an increase in the number of cases of malaria and tropical ulcers.

Medical Treatment and Supplies:

a. Makassar (5°10'S.,119°25'E), Celebes, Nov 44: After the Allied air raid in Aug 44 a dispensary was established about six kilometres outside the town. Inf was unaware of the exact location.

b. Stagen (3°15'S.,115°10'E), Poelau Laoet, S.E. Borneo, Nov 44: The hospital which was in charge of an Indonesian orderly was very poorly equipped. Due to the shortage of medicine, treatment was primitive. Only the more serious cases were admitted. Few of the patients recovered. Drinking water was obtained from the river.

IX. ECONOMIC INFORMATION.

Minerals and Metals:

Mining Activities:

a. Stagen (3°15'S.,116°10'E), Poelau Laoet, S.E. Borneo, Nov 44: Several hundred coolies impressed from Java and other places, worked in the coal mines. The workings were underground. Ten tongkangs (lighters), each of an estimated 30 tons capacity were loaded daily in the river about 1 km. north of the Simblimbingan mines, so production would appear to be in the region of 9,000 tons monthly.
Labour was under the supervision of three Japanese overseers who lived at Kotabaroe, 10 km. north of Stagen, and travelled between their quarters and the mine by motor truck.

The labourers were quartered in five new atap barracks in the vicinity of the coal jetty. Working hours on week days were from 0700 hours to 1200 hours and from 1300 hours to 1800 hours. On Sunday work commenced at 0700 hours and ceased at 1130 hours.

There was not electric lighting for general use in the area. Kerosene lamps were used.

According to inf, labourers who died or were incapacitated were not replaced.

b. Somblimbingan (3°15'S.,116°10'E), Poolau Laoet, S.E. Borneo, Nov 44: Inf visited the village which is situated about 5 km, south of Stagen, and noted that the local coal mines were in production. The output was despatched by tongkongs of 30 tons capacity downriver to the sea and thence northwards along the west coast to the area of the Stagen coal jetty (see inset on NEFIS sketch No. FY 5356 of 20-12-44 issued with NEFIS Interrogation Report No. 817), where it served to coal visiting ships. Inf was unable to estimate production. XI

Shipping: Pomelaa (4°30'S.,121°30'E), Makassar (5°10'S.,119°25'E), Celebes, Aug 44: One cargo of coal was carried by infs ship, a 175-ton "Sugar Dog" semi-diesel, from Makassar to Pomelaa, where it was stacked in the open at the former coal storage (see item No. 2 on attached sketch NEFIS No. FY 5449).

Transportation:

Motor:

a. Pomelaa (4°30'S.,121°30'E), Celebes, Aug 44: Inf saw 10 lorries at the cold storage depot near the harbour. They were not in use during his visit but he concluded that they were intended for the transport of nickel ore and coal. He also counted 50 motor trucks painted green and driven by Japanese. They were employed carrying labourers, coal and vegetables from the harbour to the interior.

b. Toroboeloe (4°25'S.,122°30'E), Celebes, Sep 44: Three motor trucks painted blue and driven by Japanese transported cargo from the harbour to the interior.

XII. PERSONALITIES.

Japanese Civilians: Makassar (5°10'S.,119°25'E), Celebes, Aug 44:

Moorimoto	Second officer on the Japanese m.v. "Niko Maru"; frequently beat and kicked the Indonesian members of the crew.

XIII. GENERAL.

Prostitution: Makassar (5°10'S.,119°25'E), Celebes, Aug 44: About 100 imported Javanese girls from 18 to 20 years of age were instructed to report for an unspecified purpose which proved to be prostitution. They were allotted to brothels and medically examined by a Japanese doctor once a week.

Director NEFIS

Spoor

S.H. S P O O R
Col.GS.R.N.I.A.

Camp Columbia, 26th April, 1945.

Enclosure:
Sketch NEFIS No. FY 5449 - Pomelaa, Celebes.

AI2/13583/G.

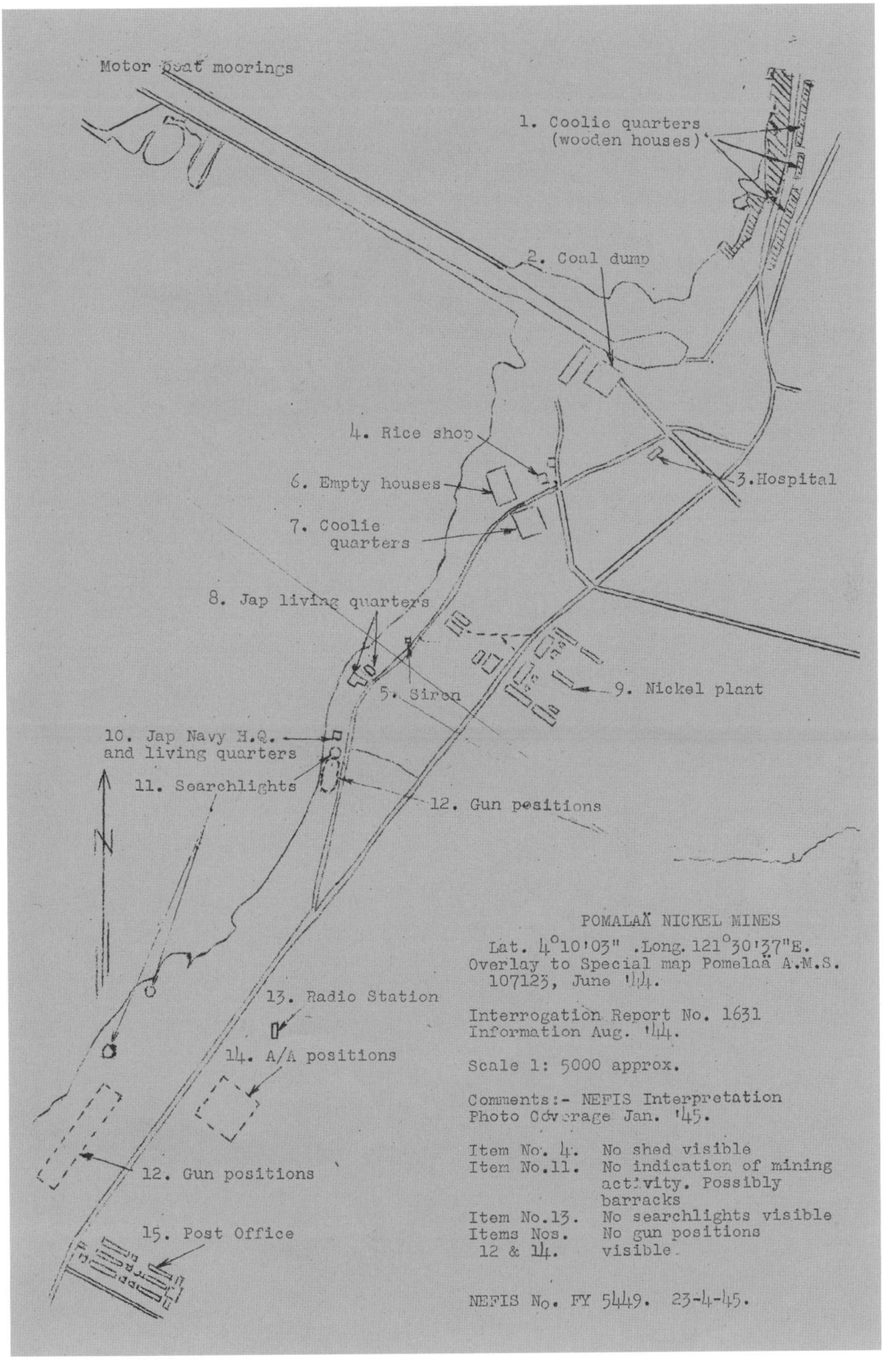
Motor boat moorings
1. Coolie quarters (wooden houses)
2. Coal dump
4. Rice shop
6. Empty houses
7. Coolie quarters
3. Hospital
8. Jap living quarters
5. Siren
9. Nickel plant
10. Jap Navy H.Q. and living quarters
11. Searchlights
12. Gun positions
N
13. Radio Station
14. A/A positions
12. Gun positions
15. Post Office
POMALAÄ NICKEL MINES
Lat. 4°10'03" .Long. 121°30'37"E.
Overlay to Special map Pomelaä A.M.S. 107123, June '44.
Interrogation Report No. 1631
Information Aug. '44.
Scale 1: 5000 approx.
Comments:- NEFIS Interpretation
Photo Coverage Jan. '45.
Item No. 4. No shed visible
Item No.11. No indication of mining activity. Possibly barracks
Item No.13. No searchlights visible
Items Nos. 12 & 14. No gun positions visible.
NEFIS No. FY 5449. 23-4-45.

2급 비밀.

네덜란드령 동인도군 정보국

뉴질랜드 보험사 빌딩

334-338 퀸 스트리트, 브리즈번

No. AI2/13583/G.
첨부: 2
주제: 심문보고서

1945년 4월 26일.

네덜란드령 동인도군 정보국 심문보고서 1631호.

---

1. 첨부된 문서는 네덜란드령 동인도군 정보국 심문보고서 1631호이다.

2. 이 보고서에 포함된 정보는 심문을 통해 획득된 것이며 아직 다른 출처의 정보들을 통해 확인되지 않았다.

3. 이 안에 담긴 정보를 배포하는데 주의를 기울이도록 한다. 적국 점령지에 거주하는 피난민의 친지를 위험에 빠트리지 않도록 정보의 출처에 대해 언급하지 말아야 한다.

네덜란드령 동인도군 정보국 국장
대령 S. H. 스푸어.(S. H. Spoor)
네덜란드령 동인도육군 일반참모.

배포:
첨부된 목록 참조.

복사본 19호.

(중략)

2급 비밀.

네덜란드령 동인도군 정보국,
뉴질랜드 보험사 빌딩,
334-338 퀸 스트리트,
브리즈번.

복사본19호.

네덜란드령 동인도군 정보국 심문보고서 1631호.

I. 인적 사항.

이름	:	알리 무함마드 (Ali MOHAMMAD) (일명 웡소시워조(Wongsosiwojo)).
나이	:	18세.
성별	:	남성.
인종	:	마도라인(Madoerese).
시민권	:	네덜란드 국민.
출생일자/출생지	:	2월 27일; 파메카산(Pamekasan) (7°10'S., 113°30'E), 마도라섬(Madoera Island).
교육	:	네덜란드 인도네시아 학교, 갈리스(Galis) (710'S. 11335E), 마도라섬, 1935-1940; 아라비안 학교, 렘봉(Lembong) (7°10'S., 113°35'E), 마도라섬, 1940-1941; 일본 무장 상선 학교, 마카사르(셀레베스), 1943-1944.
직업	:	화부(Stoker).
신분	:	피난민; 승선했던 선박이 침몰한 뒤 셀레베스의 마제네(Madjene) (3° 35'S., 118°55'E) 근방에서 연합군 잠수함이 구출.
건강 상태	:	좋음.
신원 확인 방법	:	기관총 탄환으로 인한 왼쪽 손의 상흔.

지적수준 및 신뢰도에 대한 평가.

평균적인 지능. 정보는 신뢰할 수 있다고 평가됨.

II. 시기순 기록.

날짜:		장소:
1940 - 1941년	:	마도라섬 렘봉에 있는 아라비안 학교의 학생.
194 1- 43년 12월	:	마도라섬 파메카산의 종교 교사.
43년 12월 - 44년 1월	:	수라바야(자바 동부)를 통해 마카사르(셀레베스)행 경로로 이송.
44년 1월 - 44년 4월	:	마카사르(셀레베스)에서 일본 무장 상선 학교의 훈련병.
44년 4월 - 44년 8월	:	마카사르에 정박한 일본 상선 "니코 마루(Niko Maru)"호의 화부.

"니코 마루"에 승선한 화부였을 당시 방문한 항구:

44년 8월	:	파레파레(Pare Pare) (4°01'S., 119°37'E), 셀레베스.
44년 8월	:	포멜라(Pomelaa) (4°30'S., 121°30'E), 셀레베스.
44년 9월	:	본테인(Bonthain) (5°35'S., 119°55'E), 셀레베스.
44년 9월	:	토로보로(Toroboeloe) (4°25'S., 122°30'E), 셀레베스.
44년 9월	:	마에네(Madjene), (3°35'S., 118°55'E), 셀레베스.
44년 10월	:	파레파레 (4°01'S., 119°37'E), 셀레베스.
44년 11월	:	코타바로(Kotabaroe) (3°15'S., 116°15'E), 라오엣섬(Laoet Island), 보르네오 남동부.
44년 11월	:	스타겐(Stagen) (3°35'S., 116°10'E),

라오에섬, 보르네오 남동부.

44년 11월 : 마카사르(5°10'S.,119°25'E), 셀레베스.

XIII. 일반정보.

위안부 및 위안소(Prostitution): 마카사르(5°10'S.,119°25'E), 셀레베스, 1944년 8월: 18세에서 20세 사이의 자바인 여성 100명 정도가 동원(imported)되었는데, 불분명한 목적의 일을 하도록 지시받았다. 하지만 나중에 그것은 위안부(prostitution) 일로 밝혀졌다. 이들은 위안소(brothels)로 배치되었으며 주에 한 번씩 일본인 의사에게 검진을 받았다.

네덜란드령 동인도군 정보국 국장

대령 S. H. 스푸어.(S. H. Spoor)

네덜란드령 동인도육군 일반참모.

캠프 컬럼비아, 1945년 4월 26일.

첨부:

NEFIS 개요도 FY 5449호 – 포멜라, 셀레베스.

AI2/13583/G.

28

NEFIS Interrogation Report No. 1695

RG 319 Entry UD 82-A Box 2010

이 문서는 1945년 5월 18일자 1695호 심문보고서이다. 이 보고서는 37세 현지인 남성 제이콥 롱콩 덴가(Jacob Longkong DENGAH)에 대한 심문을 바탕으로 작성되었다. 이 남성은 왕립 네덜란드령 동인도 육군 소속 병장이었고, 1942년 일본군의 포로가 된 이후 자카르타(당시 바타비아), 라바울, 루손, 할마헤라섬 등으로 이송되었다. 특히 그는 1943년 11월에서 1944년 8월까지 할마헤라섬에 있으면서 '위안부'에 대한 정보를 알게 되었다. 그에 따르면 1944년 7월, 할마헤라섬 와실리만의 폴리강 인근에 있던 150여명의 일본인, 중국인, 현지인, 유라시아인 '위안부'들이 1944년 8월 셀레베스(Celebes)섬 메나도로 이동했다고 한다.

RCE.

SECRET

0173250

NETHERLANDS FORCES INTELLIGENCE SERVICE
(NEFIS)
NEW ZEALAND INSURANCE BUILDING
334-338 QUEEN STREET, BRISBANE.

No. AI2/14321/G. 3

18th May, 1945.

SECRET

Enclosures: 3

Subject: Interrogation Report.

NEFIS INTERROGATION REPORT No. 1695

1. Attached is NEFIS Interrogation Report No. 1695.

2. The information contained in this report is derived from interrogation and has not been assessed against information from other sources.

3. Should reproduction of any information contained herein be desired, no mention should be made of the source from which it is derived, to avoid possible compromising of relatives of evacuees in enemy occupied territory.

For Director NEFIS

J. Ch. SMIT,
Lt.Cdr.R.N.N.R.
Deputy Director

Distribution:

See attached list.

Copy No:

MIS 173250 (CPM)

Econ -1
Route
Mil
MIU
Lib
CPM -

HQAAF-1

Incls:
Some (16)

DISTRIBUTION	No. of Copies	Copy No.
Exc. H. van Mook, Lt.Gov.Gen.	1	1
B.S.O. through C.B.S.O.	2	2 - 3
O.B.S.O.	1	4
Economic Int. Section G.H.Q., New Delhi via B.S.O. - Colombo	1	5
COISEF via B.S.O. - Colombo	1	6
C.L.G.	2	7 - 8
M.C.A.	1	9
Fd. Directeur B.B.	1	10
SONICA APO 565	2	11 - 12
CSONICA - Kandy	1	13
Min. v. Kol.,Att. Col. de Blieck	1	14
Min. of Economic Warfare, Foreign Office London, via Col. de Blieck	1	15
N.R.C.C.S.	5	16 - 20
A.C. of S., G.2., G.H.Q.	2	21 - 22
Office of the Military Secretary, G.H.Q., (Rear Echelon) APO 500	1	23
Combined Advisory Committee on Tropical Medicine, Hygiene and Sanitation, Rear Echelon, G.H.Q., S.W.P.A., APO 500	1	24
Netherlands Staff Officer, G.3., G.H.Q., APO 500	1	25
Lt.Cdr. C. den Hollander, G.4., G.H.Q., APO 500	1	26
A.C. of S., G.2., USAFFE	1	27
Assistant to the Chief of Staff, H.Q., USAFFE APO 501	1	28
Intell. Branch, R.A.A.F. Command HQ., A.A.F., S.W.P.A., Brisbane	5	29 - 33
A.C. of S., A-2, Far East Air Force, APO 925	4	34 - 37
MIS-X Section A.A.F.	1	38
Area Int. Officer, RAAF HQ., N.W.Area, Darwin	1	39
Chief of Air Staff RAAF HQ.	1	40
A.C. of S., A.2. HQ., 13th Air Force, APO 719	2	41 - 42
D.L.O. Allied A.F., Old Courier Building	1	43
First Tactical Air Force, through N.L.O., Group 493, RAAF Pacific	1	44
N.E.I. Intell. Off. NICA III APO 926	1	45
Mil. Attache, High Commissioner for Canada	2	46 - 47
Cdr. A.A.Fresco, R.N.N., Cdr. 7th Fleet Staff F.P.O. (Box 4) San Francisco, Calif.	1	48
A.D.M.I.	1	49
D.N.I.	1	50
Seventh Fleet Int. Center Adv. HQ. Box 3 Navy-3115	1	51
Commander Task Force 71 through NEFIS Offr. Perth	2	52 - 53
NEFIS Officer, Perth	1	54
Director A.G.S.	1	55
Co-Ordinator ATIS	1	56
FELO (Att. Maj. Kremer) C/O NICA TARAKAN	1	57
FELO Melbourne	1	58
Contr. A.I.B. via NEFIS Offr. Fwd. Ech.	1	59
SRD Adv. HQ., C/O A.I.B. Rear Ech. USAFFE APO 501	2	60 - 61
SRD Rear HQ.	1	62
S.I.A.	1	63
Dir. Gen. of Security	1	64
B.I.U. ADVANEFIS	2	65 - 66
Fd. Directeur v. Justitie	1	67
Directeur v. Ec. Zaken	1	68
Fd. Directeur v. V. & W.	1	69
Hoofd D.V.G.	1	70
Fd. Directeur v. Financiën	1	71
Fd. Directeur v. Onderwys	1	72
Dep. Chief of Int. Staff, Brit.Pac.Fleet, Attn. Lt. Cdr. Traynor	1	73
Security Intelligence for Planning Staff via NISEA, Colombo	1	74
Dep. Cont. A.I.B., Heindorff House	1	75
GS (Int) Adv. LHQ. } through ADVANEFIS	1	76
GS (Int) 1 Aust. Corps } through ADVANEFIS	1	77
Engineer Intelligence Section, Office of the Chief Engineer, G.H.Q., S.W.P.A. APO 500	1	78
ADVANEFIS	2	79 - 80
NEFIS	14	81 - 94

AGE. SECRET

NETHERLANDS FORCES INTELLIGENCE SERVICE,
NEW ZEALAND INSURANCE BUILDING,
334-338 QUEEN STREET,
BRISBANE. Copy No.

NEFIS INTERROGATION REPORT No. 1695.

I. PERSONAL DATA.

Name	:	Jacob Longkong DENGAH.
Age	:	37 years.
Sex	:	Male.
Race	:	Menadonese.
Citizenship	:	Netherlands subject.
Birthdate & Place	:	8 Mar 1908; Kg. Kassar (1°25'N., 125°00'E), Menado, Celebes.
Education	:	Dutch Preparatory School, Kg. Kassar, Menado, Celebes, 1914-1929.
Religion	:	Protestant.
Status	:	Escapee; reported to U.S. Forces at Morotai.
Occupation	:	Sgt., R.N.I. Army (Cavalry).
State of Health	:	Good.
Means of Identification	:	Large mole on side of left eye.

ESTIMATE OF INTELLIGENCE AND RELIABILITY.

Above average intelligence, information considered reliable.

II. CHRONOLOGY.

Date:	Place:
Dec 41 - 1 Jan 42	Indramajoe (6°20'S.,108°20'E), West Java; R.N.I. Army, Sgt.
Jan 42 - Feb 42	Bandoeng, West Java. R.N.I. Army, Sgt.
Feb 42 - 8 Mar 42	Indramajoe. R.N.I. Army, Sgt.
8 Mar 42 - 6 Sep 42	Bandoeng; PW.
Sep 42	Cheribon (6°45'S.,108°35'E), West Java; PW.
Sep 42	Batavia, West Java; impressed coolie.
23 Sep 42	Embarked at Batavia for Rabaul, New Britain.
8 Oct 42	Arrived Rabaul.
Oct 42 - Apr 43	Rabaul.
19 Apr 43	Embarked at Rabaul for Luzon (Philippines).
Apr 43 - Oct 43	Luzon.
Oct 43	Embarked at Luzon for Halmahera via Cebu (Philippines).
Nov 43 - Aug 44	Foelie River area (1°15'N.,128°10'E), Wasile Bay, Halmahera.
13 Aug 44 - 10 Oct 44	Escaped into jungle on Dodaga River (1 10'N.,128 10'E), Halmahera.
10 Oct 44	Escaped by prahoe on route to Morotai Island.
14 Oct 44	Arrived at Sabatai (2°05'N.,128°10'E) Morotai Island.

III. TACTICAL DATA ON ENEMY MILITARY FORCES.

Dispositions and Strength of Organisations and Units:

a. Foelie River (1°15'N.,128°10'E), Wasile Bay, Halmahera, Jun 44: The HQ and local residence of an unidentified Japanese General (see attached sketch NEFIS No. FY 5476 item No. 20) was situated about 400 metres along a track which branched from the main coastal road approximately 1 km. east of the river. It consisted of a wooden building. The offices and living quarters of his staff were contained in two wood and atap huts (item No. 21 on sketch) adjacent to the main HQ building.

SECRET

Aug 44: Four A/A guns, type unidentified (item No. 22 on sketch), were seen by inf about 500 metres north east of a point on the coast road approximately 1½ km. east of the Foolie River mouth. An earth wall 4 metres high encircled the gun position which had a diameter of about 10 metres. The gun crews, totalling 30, were quartered in wooden sheds (item No. 23 on sketch) between the battery and the main road.

Twelve wooden barracks (item No. 15 on sketch), capable of housing 200 Army personnel, had been erected approximately 1 km. along a track which branched to the northeast from the main coastal road which begins 500 m. west of the river.

b. Titilegan River (1°15'N.,128°12'E), Wasile Bay, Halmahora, Aug 44: About 50 Japanese Army personnel, 30 Japanese civilians and 20 members of the Taiwan Labour Corps were employed in a quartermaster's office (item No. 27 on sketch) located in three 15 x 6 metres wooden buildings on the western bank of the river, about 1 km. from the coast. Inf saw one Lieut. Colonel, two Captains and several Lieutenants who were employed in the installation.

Approximately 200 metres from a point on the west bank of the river about 1½ km. from the coast, two 150 mm. and two 75 mm. guns were located on a hill (item No. 26 on sketch). They were trained in the direction of the coast. Two large A/A guns were in position southeast of the same hill (item No. 26 on sketch) and about 200 metres from the west bank of the river. Crews totalling about 40 were quartered in wooden sheds adjacent to the guns.

Sep 44: Five hundred Japanese Army personnel were housed in twelve 15 x 6 metres wooden barracks with atap roofing (item No. 28 on sketch) near the west bank of the river, at a point about 1 km. from the mouth. In addition to rifles, hand grenades and gas masks seen by inf, he identified the following guns from illustrations in "Japanese Equipment", Australian Military Forces, May 44:-

Two 37 mm. type 94 Tk/A guns.
Six 7.7 mm. type 92 KUJI HMG.
Twelve 6.5 mm. type 96 LMG.
Eight mortars (type unknown).

Every night the guns were transferred from the camp to positions northwest of the river mouth (item No. 31 on sketch) and manned until daybreak, when they were returned to the camp.

c. Hatetabako (1°15'N.,128°05'E), E. Halmahera, Sep 44: Some 300 Japanese Army personnel, armed with rifles and bayonets, were quartered in 12 wood and atap barracks in the vicinity of the air-field. Their equipment included four HMGs, six LMGs and eight trench mortars. Four A/A guns were also seen by inf in the same area.

d. Lolobata River (1°15'N.,128°07'E), Wasile Bay, Halmahera, Oct 44: A considerable force of Japanese Naval and Army personnel was located in bivouacs (item No. 9 on sketch) in an area on both sides of the Lolobata River beginning about ½ km. upstream from the coast.

e. Titilegan River (1°15'N.,128°12'E) - Teba River (1°10'N.,128°10'E), Wasile Bay, Halmahera, Oct 44: Several small shelters (item No. 32 on sketch) had been constructed for use of Japanese personnel during Allied air raids, about 2 km. inland between the Titilegan and Teba Rivers.

f. Njaoelakoe (1°20'N.,128°05'E), E. Halmahera, Oct 44: Four 150 mm. guns (type unidentified) were seen by inf in a position (item No. 5 on sketch) on the coast on the north side of the village. They were manned by about 60 gunners who were quartered in the village.

g. Kg. Ifis (1°25'N.,128°15'E),E. Halmahera, Oct 44: About 250 Japanese Army troops, equipped with rifles, bayonets and four or five LMGs, were quartered in the village (item No. 1 on sketch).

Two 75 mm. guns (type unidentified) and two light A/A machine guns were located on a hill about 150 metres high (items Nos. 3 and 4 on sketch) on the western side of the river to the southwest of the village. The crews were quartered in native houses in the vicinity of the guns. To the southeast of the same area and on both banks of the river, several air raid shelters (item No. 1a on sketch) had been erected.

h. Kg. Baboli (1°15'N.,128°10'E), Wasile Bay, Halmahera, Oct 44: A large encampment (item No. 35 on sketch), containing about 2,000 Japanese Army personnel, was situated on both sides of the Teba River (1°10'N.,128°10'E) approximately 2 km. from the mouth. The barracks were constructed of rough timber and roofed with branches of trees.

Kempei: Foelie River Area (1°15'N.,128°10'E), Wasile Bay, Halmahera, Aug 44: Inf was told that Kempei HQ for the Moluccas was located in 15 to 20 wood and atap huts (item No. 17 on sketch). Approximately 300 Kempei were said to be quartered in the area which was continuously patrolled by armed guards.

Native Troops: Soekarela: Kg. Moedjioe (1°15'N.,128°10'E), Wasile Bay, Halmahera, Aug 44: Between 300 and 400 Sumatran Soekarela, armed with bayonets, were quartered in several wooden barracks located about 1 km. northeast of the village. (See item No. 24 on sketch).

Auxiliary Troops: Heiho: Kg. Moedjioe (1°15'N.,128°10'E), Wasile Bay, Halmahera, Aug 44: Inf estimated that 500 Soendanese and Javanese Heiho were quartered in the same area as the Soekarela. The huts occupied by Heiho were under continuous guard by armed Japanese. (See item No. 24 on sketch).

Lines of Communication and Transport: Titilogan (1°15'N., 128°12'E), Foelie (1°15'N.,128°10'E), Lolobata (1°15'N.,128°07'E)- Wasile Bay, Halmahera, Aug 44: Motor trucks driven by Japanese and Malays in Japanese uniform were in use between Titilogan and Foelie. Due to the absence of bridges over creeks crossed by the Foelie-Lolobata section of the road, the main transport between these two points was by motor launch.

A telephone exchange (item No. 33 on sketch) had been installed on the east bank of the Titilogan River about 1 km. from the mouth. It consisted of four 15 x 6 metres wooden sheds with atap roofs. According to inf, lines connected the exchange with Kg. Goelapopo (1°05'N.,128°00'E), Kg. Dodaga (1°10'N.,128°10'E), Lolobata and Hatetabako (1°15'N.,128°05'E).

Indications of Enemy Intentions and Movements: Lolobata (1°15'N.,128°07'E), Wasile Bay, Halmahera, Aug 44: Following upon Allied air attacks, the camp west of the river (see item No. 7 on sketch) previously holding 250 Japanese Naval personnel equipped with light machine guns, had been abandoned.

Supply Arrangements and Installations:

a. Foelie River (1°15'N.,128°10'E), Wasile Bay, Halmahera, Aug 44: According to inf, about 12,000 bags (100 kg) of rice were located 1 km. southeast of the river from a point 1½ km. upstream. The stack was covered with tarpaulins and camouflaged with branches. (See item No. 19 on sketch).

A camouflaged dump (item No. 18 on sketch), holding approximately 4,000 cases of machine gun, rifle, A/A and revolver ammunition, was situated ½ km. from a point on the east bank of the river about 1½ km. from the mouth.

b. Kg. Ifis (1°25'N.,128°15'E), E. Halmahera, Oct 44: Four 15 x 5 metres wood and atap huts (item No. 2 on sketch) containing rice and packing cases, contents unknown, had been erected on the west bank of the Ifis River about 200 metres from the mouth.

c. Titilogan River (1°15'N.,128°12'E), Wasile Bay, Halmahera, Oct 44: Sixty 15 x 6 metres wooden sheds (item No. 29 on sketch), some with atap and others with iron roofing, were situated on the eastern side of the coastal road a short distance north of the Titilogan River mouth. The sheds contained rice, tinned vegetables, dried and tinned fish, uniforms and other wearing apparel.

Radar and Radio Stations: Foolie River (1°15'N.,128°10'E), Wasile Bay, Halmahera, Aug 44: A radio station (item No. 14 on sketch) was located on the coastal road about 100 metres west of the river. It was housed in a 10 x 5 metres wooden building with corrugated iron roofing and equipped with four 15-metre bamboo masts. Inf heard the hum of motors in a small shed adjacent to the building. Constant guard was maintained by armed Japanese personnel.

IV. SUMMARY OF NAVAL INFORMATION.

Ships Sunk or Damaged: Wasile Bay (1°10'N.,128°00'E), Halmahera, Jul 44: A vessel of the "Fox Tare Charlie" type was seen to be on fire a few yards from the end of the Foolie River jetty after the Allied air raid on 27 Jul 44. On the following morning inf could not locate the ship but was unable to say whether or not it had sunk. He was told later that a ship of unidentified type had sunk off Kg. Goeroea (1°05'N.,128°05'E).

Ship Building and Repair Facilities: Foolie River (1°15'N., 128°10'E), Wasile Bay, Halmahera, Aug 44: A repair shop for marine engines (item No. 13 on sketch) had been established near the beach about 750 metres west of the river. It was housed in a 20 x 8 metres shed with open sides and corrugated iron roof, and contained several power-driven lathes. About 35 Japanese were employed.

V. BASIC AIR INFORMATION.

Locations of Air Installations:

a. Hatetabako (1°15'N.,128°05'E), E. Halmahera, Sep 44: The two runways at the airfield were about 700 metres long (item No. 6 on sketch). Inf estimated that there were 125 single-engine planes and 200 Japanese Air Force personnel based on the field. He did not hear any planes in the air at night. About 300 Japanese Army personnel, armed with rifles, four HMGs, six light MGs and eight trench mortars, were quartered in the vicinity of the field, where inf also saw four A/A guns.

b. Lolobata River (1°15'N.,128°07'E), Wasile Bay, Halmahera, Oct 44: Thirty single-engine planes, transferred by motor boat from Hatetabako (1°15'N.,128°05'E), were concealed under trees on the river banks about ½ km. upstream from the coast. (See item No. 8 on sketch).

c. Titilogan River (1°15'N.,128°12'E), Wasile Bay, Halmahera, Oct 44: An airstrip (see item No. 30 on sketch) was in the course of construction near the south bank of the river about 5 km. from the mouth. The site was connected by telephone with the area telephone exchange (item No. 33 on sketch).

Allied Air Attacks:

a. Lolobata (1°15'N.,128°07'E), Wasile Bay, Halmahera, 27 Jul 44: This was the first air raid experienced by inf who had resided in the area since Nov 43. Shortly after 1100 hours the raid commenced and continued for about two hours. Inf counted 53 aircraft which flew sufficiently low for him to identify them as four-engine bombers. They approached from the northeast, passed over the Foolic River (1°15'N.,128°10'E) without dropping bombs and continued in the direction of Wasile Bay. They were attacked by six Japanese fighters, believed to be HAMPS, which were in turn attacked by 25 Allied fighters which apparently came from above the bombers. Two of the Japanese fighters were seen to dive into the sea and another two fell burning on the hills inland. A fifth fell into a stream to the north of the Titilogan River (1°15'N.,128°12'E). Inf was unable to say what happened to the sixth Japanese fighter.

The Allied bombers circled round to the north, came in from the west and dropped their bombs. The Japanese Naval camp west of the Lolobata River was demolished with the exception of two barracks. The bodies of 50 Japanese killed in the raid were counted by inf prior to their cremation. The camp was abandoned and the troops transferred to another site about 1½ km. upstream on the Lolobata River.

One vessel, type "Fox Taro Charlie", was set on fire near the Foolic River jetty and another of unidentified type was said to have been sunk off Kg. Goeroea (1°05'N.,128°05'E).

On a morning during the first week in Aug 44, 16 Allied bombers again raided the area but inf was too far away to observe the results.

b. Foolic River (1°15'N.,128°10'E), Wasile Bay, Halmahera, 12 Aug 44: At about 1100 hours on 12 Aug 44 approximately 30 aircraft attacked the area. Inf was able to identify a number of Mitchells and Lightnings. The planes came in from the northwest, flying very low. They machine-gunned the whole area and dropped a number of small bombs. Inf escaped from the area on the night of 12/13 Aug and was unable to give any factual information concerning the damage resulting from the raid, but he was told later that many of the barracks in the area had been wrecked, including Kempei HQ (item No. 17 on sketch) and the HQ of the Japanese General (item No. 20 on sketch).

13 Aug - 10 Oct 44: A number of raids occurred during this period but as inf was hiding in the jungle he was unable to gain any information concerning the results.

General Target Information: Foolic River (1°15'N., 128°10'E), Wasile Bay, Halmahera, Aug 44: A camouflaged dump (item No. 18 on sketch), holding approximately 4,000 cases of machine gun, rifle, A/A and revolver ammunition, was situated ½ km. from a point on the east bank of the river about 1½ km. from the mouth.

VI. INFORMATION REGARDING GUERRILLA FORCES.

Organization, Equipment and Training: Gomisang River (1°05'N., 128°20'E), E. Halmahera, Oct 44: Inf was told during Jan 44 by Japanese Army personnel that four European civilians and several Indonesians, including former R.N.I. Army personnel, were in hiding in the mountains southwest of the river. They were armed with rifles and revolvers and obtained their food from Indonesian people in the vicinity.

In Oct 44 inf was told by villagers that three European civilians had been shot by the Japanese and one captured and taken to Kaoe Village (1°10'N.,127°55'E).

VII. GEOGRAPHICAL INFORMATION.

Roads, Tracks and Trails: Hatetabako (1°15'N.,128°05'E)-Titilogan River (1°15'N.,128°12'E), Halmahera, Aug 44: Inf supplied the following particulars of sections of the main coastal road between Hatetabako and the Titilogan River:-

Hatotabako to Lolobata River (1°15'N.,128°07'E): The road had been completed and was fit for M/T under all weather conditions.

Lolobata River to Foolie River (1°15'N.,128°10'E): There were two narrow (item No 10) and one broad gully (item No. 11) intersecting this section. A bridge over the large gully was nearing completion in Aug 44 but no work had been commenced at the two smaller gullies. The remainder of the section was suitable for M/T under all weather conditions.

Foolie River to Titilogan River: The road was maintained in excellent condition. It skirted the eastern side of the main storage area (item No. 29 on sketch) and connected with Titilogan Village by means of a small branch road suitable for pedestrians and cycles.

VIII. POLITICAL AND SOCIAL INFORMATION.

Relation between Japanese and Local Population: Lolobata (1°15'N.,128°07'E), Hatotabako (1°15'N.,128°05'E), Kg. Moodjioe (1°15'N.,128°10'E), E. Halmahera, Aug 44: According to inf the villagers were in fear of the Japanese and the majority had fled to the mountains.

IX. ECONOMIC INFORMATION.

Industries and Manufacturing: Wasile Bay (1°10'N.,128°00'E), Halmahera, Aug 44: Three sawmills (items Nos 25) were located, one on the beach near Kg. Titilogan (1°15'N.,128°12'E), another approximately 500 metres southeast of Moodjioe Village and the third on the west bank 1 km. upstream from the mouth of the Titilogan River. All three mills were equipped with power-driven saws. The output was used for building purposes. Some 15 Japanese Army personnel and 35 Taiwan Labour Corps members were employed at each mill.

Utilities:

Power: Foolie River (1°15'N.,128°10'E), Wasile Bay, Halmahera, Aug 44: A power station (item No. 12 on sketch) had been established between the main coastal road and the beach approximately 750 metres west of the river. It supplied the current for lighting Japanese barracks and installations in the area but inf was unable to give further information.

Communications:

Telephone: Titilogan (1°15'N.,128°12'E), Wasile Bay, Halmahera, Aug 44: A telephone exchange (item No. 33 on sketch) had been installed on the east bank of the Titilogan River about 1 km. from the mouth. It consisted of four 15 x 6 metres wooden sheds with atap roofs. According to inf, lines connected the exchange with Kg. Goelapopo (1°05'N.,128°00'E), Kg. Dodaga (1°10'N., 128°10'E), Lolobata (1°15'N.,128°07'E) and Hatotabako (1°15'N., 128°05'E).

XII. PERSONALITIES.

Army Personnel: Japanese:

a. Luzon (Philippines), Oct 43:

Siki	Captain, seen at Luzon in Oct 43.

b. Titilogan (1°15'N.,128°12'E), Wasile Bay, Halmahera, Aug 44:

Sato	Captain (no description available).
Siraki	" " "
Osawa	Lieutenant " "

Particulars supplied by inf, concerning the reputed trustworthiness or otherwise of persons mentioned in the areas covered by this report, are held by NEFIS.

XIII. GENERAL.

Prostitution: Foolio River (1°15'N., 128°10'E), Wasile Bay, Halmahera, Jul 44: According to inf, about 150 prostitutes, including Japanese, Chinese, Malay and one Eurasian previously located in the Foolio River area, were transferred to Monado (Celebes) in Aug 44.

For Director NEFIS

J. Ch. SMIT,
Lt.Cdr.R.N.N.R.
Deputy Director

Camp Columbia, 18th May, 1945.

Enclosure:

NEFIS Sketch No. FY 5476 - Wasile Bay.

AI2/14321/G.

2급 비밀.

네덜란드령 동인도군 정보국

뉴질랜드 보험사 빌딩

334-338 퀸 스트리트, 브리즈번

No. AI2/14321/G.
첨부: 3
주제: 심문보고서

1945년 5월 18일.

네덜란드령 동인도군 정보국 심문보고서 1695호.

----

1. 첨부된 문서는 네덜란드령 동인도군 정보국 심문보고서 1695호이다.

2. 보고서에 포함된 정보는 심문을 통해 획득된 것이며 아직 다른 출처의 정보들을 통해 평가되지 않았다.

3. 이 안에 담긴 정보를 배포하는데 주의를 기울이도록 한다. 적국 점령지에 거주하는 피난민의 친지를 위험에 빠트리지 않도록 정보의 출처에 대해 언급하지 말아야 한다.

네덜란드령 동인도군 정보국 국장 대리

J. Ch. 스미트.(J. Ch. SMIT)
소령. 왕립 네덜란드 해군 예비역
부국장.

배포:
첨부된 목록 참조.

복사본 10호.

2급 비밀.

네덜란드령 동인도군 정보국,
뉴질랜드 보험사 빌딩,
334-338 퀸 스트리트,
브리즈번.

복사본 10호.

네덜란드령 동인도군 정보국 심문보고서 1695호.

I. 인적 사항.

이름	:	제이콥 롱콩 덴가(Jacob Longkong DENGAH)
나이	:	37세.
성별	:	남성.
인종	:	메나도인(Menadonese).
시민권	:	네덜란드 국민.
출생일자와 출생지	:	1908년 3월 8일; Kg.카사르(Kg. Kassar) (1°25'N., 125°00'E), 메나도(Menado), 셀레베스(Celebes).
교육	:	네덜란드 사립학교, Kg.카사르, 메나도, 셀레베스, 1914-1929.
종교	:	개신교.
신분	:	피난민; 모로타이(Morotai)섬에서 미군에게 보고됨.
직업	:	병장. 왕립 네덜란드령 동인도 육군 (기병)
건강 상태	:	좋음.
신원 확인 방법	:	왼쪽 눈 옆에 큰 사마귀.

지적수준과 신뢰도에 대한 평가.

평균 이상의 지적수준; 정보는 신뢰할 수 있다고 판단됨.

II. 시기순 기록.

날짜:		장소:
41년 12월 – 42년 1월 1일	:	인드라마조(Indramajoe)(6°20'S., 108°20'E), 자바 서부; 왕립 네덜란드령 동인도 육군 병장.
42년 1월 – 42년 2월	:	반둥(Bandoeng), 자바 서부. 왕립 네덜란드령 동인도 육군 병장.
42년 2월 - 42년 3월 8일	:	인드라마유. 왕립 네덜란드령 동인도 육군 병장.
42년 3월 8일 – 42년 9월 6일	:	반둥; 포로.
42년 9월	:	치레본(Cheribon)(6°45'S., 108°35'E), 자바 서부; 포로.
42년 9월	:	바타비아(Batavia), 자바 서부; 막노동꾼 강제 노역
42년 9월 23일	:	라바울(Rabaul), 뉴브리튼으로 가기 위해 바타비아에서 승선.
42년 10월 8일	:	라바울 도착.
42년 10월 - 43년 4월	:	라바울.
43년 4월 19일	:	루손섬(Luzon) (필리핀)으로 가기 위해 라바울에서 승선.
43년 4월 - 43년 10월	:	루손섬.
43년 10월	:	세부(필리핀)를 거쳐 할마헤라(Halmahera)로 가기 위해 루손섬에서 승선.
43년 11월 - 44년 8월	:	폴리(Foelie)강 지역(1°15'N., 128°10'E), 와실리만(Wasile Bay), 할마헤라
44년 8월 13일 – 44년 10월 10일	:	할마헤라의 도다가(Dodaga)강(1°10'N., 128°10'E)에서 정글로 도망침.
44년 10월 10일	:	모로타이섬으로 향하는 배로 탈출.
44년 10월 14일	:	모로타이섬의 사바타이(Sabatai)

(2°05'N., 128°10'E) 도착.

(중략)

XIII. 일반정보.

위안부 및 위안소(Prostitution): 폴리강(1°15'N., 128°10'E), 와실리만, 할마헤라, 44년 7월: 정보원에 의하면 폴리강 근처에 있던 일본인, 중국인, 말레이인과 한 명의 유라시아인을 포함한 150명 정도의 위안부(prostitutes)들이 44년 8월에 메나도(셀레베스)로 이송되었다.

네덜란드령 동인도군 정보국 국장 대리

J. Ch. 스미트.(J. Ch. SMIT)
소령. 왕립 네덜란드 해군 예비역
부국장.

캠프 컬럼비아, 1945년 5월 18일.

첨부:
개요도 NEFIS FY 5476호 – 와실리만.

AI2/14321/G.

29

Compilation of NEFIS Interrogation Reports Nos. 1709-1762

RG 319 Entry UD 82-A Box 2009

이 문서는 NEFIS 심문보고서 1709-1762호 합본이다. 이 보고서는 3명의 자바인 병사들과 51명의 피난민들을 심문하여 작성되었다. 1944년 3월 셀레베스 북부의 미나하사에서는 일본군이 결혼하지 않은 어린 여성들을 골라 그들과 함께 살도록 강요했다. 위안소를 설치하지 않는 방식으로 현지 여성들을 이용한 것으로 보인다.

SECRET

0164127

RGE.

NETHERLANDS FORCES INTELLIGENCE SERVICE
(NEFIS)
NEW ZEALAND INSURANCE BUILDING
334-338 QUEEN STREET, BRISBANE.

4 MAY 1945

No. AI2/13829/G.

2nd May, 1945.

SECRET

Enclosures: 2

Subject: Interrogation Reports.

COMPILATION OF NEFIS INTERROGATION REPORTS
Nos. 1709-1762 (Not Issued Separately).

1. Attached is Compilation of NEFIS Interrogation Reports Nos. 1709-1762 (Not Issued Separately).

2. The information contained in this report is derived from interrogation and has not been assessed against information from other sources.

3. Should reproduction of any information contained herein be desired, no mention should be made of the source from which it is derived, to avoid possible compromising of relatives of evacuees in enemy occupied territory.

Director NEFIS

S.H. S P O O R
Col. GS.R.N.I.A.

Distribution:

See attached list.

Copy No. 10

MIS-164127
* Mil -1
Route
Lib
Econ-1
HQAAF-1

SECRET

SECRET

0164127

RGE.

NETHERLANDS FORCES INTELLIGENCE SERVICE
(NEFIS)
NEW ZEALAND INSURANCE BUILDING
334-338 QUEEN STREET, BRISBANE.

No. AI2/13829/G.

2nd May, 1945.

Enclosures: 2

Subject: Interrogation Reports.

COMPILATION OF NEFIS INTERROGATION REPORTS
Nos. 1709-1762 (Not Issued Separately).

1. Attached is Compilation of NEFIS Interrogation Reports Nos. 1709-1762 (Not Issued Separately).

2. The information contained in this report is derived from interrogation and has not been assessed against information from other sources.

3. Should reproduction of any information contained herein be desired, no mention should be made of the source from which it is derived, to avoid possible compromising of relatives of evacuees in enemy occupied territory.

Director NEFIS

S.H. S P O O R
Col. GS.R.N.I.A.

Distribution:

See attached list.

Copy No. 16

MIS-164127
* Mil -1
Route Lib
Econ-1
HQAAF-1

SECRET

JS.

DISTRIBUTION	No of Copies	Copy No
Exc. H. van Mook, Lt. Gov. Gen.	1	1
B.S.O. through O.B.S.O.	2	2 - 3
O.B.S.O.	1	4
Economic Int. Section G.H.Q., New Delhi via B.S.O. - Colombo	1	5
COISEF via B.S.O. - Colombo	1	6
C.L.G.	2	7 - 8
M.C.A.	1	9
Fd. Directeur B.B.	1	10
SONICA APO 565	2	11 - 12
CSONICA - Kandy	1	13
Min. v. Kol., Att. Col. de Blieck	1	14
Min. of Economic Warfare, Foreign Office London, via Col. de Blieck	1	15
N.R.C.C.S.	5	16 - 20
A.C. of S., G.2., C.H.Q.	2	21 - 22
Office of the Military Secretary, G.H.Q., (Rear Echelon) APO 500	1	23
Combined Advisory Committee on Tropical Medicine, Hygiene and Sanitation, Rear Echelon, G.H.Q., S.W.P.A., APO 500	1	24
Netherlands Staff Officer, G.3., G.H.Q., APO 500	1	25
Lt. Cdr. C. den Hollander, G.4., G.H.Q., APO 500	1	26
A.C. of S., G.2., USAFFE	1	27
Assistant to the Chief of Staff, H.Q. USAFFE APO 501	1	28
Intell. Branch, R.A.A.F. Command HQ., A.A.F., S.W.P.A., Brisbane	1	29
A.C. of S., A-2, Far East Air Forces, APO 925	1	30
MIS-X Section A.A.F.	1	31
Area Int. Officer, RAAF HQ., N.W. Area, Darwin	1	32
Chief of Air Staff RAAF HQ.	1	33
A.C. of S., A.2. HQ. 13th Air Force, APO 719	2	34 - 35
D.L.O. Allied A.F., Old Courier Building	1	36
First Tactical Air Force, through N.L.O., Group 493, RAAF Pacific	1	37
N.E.I. Intell. Off. NICA III APO 926	1	38
Mil. Attache, High Commissioner for Canada	2	39 - 40
Cdr. A.A. Fresco, R.N.N., Cdr. 7th Fleet Staff F.P.O. (Box 4) San Francisco, Calif.	1	41
A.D.M.I.	1	42
D.N.I.	1	43
Seventh Fleet Int. Center Adv. HQ. Box 3 Navy - 3115	1	44
Commander Task Force 71 through NEFIS Offr. Perth	2	45 - 46
NEFIS Officer, Perth	1	47
Director A.G.S.	1	48
Co-Ordinator ATIS	1	49
FELO, Hq.	1	50
FELO (Att. Maj. Kremer) C/O NICA APO 926	1	51
FELO Melbourne	1	52
Contr. A.I.B. via NEFIS Offr. Fwd. Ech.	1	53
SRD Adv. HQ., C/O A.I.B. Rear Ech. USAFFE, APO 501	2	54 - 55
SRD Rear HQ	1	56
S.I.A.	1	57
Dir. Gen. of Security	1	58
B.I.U. ADVANEFIS	2	59 - 60
Fd. Directeur v. Justitie	1	61
Directeur v. Ec. Zaken	1	62
Fd. Directeur v. V. & W.	1	63
Hoofd D.V.G. "	1	64
Fd. Directeur v. Financien	1	65
Fd. Directeur v. Onderwys	1	66
Dep. Chief of Int. Staff, Brit. Pac. Fleet, Attn. Lt. Cdr. Traynor	1	67
Security Intelligence for Planning Staff via NISEA, Colombo	1	68
Dep. Contr. A.I.B., Heindorff House	1	69
GS (Int) Adv. LHQ.) through ADVANEFIS	1	70
GS (Int) 1 Aust. Corps) through ADVANEFIS	1	71
Engineer Intelligence Section, Office of the Chief Engineer, G.H.Q., S.W.P.A., APO 500	1	72
ADVANEFIS	2	73 - 74
NEFIS	14	75 - 88

SECRET

RGE.
NETHERLANDS FORCES INTELLIGENCE SERVICE,
NEW ZEALAND INSURANCE BUILDING,
334-338 QUEEN STREET,
BRISBANE.

Copy No. 16

COMPILATION OF NEFIS INTERROGATION REPORTS
Nos. 1709-1762 (NOT ISSUED SEPARATELY).

NOTE.

These reports refer to 51 evacuees and 3 Javanese soldiers released by Allied forces from Morotai. The three Javanese soldiers, former RNI Army, were originally interned and, six months subsequent to their release, were impressed in Heiho.

As their information for the greater part is identical with that in interrogation reports issued previously, this compilation deals only with additional information.

To facilitate reference the places covered in this report are listed hereunder by sections:-

Information is considered reliable.

III. TACTICAL DATA ON ENEMY MILITARY FORCES.

N. Celebes

Bitoeng
Kota Mobagoe
Langagon
Lombagin
Lolak
Boroko
Toentoeng
Booko
Inabonto
Talisej Island
Cape Aroes

IV. SUMMARY OF NAVAL INFORMATION.

N. Celebes

Bitoeng
Limpangi
Boengal
Inobonto
Serej

Sangihe Islands

Tahoelandang Island

Bangka Group
Gangga Island

V. BASIC AIR INFORMATION.

Sangihe Islands

Tahoelandang Island

VIII. POLITICAL AND SOCIAL INFORMATION.

N. Celebes

Minahasa
Bitoeng

Sangihe Islands

Tahoelandang Island

IX. ECONOMIC INFORMATION.

N. Celebes

Minahasa
Tanahwanko

Sangihe Islands

Tahoelandang Island

X. PROPAGANDA AND PSYCHOLOGICAL WARFARE INFORMATION.

Sangihe Islands

Tahoelandang Island

SECRET

XII. PERSONALITIES.

N. Celebes

Bitoeng

XIII. GENERAL.

N. Celebes

Minahasa

III. TACTICAL DATA ON ENEMY MILITARY FORCES.

Dispositions and Strength of Organisations and Units:

a. Bitoeng (1°27'N.,125°11'E), Lembeh Strait, N.E. Minahasa, Celebes, Apr 44: A unit of 200 Japanese Army personnel was quartered in four wood and atap huts. No defence works or guns were seen by inf in the vicinity.

b. Kota Mobagoe (0°57'N.,124°10'E), Menado, Celebes, Dec 44: About 400 Japanese personnel were located in the former police quarters and in a number of former Dutch houses.

c. Langagon (0°54'N.,124°04'E), Menado, Celebes, Feb 45: The occupying force consisted of at least 1,000 Japanese personnel, mainly Army but including a Naval unit. They were quartered in a number of native houses and in ten new barracks on the side of the main road from Langagon to Kota Mabagoe (0°57'N.,124°10'E), approximately 3 km. from the jetty at Lombagin (0°56'N.,124°03'E).

d. Lombagin (0°56'N.,124°03'E), Menado, Celebes, Feb 45: An observation post was located opposite the jetty at the intersection of the roads to Kota Mabagoe (0°57'N.,124°10'E) and Lolak (0°54'N.,124°00'E).

e. Lolak (0°54'N.,124°00'E), Menado, Celebes, Feb 45: Approximately 1,000 Japanese personnel, mainly Army but including a small Naval unit, were quartered in native houses along the side of the road between Lolak and Boroko (0°55'N.,123°28'E).

f. Boroko (0°55'N.,123°28'E), Menado, Celebes, Feb 45: Inf estimated that approximately 3,000 Japanese personnel, mainly in Army units but including a small proportion of Naval personnel, were quartered in the former RNI Army barracks, the present Radja's house, the former mission school and in various native houses. Thirtysix Japanese were located in a former Dutch godown on the beach.

g. Toentoeng (0°55'N.,123°12'E), Menado, Celebes, Feb 45: About 1,000 Japanese Army personnel were quartered in former native houses and in ten newly built 12 x 6 metres sheds located on the beach.

h. Boeko (0°56'N.,123°10'E), Menado, Celebes, Feb 45: An estimated 3,000 Japanese Army personnel were quartered in the church and in native houses along the main road.

i. Inobonto (1°10'N.,124°35'E), Menado, Celebes, Feb 45: A coastal observation post about 18 metres high was seen by inf. It was manned by Indonesian Minseibu police in Japanese uniforms and armed with machettes.

j. Talisej Island (1°50'N.,125°03'E), N. Celebes, Feb 45: The 40 Japanese previously billited in the immediate vicinity of the lighthouse had been transferred to four new wooden buildings with corrugated iron roofs, on the top of a hill at Cape Aroes (1°53'N.,125°06'E). According to inf, the new quarters were located a short distance north of the lighthouse and were visible from the air.

Supply Arrangements and Installations:

a. Inobonto (1°10'N.,124°35'E), Menado, Celebes, Dec 44: Large supplies of rice were seen by inf in a godown opposite the jetty and near the main road.

b. Boroko (0°55'N.,123°28'E), Menado, Celebes, Dec 44: According to inf a rice mill and two godowns, one containing husked and the other unhusked rice, were located at Boroko. He was told that in Mar 45 the Japanese had removed all Stocks of rice to Menado Town.

c. Langagon (0°54'N.,124°04'E), Menado, Celebes, Dec 44: Petrol dumps were located under coconut palms growing along both sides of the main road. Inf was unable to state the capacity of the dumps but saw as many as 80 drums at one time.

d. Bitoong (1°27'N.,125°11'E), Lembeh Strait, N.E. Minahasa, Celebes, Feb 45: Two supply godowns, one containing 150 drums of petrol and the other empty, were located about 40 metres apart on the side of the road from Bitoeng to Menado. The first of these sheds was about 25 metres from the jetty.

Radar and Radio Stations: Cape Aroes (1°53'N.,125°06'E), Talisej Island (1°50'N.,125°03'E), N. Celebes, Feb 45: A radio station was located on the top of a hill at Cape Aroes, a short distance north of the lighthouse. The antennae was supported by nearby trees. The station itself was installed in one of the four new wooden buildings with corrugated iron roofs, quartering 40 Japanese mentioned in this section under "Dispositions and Strength of Organisations and Units".

IV. SUMMARY OF NAVAL INFORMATION.

Ships Sunk or Damaged: Bitoeng (1°27'N.,125°11'E), Lembeh Strait, N.E. Minahasa, Celebes, Aug 44: The two funnels of a large Japanese transport, "Tare Able" class, were visible under water in Lembeh Strait, off Bitoeng.

Ship Building and Repair Facilities:

a. Bitoong (1°27'N.,125°11'E), Lembeh Strait, N.E. Minahasa, Celebes, Mar 44: According to inf, a tidal dock and one small slipway had been completed by the Japanese. During the period Nov 43 - Mar 44, while inf was present, one L.C. type "G" ("Kyosi Maru" class) was partly completed. He had seen six similar craft, with a maximum speed of 10 miles per hour, enter and leave the harbour. No prahoes were constructed but six were used for various purposes by the Japanese. About 60 Indonesian impressed labourers were employed at 35 cents per day, with food.

b. An inf stated that small prahoes with a capacity of about 1200 kg. were under construction at the following places:-

1. Limpangi (1°15'N.,124°35'E), Menado, Celebes, Mar 45: Western entrance to Amoerang Bay - one slipway.

2. Boengal, Amoerang (1°10'N.,124°35'E), Menado, Celebes, Mar 45: Half a days march west of Amoerang - one slipway.

3. Inobonto, northwest of Amoerang (1°10'N.,124°35'E), Menado, Celebes, Mar 45: One slipway.

4. Gangga Island (1°45'N.,125°02'E), Bangka Group, Menado, Celebes, Mar 45: One slipway.

The prahoes were completed in each case at the rate of one every two weeks. Labour was provided by impressed Indonesians who were paid at the rate of 35 cents per day.

NOTE.

Immediately after the cessation of hostilities in 1942 and until 1944, at the locations mentioned above, slipways were engaged on the construction of "Victor Able" motor luggers of 60,000 kg. capacity.

b. Seroj (0°43'N.,124°59'E), northern extremity Menado, Celebes, Mar 45: More than 10 "Victor Able" motor luggers with two masts, each capable of carrying 60,000 kg., were seen by inf at the slipways where construction of this type of vessel continued. He stated that about 10 similar craft had been sunk at sea by Allied air attack since production had commenced in 1942.

c. Tahoelandang Island (2°20'N.,125°25'E), Mar 45: After the original shipyard at Tahoelandang had been destroyed by Allied air attack in Feb 45, a new inland location was chosen for the purpose of evading air observation.

NOTE.

A new shipyard located inland about 500 metres, from which finished craft were hauled on rails or wooden rollers to the sea, was reported to be in operation as at Jan 45 (see Compilation of NEFIS Reports Nos. 1636 and 1668-1694).

V. BASIC AIR INFORMATION.

Allied Air Attacks: Tahoelandang Island (2°20'N.,125°25'E), Feb 45: One completed vessel and two others under construction were destroyed at the original Tahoelandang shipyard by Allied air attacks in Feb 45.

VIII. POLITICAL AND SOCIAL INFORMATION.

General Living Conditions:

a. Bitoeng (1°27'N.,125°11'E), Lembeh Strait, N.E. Minahasa, Celebes, Mar 44: There was an acute shortage of food, the principal items of diet being maize and sweet potatoes (ketella). Clothing was unprocurable and such garments as were still in use were patched and ragged. Matting and gunny sacking were used as substitutes for cloth. Children of both sexes remained completely naked up to the age of about eight years.

b. Tahoelandang Island (2°20'N.,125°25'E), Mar 45: There appeared to be no shortage of food but material for clothing was unprocurable.

Security Regulations and Censorship: Minahasa, N. Celebes, Mar 45: Curfew regulations were enforced between 1600 and 0600 hours.

Relation between Japanese and Local Population: Minahasa, N. Celebes, Mar 45: After the occupation, the majority of the population appeared to be satisfied with the Japanese administration. As time progressed, experience of Japanese methods created an almost general feeling of distrust. This, however, was not evident amongst the police or others who were employed by the administration.

Civil Government of Occupied Areas: Bitoeng (1°27'N., 125°11'E), Lembeh Strait, N.E. Minahasa, Celebes, Mar 44: As many as 50 Japanese civilians were seen by inf but he was unable to state how they were employed. He had no knowledge of the form of administration.

Taxes: Tahoelandang Island (2°20'N.,125°25'E), Mar 45: Inf stated that after the occupation the rates of taxation had been reduced by about one third. A monthly tribute of 10 cents per family was paid to the Landschaps (native state with self-government) Office, which transferred the money to the Kantoor Simpanan (Treasurer's Office). In addition, sales tax was imposed and collected by the Kantoor Simpanan on meat, fish foods in general, oil, cloth and handicrafts.

No sales of any kind could be effected except through "shops" nominated by the Japanese-appointed Radja, Tiendas.

Inf, who was manager of the Kantoor Simpanan, was unable to state the rate of sales tax but believed that it varied between 15% and 20%. In addition to sales tax and the extortionate prices charged for cloth, permission to purchase could only be obtained after one fowl, five to ten eggs, and /1.00 to /2.00, according to the financial position of the buyer, had been contributed to the Kantoor Simpanan. All the monopolies or "shops" were controlled by managers who were paid from /15.00 to /30.00 per month.

Salaries and Wages: Tahoelandang Island (2°20'N.,125°25'E), Mar 45: According to inf, the following persons were in receipt of the subjoined salaries:-

P.A. Tiondas, Radja	/100.00 per month
A. Monoppo, Djogoegoe (District Chief)	/ 75.00 do.
O. Bingkoo, Member of Government.	/ 45.00 do.
H. Atimang, do.	/ 20.00 do.
W.A. Tuwo, Chief of Police	/ 25.00 do.
A. Pontoh, Superintendent of shipyard and monopolies	/ 35.00 do.
T. Moolaki, Superintendent of prahoes	/ 30.00 do.

Civil Service, Courts, Etc:

a. Bitoeng (1°27'N.,125°11'E), Lemboh Strait, N.E. Minahasa, Celebes, Mar 44: There were 12 Indonesian Minseibu police stationed in the village. They wore former police uniforms and were armed with machettes and rifles. On the upper part of the left sleeve they wore a patch consisting of an inverted "V" over a Japanese flower, both in yellow. They maintained a brutal attitude towards the villagers.

b. Minahasa, N. Celebes, Mar 45: Minor offences were dealt with by Kempei-tai and those of a more serious nature were tried by the Boenken Kanrikan (Sub-division Administration Office).

Education:

a. Minahasa, N. Celebes, Mar 45: All schools throughout Minahasa included the Japanese language as a compulsory subject.

b. Tahoelandang Island (2°20'N.,125°25'E), Mar 45: The Japanese language was a compulsory subject in the schools, where it was taught by Luther Molohing. School attendance had depreciated by about 60% compared with the figures under NEI administration.

Religious Services: Minahasa, N. Celebes, Mar 45: Church services were restricted to one hour early on Sunday mornings. No evening services were permitted.

Health and Sanitation: Minahasa, N. Celebes, Mar 45: There was a considerable increase in the number of cases of malaria, framboesia and influenza.

Medical Treatment and Supplies:

a. Minahasa, N. Celebes, Mar 45: Hospital treatment was available for all classes but medical supplies were very short. Leaves were substituted for bandages by out-patients.

b. Tahoelandang (2°20'N.,125°25'E), Mar 45: There were practically no medical supplies at the hospital and herbs from Tahoena (3°55'N., 125°30'E), Great Sangihe Island, were used by two hospital orderlies in the treatment of certain diseases. Leaves were substituted for bandages.

IX. ECONOMIC INFORMATION.

Agricultural Commodities:

Production: Tahoelandang Island (2°20'N.,125°25'E), Mar 45: The principal agricultural commodities were in the following order of importance: various types of tubers and potatoes, beans, coconuts, bananas, paw paws and some nutmegs and chillies.

Fibres: Minahasa, N. Celebes, Mar 45:

Cotton: The cultivation of cotton had increased progressively until 1944, when considerable areas of crop had been destroyed by Allied bombing.

Kapok: The collection of kapok had ceased.

Ramie: Extensive areas of ramie fibre had been planted by impressed labourers to provide material for the manufacture of rice bags.

Foods: Minahasa, N. Celebes, Mar 45:

Rice: All available areas other than those used for military purposes had been planted with rice. Three quarters of the crop was commandeered by the Japanese at 40 cents per kerosene tin full (approximately 11 kilograms).

Nutmeg : The Japanese considered the cultivation of nutmeg to be of little importance.

Tapioca and Maize: There had been considerable increase in the areas under tapioca and maize, mainly for home consumption, but a proportion of the crop was also exported to Japan.

Coffee: Small quantities of coffee were produced for domestic use.

General Products: Minahasa, N. Celebes, Mar 45:

Copra: No copra was produced for export.

Rubber: Rubber areas remained untapped but no trees had been destroyed.

Industries and Manufacturing: Tanahwanko (1°25'N., 124°40'E), Minahasa, N. Celebes, Mar 45: A factory producing rice bags was located at Tanahwanko, in the Amoerang district.

Finance:

Currency: Tahoelandang Island (2°20'N.,125°25'E), Mar 45: Dutch currency remained in circulation but according to Japanese regulations all silver, nickel and copper coins were called in. The people recognised that Japanese invasion money was worthless and offered it in exchange for Dutch notes at the Kantoor Simpanan (Treasurer's Office). If Dutch notes were in stock the exchange was effected).

Japanese Control of Banking and Credit Investments: Tahoelandang Island (2°20'N.,125°25'E), Mar 45: Tradesmen and coolies, natives of Tahoelandang, working at Kendari (3°55'S.,122°35'E), S. Celebes, and at Laboean Oeki (0°52'N.,123°56'E), were compelled to deposit a proportion of their wages each month at a savings bank established in Tahoelandang by the Kantoor Simpanan (Treasurer's Office). Withdrawals could be made by the depositor's family on payment of a fee of 15 cents. No interest was given.

Food: Minahasa, N. Celebes, Mar 45: Inf. supplied the following food prices paid by him, for comparison with those obtaining prior to the occupation.

	Pre-war.	Mar 1945.
Fish:		
Tjakalang, large	/ 0.50	/40.00
Malaloogis, each	7½ cents	/ 2.00
Shark and ray, a piece	/ 0.75	/40.00
Fowls, each	/ 0.75	/25.00
Eggs, each	3 cents	/ 1.50
Bananas, each	1 cent	15 cents

Labour: Tahoelandang Island ($2^{\circ}20$'N.,$125^{\circ}25$'E.), Mar 45: At least 300 craftsmen and coolies were sent to Laboean Oeki ($0^{\circ}52$'N., $123^{\circ}56$'E.) for employment in the shipyard, and about 200 to Kendari ($3^{\circ}55$'S.,$122^{\circ}35$'E.), S.Celebes, for unspecified employment. Craftsmen were paid between 65 and 90 cents per day, according to ability. Coolies received from 40 to 50 cents a day. In both cases a reduction of 15 cents was made for food.

Pay for sailors on ships carrying passengers between Great Sangihe Island and the mainland was estimated according to the number of days taken for the journey, including delays caused by storms or adverse circumstances.

Clothing: Tahoelandang Island ($2^{\circ}20$'N.,$125^{\circ}25$'E.), Mar 45: On the instruction of the Japanese-appointed Radja, Tiendas, a limited amount of cloth was auctioned to the highest bidders. As much as 10.00 per yard was paid for white cloth.

X. PROPAGANDA AND PSYCHOLOGICAL WARFARE INFORMATION.

Allied.

Non-Radio Propaganda:

Leaflets and Pamphlets: Tahoelandang Island ($2^{\circ}20$'N.,125° 25'E.), Mar 45: Leaflets dropped by Allied planes tended to improve the morale of the local population. Those found in possession of leaflets were beaten by the police.

Enemy.

Non-Radio Propaganda:

Speeches: Tahoelandang Island ($2^{\circ}20$'N.,$125^{\circ}25$'E.), Mar 45: An inf stated that the principal propagandists of the Island were:-

P.A.Tiendas	Japanese-appointed Radja of Tahoelandang.
A.Monoppo	Djogoegoe (District Chief).
A.Pontoh	Superintendent of shipyard and monopolies.
T.Moelaki	Superintendent of prahoes.
A.D.Manangka	Superintendent of agriculture.

These men repeatedly made speeches reviling former NEI administration and praising the Japanese rule. Attendance was compulsory.

XII. PERSONALITIES.

Civilian: Bitoeng ($1^{\circ}27$'N.,$125^{\circ}11$'E.), Lembeh Strait, N.E.Minahasa, Celebes, Mar 44:

Estomosiro	Japanese, machinist at the shipyard; treated coolies brutally.

XIII. GENERAL.

Prostitution: Minahasa, N.Celebes, Mar 44: The Japanese selected young unmarried girls whom they compelled to live with them.

NOTE.

Information, supplied by infs, concerning the reputed trustworthiness or otherwise of individuals in the areas covered by this compilation, is held by NEFIS.

Director NEFIS

S.H. SPOOR
Col. GS.R.N.I.A.

AI2/13829/G. SECRET Camp Columbia, 2nd May, 1945.

2급 비밀.

네덜란드령 동인도군 정보국

뉴질랜드 보험사 빌딩

334-338 퀸 스트리트, 브리즈번

No. AI2/13829/G. 1945년 5월 2일.

첨부: 2
주제: 심문보고서

네덜란드령 동인도군 정보국 심문보고서

1709-1762호 합본 (개별호 미발행).

---

1. 첨부된 문서는 네덜란드령 동인도군 정보국 심문보고서 1709-1762호 합본이다. (개별호 미발행)

2. 보고서에 포함된 정보는 심문을 통해 획득된 것이며 아직 다른 출처의 정보들을 통해 확인되지 않았다.

3. 이 안에 담긴 정보를 배포하는데 주의를 기울이도록 한다. 적국 점령지에 거주하는 피난민의 친지를 위험에 빠트리지 않도록 정보의 출처에 대한 언급을 하지 말아야 한다.

네덜란드령 동인도군 정보국 국장.

대령 S. H. 스푸어 (S. H. Spóor)

네덜란드령 동인도육군 일반참모.

배포:

첨부된 목록 참조.

복사본 16호.

(중략)

2급 비밀.

네덜란드령 동인도군 정보국,
뉴질랜드 보험사 빌딩,
334-338 퀸 스트리트,
브리즈번.

복사본 41호.

네덜란드령 동인도군 정보국 심문보고서
1709-1762호 합본 (개별호 미발행).

주:

이 보고서는 모로타이(Morotai)에서 풀려난 자바인(Javanese) 군인 3명과 피난민 51명을 연합군이 심문한 내용을 담고 있다. 전직 네덜란드령 동인도육군 소속 자바인 군인 세 명은 억류되어 있다가 풀려난 지 6개월 후에 헤이호부대로 강제 징병되었다.

이들이 제공한 정보는 이전에 발행되었던 심문 보고서의 내용과 상당부분 중복되므로, 이 합본은 추가적인 정보에 대해서만 다룬다.

참조의 용이성을 위해 아래에 세션별로 이 보고서에서 다루는 장소들을 열거하였다.

이 정보는 신뢰할 수 있다.

(중략)

XIII. 일반정보.

위안부 및 위안소(Prostitution): 미나하사(Minahasa), 셀레베스 북부, 44년 3월: 일본군은 미혼의 어린 여성을 골라 그들과 함께 살도록 강요했다.

주:

정보원이 제공한 정보, 이 합본에서 다루고 있는 지역 내 신뢰도나 기타 개인정보는 네덜란드령 동인도군 정보국이 보유하고 있음.

<u>네덜란드령 동인도군 정보국 국장.</u>

대령 S. H. 스푸어 (S. H. Spoor)

네덜란드령 동인도육군 일반참모.

캠프 컬럼비아, 1945년 5월 2일.

No. AI2/13829/G.

30

NEFIS Interrogation Report No. 1763(part I)

RG 319 Entry UD 82-A Box 2010

이 문서는 1945년 6월 8일자 1763호 심문보고서 I부이다. 이 보고서는 일본군으로부터 탈출한 25세 현지인 남성에 대한 심문을 바탕으로 작성되었다. 이 남성은 1941년부터 왕립 네덜란드 육군의 병사로 복무하다가 1942년 3월에 자바섬 반둥에서 일본군의 포로가 되었다. 1944년 3월에는 일본군의 헤이호 부대에 강제편입되어 주로 자바섬에서 운전병으로 근무했고, 45년 1월 이후에는 발리섬 덴파사르(Den Pasar)에서 트럭운전사로 근무하게 된다. 보고서에 따르면 1945년 1월, 발리섬 덴파사르에 이전에는 호텔로 쓰이던 2개 건물과 집들이 위안소(brothel)로 활용되었고, 주위에 철조망이 설치되었다고 한다. 이 보고서의 II부는 31번 문서이다. 보고서 본문에는 덴파사르의 지도가 첨부되어 있다고 기록되어 있지만, 연구팀이 미국 국립문서기록관리청에서 발굴한 문서에는 그 지도가 첨부되어 있지 않았다.

RGE.

SECRET

NETHERLANDS FORCES INTELLIGENCE SERVICE
(NEFIS)
NEW ZEALAND INSURANCE BUILDING,
334-338 QUEEN STREET, BRISBANE.

No: AI2/15090/G. 8th June, 1945.

Enclosures: 8

Subject: Interrogation Report.

NEFIS INTERROGATION REPORT No. 1763.(PART I).

94 / 8
3C

1. Attached is NEFIS Interrogation Report No. 1763(PART I).

2. The information contained in this report is derived from interrogation and has not been assessed against information from other sources.

3. Should reproduction of any information contained herein be desired, no mention should be made of the source from which it is derived, to avoid possible compromising of relatives of evacuees in enemy occupied territory.

Director NEFIS

S.H. SPOOR
Col.GS.R.N.I.A.

Distribution:

See attached list.

Copy No: 17

MIS-176268
*Mal-1
Route
Jap Spc
Lib
HQAAF-1
Econ-1

Incl:
Same

SECRET

RGE.

DISTRIBUTION	No. of Copies	Copy No.
Exc. H. van Mook, Lt. Gov. Gen.	1	1
B.S.O. through O.B.S.O.	2	2-3
O.B.S.O.	1	4
Economic Int.Section GHQ, New Delhi via B.S.O. - Colombo	1	5
COISEF via B.S.O. - Colombo	1	6
C.L.G.	2	7-8
M.C.A.	1	9
Fd. Directeur B.B.	1	10
SONICA I APO 565	2	11-12
SONICA II APO 565	1	13
CSONICA - Kandy	1	14
Min. v. Kol., Att. Col. de Blieck	1	15
Min. of Economic Warfare, Foreign Office London, via Col. de Blieck	1	16
N.R.C.C.S.	5	17-21
A.C. of S., G.2., GHQ	2	22-23
Office of the Military Secretary, GHQ, (Rear Echelon) APO 500	1	24
Combined Advisory Committee on Tropical Medicine, Hygiene and Sanitation, Rear Echelon, GHQ, SWPA, APO 500	1	25
Netherlands Staff Officer, G.3.,GHQ, APO 500	1	26
Lt.Cdr.C.den Hollander, G.4., GHQ, APO 500	1	27
A.C. of S., G.2., USAFFE	1	28
Assistant to the Chief of Staff,HQ, USAFFE,APO 501	1	29
Intell.Branch,RAAF Command HQ,AAF, SWPA, Brisbane	5	30-34
A.C. of S., A-2, Far East Air Force, APO 925	4	35-38
GHQ, MIS-X Section, APO 500	1	39
Southern Division, MIS-X Section, GHQ, APO 923	1	40
Area Int. Officer, RAAF HQ, N.W. Area, Darwin	1	41
Chief of Air Staff RAAF HQ.	1	42
A.C. of S., A.2. HQ, 13th Air Force, APO 719	2	43-44
D.L.O. Allied A. F., Old Courier Building	1	45
First Tactical Air Force, through N.L.O., Group 493, RAAF Pacific	1	46
NEA Intell. Off. NICA III APO 926	1	47
Mil. Attache, High Commissioner for Canada	2	48-49
Cdr.A.A.Fresco,R.N.N., Cdr. 7th Fleet Staff F.P.O. (Box 4) San Francisco, Calif.	1	50
A.D.M.I.	1	51
D.N.I.	1	52
Seventh Fleet Int.Center Adv.HQ, Box 3 Navy-3115	1	53
Commander Task Force 71 through NEFIS Offr. Perth	2	54-55
NEFIS Officer, Perth	1	56
Director A.G.S.	1	57
Co-Ordinator ATIS	1	58
FELO (Att. Maj. Kremer) C/O NICA TARAKAN	1	59
FELO Melbourne	1	60
Contr. A.I.B. via NEFIS Offr. Fwd. Ech.	1	61
SRD **Adv.HQ**, C/O **A**.I.B. Rear Ech. USAFFE, APO 501	2	62-63
SRD Rear HQ.	1	64
S.I.A.	1	65
Dir. Gen. of Security	1	66
B.I.U. ADVANEFIS	2	67-68
Directeur v. Justitie	1	69
Directeur v. Ec. Zaken	1	70
Fd. Directeur v. V. & W.	1	71
Hoofd D.V.G.	1	72
Fd. Directeur v. Financiën	1	73
Fd. Directeur v. Onderwys	1	74
Dep.Chief of Int.Staff, Brit.Pac.Fleet, Attn. Lt. Cdr. Traynor	1	75
Security Intelligence for Planning Staff via NISEA, Colombo	1	76
Dep. Cont.A.I.B., Heindorff House	1	77
GS (Int) Adv. LHQ.)through ADVANEFIS	1	78
GS (Int) 1 Aust. Corps)	1	79
Engineer Intelligence Section, Office of the Chief Engineer, GHQ, SWPA, APO 500	1	80
ADVANEFIS	2	81-82
NEFIS	14	83-96

SECRET

RGE.
NETHERLANDS FORCES INTELLIGENCE SERVICE,
NEW ZEALAND INSURANCE BUILDING,
334-338 QUEEN STREET,
BRISBANE.

Copy No. 1

NEFIS INTERROGATION REPORT No. 1763 (PART I).

I. PERSONAL DATA.

Name	:	Alias IKIN.
Age	:	25 years.
Sex	:	Male.
Race	:	Soendanese.
Citizenship	:	Netherlands subject.
Birthdate and Place	:	1920; Oedjoeng Broeng (6°55'S., 107°40'E), Bandoeng (West Java).
Education	:	Malay School, 1929-1931.
Religion	:	Islam.
Status	:	Escapee; picked up by Allied submarine.
Occupation	:	Pte., R.N.I. Army.
State of Health	:	Good.
Means of Identification	:	None.

ESTIMATE OF INTELLIGENCE AND RELIABILITY.

Average intelligence; information is considered reliable.

II. CHRONOLOGY.

Date:		Place:
1931 - 1940	:	Oedjoeng Broeng (6°55'S.,107°40'E), Bandoeng (West Java); dogcart driver.
1940 - 1941	:	Bandoeng (West Java); labourer.
1941	:	Enlisted in R.N.I. Army.
1941 - Mar 42	:	Bandoeng (West Java); Pte., R.N.I. Army.
Mar 42 - May 42	:	Djatinanggor Estate, 30 km. due east of Bandoeng (West Java); PW.
May 42 - May 43	:	Tjipandjaloe (6°55'S.,107°39'E), West Java; released PW; farmer.
May 43 - Oct 43	:	Tjipandjaloe (West Java); dogcart driver.
Oct 43 - Jan 44	:	Tjipandjaloe (West Java); farmer.
Jan 44	:	Bandoeng (West Java); employed in railway workshops and tyre factory.
Jan 44 - Mar 44	:	Bandoeng (West Java); imprisoned by Kempei.
Mar 44 - Jun 44	:	Bandoeng (West Java); impressed for Heiho service.
Jun 44	:	Batavia (West Java); truck driver, Heiho; made following journeys:-
Jul 44	:	Batavia to Bandoeng (West Java).
Jul 44	:	Batavia, Krawang, Cheribon, Bandoeng, Batavia.
Aug 44	:	By truck from Batavia to Soerabaja (East Java) and returned by train.
Sep 44	:	By train from Batavia to Soerabaja and return.
Oct 44	:	Driver in convoy of 30 trucks from Batavia to Soerabaja.
Oct 44 - 5 Jan 45	:	Soerabaja (East Java); truck driver, Heiho.
5 Jan 45 - 7 Jan 45	:	Banjoewangi (8°15'S.,114°25'E), East Java; Heiho.
7 Jan 45 - 14 Jan 45	:	Den Pasar (8°39'S.,115°13'E), Bali Island; truck driver, Heiho.
15 Jan 45	:	Sole survivor of vessel en route to Lombok Island sunk by Allied submarine

SECRET

III. TACTICAL DATA ON ENEMY MILITARY FORCES.

Dispositions and Strength of Organisations and Units: Waterloo Plein and surroundings,

a. Batavia (West Java), Oct 44: The buildings (see attached sketch NEFIS No. FY 5485, item No. 7) adjacent to the Roman Catholic Cathedral (item No. 4 on sketch) on the eastern side, were a Heiho administrative office and living quarters. Immediately behind this office, on the northern side of the Cathedral, the former Roman Catholic Ursuline Convent (item No. 5 on sketch), with its main entrance in the direction of Postweg, had been converted into quarters for 150 Japanese Army and 200 Heiho drivers. These were commanded by Captain Ito who was quartered in the former Dutch General's house (item No. 1a on sketch).

b. Tandjoeng Priok, Batavia (West Java), Oct 44: About mid-way along the quay east of the first inner harbour, two corrugated iron sheds (item No. 19 on attached sketch NEFIS No. FY 5478) housed approximately 800 Japanese Naval and Army personnel.
In the area west of the harbour between the Antjol Canal and the sea, inf saw seven machine gun positions (item No. 1 on sketch). These were each occupied during air raid alarms by one soldier armed with a 6.5 LMG, type 96 (see "Japanese Equipment" (Australian Military Forces) May 44).
In the same area a short distance to the northeast, quarters (item No. 2 on sketch) for Japanese guards were located. Further to the north, former godowns (item No. 3 on sketch) had been converted into living quarters for Army personnel and Heiho. A barracks occupied by Japanese guards (item No. 5 on sketch) was situated almost due west of the station.
Other living quarters were located south of the second inner harbour (item No. 6 on sketch) and on the western side of the third inner harbour (item No. 20 on sketch). A barracks for Japanese transits (item No. 9 on sketch) was situated south of the third inner harbour, and due east of this (item No. 15 on sketch) a police barracks was located. Coolies were quartered in two barracks (items Nos. 12 and 13 on sketch) east of the station.
During an air raid alarm, two 75 mm. coastal guns (item No. 18 on sketch) were seen by inf on the foreshore to the east of the third inner harbour. After the all clear the guns were removed to another area (item No. 17 on sketch).

NEFIS NOTE: Reference to "Japanese Equipment" (Australian Military Forces) May 44, or other recognition manuals in this report indicates that inf has identified, to the best of his recollection, the items in question from illustrations contained in such manuals.

c. Koningsplein, Batavia (West Java), Jan 45: An unspecified number of Japanese Army drivers was quartered in long barracks (item No. 1 on attached sketch NEFIS No. FY 5477) constructed of corrugated iron walls and roof on a stone base on Koningsplein west. The HQ of the Indonesian city police was located in a building (item No. 2 on sketch) a short distance to the southeast.
Inf saw three gun positions suitable for 47 mm. Tk/A guns, type 01 (see "Japanese Equipment" (Australian Military Forces) May 44) (item No. 7 on sketch).
On the southwest and southeast corners there were two gun positions (items No. 8 on sketch) suitable for 105 mm. light field howitzers, type 91 (see "Japanese Equipment" (Australian Military Forces) May 44). All of these positions were protected by sandbags one metre high, and were only manned during air raid alerts. Inf saw the guns brought into position on one occasion when he was on guard duty but he was unable to state where they were normally stored. He noted that each gun was manned by a crew of three.

Five LMG positions behind semi-circular sandbag walls (item No. 4 on sketch) were situated near a group of buildings on the northwest of the Koningsplein. A sixth was situated near the southern border, and a seventh on the northeastern side of the racecourse (item No. 4 on sketch).

Three other LMG positions were situated in pits one metre deep and two metres in diameter, near the racecourse (item No. 9 on sketch). Inf saw these positions manned during an alert by one soldier armed with a 6.5 LMG, type 96 (see "Japanese Equipment" (Australian Military Forces) May 44).

Three other gun positions (item No. 6 on sketch) were manned during air raid alerts by one Japanese soldier armed with a "Solothurn" sub-machine gun. Scattered over the area were groups of one-man trenches (item No. 5 on sketch), occupied during alerts by soldiers armed with 7.7 mm., type 99, rifles (see "Japanese Equipment" (Australian Military Forces) May 44).

d. Den Pasar (8°39'S.,115°13'E), Bali, Jan 45: Two houses north of the public square were in use as a Japanese Naval office (item No. 9 on attached sketch NEFIS No. FY 5475). Immediately north of the same building, two newly-built wood and bamboo barracks (items Nos. 5 and 6 on sketch) roofed with corrugated iron and atap, housed an unspecified number of Japanese Naval personnel and some 30 Indonesian Heiho drivers. This latter barracks (item No. 6) could only be entered through the Navy guard house (item No. 10 on sketch) and via the M/T park (item No. 7 on sketch).

The former post office (item No. 8 on sketch) had been converted into a Naval office, and the former Domestic Science School (item No. 28 on sketch) was in use as a school for adult male Indonesians. The teachers were Japanese civilians but inf was unable to say what subjects were taught.

Japanese Naval and Army personnel occupied buildings west and south of the public square as office and living quarters (items Nos. 20/23 and 30/31 on sketch). The former hotel "Satrya" (item No. 1 on sketch) and the former Hotel Baroe (item No. 15 on sketch) housed Japanese Naval and Army officers.

e. Padang Harbour (8°32'S.,115°30'E), Bali, Jan 45: On the western side at the terminus of the road running southwards to the jetty, three wooden buildings with tiled roofs (items No. 4 on sketch) were occupied by Japanese Naval officers and four Sergeants. At the rear of these buildings, a shed (item No. 8 on sketch) built of plaited bamboo with an atap roof was used as a cookhouse and sleeping quarters for eight Naval personnel. Another shed of similar construction (item No. 7 on sketch) housed an additional 10 Naval personnel. A further shed of the same type (item No. 5 on sketch), adjacent to the sleeping quarters, was used as a sand dump.

An observation post (item No. 3 on sketch) manned by three Japanese Naval personnel was located outside the building shown as item No. 4 on sketch. To the east of the road leading to the jetty there were two houses (item No. 1 on sketch) in which coolie labourers were quartered. The end of the road leading towards the jetty was closed by a gate (item No. 9 on sketch).

Inf did not see any evidence of a roofed structure in the bay 300 feet from the shore as shown on aerial photos of 23 Mar., mentioned in Objective Intelligence Report, Intelligence Memorandum 45-21. Items Nos. 2,3,6,9 and 10 shown on sketch do not appear in the photos.

Names of Unit Commanders: Batavia (West Java), Oct 44: Captain Ito, commander of 150 Army and 300 Heiho personnel, mainly M/T drivers.

Insignia: Batavia (West Java), Jun 44: According to inf, stars on rank badges were no longer spaced at even intervals across the full length of the badge but were placed close together at one end, leaving a space at the other (see attached sketch NEFIS No. FY 5483). 4

SECRET

Native Troops: Soekarela: Batavia (West Java), Jan 45: An unspecified number of Soekarela was quartered in a long wooden barracks (item No. 3 on attached sketch NEFIS No. FY 5477), with stone foundation and corrugated iron roof, situated on Koningsplein west, near Museumlaan. They wore former R.N.I. Army uniforms and carried Dutch infantry rifles.

Auxiliary Troops: Heiho:

a. Batavia (West Java), Jan 45: Approximately 300 Heiho were quartered in the former Roman Catholic Ursuline Convent (item No. 5 on attached sketch NEFIS No. FY 5485.). They were under the command of Captain Ito and were not permitted to leave their quarters except on duty.

b. Den Pasar (8°39'S.,115°13'E), Bali, Jan 45: About 30 Heiho drivers were quartered in a newly-built bamboo and atap barracks (item No. 6 on sketch), north of the former Assistant Resident's house.

Indications of Enemy Intentions and Movements: Padang Village (8°32'S.,115°30'E), Bali, Jan 45: Some 40 Japanese were transferred to Lombok Island (8°30'S.,116°20'E). Inf was unaware of the reason for the movement.

Supply Arrangements and Installations:

a. Batavia (West Java), Soerabaja (East Java), Aug 44: Inf drove one of 30 trucks, each containing five drums of petrol and three tyres with inner tubes, from Batavia to Soerabaja. The convoy was accompanied by five staff cars carrying a total of 20 Japanese guards. After delivering its cargo in Soerabaja, the empty convoy and its entire crew went back to Batavia.
In Sep 44 inf left Batavia for Soerabaja on a train consisting of 35 goods vans. Five hundred drums of petrol and 2,000 tyres were carried. Fifty Japanese guards and 20 Heiho accompanied the consignment. The train was loaded at Pasar Senen station and proceeded via Cheribon, Tegal, Pekalongan, Semarang, Tjepoe, Bodjonegoro, Babat to Soerabaja. On arrival at the former N.I.S. station the petrol and tyres were transferred by truck to the cigarette factory mentioned above. The 50 Japanese guards and 20 Heiho returned to Batavia by train.
When inf was transferred to Soerabaja from Batavia in Oct 44 he travelled by a train made up of 33 goods vans, each carrying one motor truck and its spare tyres. Forty Japanese and 30 Heiho drivers accompanied the train.

b. Tandjoeng Priok, Batavia (West Java), Oct 44: The northern end of the west side of the third inner harbour was used as a storage area for petrol in drums (item No. 7 on sketch). Large stores built of plaited bamboo walls and atap roofing on this location had been previously destroyed by Allied bombing. Two large petrol tanks (item No. 8 on sketch) were seen by inf west of the second inner harbour. East of the station, material for six petrol tanks was stored (item No. 14 on sketch). Northwest of the station, four godowns (item No. 4 on sketch) were used for petrol storage.

F.O

Enemy Material and Equipment:

a. Waterloo Plein and surroundings, Batavia (West Java), Oct 44: This entire area was surrounded by a bamboo fence, and had been converted into an M/T park, with repair facilities (see attached sketch NEFIS No. FY 5485). There were five entrances (item No. 41 on sketch). The guard consisted of five Japanese and 10 Heiho personnel, and the guard house was located near the northern entrance (item No. 24 on sketch). The night patrol consisted of one Japanese and two Heiho personnel within the area, with hourly tours of inspection by the Commander of the Guard along the outside of the fence.

A constant guard by one armed Japanese was maintained at all entrances, day and night. At the northeast corner an observation tower (item No. 42 on sketch) five metres high had been erected on a stone base. It consisted of a framework without walls, covered by a tiled roof, and was occupied during air raids by one Japanese. There was a considerable number of air raid trenches over the whole area, and a shelter at each corner outside the fence (item No. 40 on sketch). Sheds, housing trucks and staff cars (items No. 16 on sketch) had been erected on all four sides. A large number of sheds of various sizes holding petrol (item No. 17 on sketch) and solar oil, coconut oil, diesel oil, etc. (items Nos. 18 and 19 on sketch) was seen by inf. Also observed were a pig-sty (in southeast corner), an underground munitions dump for small calibre weapons and hand grenades (item No. 43 on sketch), a petrol pump and an A/A gun position (item No. 20 on sketch). Each shed was surrounded by a wooden fence about the same height as the sheds. On the outside, the fences were reinforced by banks of sand.

b. Den Pasar (8°39'S.,115°13'E), Bali, Jan 45: An M/T repair shop (item No. 3 on sketch) was located north of the Hotel Baroe. At least 20 trucks were in the course of repair by a small number of Army personnel and Balinese labourers.

A dump for discarded motor vehicle parts (item No. 24 on sketch) was located in the space at the northwest corner of the public square, previously a tennis court. Buses were parked in an area (item No. 19 on sketch) west of the dump. Four M/T sheltered trenches (item No. 25 on sketch) were situated on the northeast side of the same square. Each trench was approximately 5 metres long, 2½ metres wide and 3 metres deep and was approached by a sloping ramp. They were large enough to accommodate one truck at a time and were camouflaged with palm leaves and grass. A timber yard was seen by inf east of the former Domestic Science School. F-O

c. Padang Harbour (8°32'S.,115°30'E), Bali, Jan 45: According to inf, all Japanese Naval personnel stationed in the harbour area were equipped with "Smith and Wesson" 9 mm. revolvers, type 26.

All Heiho personnel were issued with former R.N.I. Army gasmasks. Japanese drivers were equipped with No. 2 respirators, type 93 (see "Japanese Equipment" (Australian Military Forces) May 44).

Location of PW Camps:

a. Batavia (West Java), Aug 44: Inf saw Australian, Dutch, British, Menadonese, Ambonese and Eurasian PsW at the former 10th Bn barracks (item No. 25 on attached sketch NEFIS No. FY 5485) south of the Waterloo Plein.

b. Tandjoeng Priok, Batavia (West Java), Oct 44: A PW camp, surrounded by a barbed wire and bamboo fence (item No. 16 on attached sketch NEFIS No. FY 5478), was situated east of the harbour. The prisoners, Australian and Dutch military personnel, were employed as wharf labourers.

IV. SUMMARY OF NAVAL INFORMATION.

Ship Movements and Ships in Port: Padang Harbour (8°32'S., 115°30'E), Bali, 14 Jan 45: Inf saw three motor-driven wooden barges, approximately 30 feet long by 19 feet beam, moored at the jetty. In each case a super-structure roofed with plaited bamboo had been erected at the bow for use as a bridge, and a similar deckhouse covered the motor at the stern. Each of the motor barges carried one Dutch HMG, type unidentified, a crew of six and towed four cargo barges, making a total of 12 cargo barges.

According to inf, similar cargoes were carried by each of the three motor barges and consisted of 35 bags of rice (100 kg.), eight drums of petrol, five kerosene tins of coconut oil,

SECRET

five cases of lemonade, five cases of beer, two cases of Kowa cigarettes and a quantity of dried fish. He was unable to say whether the cargo had been taken aboard at this point or was about to be discharged.

A motor truck was carried on each of the 12 cargo barges, in addition to a proportion of 40 Japanese Army personnel and 30 Heiho. The entire flotilla was under the command of 1st Lieut. Nakano. The Japanese carried three 6.5 mm. LMGs, type 96, and a 6.5 mm. "Meiji" 38 infantry rifle (see "Japanese Equipment" (Australian Military Forces) May 44). Heiho personnel were equipped with former Dutch carbines.

Ships Sunk or Damaged: Tandjoeng Priok, Batavia (West Java), Sep 44: Inf saw the remains of three "Taro Able" division ships, between 9,000 and 12,000 tons, and one Japanese transport, "Soya Maru" class, approximately 3,500 tons (see "Japanese Merchant Ships", O.N.I. 208), which had been sunk in the harbour. Four 75-ton wooden vessels and a number of wooden prahoes had been damaged.

Navigational Aids: Harbour Conditions: Padang Harbour (8°32'S.,115°30'E), Bali, Jan 45: The stone quay was approximately 70 metres long and 8 metres wide. Near the northern end there was a wooden jetty 7 metres long and 4 metres wide. North of the quay a new jetty was in the course of construction. Inf was unable to state the exact location, or the approximate size of ships that could enter the harbour.

V. BASIC AIR INFORMATION.

Locations of Air Installations: Serang (6°05'S.,106°10'E), West Java, Oct 44: Inf was told that an airfield at Serang was ready for use in Oct 44.

Airfield Activity:

a. Kemajoran, Batavia (West Java), Sep 44: Extensions to the northwest side of the airfield were in progress. Inf saw three large hangers in which fighter planes were repaired. There were nine fighter planes, type 1 F "Oscar" Mk.2, and three former Dutch Douglas transports near the hangers. A bomber, type 97, 2 E.B. "Sally" Mk.3, also arrived. At least 19 dummy planes (of which ten resembled fighters and nine, bombers) all built of bamboo, were distributed around the field.

The airfield was surrounded by a barbed wire fence outside a plaited bamboo fence approximately 4 metres high. The entire area was patrolled by four Japanese Army personnel and a guard was stationed at the entrance.

b. Tjililitan, Batavia (West Java), Sep 44: Extensions had been completed on all sides of the airfield. Approximately nine barracks, with stone foundations, bamboo walls and tiled roofing, were occupied by Japanese Army personnel totalling about 180. The barracks area was surrounded by a barbed wire fence 2 metres high. Five Japanese fighters, three type O.F. "Zeke" Mk.2 and two type 1 F "Oscar" Mk.2, were seen by inf, in addition to one Douglas type transport plane.

c. Madioen (East Java), Oct 44: A large number of Indonesians and Japanese was seen at work on the airfield. Inf was unable to observe the nature of the work or the corps to which the Japanese belonged. He recognised nine observation planes, type 96 (see "Japanese Ground and Air Forces", Military Intelligence Service Information Bulletin, No. 14).

Allied Air Attacks: Tandjoeng Priok, Batavia (West Java), Oct 44: During a visit to Tandjoeng Priok, inf noted that the quay west of the second inner harbour had been burned down. He was told that petrol dumps (item No. 7 on sketch), previously located on the quay, had been destroyed.

The remains of three "Tare Able" division ships, between 9,000 and 12,000 tons, and one Japanese transport, "Soya Maru" class (see "Japanese Merchant Ships", O.N.I. 208), approximately 3,500 tons, were visible in the harbour.

About 130 Japanese Army and Naval personnel were said to have been killed and approximately 20 wounded during the air raid, and it was also estimated that 50 Indonesians had been killed and 50 wounded on the same occasion. Inf was told that the demolition of the quay and the resultant casualties were caused by delayed action bombs which had been dropped by Allied aircraft a short time previously.

VII. GEOGRAPHICAL INFORMATION.

Offshore Conditions: Padang Harbour (8°32'S.,115°30'E), Bali, Jan 45: According to inf the harbour was free from coral, the beach was solid and there were no swamps in the vicinity.

VIII. POLITICAL AND SOCIAL INFORMATION.

General Living Conditions: Batavia (West Java), Oct 44: According to inf, living conditions were poor and there was a serious shortage of clothing and food. All foodstuffs in excess of 1 kg. held by individuals was confiscated by the Japanese, with the exception of sweet potatoes and cassava which were both plentiful.

There was no shortage of work but many remained unemployed rather than take service under the Japanese. There was considerable evidence of malnutrition among the population and many of them died in the streets.

Relation between Japanese and Local Population: Batavia (West Java), Jan 45: The local population was said to be strongly anti-Japanese and there had been several cases of active resistance which had commenced after leaflets had been dropped over Batavia in Dec 44.

Civil Government of Occupied Areas: Batavia (West Java), Oct 44: A registry of births, marriages and deaths, staffed by Japanese civilians and Soendanese, was located in the former Department of Finance (item No. 14 on attached sketch NEFIS No. FY 5485), situated on the east of the Waterloo Plein.

Civil Service, Courts, etc.:

a. Den Pasar (8°39'S.,115°13'E), Bali, Jan 45: Inf noted a house (item No. 4 on sketch) which was surrounded by a barbed wire fence and a thick, low hedge. The area was guarded by one Balinese policeman who wore the pre-war uniform and was armed with revolver and sword. Inf believed that this building was either the police office or barracks.

b. Batavia (West Java), Jan 45: Indonesian city police occupied a long wooden barracks (item No. 2 on attached sketch NEFIS No. FY 5477), with stone foundation and corrugated iron roof, situated on Koningsplein west, near Museumlaan. They wore pre-war police uniforms and were armed with Dutch pistols and swords.

Organisations:

Military: Soekarola: Batavia (West Java), Jan 45: Soekarola HQ was located in the wooden barracks (item No. 3 on sketch) on Koningsplein west, near Museumlaan, also occupied by city police. Personnel wore former R.N.I. Army uniforms and carried Dutch infantry rifles. They were given a course in elementary military training and were employed as M/T drivers within the city of Batavia.

Education: Den Pasar (8°39'S.,115°13'E), Bali, Jan 45: The former Domestic Science School (item No. 28 on sketch) was in use as a school for adult male Indonesians. Teachers were Japanese civilians but inf was unable to say what subjects were taught.

Religious Services: Batavia (West Java), Oct 44: The former Roman Catholic Cathedral situated at the northwest corner of Waterloo Plein (item No. 4 on attached sketch NEFIS No. FY 5485) was occupied by nuns. The Cathedral was not guarded and the nuns were permitted to go shopping each Tuesday without escort. As far as inf was aware they had never been molested during these shopping expeditions. Many Ambonese and Soendanese women who had not been interned were frequent visitors to the Cathedral.

Medical Treatment and Supplies: Batavia (West Java), Oct 44: The former R.N.I. Army hospital (item No. 27b on attached sketch NEFIS No. FY 5485.) situated on Hospitaalweg between Nieuwe weg and Mendjanganweg, continued to function as an Army hospital.

IX. ECONOMIC INFORMATION.

Labour: Padang Harbour (8°32'S.,115°30'E), Bali, Jan 45: Labourers employed on the construction of the new jetty were all Balinese. They were quartered in two buildings (item No. 1 on sketch).

The meals, which inf stated were very poor, consisted of crushed maize with vegetables and tea in the morning, and rice, vegetables and tea at noon, and in the evening. Occasionally there was a small issue of fish. Inf was unable to say whether or not they received wages.

Clothing: Den Pasar (8°39'S.,115°13'E), Bali, Jan 45: According to inf the only clothing available was made from jute sacking. He was unable to give further particulars.

X. PROPAGANDA AND PSYCHOLOGICAL WARFARE INFORMATION.

Allied.

Non-Radio Propaganda:

Leaflets and Pamphlets: Batavia (West Java), Dec 44: Inf stated that he had seen leaflets dropped by Allied planes over Batavia but was unable to read them. The Japanese told Heiho personnel that the contents of the leaflets had been composed by Mr. van der Plas. After the leaflets had been dropped, all Heiho leave was cancelled.

Morale of Civilian Population: Batavia (West Java), Dec 44: Inf stated that cases of active resistance by Indonesians increased after leaflets had been dropped by Allied aircraft. The population, which had hitherto accepted Japanese treatment without protest, commenced to defend themselves with their bare fists or with knives, with the effect that the number of beatings decreased.

Enemy.

Radio Propaganda: Java, Jan 45: Amplifiers had been installed by the Japanese in all villages visited by inf. Programmes of Japanese and Indonesian music, in addition to speeches, were broadcast.

Non-Radio Propaganda:

Posters, Pamphlets and Leaflets: Java, Jan 45: Posters urging the cultivation of djarak (castor oil) plants were displayed at Bandoeng, Batavia, Soerabaja, Bandjoewangi and Den Pasar (Bali). The posters depicted a djarak tree with a white trunk and green leaves over the caption "This is the way to grow djarak".

Another poster showed three Indonesian women harvesting rice. The caption was "This picture shows women harvesting rice".

A third poster illustrated a pair of eyes over the caption "Beware of enemy spies like these".

XII. PERSONALITIES.

a. Batavia (West Java), Oct 44:

Kakaka (Taisho) : General.

b. Killed at sea between Bali and Lombok, 15 Jan 45:

Ito	Tai-i	(Captain) in charge of 40 Japanese and 30 Heiho.
Koido	Sho-i	(2nd Lieutenant).
Mori	Socho	(Sergeant Major).
Oniyama	Gunso	(Sergeant).
Yaboki	"	"
Komagahta	"	"
Sato	Gocho	(Corporal).
Yasimah	"	"
Soita	Hei-cho	(Lance Corporal).

XIII. GENERAL.

Canteens: Batavia (West Java), Jan 45: Inf stated that the former Concordia Club (item No. 15 on attached sketch NEFIS No. FY 5485) was used as a canteen for Japanese military personnel, of all ranks, and for Indonesians working for the Japanese.

Civilian Internment Camps: Batavia (West Java), Aug 44: Dutch women were interned in civilian houses (item No. 26 on attached sketch NEFIS No. FY 5485) on Hospitaalweg, west of the 10th Bn barracks. The area was surrounded by a bamboo and barbed wire fence. Another internment camp for women was situated in the former European Primary School on Willemslaan (item No. 2 on sketch). A third internment camp (item No. 38 on sketch) for women was located in the area north of Raden Saleh laan and east of the Tjiliwoeng.

Prostitution: Den Pasar (8°39'S., 115°13'E), Bali, Jan 45: Two former hotels and some houses (items Nos. 16 to 18 on sketch) were in use as brothels, and were surrounded by a barbed wire fence.

NOTE: Information on Bandoeng will be issued separately in NEFIS Interrogation Report No. 1763A.

Director NEFIS

S.H. S P O O R
Col.GS.R.N.I.A.

Camp Columbia, 8th June, 1945.

Enclosures:

NEFIS Sketch No. FY 5475 - Den Pasar, Bali.
" " " FY 5477 - Batavia - Koningsplein.
" " " FY 5478 - Batavia - Tandjoeng Priok.
" " " FY 5479 - Padang Harbour, Bali.
" " " FY 5483 - Japanese Rank Insignia.
" " " FY 5485 - Batavia - Waterloo Plein.

AI2/15090/G.

BATAVIA - KONINGSPLEIN
Referring to Interrogation Report No. 1763
Information up to January 1945
Scale Approx. 1:6000

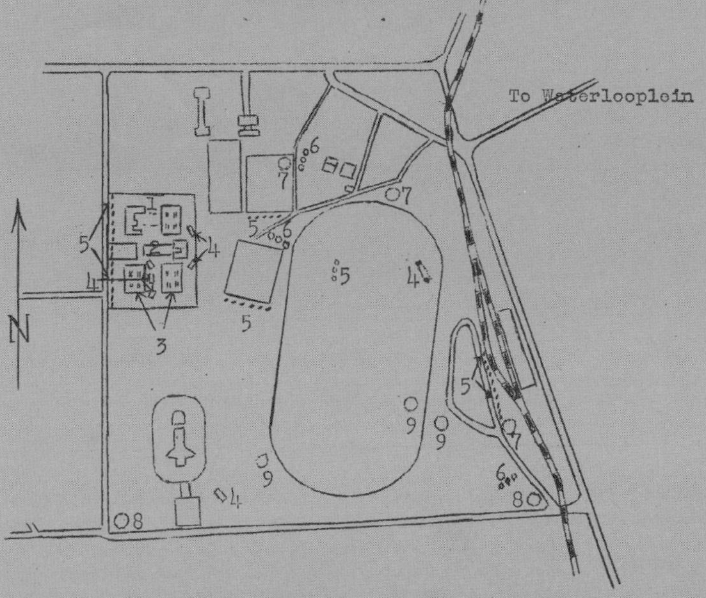

REFERENCE

1. Quarters of Japanese Army drivers.
2. H.Q. Indonesian City Police.
3. Barracks for Soekarela.
4. 7 L.M.G. positions behind semi-circular sandbag walls.
5. One-man trenches.
6. 3 Gun positions.
7. Positions for 3 47 mm. TK/A guns - type 01.
8. 2 Gun positions for 105 mm. light field howitzers - type 91.
9. 3 L.M.G. positions in pits.

NEFIS No. FY5477.
Date 11 - 5 -'45.

JAP. RANK INSIGNIA - BATAVIA

Referring to Interrogation Report No.1763

Information up to June '44.

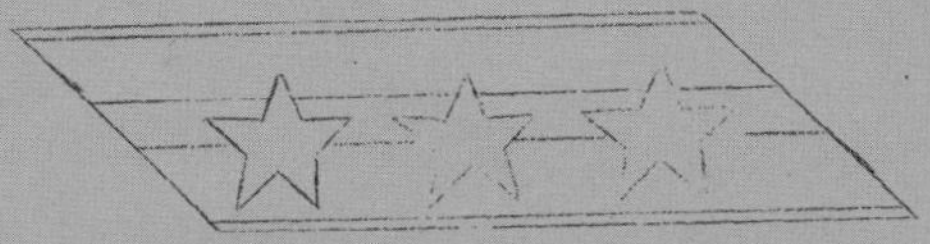

Former Rank Insignia (Captain)

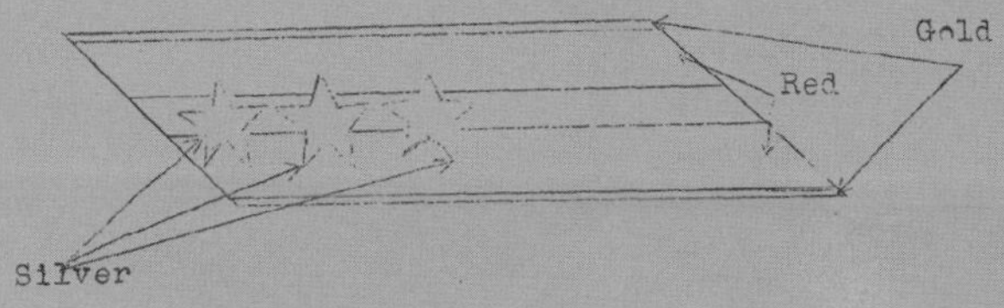

New Rank Insignia (Captain)

NEFIS No. FY 5483
16-5-'45

BATAVIA
TANDJOENG PRIOK - WEST JAVA

Referring to Interrogation Report No. 1763. Information up to October '44.

Photo reference: (3 P.R.) (5 M.B. 167) (2V) (XX 1BC) 610, 25000) 5/61 - 5/68

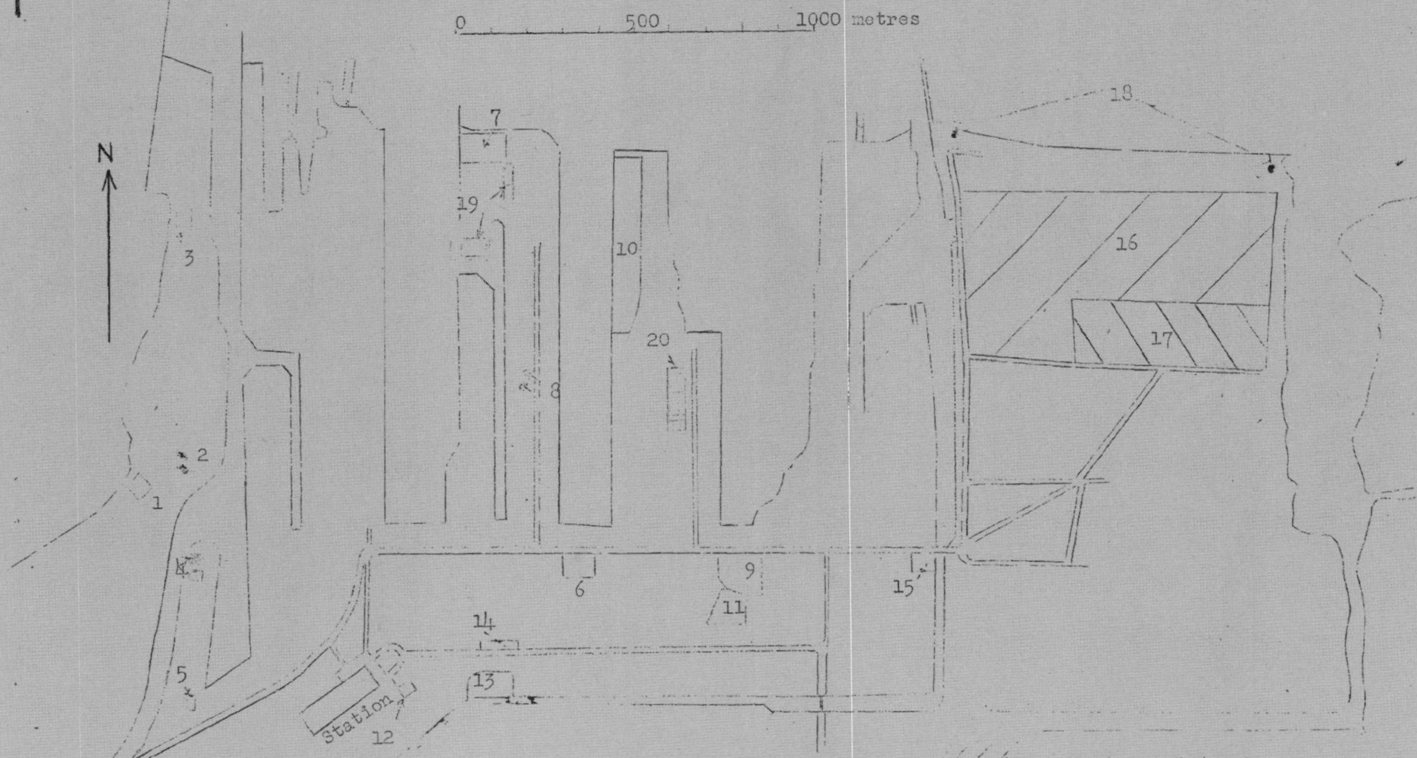

NEFIS No. FY 5478. 22-5-'45.

SHEET 2.

REFERENCE. - BATAVIA TANDJOENG PRIOK. NEFIS Interrogation Report No. 1763.

1. 7 L.M.G. positions. (only occupied in case of alarm.)
2. Barracks of Jap. guards.
3. Former godowns used as living quarters for Jap. soldiers and Heiho.
4. 4 godowns used as petrol storage (in drums).
5. Barracks for Jap. guards.
6. Living quarters of Jap. soldiers.
7. Storage of petrol in drums.
8. Petrol tanks (guarded).
9. Jap. barracks (transit camp).
10. Coal storage (only small amount seen by informant).
11. Jap. construction surrounded by bamboo fence.
12. Coolie quarters.
13. Living quarters of Indonesian workmen. (working at site near Item No. 15).
14. Storage of building material for six tanks.
15. Police barracks.
16. P.W. camp (several nationalities) surrounded by barbed wire fence.
17. Kampoeng surrounded by barbed wire fence. Natives are still living here but gate is guarded by Jap.
18. Positions for guns. In case of alarm, occupied by Japs. with 2 guns (former Dutch). Otherwise the guns are kept in area Item No. 17.
19. Living quarters of approx. 800 Jap. Army and Navy personnel.
20. Living quarters of Jap. soldiers.

NEFIS No. FM 5478

22-5-'45.

PADANG HARBOUR
BALI
Lat. 8° 32' 00" S. Long. 115° 30' 40" E.
Referring to Interrogation Report No. 1763.
Information up to Jan. '45.
N. APPROX.
Reference
1. Coolie quarters
2. Iron fence - 4 ft. high
3. Observation post
4. Jap Officers' and N.C.O s' quarters
5. Sand godown
6. Concrete wall
7. Quarters for 10 Jap Naval personnel
8. Kitchen
9. Gate
10. Barbed wire fence
NEFIS No. FY 5479
14. 5. 45.

2급 비밀.

네덜란드령 동인도군 정보국

뉴질랜드 보험사 빌딩

334-338 퀸 스트리트, 브리즈번

No. AI2/15091/G. 1945년 6월 8일.
첨부: 2
주제: 심문보고서

네덜란드령 동인도군 정보국 심문보고서 1763호 (I부).

1. 첨부된 문서는 네덜란드령 동인도군 정보국 심문보고서 1763호 (I부)이다.

2. 보고서에 포함된 정보는 심문을 통해 획득된 것이며 아직 다른 출처의 정보들을 통해 평가되지 않았다.

3. 이 안에 담긴 정보를 배포하는데 주의를 기울이도록 한다. 적국 점령지에 거주하는 피난민의 친지를 위험에 빠트리지 않도록 정보의 출처에 대해 언급하지 말아야 한다.

네덜란드령 동인도군 정보국 국장.

대령 S. H. 스푸어.(S. H. Spoor)
네덜란드령 동인도육군 일반참모.

배포:
첨부된 목록 참조.

복사본 17호.

(중략)

2급 비밀.

네덜란드령 동인도군 정보국,
뉴질랜드 보험사 빌딩,
334-338 퀸 스트리트,
브리즈번.

복사본 17호.

네덜란드령 동인도군 정보국 심문보고서 1763호 (I부).

I. 인적 사항.

이름	:	일명 아이킨(IKIN).
나이	:	25세.
성별	:	남성.
인종	:	순다인(Soendanese).
시민권	:	네덜란드 국민.
출생일자와 출생지	:	1920; 우정 브롱(Oedjoeng Broeng) (6°55'S., 107°40'E), 반둥(Bandoeng) (자바 서부).
교육	:	말레이 학교, 1929-1931.
종교	:	이슬람.
신분	:	피난민; 연합군 잠수함이 구조.
직업	:	이등병, 네덜란드령 동인도 육군.
건강 상태	:	좋음.
신원 확인 방법	:	없음.

지적수준과 신뢰도에 대한 평가.

평균적 지적수준; 정보는 신뢰할 수 있다고 판단됨.

(중략)

XIII. 일반정보.

군용매점: 바타비아(Batavia) (자바 서부), 45년 1월: 정보원은 전 콘코디아 클럽(Concordia Club) (첨부된 개요도 NEFIS FY 5485호 항목 15번)이 모든 일본군 소속 인력과 일

본군을 위해 일하는 인도네시아인들을 위한 군용매점으로 사용되었다고 한다.

민간인 포로 수용소: 바타비아(자바 서부), 44년 8월: 네덜란드 여성들이 10대대 막사 서쪽 병원의 민간인 가옥(첨부된 개요도 NEFIS FY 5485호 항목 26번)에 수용되어 있었다. 해당 지역은 대나무와 철조망으로 둘러싸여 있었다. 또 다른 여성 수용소가 윌렘스란(Willemslaan) 도로의 (구) 유럽인 초등학교(개요도의 항목 2번)에 위치하였다. 세 번째 여성 수용소(스케치 상의 38번 항목)는 라덴 살레안(Raden Salehlaan) 도로의 북쪽이자 질리웡(Tjiliwoeng)의 동쪽 지역에 위치하였다.

위안부 및 위안소(Prostitution): 덴파사르(Den Pasar) (8°39'S., 115°13'E), 발리, 45년 1월: 호텔로 사용되었던 건물 두 채와 몇몇 가옥들(개요도 상의 항목 16번과 18번)이 위안소(brothels)로 사용되었고 철조망으로 둘러싸여 있었다.

주: 반둥에 관한 정보는 네덜란드령 동인도군 정보국 심문보고서 1763A호에 개별적으로 발행될 것이다.

네덜란드령 동인도군 정보국 국장.

대령 S. H. 스푸어.(S. H. Spoor)

네덜란드령 동인도육군 일반참모.

캠프 컬럼비아, 1945년 6월 8일.

첨부:

개요도 NEFIS FY 5475호 – 덴파사르, 발리.

" " FY 5477호 – 바타비아 – 코닝스 평야(Koningsplein).

" " FY 5478호 – 바타비아 – 탄종 프리옥(Tandjoeng Priok).

" " FY 5479호 - 파당(Padang) 항구, 발리.

" " FY 5483호 - 일본 계급장.

" " FY 5485호 - 바타비아 – 워털루(Waterloo) 평야.

AI2/15090/G.

31

NEFIS Interrogation Report No.1763 (part II)

RG 319 Entry UD 82-A Box 2010

이 문서는 1945년 6월 8일자 1763호 심문보고서 Ⅱ부이다. 이 보고서의 Ⅰ부는 30번 문서이다. 이 문서도 30번 문서와 마찬가지로 일본군으로부터 탈출한 25세 현지인 남성에 대한 심문을 바탕으로 작성되었다. 이 남성은 1941년부터 왕립 네덜란드 육군의 병사로 복무하다가 42년 3월에 자바섬 반둥에서 일본군의 포로가 되었다. 1944년 3월에는 일본군의 헤이호 부대에 강제편입되어 주로 자바섬에서 운전병으로 근무했고, 1945년 1월 이후에는 발리섬 덴파사르(Den Pasar)에서 트럭운전사로 근무하게 된다. 보고서에 따르면 1944년 7월, 자바섬 서부 반둥에 이전에는 민간인 주택이었던 곳들이 위안소로 활용되고 있고, 일본인과 현지인 '위안부'들이 있었다고 한다.

EMR. SECRET 0176183

NETHERLANDS FORCES INTELLIGENCE SERVICE
(NEFIS)
NEW ZEALAND INSURANCE BUILDING,
334-338 QUEEN STREET, BRISBANE.

9 JUN 1945

No. AI2/15091/G. SECRET

Enclosures: 2 8th June, 1945.

Subject: Interrogation Report.

NEFIS INTERROGATION REPORT No. 1763 (PART II).

1. Attached is NEFIS Interrogation Report No. 1763 (Part II).

2. The information contained in this report is derived from interrogation and has not been assessed against information from other sources.

3. Should reproduction of any information contained herein be desired, no mention should be made of the source from which it is derived, to avoid possible compromising of relatives of evacuees in enemy occupied territory.

Director NEFIS

S.H. SPOOR
Col.GS.R.N.I.A.

Distribution:

See attached list.

Copy No: 19

MIS-176183
*Econ -2
Route
Mil
Lib
-HQAAF

SECRET

RGE.

DISTRIBUTION	No. of Copies	Copy No.
Exc. H. van Mook, Lt. Gov. Gen.	1	1
B.S.O. through O.B.S.O.	2	2-3
O.B.S.O.	1	4
Economic Int.Section GHQ, New Delhi via B.S.O. - Colombo	1	5
COISEF via B.S.O. - Colombo	1	6
C.L.G.	2	7-8
M.C.A.	1	9
Fd. Directeur B.B.	1	10
SONICA I APO 565	2	11-12
SONICA II APO 565	1	13
CSONICA - Kandy	1	14
Min. v. Kol., Att. Col. de Blieck	1	15
Min. of Economic Warfare, Foreign Office London, via Col. de Blieck	1	16
N.R.C.C.S.	5	17-21
A.C. of S., G.2., GHQ	2	22-23
Office of the Military Secretary, GHQ, (Rear Echelon) APO 500	1	24
Combined Advisory Committee on Tropical Medicine, Hygiene and Sanitation, Rear Echelon, GHQ, SWPA, APO 500	1	25
Netherlands Staff Officer, G.3.,GHQ, APO 500	1	26
Lt.Cdr.C.den Hollander, G.4., GHQ, APO 500	1	27
A.C. of S., G.2., USAFFE	1	28
Assistant to the Chief of Staff,HQ, USAFFE,APO 501	1	29
Intell.Branch,RAAF Command HQ,AAF, SWPA, Brisbane	5	30-34
A.C. of S., A-2, Far East Air Force, APO 925	4	35-38
GHQ, MIS-X Section, APO 500	1	39
Southern Division, MIS-X Section, GHQ, APO 923	1	40
Area Int. Officer, RAAF HQ, N.W. Area, Darwin	1	41
Chief of Air Staff RAAF HQ.	1	42
A.C. of S., A.2. HQ, 13th Air Force, APO 719	2	43-44
D.L.O. Allied A. F., Old Courier Building	1	45
First Tactical Air Force, through N.L.O., Group 493, RAAF Pacific	1	46
NEA Intell. Off. NICA III APO 926	1	47
Mil. Attache, High Commissioner for Canada	2	48-49
Cdr.A.A.Fresco,R.N.N., Cdr. 7th Fleet Staff F.P.O. (Box 4) San Francisco, Calif.	1	50
A.D.M.I.	1	51
D.N.I.	1	52
Seventh Fleet Int.Center Adv.HQ, Box 3 Navy-3115	1	53
Commander Task Force 71 through NEFIS Offr. Perth	2	54-55
NEFIS Officer, Perth	1	56
Director A.G.S.	1	57
Co-Ordinator ATIS	1	58
FELO (Att. Maj. Kremer) C/O NICA TARAKAN	1	59
FELO Melbourne	1	60
Contr. A.I.B. via NEFIS Offr. Fwd. Ech.	1	61
SRD **Adv.HQ**, C/O **A**.I.B. Rear Ech. USAFFE, APO 501	2	62-63
SRD Rear HQ.	1	64
S.I.A.	1	65
Dir. Gen. of Security	1	66
B.I.U. ADV.NEFIS	2	67-68
Directeur v. Justitie	1	69
Directeur v. Ec. Zaken	1	70
Fd. Directeur v. V. & W.	1	71
Hoofd D.V.G.	1	72
Fd. Directeur v. Financiën	1	73
Fd. Directeur v. Onderwys	1	74
Dep.Chief of Int.Staff, Brit.Pac.Fleet, Attn. Lt. Cdr. Traynor	1	75
Security Intelligence for Planning Staff via NISEA, Colombo	1	76
Dep. Cont.A.I.B., Heindorff House	1	77
GS (Int) Adv. LHQ.)through ADV.NEFIS	1	78
GS (Int) 1 Aust. Corps)	1	79
Engineer Intelligence Section, Office of the Chief Engineer, GHQ, SWPA, APO 500	1	80
ADV.NEFIS	2	81-82
NEFIS	14	83-96

EMR.

SECRET

NETHERLANDS FORCES INTELLIGENCE SERVICE,
NEW ZEALAND INSURANCE BUILDING,
334-338 QUEEN STREET,
BRISBANE.

Copy No. 19

NEFIS INTERROGATION REPORT No. 1763 (PART II).

Information in this report relates entirely to Bandoeng (West Java) and is considered reliable.

III. TACTICAL DATA ON ENEMY MILITARY FORCES.

Dispositions and Strength of Organisations and Units:
Bandoeng (West Java) Jul 44: The new building erected under N.E.I. administration to house the former Royal Military Academy (K.M.A.) was situated approximately 300 metres from the junction of Houtman Straat and a new side street which ran in a northwesterly direction from a point half way between Houtman Plein and Rembrandt Straat. It was occupied by about 500 Japanese Army personnel known as "Saito Botaisho" (Saito Command HQ). Lieut. General Saito had his quarters on the top floor in a similar relative position to an observation post situated on the roof and continuously manned by armed Japanese. Five 75 mm. mobile A/A guns, type 88 (see "Japanese Equipment" (Australian Military Forces) May 44), were housed on the premises and were transferred temporarily to positions immediately northwest of the building in event of air raid alerts.

On the northern side of the same road near its junction with Houtman Straat, five tankettes, type M.2592 (see "Japanese Equipment" (Australian Military Forces) May 44), and numerous staff cars and trucks were parked in an enclosed area. In the same area two 75 mm. mobile A/A guns, type 88 (see "Japanese Equipment" (Australian Military Forces) May 44), and two .50 Dutch machine guns were stored. During air alerts they were transferred to positions in the immediate vicinity of the K.M.A. The area also included three semi-circular underground shelters. They were approximately 8 x 4 x 4 metres and each capable of housing one truck or two tankettes. There were also approximately 21 trenches which were each manned during alerts by three men armed with one 6.5 LMG, type 96, and two 6.5 "Meiji" rifles, type 44 (see "Japanese Equipment" (Australian Military Forces) May 44).

Directly southwest and in the immediate vicinity of the K.M.A. a building served as a garage for two tankettes, a kitchen and a supply store. Almost due south of the main K.M.A. premises, a building housed a clothing depot for Army and Heiho personnel.

On the northeast side of the intersection of Merdika weg and Atjoh Straat, one 75 mm. mobile A/A gun, type 88 (see "Japanese Equipment" (Australian Military Forces) May 44), was manned by a crew of six. An area transit camp was located southeast of the same intersection.

NOTE:

Reference to "Japanese Equipment" (Australian Military Forces) May 44 or other recognition manuals in this report indicates that the inf has identified, to the best of his recollection, the items in question from illustrations contained in such manuals.

Kempei: Bandoeng (West Java) Jul 44: Kempei HQ were located in the former Roman Catholic Church situated on the south side of Heetjansweg. The Dutch Primary School to the south of the church had been converted into a Kempei prison. Inf was told that a former Dutch farm at Tjikideung, about 9 km due north of Bandoeng railway station, was used as a place of execution.

Names of Unit Commanders: Bandoeng (West Java) Jul 44: Lieut. General Saito, Commander of the Saito Botaisho.

Insignia: Bandoeng (West Java) Jul 44: The rank insignia of Ittosotsu (Heiho driver, Pte. 1st class) was worn on the collar and consisted of a star outlined in yellow thread on a square of black cloth.

(25) SECRET

Auxiliary Troops: Bandoeng (West Java) Jul 44: Approximately 400 Indonesian Heiho were quartered in the former showground building west of Borneostraat. They were undergoing a course of training as M/T drivers by 50 Japanese instructors at a field to the east of the showground building. During their training they were ranked as Pte. 2nd class (Nitosotsu) and those who completed the course successfully were promoted to the rank of Pte. 1st class (Ittosotsu).

Supply Arrangements and Installations: Bandoeng (West Java) Jul 44: The former I.E.V. Domestic School for Girls, on the north side of Pieter Sythof Park, was used as a storage depot for rice and tinned fish. The rice was contained in 100 kilo and 50 kilo bags. Another rice depot was situated east of Pieter Sythof Park. F-O

The former Artillery Construction Workshops at Tjipandjaloe (6°55'S., 107°39'E) were still in production and the following variety of ammunition was seen there by inf: 13.2 mm., 20 mm. A/A gun, 25 mm. A/A, 40 mm. A/A machine gun, 3" A/A, 120 mm. Naval gun and 6.5 mm. rifle ammunition.

One three occasions, inf drove trucks of ammunition from the factory to former R.N.I. Army dumps consisting of tunnels into the slope of a hill about 500 metres north of Kg. Bodjongkoneng (6°54'S., 107°40'E).

An additional ammunition factory had been erected at Tjipandjaloe on the area formerly used as golf links. It included a number of gunpowder stores and manufactured the same type of ammunition as the A.C.W. workshops. Japanese Army personnel and Indonesian civilians were employed. The whole area was surrounded by a barbed wire fence approximately 2 metres high. The fence was continually patrolled by armed Japanese and a permanent guard was stationed at each corner. The guard and patrols consisted of 12 Army personnel and 14 Indonesian Heiho.

Enemy Tactics and Methods: Bandoeng (West Java) Jun 44: Meetings were held on the 1st and 29th of each month at the former Royal Military Academy building and were attended by all Japanese officers in the Bandoeng area. Inf was unable to state the purpose of the meetings but gave the following description of the procedure: the officers assembled in a large hall before a blackboard and a number of maps of the Indies. They were addressed by an officer of high rank who consulted the maps and indicated various locations.

Enemy Material and Equipment:

a. Bandoeng (West Java) Jun 44: An M/T park was located a short distance to the northwest of the K.M.A. (Royal Military Academy) building. It contained a large number of new trucks bearing the trade marks, Chevrolet and Nisan, in addition to a large number of new staff cars trade marked Willys, Pontiak, Ford, Chevrolet and de Soto. Directly northeast of the park there was an auto repair shop where 30 Japanese personnel were employed. F-O

b. Tjibessi Village (12 km east of Bandoeng) Bandoeng (West Java) Jul 44: According to inf the former Djatinanggor tea and rubber estate, 15 km east of Bandoeng, had been converted into an M/T park complete with repair shops. He saw many Dutch and Australian Army trucks, private cars and buses in the area, in addition to large stocks of tyres, diesel oil, kerosene, lubricating oil and petrol which were stored in 20 large wooden godowns, some with atap and others with tiled roofs. Labour was provided by a considerable number of Australian Army personnel, Dutch and 20 Indonesian Heiho. The area was constantly patrolled by Japanese guards.

VIII. POLITICAL AND SOCIAL INFORMATION.

General Living Conditions:

a. Oedjoeng Broeng (6°55'S., 107°40'E) Bandoeng (West Java) Jan 44: Rice was rationed to one kg per person per week. The price was 50 cents per kg as against 11 cents pre-war. Coupons were required and these were endorsed with the name and number of persons in the family. They were issued and signed by the village head.

Salted fish was on sale twice a week and a careful check was made to ensure that no more frequent distribution was possible. Each family, irrespective of numbers, could purchase no more than one kg at a time at 50 cents per kg, as against the pre-war price of 12 cents.

There was no shortage of sweet potatoes or cassavo. Five sweet potatoes could be purchased for 40 cents and one cassave for 15 cents. Salt was sold in blocks at 10 cents per quarter kg; pre-war price 10 cents per kg.

Coupons similar to those used for rice were required for the purchase of coconut oil, which was rationed at sufficient to fill one beer bottle per family every three weeks at a cost of 40 cents.

b. Bandoeng (West Java) Jul 44: According to inf, living conditions were poor and there was a serious shortage of clothing and food. All foodstuffs in excess of 1 kg held by individuals was confiscated by the Japanese, with the exception of sweet potatoes and cassava which were both plentiful.

There was no shortage of work but many remained unemployed rather than take service under the Japanese. There were many cases of dysentery, malaria and syphilis but no medical treatment or medicines were available.

Security Regulations and Censorship: Bandoeng (West Java) Jul 44: A pass issued by a Japanese Army officer at the former K.M.A. (Royal Military Academy) building was required by those who wished to enter industrial or Army establishments for any purpose. Passes were printed in the Japanese language and stamped with a red circle ½" in diameter enclosing Japanese characters. The pass issued to employees of the tyre and retreading factory north of the railroad intersection of Groote Post weg consisted of a piece of cloth 2" long by 1½" wide bearing a number under a Japanese character. The cloth was covered by a sheet of mica and worn on the right breast. Above the pass and also on the right breast a metal badge was worn carrying the following insignia: a red circle 1" in diameter surrounding a ½" equalateral triangle in white with a ¼" white circle underneath the extremities of the base. Badges were sold at a Chinese shop known as Papoeng on Groote Post-weg West, at ƒ1.50 on nickel and 60 cents on iron.

Inf stated that while he was employed at the S.S. (Government Railway) Workshops he was issued with a 4" x 2" blue card folder containing a pass printed in Japanese characters.

Civil Government of Occupied Areas:

a. Oedjoeng Broeng ($6^{o}55'$ S., $107^{o}40'$E) Bandoeng (West Java) Mar 44: The following Japanese titles were given to various civil administration officers:-

Regent (division head) received the title Kontcho;
Wedana (native district officer) was known as Guntyo;
Tjamat or Assistant Wedana (native assistant district officer) was called Kentjo; and
Loerah (village head) became a Kutjo.

Five native police were attached to the district chief, three to the assistant district chief and six to the village head.

The native police force was known as Djuncha. They wore their pre-war uniforms and were armed with Dutch pistols and swords. The hat badge consisted of a white circle about 2" in diameter surrounding a red circle 1" in diameter.

b. Bandoeng (West Java) Jul 44: In the former Geological Museum in Rembrandt Straat there were two offices, one known as Shichokan (Municipal Office) and the other as Gunchireibu (District Military Office). A third office called Sakura (Cherry Blossom) was located in the former Town Hall opposite the Rembrandt Plein. Inf was not clear as to the specific work performed by the three departments but he stated that the Sakura was controlled by the Army officer in charge of the Gunchireibu and was apparently engaged in the same type of work. The Gunchireibu

Shichokan, according to inf, issued permits for and supervised the sales of articles or land, etc. over the sum of /100.00. Indonesians who wished to sell goods or land above the price of /100.00 attended at the Shichokan office, together with the buyer, and if permission was granted, three copies of the following certificate were prepared:-

> "This certifies that the man named ....
> sells .... at a price of / .... per ....
> He has definitely sold a .... to the knowledge of the Shichokan.
>
> Shichokan stamp."

All three copies carried the Shichokan stamp and were subsequently endorsed at the Gunchireibu and Sakura offices. Copies were then issued to both buyer and seller, who presented them to the head of the village where the seller resided, for his official stamp and signature. Finally the permits were stamped and signed by the native assistant district officer and signed by the buyer and the seller.

The executive head of the Shichokan, Gunchireibu and Sakura, a Japanese officer, wore no rank insignia other than a ribbon ½" wide and 2" long with the following colour sequence: ½" red, 1" yellow and ½" red. Inf stated that the staff at the Shichokan office were Indonesian civilians who wore khaki shorts and shirts without insignia. Japanese civilians only were employed at the Gunchireibu office. They wore five small stars and one somewhat larger, all connected, on the left breast pocket. Japanese civilians also comprised the staff of the Sakura office. Their insignia consisted of a copper circle about 1" in diameter, with milled edges.

The registry of births, marriages, deaths and changes of residence was located in an office known as "Tjatjah Djiwa" in the former Gemeente Huis (Municipal Hall) at the junction of Braga weg and Atjeh Straat. It also operated as an employment bureau for Indonesians.

For the registration of a birth it was necessary to complete a form in the following terms:-

> "The child of the man .... (name of father) was born on .... at .... hour. It is a .... (male or female) child.
>
> Reported at Bandoeng.
>
> Stamp of Tjatjah Djiwa office."

The following particulars were required for the registration of a death and the form on which they were included was not complete until it had been endorsed by the Japanese doctor who had viewed the deceased:-

> "It is clearly stated that a person named ....
> of the village of .... a .... (male or female) has died.
> ....(name of person reporting the death) has appeared at Bandoeng and given information that ....(name of deceased) is dead.
> Report satisfactory to the Head of Tjatjah Djiwa.
>
> Stamp of Tjatjah Djiwa office".

In the case of marriages the prospective bridegroom advised the village head of the proposed ceremony, when he was given the following form which was taken in turn for endorsement to the sub-district chief and the district chief:-

> "The man .... (name) living at ....
> (village) intends to marry ....(name) of
> ....(village). No objection is raised by the Kentjo (Division Head)."

The certificate was then lodged at the "Tjatjah Djiwa" office where it was checked and registered. The marriage could then be performed according to native custom.

Inf was unable to outline the procedure in the case of change of residence.

Persons wishing to register for employment reported to the village head from whom they received the following form for lodgment at the "Tjatjah Djiwa" office:-

"The man ....(name of applicant) intends to report at Bandoeng so that he may be given work of any kind. He is available for immediate employment.

Stamp of Village Head."

If employment was available the applicant was provided with a letter written in Japanese for delivery to his prospective employer.

Taxes:

a. Oedjoeng Broeng (6°55'S., 107°40'E) Bandoeng (West Java) Jan 44: Inf paid a personal tax at the rate of /3.00 annually. He was unable to state the penalty for default. No tax was collected from Heiho personnel.

b. Bandoeng (West Java) Jan 44: In the former Gemeente (Municipal) Secretariat, situated near Atjeh Straat east of the Municipal Hall, a department was located which was concerned with the taxation on all forms of transport. Inf, who drove a dog cart, paid a tax of /6.00 per year and in addition was compelled to purchase a license plate which was renewed twice a year.

Civil Service, Courts, etc.: Kempei Police: Bandoeng (West Java) Jul 44: While employed at the tyre retreading factory, inf was arrested and taken to Kempei HQ. He was imprisoned in the former Dutch Primary School for three months and was repeatedly beaten and kicked in consequence of his refusal to join Heiho. When he eventually agreed to join he was taken to the former Municipal Secretariat which was used as a Heiho recruiting centre. Before his release he was given three certificates, two in the Japanese language and the third in Malay, in the following terms:-

"This certifies that the man ....(name) has been released from detention by Kempei. Confirmed by officer in command of Kempei.

Kempei stamp."

At the recruiting centre, replies to the following questions were entered on the above mentioned release from Kempei:-

Name of the village where last stationed;
Names of parents and whether alive or dead;
Name of wife and number of children;
Age of subject.

Inf was then asked for how many years he wished to serve with Heiho. He replied that he was willing to serve for one year and in spite of persuasion refused to agree to a longer period. He stated that at this point something was added under his replies to the previous questions and he was required to put his signature at the end of the form while the subject matter was concealed from his view. All three passes previously mentioned were retained at the recruiting centre.

Education: Bandoeng (West Java) Jul 44: The printing works and booksellers establishment, formerly operated by the firm of Vorkink at Groote Post weg west, produced and sold textbooks on the Japanese language at prices ranging between 15 cents and /18.00. Wider distribution was effected through Indonesian agents in villages. The printing works, known as "Tjakajah" ("Sun's Rays"), also produced a newspaper. The entire concern was under the control of the Gunchireibu.

Treatment of PsW and Internees: Tjibossi Village (12 km east of Bandoeng) Bandoeng (West Java) Mar 42: Inf was interned at the former tea estate and factory named Djatinanggor situated 15 km east of Bandoeng. The other PsW consisted of Dutch, English and Indonesian former Army personnel who were quartered in the store and factory. Inf was unable to estimate the total number of prisoners but stated that they were well treated and received satisfactory quantities of rice, cabbage and bread.

In May 42 all Indonesian PsW, with the exception of the Amboneso, were released. The remainder of the prisoners were transferred to Bandoeng.

IX. ECONOMIC INFORMATION.

Agricultural Commodities:

Production: Oedjoeng Broeng (6°55'S., 107°40'E) Bandoeng (West Java) Jan 44: All farmers in the vicinity were instructed to plant one-third of their land with djarak (castor) trees. Half of the rice and vegetable crops were commandeered without payment by the Japanese.

Prices: Oedjoeng Broeng (6°55'S., 107°40'E) Bandoeng (West Java) Jan 44: Inf supplied the following list of prices paid for foodstuffs by Indonesians but was unable to give the pre-war prices for comparison:-

Eggs	2½ - 3 cents
Fowls	20-30 "
Fish, 50 small	15 "
Bananas, 20	5 "
Crushed maize (1 plate)	4 "
Cucumber	1 "
Peanuts (1 saucer)	5 "
Coconuts, each	1 "
Salt (2 tablespoons)	1 "

Industries and Manufacturing:

a. Tjilameta (6°56'S., 107°41'E) Bandoeng (West Java) Jul 44: Khaki drill cloth for Japanese uniforms was produced at a textile factory owned prior to the war by an Arab named Afkar. On one occasion inf had driven one of three trucks, each holding 30 rolls of cloth, from the factory to the former K.M.A. (Royal Military Academy) building at Bandoeng. The material was 30" wide but inf was unable to estimate the length contained in each roll.

b. Bandoeng (West Java) Jul 44: The former Dutch quinine factory continued to operate under Japanese supervision. A large number of Indonesian males and females were employed and inf was told that they worked in shifts, day and night.

A tyre and retreading factory and a motor assembly shop was situated north of Groote Post weg in an area bounded by Nassaulaan, Mauritslaan, Stadhouderslaan, Kampement Straat and Noordermagazijn Straat. About 300 Japanese Army personnel and 200 Indonesians were employed. Production was at the rate of one new tyre and about five retreads per day.

Hall

Transportation:

Inland Rail: Bandoeng (West Java) Mar 44: According to inf the Decauville (narrow gauge) railway between Tandjoengsari (6°55'S., 107°50'E) and Kg. Rantjaekek (7°00'S., 107°45'E) had been dismantled. He was unable to say where the rails or rolling stock were located.

Utilities:

Water: Bandoeng (West Java) Jul 44: The use of tap water was restricted to the Japanese, and Indonesians were compelled to obtain supplies from water holes. According to inf each of these water holes served several households. They were from three to four feet in diameter and maintained an average depth of four feet of good water, which was raised in cans and poured into channels running to the houses served by the particular well.

Power: Bandoeng (West Java) Jul 44: Street lighting was confined to thickly populated streets and districts.

Hall

Communications:

Mail: Oedjoeng Broeng (6°55'S., 107°40'E) Bandoeng (West Java) Jan 44: Outward and local mail was limited to postcards which could be purchased at 3½ cents each. No stamps were required on the cards which were franked by the post office.

Shortage in Equipment and Material: Bandoeng (West Java) Feb 44: Inf was told that the Japanese had ordered a collection of scrap iron, iron fences, etc.

Labour: Bandoeng (West Java) Jan 44: The 200 Indonesians employed at the tyre retreading shop worked from 0900 to 1200 hrs and from 1400 to 1700 hrs. They were paid at the rate of 60 cents per day.

Inf was employed as a coolie in one of the nine sections of the S.S. (Government Railway) Workshops. The section, which was engaged on the manufacture of connecting bolts for railway lines, employed about 50 Indonesians and 10 Japanese civilians. Working hours were from 0900 to 1200 hours and from 1300 to 1800 hrs. Indonesians were paid at the rate of 80 cents per day.

Clothing: Bandoeng (West Java) Jul 44: According to inf, one shirt and a pair of trousers made from jute sacking could be bought for /14.00 and rubber sarongs for /7.00. The sarongs were made of poor quality white rubber which became soft and tacky in hot weather and stuck to the body. He was told that they were produced at Tjiamis (7°20'S., 108°20'E).

Rubber shoes were sold at /3.15 and were affected by heat in a similar manner to the sarongs. Shoes made of goat leather with wooden soles were priced at /4.50, and rubber-soled shoes with lined uppers could be purchased at /15.00 per pair.

X. PROPAGANDA AND PSYCHOLOGICAL WARFARE INFORMATION.

Enemy.

Non-Radio Propaganda:

Newspapers: Bandoeng (West Java) Jul 44: A newspaper known as "Tjakajah" ("Sun's Rays") was printed at the works previously owned by the firm of Vorkink. It was published in two sections: one at 10 cents consisted of one page and the other of two pages at 15 cents. They were printed in the Malay and Japanese languages. Publication was controlled by the Gunchireibu (District Military Office).

XII. PERSONALITIES.

Japanese Army Personnel: Bandoeng (West Java) Jul 44:

Saito Lieut. General; C.O. Saito Butaisho; quartered in former K.M.A. building.

XIII. GENERAL.

Civilian Internment Camp: Bandoeng (West Java) Jul 44: An internment camp for women and children was located in the former Primary School on the north side of Kleine Lengkong weg. The number of internees was not known to inf.

Prostitution: Bandoeng (West Java) Jul 44: Brothels housing Japanese and Soendanese women were located in the former civilian houses on the east side of the Dago road south of the former Roman Catholic Higher Grade School for Girls.

Japanese Hotel: Bandoeng (West Java) Jul 44: The former Roman Catholic Higher Grade School for Girls had been converted into a hotel for Japanese.

Canteens: Bandoeng (West Java) Jul 44: The former Shanghai nightclub was in use as a canteen for Japanese Army personnel and the former "Societeit" Club on the northeast corner of Braga weg and Groote Post weg was a canteen for civilians employed at the Gunchireibu (District Military Office). The adjacent theatre continued to produce Indonesian plays.

Director NEFIS

S. H. S P O O R
Col.GS. R.N.I.A.

AI2/15091/G.

Camp Columbia, 8th June, 1945.

2급 비밀.

네덜란드령 동인도군 정보국

뉴질랜드 보험사 빌딩

334-338 퀸 스트리트, 브리즈번

No. AI2/15091/G. 1945년 6월 8일.
첨부: 2
주제: 심문보고서

네덜란드령 동인도군 정보국 심문보고서 1763호 (Ⅱ부).

1. 첨부된 문서는 네덜란드령 동인도군 정보국 심문보고서 1763호 (Ⅱ부)이다.

2. 보고서에 포함된 정보는 심문을 통해 획득된 것이며 아직 다른 출처의 정보들을 통해 평가되지 않았다.

3. 이 안에 담긴 정보를 배포하는데 주의를 기울이도록 한다. 적국 점령지에 거주하는 피난민의 친지를 위험에 빠트리지 않도록 정보의 출처에 대해 언급하지 말아야 한다.

네덜란드령 동인도군 정보국 국장.

S. H. 스푸어.(S. H. Spoor)

대령. 일반참모. 네덜란드령 동인도 육군

배포:

첨부된 목록 참조.

복사본 19호.

(중략)

2급 비밀.

네덜란드령 동인도군 정보국,
뉴질랜드 보험사 빌딩,
334-338 퀸 스트리트,
브리즈번.

복사본19호.

네덜란드령 동인도군 정보국 심문보고서 1763호 (Ⅱ 부).

본 보고서의 모든 정보는 반둥(Bandoeng) (자바 서부)에 관한 것이며
신뢰할 수 있다고 판단한다.

(중략)

XIII. 일반정보.

민간인 수용소: 반둥(자바 서부) 44년 7월: 여성과 아동을 위한 수용소가 클레인 렝콩(Kleine Lengkong) 길의 북쪽에 있는 (구) 초등학교에 위치하였다. 정보원은 수감된 인원수는 알 수 없었다.

위안부 및 위안소(Prostitution): 반둥(자바 서부) 44년 7월: 일본인과 순다인(Soendanese) 여성을 수용하는 위안소(brothels)가 (구) 로마 가톨릭 여자고등학교의 남쪽 다고(Dago) 길의 동쪽에 있는 (구) 민간인 거주지에 위치하였다.

일본 호텔: 반둥(자바 서부) 44년 7월: (구) 로마 가톨릭 여자고등학교가 일본인을 위한 호텔로 개조되었다.

군용매점: 반둥(자바 서부) 44년 7월: (구) 상하이 나이트클럽(Shanghai nightclub)이 일본 군대 인원들을 위한 군매점으로 사용되었고 브라가(Braga) 길과 그루트 포스트(Groote Post) 길의 모퉁이에 있던 (구) "소시에테트(Societeit)" 클럽이 군사령부(Gunchireibu)(군대 지구 사무소)에 고용된 민간인들을 위한 군용매점으로 쓰였다. 인근 극장은 계속해서 인도네시아 연극을 공연했다.

네덜란드령 동인도군 정보국 국장.

대령 S. H. 스푸어.(S. H. Spoor)
네덜란드령 동인도육군 일반참모.

캠프 컬럼비아, 1945년 6월 8일.

AI2/15091/G.

32

Compilation of NEFIS Interrogation Reports Nos. 1924, 1938 and 1949

RG 319 Entry UD 82-A Box 2010

이 문서는 1945년 6월 21일자 1924호, 1938호, 1949호 합본 심문보고서이다. 이 보고서는 2명의 전직 군인과 한 명의 민간인, 총 3명을 심문하여 얻은 정보를 바탕으로 작성되었다. 이들은 할마헤라섬 북쪽의 모로타이섬에서 구출되었다. 보고서에 따르면 1945년 4월 할마헤라(Halmahera)섬의 롤로바타(Lolobata), 카에오(Kaeo), 가렐라(Galela)에 있던 '위안부'들이 같은 섬의 타라왓(Tarawat)에 있는 위안소로 보내졌다. 이들은 대부분 인도네시아인과 중국인들이었다. 또 다른 위안소들은 갬송지(Gamsoengi)에 있었고 이곳에는 현지 여성들이 동원되었다.

EMR. SECRET

NETHERLANDS FORCES INTELLIGENCE SERVICE
(NEFIS)
NEW ZEALAND INSURANCE BUILDING
334-338 QUEEN STREET, BRISBANE

0181356

No: AI2/15609/G./3
Enclosures: 2
Subject: Interrogation Report.

SECRET

23 JUN 1945

21st June, 1945.

COMPILATION OF NEFIS INTERROGATION REPORTS
Nos. 1924,1938 and 1949 (not issued separately).

1. Attached is Compilation of NEFIS Interrogation Reports Nos. 1924, 1938 and 1949 (not issued separately).

2. The information contained in this report is derived from interrogation and has not been assessed against information from other sources.

3. Should reproduction of any information contained herein be desired, no mention should be made of the source from which it is derived, to avoid possible compromising of relatives of evacuees in enemy occupied territory.

Director NEFIS

S.H. S P O O R
Col.GS.R.N.I.A.

Distribution:

See attached list.

Copy No: 18

MIS-181356
Mil-1
*Econ-1
Route
WW
Lib
HQAAF-1

AUG 8 1945

SECRET

ECON RECD JUL 2 5 1945 10-659

EB

DISTRIBUTION	No. of Copies	Copy No.
Exc. H. van Mook, Lt. Gov. Gen.	1	1
B.S.O. through O.B.S.O.	2	2-3
O.B.S.O.	1	4
Economic Int. Section GHQ., New Delhi via B.S.O. - Colombo	1	5
COISEF via B.S.O. - Colombo	1	6
C.L.G.	2	7-8
M.C.A.	1	9
Fd. Directeur B.B.	1	10
SONICA I APO 565	2	11-12
SONICA II APO 920	1	13
CSONICA	1	14
Min. v. Kol., Att. Col. de Blieck	1	15
Min. of Economic Warfare, Foreign Office London, via Col. de Blieck	1	16
N.R.C.C.S.	5	17-21
A.C. of S., G.2., GHQ	2	22-23
Office of the Military Secretary, GHQ, (Rear Echelon) APO 500	1	24
Combined Advisory Committee on Tropical Medicine, Hygiene and Sanitation, Rear Echelon, GHQ, SWPA, APO 500	1	25
Netherlands Staff Officer, G.3., GHQ, APO 500	1	26
Lt.Cdr.C.den Hollander, G.4., GHQ, APO 500	1	27
A.C. of S., G.2., USAFFE	1	28
Assistant to the Chief of Staff, HQ, USAFFE, APO 501	1	29
Intell. Branch, RAAF Command HQ, AAF, SWPA, Brisbane	5	30-34
A.C. of S., A-2, Far East Air Force, APO 925	4	35-38
GHQ, MIS-X Section, APO 500	1	39
Southern Division, MIS-X Section, GHQ, APO 923	1	40
Area Int. Officer, RAAF HQ, N.W. Area, Darwin	1	41
Chief of Air Staff RAAF HQ.	1	42
A.C. of S., A.2. HQ, 13th Air Force, APO 719	2	43-44
D.L.O. Allied A.F., Old Courier Building	1	45
First Tactical Air Force, through N.L.O., Group 493, RAAF Pacific	1	46
NEI Intell. Off. NICA III APO 926	1	47
Mil. Attache, High Commissioner for Canada	2	48-49
Cdr. A.A.Fresco, R.N.N. Cdr. 7th Fleet Staff F.P.O. (Box 4) San Francisco, Calif.	1	50
A.D.M.I.	1	51
D.N.I.	1	52
Seventh Fleet Int. Center Adv. HQ, Box 3 Navy-3115	1	53
Commander Task Force 71 through NEFIS Offr. Perth	2	54-55
NEFIS Officer, Perth	1	56
Director A.G.S.	1	57
Co-Ordinator ATIS, GHQ, A.F. Pac. APO 500	1	58
FELO (Att. Maj. Kremer) C/O NICA TARAKAN	1	59
FELO Melbourne	1	60
Contr. A.I.B. via NEFIS Offr. Fwd. Ech.	1	61
SRD Adv. HQ, C/O D.M.I. Adv. LHQ	2	62-63
SRD Rear HQ.	1	64
S.I.A.	1	65
Dir. Gen. of Security	1	66
B.I.U. ADVANEFIS	2	67-68
Directeur v. Justitie	1	69
Directeur v. Ec. Zaken	1	70
Fd. Directeur v. V. & W.	1	71
Hoofd D.V.G.	1	72
Fd. Directeur v. Financiën	1	73
Fd. Directeur v. Onderwys	1	74
Dep. Chief of Int. Staff, Brit.Pac.Fleet, Attn. Lt. Cdr. Traynor	1	75
Security Intelligence for Planning Staff via NISEA, Colombo	1	76
Dep. Cont. A.I.B., Heindorff House	1	77
GS (Int) Adv. LHQ) through ADVANEFIS	1	78
GS (Int) 1 Aust. Corps) through ADVANEFIS	1	79
Engineer Intelligence Section, Office of the Chief Engineer, GHQ, SWPA, APO 500	1	80
ADVANEFIS	2	81-82
NEFIS	14	83-96
ADAVATIS APO 75	1	97

EMR. SECRET

NETHERLANDS FORCES INTELLIGENCE SERVICE,
NEW ZEALAND INSURANCE BUILDING,
334-338 QUEEN STREET,
BRISBANE. Copy No. 18

COMPILATION OF NEFIS INTERROGATION REPORTS
Nos. 1924, 1938 and 1949 (NOT ISSUED SEPARATELY).

The above reports refer to one Timorese, one Menadonese and one Boetonese released by Allied forces on Morotai up to May 45.

Two were former R.N.I. Army personnel, one of whom was made PW and later impressed as a coolie, the other evaded the Japanese until his escape. The third inf was a civilian impressed by the Japanese for coolie work.

Information is considered reliable.

To facilitate reference, the places covered in this compilation are listed hereunder by sections:-

III. TACTICAL DATA ON ENEMY MILITARY FORCES.

Halmahera

Foeli
Toetoeli River
Toba River
Soefifi
Dodinga
Bobane Lamo
Bobane Moba
Bobane Igo
Kaoe
Gamsoengi
Koria
Dea
Toeweka
Boekit Sio Mountains
Galela
Iga
Tarawat
Malifoet
Akosahoe
Kajoa Island
Goeroeahping
Ternate Island
Ternate Town
Aketigitigi

Ceram Island

Said, Capo Hoeloeng
Kotoaia
Eti
Pohon Batoe
Wahai
Laioewin
Moerikaoe

Ambon Island

Amboina
Batoegantoeng
Asiloeloe
Toelehoe
Lima
Hila
Hitoelama
Batoegong
Batoemerah
Goedangarang

IV. SUMMARY OF NAVAL INFORMATION.

Halmahera

Dodinga
Baroe
Bartako
Pajahi
Kaoe
Galela
Lolobata
Boeli Toea
Oba
Goerapi
Bobane Lamo
Ternate Island
Kaloomata
Kahatola Island
Maitara Island
Tidore Island

Ambon Island

Waiame
Halong
Batoegong

SECRET

V. BASIC AIR INFORMATION.

Halmahera

Hatotabako
Tobelo
Galela
Doema
Bàroe
Ternate Island
Ternate Town

Ambon Island

Amboina
Halong
Laha

VI. INFORMATION REGARDING GUERRILLA FORCES.

Halmahera

Gagaeli

VII. GEOGRAPHICAL INFORMATION.

Halmahera

Dodaga
Tatam
Djailolo
Djailolo Bay
Kaoe
Kaoe River
Tobelo
Sahoe
Fooli
Galela
Malifoet
Goeroea River
Tarawat
Tiboe River
Lolobata

Ceram Island

Laloewin
Moerikaoe

VIII. POLITICAL AND SOCIAL INFORMATION.

Halmahera

Gagaeli

Ambon Island

Amboina
Hila
Hitoelama

IX. ECONOMIC INFORMATION.

Halmahera

Tomaris
Tarawat
Kaoe
Mawea
Pasiloeloe
Koria
Doa
Tolaga Patja
Koepakoepa

Ceram Island

Wahai

X. PROPAGANDA AND PSYCHOLOGICAL WARFARE INFORMATION.

Halmahera

Iboe

XII. PERSONALITIES.

Halmahera

Fooli
Tarawat
Tiboe River
Gamsoengi
Kaoe
Soefifi
Lolobata
Ternate Island
Ternate Town
Aketigitigi
Kaloemata
Hiri Island

Ceram Island

Wahai

XIII. GENERAL.

Halmahera

Lolobata
Kaoe
Galela
Gamsoengi
Tarawat

III. TACTICAL DATA ON ENEMY MILITARY FORCES.

Dispositions and Strength of Organisations and Units:

a. Batoegantoeng (3°42'S., 128°09'E), Ambon Island, Mar 44: Approximately 100 Japanese Army personnel, equipped with Dutch rifles, type M. 95, were quartered in three barracks which also housed 80 unarmed Heiho personnel.

b. Amboina (3°41'S., 128°10'E), Ambon Island, Mar 44: Twenty Japanese officers and eight Japanese women were quartered in seven brick houses opposite the cemetery at the southeast border of the town.

c. Asiloeloe (3°40'S., 127°54'E), Ambon Island, Apr 44: Some 300 Japanese Naval personnel armed with rifles were quartered in barracks 2 km west of Asiloeloe near the road to Labochan Lai (3°40'S., 127°55'E). Two A/A guns were seen in the same neighbourhood by inf who was unable to supply further particulars.

d. Toelehoe (3°35'S., 128°19'E), Ambon Island, Oct 44: Approximately 300 Japanese Naval personnel were seen by an inf about 500 metres west of Toelehoe. They were armed with rifles and equipped with two light machine guns. An A/A battery was also located in the same area.

e. Lima (3°38'S., 127°57'E), Ambon Island, Oct 44: The force in the area consisted of about 60 Japanese Naval personnel armed with rifles.

f. Hila (3°35'S., 128°04'E), Ambon Island, Nov 44: Approximately 300 Japanese Naval personnel were quartered in the village.

g. Hitoelama (3°35'S., 128°09'E), Ambon Island, Nov 44: Japanese Naval personnel were quartered in four barracks. Inf was unable to estimate their number.

h. Batoegong (3°38'S., 128°15'E), Ambon Island, Nov 44: According to an inf, about 100 Japanese Naval personnel armed with rifles were stationed in the vicinity.

NOTE:

See "Harbour Defences", Section IV.

i. Said, Cape Hoeloeng (3°35' S., 128°01'E), Ceram Island, Oct 44: Approximately 80 Japanese Naval personnel were quartered in three barracks built under coconut trees about 1 km from the mouth of the Hoeloeng River.

j. Kotoaia (3°03'S., 128°07'E), Ceram Island, Dec 44: Approximately 40 Japanese Army personnel armed with rifles were stationed at Kotoaia. In the area between Kotoaia and Piroe (3°05'S., 128°10'E) inf saw a further 60 Army personnel and a battery of three 120 mm. A/A guns.

k. Eti (3°05'S., 128°11'E), Ceram Island, Jan 45: The Japanese unit in occupation consisted of 600 Army personnel armed with rifles.

l. Pohon Batoe (2°58'S., 128°06'E), Ceram Island, Mar 45: Approximately 60 Japanese Army personnel armed with rifles were quartered in barracks.

m. Wahai (2°47'S., 129°28'E), Ceram Island, Mar 45: Eighteen Japanese Army personnel armed with rifles, under the command of Captain Kanoisita, were seen by inf.

n. Laioewin (3°04'S., 128°13'E), Ceram Island, Mar 45: An inf estimated the local Japanese strength at about 1,000 Army personnel armed with rifles.

o. Moerikaoe (3°01'S., 128°16'E), Ceram Island, Mar 45: Approximately 600 Japanese Army personnel armed with rifles were seen by an inf.

p. Foeli (1°14'N., 128°10'E), Halmahera, Aug 44: An inf estimated the strength of the Japanese forces scattered throughout the area at about 400 men.

q. Toetoeli River (1°10'N., 128°12'E), Halmahera, Mar 45: Between 60 and 80 Japanese personnel were quartered in three or four huts with atap roofs, situated on both sides of the river about 4 km from the mouth.

r. Teba River (1°12'N., 128°11'E), Halmahera, Mar 45: One HMG, manned by a crew of four, was located about 50 metres inland from the beach and 100 metres west of the west bank of the river.

s. Soefifi (0°44'N., 127°33'E), Halmahera, Apr 45: An inf was told that about 300 Japanese troops were located in the village.

t. Tarawat (1°22'N., 127°48'E) - Kaoe Area, Halmahera, Apr 45: It was estimated that about 3,000 Japanese Army personnel were located in the Kaoe area. Their main base, which was at Tarawat approximately 30 miles from the mouth of the Kaoe River, consisted of various barracks spread over a radius of about 5 km. The Commanding Officer was a Lieut. General (unidentified). Inf heard that the concentration included the Matsuda Butai.

u. Gamsoengi (1°23'N., 127°29'E), Halmahera, Apr 45: Two thousand Japanese Army personnel under the command of a Colonel were said to be stationed at Gamsoengi which was the main base in the Iboe district.

v. Koria (1°47'N., 127°41'E) and Dea (1°49'N., 127°42'E), Halmahera, Apr 45: Approximately 500 Japanese Army personnel under the command of a Captain were seen by inf. They were mainly engaged in the cultivation of vegetable gardens to replace those destroyed by Allied bombing.

w. Toeweka (1°49'N., 127°42'E), 3½ km southeast of Koria, Halmahera, Apr 45: According to an inf, the Japanese force consisted of about 200 Army personnel under the command of a Colonel.

x. Galela (1°49'N., 127°50'E), Halmahera, Apr 45: About 100 Japanese Army personnel remained as a beach defence unit. The village had been completely destroyed by Allied bombing.

y. Kajoa Island (0°02'N., 127°26'E), Halmahera, Apr 45: Approximately 600 Japanese Army personnel were stationed at Kg. Goorsahping (0°00'16"N., 127°24'E).

z. Iga (1°25'N., 128°18'E), Halmahera, Apr 45: Forty Japanese armed with rifles were quartered in a house 1 km from the beach and 30 metres west of the Iga River.

aa. Ternate Town (0°46'N., 127°03'E), Ternate Island, Apr 45: Fortyeight Japanese Naval personnel were quartered in Fort Oranje. Each night at 2000 hrs a party of 20 men patrolled the surrounding villages.

As far as inf was aware, the only defences on Ternate Island consisted of one 105 mm., type 92 (1932) field gun (see "Japanese Equipment", Australian Military Forces, May 44) mounted on the east wall of Fort Oranje and overlooking the sea.

NOTE:

Reference to "Japanese Equipment", Australian Military Forces, May 44, or other recognition manuals in this report indicates that the inf has identified, to the best of his recollection, the items in question from illustrations contained in such manuals.

bb. Aketigitigi (0°45'N., 127°20'E), Ternate Island, Apr 45: Four Japanese Naval and two Heiho personnel comprised the guard on an ammunition dump and the radio station.

Kempei:

a. Dodinga (0°51'N., 127°39'E), Halmahera, Apr 45: The number of Kempei personnel varied between 20 and 100, according to the amount of shipping activity. They were armed with Japanese infantry rifles and were mainly employed on the supervision of labour.

b. Bobane Lamo, Bobane Moba, Bobane Igo (0°53'N., 127°40'E), Halmahera, Apr 45: The number of Kempei personnel varied from five to 50. They were armed with Japanese rifles and automatic pistols and were mainly engaged supervising the loading of prahoes.

Names of Unit Commanders:

a. Foeli (1°14'N., 128°10'E), Halmahera, Feb 44: Captain Takasi was replaced by Captain Sato and in consequence the Takasi Butai became the Sato Butai.

b. Gamsoengi (1°23'N., 127°29'E), Halmahera, Apr 45: According to an inf, all military and civilian personnel in the area were under the control of a civilian named Heriama. He was said to be responsible only to the G.O.C.

c. Wahai (2°47'S., 129°28'E), Ceram Island, Mar 45: A unit of 18 Army personnel was under the command of Captain Kanoisita.

Insignia: Foeli (1°14'N., 128°10'E), Halmahera, Jun 44: All personnel of 2,000 disembarked from a convoy, wore a red cloth button on the left breast pocket or in a position nearer the collar. In some cases where the tunic was very dilapidated, a red arm band was worn on the left sleeve.

Auxiliary Troops: Heiho:

a. Heiho personnel were seen by an inf at the following locations and strengths on Ambon Island:-

Batoegantoeng (3°42'S., 128°09'E), Mar 44 - 80 Javanese
Batoemerah (3°41'S., 128°10'E), Mar 44 - 20 Javanese
Hila (3°35'S., 128°04'E), Nov 44 - 80 Javanese

b. Kotoaia (3°03'S., 128°07'E), Ceram Island, Dec 44: Approximately 30 Javanese Heiho were seen by an inf.

c. Laioewin (3°04'S., 128°13'E), Ceram Island, Mar 45: Five hundred Javanese Heiho, unarmed, were stationed in the area.

d. Ternate Town (0°46'N., 127°23'E), Ternate Island, Apr 45: One hundred Heiho personnel were employed on fatigue duties and as guards at night. No uniforms were worn.

e. Halmahera, Apr 45: The total strength of Heiho on Halmahera was estimated to be about 4,000, mainly Ambonese, Menadonese and Javanese.

Supply Arrangements and Installations:

a. Goedangarang (3°42'S., 128°08'E), Ambon Island, Mar 44: Two godowns, approximately 15 x 5 metres, containing rice and bags of sugar, were situated east of the coaling wharf.

b. Toba II River (1°12'N., 128°11'E) and Tootoeli River (1°10'N., 128°12'E) area, Halmahera, Mar 45: According to an inf, the Japanese had cultivated extensive gardens, sufficient to supply them with foodstuffs for an indefinite period. Labour consisted of 800 coolies, including Javanese, Menadonese and British Indian PsW.

c. Boekit Sio Mountains (1°11'N., 127°25'E), Halmahera, Apr 45: An inf stated that since Jan 45 all supplies had been transferred to a location somewhere in the Boekit Sio Mountains. According to the same inf, no ammunition dumps remained in Northern Halmahera, all supplies having been transferred to the Boekit Sio Mountains.

Stores brought by prahoe from Ternate (0°46'N., 127°23'E) were landed at Dodinga (0°51'N., 127°39'E) and were transferred by carriers to Bobane Lamo (0°53'N., 127°40'E), where they were again loaded into prahoes for transportation to Kaoe (1°11'N., 127°54'E). Native carriers were employed over the last stage of the journey to Tarawat (1°22'N., 127°48'E).

In event of an Allied air attack on a supply column en route from Bobane Lamo to Kaoe, the journey would be terminated at Malifoet (1°10'N., 127°50'E) or Akesahoe (1°01'N., 127°39'E)., from where the stores would eventually be delivered to Tarawat.

Enemy Material and Equipment: Northern Halmahera, Apr 45: According to an inf, only five of each machine gun section, usually consisting of 10 soldiers, were armed with rifles but all were equipped with hand grenades. He had seen no field artillery although some may have been installed in the Bookit Sio Mountains, where he believed there was a general concentration of supplies and armaments.

Radar and Radio Stations: Aketigitigi (0°45'N., 127°20'E), Ternate Island, Apr 45: A radio station was located about one mile southeast of Aketigitigi. The building was approximately 6 x 7 x 3 metres, with palm leaf walls and atap roofing. Antennae were strung between nearby trees.

IV. SUMMARY OF NAVAL INFORMATION.

Ships Sunk or Damaged:

a. Waiame (3°39'S., 128°09'E), Ambon Island, Aug 44: Inf saw a partially submerged iron freighter in the harbour which he identified as/"Fox Tare Charlie" vessels, type "C".

b. Halong (3°39'S., 128°12'E), Ambon Island, Aug 44: Two partly submerged freighters were seen in the harbour and identified as "Fox Tare Charlie" vessels, type "C".

c. Kahatola Island (1°40'N., 127°29'E), Halmahera, Apr 45: One 2½-ton prahoe was sunk to the northeast of the island by Allied air attack.

d. Kg. Bartako (1°51'N., 127°40'E), Halmahera, 30 Apr 45: An inf saw what he believed to be a Naval vessel partly submerged as a result of Allied air attack.

Shipping Routes: Kaloemata (0°44'N., 127°22'E), Ternate Island - Dodinga (0°51'N., 127°29'E), Halmahera, Apr 45: The direct route for prahoes between Kaloemata and Dodinga was seldom used since the commencement of Allied air attacks. Previously four prahoes, with red anchors painted near the bows, left Kaloemata at 1800 hrs and arrived at Dodinga around 0300 hrs the following day.

A second route ran south from Kaloemata to the north coasts of Maitara (0°44'N., 127°22'E) and Tidore (1°40'N., 127°22'E) Islands, thence to Kg. Oba (0°44'N., 127°33' E) on the coast of Halmahera. From here the course lay north along the west coast of Halmahera, via Kg. Goerapi (0°45'N., 127°36'E) to Dodinga.

Stores were brought by prahoe from Ternate (0°46'N., 127°03'E), landed at Dodinga (0°51'N., 127°39'E) and transferred by carriers to Bobane Lamo (0°53'N., 127°40'E), where they were again loaded into prahoes for transportation to Kaoe (1°11'N., 127°54' E).

Harbour Defences: Batoegong (3°38'S., 128°15'E), Ambon Island, Nov 44: According to one inf, the beach was mined. He was unable to give the exact location of the field but stated that the mines were model 93 (1933) (see "Japanese Equipment", Australian Military Forces, May 44).

Ship Building and Repair Facilities:

a. Kg. Baroe (1°20'N., 127°27'E), Halmahera, Mar 45: A shipyard near Kg. Baroe was demolished by Allied air attack and all building material and equipment destroyed.

b. Kg. Pajahi (0°20'N., 127°43'E), Halmahera, Apr 45: An inf was told that about 4 km east of Kg. Pajahi and 4 km up the Bale River, 2½-ton prahoes were built on slipways located under trees.

Navigational Aids:

Lighthouses: Kaoe (0°48'N., 127°46'E), Galela (1°51'N., 127°51'E), Lolobata (1°14'N., 128°07'E), Boeli Toea (1°28'N., 128°22'E), Halmahera, Apr 45: Lighthouses were no longer in use. Inf was told that in some cases they had been destroyed.

Harbour Conditions: Northern Halmahera, Apr 45: According to an inf the main jetties and harbour defences had been destroyed or seriously damaged by Allied air attacks. He stated that no defences of any importance remained intact.

V. BASIC AIR INFORMATION.

Allied Air Attacks:

a. Halong (3°39'S., 128°12'E), Ambon Island, Aug 44: Twenty Japanese seaplanes were said to have been destroyed during an Allied air attack. Inf was unable to state the date on which the attack occurred.

b. Laha (3°42'S., 128°05'E), Ambon Island, Aug 44: Extensive fires burned on Laha airfield from 0900 to 1700 hrs after an attack by Allied aircraft. Inf was told that the hangars, barracks and petrol dumps had been destroyed.

c. Amboina (3°41'S., 128°10'E), Ambon Island, Aug 44: During a raid by approximately 100 Allied planes, a number of houses, shelters and the market were destroyed.

d. Kg. Baroe (1°20'N., 127°27'E), Halmahera, Mar 45: A shipyard near Kg. Baroe was demolished by Allied air attack and all building material and equipment destroyed.

e. Hatetabako (1°15'N., 128°05'E), Halmahera, Mar 45: The airfield had been completely destroyed by Allied air attacks. About 10 damaged aircraft remained on the field. Judging by the state of the debris, inf concluded that the attack had not taken place recently.

f. Tobolo (1°43'N., 128°01'E), Galela (1°49'N., 127°50'E), Doema (1°49'N., 127°47'E), Halmahera, Apr 45: All of these villages had been destroyed by Allied air attack.

g. Ternate Town (0°46'N., 127°23'E), Ternate Island, Apr 45: The area situated about 100 metres south of Fort Oranje and about 600 metres inland had been completely destroyed. Fort Oranje had escaped damage.

VII. GEOGRAPHICAL INFORMATION.

Roads, Tracks and Trails:

a. Laioewin (3°04'S., 128°13'E), Moerikaoe (3°01'S., 128°16'E), Ceram Island, Mar 44: A new road, surfaced with metal, had been constructed between Laioewin and Moerikaoe.

b. Foeli (1°14'N., 128°10'E), Halmahera, Aug 44: An inf stated that the Japanese had built a motor road following the coast from Lolobata (1°14'N., 128°07'E) to Foeli. A road from Foeli to Dodaga (0°08'N., 128°11'E), which was under construction, was abandoned after repeated air attacks.

c. Kaoe (0°48'N., 127°46'E), Galela (1°51'N., 127°51'E), Malifoet (1°10'N., 127°50'E), Halmahera, Apr 45: A new road had been constructed along the coast between Kaoe and Galela. The Goeroea River (1°45'N., 127°59'E) had not been bridged and after heavy rain it is necessary to make a detour upstream in order to find a suitable ford.

Another new M/T road ran from Kaoe to Malifoet and thence in a westerly direction to a destination unknown to inf.

VIII. POLITICAL AND SOCIAL INFORMATION.

Relation between Japanese and Local Population:

a. Hila (3°35'S., 128°04'E), Hitoelama (3°35'S., 128°09'E), Ambon Island, Feb 45: The inhabitants of both villages fled into the jungle after the Japanese occupation.

b. Amboina (3°41'S., 128°10'E), Ambon Island, Mar 45: The Christian population was anti-Japanese and for the greater part had taken refuge in the jungle. The majority of the Mohammedans were said to be willing to work and cooperate with the Japanese. There was no association between the two groups.

c. Gagaeli (1°27'N., 128°10'E), Halmahera, Apr 45: The population of the Gagaeli area was, according to an inf, strongly anti-Japanese and killed Japanese in defence of their villages whenever an occasion arose.

Taxes: Northern Halmahera, Apr 45: Taxation: The fiscal

year commenced in June. Personal tax was at the rate of /8.00 to /12.00 per head, and for owners of land up to a maximum of /20.00 according to the amount of land owned.

Religious Services: Amboina (3°41'S., 128°10'E), Ambon Island, Mar 44: All Protestant churches had been requisitioned for the use of military personnel. There was no interference with the Mohammedan form of worship.

Medical Treatment and Supplies:

a. Amboina (3°41'S., 128°10'E), Ambon Island, Mar 45: No medical supplies were available for treatment of the natives, of whom a large proportion suffered from beri-beri, dysentery and malaria. Inf estimated that about 20 persons died each day.

b. Halmahera, Apr 45: One Chinese and two Indonesian doctors, in practice before the occupation, continued their work under Japanese control. There was a serious shortage of medical supplies and inf was told that 75% of the Japanese troops suffered from serious diseases or minor ailments.

Treatment of Prisoners of War and Internees: Amboina (3°41'S., 128°10'E), Ambon Island, Mar 45: An inf saw about 100 Australian PsW employed clearing the areas demolished by Allied bombing raids. They wore shorts and had no shoes. They looked under-nourished and were repeatedly beaten and kicked by the Japanese guards.

IX. ECONOMIC INFORMATION.

Agricultural Commodities:

Production: Halmahera, Apr 45: The Japanese had organised large scale cultivation of rice, sago, sweet potatoes and tobacco in areas northeast of Pasilgeloe (1°32'N., 127°35'E) and in an area bounded by Kg. Koria (1°47'N., 127°41'E) and Kg. Dea (1°49'N., 127°42'E).

Communications:

Telephone:

a. Tarawat (1°22'N., 127°48'E), Halmahera, Apr 45: A telephone service connected Tarawat with Kaoe (0°48'N., 127°46'E) and with the villages in the vicinity of Tarawat. The wires were laid close to the ground.

b. Telaga Patja (1°36'N., 128°00'E), Halmahera, Apr 45: Telaga Patja was connected by telephone with Koepakoepa (1°37'N., 128°00'E) and Mawea (1°29'N., 128°02'E). The wires were said to run close to the ground.

X. PROPAGANDA AND PSYCHOLOGICAL WARFARE INFORMATION.

Allied.

Non-Radio Propaganda:

Leaflets and Pamphlets: Kg. Iboe (1°30'N., 127°40'E), Halmahera, Jan 44: Leaflets dropped by Allied planes were seen on two occasions by inf. They included pictures of landings in New Guinea. The effect on morale was excellent and the natives gained the impression that local landings were imminent.

XII. PERSONALITIES.

Japanese Army Personnel:

Takasi	Captain; Foeli (1°14'N., 128°10'E), Halmahera, up to Feb 44.
Sato	Captain; replaced Takasi in Feb 44.
Kanoisita	Captain; Commander at Wahai (2°47'S., 129°28'E), Ceram Island. Tall, slender, clean-shaven, sharp features, pointed nose, age about 30 years.
Matista	1st Lieut.; Wahai, Ceram Island. Short, stout, round face, flat nose, clean-shaven, age about 25 years.

Makaoka 1st Lieut.; Wahai, Ceram Island. Medium height, thin, clean-shaven, wore spectacles, age about 25 years.

Matsuda Lieut. General; said to be commander of all Japanese forces in Halmahera; stationed at Tarawat (1°22'N., 127°48'E). No description available.

Horitji Sergeant; 5'4" tall, straight black hair. Killed near the Iboe River on 8 Feb 45.

Japanese Civil Official:

Heriama Stationed at Gamsoengi (1°23'N., 127°29'E), Halmahera; said to be responsible only to Area Commander. Long straight black hair, slender build, bowed legs, wore glasses and had one gold upper tooth.

NOTE:

Particulars supplied by inf concerning the reputed trustworthiness or otherwise of persons located in the areas covered by this compilation, are held by NEFIS.

XIII. GENERAL.

Use of Dutch Flags by Japanese; Northern Halmahera, Mar 45: According to an inf the Japanese often hoisted Dutch flags on their prahoes when Allied aircraft were sighted. When warning shots were fired by Allied aircraft, Japanese crews jumped overboard. Indonesian crews stayed aboard.

Prostitution: Tarawat (1°22'N., 127°48'E), Halmahera, Apr 45: The prostitutes formerly located at Lolobata (1°14'N., 128°07'E), Kaoe (1°11'N., 127°54'E) and Galela (1°49'N., 127°50'E) had been removed to Tarawat. They were mainly Indonesians and Chinese. Another centre for brothels was at Gamsoengi (1°23'N., 127°29'E), where local women were employed.

Director NEFIS

[signature]

S.H. S P O O R
Col.GS. R.N.I.A.

Camp Columbia, 21st June, 1945.

No. AI2/15609/G.

2급 비밀.

네덜란드령 동인도군 정보국

뉴질랜드 보험사 빌딩

334-338 퀸 스트리트, 브리즈번

No. AI2/15091/G. 1945년 6월 8일.
첨부: 2
주제: 심문보고서

네덜란드령 동인도군 정보국 심문보고서

1924호, 1938호, 1949호 합본 (개별호 미발행).

---

1. 첨부된 문서는 네덜란드령 동인도군 정보국 심문보고서 1924호, 1938호, 1949 합본이다.(개별호 미발행)

2. 이 보고서에 포함된 정보는 심문을 통해 획득된 것이며 아직 다른 출처의 정보들을 통해 확인되지 않았다.

3. 이 안에 담긴 정보를 배포하는데 주의를 기울이도록 한다. 적국 점령지에 거주하는 피난민의 친지를 위험에 빠트리지 않도록 정보의 출처에 대해 언급하지 말아야 한다.

네덜란드령 동인도군 정보국 국장

대령 S. H. 스푸어.(S. H. Spoor)

네덜란드령 동인도육군 일반참모.

배포:

첨부된 목록 참조.

복사본 18호.

(중략)

2급 비밀.

네덜란드령 동인도군 정보국,
뉴질랜드 보험사 빌딩,
334-338 퀸 스트리트,
브리즈번.

복사본 18호.

네덜란드령 동인도군 정보국 심문보고서

1924호, 1938호, 1949호 합본 (개별호 미발행).

위 보고서들은 45년 5월까지 모로타이섬(Morotai)에서 연합군에 의해 석방된 한 명의 티모르인(Timorese), 한 명의 메나도인(Menadonese) 그리고 한 명의 부토네스인(Boetonese)을 심문한 것이다.

두 명은 전 네덜란드령 동인도 육군의 병사였는데 그 중 한명은 포로로 잡혀 이후 막노동꾼으로 강제 노역하였고 나머지 한 명은 탈출할 때까지 일본군을 피해 다녔다. 세 번째 정보원은 일본군에 의해 막노동을 했던 민간인이었다.

정보는 신뢰할 수 있는 것으로 간주된다.

(중략)

XIII. 일반정보.

일본군이 사용한 네덜란드 국기: 할마헤라(Halmahera) 북부, 45년 3월: 한 정보원에 의하면 일본군은 연합군 비행기가 포착되면 가끔 네덜란드 국기를 그들의 배에 매달았다고 한다. 연합군 비행기가 경고 사격을 하면 일본인 승무원들은 배 밖으로 뛰어내렸다. 인도네시아인 승무원들은 배 위에 남아있었다.

위안부 및 위안소(Prostitution): 타라왓(Tarawat)(1°22'N., 127°48'E), 할마헤라, 45년 4월: 이전에 롤로바타(Lolobata) (1°14'N., 128°07'E), 카오(Kaoe)(1°11'N., 127°54'E)와 가렐라(Galela) (1°49'N., 127°50'E)에 위치했던 위안부(prostitutes)들은 타라왓(Tarawat)으로 옮겨졌다. 그들은 대부분 인도네시아인과 중국인이었다. 또 다른 위안소(brothels)가 갬송

지(Gamsoengi)(1°23'N., 127°29'E)에 있었고 그곳에서는 현지 여성들이 있었다.

네덜란드령 동인도군 정보국 국장

대령 S. H. 스푸어.(S. H. Spoor)

네덜란드령 동인도육군 일반참모

캠프 컬럼비아, 1945년 6월 21일.

번호: AI2/15609/G.

33

NEFIS Interrogation Report No. 1931/T

RG 319 Entry UD 82-A Box 2010

이 문서는 1945년 6월 4일자 심문보고서이다. 1945년 5월 2일에서 14일 사이 타라칸섬(Tarakan Island)에서 이루어진 심문에서 얻은 정보를 바탕으로 작성되었다. 보고서에 따르면 인도네시아를 점령한 일본군은 당시 인도네시아에 머물렀던 외국인 여성과 현지 여성들에게 전시성폭력을 자행하는 동시에, 이들을 '위안부'로도 동원했다. 보고서 VIII - b의 "전쟁 포로와 억류자 관리" 항목에서는 1945년 5월 당시 인도네시아 타라칸섬에 있었던 41명의 적십자사 간호사들이 일본군의 인도네시아 점령 이후 격리 수용되었고, 이들이 비윤리적 목적으로 이용되기도 했다고 보고하고 있다. 이들 가운데 유럽인 여성 한 명과 유라시아인 여성 한 명은 일본군 사령부에 머물렀고, 이들 여성을 대상으로 한 한 건의 강간 사건이 확인되기도 했다. 또한 일반정보 항목에서는 30명의 인도네시아 여성이 자바섬으로부터 '위안부'로 동원되었고, 이들 중 27명이 일본인 '위안부'들과 함께 보롱간 지역으로 이동했다고 보고하고 있다.

SECRET

NETHERLANDS FORCES INTELLIGENCE SERVICE
(NEFIS)
NEW ZEALAND INSURANCE BUILDING
334-338 QUEEN STREET, BRISBANE.

No: AI2/14853/G. 4th June, 1945.

Enclosures: 2

Subject: Interrogation Report.

NEFIS INTERROGATION REPORT No. 1931/T.
SPECIAL REPORT NEFIS FIELD INTERROGATION UNIT
OPERATION - INVASION TARAKAN ISLAND.

1. Attached is NEFIS Interrogation Report No. 1931/T.

2. The information contained in this report is derived from interrogation and has not been assessed against information from other sources.

3. Should reproduction of any information contained herein be desired, no mention should be made of the source from which it is derived, to avoid possible compromising of relatives of evacuees in enemy occupied territory.

Director NEFIS

S.H. SPOOR
Col.GS.R.N.I.A.

Distribution:

See attached list.

Copy No: 17

SECRET

RGE.

DISTRIBUTION	No. of Copies	Copy No.
Exc. H. van Mook, Lt. Gov. Gen.	1	1
B.S.O. through O.B.S.O.	2	2 - 3
O.B.S.O.	1	4
Economic Int.Section G.H.Q.,New Delhi via B.S.O. - Colombo	1	5
COISEF via B.S.O. - Colombo	1	6
C.L.G.	2	7 - 8
M.C.A.	1	9
Fd. Directeur B.B.	1	10
SONICA APO 565	2	11 - 12
CSONICA - Kandy	1	13
Min. v. Kol., Att. Col. de Blieck	1	14
Min. of Economic Warfare, Foreign Office London, via Col. de Blieck	1	15
N.R.C.C.S.	5	16 - 20
A.C. of S., G.2., G.H.Q.	2	21 - 22
Office of the Military Secretary, G.H.Q., (Rear Echelon) APO 500	1	23
Combined Advisory Committee on Tropical Medicine, Hygiene and Sanitation, Rear Echelon, G.H.Q., S.W.P.A., APO 500	1	24
Netherlands Staff Officer, G.3., G.H.Q., APO 500	1	25
Lt. Cdr. C. den Hollander, G.4., G.H.Q., APO 500	1	26
A.C. of S., G.2., USAFFE	1	27
Assistant to the Chief of Staff, H.Q., USAFFE APO 501	1	28
Intell. Branch, R.A.A.F. Command HQ., A.A.F., S.W.P.A., Brisbane	5	29 - 33
A.C. of S., A-2, Far East Air Force, APO 925	4	34 - 37
G.H.Q., MIS-X Section, APO 500	1	38
Southern Division, MIS-X Section, G.H.Q., APO 923	1	39
Area Int. Officer, R.A.A.F. HQ., N.W. Area, Darwin	1	40
Chief of Air Staff R.A.A.F. HQ.	1	41
A.C. of S., A.2. HQ., 13th Air Force, APO 719	2	42 - 43
D.L.O. Allied A.F., Old Courier Building	1	44
First Tactical Air Force, through N.L.O., Group 493, R.A.A.F. Pacific	1	45
N.E.I. Intell. Off. NICA III APO 926	1	46
Mil. Attache, High Commissioner for Canada	2	47 - 48
Cdr. A.A. Fresco, R.N.N., Cdr. 7th Fleet Staff F.P.O. (Box 4) San Francisco, Calif.	1	49
A.D.M.I.	1	50
D.N.I.	1	51
Seventh Fleet Int. Center Adv. HQ., Box 3 Navy-3115	1	52
Commander Task Force 71 through NEFIS Offr. Perth	2	53 - 54
NEFIS Officer, Perth	1	55
Director A.G.S.	1	56
Co-Ordinator ATIS	1	57
FELO (Att. Maj. Kremer) C/O NICA TARAKAN	1	58
FELO Melbourne	1	59
Contr. A.I.B. via NEFIS Offr. Fwd. Ech.	1	60
SRD Adv. HQ., C/O A.I.B. Rear Ech. USAFFE APO 501	2	61 - 62
SRD Rear HQ.	1	63
S.I.A.	1	64
Dir. Gen. of Security	1	65
B.I.U. ADVANEFIS	2	66 - 67
Fd. Directeur v. Justitie	1	68
Directeur v. Ec. Zaken	1	69
Fd. Directeur v. V. & W.	1	70
Hoofd D.V.G.	1	71
Fd. Directeur v. Financiën	1	72

DISTRIBUTION	No. of Copies	Copy No.
Fd. Directeur v. Onderwys	1	73
Dep. Chief of Int. Staff, Brit.Pac. Fleet, Attn. Lt. Cdr. Traynor	1	74
Security Intelligence for Planning Staff via NISEA, Colombo	1	75
Dep. Cont. A.I.B., Heindorff House	1	76
GSP (Int) Adv. LHQ.)through ADVANEFIS	1	77
GS (Int) 1 Aust. Corps)	1	78
Engineer Intelligence Section, Office of the Chief Engineer, G.H.Q., S.W.P.A. APO 500	1	79
ADVANEFIS	2	80 - 81
NEFIS	14	82 - 95

SECRET

NETHERLANDS FORCES INTELLIGENCE SERVICE,
NEW ZEALAND INSURANCE BUILDING,
334-338 QUEEN STREET,
BRISBANE. Copy No.17

NEFIS INTERROGATION REPORT No. 1931/T.
SPECIAL REPORT NEFIS FIELD INTERROGATION UNIT
OPERATION - INVASION TARAKAN ISLAND.

This report summarises information resulting from interrogations on Tarakan Island during the period 2-14 May 1945.

A more detailed compilation of individual interrogations will be issued in due course.

III. TACTICAL DATA ON ENEMY MILITARY FORCES.

Dispositions and Strength of Organisations and Units: Tarakan Island, N.E. Borneo, 2-14 May 45: A large number of infs was interrogated and though many statements were conflicting and contradictory it was possible to make what was considered to be a reasonably accurate estimate of the strengths and dispositions of enemy forces on the island. The particulars are not included in this report.

Information was acquired concerning enemy dispositions and strengths on the mainland with particular reference to:-

Tawau	- British N. Borneo.
Malinau	- including Sesajap River area.
Tandjoeng Selor	- including Boeloengan River area.

Details, however, are not included in this report.

With the exception of a small number of collaborators and a few individuals allowed to proceed on leave, no Indonesians were permitted to depart from the island during the entire period of the Japanese occupation.

Native Troops: Tarakan Island, N.E.Borneo, to May 45: Although a number of Heiho personnel were recruited in Balikpapan and Soerabaja by three Javanese collaborators under the command of the Japanese, Yosikawa, only 30 to 40 were taken into actual military service (unarmed). The remainder were employed in various Japanese projects on the island such as oilfields, the airfield and road works. These were not regarded as military personnel by the invading force.

Auxiliary Troops: Tarakan Island, N.E.Borneo, 2-14 May 45: Two hundred Japanese civilians, including some women, took an active part in the fighting. They were armed with locally made spears, jungle knives, etc.

Supply Arrangements and Installations: Tarakan Island, N.E. Borneo, 2-14 May 45: Large stores of rice and tinned foodstuffs were abandoned by the Japanese in the township and its immediate surroundings. Information suggests that large stocks had been removed to defence positions in the hills a few days prior to the invasion.

Enemy Tactics and Methods: Tarakan Island, N.E.Borneo, 2-14 May 45: Land mines, booby traps and even depth charges were used by the enemy on an unprecedented scale in areas likely to be patrolled by the invading force. Such areas neutralised during the day were frequently relaid with mines at night by infiltrating Japanese.

In the early days of the operation, infiltration was facilitated by the extensive tunnelling system prepared by the enemy. Several Indonesians who had actually supervised the construction of the tunnels were interrogated by this section and locations of the tunnels known to them were marked on the map. A full report giving details of sizes, lengths, shapes and directions of tunnels, together with estimates of the number of labourers and time employed on the tunnels, has been prepared for submission to the relevant authorities.

Enemy snipers operated in many parts of the township area, where infiltration was aided by the heavily timbered hills and

SECRET

the tunnel system referred to above.

Location of PW Camps: Tarakan Island, N.E.Borneo, to May 45: The PW Camp was located in the former 7th Bn barracks. The B.P.M. (Batavia Petroleum Company) pasanggrahan (rest house) was reserved for Dutch hospital personnel (females).

IV. SUMMARY OF NAVAL INFORMATION.

Tarakan Island, N.E.Borneo, to May 45: According to information received, shipping activity had almost ceased during the last six months.

Ships Sunk or Damaged: Tarakan Island, N.E.Borneo, to May 45: One inf reported the sinking of a Japanese ship (type unidentified) by an American submarine off Tandjoong Mangkalihat (1°00'N., 119°00'E). The ship was said to be carrying a large variety of machinery from Balikpapan (1°15'S., 116°50'E) to Tarakan.

V. BASIC AIR INFORMATION.

Allied Air Attacks: Tarakan Island, N.E.Borneo, Nov 44: Allied air attacks in late 1944 created panic amongst the Japanese who considered them to be the overture to an early invasion. Casualties were light, due to the protection afforded by slit trenches. Those who did not take shelter during air raids were shot. The remaining material and machinery essential to the operation of the oilfields was destroyed by bombing and all work on the oilfields ceased in Nov 44. Oilfield labour was subsequently employed on an intensive agricultural programme.

VI. INFORMATION REGARDING GUERRILLA FORCES.

Tarakan Island, N.E.Borneo, 2-14 May 45: Between four and seven American Air Force personnel crash-landed near Malinau (3°35'N., 116°40'E). (Note: date of crash landing is not stated). One was reported to have been captured by the Japanese and the remainder to have made their way by prahoe to Longbrang (presumably a village in the vicinity of Malinau, on the Sesajap River), where they took refuge with a tribe of Dayaks and organised resistance against the Japanese. Two Americans are said to be with the Pootook tribe near Malinau.

According to the inf, four Japanese officers of high rank approached two Dayak headmen and demanded the surrender of the Americans. The headmen refused and were summarily beheaded. The tribesmen retaliated by beheading all four of the officers. Since this incident the Pootooks have attacked the Japanese with blowpipes and poisoned darts with such effect that the Japanese in scattered areas withdrew to Sembakoong (3°45'N., 117°35'E).

VIII. POLITICAL AND SOCIAL INFORMATION.

General Living Conditions: Tarakan Island, N.E.Borneo to May 45: Food and clothing were strictly rationed. Mutual distrust was rife among the local population owing to the presence of collaborators and Indonesian spies employed by the Minseibu police. One of the most notorious of these has been handed over to Civil Authorities NICA, with collected and collated evidence against him, after interrogation by this section.

Hoarders sold their stocks at exorbitant prices on the black market for fear of being reported to the Japanese by the Indonesian Minseibu police.

Security Regulations and Censorship: Tarakan Island, N.E. Borneo, to May 45: Mail censorship was inefficient. A.R.P. regulations were strictly enforced. During air raids everyone was compelled to enter the shelters. Breaches of regulations were punishable by death.

Relation between Japanese and Local Population: Tarakan Island, N.E. Borneo, 2-14 May 45: The population of Tarakan appeared to be completely intimidated and there was no evidence of any active resistance. Collaborators were found amongst all the Indonesian races present on the island and even among the

SECRET

Eurasians. The percentage of collaborators was not high but what it lacked in numbers was made up by the fanatical quality of the individuals concerned. Many well known collaborators left Tarakan for Malinau (3°35'N., 116°40'E) and Booloengan (3°05'N., 116°30'E) on the mainland prior to the Allied invasion.

Civil Government of Occupied Areas: Tarakan Island, N.E. Borneo, to May 45: The system of civil government was similar to that under the N.E.I. administration. Collaborators were installed as "Kiai's" (Native District Officials).

Immediately after the Allied invasion the "Kiai" system collapsed. In areas abandoned by the Japanese the ruling "Kiai's" were deposed and self-appointed Indonesians assumed their offices.

Civil Service, Courts, Etc: Tarakan Island, N.E.Borneo, to May 45: Investigations of all breaches of law were made by Minseibu police and "101" Police (Oilfield Police) and reported to the Tokei-tai (Naval equivalent of Kempei) for action. Courts no longer existed.

Organisations:

Military: Seinendan: Tarakan Island, N.E.Borneo to May 45: A.R.P. organisation - paraded on recognised Japanese holidays.

Social: Tarakan Island, N.E.Borneo, to May 45:

a. Mardi Soeko: This organisation was in existence as a Javanese Social Club prior to the Japanese invasion. It was permitted to continue, mainly as a vehicle for the distribution of political propaganda. Stage plays were produced, eulogising the New Order in Asia and ridiculing the former N.E.I. administration. The president and the principal actor, leading figures in the organisation, were interrogated and handed over to NICA Civil Authorities.

b. Fujinkai: Women's Society, presided over by the wife of ace collaborator B. Pussung. Apparently the club was subject to no interference by the Japanese, since the Japanese mistress of the Assistant Resident, Kato, and the Indonesian mistress of a Japanese named Minsago were both blackballed by the club's membership committee.

Religious: Mohamaddyah: Tarakan Island, N.E.Borneo, 2-14 May 45: The purpose of the local branch of this organisation remains obscure but it is considered probable that the name is used as a screen for political activities subversive to Dutch interests. Two Articles of the Association (Huishoudelijke Reglementen) were found, also Correspondence Register and a paper containing a report of the Mohamaddyah Convention at Djokjakarta in 1943. In the Articles the term "Nederlandsch Indie" is erased and replaced by the word "Indonesia".

Commercial: Tarakan Island, N.E.Borneo, to May 45: All trading activities were centralised in one firm managed by a Japanese woman known as Mrs. Kitamura, who left for Japan by plane before the arrival of the Allied invasion force.

Education: Tarakan Island, N.E.Borneo, 2-14 May 45: Apart from the addition of daily lessons in the Japanese language, the curricula of schools remained unaltered.

Health and Sanitation: Tarakan Island, N.E.Borneo, to May 45: A full report is in the course of compilation by the Javanese, Dr. Jasin, former N.E.I. Government Medical Officer, who was appointed by the Japanese to control the Indonesian hospital.

Treatment of Prisoners of War and Internees: Tarakan Island, N.E.Borneo, to May 45: A total of 41 Red Cross nurses (36 Dutch and five natives) were on Tarakan at the time of the Japanese invasion. Twenty of these had arrived from Java about one month before the outbreak of hostilities. All were segregated from the other internees and housed in the former B.P.M. (Batavia Petroleum Company) pasanggrahan (rest house). They were well fed and received an occasional ration of milk. According to an inf, they were also used for immoral purposes. Two girls (one European and one Eurasian) were constantly at Japanese HQ. Only one case of rape was reported and confirmed, the woman subsequently receiving a bayonet thrust in the buttock. She was given medical treatment for the wound and later for pregnancy.

Wives of European military and B.P.M. personnel had been quartered in the 7th Bn barracks. On occasions they served as waitresses for Japanese officers. They also tended gardens and did other manual labour. They were frequently beaten and received insufficient food. Outsiders who attempted to assist them were severely punished. In Nov 1943 the women were evacuated to Bandjermasin (3°20'S., 114°35'E) and many were said to have become mentally unbalanced. At the time of their evacuation most of the women internees were dressed in gunny sacking.

IX. ECONOMIC INFORMATION.

Agricultural Commodities:

Foods: Tarakan Island, N.E.Borneo to May 45: Approximately six months prior to the Allied invasion the population were ordered to concentrate on an intensive programme of vegetable gardening. The period (six months) appears to be fairly accurate, judging by the growth of the produce of which the yield is profuse.

Industries and Manufacturing:

a. Boenjoe Island (3°30'N., 117°50'E), N.E.Borneo, 2-14 May 45: The sawmill at Boenjoe Island is reported to be in good working condition.

b. Noenoekan Island (4°10'N., 117°40'E), N.E.Borneo, 2-14 May 45: The sawmill at Noenoekan is also in running condition. Large stocks of sawn timber are available.

Minerals and Metals:

a. Tarakan Island, N.E.Borneo, Jan 42 - Apr 45: Immediately after the Japanese invasion all former oilfield personnel and labourers from the villages were ordered to report for duty forthwith. Unscientific haste to restore the fields to normal production resulted in many accidents and progress was further delayed by inexpert methods employed to repair the damage done by the Dutch demolition units prior to the Japanese occupation. In some cases whole pump units repaired with Japanese material were so inefficient that they had to be raised and dismantled for further replacements. Average production dropped as much as 70% below normal B.P.M. level. Production of approximately two tons of oil per day from wells newly sunk by the Japanese was unsatisfactory. In Nov 44 normal replacements and the additional call on reserves occasioned by Allied bombing had completely exhausted supplies of spare parts. Labourers were reallotted to work on agricultural production but were called back to the oilfields on 12 Apr 45 when the Japanese commenced preparations for demolition. Many explosions were heard on the night of 27 Apr when the final work of demolition was carried out by Japanese exclusively.

b. Boenjoe Island (3°30'N., 117°50'E), N.E.Borneo, 2-14 May 45: There are a few minor wells still capable of production on Boenjoe Island and some small tanks of from one to two tons capacity remain undamaged.

Transportation: Tarakan Island, N.E.Borneo, 2-14 May 45: Trucks (some still in running condition) were captured by A.I.F. and handed to NICA.

Raw Materials: Tarakan Island, N.E.Borneo, 2-14 May 45: The shortage of gravel was acute.

Finance: Tarakan Island, N.E.Borneo, to May 45: Many holders of Dutch Savings Bank books and currency discarded both as valueless. Payments made in Japanese currency are shown in bank books still in possession of depositors. In some cases Dutch credits had been converted at the rate of /1.00 Japanese to /1.00 Dutch. Bank loans were granted to approved applicants.

The Taiwan Ginko (Bank of Taiwan) controlled all banking and finance. The Japanese manager and staff had been evacuated to Boeloengan (3°05'N., 116°30'E) before the Allied invasion.

Commerce: Tarakan Island, N.E.Borneo, to May 45: All commercial activity was controlled by Japanese.

Labour: Tarakan Island, N.E.Borneo, to May 45: The Japanese, Yosikawa, and three Javanese agents, Agoes, Mohammat and Wakidjan, visited Balikpapan (1°15'S., 116°50'E) and Soerabaja (East Java) for the purpose of recruiting labour. The promise of school education was employed as an inducement to volunteer. Between 500 and 600 labourers from Java and the east coast of Borneo reached Tarakan as a result of their efforts. The three Javanese recruiting agents have been captured. Local civilians were employed as coolies.

X. PROPAGANDA AND PSYCHOLOGICAL WARFARE INFORMATION.

Allied.

Non-Radio Propaganda:

Leaflets and Pamphlets: Tarakan Island, N.E.Borneo, 2-14 May 45: The morale of the non-Japanese inhabitants was much improved by the messages contained in leaflets and pamphlets dropped by Allied aircraft. One informant stated that Japanese who ordered him to read aloud the contents of one pamphlet, wept when they heard of the destruction of Japanese cities by Allied aircraft.

Suggestions for Improvement: Full and double page photographs of Japanese might on land and sea were found in old Japanese pictorial propaganda magazines. These illustrations were masterpieces of photography which could not fail to impress or mislead. It is suggested that Allied pictorial material along similar lines would be effective.

Enemy.

Non-Radio Propaganda:

Speeches: Tarakan Island, N.E.Borneo, to May 45: Well known collaborators (some apprehended and interrogated) made propaganda speeches to groups of natives. It is not known whether they were actuated by conviction or by motives of personal gain.

Parades: Tarakan Island, N.E.Borneo, to May 45: Indonesian organisations were compelled to parade on recognised Japanese holidays.

Movies and Plays: Tarakan Island, N.E.Borneo, to May 45: It would appear that the film entitled "Battle for Singapore" was exhibited regularly over a period of two years. Otherwise, only propaganda shorts were shown. The Indonesian Club, "Mardi Soeko", produced stage plays designed to ridicule the former N.E.I. administration.

Language Schools: Tarakan Island, N.E.Borneo, to May 45: No objection was raised to the study of the English language until news was received of Japanese reverses in other theatres of war, when it was promptly prohibited.

XI. ATROCITIES.

Factual:

a. Malinau (3°35'N., 116°40'E), N. Borneo: A signed and sworn statement concerning the burial alive of three European babies will be forwarded in due course. (Note: Not included in this report).

b. Tarakan Island, N.E.Borneo: A young Dutch woman was brutally raped in her home by a Japanese soldier by whom she was dragged outside and bayonetted in the buttock. She was medically treated for the wound as previously mentioned in this report.

NOTE: Names of women referred to under "Treatment of Prisoners of War and Internees" and in this section have been recorded by NEFIS.

Hearsay:

a. Malinau (3°35'N., 116°40'E), N. Borneo, Aug 42: Fifty-three European men and women were beheaded.

b. Some American PsW (number and status unknown) were taken up river (presumably the Sesajap River) by prahoe and murdered (date unspecified).

XIII. GENERAL.

Attempt to organise resistance at Malinau (3°35'N., 116°40'E), N. Borneo, Jan - Feb 42: Towards the end of Jan or the beginning of Feb 42 a Dutch Lieut. named Groeneveld who had crash-landed, arrived at Malinau where he endeavoured to organise resistance against the Japanese. He deposed a relative of the Sultan of Booloengan, one Datoe Madjit, who contacted the Japanese and asked for assistance. His treacherous action resulted in the unexpected appearance of a Japanese unit, with disastrous results to all Europeans at Malinau.

Prostitution: Tarakan Island, N.E. Borneo, 2-14 May 45: Thirty Indonesian women were imported from Java to serve as prostitutes. Three of these are still on Tarakan, while the remainder, in addition to some Japanese prostitutes, had been transferred to Booloengan (3°05'N., 116°30'E).

Director NEFIS

S.H. S P O O R
Col. GS. R.N.I.A.

AI2/14853/G

Camp Columbia, 2nd June, 1945.

2급 비밀.

네덜란드령 동인도군 정보국

뉴질랜드 보험사 빌딩

334-338 퀸 스트리트, 브리즈번

No. AI2/14853/G. 1945년 6월 4일.
첨부: 2
주제: 심문보고서

네덜란드령 동인도군 정보국 심문보고서 1931/T호.

네덜란드령 동인도군 정보국 야전 심문 부대 특별 보고

작전 - 타라칸섬(TARAKAN ISLAND) 침공.

---

1. 첨부된 문서는 네덜란드령 동인도군 정보국 심문보고서 1931/T호이다.

2. 보고서에 포함된 정보는 심문을 통해 획득된 것이며 아직 다른 출처의 정보를 통해 확인되지 않았다.

3. 이 안에 담긴 정보를 배포하는데 주의를 기울이도록 한다. 적국 점령지에 거주하는 피난민의 친지를 위험에 빠트리지 않도록 정보의 출처에 대해 언급하지 말아야 한다.

네덜란드령 동인도군 정보국 국장.

대령 S. H. 스푸어.(S. H. Spoor)

네덜란드령 동인도육군 일반참모

배포:

첨부된 목록 참조.

복사본 17호.

네덜란드령 동인도군 정보국,
뉴질랜드 보험사 빌딩,
334-338 퀸 스트리트,
브리즈번.

복사본17호.

네덜란드령 동인도군 정보국 심문보고서 1931/T호.

네덜란드령 동인도군 정보국 야전 심문 부대 특별 보고

작전 - 타라칸섬(TARAKAN ISLAND) 침공.

이 보고서는 1945년 5월 2-14일 타라칸섬의 심문에서 얻은 정보를 요약한 것이다.

개인 심문에 대한 보다 상세한 합본호가 향후 발행될 예정이다.

III. 적군에 대한 전술 정보.

부대와 조직들의 병력과 배치:

타라칸섬, 보르네오 북동부, 45년 5월 2-14일: 상당한 수의 정보원을 심문했고, 이 가운데 많은 진술이 상충하고 모순되었으나, 섬에 있는 적군의 병력과 배치에 관해 비교적 정확한 추정이 가능하였다. 이 보고서에 세부사항은 포함되어 있지 않다.

본토에 있는 적군의 병력과 배치에 관해 입수된 세부적인 정보들은 다음 지역들을 언급하고 있다: -

타와우(Tawau) – 영국령 보르네오 북부.

말리나우(Malinau) – 세사잡(Sesajap)강 지역 포함.

탄종 셀러(Tandjoeng Selor) – 보롱간(Boeloengan)강 지역 포함.

그러나 상세한 정보는 이 보고서에 포함되어있지 않다.

소수의 협력자와 휴가를 허락받은 몇몇 개인을 제외하면, 일본군 점령 기간 동안 모든 인도네시아인들은 섬을 떠날 수 없었다.

현지인 부대: 타라칸섬, 보르네오 북동부, 45년 5월까지:
일본인 요시카와(Yosikawa)의 명령 하에 세 명의 자바인 협력자들이 발릭파판(Balikpapan)과 수라바야(Soerabaja)에서 다수의 헤이호 부대원을 모집하였지만, 30-40 명만이 실제로 군 업무에 투입되었다(비무장). 나머지는 유전, 비행장과 도로공사

등 섬 내부의 다양한 일본군 활동에 이용되었다. 이들은 침공군에게 군 병력으로 여겨지지 않았다.

보조 부대: 타라칸섬, 보르네오 북동부, 45년 5월 2-14일:
몇몇 여성을 포함한 200명의 일본 민간인들이 전투에 적극적으로 가담하였다. 그들은 현지에서 만들어진 창과 정글 나이프 등으로 무장하였다.

보급품 배급과 시설: 타라칸섬, 보르네오 북동부, 45년 5월 2-14일: 일본군은 많은 쌀과 통조림 식품을 주둔 마을과 그 주변에 버렸다. 침공 며칠 전에 많은 양의 비축물이 언덕의 방어 진지로 옮겨졌다는 정보가 있다.

적군 전술과 방법: 타라칸섬, 보르네오 북동부, 45년 5월 2-14일: 지뢰, 부비트랩과 심지어는 폭뢰가 침공군의 정찰이 예상되는 지역에서 이례적인 규모로 사용되었다. 일본군은 낮 동안 무력화된 지역들에 밤에 침투해 지뢰를 다시 설치하곤 했다.

작전 초기, 적의 침투는 적군이 설치한 대규모 터널을 통해 이루어졌다. 본 부서에서 터널 공사를 감독했던 몇몇 인도네시아인들을 심문하였고, 그들이 알고 있었던 터널의 위치를 지도에 표시하였다. 지휘관들에게 제출하기 위해 터널의 크기, 길이, 모양과 방향, 그리고 터널 공사에 참여한 노동자들의 수와 소요 시간에 관한 상세한 정보를 포함한 보고서가 마련되었다.

적군의 저격수들은 위에서 언급한 터널 시스템과 삼림이 우거진 언덕을 이용하여 마을의 여러 지역에서 활동하였다.

포로수용소의 위치: 타라칸섬, 보르네오 북동부, 45년 5월까지: 포로수용소는 (구) 제 7대대 막사에 위치하였다. 바타비아 석유 회사(BPM, Batavia Petroleum Company) 숙소가 네덜란드 병원 직원(여성)들을 위해 마련되었다.

IV. 해군 정보의 요약.

타라칸섬, 보르네오 북동부, 45년 5월까지: 입수된 정보에 의하면 지난 6개월 동안 선박 활동이 거의 중지되었다.

침몰하였거나 손상된 선박: 타라칸섬, 보르네오 북동부, 45년 5월까지: 탄중 망칼리하트(Tandjoong Mangkalihat) (1°00'N., 119°00'E)에서 일본 선박 한 척(유형 미확인)이 미국 잠수함에 의해 침몰되었다고 한 정보원이 보고하였다. 이 선박은 다양한 기기들을 싣고 발릭파판((1°15'S., 116°50'E)에서 타라칸으로 가고 있었다고 한다.

V. 기본적인 공군 정보.

연합군 공습: 타라칸섬, 보르네오 북동부, 44년 11월:

일본군은 1944년 말 이루어진 연합군 공습을 조기 침공의 서곡으로 받아들여 공황 상태에 빠졌다. 개인용 참호의 보호 덕분에 사상자는 적었다. 공습 당시 대피하지 않은 인원들은 총에 맞았다. 유전 작업에 필요한 남은 자재와 기계들은 폭격에 파괴되었고, 44년 11월에 모든 유전 작업이 중단되었다. 유전에 사용된 노동력은 그 뒤 집약적인 농업 프로그램에 활용되었다.

VI. 게릴라 부대에 관한 정보

타라칸섬, 보르네오 북동부, 45년 5월 2-14일: 말리나우(Malinau) 근처(3°35'N., 116°40'E)에 4명에서 7명 사이의 미국 공군이 불시착하였다. (참고: 불시착한 날짜는 알려지지 않음). 한 명은 일본군에게 붙잡힌 것으로 보고되며, 나머지는 배를 타고 롱브랑(Longbrang)(세사잡강 주변 말리나우 지역의 마을로 추정)으로 이동해 다야크(Dayak) 부족과 함께 피신하여 일본군에 대한 저항군을 조직하였다. 두 명의 미군이 말리나우 근처 포토크(Poetoek)부족과 함께 있다고 보고되었다.

정보원에 따르면 높은 계급의 일본군 장교 네 명이 다야크의 수장에게 접근해 미군들의 항복을 요구했다고 한다. 다야크 수장은 이를 거부하였고 즉석에서 참수되었다. 부족 사람들은 네 명의 장교 모두를 참수하여 보복하였다. 이 사건 이후 포토크족은 입으로 부는 총과 독화살을 사용하여 일본군을 공격하였고, 그 영향으로 지역에 흩어져있던 일본군들이 셈바콩(Sembakoeng) (3°45'N., 117°35'E)으로 철수하였다.

VIII. 정치사회적 정보.

전반적인 생활 상태: 타라칸섬, 보르네오 북동부, 45년 5월까지: 식품과 의류는 엄격하게 배급되었다. 협력자와 민생부 경찰이 고용한 인도네시아인 첩자 때문에 현지인들 간에 상호 불신이 만연했다. 가장 악명 높았던 이들 중 한 명이 본 부서의 심문을 받은 후 수집된 증거들과 함께 네덜란드령 동인도 민간 행정

부(NICA)로 넘겨졌다.

부자들은 인도네시아인 민생부 경찰에 의해 일본군에게 신고당하는 것이 두려워 암시장에서 그들의 비축품을 과도한 가격에 팔았다.

보안 규제와 검열: 타라칸섬, 보르네오 북동부, 45년 5월까지: 우편 검열은 비효율적이었다. 공습경계(A.R.P) 규제가 철저하게 실시되었다. 공습이 있는 동안 모든 사람들이 의무적으로 대피소에 들어가야만 했다. 규정 위반은 사형으로 처벌받을 수 있었다.

일본군과 현지인들 간 관계: 타라칸섬, 보르네오 북동부, 45년 5월 2-14일: 타라칸인들은 커다란 위협을 느끼고 있었고 적극적인 저항의 증거를 찾을 수 없었다. 협력자들은 유라시아인을 포함하여 섬에 거주하는 거의 모든 인도네시아 민족들에서 발견되었다. 협력자의 비율은 비록 높지 않았지만 각각이 매우 열성적이어서 적은 숫자가 상쇄되었다. 많은 잘 알려진 협력자들이 연합군 침공 전에 본토의 말리나우(3°35'N., 116°40'E)와 보롱간(3°05'N., 116°30'E)에 가기 위해 타라칸을 떠났다.

점령 지역의 민간 정부: 타라칸섬, 보르네오 북동부, 45년 5월까지: 민간 정부 체계는 네덜란드령 동인도 행정부의 체계와 비슷하였다. 협력자들은 "키아이"(Kiai, 현지 지방공무원)로 배치되었다.

연합군 침공의 직후에 "키아이" 체계는 무너졌다. 일본군에게 버려진 지역들에서는 지배층 "키아이"가 물러나고 인도네시아인들이 그들의 직위를 차지했다.

행정 업무, 법원, 기타: 타라칸섬, 보르네오 북동부, 45년 5월까지: 모든 종류의 법률 위반에 대한 조사는 민생부 경찰과 "101"경찰 (유전 경찰)이 담당하였고 처벌을 위해 특경대(Tokei-tai, 헌해군의 헌병)로 보고되었다. 법원은 더 이상 존재하지 않았다.

기관들:

군대: 청년단(Seinendan): 타라칸섬, 보르네오 북동부, 45년 5월까지: 공습경계(A.R.P.) 기관 - 일본 공식 명절에 행진을 하였다.

사회: 타라칸섬, 보르네오 북동부, 45년 5월까지:

a. 마르디 소코 (Mardi Soeko): 이 기관은 일본 침략 이전부터 자바인들의 사교 클럽으

로 존재하였고, 정치적 선전을 위한 수단으로서 존속이 허락되었다. 아시아의 새로운 질서를 찬양하고 (구) 네덜란드령 동인도 행정부를 비웃는 무대극들이 상연되었다. 기관의 주요 인물인 사장과 주연 배우는 심문을 받고 네덜란드령 동인도 민간 행정부(NICA)로 넘겨졌다.

b. 부인회(Fujinkai): 협력자로 잘 알려진 푸썽(B.Pussung)의 부인이 주도했던 여성 단체. 단체의 회원위원회가 부주재원 카토(Kato)의 일본인 정부(mistress), 그리고 민사고(Minsago)라는 이름을 가진 일본인의 인도네시아인 정부 모두의 가입을 막은 것으로 보아, 일본군의 간섭을 받지 않았던 듯하다.

종교: 무하마디야(Mohamaddyah): 타라칸섬, 보르네오 북동부, 45년 5월 2-14일: 이 기관의 현지 지부의 목적은 모호하지만, 기관의 이름이 네덜란드의 이익에 반하는 정치적 활동을 숨기기 위한 수단으로 활용되었을 가능성이 있다. 단체에 관한 두 개의 기사(가사노동 규정, Huishoudelijke Reglementen), 그리고 1943년 족자카르타(Djokjakarta)에서 있었던 무하마디야 회의에 관한 보고를 포함한 서신 기록과 서류들이 발견되었다. 기사들에서는 "네덜란드 인도(Nederlandsch Indie)"라는 명칭이 사라지고 "인도네시아"로 대체되었다.

상업: 타라칸섬, 보르네오 북동부, 45년 5월까지: 모든 무역 활동이 기타무라(Mrs.Kitamura)라고 알려진 일본 여성이 경영하는 한 회사로 집중되었다. 그녀는 연합군의 침공 전 비행기를 타고 일본으로 떠났다.

교육: 타라칸섬, 보르네오 북동부, 45년 5월 2-14일: 학교의 교과 과정은 매일의 일본어 수업이 추가된 것을 제외하면 변한 부분이 없다.

건강과 위생: 타라칸섬, 보르네오 북동부, 45년 5월까지: 이전에 네덜란드령 동인도 정부의 의료 담당자였던 자바인 의사 야신(Dr. Jasin)이 전체 보고서를 편집중이다. 야신은 일본인에게 고용되어 인도네시아 병원을 통제했었다.

전쟁 포로와 억류자 관리: 타라칸섬, 보르네오 북동부, 45년 5월까지: 총 41명의 적십자사 간호사들(36명의 네덜란드인과 5명의 현지인)이 일본군 침공 시에 타라칸에 있었다. 이들 중 20명은 전투 발발 약 한달 전 자바로부터 도착하였다. 이들 모두는 다른 억류자들로부터 격리되어 (구) 바타비아 석유 회사(BPM, Batavia

Petroleum Company)의 숙소(pasanggrahan)에 머물렀다. 그들 모두 잘 먹었고 이따금씩 우유를 배급받았다. 한 정보원에 의하면 그들은 또한 비윤리적 목적으로 활용되기도 하였다. 두 명의 여성(한 명의 유럽인과 한 명의 유라시아인)이 일본군 사령부에 계속 머물렀다. 단 한 건의 강간만이 보고되고 확인되었으며, 그 뒤에 이 여성은 총검으로 엉덩이를 찔렸다. 그녀는 상처를 치료받았으며 나중에는 임신에 관한 의학적 처치를 받았다.

유럽인 군대와 바타비아 석유 회사 직원의 부인들은 제 7대대 막사에 수용되었다. 그들은 종종 일본군 장교를 위한 종업원으로 일했다. 또한 정원을 손질하거나 다른 육체노동을 하기도 했다. 그들은 자주 폭행당했으며 충분하지 않은 양의 음식을 지급받았다. 그들을 도와주려던 외부인들은 모두 혹독하게 처벌받았다. 이 여성들은 1943년 11월에 반자르마신(3°20'S., 114°35'E)으로 소개되었고, 많은 이들이 정신적으로 불안했다고 한다. 소개 당시 억류된 여성의 대부분은 마대로 된 옷을 입었다.

IX. 경제 정보.

농산물:

식품: 타라칸섬, 보르네오 북동부, 45년 5월까지: 연합군이 침공하기 약 6개월 전, 사람들은 채소 재배에 집중하라는 명령을 받았다. 재배된 작물의 성장으로 볼 때, 6개월이라는 기간은 상당히 정확한 것으로 판단된다.

공업과 제조업:

a. 본요섬(Boenjoe Island) (3°30'N., 117°50'E), 보르네오 북동부, 45년 5월 2-14일: 본요섬의 제재소가 잘 운영되고 있다고 보고되었다.

b. 노노칸섬(Noenoekan Island) (4°10'N., 117°40'E), 보르네오 북동부, 45년 5월 2-14일: 노노칸섬의 제재소 또한 제대로 운영되고 있다. 많은 양의 제재된 목재가 사용가능하다.

광물과 금속:

a. 타라칸섬, 보르네오 북동부, 42년 1월-45년 4월: 일본 침략 직후 마을의 모든 (구)

유전 직원들과 노동자들은 즉시 출근하라는 명령을 받았다. 정상적인 생산을 위해 비과학적인 방법으로 서둘러 유전을 복원하는 바람에 많은 사고가 발생했고, 일본군 점령 이전 네덜란드 폭격 부대에 의해 생긴 파손을 비전문적인 방법으로 수리하려고 해서 작업이 더욱 지연되었다. 일본 물품으로 수리한 펌프가 너무 비효율적이어서 추가적인 교체를 위해 해체해야 하는 경우들도 있었다. 평균 생산량은 바타비아 석유회사 생산량의 70% 아래 수준으로 떨어졌다. 일본군이 새롭게 파낸 유전에서 매일 약 2톤 가량 생산되는 기름으로는 부족했다. 44년 11월 연합군의 폭격으로 인한 정상적인 교체와 추가분 요청으로 여유분 물자가 완전히 소진되었다. 농업에 재배치되었던 노동자들은 일본군이 폭격을 준비하기 시작함에 따라 45년 4월 12일 다시 유전으로 돌아갔다. 일본군이 독자적으로 마지막 폭격을 실행한 27일 밤, 수많은 폭발음이 들렸다.

b. 본요섬(3°30'N., 117°50'E), 보르네오 북동부, 45년 5월 2-14일: 본요섬에는 여전히 기름 생산이 가능한 적은 수의 유전, 그리고 파손되지 않은 1-2톤 용량의 몇몇 소형 탱크가 있다.

교통수단: 타라칸섬, 보르네오 북동부, 45년 5월 2-14일: 호주군(A.I.F.)이 아직 운행될 수 있는 상태의 트럭들을 노획하여 네덜란드령 동인도 민간 행정부(NICA)로 전달하였다.

원자재: 타라칸섬, 보르네오 북동부, 45년 5월 2-14일: 자갈이 심각하게 부족하였다.

재정: 타라칸섬, 보르네오 북동부, 45년 5월까지: 많은 네덜란드 저축 은행(Dutch Saving Bank) 예금주들이 가치가 없는 통장과 통화 모두를 폐기했다. 일본 통화로 이루어진 지불들은 여전히 예금주 소유 통장에 표기되어 있다. 네덜란드 통화들은 네덜란드 통화 1.00길더(f1.00) 당 일본 통화 1.00길더(f1.00)로 교환되는 경우도 있었다. 은행 대출은 허가된 이들에게만 승인되었다. 대만 은행(The Taiwan Ginko)은 모든 은행업무와 재정을 통제하였다. 일본인 관리자와 직원들은 연합군 침공 이전에 보롱간(3°05'N., 116°30'E)으로 소개되었다.

상업: 타라칸섬, 보르네오 북동부, 45년 5월까지: 모든 상업 활동은 일본에 의해 통제되었다.

노동: 타라칸섬, 보르네오 북동부, 45년 5월까지: 일본인 요시카와(Yosikawa)

와 3명의 자바인 요원 아고스(Agoes), 무함맷(Mohammat), 와키단(Wakidjan)이 노동력을 모집하기 위해 발릭파판(Balikpapan) (1°15'S., 116°50'E)과 수라바야(Soerabaja) (자바 동부)를 방문하였다. 지원자를 끌어들이기 위해 학교 교육이 약속되었다. 이러한 노력으로 자바와 보르네오 동쪽 해안에서 500-600명 사이의 노동자들이 타라칸으로 왔다. 세 명의 자바인 모집 요원들은 포획되었다. 지역의 민간인들은 막노동꾼으로 고용되었다.

X. 선전 및 심리전 정보

연합군

라디오를 이용하지 않은 선전(Non-Radio Propaganda):

전단지와 팜플렛: 타라칸섬, 보르네오 북동부, 45년 5월 2-14일: 비-일본인 주민들의 사기는 연합군 항공기가 배포한 전단지와 팜플렛에 담긴 메시지에 의해 향상되었다. 한 정보원은 자신에게 팜플렛을 소리 내어 읽으라고 지시한 일본인이 연합군 항공기에 의해 일본 도시들이 파괴되었다는 소식을 듣고 울었다고 진술했다.

개선을 위한 제안: 오래된 일본의 사진 선전 잡지들에서 일본군의 힘을 보여주는 두 장에 가득 찬 사진들이 발견되었다. 이 사진들은 깊은 인상을 감정을 호도하는 데에 실패할 리 없는 걸작이었다. 비슷하게 연합군도 이러한 사진 자료를 활용한다면 효과적일 것으로 보인다.

적군

라디오를 이용하지 않은 선전(Non-Radio Propaganda):

연설: 타라칸섬, 보르네오 북동부, 45년 5월까지: 몇몇이 체포되고 심문된 잘 알려진 협력자들이 현지인들에게 선전 연설을 했다. 이들이 그러한 행위를 한 것인 신념 때문인지, 아니면 개인적인 이득을 위한 것인지는 알려지지 않았다.

행진: 타라칸섬, 보르네오 북동부, 45년 5월까지: 인도네시아인 단체들은 일본 공휴일에 행진하도록 강요받았다.

영화와 연극: 타라칸섬, 보르네오 북동부, 45년 5월까지: "싱가포르 전투"라는 제목의 영화가 지난 2년이 넘는 기간 동안 정기적으로 상영되었다. 다른

때는 선전 단극만 상영되었다. “마르디 소코(Mardi Soeko)” 라는 인도네시아 클럽은 (구) 네덜란드령 동인도 행정부를 비웃기 위해 제작된 연극들을 상연했다.

언어 학교: 타라칸섬, 보르네오 북동부, 45년 5월까지: 이전까지는 영어 교육에 어떠한 반대 의견도 제기되지 않았으나, 다른 전구에서 일본군이 전세를 역전시켰다는 소식이 들리자마자 영어 교육이 금지되었다.

XI. 잔학행위들

사실:

a. 마리나우(3°35'N., 116°40'E), 보르네오 북쪽: 세 명의 유럽인 아기들의 생매장에 관한 서명된 진술서가 적절한 때에 전달될 것이다. (참고: 이 보고서에는 포함되지 않았다.)

b. 타라칸섬, 보르네오 북동부: 젊은 네덜란드 여성이 자택에서 일본군에 의해 잔혹하게 강간당했다. 그 여성은 집 밖으로 끌려나왔고 총검으로 엉덩이를 찔렸다. 보고서 앞부분에서 언급했듯 그녀는 상처에 대한 의료적 처치를 받았다.

주: 여성들의 이름은 “전쟁 포로와 억류자의 관리” 아래 언급되었고, 이 부분은 네덜란드령 동인도군 정보국이 기록했다.

소문:

a. 마리나우(3°35'N., 116°40'E), 보르네오 북쪽, 42년 8월: 53명의 유럽인 남성과 여성들이 참수당했다.

b. 몇몇 미국인 전쟁포로들이(숫자와 상태는 알려지지 않았다) 배에 태워져 강가로(세사잡강으로 추정된다) 끌려가 살해되었다(날짜는 알려지지 않았다).

XIII. 일반정보.

저항을 조직하려는 마리나우에서의 시도 (3°35'N., 116°40'E), 보르네오 북쪽, 42년 1월-2월: 42년 1월말 혹은 2월 초에 마리나우에 불시착한 네덜란드 대위 그루네벨드(Groeneveld)는 일본군에 대항해 저항을 조직하고자 하였다. 그는 보롱간 술탄의 친척이자 일본에 도움을 요청했던 추장 마짓(Datoe Madjit)을 물러나게 만들었다. 그의 위험한 행동은 일본군 부대가 마리나우에 등장하는 예기치 못한 결과를 야기했고, 이는 마리나우의 모든 유럽인들에게 비극적인 결과를 불러왔다.

위안부 및 위안소(Prostitution): 타라칸섬, 보르네오 북동부, 45년 5월 2-14일: 30명의 인도네시아 여성이 위안부(prostitute)로 자바에서 동원되었다. 이들 여성 중 3명은 아직 타라칸에 있으며, 나머지는 일본인 위안부(prostitutes)와 함께 보룽간으로 이송되었다 (3°05'N., 116°30'E).

네덜란드령 동인도군 정보국 국장.

대령 S. H. 스푸어.(S. H. Spoor)
네덜란드령 동인도육군 일반참모

AI2/14853/G.

캠프 컬럼비아, 1945년 6월 2일.

일본군 '위안부' 관계 연합군 자료 Ⅰ

발행처
서울시 여성가족정책실
서울대학교 사회발전연구소 정진성 연구팀

발행일
2019년 12월 20일 초판 1쇄

디자인
아키타입

인쇄
서울문화인쇄

발간등록번호
51-6110000-002167-01

ISBN
979-11-6161-802-9

서울시 출판번호
여성 911-0024

정가
20,000원

값 20,000원

04330

9 791161 618029

ISBN 979-11-6161-802-9
ISBN 979-11-6161-801-2 (세트)